U0783863

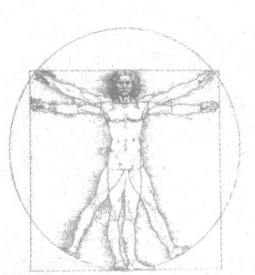

读一流书　做一流人

《纽约时报》、《商业周刊》、亚马逊图书排行榜第一名
最新版全球畅销书 内容全面升级

全面升级
3.0

世界是平的

—— 21世纪简史 ——

[内容升级和扩充版]

The World Is Flat

A BRIEF HISTORY OF
THE TWENTY-FIRST CENTURY

[美] 托马斯·弗里德曼/著　何帆　肖莹莹　郝正非/译　　Ⅸ 湖南科学技术出版社

原书名：THE WORLD IS FLAT by Thomas L. Friedman
Copyright © 2007 by Thomas L. Friedman
Chinese (Simplified Characters) Trade Paperback copyright © 2008
by Hunan Science & Technology Press
Published by arrangement with International Creative Management, Inc.
ALL RIGHTS RESERVED

湖南科学技术出版社获得本书中文简体版中国大陆
地区独家出版发行权。
版权登记号：18-2005-143
版权所有，侵权必究。

书中涉及的任何内容或观点以及由此而引发的任何纠纷均与本书的序作者及其所在的
公司无关。

图书在版编目（CIP）数据

　世界是平的：21世纪简史：内容升级和扩充版／（美）
弗里德曼（Friedman,T.L.）著；何帆，肖莹莹，郝正非
译.—长沙：湖南科学技术出版社，2008.7（2025.8重印）
　ISBN 978-7-5357-5366-3

　Ⅰ.世… Ⅱ.①弗…②何…③肖…④郝… Ⅲ.国际经济
关系—经济一体化—研究 Ⅳ.F114.41

　中国版本图书馆CIP数据核字（2008）第103569号

世界是平的
——21世纪简史（内容升级和扩充版）

著　者：[美]托马斯·弗里德曼
译　者：何　帆　肖莹莹　郝正非
出 版 人：潘晓山
责任编辑：孙桂均　李　媛
文字编辑：陈一心
出版发行：湖南科学技术出版社
社　　址：长沙市芙蓉中路416号泊富国际广场40楼
　　　　　http://www.hnstp.com
邮购联系：本社直销科　0731-84375808
印　　刷：长沙超峰印刷有限公司
　　　　　（印装质量问题直接与本厂联系）
厂　　址：宁乡市金洲新区泉洲北路100号
邮　　编：410600
版　　次：2008年7月第1版
印　　次：2025年8月第31次印刷
开　　本：700mm×960mm　1/16
印　　张：33
字　　数：493000
书　　号：ISBN 978-7-5357-5366-3
定　　价：58.00元

（版权所有·翻印必究）

THOMAS L. FRIEDMAN

THE WORLD
IS FLAT

A Brief History of

the Twenty-first Century

**FURTHER
UPDATED AND EXPANDED**

Farrar, Straus and Giroux
New York

Farrar, Straus and Giroux
19 Union Square West, New York 10003

Copyright © 2005, 2006, 2007 by Thomas L. Friedman
All rights reserved
Distributed in Canada by Douglas & McIntyre Ltd.
Printed in the United States of America
First edition published in 2005 by Farrar, Straus and Giroux
First updated and expanded edition published in 2006 by Farrar, Straus and Giroux
First further updated and expanded edition originally published in paperback by
Picador in 2007
First further updated and expanded hardcover edition, 2007

Grateful acknowledgment is made to the following for permission to reprint excerpts of
their work: the Associated Press; *Business Monthly*; *BusinessWeek*; *City Journal*; Discovery
Channel / Discovery Times Channel; *Education Week*, Editorial Projects in Education;
Fast Company / Mansueto Ventures; *Forbes*; *New Perspectives Quarterly*; John Seigenthaler;
the International Finance Corporation and the International Bank for Reconstruction
and Development / World Bank; and YaleGlobal Online (http://yaleglobal.yale.edu/).
Excerpts from articles from *The Washington Post* are copyright © 2004. Reprinted with
permission.

Library of Congress Cataloging-in-Publication Data
Friedman, Thomas L.
    The world is flat : a brief history of the twenty-first century / Thomas L. Friedman. —
2nd rev. and expanded ed.
        p.   cm.
    Includes index.
    ISBN-13: 978-0-374-29278-2 (hardcover : alk. paper)
    ISBN-10: 0-374-29278-7 (hardcover : alk. paper)
    1. Diffusion of innovations. 2. Information society. 3. Globalization —
Economic aspects. 4. Globalization — Social aspects. I. Title.
HM846.F74 2008
303.48'33—dc22

                                                                2007021424

Designed by Jonathan D. Lippincott

www.fsgbooks.com

1   3   5   7   9   10   8   6   4   2

3.0 版序言

在 2.0 版本中我增加了许多内容，讨论什么才是"正确"的教育，怎样才能把我们的孩子培养成新兴的中产阶级。在 3.0 版本中我进一步补充了这方面的内容。

最后，在 3.0 版本中我增加了两章，讨论一些过去不受关注，但现在却日益重要的话题。有一章讨论的是在一个平坦的世界里，如何做一个政治活动家或社会企业家。另一章讨论的是一个更棘手的问题，在平坦的世界里我们人人都在发表自己的东西，我们人人都成了公众人物，那么我们应该怎样建立自己的声誉呢？

这本书的问世引发了诸多的文章和书籍，他们都是为了反驳我，都在声称"世界并不平坦"，对此我有两个回应：①别开玩笑了；②当我使用"世界是平的"这样一个隐喻的时候，我肯定要牺牲一些科学上的准确性以便换取更多的解释力。世界当然不是平的，但它也不像过去那么圆，我发现用"世界是平的"这样一种说法去描述人们如今可以以前所未有的方式、以更平的方式互相联络、互相竞争、互相合作，确实有助于认识技术革命给我们带来的最本质的影响。我发现年复一年，这种说法变得越来越真实，越来越有用，它简洁地解释了正在发生的变化。我说"世界是平的"并不是说世界是"平等的"。我指的是世界正在变平，导致世界变平的因素是更多的人可以变得更快、更深入、更节约。这就是让我们更加平等的力量。更多的人有了工具和能力，可以交流、竞争和合作，这就是让我们更加平等的机会。我认为世界的竞技场已变得更加平坦，这是当今世界发生的最重要的事件，如果我们只用国际贸易的统计数字去衡量全球化，而不去了解全球化的每个人、每种文化以及对传统的等级制度的冲击，我们就会忽视全球化的真正影响。

托马斯·弗里德曼

华盛顿特区

2007 年 4 月

序

经常有国内的企业界朋友，和我一起探讨关于"发展"的问题。这些商界精英所关注的领域，常常超出他们目前的经营范围而将眼光放到周边乃至世界市场的竞争环境中去。在讨论中，我曾建议他们读读《世界是平的》这本书——当时这本书还只有英文版可以看——我相信弗里德曼先生的观点会为他们的战略思考带来一些新的参考和启发。这次中文版正式在中国发行，我很高兴，因为会有更多的人能够读到弗里德曼先生的观点并从中获得启发。

弗里德曼以他独特的视角讲述了世界正在变平的过程。他在书中援引了很多热点话题，介绍了诸多令人瞩目的市场和炙手可热的行业。开放源代码、外包、离岸生产、供应链和搜索技术等被描述成为铲平世界的10大动力，而中国、印度等国家和一些站在全球顶尖位置的公司和机构，则被描述成变平的世界中举足轻重的角色。书中写到的许多现象新鲜但不陌生，更有一些是我们工作中接触过甚至直接参与的商业行为。但是当弗里德曼把所有这一切编织在一起的时候，却揭示出了一个正在发生的深刻而又令人激动的变化——全球化的趋势。它正随着那些动力，在地球各处勇往直前、势不可挡，世界也因此从一个球体变得平坦。有趣的是在过去的两年中，这些动力并没有带来太多的轰鸣和噪音，而是在人们不知不觉中悄然改变着这个世界，并且让我们感受到它们近在咫尺的威力。

全球化的这一新趋势无疑将对现有的商业模式、组织结构和业务流程产生巨大影响，也将会给企业带来新的机遇和挑战。事实上，我正是从 IBM

自身的发展中，深切体会到企业是如何在变平的世界中成长的：从一个国际化企业，到一个跨国企业，再到一个全球整合的企业。在国际化阶段，企业立足本土，以在国际竞争市场中获利为首要目标；到了跨国企业阶段，企业的成功是由一个个机构完整、业务独立，但位于不同国家和地区的分支机构实现；而当我们迈进全球化企业阶段时，各地区的优势将得到充分发挥，企业成为全球统一构架的实体，不同国家和区域将承担整个工作的某一部分，从而真正实现了一个最佳的优化组合，那就是以最适合的成本，将最适合的工作放到最适合的地方。即所谓的"因地制宜，适得其所"。

IBM 公司在这个过程中经历了艰难的转型之路，而"创新"一直是推动这一过程的动力源。从实施"电子商务"，到"随需应变"，再到今天把"创新为要"列为核心的价值观，IBM 总是在不断地探索和实践，审视和调整自身的发展战略。我们深刻地感受到，变平的世界将让每个个体都站在同一水平线上，任何企业、组织甚至个人都将参与到全球整合的业务环境中。在变平的世界中，无论业务规模是大是小，成功者将是那些将"创新"深植于其 DNA 中的企业，是那些不断重新审视正在发生的变化、创新的意义以及运营业务方式的企业。

我们相信，所有这一切能够引发中国读者更加深刻的思考：中国企业要怎样"创新"，才能超越其在世界格局中"制造者"的角色，向着更高、更多元的价值链上提升，从而成为一个真正的"创新者"？他们如何又能够在日益变平的世界中成长壮大成为领导者，从而去乘载未来世界经济发展的重心？

让我们打开这本书，一起思考，一起探寻吧。

周伟焜

IBM 大中华区董事长及首席执行总裁

（本书的序言仅为前言撰写人的个人观点）

The World Is Flat

目录

The World Is Flat
How the World Became Flat

世界是怎么变得平坦的

第一章

当我在睡梦之中

尊敬的殿下，作为天主教的虔诚信徒，您热爱并乐于传播我们神圣的信仰，并坚定地反对偶像崇拜和其他异端邪说，因此，您决定派我——克里斯托弗·哥伦布——去寻找上面提到的印度诸邦；去见识那里的王公贵族、臣民百姓，去领略那里的山川人文、民俗民情，以便找到能够让他们皈依我们的神圣信仰的恰当方式；您还要求我不要按照惯常的方式从陆路到达东方，而要我选择迄今尚无人经由的西行路线。

——摘自克里斯托弗·哥伦布 1492 年的航海日志

从来没有人这样在高尔夫球场上给我指示方向："对准微软或 IBM。"我正站在印度南部班加罗尔（Bangalore）城市中心 KGA 高尔夫球场的第一杆的位置。我的搭档告诉我要对准微软或 IBM 的时候，他指的是远处第一洞之后的两栋熠熠生辉的玻璃钢材建筑。当时，高盛公司的大楼还没有完工，否则他肯定还会以它为标识为我指示方向。惠普和得州仪器公司的写字楼位于后九洞的方向，顺着第十洞的方向。有趣的还不止这些。开球区的记分员来自爱普生公司，我们的一个球童戴的是美国 3M 公司的帽子。球场外的交通标识是得州仪器公司赞助的，而路边必胜客的广告牌上印着热气腾腾的比萨饼，大标题是："无比美味！"这里不是美国的堪萨斯州，但也不像是在印度。这是新世界，旧世界，还是下个世界？

我曾经像哥伦布探险一样来到印度的"硅谷"——班加罗尔。为了寻找到达印度的捷径，哥伦布没有像当时的葡萄牙探险者那样朝东南方向绕过非洲，而是率领着他的尼娜号（Nina）、平塔号（Pinta）和圣玛丽亚号（Santa Maria）一直向西穿过大西洋，穿越一片未知的海域，最终到达他认为的东印度群岛。当时，印度和香料群岛一直以盛产黄金、珍珠、宝石和丝绸著称，那里有着无法相信的财富。当时的伊斯兰国家隔断了从东方到达印度的陆上交通，如果能找到到达印度的海上捷径，无疑将会让哥伦布和支持他的西班牙君主迅速积累起财富和权力。哥伦布在起程的时候显然已经相信地球是圆形的，因此他确信向西航行可以到达印度。不过，他算错了距离，他以为地球要小得多。他也没有料到在他到达东印度群岛之前会遇到一大片陆地。他把在新世界里遇到的土著人称作"印第安人"。不过，即便是他没有到达真正的印度，他也可以对支持他的西班牙国王斐迪南和王后伊莎贝拉说，他已经证实"地球确实是圆的"。

为了到达印度，我从美国出发，经由法兰克福一直向东飞行。乘坐在汉莎航空公司的公务舱中，从座位扶手弹出来的屏幕上通过 GPS 定位地图让我清楚地知道飞机前进的方向。哥伦布发现了印第安人，我在准时而平稳着陆后也看到了很多印度人。哥伦布远航是为了寻找印度的财富，他寻找的是他那个时代的财富：贵重金属、丝绸和香料。我到印度同样是为了寻找财富，我寻找的是我们这个时代的财富：软件、智慧、复杂的算法、高级技工、呼叫中心、传输协议、光学技术的突破。哥伦布在发现新大陆后热衷于将印第安人变为他的奴隶，从而获得了大量的免费劳动力。我只是想要知道为什么我遇到的这些印度人会夺去我们的就业机会，为何印度会成为美国和其他工业化国家服务和信息科技的外包地。

哥伦布的舰队有 3 艘船，100 多个船员，而我只有来自探索时报频道❶的一个报道小组，只够坐得下两辆敞篷车。我们请来的印度司机们正赤着脚开车。可以这么说，在我起程时，我认为地球是圆形的，但我在印度的所闻所见动摇了我的信念。哥伦布以为自己找到了印度，其实意外地到了美洲大

---

❶ Discovery Times Channel，下属纽约时报公司。

陆。我虽然到了真正的印度，但却发现在这里遇到的很多人都更像美国人。在印度，很多人都取了美国名字，我在印度的呼叫中心听到的都是美国口音，在印度的软件实验室看到的都是美国的技术。

哥伦布归国后向国王和王后汇报说，地球是圆的。他也因这一发现而名垂史册。而我回到美国时，只是悄悄地和我的太太分享了我的发现。

我悄悄地在她耳边说："亲爱的，我发现这个世界是平的。"

我怎么会得出这样的结论呢？我想一切都是从印度软件公司 Infosys 的会议室开始的。Infosys 是印度信息产业的一颗明珠，南丹·奈利卡尼（Nandan Nilekani）是该公司的首席执行官，他可以称得上是印度信息产业最有思想和最受人尊敬的领袖。我和探索时报频道的工作人员一起来到了距离班加罗尔市中心 40 分钟车程的 Infosys 的园区，去参观这家公司并采访奈利卡尼。通向 Infosys 公司的道路坑坑洼洼，牛群、马车和载客摩托车在我们的敞篷车旁边横冲直撞。但是一进入 Infosys 的大门，你就到了一个全新的世界。一个巨大的游泳池被卵石和修剪一新的草地环抱，旁边是一块广阔的草坪，周围有好几家餐馆，还有一个健身俱乐部。几乎每一个星期都会有新的玻璃钢材建筑拔地而起。在有的办公楼里，Infosys 的员工在给美国或欧洲的公司编写特定的软件程序，而另一些办公楼中，他们的同事在给欧美跨国公司运作后台支持系统：从计算机维护、特定的研究项目到回答世界各地客户的电话，他们几乎什么都做。各个办公楼的安全检查都非常严格，门口装有摄像头，如果你在为美国运通公司工作，那你就不能进入为通用电气提供服务的那栋楼。年轻的印度工程师，不管是小伙子还是姑娘，轻快地在楼和楼之间穿梭，胸前悬挂的 ID 卡来回晃动。一位年轻人看上去能处理我的税收申报，另一位似乎能修我的电脑，再一位也许设计了我的电脑！

接受完采访，奈利卡尼带领我们摄制组参观了 Infosys 的全球会议中心，这是一个木制镶板的大房间，看起来有点像某个常青藤大学法学院的阶梯教室。房间一端的墙壁镶嵌着一个巨大的屏幕，天花板上悬挂着很多用于远程会议的摄像头。奈利卡尼自豪地说："我们会议室的这个屏幕可能是亚洲最大的，它是由 40 块数字屏幕拼到一起的。"这的确是我见过最大的纯平显示器。他继续解释说，Infosys 可以通过这个超大屏幕召开虚拟会议，让其全球供货链的每一个关键成员随时都能参加会议，所以美国设计者们可以同时与印度的软件程序员和亚洲的制造商一起商谈项目，"我们坐在屏幕前就可以和纽约、伦敦、波士顿、旧金山的合作伙伴一起进行实时对话。或许我们要在新加坡实施项目，那么新加坡人也可以在这儿现场直播看到。……这就是全球化。"在屏幕的上端有 8 个时钟，可能会最形象地概括 Infosys 的工作时间，即一年 365 天，一周 7 天，一天 24 小时。8 个时钟分别标出了美国西区、美国东区、格林尼治标准时间、印度、新加坡、中国香港地区、日本和澳大利亚的当地时间。

奈利卡尼说："外包仅仅是当今世界所发生的重大变革的一个体现。过去几年中，全球科技投资大规模增加，特别是在科技泡沫的时候，数以亿计的美元被用于铺设宽带、海底光缆等。"他接着谈到，计算机变得越来越便宜，越来越普及，软件的发展也突飞猛进：电子邮件，像 Google 这样的搜索引擎，以及能够分解工作环节的专门软件，工作环节被分解之后就能将一部分发送给波士顿，一部分发送给班加罗尔，一部分发送给北京，远程开发变得更加得心应手。当所有这些变革在 2000 年左右突然集中到一起时，奈利卡尼接着说："他们创造了一个可以将知识工作和知识资本自由传送的平台。这一平台可以将各种工作任务分解、分配、生产并最后组合到一起。这给我们的工作，尤其是那些依赖智力的工作，带来了崭新的自由。在班加罗尔我们不过是把这一变化发挥到极致。"

我和奈利卡尼一起坐在他办公室外边的沙发上，等待着摄制组调试他们的摄影器材。就在这个时候，奈利卡尼说了一句令我终身难忘的话。这是我第一次听到有这样的说法。他试图总结所有这些变化的含义。他说："汤姆，当今世界的竞技场已经被夷为平地。"他的意思是说，像印度这样的国家已经准备好了参与全球知识型工作的竞争，这是前所未有的。美国最好做好准备。美国将受到挑战。不过，他坚持认为，这种挑战对美国是有益的，因为只有当人们受到挑战的时候，他们才能处于最佳状态。在我离开 Infosys 园区回到班加罗尔的路上，我反复回味那句话："世界的竞技场已经被夷为平地。"

奈利卡尼的意思是，世界正在变得平坦……变平？变平？天啊，难道他在告诉我，世界是平的？

500年前，哥伦布运用当时简陋的航海技术进行环球旅行，他安全返航并告诉世人，世界是圆的。500年后，我在班加罗尔，却听到曾经在印度顶级高等学府接受教育，熟知当今最先进技术的工程师告诉我，世界是平的——平得就像他召开全球远程会议所用的那块大屏幕。更为有趣的是，他还把这看成是件好事，是人类发展史上的里程碑，认为这是印度和世界发展的绝好机遇——我们让这个世界变平了！

在敞篷车的后座上，我潦草地在笔记本上写下这句话："世界是平的。"落笔的瞬间，我已经意识到这揭示了我在班加罗尔2周的拍摄过程中所有见闻的幕后真相：全球的竞技场变平了，世界变平了。

我为我的发现既感到激动，又感到恐惧。作为一名记者，我很激动地发现自己找到了一个能够更好地解读头条新闻和世界变化的角度。人类历史上从来没有这样的时刻：越来越多的人会发现他们能够找到越来越多的合作对象和竞争对手，人们将和世界各地越来越多的人互相竞争和合作，人们将会在越来越多的工作岗位上互相竞争和合作，人们的机会将越来越平等。将他们联系在一起的是电脑、电子邮件、网络、远程会议和各种新软件。这是奈利卡尼告诉我的，也是我在印度之行和更多的旅行中发现的。这是本书要谈论的内容。当你相信世界是平坦的之后，你会发现很多事情都不再难以理解。我个人还非常激动的是，世界在变平这一事实意味着，我们将地球上的各个知识中心统一到了一个单一的全球网络中，如果政治动荡和恐怖主义不从中作梗，这将带来一个繁荣而充满创新的时代。

认识到世界是平的，也让我充满了恐惧，无论是从个人的角度还是从职业的角度。从个人的角度来讲，我认识到，这个平坦的世界不仅仅是让程序员和计算机高手获得了合作的机会，基地组织和其他恐怖组织同样会感到如鱼得水。平坦的竞争平台不会仅仅吸引各行各业的创新人才，给他们激情和力量，同样，愤怒、失意的人们甚至是人类的败类同样会更容易集结起来。

从职业的角度来说，我也感到十分恐惧，因为我认识到，世界变平的过程是发生在我的睡梦过程中的，我错过了这一过程。我不是真的睡着了，但是我在忙碌之中错过了它。"9·11"事件之前，我一直在探索以凌志车为体现的经济一体化和以橄榄树为体现的民族主义力量之间的冲突。后来我在1999年出版了《凌志车与橄榄树》一书。但是"9·11"事件之后，橄榄树问题成了我全力研究的对象。我几乎整日奔波于阿拉伯国家和穆斯林世界。这些年中，我迷失了全球化的踪迹。

2004年2月的班加罗尔之行让我重新找回了思路，我意识到世界已经发生了重大变化。当我关注喀布尔和巴格达的橄榄树时，全球化已经发展到了一个全新的阶段。如果您将《凌志车和橄榄树》与此书放在一起时，您会发现全球化经历了3个伟大的时代。

第一个时代从1492年持续到1800年，我称其为全球化1.0版本。这一阶段肇始于哥伦布远航开启新旧世界间的贸易。全球化令世界的规模从大号"缩水"为中号。全球化1.0版本讲述的是国家和实力的故事。也就是说，当时全球一体化的进程取决于一国的实力以及其应用形式，即一国有多少马力、风力和后来的蒸汽动力。在这一时期，受到宗教影响或帝国主义影响（或两者的结合），国家和政府利用暴力推倒壁垒，将世界的各个部分合并为一。在1.0版本下，主要的问题是：我的国家在全球竞争中处于何种地位？我如何走出国门，利用我的国家的力量和其他人合作？

第二个时代或可被称作全球化2.0版本，这一时代从1800年左右一直持续到2000年，中间曾被大萧条和两次世界大战打断。这个阶段让世界的规模从中号"缩水"为小号。在这一时期，推动全球一体化的主要力量是跨国公司，这些公司到国外去的目的就是要寻找市场和劳动力。荷兰和英国股份公司的扩张和随后的工业革命带动了跨国公司的海外投资。在这一时代的前半阶段，铁路和蒸汽机带来了运输成本的下降并推动了一体化的进程，而后半阶段的全球化进程则得益于电话、电报、电脑、卫星、光纤电缆和初期互联网等带来的通信成本下降。

正是这个时代让我们看到了全球经济的诞生和成熟，各国之间有充足的商品和信息的流动，这才出现了真正的全球市场，商品和劳动力可以在全球范围内实现套利。这一时期全球化的进程取决于硬件的突破——从早期的蒸汽船和铁路到后来的电话和大型计算机。在 2.0 版本的情况下，主要的问题是：我的公司在全球竞争中处于何种地位，它有哪些机遇可以利用？我怎样通过我的公司同他人开展合作？《凌志车和橄榄树》讲的是这个时期的巅峰。各种阻碍全球化进程的壁垒都开始倒塌，全球化和反对全球化的运动掀起新的高潮。但是，尽管如此，在看似密集无缝的全球一体化当中仍旧有很多障碍。别忘了，当比尔·克林顿（Bill Clinton）1992 年当选美国总统时，除政府和学术机构之外没有什么人使用电子邮件。我在 1999 年写《凌志车和橄榄树》一书时，网络和电子商务才刚刚开始。

　　当然，它们还是发展了，在我睡着的时候发展了。这就是为什么我在这本书里要论证我们在 2000 年进入了一个全新的时代：全球化 3.0 版本。3.0 版本将这个世界从小号进一步缩小到微型，并且将竞争场夷为平地。如果说全球化 1.0 版本的主要动力是国家，2.0 版本的主要动力是公司，那么 3.0 版本的动力来自于个人，个人获得了新的机会能够在全球范围内参与竞争和合作，这也带来了全球化 3.0 版本的独特特征。能够让个人自由参与全球竞争的不是马力，也不是硬件，而是软件和网络。这些应用软件和全球光纤网络的结合拉近了我们的距离，使我们变成了彼此的邻居。

　　这些结合给我们提供了一个基础，能够使我们以极高的运转速度、以巨大的运转规模，在全球范围内进行实时的联系、计算和合作，并且跨越了空间和语言的障碍。这也是 3.0 版本的真正特色所在。现在，每个人都要问的问题是，我怎样才能融入全球竞争？我怎么能够通过自己和其他人开展合作？

　　3.0 版本和以前两个版本的不同不仅在于它让这个世界变得更小，让这个世界变得更平，它给每个人带来的机会也不相同。全球化的 1.0 版本和 2.0 版本中，主要的参与者是欧美的个人和企业。尽管中国在 18 世纪是世界上最大的经济体，但西方的国家、企业和探险者却主导着全球化的发展方向。这种情况将一去不复返了。在 3.0 时代，不仅个人会越来越多地参与全球化，而且全球化的主导力量也将越来越多元化，不再仅仅是西方人，不再仅仅是白人。在这个平坦的世界的每一个角落的人们都得到了新的力量。全球化使得人人都能够参与，不同人种的合作真正变得丰富多彩，犹如天边彩虹。

（尽管让个人积极参与是全球化 3.0 版本最重要的特点，但与此同时，大大小小的企业也还在当今的全球化中扮演着重要角色。在 2.0 版本下，只有大的跨国公司才能真正参与到全球化的进程中，但在当时即使是这些企业的发展也受到通信和基础设施的限制。现在不同了。现在公司无论大小，均可以在全球范围内和越来越多的伙伴，以越来越多的形式合作。我将在本书稍后更加详细地讨论这一点。）

毫无疑问，当我离开奈利卡尼的办公室时，我对"平坦的世界"只有最模糊的认识，那天晚上我坐在宾馆房间的阳台上考虑问题的时候忽然想到，我应该集中精力将所见所闻写成一本书，这样我就能理解世界是怎样变平的并了解这对国家、公司和个人的意义。于是我拿起电话，拨通了家里的号码，告诉我的妻子安："我打算写一本书，书名叫"世界是平的"。"当时她既感到好奇，又感到可笑——也许更多的是感到可笑。不过，最终我用事例说服了她。我希望同样也能说服你，亲爱的读者。现在让我先带你们回到我印度之行的开始，我将给你们讲述几个例子，告诉你们世界是平的，不是圆的。

杰瑞·拉奥（Jaithirth "Jerry" Rao）是我在班加罗尔最早见到的几个人之一。我在莉拉宫（Leila Palace）宾馆和他谈了不到几分钟，他就对我说，他可以从班加罗尔为我解决纳税申报和所有其他的财务问题。我迟疑地说："不用了，谢谢，我在芝加哥已经有一个财务顾问了。"出于礼貌，拉奥只是笑了笑：在美国会计工作大量外包的情况下，他可能就是我的那个财务顾问，或者是我的财务顾问的财务顾问。

拉奥是印度孟买人，他的公司孟菲斯（Mphasis）承接了美国各州和联邦政府的很多财务外包工作。他说："我们已经和美国很多中小规模的会计师事务所达成了协议。"我好奇地问："比如说我的财务顾问？"他笑着回答说："是的，我们有很多像您的财务顾问那样的客户。"拉奥的公司开发了一套先进的软件，能够将工作程序实现标准化的流程，这可以让税收申报的外包变得简单而便宜。拉奥解释说，以我为例，首先会有一个美国会计将我的一些相关材料扫描到电脑服务器里，包括我去年的税收申报、我的收入证明表（W2）、经济负担表（W4）、纳税表格（1099）、奖金和股票收入等，该服务器可能在加利福尼亚，也可能在得克萨斯。"如果您的财务顾问准备将这些业务外包，他知道您肯定不愿让国外的人知晓您的姓氏或社会保障号，所以他在将工作外包给我们时就会隐去这些信息。印度的会计师会（通过输入密码）直接从美国的服务器中提取这些材料，然后完成您的税收申报，在此期间他根本不知道您是谁。我们对数据和客户隐私是严格保密的。印度会计师可以在电脑上看到数据，但他不能下载和打印，我们根本没有设定这些程序。如果他有不良企图，他最多只能试着拿脑子记。我们的会计师在工作时连纸和笔都不能带到办公室里。"

我对这种外包服务的发达程度感到好奇。拉奥说："美国的那些注册会计师们根本不用呆在办公室里。他们可以坐在加州的海滩上给我们发邮件，对我们说，'拉奥，你很擅长纽约州的税收申报，汤姆的申报就交给您了。索尼亚，你和你在德里的同伴负责华盛顿和佛罗里达州的几个税收申报。其他的几个申报较为复杂，我就自己完成吧。'顺便告诉你，索尼亚是在她自己家里工作的，公司根本不用付给她费用。"

2003 年美国大约有 2.5 万项税收返还是在印度完成的。2004 年这一数字达到了 10 万项。2005 年有望升至 40 万项。10 年后，你也许会发现美国的会计师们将最基本的税收申报工作都外包出去了。

我问拉奥："你们怎么和美国那边建立联系的？"

"我和荷兰朋友杰伦·塔什都曾在加州为花旗集团工作。我是他的上司，有一次我们一起从纽约返回公司，在飞机上我告诉他，我准备辞职。他说，'我也是。'我们两个异口同声地说，'为什么我们不合伙办自己的公司呢？'于是，在 1997 年和 1998 年，我们筹划了一个主要给大公司提供高端网络服务的商业计划。不过，两年前，我参加了拉斯维加斯的一次技术会议，一些中等规模的美国会计师事务所告诉我说，他们很希望像大公司那样在印度建立大的税收外包机构。于是我们就开发了 VTR（虚拟税收空间，Virtual Tax Room）软件产品，让这些中等规模的公司可以很容易地外包税收申报。"

拉奥继续说："这些中等规模的公司获得了更为平等的竞争平台。它们可以享受以前只有大公司才能享受的规模优势了。"

我问："可是，这对美国人意味着什么呢？是不是美国的妈妈不应该再让她们的孩子学会计了？"

拉奥说："并不是这样的，我们承接的只是简单枯燥的工作。你知道准备税收申报需要什么吗？根本就不需要创造性。因此美国公司才会将此项工作外包。"

"什么会计工作还会留在美国国内呢？"我问道。

拉奥回答道："那些继续在美国从事会计工作的人将会把注意力集中在一些具有创造性的复杂工作上，比如税收规避、减免所得税和处理客户关系等。他们会对国内客户说，'我们已经将简单的工作外包了，现在我们应该谈谈怎么管理您的房产、怎么为您的孩子做长远打算。'这意味着美国的财务顾问将有更多的时间和客户商讨他们的理财方案，而不是像过去那样要么长年像没头苍蝇一样乱转，要么忙于整理档案，根本没有时间和客户打交道。"

从美国杂志《今日会计》（*Accounting Today*）的一篇文章中我们可以看出，这确实是未来的发展趋势。堪萨斯州曼哈顿市布墨咨询公司的总裁加里·布墨这样写道："过去的税收财季中一共有 10 万例个人纳税申报被外包，如今外包的业务已经拓展到了基金、合伙公司和企业。过去 3 年外包业务迅速发展的主要原因是，国外公司在系统、程序和培训方面进行了大量投资。"印度每年新增 7 万名会计专业的毕业生，如果他们为印度本地公司工作，每个月的起薪仅为 100 美元。借助于高度发达的通信手段，这些年轻的印度人一旦接受了严格的培训，他们就能很快掌握标准化了的会计模式，他们很快就会被培养成具备西方会计师基本素质的人才，但所花费的钱远远低于在西方培养一个初级会计师的费用。一些印度会计师事务所甚至直接通过远程电话的方式与需要将业务外包的美国公司联系，连差旅成本都节省了。布墨得出结论说："会计这一行业正处于变革期，那些故步自封的企业将遭到淘汰。而通过领导能力、创造能力和人际关系创造价值的企业将改变这一行业，并且强化它们和客户的关系。"

我对拉奥说："你的意思是说，如果你是个美国人，不管你的职业是什么——医生、律师、建筑师、会计师——那么最好学会如何取悦顾客和打动人心，因为所有能够数字化的职业现在都可以外包到国外最聪明或最廉价的生产商那里，当然也有既聪明也廉价的生产商。" 拉奥回答说："每个人都必须知道自己的价值增值在哪里。"

我又继续提出自己的疑问，如果我只是一个平庸的会计师呢？如果我毕业于普通州立大学，成绩平平，取得注册会计师资格后就在一家大的会计师事务所工作，做的工作也很平凡，很少能够有机会见到客户，公司只让我做一些后台工作。但是我得承认自己干的是一份体面的工作，公司对我也基本满意。这场变化又会怎样改变我的生活？

拉奥说："这是个很好的问题。我们现在正经历一场大的科技变革，如果你生活在像美国这样处在科技前沿的国家，那就很难预测未来会发生什么。但是如果你是在印度，那就比较好预测了。10年后，我们将从事美国人现在在做的事情。我们可以预测未来，但我们却落后于你们。美国人总是处在技术创新的浪尖，你们决定着未来的方向……所以很难预测你所描述的那个会计师未来将会发生什么。我们不能忽视这些问题，我们必须坦诚地面对变革，讨论应对之策。任何可以数字化的工作，任何可以被分解的价值链都可以将一部分业务外包出去。有人会说，'你说的没错，但你不能从外包地给我上一盘牛排。'不错，但我却可以为你预订一张桌子，不管你在地球上的什么地方吃饭。我们会对你说，'弗里德曼先生，我们为您订了张靠窗的桌子。'换句话说，我们可以将你的整个就餐过程分解并外包一部分业务。如果你读一读经济学的教科书，它们会告诉你：商品是用来交换的，但是服务的生产和消费却要在同一个地方完成。虽然将整个理发业务外包是不太可能的，但我们却可以将预约业务外包。您需要理个什么发型？更喜欢哪个理发馆？所有这些都可以由一个遥远国度的呼叫中心完成。"

当我们结束谈话时，我问拉奥他下一步准备干什么。他劲头正足。他告诉我，他正和一家以色列公司谈判，这家公司精于数据压缩技术，通过他们开发的技术，可以让CAT扫描的数据在通过网络传送时更快捷精确，这样你就可以很容易地向住在地球另一端的医生征求意见了。

在我和拉奥交谈过的几周后，约翰·霍普金斯大学的校长比尔·布罗迪（Bill Brody）给我发了一封电子邮件，内容如下：

亲爱的汤姆:

　　我应邀在霍普金斯继续教育医学会议上讲话,给放射学者做报告(我过去曾经是一个放射科医生)……我发现了一个非常有趣的现象,我想你可能会很感兴趣。在美国很多中小规模的医院中,很多放射科医生将CAT扫描的读片工作外包给了印度和澳大利亚的医生。多数情况下是因为医院在晚上或周末没有足够的人手。有的放射科医务人员是将图像从医院传输到自己家里,或是他们正在度假的Vail(希腊著名海滩)和Cape Cod(美国国家自然海滩),这样他们就可以全天候提供诊断。不过小医院显然是把扫描图像传给了海外的放射医生,印度、澳大利亚的白天正好是美国的夜晚,这样向海外传输图像就能够更好提供下班之后的诊断。CAT和MRI(磁共振)的影像本身已经是数字格式,可以通过网络传递,因此可以在世界上任何地方看这些影像都没有问题……我想在地球另一端的医生们都在美国接受过培训,并且取得了相应的执照和证书……美国医生将他们雇用的这些印度同行叫做"夜鹰"(Nighthawks)。

你最好的朋友比尔

　　谢天谢地,我只是一名记者,不是什么会计师或放射科医生——对我来说,不会有什么外包压力。然而不久后,我就听说了路透社在印度建立分部的事情。在班加罗尔时,我没有时间去拜访路透社在当地的办公室,但是我却找到了路透集团的首席执行官汤姆·格洛瑟(Tom Glocer),这位将新闻供应链部分外包的先导者给我讲述了他的经历。

　　路透社在全球拥有197个办事处,共有2300名记者,服务的对象包括投资银行家、金融衍生品交易商、股票经纪人、报纸、广播、电视和网络等。在网络泡沫破裂后,很多客户开始缩减开支,路透社一方面为了降低成本,同时也为了提高效率,开始思考:哪些地方是我们必须派驻记者的?我们能否也将记者的工作分解,部分工作留在伦敦和纽约,其余的也外包到印度?

　　格洛瑟从路透社最基本的工作下手:每时每刻公布的公司收益变化和相关的商业消息。他举了个例子:"埃克森美孚公布了最新的收益数字,我们需要以最快的速度让世人知道这条消息。我们的消息会是：'美孚本季度每股赢利 39 美分，略高于上个季度的 36 美分。'这里制胜的关键是速度和准确。我们不需要做很多分析，只需要以最快的速度反映这条消息。在公司公布数字后的几秒钟内就应该以快讯的形式反映出来，再过几秒钟后就应该列出该公司最近几个季度的收益表格。"

反映公司收益的快讯对新闻业的意义就像香草对冰激凌业务的意义一样——在这个平坦的世界上这是随处都可以生产的基本商品。冰激凌真正的增值部分是巧克力酱、樱桃和奶油，新闻业真正的增值部分是在接下来的 5 分钟里，你需要一个真正的记者完成对这条快讯的评论文章，其中要包括该公司的声明、业内最顶尖的专家的评论、甚至是该公司竞争对手的看法。格洛瑟说："这需要更高水平的新闻采编能力：这样的记者必须是老手，他知道该请谁一起共进午餐，知道谁是最好的业内分析人士。"

网络泡沫的破灭和世界的变平迫使格洛瑟重新思考路透社发布新闻的方式——是否可以将采编工作分解，并且将低附加值部分外包到印度。他的主要目的是缩减路透社的总工资支出，但又要保住尽可能多的好的记者岗位。格洛瑟说："我们做的第一件事情就是尝试在班加罗尔雇用 6 名记者，让他们做快讯和表格，以及其他所有我们能够让他们在班加罗尔做的工作。这些雇员都有会计专业的背景并且接受过路透社的培训，但是他们的工资水平、福利和休假完全和当地标准一样。印度是个绝佳的招聘人才的地方，你不仅能够招聘到技术人才，而且能够招聘到金融人才。"当一家公司发布其收益数据的时候，首先要做的一件事情就是将这些数据发送到主要的通讯社，如路透社、道·琼斯、彭博（Bloomberg），格洛瑟说："在得到公司的基本财务数据后，媒体之间就要看谁的处理速度更快了。虽然将数据发送到班加罗尔会有 1 秒钟左右的时滞，但你会发现班加罗尔的工作质量和在伦敦、纽约没什么两样。唯一的区别是，班加罗尔的租金和工资支出是在西方国家的 1/5。"

尽管是经济的压力和世界变平的现实迫使路透社走出了这一步，但是格洛瑟却试图将这视为追求完美而必须做的。格洛瑟说："我想我们能够把低端的报道放在世界上其他地方，做得更有效率。"而这会使得路透社乐意保留下来的那些记者更加注重高附加值的深度报道，也有利于他们实现自身的价值。"假设你是路透社驻纽约的记者，你觉得哪种生活更有意义？把公司的数据填写在屏幕的表格中还是做有深度的分析？"当然是后者。将新闻通讯外包到印度也让路透社扩大了它的报道范围，过去路透社出于成本考虑根本不报道一些小公司，因为纽约记者的工资成本太高了，他们不可能雇很多记者。但是现在他们在印度的班加罗尔却可以做这件事情，因为纽约一名记者的工资足以在印度雇用几名记者。截至2004年夏天，路透社已经将班加罗尔的工作人员扩大到了300名，格洛瑟计划进一步将当地的员工扩大到1500人。在这些人当中，有一部分是路透社的老员工，他们在班加罗尔负责培训工作，也有那些往表格中填写数据的工作人员，但大部分当地的员工在做的是更为专业化的数据分析工作，分析股票市场上的数据。

格洛瑟还谈到："我们的很多客户也在外包业务。比如，很多投资公司已经将最基本的投资分析业务外包到班加罗尔。"过去，很多大的华尔街公司每年都花费数百万美元用于聘请高级分析员。这一支出一部分由股票经纪部门承担，他们可以将分析成果和最好的客户分享，另一部分由投资银行部门承担，这些部门靠把公司说得天花乱坠的分析拉拢这些公司的银行业务。华尔街丑闻爆发之后，纽约州总检察官斯皮策（Eliot Spitzer）加大了对华尔街的调查力度，投资银行业务和股票经纪业务被要求严格分开，这样分析师们就不能再靠吹嘘公司业绩来拉拢他们的投资银行业务了。可是这样一来，华尔街的投资公司就必须降低它们的市场分析成本，因为现在这一支出只能由股票经纪部门承担了。这就更激励这些公司将一部分分析业务外包到诸如班加罗尔这样的地方。班加罗尔一名分析员一年的报酬大约为1.5万美元，而在纽约或伦敦，这一数字为8万美元。除了工资成本差异外，路透社还发现印度雇员的金融知识相当丰富，而且工作的积极性也很高。路透社最近还在曼谷设立了一个软件开发中心，格洛瑟称，欧美公司都只顾争夺班加罗尔的人才，忽视了这块"绿洲"。

我为这一趋势感到内心的撕裂。我的第一份工作就是在美国合众国际社作通讯员，因此我深知通讯员们面临的生存压力。无论在事业上还是在经济上，他们都是底层的苦力。但是，假如25年前我在伦敦合众国际社作通讯员时，它就能将一些低端业务外包，那它现在可能还是一家相当不错的通讯社^❶。

"裁员是个非常敏感的问题。"格洛瑟也承认这一点。他已将路透社的全部员工裁减了将近 1/4，但没有大幅度解雇记者。他认为，路透社的员工是可以理解这种做法的，唯有这样做，路透社才能生存并重新兴旺。"他们深通世故，经常出外采访。他们看到了我们的客户也在做同样的事情。他们知道故事的发展就是这样的。重要的是要敢于说出来我们要做的事情，而不是编造出好消息欺骗他们。我坚定地相信古典经济学家所说的，工作应该由做得最好的人来做。当然，对于一些雇员来说，寻找到新的工作机会并不容易。他们需要的是再培训和足够的社会保障。"

为了更好地说服手下员工，路透社美国分部的主管大卫·史勒辛格送给所有的编辑员工一份备忘录，其中包括这样一段话：

不可避免的外包

我在康涅狄格州的新伦敦市长大，19 世纪这里曾经是重要的捕鲸中心。到了 20 世纪 60 年代和 70 年代，鲸鱼早已经销声匿迹。当地最大的雇主都和军方有关，这是因为当时处于越战时期。我们同班同学的父母很多是在美国海军、海岸巡逻队以及为海军服务的电子船舶公司工作。战争结束后，这个地方再次被改变。时至今日，这里是以大型的赌场（比如 Mohegan Sun 和 Foxwoods）以及制药业（比如辉瑞 Pfizer 制药公司）闻名。老的工作没有了，新的工作又出现了。过去的手艺不顶用了，新的手艺会吃香。这个地方变来变去，这里的人也变来变去。新伦敦绝不是特例。多少家磨坊早已经关门，多少家鞋厂已经搬迁到其他的地方。多少个曾经是纺织业中心的城镇，如今都从中国购买服装。改变是很难的。对那些没做好思想准备的人来说改变是最难的，对那些不愿意改变的人来说改变是最难的。但是改变也是自然的，它不是什么新鲜事。有所变化是至关重要的。现在人们谈起离岸经营就情绪激动。人们

---

❶ 合众国际社 2000 年被收购。

争论的是美国的就业机会是否被转移到了印度、中国和墨西哥。在美国历史上，这种辩论并不少见。新伦敦的潜水艇工作消失了，马塞诸塞州的制鞋业迁走了，北卡罗来纳州的纺织业衰落了。工作会被转移到那些生产效率更高的地方。最终的结果是，新伦敦也好，新贝德福德也好，纽约也好，这些城市受惠的程度胜过班加罗尔和深圳，因为这里的资本和劳动力得到了释放，可以从事更加精深的工作。最终产品会变得更加便宜，这给消费者带来的好处大过给企业带来的利润。虽然要让那些失去工作机会的人理解这些并不容易，他们总是会觉得千里之外的工人用低得多的工资抢走了"他们的"工作。但我们确实应该在感到痛苦的同时也看到新的机遇。每个人，每家公司都应当适应他们的经济命运，就像我们在磨坊、鞋子作坊和工厂工作的祖辈曾经做的那样。

"显示器着火了？"

你知道印度的呼叫中心是什么样子吗？我和摄制组在班加罗尔制作关于外包的纪录片时，曾在当地一家印度人开的"24/7"呼叫中心呆过一晚上。这个呼叫中心占据了数层楼，共有20多个房间，1800名工作人员。一些人负责向外打电话，推销从信用卡到电话记录等各种产品。另一些人负责接电话，处理各种事情，包括为欧美航班的乘客寻找丢失的行李、为美国的消费者解决电脑问题等。这些电话都是通过卫星和海底光纤电缆转接过来的。呼叫中心的大房间中被分隔出来很多小格子。年轻人形成一个个小的团队，为不同的公司服务。在角落的那个小格子可能是为戴尔（Dell）集团服务的，而另一个小格子插着微软的旗子。他们的工作环境跟保险公司有点像，虽然我敢肯定有些呼叫中心就是血汗工厂，但24/7绝不是。我跟那里的很多年轻人都进行了交谈，发现他们中大多数人都把所有或部分工资交给父母。事实上，这些人的起薪比他们的父母到退休时候的工资都高。一踏入全球经济的门槛就能够得到这样的工作，应该说是很好的了。

班加罗尔当地时间晚上6点钟左右，我呆在呼叫中心的微软工作区。很多年轻人刚刚开始工作，这是为了赶上美国时间黎明的开始。我问身边的一个年轻人："你们这里为给美国客户解释软件问题最长的通话时间为多少？"

他不假思索地回答道："11 个小时。"

"11 个小时？"我惊讶地问道。

"11 个小时。"他再次肯定。

我没有办法核实他说的是否属实。但那天晚上我听到的很多对话都让我认可了他们的服务态度。带有印度口音的接线员竭力模仿英美人的语调，不管对方的话语有多么粗鲁和具有挑衅性，这些印度年轻人都会保持谦恭而礼貌的语气。

一名女接线员："下午好，我可以找一下……"（对方已经粗鲁地挂断了电话。）

一名男接线员："我是杰瑞，要我帮忙吗？"（印度呼叫中心的接线员都按照西方人的习惯取了英文名字。这当然是为了让他们的欧美客户不感到别扭。一些人取的是很大众化的名字，而另一些人则颇具创意，下面就是一例。）

一名女接线员："我的名字叫常青藤·树林（Ivy Timberwoods，这里是意译），我给您打电话是想……"

另一名女接线员："您可以告诉我您社会保险号码的最后 4 位数吗？"

一名女接线员对客户问题的回答让我感觉她在从曼哈顿的写字楼内向窗外看："是的，我们在第二大道 74 号有分店，在列克星敦大街 54 号也有分店。"

一名男接线员在向美国客户推销他自己可能永远都买不起的信用卡："这种信用卡收费的年度百分比是最低的……"

一名女接线员在帮助美国客户解决了电脑故障后说："没问题了，先生，谢谢您，保重，再见。"

一位女接线员的电话刚刚被客户挂断："喂，喂，您好，您好……"

另一名女接线员因为电话打得太早而向美国客户道歉："非常抱歉，晚上我再给您打电话……"

一名男接线员在努力说服美国客户购买机票信用卡："贝尔女士，您是因为信用卡太多了，还是因为不喜欢坐飞机呢？"

一位女接线员在帮助客户解决计算机故障："好了，现在按下数字 3，然后按回车键……"

另一名女接线员的客户似乎连 1 秒钟也等不及："好的，夫人，我明白您现在很着急，我在尽力帮您解决……"

那位女接线员的电话再次被客户挂断："肯特女士，我不是要你……"

她的电话又一次被挂断："我想告诉您……喂？"

这个多次被挂断电话的女接线员最后感慨地说："今天我真是倒霉透了。"

还有一位女接线员接到一位碰到电脑故障的女士的电话，不过这个难题她连听都没听说过："夫人，您的机器出了什么问题？显示器着火了？"

印度现在大约有 24.5 万人在从事接线员的工作。这种工作在美国薪水不高，也不太体面，可在印度这种工作不仅薪水很高，而且也颇能得到人们的尊重。24/7 呼叫中心的士气一直很高，那里的年轻人经常很高兴地在一起谈论他们接到的一些稀奇古怪的电话。

女接线员 C·M· 梅克纳告诉我说："我经常接到一些古怪的电话，他们询问的问题和我们的业务一点关系都没有，有的人说他的钱包丢了，有的只是想找人聊聊天。我就会跟他们说，'好，也许你应该在床下或平常放钱包的地方找一找。'"

女接线员 N·绍迈艾哈说："我的一个客户让我嫁给他。"

24/7 呼叫中心的 S·孙德负责 Delta 公司的丢失行李找寻业务，她说："我现在还记得一位得克萨斯州的老太太打来的电话。她在电话里面边哭边说。她换了两班飞机，结果丢了行李，里面是她女儿的婚纱和结婚戒指。我替她感到难过，但我也无能为力，因为具体的情况我也不清楚。"

她告诉我："大部分丢失行李的顾客都比较容易激动。他们只会说，'我的行李去哪了？我现在就要找回行李！'我们会向他询问姓名。可是他们还是很激动地说，'我的行李在哪儿？'有的还会问我是哪个国家的。我们会告诉他们是印度，他们有时候误以为是印第安纳州。有的连印度在哪里都不知道，我只好告诉他们，印度是紧挨着巴基斯坦的那个国家。"

但是，大部分电话都是枯燥乏味的。不过，这个行业的竞争却相当激烈。这不仅是因为工资水平在当地较高，而且是因为年轻人可以利用晚上工作，白天继续上学，所以这是提高未来生活质量的踏脚石。

24/7 呼叫中心的创建者和所有人之一卡纳安（P.V. Kannan）说："我们在班加罗尔、海得拉巴（Hyderabad）和晨奈（Chennai）有 4000 多名员工。最初，他们每个月拿到手的工资大概是 200 美元，半年后就能涨到 300～400 美元。我们还提供人寿保险和整个家庭的医疗保险，包括其父母和未就业的子女，再加上交通补贴和午饭、晚饭。"

这样算下来，公司为每个接线员支付的成本最初在 500 美元左右，半年后这一数字将增加到 600～700 美元。而且每个人还可以根据工作表现获得奖金，奖金收入有时和他们的基本工资一样高。卡纳安说："我们的员工中有 10%～20% 的人还利用白天时间攻读商业或计算机学位。有 1/3 的员工进修商业或计算机课程，尽管并不拿学位。在印度有很多年轻人 20 多岁时继续学业，自我提高是人生重要的一课，家长和公司都会积极支持。我们在周末开设有全天的 MBA 课程。每个员工每周工作 5 天，每天 8 小时，每天有两次 15 分钟的休息时间，一个小时吃午餐或晚餐的时间。"

我问卡纳安，他的员工最大的抱怨是什么。他回答说是看不到事业前景。不过，在卡纳安看来，接线员仍有很多机会可以得到提拔。他们可以被晋升为接线员小组的监工、负责很多小组的主管、最后成为经理人员，有的接线员也可以担任培训员和客户联络员。那么这种外包工作对印度来说最大的好处是什么呢？卡纳安认为，这些工作让印度的年轻人找到了自尊和自信。他们可以为全世界的客户解决问题，得到不错的薪水，并且每天都能和美国人、加拿大人和英国人进行专业对话。他们在很年轻的时候就能够开始专业的生涯，这是他们的父辈无法想象的。24/7 呼叫中心每天收到 700 份应聘简历，最终只有 6% 的应聘者能得到雇用。

以下是 24/7 呼叫中心对班加罗尔一所女子大学的应聘者面试过程的一些片断：

招聘者 1："早上好，同学们。"

应聘者们一起说："早上好，女士。"

招聘者 1："我们受一些跨国公司的委托为它们招聘工作人员。今天主要为霍尼韦尔（Honeywell）公司和美国在线招聘办事员。"

数十名女学生排着队，拿着她们的申请表，等待着坐在桌子后面的考官面试。

招聘者 1："你想找什么样的工作？"

应聘者 1："我希望这份工作和会计有关，这样我可以随着工作经验的积累而不断成长。"

招聘者 1："你应该在说话时更自信一些。你太紧张了。我希望你能尽力改变这一点并和我们保持联系。"

招聘者 2："请简单介绍你自己。"

应聘者 2："我通过了 SSC 和 Second P，而且成绩优异。"（分别相当于美国的 GPA❶和 SAT❷考试分数）

招聘者 2："请讲得慢一点。别紧张。"

下一步就是对被录取者的培训。这不仅包括学习如何接听和拨打某公司客户的电话，而且还要参加"口音矫正班"。在口音矫正班上，英语老师将告诉新雇员如何遮掩他们很明显的印度口音，并换成美国、加拿大和英国口音，这取决于他们在具体工作中接触的对象。坐在旁边观察整个过程的我兴致盎然。我旁听的那个班在培训如何讲美国中部地区的方言，学员们被要求一遍又一遍地读一段课文，这是专门用来训练他们软化"t"音并学会卷舌音"r"。

---

❶ GPA 为 grade point average 的缩写，意思就是平均分。美国的 GPA 满分是 4 分，即 A=4，B=3，C=2，D=1。GPA 的精确度往往达到小数点后 1 到 2 位，如：3.0，3.45。GPA 的计算一般是将每门课程的学分乘以学时，加起来以后除以总的学时，得出平均分。中国学校的分数设置一般是百分制或五分制，具体的折合方式视不同的美国大学的要求而有所不同。一般来讲，百分制中的 90 分以上可视为 4 分，80 分以上为 3 分，70 分以上为 2 分，60 分以上为 1 分；五分制中的 5 分为 4 分，4 分为 3 分，3 分为 2 分，2 分为 1 分。中国许多大学的成绩单上没有学时，因此，GPA 只能估算，可将所有课程的成绩加起来后除以课程数。一般美国大学对于奖学金申请者的 GPA 要求是 3.0 以上。

❷ SAT 为 Scholastic Assessment Test 的缩写，是美国高中生进入美国大学所必须参加的考试，其重要性相当于中国的高考，也是世界各国高中生申请进入美国大学本科学习能否被录取及能否得到奖学金的重要参考。SAT 考试分为两部分，包括 SAT I：推理测验（Reasoning Test），主要测验考生的英语、数学推理能力；SAT II：专项测验（Subject Tests），主要考查考生某一专业的知识。

他们的老师是一个已经有 8 个月身孕的年轻女子，穿着传统的印度纱丽。很神奇的是，她可以很自如地在英国、美国和加拿大口音之间转换。她说："还记得我第一天教你们美国人怎么发'tuh'这个音吗？它听起来和'duh'音差不多，你们不必像英国人那样读得那样清晰。我不会这样说：'贝蒂买了一点黄油'或'往电话机里插一个硬币'（这时她讲的是英国的口音），我们应该这样说：'贝蒂买了一点黄油'或'往电话机里插一个硬币'（她用美式英语重新说了一遍）。我先给你们读一遍，然后我们一起读，好吗？'Thirty little turtles in a bottle of bottled water. A bottle of bottled water held thirty little turtles. It didn't matter that each turtle had to rattle a metal ladle in order to get a little bit of noodles.'"（这段话有些像绕口令，大意是"30 只小乌龟在一瓶瓶装水里，一瓶瓶装水里容纳了 30 只小乌龟。每只小乌龟为了得到一点面条必须摇动一个金属小勺，这并没有什么关系"。）

"好了，谁先读呢？"老师问道。接下来学员开始轮流用美国口音读这段绕口令。一些人一开始就成功了，而另一些人，我只能说，如果他们负责 Delta 航空公司丢失行李部门的呼叫服务，你肯定能听出来他们不是在堪萨斯州。

旁听了半个小时后，我问老师是否能让我试一试，让学生们听听原版口音。我来自明尼苏达州，带有明显的中西部口音，我的口音听起来就像是电影《冰雪暴》（Fargo）中的角色在说话。老师欣然应允。我就开始读那段绕口令："30 只小乌龟在一瓶瓶装水里……"

学生们听得非常兴奋。没想到我竟能因讲话带有明尼苏达口音而得到喝彩。你可能觉得为了在这个平坦的世界里竞争，让一些年轻人改掉他们自己的口音真是可笑。但是在你对此大加嘲笑之前，看看这些年轻人为了在社会上立足、尽早加入中产阶级的热切渴望吧。他们说，如果纠正口音能够帮助他们在社会的阶梯上向上攀登，那就这样做吧。

Infosys 也有自己的呼叫中心业务，其首席执行官奈利卡尼说："这是一个竞争压力很大的环境。我们的呼叫中心每周 7 天，每天 24 小时都工作。你白天上班，晚上上班，第二天早上起来接着上班。但他们面临的压力不是被疏离的压力，而是成功带来的压力。他们必须面对成功的挑战，适应高压生活的挑战，而不是担心是否会有挑战的挑战。"

这也是我和呼叫中心的很多接线员谈话后的感觉：和所有其他现代性的扩张一样，外包也在挑战传统的模式和生活方式。不过，印度人经受了这么多年贫穷和官僚主义的折磨，他们急于改变现状，多工作一些时间似乎是可以忍受的。而且，对于受过良好教育的印度人来说，在班加罗尔努力工作要比试图在美国开始新生活容易得多。在这个平坦的世界里，他们可以留在印度，拿到在当地来看相当丰厚的薪水，并且不必远离自己的家庭、朋友和亲人，也不必去适应新的文化和饮食。结果，这些工作反而能够让他们更好地做一个印度人。24/7 呼叫中心的人事主管安尼·尤尼克瑞桑对我说："我完成 MBA 学业后参加了 GMAT 考试。本来我是可以去美国的普渡大学学习的，但当时没有足够的钱作学费，最后只好作罢。现在虽然我有这种经济能力了，但很多美国企业都进入了班加罗尔，在印度就可以进入跨国公司工作，因此已经没有必要再去美国。在这里我可以享受印度的米饭和森巴（sambar，一种传统的印度汤），没有必要去努力适应凉拌卷心菜和冻牛肉。既有印度美食，又可以在跨国公司工作，两全其美，为什么还要到美国去呢？"她在班加罗尔拥有一所公寓和一辆车，即使是在美国也算相当不错的生活水平了。

如果你能在 24/7 呼叫中心走一圈，你会发现所有的电脑使用的都是微软操作系统，芯片都是英特尔的，电话是朗讯（Lucent）的，空调是开利（Carrier）的，甚至连饮用水都是可口可乐的。除此之外，24/7 呼叫中心 90%的股份都是由美国投资者持有的。因此，尽管美国近些年来将一些服务工作外包给了印度，但美国公司对印度的出口却从 1990 年的 25 亿美元上升到 2003 年的 50 亿美元。美国的一些服务业工作转移到了印度，但是印度高速发展的经济创造了更多的对美国商品和服务的需求。

去的还会再来。

9 年前，当日本汽车大量出口美国时，我曾写过一篇专栏文章，讲述了我和 9 岁女儿奥利一起在电脑上玩游戏时发生的故事。游戏的名字是《卡门·圣地亚哥在哪儿？》（Where in the World is Carmen Sandiego?）我想提醒她，卡门去了底特律，于是我问奥利："汽车都是在哪儿制造的啊？"没想到她连想都没想就说："日本。"

噢！

我在参观班加罗尔的软件设计公司 Global Edge 时又想起了这个故事，这家公司营销部门的经理拉杰什·拉奥（Rajesh Rao）告诉我，他刚刚给美国一家公司打过电话，希望能争取到商业机会。拉奥刚刚介绍自己是一家印度软件公司，电话另一端的美国主管就说："Namaste"，这是印地语的常用问候。拉奥说："几年前，没有多少美国人愿意和我们谈生意，但现在他们都很热情。"一些人甚至知道怎么用印地语问好了。我在想，如果有一天我有了一个外孙女，告诉她我要去印度，她也许会问我："外公，那是生产软件的地方吗？"

我想我会回答她，不完全是。每种新产品——从软件到小饰品——都要经过一个生产周期，包括基本研究、应用研究、孵化期、开发测试、生产、应用、技术支持和后续设计等。每个阶段都是专业化和独特的，印度、中国和俄罗斯都没有足够的人力和智力可以为一家大型美国跨国公司解决整个生产过程，但是这些国家都在不断提高它们的研发能力。美国一家研发公司 Sarnoff 的研究人员 S·切鲁库里称，创新也在走向全球化，由单一跨国公司处理整个生产过程的旧的生产模式已经一去不复返了。越来越多的欧美公司开始将研发外包到印度、俄罗斯和中国。

根据卡纳塔克邦——著名的班加罗尔市就位于这个邦——的政府信息技术管理部门所提供的资料，美国思科公司（Cisco System）、英特尔公司(Intel)、IBM、得州仪器公司(Texas Instruments)和通用电气公司(GE)的印度分部已向美国专利管理部门提交了 1000 来项专利申请。单是得州仪器公司的印度分部就已获得 225 项美国专利。"英特尔位于班加罗尔市的工作团队正在开发专用于高速宽带无线技术的微处理器芯片，计划于 2006 年开始投放市场"，在 2004 年底发布的一项陈述中，卡纳塔克邦主管信息技术的官员这样说。他还说，"在通用电气公司位于班加罗尔市的约翰·F·韦尔奇技术中心(John F. Welch Technology Centre)，工程师们正在开发新型的航行器发动机、传送系统以及合成树脂。"事实上，在过去的这些年中，通用公司常常把在美国为其工作的印度工程师调回印度，来整合公司的全球研究工作。现在，通用公司甚至把非印度籍雇员派到班加罗尔市工作。维韦·保罗（Vivek Paul）是维普罗科技公司（Wipro Technologies）——另一家杰出的印度科技公司——的总裁，但他立基于硅谷来接近维普罗科技公司的美国顾客。在来到维普罗公司之前，保罗管理着通用公司在密尔沃基（美国威斯康星州东南部港市）地区的造影扫描仪（CAT scanner）商务。那时他的一位法国同事管理着通用公司在法国的扫描仪专用发电机商务。

"最近在一次航班上我与他不期而遇，"保罗说，"他告诉我，他已经迁到印度去主管通用公司的高能科技研究。"我告诉维韦，我很高兴听到像他这样一位印度人——过去主管通用公司在密尔沃基市的造影扫描仪商务，而现在管理着维普罗科技公司在硅谷的咨询商务——告诉我他以前的法国同事现已迁到班加罗尔市为通用公司工作这样的事。这呈现出一个平坦的世界！

每次当我认为自己找到了最不可能外包到班加罗尔的工作时，我就会发现另一个更加不可能的工作。我的朋友维沃克·库尔卡尼曾是班加罗尔专门负责吸引外资的政府官员，他 2003 年从那个职位退下来时就设立了一个名为 B2k 的公司，其中一家子公司叫 Brickwork，是专门为跨国公司那些繁忙的主管们提供个人行政助理的远程服务的。假如您是一家公司的总裁，您要在两天后做主题演讲并需要一份幻灯片的讲演稿，那么 Brickwork 就会为您做所有的调研工作，制成幻灯片，并及时地将所有材料用电子邮件发给您，绝不耽误您的演讲。

库尔卡尼解释说："当你在纽约结束一天的工作时，你可以给地球另一端的个人行政助理分配工作任务，等到第二天早晨你开始上班的时候，所有的任务都准备就绪。由于时差的存在，你晚上休息的时候他们会在做你分配的任务，第二天早上你就能收到完成的工作了。"库尔卡尼还建议我在印度雇一个远程助手协助我完成本书的调研工作，"他或她还可以帮你完成各种整理工作，当你醒来时，你会在邮箱里发现已经完成的摘要。"我告诉他，没有人会比我多年的工作助理玛雅·戈尔曼更适合我，而她就坐在离我 10 英尺（1 英尺 =0.305 米）外。

雇佣这种远程个人行政助理的成本为每月 1500～2000 美元。Brickwork
一般会从印度大学的毕业生中物色人选。印度有这么多优秀的大学毕业生，
你完全能够雇用到出色的人才。就像 Brickwork 的介绍材料中所说的那样，
"印度每年的大学毕业生多达 250 万名。印度的商学院每年会培训出 8.9 万
MBA 毕业生。此外还有更多的能干的家庭主妇进入劳动力市场。印度巨大
的人才库能够为跨国公司提供各种高素质的人才。"

库尔卡尼说："我们收到的反馈很好。" Brickwork 的客户群可以分为两
大类：一类是美国的医疗保健咨询机构，它们经常需要处理很多数据和准备
幻灯片形式的讲演稿；另一类是美国的投资银行和金融服务公司，它们需要
精美的宣传手册，用各种图表解释首次公开发行的股票或并购能够带来的收
益。以并购报告为例，Brickwork 会帮助它们准备对市场总体环境和趋势有
关的报告，这部分内容很容易从网上获取资料，格式也基本上是标准化的。
库尔卡尼说："投资银行决定这些交易的合适价格。我们做的都是些低端工
作，那些需要很高判断力和丰富工作经验的事情将由他们自己完成。"
Brickwork 雇员参与的项目越多，他们获得的知识就越多。库尔卡尼说：
"我们的理念就是不断学习。你会不断接受挑战。学习是没有止境的……谁
能干些什么也是没有止境的。"

和哥伦布不同的是，我并没有因发现印度的班加罗尔而停止对"平坦的
世界"的探索。从印度回到美国后，我决定继续到东方去寻找例证。之后不
久，我就到了东京，并有幸见到了曾在麦肯锡日本公司担任顾问的具有传奇
色彩的大前研一(Kenichi Ohmae)。如今大前研一已经有了一家自己的公司。
做什么呢？不做咨询了。他说他正在把技术含量较低的日本工作外包给中国
的呼叫中心和服务供应商。我惊奇地问道："外包到中国？日本不是曾侵略
中国近 50 年，中国人不是仍然很恨日本人吗？"

大前研一对此并不否认，不过他也指出，中国的东北地区仍然有很多能
讲日语的中国人，这里有很多日本文化的痕迹，比如寿司和卡拉 OK。东北
的港口城市大连是一个很明显的例子。大连对于日本就像班加罗尔对于美国
和其他说英语的国家一样重要：这里已经成为外包的中心。中国人也许永远

不能原谅日本在 20 世纪给中国带来的灾难，但现在中国人更关注的是如何在 21 世纪领先于全球经济，因此他们肯下工夫提高日语水平，承担日本外包的所有工作。

2004 年初大前研一就告诉我："在大连招募员工很容易。大连附近大约 1/3 的人在高中时就学习日语，因此很多日本公司都愿意到这里来。"大前研一的公司外包的主要是数据输入工作，他们将手写的日本文件通过扫描、传真或电子邮件从日本发到大连，当地雇员用日文把这些资料录入数据库。他的公司已经开发出一种软件程序，可以将需要输入的数据分成不同的部分，这样就可以根据员工的特长，分配给在日本或中国的雇员录入，最后在东京的总部重新整理数据库。大前研一的公司甚至和 7 万多个家庭妇女签订了这种用工合同，她们有的熟悉医学，有的熟悉法律，可以在家中完成这些工作。这家公司最近还将服务对象拓展到了房地产领域的电脑辅助设计。大前研一说："日本的建筑公司在和顾客商讨设计方案的时候，大多是在纸上画出平面草图，很多日本的房屋设计公司并不使用电脑。"这些手绘的设计图首先被送到中国，转换为数字版后再发回日本建筑公司，最后形成建筑蓝图。大前研一说："我们聘请的都是中国最好的数据运营商，他们一天可以处理 70 张这样的房屋设计图。"

70 年前残暴的日本军队占领了大半个中国，毁坏了无数中国的房屋。70 年后，中国人在为日本的家庭制作电子版的房屋设计图：也许这个平坦的世界还有希望……

我想亲眼看看这个中国的班加罗尔——大连，所以我继续东行。大连给人留下了深刻的印象，并不仅仅是因为它是个中国城市。这里有宽阔的林荫大道、美丽的绿化带、众多的科研院校和广阔的软件园区，这里毫不逊色于"硅谷"。1998 年我到过大连，但这次故地重游时，我差点认不出这个地方了，因为这里增添了太多的新建筑。大连距北京约 1 小时航程，这里是诸多中国现代化都市的缩影——当然，中国仍然有很多其他落后和衰落的城市。很多中国的城市正在崛起，它们竭力争取的是知识密集型的商业机会，而不仅仅是大规模的制造业。大连的大楼上的标志可以证实这一点：通用电气、微软、戴尔、甲骨文、惠普、索尼和埃森哲。这些跨国公司在亚洲地区的后台支持工作、软件研发工作都在这里完成。

大连的地理位置十分优越，距离韩国和日本都只有 1 个小时航程。此外它还拥有大量精通日语的人才，网络宽带十分普及，有许多公园和一个世界一流的高尔夫球场，这些都令其成为日本企业青睐的外包市场。日本企业在本国雇一个软件工程师的工资在大连除了可以雇 3 个软件工程师之外，还可以再雇用一屋子呼叫中心的接线员（1 个月的起薪为 90 美元）。这就不难解释为什么会有大约 2 800 家日本公司会选址大连。

大连华信计算机技术有限公司（简称 DHC）是本地最大的软件公司之一。公司的美国/欧盟项目总经理刘军告诉我："我带了很多美国朋友到大连来，他们对中国高科技的发展速度感到惊讶。美国人并没有认识到他们面临的挑战，不过我对他们迎接这一挑战的能力充满信心。"在 6 年内，这家软件公司的雇员数量从 30 人猛增到了 1 200 人。

现年 49 岁的大连市市长夏德仁精力充沛，他曾经是一所大学的校长（中国在举贤荐能方面确实颇有建树，精英管理的文化传统源远流长）。在一次宴请当中，夏德仁市长向我描述了他的宏伟计划和目前的进展。他介绍说："大连共有 22 所高校，在校大学生共有 20 万人。"其中学生中一半以上是工科或理科学生，即使是那些学历史或文学的文科生也都有一年时间专门学习日语或英语，并能够熟练运用电脑，只有这样他们才有好的就业前景。大连市民当中一半以上的人可以在办公室、家庭或学校里上网。

夏市长还说："最初日本企业在大连只做一些简单的加工工业，慢慢地他们开始将研发和软件开发也转移到这里。过去一两年中，美国的软件公司也开始将软件业外包到大连。我们将逐步赶上印度。大连的软件产品出口每年都在以 50% 的速度递增。中国正成为拥有大学毕业生最多的国家。虽然总体来看，中国人的英语水平不及印度，但由于我们人口更多，因此我们可以挑选出最聪明英语最棒的学生。"

迄今为止，日本政府从来没有对第二次世界大战时期在华犯下的罪行向中国正式道歉，大连人民会愿意为日本人工作吗？夏德仁市长这样说道：

"我们永远都不会忘记日本侵华的历史，但在经济领域我们将只关注经济问题，特别是在谈到软件外包业务时。如果美国和日本企业选择在大连建厂，我们认为那是个好事。我们的年青一代正务力学习日语，掌握了这门工具，他们就能够和日本的对手竞争，就可以为自己谋得高薪职位。我个人感觉，最近几年中国年轻人比他们在美国和日本的同龄人都更有雄心壮志，但他们还没法和我们这一代人相比。我们这一代人在上大学之前都要到边远地区锻炼，去农村、工厂和军队，经历过艰苦生活的磨炼。所以我们这一代人在意志力方面要胜过年青一代。"

夏市长对这个世界的看法直接而形象。尽管翻译可能漏掉了他的一些观点，但是他确实看到了世界的变化，而美国人也应该看到这一点。这个共产党的官员向我解释："市场经济的规则就是，如果某个地方拥有最丰富的人力资源和最廉价的劳动力，全世界的企业和商机都会到这里来。在制造业方面，中国人最初是雇员，为外国制造商打工，几年之后，我们学会了所有的生产流程，我们自己也开始办公司。软件行业也是一样。这就像盖大楼一样，今天，你们美国人是设计者和工程师，发展中国家只是泥瓦工，但是我希望有一天我们也成为建筑师。"

我继续东行。2004 年夏天我在科罗拉多州度假。在那之前，我曾经听说过一家叫捷蓝（Jet Blue）的航空公司，这家公司成立于 1999 年，专门提供廉价的机票。但我不清楚它们的航线，我需要乘坐华盛顿到亚特兰大的航班，但不知道航班的时间，于是我就给它们打电话。说实话，我给它们打电话还有另外一个目的：据说捷蓝已经将它整个的机票预订工作外包给了犹他州的家庭主妇，我想证实一下。于是我拨通了捷蓝的订票电话：

"嗨，我是多利。要我帮忙吗？"听起来这应该是个已经当祖母的人。

我问道："我想从华盛顿到亚特兰大，你们飞这条航线吗？"

多利回答说："对不起，我们只有从华盛顿到劳德代尔堡的航班。"

我继续问道："那从华盛顿到纽约呢？"

多利回答："非常抱歉，我们也不飞那条航线。不过我们有从华盛顿到奥克兰和长滩的航班。"

"我可以问您点别的事情吗？您现在是在家吗？我听说捷蓝的员工都在家办公。"我试探地问道。

多利愉快地回答："是的，我是在家。"（我后来从捷蓝公司打听到，她的全名是多利·贝克）"我现在坐在我们家二楼的房间里，可以看到窗外阳光明媚的风景。5分钟前有人打电话问了我同样的问题，他们说，'天啊，我以为您会告诉我您在新德里。'"

我接着她的话问道："那您住在哪里呢？"

多利很高兴地说："犹他州的盐湖城。我们有一个两层小楼，我很喜欢在这里办公，特别在雪花纷飞的冬天，我也可以舒服地待在家里办公。"

我问道："您怎么得到这份工作的呢？"

她说："他们不公开招聘的，是别人口头告诉我的。我曾经在州政府工作过一段时间，退休后我觉得自己应该做点别的。我很喜欢现在的工作。"

大卫·尼勒曼（David Neeleman）是捷蓝的创始人和首席执行官。他将这种雇佣方式称作"家包"（homesourcing）。捷蓝现在有400名像多利这样的雇员，她们在盐湖城地区的家中工作，既完成了机票预订工作，又没有耽误照看小孩、锻炼、写小说和做饭。

几个月后，我在捷蓝的纽约总部拜访了尼勒曼，他向我解释了"家包"的好处。事实上，他在莫里斯航空公司（后来被西南航空公司收购）工作时就开始了这种实践。尼勒曼说："莫里斯航空公司一共有250名这样的雇员。由于她们的工作热情比较高，服务态度也比较好，完成的工作量比非'家包'员工要高出30%。所以当我成立捷蓝时，我说，'我们要把所有机票预订工作都包给这些家庭妇女。'"

尼勒曼这样做也有其个人原因。作为一个摩门教徒，他认为如果更多的母亲可以和孩子待在家里并且拥有一份带薪工作，整个社会将会变得更好。所以他将"家包"地点选在了盐湖城，那里有很多信仰摩门教的妇女，很多人都是家庭主妇。这些人每周工作25小时，而且每个月都要到捷蓝在盐湖城的地区分部接受4个小时的培训，及时了解公司的最新动态。

尼勒曼还说："我们不会外包到印度的。在这里我们可以得到更高的服务质量……有些公司情愿外包到印度，我始终无法理解。可能是因为它们总想有人在它们面前听差，或是派一些头儿去管人。我们在这里获得的高效率已经远远超过本地工资和印度低工资的差别。"

2004 年 5 月 9 日《洛杉矶时报》刊登了一篇关于捷蓝的文章，文中提到："1997 年，美国的公司雇员中有 1 160 万人都有部分时间在家中办公，现在这一数字已经上升到 2 350 万人，这相当于美国劳动力的 16%，与此同时，主要在家中工作的自由职业者的数量也从 1 800 万人上升到了 2 340 万人。在一些人的眼中，家包和外包并非不同的策略，它们都是同一目的的不同实现形式：哪里能够降低成本、提高效率，公司就会到哪里去。"

这也是我所见所闻的感受：盐湖城的家包和班加罗尔的外包是一个硬币的两面：都是把业务包出去。我所学到的新事物就是，公司和个人几乎可以把工作包到任何地方。

我继续旅行，一直到了伊拉克。2004 年秋天，我陪着美国参谋长联席会的主席——理查德·迈耶（Richard Myers）将军视察伊拉克的热点地区。我们先后到了巴格达、美军在费卢杰（Fallujah）的总部和位于巴比伦省外围的第 24 海军陆战队远征部队（简称 MEU24）的营地，这里是所谓的逊尼派三角❶的中心。MEU24 的营地有点像阿帕奇要塞(Fort Apache，在 19 世纪后半期，美洲土著阿帕奇部落曾强烈抵制殖民者对他们领土的入侵——译者注)，周围都是充满敌意的伊拉克逊尼派穆斯林。就在迈尔斯将军忙于与军官和士兵们见面时，我得闲在军营里到处走动，最后竟然走进了作战指挥中心，我立刻被指挥中心巨大的纯平电视吸引住了。电视屏幕上放映的内容好像出自头顶上的投影电视装置。屏幕上放的是一群人在一栋房子的后面移动，而屏幕右边不停滚动出现的对话好像是对电视图像的讨论。

我问旁边那个正在笔记本电脑上仔细监控所有图像的士兵："这放映的是什么？"他解释说，这是美国"掠夺者"（Predator）无人驾驶飞机在用高性

---

❶ Sunni Triangle，伊拉克西北部的一个纷争地带。

能的电视摄像机拍摄伊拉克的村庄，并将实时图片传送回他的电脑和这个屏幕上。这架无人驾驶飞机和摄像机都是由美国内华达州拉斯维加斯的 Nellis 空军基地的专家掌控的。确实如此，在伊拉克上空飞行的无人驾驶飞机是由拉斯维加斯控制的。这些视频图像同时被 MEU24、位于坦帕市的美国中央司令部、美国中央司令部在卡塔尔的地区总部、五角大楼甚至中央情报局同时观看。遍布世界各地的这些分析人士也在网上交换对电视内容的看法，他们在网上的对话记录不停地闪现在屏幕的右端。

我还没有来得及表达自己的惊讶，一个和我一起来的军官说，这种技术已经"碾平"了军队里的等级制度。下级军官甚至刚入伍的士兵都可以掌握大量的信息，他们可以操作电脑并对采集来的信息做出决定。当然，一个中尉没有得到上级的指示肯定是不能命令开火的，但是那个只有高级军官才能知晓全局的时代已经结束了。军人的战场也被夷为平地。

我把这个故事讲给了我的朋友尼克·伯恩斯（Nick Burns），他当时是美国驻北约的大使，并且还是美国棒球红袜（Red Sox）球队的忠实球迷。尼克告诉我，2004 年 4 月他在美国中央司令部位于卡塔尔的地区总部出席一次会议，美军中央司令部指挥官阿比萨德（John Abizaid）将军就坐在他的对面，在他的身后是 4 台纯平电视。前面 3 台放映的是"掠夺者"无人驾驶飞机从伊拉克的不同地方拍摄来的实时图像，尼克专注看的是最后一台，里面放的是红袜对扬基（Yankees）的棒球比赛。

汉堡包和薯条也变平了

于是我继续东行，一直回到我在马里兰州贝塞斯达市的家。等我终于在房间里坐定时，我感觉我的头在眩晕。然而，各种可以验证"平坦的世界"的消息又陆续传到我的耳边。有的消息可能会让那些家里有孩子在读大学的父母寝食难安，不知道他们的孩子该如何应对：比如，福里斯特市场调查机构（Forrester Research Inc.）预测说，到 2015 年美国将有 300 多万服务和专业工作外包到国外。而最让我错愕的是 2004 年 7 月 19 日美国《国际先驱论坛报》的头版文章《想要外包的薯条吗？》。

"在密苏里州吉拉多角市（Cape Girardeau）的 55 号州际高速公路附近有家麦当劳店，在那里你可以得到质优高效的服务，虽然帮你订餐的人并不在餐厅内，甚至不在密苏里州。事实上，帮你订餐的是科罗拉多州的一家呼叫中心，距离这家餐厅有 1 450 千米。呼叫中心通过高速的网络，将顾客的订单传给准备食品的厨师。看起来即使是餐馆服务工作也不能排除被外包的可能。

吉拉多角市麦当劳餐厅的老板香农·戴维斯一共拥有 12 家麦当劳连锁经营店，他将其中 4 家的订餐业务外包给了科罗拉多州的那家呼叫中心。后者的所有人是麦当劳的另一家特许经营商史蒂文·比加里。戴维斯这样做的目的和所有寻找外包业务的商人是一样的：降低成本、提高速度和减少差错。

廉价、快捷和可靠的通信线路使得科罗拉多呼叫中心的工作人员可以很方便地同密苏里州的顾客进行交谈，为他们照一张电子快照，将他们的订单显示在屏幕上以确认没有出错，然后将订单和照片发送到密苏里州的餐厅厨房。比加里说，订餐一旦取走，照片就被销毁了。而取走汉堡的人可能永远不会知道，在他们动身取订餐之前，他们的订单早已穿过了两个州。

戴维斯说，我 10 年前就梦想过这样干，所以一有机会我就马上付诸实施。比加里很乐意帮助戴维斯实现梦想，他的呼叫中心只征收微薄的费用。"

文章还提到，麦当劳公司也注意到了这种外包经营的创新，它开始在伊利诺伊州其公司总部附近的 3 家分店做实验，不过使用的软件和比加里（Bigari）的并不相同。麦当劳负责信息技术的副总裁吉姆·萨平顿（Jim Sappington）表示，将这种外包业务应用到麦当劳在美国的 1.3 万家餐厅，还是个很遥远很遥远的事情。不过，除了戴维斯外，明尼苏达州和马萨诸塞州的另外 2 家麦当劳的特许经营店也将它们的订餐业务外包给了比加里。比加里认为，这一体系成功的一个关键因素是它将客户的照片和订单联系在一起，提高了准确率，加快了服务的速度，抱怨也减少了。文章得出结论说："在快餐领域，时间真的就是金钱。工作流程即使只缩短了 5 秒钟也非同小可。"比加里说，他已经将免下车服务（drive-through）的取餐时间缩短了 30 多秒，现在只需要 1 分零 5 秒，这比麦当劳普通餐厅的 2 分 36 秒缩短了一半时间还要多。他们的取餐窗口前每小时经过的车辆有 260 辆之多，比开展呼叫中心业务前增加了 30 多辆……虽然呼叫中心接线员比普通雇员的平均工资每小时要多出 40 美分，但总体来看他所支付的工资成本下降了 1 个百分点，同时餐厅的销售额也大幅上升。经过其他公司的测试，在比加里开展呼叫中心业务之后，其窗口取餐业务的差错率还不到所有订单的 2%，而在此之前，这一比例为 4%。事实上，尽管比加里掌管的其中 7 家麦当劳店除了提供呼叫中心订餐服务外，也有柜台服务，但多数顾客即使是坐在就餐区内也宁愿通过呼叫中心订餐，他们用手机订餐，用信用卡支付。

我继续东行，到了我家朝东的起居室。我的妻子（Ann），曾经是一年级的阅读老师，她给我看了一篇文章，里面谈到美国的家长和孩子正通过网络将家庭辅导外包给印度人。2005 年 10 月美联社发自印度科钦（Cochin）的一份报道讲述了这个故事：

> 黎明尚未到来。天色如墨，几颗稀疏的星星在天上闪烁。住在印度南部科钦的科扬卜罗斯·纳米多来到了一个安静的郊区，开始了她的工作。现在是凌晨 4:30。她端着一杯咖啡，坐在自己的小隔间里面开始工作。她有 20 多位同事，每个人都有一个小隔间，里面放着电脑和耳机。在 7 000 英里（1 英里 =1.609 千米）之外的芝加哥郊区小镇格伦沃（Glenview），夜幕刚刚降临。一个 14 岁的男孩普林斯顿·约翰坐在电脑边，光着脚丫，等待着上他的几何辅导课。这个中学一年级的小男孩戴上了一副耳机，点开电脑上的软件，就可以和他远在天边的辅导老师纳米多通话。
>
> 这被称为电子辅导（e-tutoring）。这又是一个活生生的例子：现代的通信设施，加上人数众多的受过高等教育、工资低廉的亚洲人已经把外包的领域不断扩展，渗透到美国人的日常生活。上千名美国的中学生

现在都在接受印度人的辅导。

纳米多问："你好，普林斯顿，怎么样，你考得怎么样？"

普林斯顿回答："喂，我很好。我考得很不错。"

纳米多为一家叫做成长之星（Growing Star）的公司工作。这家公司在加利福尼亚的弗里蒙特和印度的科钦均有办公室。普林斯顿和他 12 岁的妹妹普丽西拉每周两次通过网络接受数学辅导。

普林斯顿的辅导课很快开始了。一份几何试卷出现在他的电脑屏幕上。辅导老师和学生互相交谈，打字输入有关的信息，并用一个数字化的"铅笔"做习题、改错误。普林斯顿在一个很像鼠标垫的板子上写字，他写的东西就出现在纳米多的电脑屏幕上。普林斯顿还可以用扫描仪将他课本上老师布置了作业的那几页发送给纳米多。普林斯顿说，"我们开始吧"。于是他们开始讲解什么是平行线和补角。

电子辅导是在 3 年前出现的。现在有数千名印度老师在辅导美国学生数学、科学和英语。他们的工资是每小时 15～20 美元，而在美国请一个家教需要付每小时 40～100 美元。普林斯顿的母亲贝西·皮尤斯坦非常满意，她说她的孩子们两年前开始接受电子辅导，现在每门功课都是 A 或 B。

辅导课快结束了。纳米多布置了课后作业。普林斯顿抗议了："又有作业呀。好吧，好吧，做作业。没有作业的生活该有多好啊。"

·

尽管我已经到家了，但是我还是继续向东。我到了华盛顿的市中心，就在我办公室的旁边。2005 年秋天的一个下午我采访了美国商务代表罗伯·波特曼（Rob Portman）大使。他的助手艾米·M·威尔金森（Amy M. Wilkinson），一个白宫工作人员，告诉了我一个不同寻常的故事。美国和阿曼刚刚完成自由贸易协定谈判，双方同意消除关税和贸易壁垒。不同寻常的是，波特曼是通过电视会议的方式和阿曼商业和工业部长迈克博勒·宾·阿里·素丹（Maqbool Bin Ali Sultan）签订的这个协议。波特曼在美国，而素丹是在阿曼的首都马斯喀特（Muscat）。威尔金森女士描述了当时的情景："在我们的会议室有大约 30 名媒体记者，个个拿着笔记本电脑。波特曼大使站在房间前面的讲台上。他的形象被投影在一个数字化的电视会议屏幕的半边。阿曼商业工业部部长和围坐在圆桌边的阿曼记者们被投影到屏幕的另外一半。波特曼大使先讲话。阿曼部长接着讲话。然后是回答问题的时间。美国的媒体向波特曼提问。然后我们转向阿曼的记者，请他们提问。他们也问了他们的部长几个问题，然后一个美国记者同时向波特曼大使和迈克博勒·宾·阿里·素丹部长提问。接着，美国记者纷纷向阿曼部长提问，阿曼记者也向美国大使提问。最后，（在屏幕一边的）波特曼伸出手和阿曼部长'虚拟握手'。这看起来挺滑稽，有人忍不住笑出声了。不过效果确实不错。这种会议能够让更多的人参加，否则我们必须整个使团飞到那边去，阿曼方面也是一样。数字化的会议使得每个人都不会筋疲力尽，而且坐在'虚拟桌子'边上的每个人都皆大欢喜。"

几个月之后，我打电话给我的股票经纪人，瑞银的 Mark Madden。他让我先等一会儿。我等他的时候，电话里一直播放着瑞银的广告。广告说，全球市场变得和人们更加贴近，而且越来越紧密，由于这种变化，瑞银的服务只在两个地方："每一个地方"和"就在你身边"。

瑞银的广告这样说："金融的解决方案是没有边界的。我们在全球各个市场都有投资分析师。我们拥有世界范围内的财富管理、资产管理和投资银行方面的专家。你的瑞银财务顾问可以借助这一资源的网络，为您提供最优的服务。我们已经把世界缩小到了可以管理的程度。"

我喜欢他们的提法。一个公司提供的服务只在两个地方："每一个地方"和"就在你身边"。这准确地把握了平坦的世界对公司的影响：一方面，公司必须比以前更加全球化，同时，也必须更加人性化。

我在美国还遇到一些可以说明世界变平的例子，不过和经济学没有关系，但却和我的职业有关。2004 年大选之前，我参加了哥伦比亚广播公司王牌主持人鲍勃·希弗（Bob Schieffer）主持的周日早间新闻节目《面对国家》（Face the Nation）。那几周哥伦比亚广播公司在各大媒体上都受到关注，因为拉瑟（Dan Rather）在名气很大的《60 分钟》节目中报道说，越战期间布什总统的空军服役证明是伪造的。

节目之后，希弗给我讲述了一周前他遇到的奇事：那天他录完节目走出直播间时，一个年轻的记者在路边等他。这并不奇怪，因为各主流媒体——哥伦比亚广播公司、国家广播公司、美国广播公司、福克斯和CNN——周日早间都会有访谈节目，它们会派记者到其他媒体直播间门口等待节目结束后采访出席访谈的嘉宾。但是这个年轻人并不是这些主流媒体派来的，他很礼貌地介绍自己是一个网站 InDc Journal.com 的记者，希望能问希弗几个问题。出于礼貌，希弗表示同意。这位年轻人就用一个希弗不认识的设备开始了采访录音，紧接着他又表示希望能拍张照片，可是希弗并没有看到他带的照相机——他根本不需要专门的照相机，一部手机就帮他解决了问题。

"第二天早上我登陆了他们的网站，不仅看到了一篇报道、我的照片，还发现已经有了 300 篇相关评论。"尽管希弗对这种网络媒体的迅速发展并不少见多怪，但他仍旧对这位年轻人如此高效率、低成本的独行侠式的报道方式感到吃惊。

我对这个故事产生了很大兴趣，于是我联系上了这位年轻人，他名叫比尔·阿尔多利诺（Bill Ardolino），是一个很善于思考的年轻人。我在网上对他进行了采访，首先从他用的设备问起。

"我用一个很小的 MP3 播放器兼数字录音笔（长 3.5 英寸，宽 2 英寸，1 英寸 =2.54 厘米）进行录音，用一个单独的小数码相机拍照，这些当然比不上融数码相机和录音笔于一体的手机方便。我一直随身携带这些设备，因为你随时都会遇到新闻。"

阿尔多利诺说，这个 MP3 播放器花了他 125 美元，主要功能是播放音乐，也可以当作录音设备，将声音存成 WAV 格式，然后可以在电脑上播放……基本上，采访必备的录音设备只需要大约 100 美元，如果你工作中还需要图片，那就再花 200～300 美元买个照相机，400～500 美元就能买一个很好的录音笔兼数码相机。但是要想做采访工作，花 200 美元添置设备已经足够了。

是什么让他创立了自己的新闻网呢？

阿尔多利诺说："我已经厌烦了主流媒体那种片面、独断的信息采集方式。"阿尔多利诺自称是"中间偏右的自由主义者"。他说："独立采编和博客都是市场力量的反映，因为现在的信息来源无法满足人们的需求。我最早的独立采访对象是华盛顿特区的反战团体，事实上很多媒体都没有正确地反映这些社会团体的性质。我采编的新闻由于观点新颖、视角独特而得到迅速传播。对希弗的采访在 24 小时内点击次数达到了 2.5 万次，我所创下的最高纪录是 24 小时内点击次数达 5.5 万次，那是我对拉瑟门事件的披露……我当时采访了第一位对丹·拉瑟的报道质疑的专家，没想到 48 小时内《华盛顿邮报》、《芝加哥太阳时报》、《纽约时报》等都要求对他进行采访。"[1]

他继续说："发现哥伦比亚广播公司造假的过程是非常快的。很多人都在不屈不挠地寻找事实。媒介的传播速度和开放性让哥伦比亚广播公司难以应付无数无形中存在的新闻监督员……我总是想以写作为生，但很讨厌美联社的那种写作风格。博客的存在让人们不必对着电视大叫大嚷，让他们有了畅所欲言的机会。我觉得博客实际在充当新闻采编和评论的供给系统，他们一方面在密切关心主流媒体的动态，另一方面也在给后者提供基本信息。就像你在本书中谈到的很多情况一样，事情都有好坏两面。多家媒体的存在可能会导致新闻报道不一致的情况，但它也打破了垄断，更好地确保了公众获得信息的真实性。"

就像我很偶然地听到希弗和阿尔多利诺的故事一样，也许你也会在某一天遇到一些事情，他们会告诉你，旧的等级制度正被碾平，世界也在变平。我翻阅着 2005 年 6 月 25 日的《金融时报》，忽然看到这则新闻《Google 寻找更多的天才》。这则报道写的是 Google 打算把传奇的技术天才路易斯·蒙尼尔（Louis Monier）从 eBay 挖过来。蒙尼尔在 eBay 负责新技术开发。真正吸引我的是报道中的一段话："蒙尼尔先生最初是在一封电子邮件中把打算离开 eBay 的想法告诉了博客约翰·贝特尔（John Battelle），贝特尔很快就在他的网站 Battellemedia.com 上公布了这一新闻。"也就是说，一个顶尖的博客公布了这一消息，而传统的媒体巨人《金融时报》不得不引用贝特尔一个人的网站作为最权威的信息来源。

---

[1] 2004 年 9 月 8 日，拉瑟在名气很大的《60 分钟》节目中报道说，在越战期间，布什总统曾利用父亲的影响力逃避到越南服役，并出示文件为证。节目播出后，该文件的真实性广受质疑，后来多方调查证明，这些文件确属伪造，是一名不满布什的老兵在家里用计算机打出来的。

研究政治和技术的相互关系的专家迈卡·西弗赖（Micah L. Sifry）在2004 年 11 月 22 日的《国家》（*The Nation*）杂志中提到："自上而下的政治一去不复返了。过去，竞选、机构和新闻界都是依靠大资本支撑的与世隔绝的权力中心，但是现在和旧制度不同，出现了很多能够让个体更疯狂、更能亲身参与、更能直接满意的东西。"

阿尔多利诺和《金融时报》上的报道只不过是两个例子。世界正在以更快的速度变平，并且在改变各种规则、角色以及相互的关系，而社会科学还没有对此做出足够的研究。就像我要在下一章中谈到的那样，我们将进入一个阶段，让我们可以看到几乎一切事物都能数字化、虚拟化和自动化，那些采用新科技手段的国家、公司和个人将获得惊人的收益。我们将进入一个阶段，让更多的人可以接触到这些科技手段，他们可以是创造者、合作者甚至是恐怖分子。真正的信息变革即将开始，我称其为全球化 3.0 版本，但我相信这个全球化的新时代与前两个全球化的版本存在着质的差异，所以我强调世界已经从圆的变成了平的。不管你在地球的什么地方，你都会发现，等级制度正遭到来自社会底层的挑战，或者正从自上而下的关系变成更为平等和合作的关系。

曾担任克林顿政府商务部高级官员、现为私人战略咨询师的大卫·罗特科普夫（Daivd Rothkopf）表示："全球化曾是我们用来描述政府和大企业关系变化的词汇，但现在我们看到的是意义更广阔也更为深远的现象。"全球化并不仅仅是政府、企业和个人相互交流的方式，也不仅仅是机构间相互影响的方式，它意味着新的社会、政治和商业模式的出现。罗特科普夫补充道："全球化涉及社会的最根深蒂固的方面，甚至会影响到社会契约。你所在的政治实体中存在着那些在虚拟空间的新工作，存在着能参与全球分工合作的工人，存在着在世界多个地方同时生产的产品，谁来监管工作？谁来征税？谁从税收中获益？"

如果我对平坦世界的说法是正确的，那么这将像古滕堡（Gutenberg）印刷术、民族国家的兴起和工业革命的发生那样被当作全球最基本的变革之一。就像罗特科普夫提到的那样，每次变革都会影响个人角色、政府角色和形式、创新方式、妇女地位、战争方式、受教育方式、宗教和艺术的表达方式、科学研究的开展方式等。"历史上总有一些分水岭式的事件，它们带来的变革是彻底的、多层面的，它们的意义在当时也是很难预测的。"

如果平坦世界的前景让你对未来感到不适，你的感觉没有错，很多人和你的感受是一样的。历史上的每次技术变革都给这个世界带来了深刻的变化，但是世界变平的过程和以往的变革有着质的不同。印刷术的引进用了数十年的时间，而且在更长的一段时间内，这种新技术只影响到地球上很少一部分人。工业革命也是这样。世界变平的过程比前两次全球化发生的速度更快，影响的人也更多。转变的过程速度越快、范围越广，其带来的破坏就可能越大，因为权力从旧主人转移到新主人手中的过程是无序的。

过去数年一些无法利用这些变化而在市场上遭受失败的高科技公司给所有的企业、机构和国家敲响了警钟：它们现在面对着无法回避甚至无法预测的挑战，但是却缺乏适应这些挑战所必需的领导、灵活性和想象力。不是因为它们没有意识到这些问题，也不是因为它们不够精明，而是因为变化的速度超过了它们。

我们这个时代面临的巨大挑战是如何让人们不要受制于这些变化，如何让人们不落后于这些变化。这些都不容易实现，但这却是我们的任务。这是不可避免的。本书就是要提供这样一个思考问题的框架，并且让我们最大限度地从中受益。在本章中，我介绍了我是怎么发现世界在变平的。下一章中我将讨论世界是怎样变平的。

第二章

碾平世界的 10 大动力

《圣经》告诉我们说，上帝用 6 天时间创造世界，第 7 天时他休息了。世界变平的过程要更长一些，它是在 10 个主要的政治事件、创新活动和公司的合力下完成的，没有人能在这个过程中停下来休息。本章主要讲的是碾平世界的 10 大动力，以及这一过程带来的各种新型合作方式。

第 1 大动力：1989 年 11 月 9 日，
创新时代的来临：柏林墙的倒塌和 Windows 操作系统的建立

我第一次看到柏林墙时，它上面已经有一个洞了。那是 1990 年 12 月，美国前国务卿詹姆斯·贝克三世（James A.Baker Ⅲ）到柏林访问，我参与对其行程的报道。[1]贝克第一次看到这个苏维埃时期的纪念物，当时我和其他记者一起站在他的身旁。贝克在回忆录《外交政治学》中写道："那是一个雾蒙蒙的天气，身着雨衣的我感觉自己像是约翰·勒·卡雷（John le Carr's）侦探小说里的人物。但是当我透过柏林墙的小洞看到东柏林那单调的建筑时，我意识到东德人已经将一切牢牢抓在了自己的手中。这是他们的意志力决定的。"贝克看完离去后，我们几个记者轮流看那个小洞，我还给我女儿带了几块墙砖回家。当时觉得这真是件很古怪的事情：在一座现代化的城市中

---

[1] 1989 年 11 月 9 日，柏林墙被拆除，一个很巧合的日子"11·9"。

建造这样一堵墙，目的仅仅是为了阻止住在墙一侧的人欣赏，甚至窥视、流动。

对于老一代人来说，柏林墙的倒塌确实让他们感到不安。在消除贫富差距方面，没有什么社会制度可以和共产主义相媲美。对那些已经习惯于社会主义生活方式的东德人来说，过去的生活尽管辛苦而贫困，但是工作、住房、教育和养老金都有保障，因此他们可能觉得很难适应柏林墙的倒塌，但是对于很多其他人来说，这却是通往自由的契机。因此柏林墙倒下的意义并不局限在柏林一个地方，这是一个令世界变平的事件。

要感受柏林墙倒塌带来的深远意义，我们最好听听德国或前苏联地区以外的声音。当柏林墙倒塌时，塔让·达斯（Tarun Das）是印度工业联盟的领袖，他感受到了这一事件给印度带来的连锁反应："印度当时有很多规章制度和官僚作风。在摆脱了英国长期的殖民统治后，尼赫鲁上台，他在治理国家上没有什么经验。美国当时忙于欧洲、日本和马歇尔计划。所以尼赫鲁就将他的经济智囊团派到了莫斯科。这些人回国后汇报说，苏联的成就令人吃惊，他们的计划委员会配置资源、发放经营许可，可以决定一切事情。于是我们也开始仿效，但我们忘记了印度是有私营部门的……从此以后，印度的私营部门也受到规章制度的限制。到 1991 年的时候，印度仍然有私人部门，但是它们受到严格的管制，并且不受政府的信任。因为它们只想着赚钱！1947～1991 年间印度的基础设施建设都是国有。国有部门带来的沉重负担几乎让印度破产。我们还不起债。虽然在跟巴基斯坦交战中，我们多次获胜，但这并没有给我们这个民族太多自信。"

1991 年，印度的硬通货基本已经用尽，时任印度财政部长（现在是总理）的辛格（Manmohan Singh）指出，印度必须让本国经济更多地融入全球贸易，解除经济管制，实现私有化。达斯说："我们的'柏林墙'倒了，这就像释放了笼子里的老虎，贸易管制也被解除了。过去我们的经济增长速度只有 3%，被称作'印度人的增长率'——因为印度人一向以性格温和著称，'印度人的增长率'也就代表着缓慢、谨慎和保守。1994 年印度实施经济改革 3 年后，我们的经济增长率达到了 7%。过去你想获得更多的收益只有到美国去，现在，你在印度也可以成为福布斯全球富人榜上的人物……过去我们只有 10 亿美元的外汇储备，现在我们的外汇储备已达到了 1 180 亿美元。文化和思维也发生了改变……10 年内，我们从内敛的自信发展到毫不掩饰自己的勃勃雄心。"

这一事件还让我们以不同的视角看待这个世界——将它视为一个整体。因为柏林墙不仅阻隔了道路，还挡住了我们的视线。当柏林墙存在的时候，我们很难将这个世界当作单一市场、单一生态系统和单一社会。1989 年前很难想象会有什么全球政策。在哈佛大学任职的印度籍诺贝尔经济学奖获得者阿玛蒂亚·森喜欢引用梵语里"井底之蛙"的故事，他说："在柏林墙倒塌之前，很多人就像井底之蛙一样看这个世界。柏林墙的倒塌给人们创造了相互交流的机会，就好像一个井里的青蛙忽然可以见到其他井里的青蛙一样……我之所以庆祝柏林墙的倒塌是因为我确切地知道，我们可以相互学习到很多东西。"

森提到，"妇女的自由可以提高她们受教育的程度，降低人口出生率和婴儿死亡率，增加她们的就业机会，进而影响她们的政治权利，使妇女在地方自治政府中可以扮演更重要的角色。"

最后，柏林墙的倒塌不仅可以让更多人接触对方的知识网，而且有助于他们接受共同的标准——经济运作的标准、会计标准、银行标准、制造计算机的标准和撰写经济论文的标准。我以后将更多地讨论这一问题，但可以在这里说的是，共同标准创造了一个更为平坦的竞争平台。换句话说，柏林墙的倒塌使得好的做法更容易得到推广。当经济或技术标准出现在世界大舞台上时，这些标准变得能更快地被接受。仅以欧洲为例，柏林墙的倒塌有助于欧盟的形成和成员国数量的增加。这些因素和欧元的出现相结合，在这个曾被铁幕分隔开来的区域营造了一个单一经济区。

虽然柏林墙倒塌的积极效应立即就已显现，但它倒塌的原因却并不十分明晰。导致柏林墙倒塌的因素并非只有一个。这既是前苏联体制内部矛盾和低效率的产物，也是因为前苏联为了和里根政府进行军备竞赛而最终受到拖累，而戈尔巴乔夫失败地去改革那些不能改革的体制，也起到了催化作用。但是如果让我指出最重要的因素，我想应该是开始于 20 世纪 80 年代初的信息革命。极权统治依赖的是对信息和力量的垄断，然而传真机、电话和其他现代化通信工具的广泛应用却让过多的信息传到了铁幕的另一边。

1977 年史蒂夫·乔布斯（Steve Jobs）和史蒂夫·伍茨尼雅克（Steve Wozniak）发明了著名的苹果 II 型家用电脑。1981 年第一台 IBM 私人电脑投入市场。1985 年第一个版本的 Windows 操作系统问世。而使得 IBM 电脑出现了革命性的改良的 Windows 3.0 系统是在 1990 年 5 月 22 日投入市场的，这仅仅在柏林墙倒塌的半年之后。柏林墙的倒塌拆除了地缘政治的屏障，使得我们能够交流信息、使用同样的标准、并以全球的眼光看待这个世界。Windows 系统和 IBM 个人电脑则消除了另外一种重要的障碍，使得每个人可以处理、写作、掌握和传播比以往多得多的信息。

微软的首席工程师克雷格·芒迪（Craig J. Mundie）说："装载了 Windows 操作系统的电脑使得上百万的人们能够把他们的观点数字化，并广为传播。"渐渐地，几乎所有的表达形式：文字、音乐、数据、地图、照片，甚至声音和图像，都能够被数字化。Mundie 还谈到："人们处理信息变得更加方便和廉价。他们可以在书桌上、厨房里、卧室里、地下室操作电脑，而不必要非得使用只有大企业才拥有的大型计算机，也不需要非得成为程序员才能使用电脑。"

这种变化对世界变平的影响是意义深远的。装载了 Windows 操作系统的个人电脑，以及柏林墙的倒塌启动了世界变平的过程。当然，人们一直以来就可以表达自己的观点，他们在远古时代就在洞穴的墙上绘画、到古滕堡印刷术和打字机出现后人们发表言论变得更加容易。但是装载了 Windows 操作系统的个人电脑使得人们可以在书桌上就把自己的观点变成数字化格式。数字化格式是非常重要的。因为一旦人们能够用比特或字节把自己的内容数字化，他们处理信息就会更有效率。随着远程通信技术的发展，人们就可以把自己的观点通过各种新的途径传送给越来越多的人。想象一下那个只能用笔和纸写作的人，想象一下那个只能用打字机写作的人，再看看一个拥有个人电脑的作者！

比尔·盖茨在创办微软的早期曾经说过，他的公司的使命是让每个人获得"手边的信息"（Information at your fingertips， IAYF）。在全球化 3.0 时代，人们将他们自己变得全球化，这主要就是通过 Windows 操作系统、苹果和 IBM 的个人电脑实现的。这些发展给了个人随时随地写作、整理并传播信息的能力。

微软的首席工程师芒迪谈到，Windows 作为主要操作系统的地位越巩固，程序软件商开发出来的应用软件就越多，生产力水平也就能提高得越快。在数以万计软件商的努力下，Windows 最终拥有了 38 种语言，极大地方便了各国的电脑使用者。

在同一时期，越来越多的人发现，只要他们购买一台个人电脑和一个调制解调器，他们就可以用电话上网并通过网络服务供应商（如 Compu Serve 和美国在线）发送邮件。芒迪说："个人电脑、传真机、Windows 操作系统和调制解调器的广泛应用都是在 20 世纪 80 年代末和 90 年代初，这些都是启动全球信息变革的基本平台。"关键是如何将所有这些都融入单一的可共同操作系统。芒迪指出，一旦我们拥有一个标准化的计算机平台（IBM 个人电脑）、一个处理 Word 和电子数据表的标准化图形用户界面(Windows)和一个用于交流的标准化工具（调制解调器和全球电话网络），也就是说，一旦拥有这一基本的可共同操作平台，这些应用就会很快传播开来。

柏林墙倒塌之后，我们看到越来越多的人将其个人电脑连接到全球通信平台上，已经没有什么能够阻挡人们通过数字化的格式传输任何信息。对个人的政治限制在柏林墙倒塌之后已经开始瓦解，尽管还有很多压制的力量。对个人的信息限制在个人电脑、Windows 操作系统和调制解调器出现之后也被消除了。这两个同时发生的变化使得个人在平坦的世界上能够尽可能深入和广泛地交流。他们可以用多种不同的方式交流，也可以把他们的观点和众多的人交流。

和过去的历史比较，这些变革是令人激动的。但是这些变革和之后的发展相比，仍然是粗陋和初级的。芒迪说："最初的平台受到很多限制，因为缺乏基础设施。"我们今天见到的因特网——神奇的数据交换程序可以连接一切人和一切事物——在当时还没有出现。那时的网络只具备交换文件和电子邮件的很基本的程序，只有使用相同操作系统和应用程序的用户才可以通过电子邮件或文件转移来实现文件交换，而且即使是这些简单操作也只有那些电脑高手才能完成。你不能像现在一样很轻松地发送电子邮件，特别是当你不在自己的公司和没有使用自己的因特网服务器的时候。那个时候，如果你使用的是美国在线，你就很难和 Compu Serve 的用户进行交流，这种交流既不方便也不可靠。芒迪说："当时的情况是，尽管所有的电脑上都集聚了大量数据和各种创新成果，但却没有什么简单和可共同操作的方式让人们分享这些数据。虽然一些应用程序允许个别系统共同运作，但总体来说这只局限于单个公司内部网络间有计划的数据交换。"

虽然网络的功能还十分有限，但从柏林墙倒塌到 20 世纪 90 年代中期却是个人能力突飞猛进的时候。那个时期是"我和机器可以更好更快地对话，所以我可以做更多事"的时代，也是"我和机器可以和公司里的其他人更好更快地对话，所以我们可以创造更高生产力"的时代。

尽管并不引人注目，但这个令人激动的新时代确实存在不和谐的音符。为柏林墙倒塌而弹冠相庆的不光是美国人和欧洲人，还包括举起土耳其咖啡表示庆祝的本·拉登。他认为，前苏联解体的主要功绩应归属于（在美国和巴基斯坦军队的帮助下）迫使前苏联军队在 1989 年 2 月 15 日从阿富汗撤军的伊斯兰圣战组织。前苏联撤军 9 个月后柏林墙就倒塌了，在失去了这一强大敌人后，拉登又开始寻找新的对手，他发现美国在他的家乡沙特阿拉伯仍有大量驻军，这是他不愿看到的。于是，就在我们为柏林墙倒塌和 Windows 视窗开启而欢呼雀跃并且认为自由市场环境已不存在意识形态威胁时，拉登却将枪口对准了美国。虽然拉登和里根一样都把社会主义的前苏联看做"魔鬼帝国"，但拉登逐渐也把美国视为仇恨的对象，他认为伊斯兰主义的优越性要胜过自由市场资本主义。前苏联的消亡不但没有给他带来挫折感，反而令他勇气倍增。他对扩大了的竞争平台感到厌恶。有人认为是里根通过军备竞赛拖垮了前苏联，有人相信 IBM、斯蒂夫·乔布斯（苹果公司创始人）和比尔·盖茨通过网络推倒了柏林墙，但在伊斯兰世界，很多人却认为是拉登用宗教狂热瓦解了前苏联和柏林墙。

简而言之，就在我们庆祝"11·9"时，另一个值得纪念的日子"9·11"却在埋下了伏笔。我将在书中下半部分谈及此事，现在让我们继续讨论令世界变平的因素。

第 2 大动力：1995 年 8 月 9 日，
互联时代的到来：Web 的出现和网景上市

到 20 世纪 90 年代中期，上文提到的个人电脑、Windows 和局域网的发展已经到了极限。人们可以用数字化格式处理信息，这当然很好，但是为了实现更大的突破必须使世界联系到一起。只有我们能够以极低的成本把自己的信息传播出去，其他的人才能分享并使用我们的信息。到了 20 世纪 90 年代，在短短的几年时间中出现了重大的突破：互联网出现了，这提供了以极低的成本进行全球沟通的工具；万维网创造了一个魔术般的虚拟世界，每个人都能够把自己的数字化信息传到网上，其他的人可以很容易地接触这些信息；各种搜索引擎出现了，人们可以方便地寻找在网站上的各种网页，这种搜索引擎是如此简单，每个人都开始上网了。互联网技术的革命推动了世界变平的过程。

英国物理学家蒂姆·伯纳斯·李（Tim Berners-Lee）提出了万维网的概念，即建立一个系统，以便创造、组织和链接文件，方便人们浏览。1991 年，当他为欧盟在瑞士的核能研究机构（CERN）做咨询的时候，他创造了万维网并建立了第一个网站。这一尝试是为了让科学家们更轻松地分享研究成果。电话和调制解调器可以将全世界的电脑连接起来。但是电话线和调制解调器只能将你的电脑连接到互联网上。如果你不知道怎样查找信息，即使你到了互联网上也仍然很茫然。尽管电子邮件已经出现，但是在网上分享信息仍然是困难的。没有网站、没有网页、没有浏览器，人们不知道如何去搜索信息。

伯纳斯·李（Berners-Lee）设计的万维网（World Wide Web）成为第一次大突破，使因特网（Internet）活跃起来，成为人们联系和协作的一个工具——不单是精通计算机的"怪人"，任何人都可以使用这一工具。尽管人们常常交替使用"World Wide Web"和"Internet"这两个术语，它们的含义可不尽相同。正如伯纳斯·李在他自己的网页上所解释的那样："因特网是一种把各个网络联系起来的网络，主要由许多的计算机和电缆组成。温特·瑟夫（Vint Cerf）和鲍伯·卡恩(Bob Kahn)（他们是因特网的发明者）所做的工作就是解决怎样利用因特网来发送小‘信息包’……这就是因特网的确切含义。人们通过因特网传送信息包——到世界的任何地方，通常在 1 秒钟之内即可完成。许许多多的活动使用因特网：例如，在我创造全球超文本系统——我称之为万维网——之前的很长时间里，电子邮件遍及各地。”

万维网的确切含义到底是什么呢？已成为一种并联的世界、令人惊异的这种电脑空间其本质是什么呢？伯纳斯·李解释说：“万维网是一种抽象的（想象的）信息空间。在因特网上，你找到许多联网的计算机，而在万维网上，你找到各种文件、声音、录像……这样一些信息。在因特网上，通过计算机之间的电缆进行相互连接，而在万维网上，通过超文本链接进行相互连接。万维网之所以存在，是因为在因特网上的计算机之间需要进行交流活动。没有了因特网，万维网也就不存在了。而万维网使得因特网更为有用，因为人们真正感兴趣的是信息（更不要说知识和智慧了），并不是真想了解连接到因特网的计算机和电缆。”

伯纳斯·李建立的第一个网址（也就是有史以来的第一个网址）是：http://info.cern.ch，1991 年 8 月 6 日第一次出现。在网址中李解释了万维网的工作原理，个人如何才能拥有一个浏览器，如何建立一个网络服务器。1999 年 6 月 14 日的《时代》杂志在其人物简介中，认为伯纳斯·李是 20 世纪最重要的 100 位人物之一，《时代》杂志这样总结他所建立的万维网：“托马斯·爱迪生因发明电灯泡而赢得荣誉，但也有许多人在他的实验室为此而工作。威廉·萧克莱(William Shockley)也许可称之为晶体管之父，但实际上这是他的研究团队中两位科学家的创造。如果历史上曾有一样东西是由委员会所创造的，这便是因特网——有其协议和信息包转换。但万维网可是伯纳斯·李独一无二的创造。他设计出了万维网……并且，他……努力让万维网保持开放、非私人专有和自由浏览。”他普及了“一个相对易学的编码系统——HTML（超文本标识语言）——后来变为 Web的 lingua franca（lingua franca 原意是中古地中海民族进行交流的一种通用语言，这里指一种可扩展的标记语言，即 XML），就是下列方法：网站内容制作者把那些有着不同颜色的和下画线的链接放入他们的文本中，增加图像，等等。他设计了一个网址分配方案，或者说统一资源定位器（url， universal resource locator），为每一网页分配一个特定的位置。他还创建了一套规则，允许通过因特网把这些文件连接到各台计算机上。他把这套规则称为超文本转换协议（HTTP, Hyper Text Transfer Protocol）。最后，伯纳斯·李把万维网的首批（但不是最后一批）浏览器拼凑在一起，这使得任何地方的用户都能在他们的计算机屏幕上看到他的创造。1991 年，万维网首次粉墨登场，立刻为混乱的电脑空间带来了秩序和透明。从那时起，万维网和因特网合二为一，用户通常以指数幂的形式递增。就在 5 年之内，因特网的用户数量从 60 万人上升到 4 亿人。这表明，平均每隔 53 天用户数量就会翻一番"。

和蒂姆·伯纳斯·李的发明一样重要的是那些安装和使用都很方便的商业浏览器。为了浏览这种早期的网站，其他科学家也发明过各种浏览器，但第一个流行起来的浏览器是加州芒廷维尤市的一家新公司——网景创建的。网景在 1995 年 8 月 9 日上市，从此世界就改变了模样。

传奇人物风险投资家约翰·杜尔的公司 Kleiner Perkins Caulfield & Byers 支持了网景。杜尔说："网景的上市唤醒了世人去认识到因特网的存在。在那之前，因特网只为少数人所知。"

网景以几种方式推动了世界变平的进程。首先，它推广了商用浏览器的使用，网景的浏览器不仅激活了因特网，也让 5～85 岁的普通人都可以很容易地学会上网。因特网越活跃，网民就越希望能在网上完成不同的事情，这也就进一步推动了计算机、软件和通信网络的创新。就在网景上市的 15 天之后，微软推出了 Windows 95 操作系统并且很快得到全球大多数人的认可。与 Windows 以前的版本不同的是，Windows 95 装有内置的上网支持，这样不光是浏览器，而且所有的计算机应用程序都可以和因特网发生关系。

回顾起来，网景的迅速崛起是因为有上百万台电脑已经配有调制解调器。这是网景发展的基石。网景所做的就是给这些电脑再加上一个新的应用软件——浏览器，让电脑对人们更加有用。这反过来也导致对数码产品需求的猛增和因特网的繁荣，因为投资者已经发现，如果数据、存货、商务、书籍、音乐、照片和娱乐都被数字化并且在网上传播和销售，那么对网络相关产品和服务的需求将是无尽的。不过这也导致网络股泡沫的出现和对光纤电缆的过度投资。最终，这些发展将整个世界连接在一起，在没有任何人计划过的情况下，忽然之间，印度的班加罗尔成了波士顿的郊区。

当我和网景的前首席执行官吉姆·巴克斯代尔（Jim Barksdale）谈及我正写的这本书时，我告诉他本书的第一章是关于让世界变平的 10 个日子、10 件事情和 10 种趋势。我还告诉他，第一个日子是 11 月 9 日，并向他解释了这一天的重要性。然后我说："让我看看你是否能猜出第二个日子——8 月 9 日的重要性在哪里。" 巴克斯代尔只用了 1 秒钟的时间就回答我说："这是网景上市的日子。"

很少有人怀疑巴克斯代尔是美国伟大的企业家之一。他帮助联邦快递开创隔夜快递服务，之后跳槽到麦克考移动电话公司（McCaw Cellular），他帮助创建了这家公司并完成了 1994 年该公司和美国电话电报公司的合并。然后他又被猎头公司找到，成为吉姆·克拉克（Jim Clark）和马克·安德森（Marc Andreessen）共同创立的新公司马赛克通信公司的首席执行官。1994年中期，SGI（Silicon Graphics）公司的创始人克拉克和安德森共同成立了马赛克公司，这一公司很快便更名为网景公司。马克·安德森是位年轻的天才计算机专家。他在伊利诺伊大学的国家超级电脑应用中心(NCSA)负责领导一个项目，并开发出了第一个真正有效的网络浏览器——马赛克。克拉克和安德森很快看到了浏览器软件的巨大潜力，他们决定联手推动其商业化的进程。随着网景的发展，他们向巴克斯代尔寻求指导，希望能找到让网景上市的最佳方案。

我们现在对浏览器已经司空见惯了，但它确实是现代历史上最重要的发明之一。当安德森还在伊利诺伊大学的 NCSA 中心时，他发现虽然个人电脑、工作站和基本的网络让人们可以通过网络传送文件，但这还不够激动人心。因为当时根本没有什么可以浏览，没有可以展示别的网站内容的用户界面。于是安德森和他的合作者埃里克·比纳就开发了一种能够在大多数电脑上运行的集成图解，这就是马赛克浏览器。安德森投入巨大的精力，广泛听取用户的意见并对这一浏览器进行了不断的改进，以便使其更加简便、更加流行。马赛克浏览器使得无论是白痴还是科学家、无论是学生还是儿童、无论是爷爷还是奶奶都能够使用互联网。

安德森说："1993 年我们刚推出马赛克浏览器时只有 12 个用户，并且所有这些人我都认识。"当时的网站也少得可怜，只有 50 个，而且大多数只是单一的网页。"马赛克得到了美国国家科学基金会的资助，不过这笔钱并不是用来发展马赛克自身的。我们工作小组的主要任务是建立让科学家可以远程使用巨型计算机的软件，并且用美国国家科学基金会的网络将这些计算机连接在一起。于是我们就建成了最早的浏览器，让科学家可以相互浏览对方的研究成果。我将此看做积极的反馈循环：拥有浏览器的人越多，想上网的人就越多，增添网站内容、应用软件和工具的动力也就越大。这一循环过程势不可挡。刚开始开发这些软件的时候，我们并不确信会有很多人使用它们，但后来我们发现，只要有人使用，所有人都会使用。现在唯一的问题是，这些软件传播的速度有多快。"

的确，每个尝试使用浏览器的人，包括巴克斯代尔，都感到十分惊讶。巴克斯代尔回忆说："每年春天，《财富》杂志都会列出最酷的 20 家公司，1994 年马赛克也是其中之一。我不仅曾经读过关于克拉克和安德森的报道，而且当时我曾对我的妻子说，'亲爱的，他们的创意真是非常棒。'几周后，我接到了猎头公司的电话，要我去马赛克公司担任首席执行官。我开始尝试使用马赛克浏览器第二个版本，发现自己越来越离不开它了。"自 20 世纪80 年代末起，人们就开始在网上创建数据库。巴克斯代尔说，和马赛克公司的负责人谈过话后，他回到家并将 3 个孩子都叫到电脑前面，让他们每个人提出一个想上网浏览的主题，然后进行搜索，最后的搜索结果让每个孩子都感到惊奇，"这让我对马赛克公司的发展前景确定不疑，于是我给猎头公司回电话说，我答应了"。

网景的第一个商用浏览器可以在 IBM、苹果 Macintosh 或 Unix 电脑上使用它，是在 1994 年 12 月推出的，1 年内它就完全垄断了市场。如果你是教育界人士或出于非赢利目的，你可以免费下载网景。如果你是个人使用，你可以免费试用该软件，然后自主决定是否购买。如果是公司使用，你可以试用 90 天。安德森说："这里面的基本原理就是，如果你能支付得起，那就请购买。如果支付不起，那就拿去用吧。为什么呢？因为所有的免费试用都会激发网络的迅速发展，这对所有的付费客户来说也是非常有益的。"巴克斯代尔说："人们可以下载网景的浏览器并免费试用 3 个月。大企业和政府可以联网和发布它们的信息，安德森的发明让普通人都可以使用因特网。这的确是一次真正的变革。我们说，'网络从此将不停地发展、发展、发展。'"

没有什么可以阻止这一点，网景是另一个非常重要的令世界变平的因素：它让网络真正变得可共同操作。你可以回想一下，在柏林墙 - 个人电脑 -Windows 阶段，拥有电子邮箱的个人和公司并不能随机联网。第一个思科网络路由器实际是斯坦福大学的一对夫妇发明的，他们希望相互发送邮件，但当时个人电脑和主机间不能联网，他们由此产生了创新的动力。安德森说："当时的公司网络是私有的，而且相互之间不能联网。每一方都有自己的格式、数据程序和制作目录的方式。因此就在因特网作为一个公用和商业化的模式出现时，当时存在的现实危险就是，它也许同样不能真正联网。"

比如 1995 年时，如果在会计部门工作的乔希望从他的个人电脑中得到最新的销售数字，他就很难做到这一点，因为销售部门和会计部门使用的是不同的系统，就好像一个人讲德语，而另一个人讲法语一样。乔说："把固特异最近给我们的发货信息告诉我。"这时候他会发现，固特异公司和他的公司使用的是完全不同的系统，而在堪萨斯州托皮卡的交易商使用的又是另一个系统。但回到家时，乔却发现他上 7 年级的孩子正在利用万维网研究学期试卷，利用开放标准（open protocols）浏览法国博物馆的藏品。乔说："这太疯狂了，应该有一个完全相互连接的网络。"

安德森解释说，在因特网商业化之前，伯纳斯·李、鲍伯·卡恩以及温特·瑟夫等科学家开发出一系列的"开放标准"，其目的是让每个人的电子邮件系统或大学计算机网络能够相互关联，确保没有人会占有特殊优势。这些开放标准主要包括 FTP、HTTP、SSL、SMTP、POP 和 TCP/IP，它们让数字化的设施可以相互对话，不管你使用什么类型的计算机，你都可以和别人兼容。而且，不管你的公司或家庭拥有什么网络，不管你使用什么计算机、手机或便携式设备，他们都可以用相对安全的方式在网上传送数据。每种标准都有不同的功用：TCP/IP 就相当于网络的基本管道或铁路的基本轨道，一切其他的程序都在其上建立和移动；FTP 负责移动文件；SMTP 和POP 负责移动电子邮件，这些电子邮件都是标准化了的，它们可以在不同的电子邮件系统中书写和阅读；HTML 是超文本链接标示语言，它让普通人也可以创作网页；HTTP 的引入让 HTML 文件的自由移动成为可能，这也导致了万维网的诞生。最后，随着人们开始将这些网页用在电子商务上，SSL 也被用来为网络交易提供安全。

随着浏览器和因特网的发展，网景希望拥有巨大市场占有量的微软不会将这些网络协议从开放标准变为只有微软用户才能使用的私有标准。安德森说："为了不让这些网络协议私有化，网景选择了将它们商业化。网景不仅给我们带来了浏览器，还带来了一系列运行这些开放标准的软件产品，这样科学家就可以方便地通过网络交流，不管他们使用的是什么系统——超级计算机、苹果机还是个人电脑。网景可以给每个人提供一个现实的理由说，'对于我做的一切和使用的一切系统，我希望它们都建立在开放标准的基础上。'所以任何希望使用开放标准的人都会选择网景，在那里我们会支持他们，或者他们会寻求公开源代码，虽然能获得同样的免费标准，但却得不到相应的支持，或者他们会去私人卖主那里，对他们说，'我不会再买你们的私人产品了……除非你们能和使用这些开放标准的网络连接起来，否则我将不会再选择你们。'"

网景通过出售浏览器来推动这些开放标准，得到了公众的热烈回应。太阳微电子公司（Sun）也开始这样利用它们的服务器，微软在认识到浏览器的重要性后将它自己的浏览器 Internet Explorer 变为 Windows 95 操作系统的一部分。这些公司也意识到，公众希望网络公司能齐心协力共建一个可共同操作的网络，他们希望各个公司能就不同的应用软件展开竞争。也就是说，竞争应该围绕公众上网后能做的事情，而不是他们上网的方式。所以，在大公司进行了几次"格式之战"后，到 20 世纪 90 年代末网络平台就已合而为一，人们可以在世界的任何地方使用任何一台电脑和其他人联网。事实证明，兼容性给各方带来的好处要远远胜过在网络之间设防的情形。网络平台的一体化在世界变平的过程中作用巨大，因为它通过网络将更多的人联系在一起。

很多人对此表示怀疑，他们说这种上网方式太过复杂。安德森回忆说："那时如果要上网，你必须得有一台电脑和一个调制解调器。有些人会说，'我们得花很多时间改变习惯和学会新的技术。'可是他们学得很快，10 年后全球网民已经达到 8 亿。原因就是，一旦人们发现有必要改变他们的某些习惯时，他们会很快这样做。人类天生愿意寻求和他人的自由交流。当你给他们提供和他人交流的方式时，他们会跨越任何技术障碍，甚至学会新的语言。"就像 IBM 负责公司战略的副总裁乔尔·考利指出的那样："网景创造了数据传送和展示的标准，它们简单易行并且给人们以创新的空间，因此才能在全球迅速传播。"

1995 年夏天，巴克斯代尔和他在网景的同事跟他们的投资银行摩根斯坦利一起，到美国各地给网景上市做宣传。巴克斯代尔说："刚开始的时候，摩根斯坦利认为我们的股票可以卖到每股 14 美元。由于宣传的效果比较好，很多人都对我们的股票感兴趣，他们决定将发行价格提高到每股 28 美元。在上市前的头一天下午，我们都在马里兰州，那是我们宣传的最后一站。我们都开着黑色的豪华车，看起来就像黑手党一样。由于在所处的位置手机没有信号，我们不得不将汽车开进两个加油站，为的是使用他们的电话。我们给摩根斯坦利的总部打电话，他们说，'我们认为发行价格应该定在 31 美元。'我说，'不，我们还是定在 28 美元比较好。'因为我想让人们把我们归为 20 美元而非 30 美元档的股票，以防事情进展不顺利。然而第二天早上，我们的开盘价格达到 71 美元，当天的收盘价格为 56 美元，正好是我定价的 2 倍。"

网景之所以最后在微软强大的竞争压力下败下阵来，主要是因为微软决定将浏览器 Internet Explorer 和 Windows 操作系统捆绑出售，法庭最后裁定微软的这种做法是垄断行为。微软比网景在浏览器方面投入了更多的程序员。由于网景扩张速度过快，其战线拉得太长。这些因素最终导致网景的市场份额日益下滑。最后，网景被美国在线以 100 亿美元的价格收购。尽管从商业意义上来说，网景只能算是一颗流星，但它的确曾是一颗明星，并且曾留下辉煌的轨迹。

巴克斯代尔说："我们几乎从一开始就赢利。我们没有陷入网络泡沫。我们发起了网络泡沫。"

这的确是可怕的泡沫。

巴克斯代尔说："网景的上市带动了很多事情。技术人员开始对这些新科技感兴趣，商人因这些技术可以带来的利润而激动。这些年轻新贵的出现让其他人也开始跟风，他们想，'如果这些毛头小伙都可以赚到大钱，我也可以。'贪婪并不是什么好事——人们认为他们可以不用付出很多劳动就赚到大笔的钱，这自然会导致过度投资的出现。人们甚至会为一些很愚蠢的想法投资。"

是什么让投资者相信对网络和网络相关产品的需求是无限的呢？简单说就是数字化。一旦个人电脑和 Windows 的出现向世人证明可以将信息数字化并且在电脑和文字处理器上对它们加以处理，一旦浏览器让因特网走进千家万户，每个人都希望能将一切数字化，这样他们就可以更好地利用网络。数字化革命由此拉开序幕，这是一个将文字、音乐、数据、电影、文件和图片变成比特和字节的神奇过程，这些比特和字节可以在电脑屏幕上处理，在芯片中储存，或通过卫星和光纤加以传送。过去我都是通过邮局发送邮件，可有了网络后，我希望将邮件数字化，这样我就可以发送电子邮件了。以前摄影是个烦琐的过程，我过去常用普通相机拍照，然后将胶卷交给杂货店，由他们送到某个地方专门冲洗。但是一旦因特网让我们可以通过电子邮件将照片发到世界各地，我就不想再用胶卷了。我可以用数码相机拍照，数字格式的照片可以直接上传到电脑，不必冲洗。甚至我根本不用数码相机，用手机就可以拍照。过去我常常去美国最大的连锁书店巴诺（Barnes & Noble）看书和买书，可是有了网络后，我也在亚马逊的网站上浏览书籍。过去我常去图书馆做研究，但现在我希望通过 Google 或雅虎来完成翻书架的过程。过去为了听西蒙和加芬克尔，我常去买 CD，虽然与唱片相比，CD 已经是数字化的音乐形式了，可现在我更希望能直接将音乐从网上下载到我的 i-Pod 当中。

投资者看到了这种疯狂的数字化趋势，他们自言自语道："如果每个人都希望将一切数字化并通过网络进行传播，那么对网络服务公司和光纤电缆的需求将是无穷的。如果投资到这一领域，你绝不会亏本！"

泡沫由此产生。

过度投资也并不一定是坏事——只要最终能得到纠正。我总能记起微软首席执行官比尔·盖茨在 1999 年达沃斯世界经济论坛期间举行的一次新闻发布会，当时正是高科技泡沫的巅峰时期。盖茨一次又一次地被记者们问到相似的问题："盖茨先生，现在的网络股是泡沫股，对吗？它们难道不是泡沫吗？"最后，有点被激怒的盖茨对记者们说："它们当然是泡沫，但你们没有问到点子上。泡沫给网络行业带来了很多新资本，这必将更快地推动创新。"盖茨将网络比作淘金热，向那些淘金的人出售利维斯牛仔裤、镐、铲和宾馆房间要比直接淘金赚钱更多。盖茨是对的：虽然泡沫从经济意义上讲是十分危险的，可能会使很多人赔钱，很多公司破产，但是它们也会越来越快地推动创新，并且即使是过度投资也能带来意想不到的积极效果。正如我们在铁路行业和汽车行业的发展过程中所看到的，过度投资带来的生产过剩总是能够产生意想不到的积极效果。网络股的繁荣导致光纤电缆公司的过度投资，这些公司在陆上和海底铺设了大量光纤电缆，但同时也极大地降低了拨打电话和传送数据的成本。

光纤电缆系统的首次商业化安装是在 1977 年，此后光纤慢慢取代铜线被用作电话线，因为光纤传送数据和声音的速度更快。光纤电缆是由像头发丝一样细的光导纤维制成的，它们被用来远距离传送数字化的信息包。因为这些光纤比铜线细得多，在电缆直径一定的情况下，光纤的数量要多于铜线，这意味着同样是一根电缆，在使用光纤时，可以在低成本条件下传送更多的数据或更多的声音。不过，光纤最大的优点在于它远距离传送信号的带宽。铜线虽然也可以传送很高的频率，但由于抛物线效应的作用，信号在几英尺外就开始减弱。而相比之下，光纤不仅可以传送很高频率的光学脉冲，而且在几英里内都不会出现明显的信号衰减现象。

一家光纤电缆制造商 ARC 电子公司曾在网站上解释说，光纤电缆的运作方式就是将数据或声音先转换成光学脉冲，然后通过光纤线进行传送，这和通过铜线传送电子脉冲自然有很大不同。这种光纤系统的一端是发射器，它能首先接收从你家电话或办公室电脑的铜线中传出的电子脉冲信息（文字或数据），然后将这些电子脉冲处理或转换成光学脉冲。发光二极管(LED)或半导体激光(ILD)可以被用来生成光学脉冲，然后通过光纤电缆传送。电缆的作用就相当于光的导向装置，将光学脉冲从电缆的一端传到另一端，然后接收器再将脉冲转换成原来的电子数字形式，既可以在你的电脑屏幕上还原成电子邮件的形式，也可以转化为手机中的声音。光纤电缆在确保通信安全方面也很不错，因为它们很难被窃听。

网络经济的繁荣和美国《电信法（1996）》（*Telecommunications Act of 1996*）共同导致光纤投资泡沫的产生。这一法案让原来分管本地业务和长途业务的公司可以渗透到对方领域，并且让各种新兴的本地交换运营商在提供电话服务和基础设施方面可以同小贝尔公司及美国电话电报公司展开竞争。这些以网络为基础的新兴电话公司如雨后春笋般地兴起，它们提供各种业务，并且每家公司都希望拥有自己的基础设施。这也是理所当然的：因特网的繁荣让每个人都认为，对带宽的需求每3个月就会翻番，并且这一过程永远不会停止。在因特网刚兴起的2年内，这一想法是正确的，但后来大数法则开始起作用，这种翻番的速度也开始放慢。不幸的是，通信企业并没有注意到需求和现实之间日益加大的不平衡。市场处于网络投资的狂热之中，企业只是一味地扩大产能。股市的繁荣意味着投资资金是免费的。在5～6年的时间内，这些通信公司一共投资了大约1万亿美元用于铺设各种光缆，而且没有人对未来的需求发生过怀疑。

在当时，很少有公司会比环球电信（Global Crossing）更疯狂，这是一家替新兴电信运营商在全球铺设光纤电缆的企业，1997年由盖瑞·温尼克（Gary Winnick）创建，第二年上市。只在该公司担任过1年首席执行官的罗伯特·安南兹亚达（Robert Annunziata）曾经签署过一个很糟糕的合同——企业图书馆（Corporate Library）的奈尔·米诺（Nell Minow）认为这是美国最糟糕的合同。这份合同居然规定安南兹亚达的母亲每月都能坐头等舱去看望他一次，而且他还可以以每股低于市场10美元的价格获得该公司

200 万股股票作为签约奖金。

现在是华平（Warburg Pincus）公司高级管理者的亨利·夏克特（Henry Schacht）在网络经济繁荣时期曾在朗讯公司谋职，他这样描述当时的情形："1996 年的《电信法》意义重大，它允许本地交换运营商相互展开竞争，以及和小贝尔等传统的本地电话公司竞争。这些企业找到环球电信这样专门铺设电缆的企业，这样就可以和美国电话电报公司及 MCI 在长途业务、特别是国际业务上开展竞争了……所有人都认为这是良好的开端，并且这一发展趋势永远都不会停息。每个人都认为这块蛋糕将无限变大，于是每家公司都想，'我将在你之前铺设光缆，因此我的市场份额将超过你。'于是它们都尽自己的最大产能进行生产，以为这样就能获得自己的市场份额。"

后来，尽管像最初预想的那样出现了 B2B 和电子商务，而且原来没有想到的很多网站比如 eBay、亚马逊和 Google 也得到了迅猛发展，但它们所能占用的产能与网络繁荣时期的投资相比也只能算是九牛一毛。长途电话的收费从每分钟 2 美元降到了每分钟 10 美分，而数据的传送实际是免费的。网络电话公司 Tellme Networks 的首席执行官麦克·麦克约 2001 年 6 月在接受 CNET 新闻网站采访时说："电信产业完全是靠投资发展起来的，他们在地下埋设了太多的光缆，将自己带入残酷的价格战当中。这将是一场灾难。"

对很多公司和它们的投资者来说，这的确是一场灾难（环球电信 2002 年 1 月申请破产，债务总额达到 124 亿美元），但消费者却也从中受惠不少。美国在 20 世纪 50 年代修建的全国高速公路系统不仅使美国变得平坦，打破了地区差异，而且让公司可以更容易地转移到低成本的南部地区，因为劳动力和商品都可以很方便地在全国流动。如今光纤"高速公路"在全球的铺设让发达国家变得更加平坦，它打破了区域主义的桎梏，创造了一个更加完整的全球商业网络，让服务型和知识型工作可以很方便地转移到低成本国家。

（值得一提的是，美国的光纤高速公路并没有通到美国人的家门口。尽管很多美国通信公司不惜巨资铺设从美国到印度的长途光纤电缆，但由于

《电信法（1996）》不允许美国本地网络公司和电话公司之间相互竞争，因此宽带只在写字楼里得以普及，企业的经营成本被降低，甚至同这些企业合作的印度公司也从中获益，但在当时美国家庭丝毫没有享受到廉价宽带服务的好处。这一情况直到最近才有所改观。）

和网络过度投资的其他形式不同，光纤电缆投资带来的效应是永久性的：光缆一旦铺设下去就很难再挖出来，所以通信公司破产后，银行通常会把它们接管过来，把原来1美元铺设的光缆以10美分的价格出售给新公司，后者继续使用这些光缆，而且通常都会赢利。由于每根光缆中都有很多根光纤，而每根光纤都能在1秒钟内传送很多数据，这些光缆最初铺设下去的时候，光纤的效率并没有最大限度地得到发挥。但是随着技术的日臻完善，每根光纤可以传送的声音和数据日渐增加，成本也日益降低。这就好像在全国高速公路上，最初车速被限制在每小时50英里（1英里=1.609千米），以后逐渐提高到60、70、80英里，最终达到150英里，而且不必担心会出现交通事故。光纤"高速公路"也是一样的道理，只不过是从国内拓展到了国际而已。

安德森在离开网景后自己开设了一家高科技公司森尼韦尔（Opsware Inc）。他说："今天我感到最深远的变化是，一个14岁的小孩子，不管他是在罗马尼亚、印度、俄罗斯或是越南，他都能随心所欲地运用各种信息、工具和软件，因此我确信下一个（Napsten）将出自非主流国家。由于生物科技越来越不需要在实验室完成，各种染色体方面的数据都可以在网上获取，因此你甚至可以在电脑上发明疫苗。"

我想安德森触及了平坦世界和全球化3.0版本的独特之处。安德森刚创建马赛克时，他手下的12名科研人员有着不同的背景，然而今天我们将目睹人类马赛克的出现，推动其发展的将是具有更为多样化背景的个人和集团，他们来自世界各地，既有主流团体，也有非主流团体，他们将掀起新一轮的创新浪潮。我和安德森交谈后不久，2004年7月15日的《纽约时报》刊登了这样一篇头版头条文章——《美国批准从古巴进口3种癌症治疗药品》。文章称，联邦政府批准加州一家生物科技公司Cancer Vex特许经营从古巴进口的3种癌症治疗药品，这是美国严格限制同古巴贸易下的特例。Cancer Vex的主管表示："这是美国生物科技公司第一次获许经营从古巴进口的药品。业内人士称，古巴的生物技术在发展中国家中是相当突出的……古巴在哈瓦那的西部已经投资 10 多亿美元建设研究机构，那里的很多科研人员都在欧洲受过良好的教育。"

再做一下小结：个人电脑 –Windows 阶段讲的是我和电脑、我和公司内部网络之间的互动关系；现在的因特网 – 电子邮件 – 浏览器阶段让世界变得更加平坦，它主要是关于我和我的电脑同别人及其电脑的互动关系（电子邮件的功用），以及我和我的电脑同别人网站之间的关系（浏览器的功用）。简单地说，个人电脑 –Windows 阶段带来了网景浏览器 – 电子邮件阶段，两者让全世界更多的人可以自由交流和互动。

有趣的事才刚刚开始。这个阶段只不过是下一个令世界变平阶段的基础。

第 3 大动力——工作流软件：让你我的应用软件相互对话

2004 年冬天，我在硅谷的一次会议上遇到了斯科特·海顿（Scott Hyten），他在旧金山有一家顶尖的野脑（Wild Brain）动画公司，专门为迪斯尼和其他工作室制作电影和动画片。当时我受风险投资家约翰·杜尔（John Doerr）的邀请，将本书的一些观点介绍给他投资的几家公司。我和海顿很谈得来，事后他发电子邮件跟我说："我敢肯定，在麦哲伦时期有很多神学家、地理学家和空谈家希望世界不是圆的，而是平的。我相信世界是平的，谢谢你的支持。"

当我让他详细阐述他的观点时，海顿就给我介绍他的动画片是怎么通过全球供应链制作出来的。我立刻明白了他支持平坦世界的原因。他说："在野脑公司，我们实际就是在无中生有。我们学会利用这个平坦的世界。我们没有与之对抗，我们在利用它。"

他邀请我观看他们制作动画片的过程，让我真正欣赏这个平坦的世界。当时他们正为迪斯尼频道制作名为《海格莱镇的英雄》(Higglytown Heroes) 的动画片，这实际是反映美国公众在"9·11"事件后变得更加坚强的故事。海顿说："海格莱镇是 20 世纪 50 年代的一个普通小镇。故事的主题是，每个在小镇上生活的普通人都是这个小镇的英雄——从中小学老师到送比萨的侍者。我们将制片过程外包到了世界各地。"

这个完全讲述美国人故事的动画片却由全球的供应链完成制作。海顿解释说："录音通常在纽约或洛杉矶，设计和导演在旧金山，作者都在自己的家中，他们住在纽约、芝加哥、伦敦、佛罗里达等地，动画制作在班加罗尔。在班加罗尔有 8 个工作小组专门配合 8 个不同的作者。这种效率使得我们能够和 50 个'大腕'签约，让他们为 26 个片段配音。这种互动的录音/写作/动画制作过程让我们可以在不到半天的时间内请一位明星完成对某一角色在整个节目中的配音。我们每周会请两位'大腕'，比如，上周就是安妮·海切和斯莫奇·罗宾逊。从技术层面上讲，我们在网上完成这一切工作。我们在办公室的计算机和写手的'足球'（可以连接任何 cat-5 以太网电缆或无线宽带网的特殊笔记本电脑）上安装虚拟专用网（virtual private net-work）。这种虚拟专用网让我们只需简单注册就可以在任何地方分享声音、图像、最新的剧本和各种动画设计。因此，你如果想观看我们的整个制作过程，只要给你一个'足球'就行了。你在家、办公室、宾馆房间或本地的星巴克（星巴克所有分店都可以提供无线宽带服务）联机、登录，戴上BOSE 降噪音耳机，然后就可以听、看、读和评论了。在长达 11 周的节目制作过程中，你可以每天 24 小时挂在网上，实时查看制作进程。不过，如果你只看工作样片或剪辑过程，那就不必使用'足球'，一般的电脑就足够了。"

海顿后来离开了野脑公司，但是我很高兴有机会采访这家公司，因为它是下一个创新阶段的一个很好的例子，它说明了继柏林墙－Windows 阶段和网景阶段之后令世界变平的新因素。我称其为"工作流阶段"（work flow phase）。柏林墙的倒塌是没有人能忽视的历史事件。网景上市也很是热闹了一阵。但是工作流软件的兴起是一场静悄悄的革命，很少有人注意到它的到来。到 20 世纪 90 年代中后期，工作流软件开始大兴于世，它对世界变平产生了巨大的影响。这一变化使得越来越多的人能够通过电脑处理以前必须依靠人工处理的商业信息，这方便了商业上的设计、展示、管理和合作。于是，我们可以在公司和公司之间、国家和国家之间进行更好的交流。

为了实现这一目标，必须在先前的创新的基础上，开发大量的新的软件。工作流软件的革命是这样发生的：柏林墙倒塌后，个人电脑、Windows 和网景浏览器让人们可以用前所未有的方式相互联络，然而人们很快就不再满足于浏览和发送电子邮件、实时信息、图片和音乐，他们希望能通过网络平台进行设计、创造、买卖、记录存货、替别人申报纳税、在世界的另一端帮别人读 X 光片等。他们希望能在任何两地的任何两台计算机间完成这些操作。

工作流革命最初的进步是电脑和电子邮件的出现。在没有电脑和互联网的时候，工作流的程序是这样的：销售部门接听电话，并把订单写在纸上，然后把它递交到运输部门那里，运输部门完成发货后再到财务部门那里，让他们给客户开出发票。在柏林墙－Windows－网景阶段，工作流已经简化了很多：销售部门可以通过电话，也可以通过电子邮件接受订单。然后他们会把订单输入电脑，把电子版本的订单通过公司内部的电子邮件发送到运输部门，然后让运输部门给客户发货并自动开出发货单。

电脑和 Windows 操作系统的出现使得办公室里的每个人在其办公桌上就可以处理完文字、数据、图像的数字化，这比起纸张和打字机来说是一大进步。而且，如果公司内部使用的是同样的硬件、软件和电子邮件系统，那么就可以在公司的内部自由地传输数字化的信息。但是，在 20 世纪 80 年代和 90 年代初，公司内部使用的硬件和软件系统经常是不能兼容的。财务部发现有一种财务软件用起来最方便，但存货管理必须用另外一种软件，电子邮件又是另外一种不同的系统。于是，销售部门可能使用微软，而存货部门使用 Novell 或 IBM 时，它们就不能相互交流，工作也就不能自由流动。每个部门在自己的房间内都提高了效率，但是涉及部门间的合作的时候，销售部门的人员还是得走到存货部门，和存货部门的工作人员交谈。最初的软件行业就像是一个糟糕的消防队。想象一下每个城镇的水龙头的口径都不一样。一旦你家里起火，如果本城镇的消防队能够把火扑灭，那么万事大吉。可是如果火势太大，必须请邻近城镇的消防队，你就会发现，他们来了也是白来，因为他们的水管接不到你家的水龙头上。

尽管能够把文字、音乐、图像和数据数字化、标准化已经是一大进步，但是为了实现公司内部业务的无缝衔接，为了和其他公司的其他电脑连接，我们必须做两件事情：第一，我们需要更多的通用的水管，也就是说通用的电脑语言和标准，以确保每个人的应用软件都能和别人的应用软件相连接。第二，我们需要程序员编写新的应用软件，这样就可以将数字化的数据、文字、音乐和图片转化为产品、电子商务网站、商务管理工具和娱乐方式。

软件行业首先推出了一个被称为 SMTP 的协议：简易邮件传输协议（simple mail transfer protocol）。这一协议使得在不同的计算机系统上发出的电子邮件能够相互接收。当你给别人发送电子邮件的时候，就不必再担心他用的电脑或电子邮件系统和你的不一样了。突然之间，世界上出现了一个电子的邮递员，不管刮风下雨，他都能迅捷便宜地把邮件送到世界上的任何一个地方。

但是，仅有电子邮件是不够的。要让这个世界变平，公司内部的所有部门——销售、市场、生产、财会和存货——都必须能协调运作，不管每个部门使用的是什么电脑和软件。而要让这个世界真正变平，你所在公司的所有系统必须和其他公司的所有系统协调运作，也就是说，你的销售部门不仅要给你的财务部门发送电子邮件，还必须发送所有的报表。你的销售部门还需要把信息发送到你的供货商的存货部门。你的供货商的存货部门必须要和它的供货商的供货商联系，而那可能是一家中国的企业。

为了走出 20 世纪 80 年代和 90 年代软件和硬件各说各话的"巴比塔"（Tower of Babel），还必须有另一个突破。需要有在各个电脑之间输送资料的电子轨道以及在电子轨道上运行的电子列车。我在上面讲到的通用标准就是电子轨道，它是互联网和万维网世界的通行语言。HTML 使得每个人都能够在网上设计和发布文件和数据，而且其他人在其他电脑上都能阅读和使用这些信息。HTTP 是为了往网络上输送信息的计算机语言。TCP/IP（传送控制标准和互联网标准）是电子轨道。通过这种电子轨道你可以把你的网页上的信息在互联网上传播。（按照一个电脑技术网站 Stepforth.com 的说法，TCP/IP 的思路是把信息量大的数据分拆成只有几个字节的小包裹，通过网络将这些小包裹从一台电脑传送到另外一台电脑，然后在接受信息的电脑上将这些小包裹重新组合，恢复成最初的文件。）

微软的首席工程师克雷格·芒迪说："这些标准使得人们能够传递除了Word 文档和电子邮件之外的其他信息。每个人都可以将任何一种文件——从亚马逊的网页到信用卡支付账单——从一台机器传送到另一台机器。你不需要知道发送信息的人使用的究竟是什么系统，就能够顺利地接受到发来的信息。"这使得从 20 世纪 90 年代中期起，工作变得扁平化。

的确如此。野脑公司需要可以无缝连接的工作流软件，这样才能在全球范围内组织起来制作动画片的团队。波音需要这种可以无缝连接的工作流软件，这样它就可以为全世界的顾客提供部件，使波音的设计师可以和俄罗斯、印度和日本的工程师一起合作。医生需要这种可以无缝连接的工作流软件，这样才能够把在美国照的 X 光片传到印度，让印度的医生帮助诊断。爸爸和妈妈也需要这种可以无缝连接的工作流软件，这样他们的电子银行软件、电子经纪软件、电子邮件软件和处理图表的软件才能互相兼容，他们就可以用家里的笔记本电脑和办公室的电脑连接上。一旦每个人的应用软件和其他人的应用软件都能兼容，不仅工作的效率能提高，而且工作就可以被拆分并发送到世界的各个角落。

微软的芒迪说："如果我们真的是想把工作自动化，那么仅仅让人和人的交流更容易是不够的，必须让机器和机器之间也能自如地交流，即使人们不去管理，无论何种电脑之间均应该能够互相沟通。"这带来了工作流软件的下一个创新。

使这一切在技术上变得可能的是一种新开发的数据表达语言 XML（extensible markup language）和它相关的传送协议 SOAP（simple object access protocol）。微软、IBM 和很多科技公司都对 XML 和 SOAP 的开发做出了贡献，两者后来都被当作因特网的标准得以普及。它们使得工作流进入一个新的境界。这样我在自己的电脑上就能开出发货清单，我的电脑会自动地将这一资料发送给你的电脑，不需要任何人工的帮助。芒迪说："我们为全球劳动力创造了一个全球平台。"

概括来说，在 20 世纪 80 年代，人们开始使用个人电脑，将其自己的资料数字化。然后他们可以将这些资料打印出来，交给其他人。接着，由于出现了通用标准，人们之间可以通过电脑和网络传输信息。最后，到了今天，机器和机器之间已经可以通过网络互相交流。

标准之上的标准

我们会走向何处？如果 HTML，HTTP,TCP/IP,XML 和 SOAP 变成了标准，那么软件公司就不会再为抢夺水龙头而争吵，它们会想方设法造出来更好的水管、更好的消防车。如果标准确立了，人们就会关注质量。换言之，如果人们能够自由地互相连接，他们就开始关注真正的价值附加。因此软件公司就开始去开发最有用、最方便的软件，方便人们的合作和创新。

与此同时，越来越多的标准出现了。不仅水管的标准有了，水管运送的东西也被标准化了。于是人们不仅能够和任何其他的电脑交换文件、图片和数据，而且文件和商业过程本身也被标准化了。我们不仅能够以标准化的形式存储文件（如用 Word 文本或网页），而且这些文件所代表的商业过程也被标准化了。IBM 的乔尔·考利（Joel Cawley）说："当你申请抵押贷款、结账或买房子的时候，会有十几个由不同公司处理的过程和数据流程。一家银行审查你的贷款申请和信用记录、确定你的利率，然后这笔贷款会被转移到另外一个银行。"如果这些程序已经被标准化，经纪人就会把更多的精力用来处理您和您的需求，而不是忙着应付这些程序。我们已经看到标准化之后工资是如何发放的、电子购物的付款是如何支付的、音乐和照片是如何被存储的，但最重要的是这样一来供应链就可以被连接起来了。

比如，eBay 可以让每一个人到网上交易，不管你用的是什么电脑，不管你是买方还是卖方，不过真正让 eBay 流行的是它采用了 PayPal 这一标准，所以买方可以很方便地向卖方付款。PayPal 创建于 1998 年，是一套为了方便 C2C 的货币支付体系。eBay 上卖方和买方的交易就是一种 C2C。根据 ecommerce-guide.com 的说明，如果使用 PayPal，任何人只要有一个电子邮箱地址，就可以将钱汇给任何一个也有电子邮件地址的人，不管收款人有没有 PayPal 的账户。PayPal 甚至不关心商业交易是否发生。如果办公室里有人想为他的一位同事组织晚会，其他的同事要凑份子，他们就可以通过 PayPal 凑钱。组织者给大家发封电子邮件，告诉大家如何使用 PayPal。使用 PayPal

可以通过三种途径汇款：使用信用卡、从支票账户转账或从 PayPal 账户划款。PayPal 账户方便易用。作为付款人，你只需要提供名字、电子邮件地址、信用卡信息和需要寄送对账单的邮政地址。这些功能使得电子商务变得平坦，以至于 eBay 自己都感到吃惊。eBay 的首席执行官梅格·怀特曼（Meg Whiteman）说："在 PayPal 问世之前，我唯一能够汇款的办法是寄支票，没有能够通过电子系统付款的方式，而且小客户没有资格开立信用卡账户。PayPal 使得每个个人都可以接受通过信用卡的汇款。我要付款给 eBay 上的私人卖家，用信用卡支付就行。这确实使得竞争的场地更平，使得商业更加融合。"最终，eBay 收购了 PayPal，不是因为听从了华尔街投资银行家的建议，而是因为用户欢迎 PayPal。

怀特曼说："我们最终发现，在 eBay 上有大约 20% 的人说，'请使用 PayPal 付款给我'。于是我们想，什么是 PayPal，它们是干什么的。一开始我们想开发我们自己的服务，即 Billpoint，但是到了 2002 年 6 月我们发现顾客的意见是：'我们需要标准化的支付体系，我们想要的是 PayPal，不是你们自己的那套，别再跟我们作对了。'最后我们发现，我们不得不把 PayPal 这个公司买下来，因为它们成了标准。事实上，这是我们最成功的收购。"

在工作流发展的下一个阶段，你就能够这样预约牙医：首先，预约牙医会有一个统一的标准。你可以通过语音指挥你的电脑安排一个预约。你的电脑会把你的语音转化为数字化的指令。电脑自动帮助你检查你的日程表，看看你的牙医哪一天有空，然后给你三个选择。你选择对自己最佳的日期和时间。离你的预约还有一周时间的时候，你的牙医的电脑会自动给你发一封电子邮件提醒你。到你的预约的头一天晚上，你的电话会收到你的牙医的电脑生成的留言，再次提醒你第二天的预约。

IBM 的战略规划师考利说："为了实现这个梦想，我们还必须有更多的标准。我们需要更多的共同标准，这样才能一起做生意。"如果人们能够通过像 XML 这样的交流标准互相联系，那么就能够把更多的人通过标准化的商业过程联系起来，就能够更方便地把工作分解并交给地球上不同地方的人们，生产效率就会提高，整个数字化世界会变得更好、更便宜、更快捷。人们就能够把精力专注于高科技和高附加值的产品。标准不会取代创新。考利说，它只会节省你的精力，让你更加关注最有价值的事情。

最新的超级标准

工作流会发展到一个新的阶段。越来越多的标准被开发出来，人们可以更容易地描述和分享文件、更容易地分配工作，而且有些商业活动已经被标准化了（比如抵押或信用卡的支付）。在这些创新的基础上，一个新的革命即将到来。一种新的技术 AJAX（JavaScript 和 XML，asynchronous JavaScript and XML）出现了。AJAX 提供了一种处理更多和更复杂的网上业务的更简便的办法，使用 AJAX 还能够节约成本。你可以在网上记录存货、保持和客户的联系、制定日程表、编制预算、管理人力资源等。在网上商业活动中，你在网上使用这些工具，并将你的资料保存在网上，而不是自己的电脑上。在不久的将来，这些网上的服务就将替代一些甚至所有的你现在用的商业软件。

这是工作流的一次大跃进。微软的另一位首席执行官雷·奥齐（Ray Ozzie）称之为"互联网服务大裂变"。在网上提供服务的公司已经纷纷涌现。如果你向它们支付一笔费用，就能使用许多在网上提供的服务，这样你在网上就能够处理业务。这些服务很像传统的软件程序，你可以用它处理很多商业活动。但本质的不同是这些管理工具、数据和照片都不是存在你的电脑中，它们被存在一个遥远的网站 Salesforce.com 的工作台。由于这些工具被放在网上，而且是用标准的网络格式写成的，任何一个能够上网的人都可以获得这些工具并互相交流。AJAX 使得这一切成为可能。AJAX 是一种网络开发技术，它能够把复杂的互联网商业软件放在网页上，通过浏览器，你可以像阅览亚马逊网站（Amazon.com）的页面一样方便地看这些信息。AJAX 能够处理所有的那些你在电脑上使用传统的软件完成的工作。每个用户每月需向 Salesforce.com 支付 65 美元，那些只有 1～5 名员工的小公司只需要付 17 美元。你不再需要拥有自己的软件，向 Salesforce.com 租用就行。Salesforce.com 的技术人员会负责这些软件的升级和维护。

Salesforce.com 的执行副总裁，负责法律、政策和公司战略的肯·贾斯特（Ken Juster）说："我们可以每天升级，而且由于这些服务是用网络标准编写的，是在网络上发送的，所以世界上所有的客户在同一时间立刻就能够获得升级服务。我们不仅交流信息和数据，而且交流好的商业经验。不管是公司内部或是公司之间，都能交流经验。"

如果你的公司使用 Salesforce.com 提供的网上商业工具，可能你的工作人员会发现更有效率的做法。如果这种创新可以被标准化，你就可以再把这种创新介绍给 Salesforce.com。别人可以使用你的软件，你也可以因为这种创新而收费。通过这种方式，Salesforce.com 把它的客户和合作者均变成了自己的销售力量和研发力量。Salesforce.com 的首席执行官马克·本利奥弗（Marc Benioff）说："我们为客户开发软件的速度远远没有客户自己为自己开发软件的速度来得快。"因为 Salesforce.com 提供了大量的商业处理软件，它们既需要依靠只有一个人的小公司，也需要依靠像 IBM 这样的大公司。贾斯特说他最喜欢的一个使用 Salesforce.com 的客户是在上海点正（Protime）的总经理陆得。点正只有 30 多个员工，他们为那些在中国有业务的全球公司，如索尼、凯悦和雅诗兰黛提供电子商务解决方案。陆得的公司每年营业额超过 100 万美元。他说："我可以在网上用 Salesforce.com 处理所有的业务。使用这种网上服务，我们可以更专注于创造利润的活动，并能够将我们的成本降低。"比如，他可以使用 Salesforce.com 的网上电子邮件营销系统发出大量的电子邮件，也可以使用销售自动化系统处理销售前的数据，也可以使用顾客关系管理系统记录和公司所有顾客的互动。贾斯特说陆得通过获得这三个软件的知识产权，可以以很低的资金建立自己的公司。

我得知一家用商业网络（Business Web）创建的新公司。这家公司是销售有机维生素的。它向雅虎付了一笔钱，只要有人搜索"有机维生素"，就会自动弹出该公司的广告。然后它使用 Salesforce.com 的平台进行后台管理。它找到了一个制造商生产有它自己品牌的有机维生素。几乎没有花任何钱，而且足不出户，它就可以借助雅虎的搜索能力和 Salesforce 的后台管理能力建立自己的公司，和各大药品连锁店展开竞争。

商业网络给了像陆得这样的小企业主机会，让他们能够得到以前只有大公司才能得到的工具。商业网络也使得商业软件供应商的地位发生了颠覆性的变化。下一步的演化将是在商业网络中出现像 eBay 这样的为商业服务提供交易的市场。个人或公司，无论他们是在上海、班加罗尔还是硅谷，都能够自主地开发软件，然后把他们的软件放在像 Salesforce.com 这样的平台上，在这些网络的平台上向全球推销其设计，而不需要像现在这样必须投入巨额资金才能将软件商业化。Salesforce.com 的首席执行官本利奥弗在 2005 年 11 月的一份公司报告中说："这只是商业网络的最开始。软件行业正在经历一场前所未有的革命。20 年前这曾是闻所未闻的。这一革命可以和个人电脑的出现媲美。新的互联网上的公司咄咄逼人，它们提供的服务将取代软件。微软希望你买更多的软件，我们想看到软件的末日。"

微软已经感到威胁。2005 年 11 月 9 日《纽约日报》报道说，雷·奥齐在公司内部的一份报告中已经提醒高级经理们，微软不得不经历巨大的变化，否则和那些提供网上服务的公司相比，微软将处于极为不利的地位。几天之后，微软宣布将提供两个新的服务：Windows Live 和 Office Live，这其实就是 Windows 和 Office 这两种流行软件的网络版。几周之后，Google 宣布将提供一个新的免费的、可下载的软件包，里面没有一个软件来自于微软。这太有趣了！

毫无疑问，商业网络将改变微软。但我并不贬低微软，也不会把自己电脑里的软件都扔掉。我们的确将从一个公司都是独立系统的世界，过渡到一个公司变得互相联系、互相依赖的世界。每个公司，无论大小，都将能够在网络上发布可互相操作的系统，也可以从网络上租借任何一种它们喜欢的系统。虚拟公司出现了，而且其破坏力是强大的。因为它们使得小公司也能得到以往只有大公司才能拥有的东西。

但是请记住：当你获得了这些标准化的工作流工具的时候，别人一样会有。你仍然需要自己的独特的产品或服务。你必须找到一种利用信息技术的独特方法，以发扬光大你的核心价值，不管这种价值是什么。在网络上花很少的钱就能够管理客户关系当然很好，能够有真实有效的工作流当然好，不过，首先你必须找到你自己的客户，这才是你的公司取胜的诀窍。这需要你有独到的见解、有创新精神，当然还需要有独有的软件或系统，这样你才能开发出独特的产品或服务。你的独有的能力将通过某些专有的算法、制造过程或软件开发体现出来。你不可能从书架上或网络上得到现成的东西，如果你能够做得到，你的竞争对手也一定做得到。如果你经营的是债券基金，所有的标准化的工作表能够帮助你实现无缝的债券交易。但你自己判断何时买卖债券的能力才是决定成败的关键。这就是为什么那些大的、传统的软件公司如微软或 SAP 仍然能够存在，因为它们可以为其客户提供量身定做的服务。而且，正如微软已经做的，它们也在努力使其服务能在商业网络上获得。不管怎么样，我们所看到的工作流的革命将带来更多的试验和创新。在这场旋风中，更多的新产品和服务将出现，对量身定做的软件和 IT 系统的需求会带来其发展。当硝烟散去，我们看得清楚的时候，我们的工作方式、工作的流程以及我们开办公司的方式均会发生革命性的改变。

杰瑞·拉奥，那个在印度为美国人做财务服务的企业家说："工作流平台能够让我们做福特曾经在制造业完成的那样的创新。我们将工作分开、使之标准化，并将其分配给能够完成得最好的人。由于我们是在网络上完成这些工作，相互合作的人不需要比邻而居。然后我们将所有的部分拿到总部进行组装。这不是平凡的创新，这是一个重大的革命。这使得雇主在一个地方，但雇员可以在另外一个地方。工作流平台使得你能够创造一个虚拟的全球办公室，而且能够接触到全球的智慧，让他们实时地完成工作。我们是在一年 365 天、一周 7 天、一天 24 小时地工作。所有的这些变化在历史的一眨眼间便发生了：这些变化只用了 2~3 年的时间。"

创世纪：平坦世界的平台出现了

我们需要在这里做个简单回顾，因为在这个时候——20 世纪 90 年代中期——平坦世界的平台已经开始出现了。首先，柏林墙的倒塌，Windows 视窗的开启，内容的数字化和网络浏览器的推广极大地促进了人和人的交流，而工作流软件则是将应用软件联系在了一起，这样人们就可以得以处理所有数字化的内容，并且以前所未有的方式使用计算机和网络。

这种人和人之间交流的新水平再加上以网络为基础的应用软件间的工作流程序就会创造一个具有多种合作形式的全球新平台，这是世界变平的创世纪时刻，这意味着一切都开始成型，虽然世界要真正变平还尚需时日，但人们在这个时候已经感觉到了很多变化。忽然之间，人们发现，他们可以和世界更多地方的更多人展开分工合作，并且分享更多类型的知识。微软的芒迪称："让世界变平成为可能的是拥有这些独特属性的平台的出现，这的确是具有持久重大意义的突破。"

在前三大因素作用下出现的全球平台让我们不仅可以相互对话，而且可以一起做更多的事情。IBM 的考利称："关键的一点是，我们不仅比以前更加经常地相互交流，而且还能更多地开展合作——建立联盟、项目和产品。"

以下 6 种令世界变平的因素代表了这一平台带来的 6 种新型合作方式。人们会利用这个平台开放源代码、开展外包、离岸经营、提供供应链、开展内包和提供信息服务等。每种合作形式要么是由这一平台直接造就，要么在它的推动下得到强化。就在越来越多的人学会以不同的方式开展合作的同时，我们也令这个世界变得更加平坦。

第 4 大变平因素——上传（uploading）驾驭社区的力量

阿兰·科恩还记得他成年后第一次听说 "阿帕奇"（Apache）的情形（这并不是什么西部牛仔和印第安人电影中的台词），那还是在 20 世纪 90 年代末网络经济的繁荣时期，他当时担任 IBM 的高级管理人员，负责正在兴起的电子商务业务。科恩回忆说："我率领的工作团队每年的预算为 800 万美元。我们当时在和微软、网景、甲骨文、太阳微电子等劲敌在电子商务领域开展竞争。IBM 还有巨大的销售团队专门负责销售电子商务软件。一天，我问手下的一个研发主管，'杰夫，请告诉我这些电子商务系统的研发过程。基础的网络服务器是什么？'他对我说，'是阿帕奇。'听到这个词，我首先想到的是以饰演西部片中硬汉出名的约翰·韦恩。我问，'什么是阿帕奇？'他回答说是网络服务器技术的一个共享软件程序，是网上一些人在开放源的聊天室里免费提供的程序。我被震惊了。我问道，'那你怎么购买呢？'他说，'你可以从网站免费下载。'我又说，'要是出毛病了由谁负责维护呢?'他说，'我不知道——但现在还没出过什么问题!'这就是我第一次听说阿帕奇……"

他继续说:"你们应该还记得，当时微软、IBM、甲骨文和网景都在努力建立商业网络服务器。这些都是大公司。忽然之间我的下属告诉我，他可以从网上免费下载这些服务器! 这就好比说，你本来是让所有这些大公司的主管负责策划战略，可现在忽然变成由这些聊天室里的家伙掌管天下。我不停地问，'谁在运营阿帕奇? 我的意思是，这些家伙都是什么人?'"

的确，这些聊天室里的家伙在决定他们和你要用的软件，因为这些家伙组成的社区正合作设计新的软件，然后将其上传传向世界。这被称作社区开发软件。但是，由于以平坦世界为平台，越来越多的家伙通过网络贡献自己的新闻和些许看法，而不是通过报纸这个中介。这就是所谓的博客 (blogging)。图书馆里的一些家伙组成的社区在写自己的百科全书，将它们上传传向世界，来取代传统的书本样式的百科全书，甚至取代像微软电子百科全书的数字百科全书。这就是所谓的维基百科(Wikipedia)。宿舍里的家伙越来越多地把自己的歌曲、视频、诗歌、说唱音乐和评论奉献给你、我以及全世界的人，来取代音像店和传统节目提供者。这就是所谓的播客 (podcasting)。亚马逊网站的家伙开始越来越多地自己写书评，跻身全球最重要的书评者之列，削弱了《纽约书评》及《纽约时报书评》这些传统书评者的垄断地位。我怀疑，亚马逊网站很快就能在网上发表你的整部书。eBay 网站上的家伙也已经在创建虚拟商业社区，他们通过颁发星星来确定卖方和买方的可靠程度。在基地组织的恐怖主义者也不断上传自己的新闻报道、恐吓和演讲，不等英国广播公司或哥伦比亚广播电台采访他们，他们就通过美国在线或 MSN 直接用恐怖信息攻击你的电脑。

这些都是上传的各种形式。平坦世界这个平台的创建不仅让更多人能创作自己的内容，就创作内容开展合作;还让他们可以上传文件，以个人方式或作为自发社区的一部分将这些内容传向全球，不用通过任何传统官僚机构或组织。

　　这种个人和社区的新生力量经常可以免费地创造、上传和传播自己的产品和观点，而不仅仅是被动地从商业企业或者传统机构下载这些东西，这是对创造、创新、政治动员和信息集散流程的根本转变。这种方式让每一种转变都成为从下而上、遍及全球的普遍现象，而不仅仅是从上而下的现象。无论是在传统公司和机构内部还是外部，这都是事实。毋庸置疑，在平坦世界中，上传正在成为合作中最具有革命性的形式之一。我们比以往更能成为生产者，而不仅仅是消费者。

　　我将上传当作第四大变平因素是受到一篇优秀论文——《我们是网络》（*We Are the Web*，2005 年 8 月）的启发，这篇论文的作者是《连线》（*Wired*）杂志的合作创办人同时也是"资深无党派人士"凯文·凯利(Kevin Kelly)。凯利指出，在后景时期，当因特网已大规模出现时，网络的带宽和电话线是非对称的：下载速度远远超过上传速度。这个时代的教条是，普通人没有必要上传；普通人是消费者，并非生产者。时至今日，新网络模式下负责张贴海报的是 BitTorrent（BT 网站允许用户上传自己的在线音乐库，同时也可以下载别人的音乐）……我们的通信基础设施仅完成从受众到参与者巨大转变的首要步骤，但是，那也是未来十年的发展方向。凯利补充道，将来有一天，每个活着的人（平均起来）都将写一首歌、编一本书、制作一个视频、创造一个博客和设计程序，没有什么不可想象的……如果数据流动不对称、但却有利于创作者，那将发生什么？如果每个人的上传远远多于下载，那又将发生什么？

　　长期以来人们假定，生产物质产品或者复杂事物需要官僚机构或组织。这种看法是，你需要从上而下的垂直整合才能做成事情并将它们传播到世界。但是，平坦世界平台带来的直接后果是，我们具备了可以上传的新能力，这让你可以独自或作为社区的一部分生产出真正复杂的东西，并且不需要以前那么多的官僚机构和金钱。

　　接下来，我将关注三种上传形式：社区开发软件运动，维基百科和博客／播客。

社区开发软件

社区开发软件运动，也被称作开放源社区。它源自这样一种想法：公司或者特定社区应该让人们可以从网上获取源代码这种能让软件运作的基本程序指令，这样有能力做出贡献的人就可以改进这些软件，数以百万的人也可以通过下载来满足自己的需要。把这些社区想象为自由创作的工程师共同合作开发软件的聊天室，每个人都为改善源代码做出贡献，并且只要他们遵照特定开放源社区的许可准则，每个人都可以使用这些源编码。尽管这些社区的操作规则基本相同，但它们还可以被划分为两类。其一，我们称为知识平民化社区，基本来说，只要认可原著的创作，社区中的每个人都可以将源代码用作商业产品的基础。这样如果软件后来被改进、改编和应用，你必须每次都认可原创社区的贡献。其二，我们称之为免费软件社区，如果你在社区开发免费软件代码的基础上创建和传播任一衍生产品，你还需要将创新成果回报给社区。换句话说，你的衍生产品也应该免费。

我自己并不是一个计算机迷，在此之前也从未关注过开放源运动，但是当我真正注意到这一点时，我发现这确实是一个神奇的世界，到处都是自发形成的网络社区和愿意相互分享观点并免费告知公众的志愿者。最早的社区开发软件运动采用的是知识平民化的方法。知识平民化运动主要植根于学术和科学领域，科学家的自发合作社区长期以来一直通过私人关系联系在一起，后来网络出现后，他们就通过网络围绕特定的科学或数学问题来分享他们的观点。阿帕奇网络服务器就植根于这种形式的开放源。我让一个朋友——IT 系统工程师迈克·阿尔盖洛（Mike Arguello）给我解释为什么人们会以这种方式分享知识或工作，他说："IT 人士都是非常聪明的，他们也希望别人能知道他们有多聪明。"发明网景第一个网络浏览器的安德森对此也表示赞同："开放源只不过是让同行评审的科学（peer-reviewed science）。有时候他们共享发现和科研成果的目的只是为了获得荣誉，有时候他们是为了获取商机，也有些时候他们只想增加世界上的知识储备量。而同行评审是很重要的——开放源的目的就是要让同行检查，程序中的每个瑕疵、安全漏洞或不标准的地方都会被检查出来。一些人还从挑战微软或 IBM 这样的软件巨头中获得成就感，因为可以证明他们能免费创造出更好的东西。"

为了更多地了解软件开发运动的知识平民化形式，我开始在聊天室的家伙当中开展调查。最后我找到了他们中的带头人布赖恩·贝伦多夫。如果说阿帕奇网络服务器是一个印第安纳部落的话，那么贝伦多夫就是部落里的头人。他现在是 CollabNet 公司的首席技术官，这家公司主要为那些希望以开放源方式创新的客户提供软件。我来到他在旧金山机场附近的玻璃钢材办公室里，见到他后，我首先提出了两个简单问题：您从哪里来？您是怎么让一群可能和 IBM 展开竞争的网络怪才齐心协力创建开放源社区的呢？

贝伦多夫回忆说："我父母就是在南加州的 IBM 公司相识的，我在南加州帕萨迪那北部的小镇拉卡纳达（La Canada）长大。因为很多孩子的家长都在加州理工学院下属的推进技术实验室工作，所以从很小的时候起，我就在科研氛围很浓的环境下长大。我们的房子里面总少不了电脑，我们也常用 IBM 早期主机中的穿孔卡片制作购物清单。上小学时，我就开始制作基本程序，高中时我已经算是个电脑高手了……1991 年我高中毕业，但在 1989 年因特网刚刚兴起时，一个朋友给了我他从网上下载到软盘上的程序备份。这个名为 Fractint 的程序虽说是免费软件，但却不是什么盗版，它是用来画不规则碎片图案的程序。当这个程序启动时，屏幕上会显示所有参与设计科研人员的电子邮件地址，我注意到程序里面也包括有源代码。这是我第一次接触源代码的概念。这是你免费下载的程序，他们甚至连源代码都给你了。这让我对程序有了一个全新的认识。我认识到，软件编写的方式可以有很多种，并不像我以前认为的那么枯燥——由专业的软件开发者坐在主机旁完成信息输入和商业化的过程。"

贝伦多夫 1991 年高中毕业后去伯克利大学学习物理专业，但他很快就对课堂教学与现实生活的脱节感到厌倦，毕竟枯燥而抽象的理论知识和网络中的新奇刺激相差太远。他说："我上大学的时候，同学们都用电子邮件相互交流，并且在网上的讨论版发表对音乐的看法。1992 年，我设立了自己的网络邮件列表，关注的重点集中在湾区的电子音乐盛典上。每个人都可以在讨论版贴帖子，于是我们开始讨论不同的音乐活动和音乐节目主持人。我们说，'为什么不自己邀请主持人并举办自己的节目呢？'于是这就成了一个集体项目。有的说，'我有一些唱片。'有的说，'我有音响系统。'还有的说，'我知道有个海滩，可以午夜时候在那里办个晚会。'到 1993 年时，因特网还只是邮件列表、电子邮件和 FTP 站点（文件传输协议）。于是我开始收集各种关于电子音乐的材料，并计划把它们放到网上让更多的人共享资源。这时候我听说了马赛克（安德森开发的网络浏览器），于是我在伯克利商学院的计算机实验室找了一份工作，利用业余时间研究马赛克和别的网络技术，在网络论坛里和开发第一代网络浏览器和服务器的人交流。"（网络服务器指那些让个人可以使用家庭或办公室电脑访问各种网站的软件。比如，我们以一直在阿帕奇的服务器上运作自己网站的亚马逊公司为例。当你的网络浏览器登陆亚马逊的网站 www.Amazon.com 时，浏览器第一个对话的软件就是阿帕奇。浏览器让阿帕奇寻找亚马逊的网页，然后阿帕奇就会给浏览器发回该网页的内容。网上冲浪的过程实际是浏览器和不同网络服务器的互动过程。）

贝伦多夫回忆说："我在论坛里看蒂姆·伯纳斯·李和马克·安德森的辩论，这是非常有趣的事情。我发现这些科研人员和我的音乐团队存在共同之处，他们对开发出最早的网络软件有着共同的兴趣。我将这一看法告诉给我的一个朋友（他是《连线》杂志最早的雇员之一），他说，《连线》希望我能帮他们建一个网站。于是我就接受了这份每小时 10 美元的工作，为他们设立电子邮箱和他们的第一个网站——热线网站……这还是最早推出网络广告的电子刊物。"

热线网站希望能有一个需要密码的注册系统——这在当时是个很矛盾的观念。1997 年在《沙龙》杂志发表阿帕奇发展史的安德鲁·里奥那多指出："大多数网管都依赖伊利诺伊大学国家超级电脑应用中心（也是马赛克网络浏览器的诞生地，简称'应用中心'）开发的网络服务器，但是它们的服务器不能按热线网站的需要提供密码鉴定服务。幸好应用中心的服务器不受专利限制，这意味着所有人都可以免费获得其源代码。"于是，贝伦多夫就发挥了电脑黑客的专长：他编写了一个新的代码作为应用中心服务器软件的补丁，问题就迎刃而解了。里奥那多评论说："贝伦多夫并不是唯一聪明的程序员。在这个即将爆炸的网络世界，别的网络管理员也觉得有必要这样做。伊利诺伊大学的学生罗布·麦库尔和马克·安德森以及 Lynx 的作者埃里克·比纳一起被硅谷一家名为网景的公司挖走。与此同时，网络并没有停止发展，它继续为网络服务器创造出需要应对的新问题。于是各种类型的补丁就像粘条一样在宽带上繁衍起来。"

与此同时，所有这些补丁都在以一种开放源的方式让一个新的现代网络服务器慢慢形成，但是所有人都有他 / 她自己的版本，在这里或那里交换补丁，因为应用中心的实验室不能应付网络出现的所有新问题。

贝伦多夫解释说："那时我几乎跟一个退学的学生差不多。给《连线》建网站确实有很多乐趣，可以让我学到比在伯克利更多的东西。我们给应用中心的工作人员发送服务器的补丁，但没有得到任何回应。我们的工作小组就这件事展开了一场讨论。我们说，'如果应用中心不对我们的补丁做出反应，未来会变成什么样呢？'虽然我们还乐意继续完善这一系统，但我们担心得不到反馈，补丁也不能被整合。于是我开始联系别的交易补丁的人……他们中的大部分人都是因特网工程任务组（internet engineering task force）的成员，负责设立最初的网络应用软件标准……我们说，'为什么我们不自己把握未来，发布能将所有补丁综合到一起的网络服务器版本呢？'"

他还回忆说："我们查看应用中心服务器软件的版权规定。它只是说，如果能完善这些代码，我们就会在伊利诺伊大学获得荣誉，可是如果没能做到，我们也不会受到责备。于是我们就开始创立自己的版本。虽然我们当中没有人能全职从事网络服务器的开发，但我们相信，只要能以开放的形式交流合作，我们就能创造出比市场供应还要好的服务器——当时实际也买不到这些服务器。这些都发生在网景开始出售商用网络服务器之前，也是阿帕奇项目的开始。"

截至 1999 年 2 月，他们已重新改写了应用中心的原始程序并且以"阿帕奇"的名称使他们的合作正式化。贝伦多夫说："我选择阿帕奇这个名字是取其积极含义。阿帕奇民族是最后一个屈服于美国政府的民族。当时我们担心大公司迟早会参与竞争并'教化'这块最早的网络之地，所以在我看来，阿帕奇是个很好的代码名称，也有人说这个词一语双关——因为正如 APAtCHy（与阿帕奇的英文名 Apache 同音，意思是一个补丁组成的服务器）的名字所表明的那样，他们确实是在给服务器打补丁。"

因此从很多方面来说，贝伦多夫和他开放源的同事们——大部分人他从未见过，只是通过开放源的聊天室用电子邮件联系——已经创造了一个虚拟的、网上的、自下而上的、不被任何人拥有和不受任何人监督的软件工厂。他说："我们已经拥有一个软件项目，但其中的协调和指挥却是自然发生的行为，它由希望编写代码的人决定。"

我问贝伦多夫，这一切究竟是怎么运作的呢？你总不能让一群不受监督的人随便将代码放到一起吧？他解释说："大部分的软件开发都包括一个由并行版本系统（concurrent versioning system，下称 CVS）管理的源代码库。我的电脑上也装有 CVS 程序，我可以连接到 CVS 服务器上并复制源代码，这样我就可以对其进行修改了。如果我觉得这个补丁是我希望和别人共享的，那我就会运行一个叫做'补丁'的程序，它让我可以创造一个新的文件，将所有的修改都汇集到一起，这个新文件就叫做补丁文件。我可以将它交给别人，让他们把它应用到自己拷贝的代码上，测试补丁的效力。如果我有使用服务器的特权（仅限于一个被严格控制的监管组织），我就可以将补丁提交到源代码库，使其成为源代码的一部分。CVS 服务器会记录一切……你可以读取代码库的内容，但却没有权利改变它们。如果有人向源代码库提交了补丁文件，这个补丁文件就会被通过电子邮件发送到所有其他的开发商那里，你将接受同行的监督，如果被发现有问题，你就要负责修改。"

那么这个社区是怎么决定谁是值得信赖的呢？贝伦多夫说："阿帕奇最初只有 8 个成员，我们相互信赖对方。随着在讨论区出现的新人和他们提供的补丁文件的日渐增加，我们慢慢也开始信赖他人，8 人成员增加到后来的 1000 多人。我们是第一个得到企业关注和最早获得 IBM 支持的开放源项目。"

《沙龙》杂志的里奥那多表示，由于阿帕奇可以让单一服务器电脑上显示数千个不同的虚拟网站——音乐、数据、文本——它开始"操控网络服务器市场"。IBM 本来要出售它自己的网络服务器 GO，但后来却只占据了很小的市场份额。阿帕奇服务器不仅技术水平更高，而且是免费的。 所以 IBM 最后决定，如果它不能打败阿帕奇，它就加入后者。你应该好好想一想。全球最大的计算机公司 IBM 认为它的工程师在开放源方面的技术不及这些技术狂人，于是就干脆放弃自己的技术并加入这些狂人的队伍！

贝伦多夫说："IBM 一开始是和我联系的，因此某种程度上我就充当了阿帕奇的代言人。IBM 公司称，'我们想知道该怎样利用阿帕奇，同时又不受网络社区的过多影响，怎样才能促进软件开发的可持续发展，而不只是激起人们一时的兴趣……' IBM 的意思是说，这种软件开发的新模式是值得信赖和弥足珍贵的，因此我们应该对其投资，同时放弃我们正试图自己建立的模式。"

约翰·斯温森当时是率领 IBM 团队和阿帕奇打交道的高级主管 (现在是美国冠群电脑公司的董事长)。他讲述了这样一个故事："当时关于开放源运动有很多辩论。我们认为可以和阿帕奇的那帮人打交道，因为他们回答了我们的问题。我们可以和他们进行有意义的对话，也可以创建非赢利的阿帕奇软件基金组织并解决所有的问题。"

由 IBM 出资，它的律师和阿帕奇成员共同创建了一个法律框架，这样像 IBM 这样希望在阿帕奇基础上开发应用软件并将其出售的公司就不会有什么版权或债务方面的麻烦。IBM 看到了标准化网络服务器设施的价值——它让不同类型计算机的系统和设备可以相互对话，以标准格式展示电子邮件和网页——这种服务器设施正不断免费得到开放源社区的改进。阿帕奇的合作者们一开始并没有打算制作免费软件，他们希望解决一个共同的问题——网络服务问题——结果发现开放源这种免费开展合作的方式是集中最优秀人才完成此项工作的最佳方式。

斯温森说："我们最早和阿帕奇合作时，当时有一个 Apache.org 网站，但是没有正式的法律框架，而且这种非正式的框架和他们的业务并不合拍，你需要的是能检查代码、签署协议并处理债务的框架。今天任何人都可以下载阿帕奇代码，他们唯一的义务是必须承认是从阿帕奇网站下载的，如果对下载内容做出修改，他们必须与网站共享。"斯温森补充说，还有一个管理这些事物的阿帕奇开发程序，当你进入这个程序时，你感觉就像进入了一个纯粹的精英社会。当 IBM 开始使用阿帕奇服务器时，它就成了这个社区的一员并为之做出贡献。

事实上，阿帕奇对 IBM 的要求就是，IBM 要派最好的工程师加入阿帕奇的开放源团队并免费为之做出贡献。斯温森说："阿帕奇人对现金支付并不感兴趣，他们更希望获取对基础设施的贡献。我们的工程师说，'阿帕奇的团队确实很棒，他们也坚持要求我们提供很棒的人才。'刚开始他们拒绝了我们推荐的几个工程师，他们认为这些人不合格！"

1998 年 6 月 21 日，IBM 宣布计划将阿帕奇融入它的新服务器产品 WebSphere。阿帕奇社区的组织方式就是，不管你对阿帕奇的代码做出了什么改进，你都必须把它在社区共享。不过，你也可以在阿帕奇代码的基础上建立有专利的商业产品，就像 IBM 的做法一样，条件是你的专利中必须包括对阿帕奇的版权引用。换句话说，这种知识平民化形式的开放源鼓励人们在它的基础上创建商业产品。尽管它希望阿帕奇软件基金能够对所有人免费开放，但它也承认，只有商业和非商业工程师都有动力积极参与，它才能保持活力。

今天，阿帕奇是最成功的开放源工具之一，给世界上 2/3 的网站提供服务器。由于在世界上任何地方下载阿帕奇都是免费的，因此不管是俄罗斯人、南非人还是越南人都使用它创建网站。那些需要或希望给他们的网络服务器增添特殊功能的个人可以购买像 WebSphere 这样的产品。

IBM 出售建立在开放源程序基础上的产品在当时看来是一项很危险的举动。不过，IBM 相信自己能在阿帕奇"香草产品"（vanilla product，也可译为"普通产品"）的基础上不断开发出差别软件应用产品。事实确实如此，IBM 网络服务器业务的确使它成为此类软件产品的商业领袖，给它带来了丰厚收益，而且 IBM 的经营模式也因此得到推广。

我在本书中经常重复这样一句话：在平坦的世界中，多数公司的"香草产品"是没有未来的，软件和其他领域的很多"香草产品"都会转移到开放源社区。对大多数公司来说，它们要想把握住自己的未来，就必须知道怎样制作由最香浓的巧克力酱、最香甜可口的奶油和最味美多汁的樱桃组成的圣代冰激凌。开放源操作系统 Linux 的分销商 Novell 软件公司的主席杰克·麦斯曼说得最好："商业软件公司必须让自己独具特色。开放源社区基本上只关注基础设施。"(《金融时报》，2004 年 6 月 14 日)

蓝色巨人 IBM 和阿帕奇的交易的确是一个分水岭。IBM 表示相信开放源模式，阿帕奇开放源社区的工程师创立的网络服务器不仅是有用和有价值的，而且是"同类之中最棒的"。这就是为什么开放源运动能成为强有力的令世界变平的因素，它的效果正日渐显现。贝伦多夫称："不管你从哪里来，也不管你在哪里——印度和南美人都可以和硅谷的工程师一样使用这些软件和对它加以改进。"在旧模式下，获胜者可以将一切包揽：我编写，我拥有——标准软件许可模式。贝伦多夫得出结论说："唯一可以与之竞争的方式就是让所有人成为获胜者。"

社区开发软件的另一种形式是免费软件运动。openknowledge.org 的网站这样介绍免费软件运动："它是在 20 世纪六七十年代美国计算机科学实验室（斯坦福、伯克利、卡耐基－梅隆和麻省理工）'黑客'文化的背景下产生的。程序员组成的社区不仅很小，而且组织严密。代码在社区成员中间传来传去——如果你对它做了修改，就应该把修改后的代码再发到社区其他成员那里。如果不愿公开给别人就会被视为无礼——毕竟你已经从朋友的工作那里受益，你也应该做出回报。"

免费软件运动一直受这样一种理念的影响：软件应该对所有人免费开放，应该依靠开放源合作生产出可以免费共享的最好的软件。免费软件运动的主要目标是，让尽可能多的人免费编写、改进和传播软件，认为这将授权给每个人，并使个人从全球公司的控制中解放出来。

1984 年，麻省理工学院的研究员、也是以前的黑客之一理查德·马修·斯托曼发起了"免费软件运动"，同时还建立了名为 GNU 的免费操作系统。为了推广这些免费软件，同时也为了确保这些代码总是可以自由修改和传播，斯托曼创建了免费软件基金会和 GNU 通用公共许可证(GPL)。GPL 详细规定，源代码的用户可以查看、改变或增加源代码，条件是他们做出的这些改变必须在原始代码的经营许可下仍可使用。1991 年，赫尔辛基大学的一位名叫李纳斯·托沃兹的学生在斯托曼软件的基础上建立了他的 Linux 操作系统，和微软的 Windows 操作系统进行竞争，他还邀请他的朋友和网上的其他工程师改进这一操作系统，但必须是免费的。从托沃兹第一次发帖后，世界各地的程序员都对 GNU/ Linux 操作系统做出了修改、添补和完善。但是托沃兹坚持的一点就是，Linux 必须是免费的。它的经营许可中这样写道，任何人都可以下载源代码和对其进行完善，但他们必须将改进后的版本免费对其他人开放。

　　跟微软 Windows 十分类似的是，Linux 提供的一系列操作系统既可以在最小的台式电脑、笔记本、掌上电脑甚至腕表上使用，也可以在最大的超级计算机和主机上使用。因此，一个在印度使用廉价计算机的小孩子也可以通过自己的电脑了解美国公司最大数据中心使用的操作系统。全世界有很多开发商在努力完善 Linux。就在我写本章节的时候，我到鲍德温夫妇在弗吉尼亚乡下的家中参加一次野餐活动，他们是我妻子在教育性非政府组织 World Learning 认识的朋友。吃午饭的时候，我提到自己将去马里的廷巴克图镇，看看这个世界从最外围看究竟有多平坦。鲍德温夫妇的儿子彼特当时恰巧在马里工作，是专门帮助发展中国家发展高科技的非赢利组织——基克队（Geek Corps）的工作人员。几天后，我收到了鲍德温太太的电子邮件，告诉我说，她已经跟彼特说过让他陪我到廷巴克图的事，接下去她所说的话就等于告诉了我一切我想知道的事情：“彼特说他们的项目是通过卫星创建无线网络，用塑料苏打瓶制作天线，用纱窗做网丝！很明显，每个马里人都使用 Linux……”

　　只有在平坦的世界里你才会听到这样的评论。

　　免费软件运动已经构成对微软和其他全球软件巨头的巨大威胁。正如《财富》杂志 2004 年 2 月 23 日报道的那样，“这种强大的基础软件建立在英特尔无处不在的微处理器的基础上，同时也迎合了网络突飞猛进的需要。Linux 很快开始在全球的程序员和商业用户中获得欢迎。这场革新的意义早已超过了小小的 Linux……几乎任何类型的软件都可以以公开源的方式被找到。程序员在网上聚会的一个地方 SourceForge.net 一共列出了8.6 万个程序。虽然对很多网络高手来说这些都是些微不足道的小设计，但很多软件确实很有价值……如果你不愿为微软的 Office 软件花 350 美元，为 Adobe 公司的 Photoshop 花 600 美元，那你就可以到 OpenOffice.org 和 Gimp 寻找高质量的免费产品。"像 Google、E-trade 和亚马逊这样的网站将英特尔商品服务器和 Linux 操作系统结合在一起使用，极大地降低了它们的研发支出，并增加了它们对软件的控制权。

老实说，尽管 Linux 和阿帕奇最初以社区开发软件的纯粹形式出现，由自发的合作社区上传完成，但很快阿帕奇就成为一种混合模式，这主要是由和 IBM 的合作导致。一些人免费改进阿帕奇，另一些人则由 IBM 雇用完成工作，于是这家公司就可以出售围绕基础软件开发的服务、升级及附加产品。同时，我们看到风险资本家也正给开放源新兴企业提供资助，通过支付软件公司一定费用，要求后者免费公开一些程序，这样社区就会使用并开发这些程序，反过来新兴企业就可以出售自己开发的附加产品来盈利。比如，红帽公司就支持 Linux 和其他开放源的开发，并围绕这些创立了商业模式。红帽公司不会出售给你 Linux 本身，这是不被允许的，但它却可以将 Linux 用户化，提供技术支持并收取一定费用。

这些混合模型可能就是未来的发展方向。为什么？首先，一个复杂的软件平台如果要可持续发展，也就是说，如果要不断更新、调整和改进，就必须有围绕它来服务的经济。开放源社区的软件开发商只有这么多的时间、兴趣、精力和智慧来不计薪酬开发代码。在某种程度上说，如果不对社区的某些人从经济上进行激励，这项工作不能达到最高水平。

在 Linux 的案例中，马里的人们能够免费下载软件，这是令人振奋的，遗憾的是 Linux 不再免费开发了。谁也别再为 Linux 免费提供软件抱有幻想了。IBM 不会出售与 Linux 竞争的操作系统，但 IBM 却出售和微软竞争的软件。因此，IBM 非常乐意雇用高水平的软件工程师，让他们改进 Linux，使之作为能与微软视窗的竞争者，由此削减微软利润、削弱其在某些领域与 IBM 竞争的能力。同样的道理，太阳微电子系统创建了 OpenOffice.org。正如太阳微电子系统的网站上所说的那样，OpenOffice.org 社区是太阳微电子系统于 2000 年创建的。在这个活跃的社区，太阳微电子系统是个关键成员，提升和支持 OpenOffice.org 的办公组。哎，那是商业。但这就是商业。从消费者角度来说，重要的是社区开发软件的混合模型促进更多的竞争和为公众生产出更加便宜的软件——如果这些软件不是免费的话。

不用说，社区发展软件的整个概念在微软上下也得到了激烈讨论。鉴于这家公司在软件业的核心地位，我认为，倾听他们的看法也是十分重要的。这是我在雷蒙德市讨论内容的一部分：在微软看来，已经从社区软件运动演化出来的混合模型确实是商业竞争的新形式，任何人都不应当对此有幻想。不管社区开发软件运动的创立者对无利润的社区开发软件是怎样打算或希望的，事实上，社区发展软件并没有照原来的设想发展。如今，社区软件运动是商业，对微软和各家公司而言都具有潜力。

刚才已说过，同我交流的微软高管仍相信这种软件模式有局限性，不会，也不应该取代传统的商业软件行业，其理由如下：首先，微软认为如果创新者不能得到经济上的奖励，突破性创新的激励就会最终枯竭，在这一日益复杂的领域推动进步的深入研发也将缺乏资金支持。微软成功地创建了标准个人电脑操作系统，这一成功让微软可以将数亿美元的资金用于研发，最终开发出能卖到好几百美元的 Office 应用软件。

诚如微软首席技术官克雷格·芒迪所说：创新、回报、再投资、更多创新的良性循环已经促进软件业全面重大突破。我们知道软件业是个规模经济行业。开始需要投入巨额资金来开发软件产品，而后生产每件产品的边际产品就变得很小，但大量出售时，你就会收回投资，然后将利润投入开发下一代产品。但是，如果你坚持不能对软件产品收费时，你就将大量利润拱手让出，软件行业也就不再是规模经济行业。

他继续说：科学研究将越来越多地需要社区付出更多努力，这是确实存在的，但我认为这更多的是因为问题的复杂性要求跨学科合作，而不是因为带来真正创新的基本远见都来自集团而非个人。我相信开放源将继续作为强大的发展潮流，但它将主要转向学术界长期存在的知识平民化模式，而不是取消对软件的经济激励。

比尔·盖茨补充说："你需要资本主义来推动创新。如果说创新根本不值得经济激励，那是违反世界发展方向的。我跟一些中国人交谈，他们的梦想往往是开设一家公司。他们想的并不是，'我要白天做理发师，晚上开发免费软件'……如果你的软件系统出现了安全危机，你不会说，'那个理发店里的家伙在哪儿?'"芒迪指出,不管你从事什么行业,迟早你会发现,如果任何人都能获得同样的免费软件,而没有体现和促进核心竞争力的私人软件和IT系统,你将很难获得和维持竞争力。公司希望能获得为自己专门设计的系统,也希望IT工具箱为它们设计别人没有的东西。这样的话,微软认为,私人软件系统将有很大空间。最后,规模和范围将至关重要。对学生和公司来说,你们可以带着电脑周游世界,找一个标准化的微软文字程序来写论文或业务报告。我不希望每到一个地方就必须更换一个不同的文字处理程序,这无助于工作流动。

但是,我想社区开发软件也将继续存在的原因是,尽管某种程度上说,没有经济激励,它也许不能作为实现突破和传播突破的工具持续发展,但它已经被证明是非常强大的。2004年前,Linux操作系统一直是最知名的挑战微软的开发源软件。然后,2004年11月,一个支持开放源软件的非赢利团体莫芮拉(Mozilla)基金会推出了火狐(Firefox)网络浏览器。《纽约时报》(2004年12月19日)的科技记者兰达尔·史特罗斯称其弥补了微软IE浏览器的不足。便于安装的火狐1.0是在11月9日推出的,一个月内它的下载次数达到了1000万次。火狐的忠实用户还捐款为它在《纽约时报》上做了2个版面的广告。史特罗斯补充说:"火狐让开放源软件从默默无闻的后台来到了你的家里,来到你父母的身边(你那些上大学的孩子们已经在使用这些开放源软件了)。它像微软的IE一样便于使用,到2005年11月火狐推出一周年的时候,它已经占据全球浏览器市场大约10%的市场份额,其中大部分都是微软原来把持的份额。"火狐迅速扩展市场的其中一个原因是它社区开发的特点:用户可以对它的研发方式做出贡献,实际上,浏览器新增的个别应用程序都是用户编写的。到2005年11月,一个新的混合版本火狐1.5即将推出。

当你认识了火狐的产生过程后,你会对它的爆炸式增长感到惊奇。火狐实际是在Mosaic和网景浏览器的基础上发展而来的,网景浏览器1998年被微软的IE击败。同时,《连线》(2005年2月)报道,和其他开放源的软件一样,火狐是很多不同的程序员改进和提高的结果,其中两个人更是功不可没:他们是布莱克·罗斯和本·古德杰。布莱克·罗斯是一个瘦瘦的、留着黑碎发的 19 岁男孩，在斯坦福大学读大二，喜爱运动；本·古德杰是一个矮胖的新西兰人，今年 24 岁，说话声音轻柔。罗斯在 14 岁那年登录到他们家的美国在线账户，并开始为莫芮拉集团（由负责维修网景浏览器源代码的程序员组成）修改程序缺陷。很快罗斯就不再满足于对网景浏览器的修修补补。2002 年，他突然决定开发一个轻巧、快速、容易操作的浏览器。2003 年罗斯成为全日制大学生后，古德杰拿起"接力棒"。他将整个项目进行整合，使浏览器成形，并在去年底（2004）推出火狐 1.0 版本。

于是，一个来自斯坦福大学的 19 岁男孩和一个来自新西兰的 24 岁小伙，从地球的两端开始不计报酬地在开放源社区工作，开发出在短短 6 个月的时间内就抢走 IE 5%市场份额的浏览器。我特别喜欢罗斯在《连线》中谈及的他第一次上传和上九年级时首次以黑客身份攻击莫芮拉的感受：让人感到不可思议的是，你可以接触到这么多人使用的东西。对代码稍微修改，然后就能看到知名大产品的视窗变化，感觉会特别好。你已经让全世界都在运用的应用程序发生了某些改变。

与下载相比，上传的诱惑是无法形容的。

概要：世界的变平给软件行业带来了另一场震动。我想我们将目睹一个新均衡的出现，所有不同形式的软件会适得其所：传统商业软件微软或SAP，租用软件的商业网络模式 la Salesforce.com，以及要么由社区资助的要么靠个人灵感开发的免费软件。

社区开发答案

布赖恩·贝伦多夫本人以自己的事业打赌，越来越多的人和公司将希望利用平坦世界的新平台对各种产品进行社区开发的创新。2004 年，他开办了一个名为 CollabNet 的公司，推动公司以社区开发为工具带动软件创新。比如说，CollabNet 公司创建了安全网站，有密码的用户可以看到软件的源代码和需要处理的瑕疵，而后用户可以与工程师、生产部门经理和客户支持讨论应该怎样改进软件。这是一个完全平坦、摩擦较少的环境，可以促进合作并克服障碍。布赖恩·贝伦多夫说，CollabNet 公司是令世界变平的各种力量的武器交易商。我们在这个世界上扮演的角色是，建设各种工具和基础设施，这样印度人、中国人或者不管在哪的顾问、雇员或者待在家里的人们能够开展合作。我们正给予他们可以分散合作开发的工具箱。我们让从下而上的发展成为可能，这并不局限于网络。CollabNet 公司主要关注于怎样让公司通过内部合作开发自己的开放源软件，并保证其不断更新。除了软件行业外，其他行业也是一样：如果能激发社区的创新力量，你会发现还有很多商机。开放源方法的另一个创新方式出现在几年前，加拿大黄金开采股份有限公司试图敦促我们所有人去发现黄金储备。根据《快速访客》（*Fast Company*）杂志 2002 年 6 月一期的报道：

1848 年 1 月，一个工作组在加利福尼亚州萨克拉门托市附近的约翰·萨特斯（John Sutters）矿区偶然发现了极好的天然金块，50 万采矿者很快蜂拥而至，梦想一日发财。淘金热仍在继续。大约 153 年后，又一个淘金热在安大略省西北部一个被称为红湖（Red Lake）的老矿爆发。这次，淘金者运用地质建模软件和数据库而非铁锄与铁铲作为开采工具。这些大赢家来自澳大利亚，他们可从来没见过矿藏。

黄金开采股份有限公司位于多伦多市，其总裁兼首席执行官罗布·迈克文(Rob McEwen)给全球地理学家带来一个非同寻常的挑战，进而触发淘金热：我们将在红湖矿的网站上向您展示我们所有的数据。希望您告诉我们哪里能再找到 600 万盎司（1 盎司 =31.1035 克）的黄金，奖金：共计 57.5 万美元，最高奖金 10.5 万美元。

采矿业哑然失色。获奖组织不规则形制图公司（Fractal Graphics）来自澳大利亚的西佩斯，其常务董事尼克·阿奇柏德说，我们已经看到来自政府调研网的大量数据。但是一家公司能发布这些信息并直截了当地宣称"我就在这"，这确实是相当不正常。

迈克文深知，被他称作"黄金公司挑战"(Goldcorp Challenge)的竞赛承担着很大风险。首先，它让公司面临敌意收购的投标，但是继续按老规矩办事的风险更大。迈克文说，开矿是人类最古老的工业之一，这是一个很老很老的经济形式，但是，矿藏发现就像科技发现一样。财富增加的预期能够同样迅速地创造财富，如果我们能更快地发现金矿，我们还真能提升公司价值。

迈克文身材矮小、声音不高、胡须整洁、衣着考究，相对其他落后的竞争者，他有一大优势：他不是矿工，他不像矿工那样思考，他不受矿工传统思维的限制。年轻时，他子承父业进入投资行业，在美林集团工作。但他父亲也对黄金非常着迷，迈克文从小就在饭桌上听说矿工、采矿者和融资的故事。他很快也对黄金产生浓厚兴趣，经过苦心钻研，他设计出一个模型，描绘出想象中 21 世纪金矿公司的样子。1989 年，他找到了机会：他以白衣骑士的身份介入并购战，一举成为安大略省一家表现不佳金矿的大股东。

这几乎不是一个梦想的实现。黄金市场当时处于低迷状态，金矿经营成本高昂，矿工罢工不断。迈克文甚至受到死亡威胁，但他知道金矿潜力巨大。他坦言，红湖黄金区有 2 个处于经营状态的金矿和 13 个老矿，两者共生产出超过 1800 万盎司的黄金。紧接着他们的金矿曾生产出 1000 万盎司黄金，而他们自己仅生产出区区 300 万盎司。

迈克文相信，临近矿山开采出的高品位矿石存在于面积为 5.5 万英亩（1 英亩 =0.40 公顷）的红湖的某处，但尚未发现这些矿石。他的战略于 1999 年在麻省理工学院的研讨会上开始成形。全球各地的公司总裁齐聚麻省理工学习先进的信息技术。最终，他们把注意力转移到了 Linux 操作系统和开放源革命上。迈克文回忆说，当时我说，开放源代码，这正是我需要的！

他的推理是：一旦他能引起世界级人才对在红湖发现更多黄金这一问题的注意，就像 Linux 设法吸引世界级程序员投入改善软件的事业一样，他也可以接触常规情况下难以获取的数以千计的"金点子"。这时，他也能够加速勘探，提高发现金矿的概率。

刚开始时，黄金开采股份有限公司的地质学家对他们向全世界公布超秘密数据的主意感到震惊。加拿大地质调查局前任首席地球学家同时担任"黄金公司挑战"竞赛评委的詹姆斯·M·富兰克林博士说，这是一个非常保守、非常隐秘的行业，他们经常用暗语来对储量和勘探的数据进行保密，这么做完全不是它的风格。

但在 2000 年 3 月的一次行业会议上，迈克文披露了"黄金公司挑战"计划，立即引起了外界反响。来自 50 个国家的 1 400 多位科学家、工程师和地质学家下载了公司的数据资料并开始他们的虚拟勘探。当各种勘探结果提交上来时，5 位评委组成的工作组都对提交内容蕴含的创造力感到惊讶。澳大利亚的两个团队——在西佩斯的不规则形制图公司和在昆士兰的泰勒·沃尔协会（Taylor Wall & Associates）合作取得了胜利，它们共同开发了有关矿井的三维图形描绘。

对迈克文而言，竞争本身就是一个金矿。他说，我们已经在获胜者指定的前 5 个目标的 4 个打了矿眼，这 4 个全部命中。但是，最重要的是，获胜者是从一个遥远的地方，在从未进行实地考察的情况下，分析数据库并建立目标的。很明显，这将成为未来的趋势。

有了新的高级发现和现代化矿井设施，红湖最终正按着迈克文的预想发展。1996 年，红湖以每盎司 360 美元的成本年产 5.3 万盎司黄金。到 2001 年，此矿以每盎司 59 美元的成本年产 50.4 万盎司黄金。

《快速访客》杂志也注意到这一机会对竞争中获胜的拥有开放源的矿主是多么重要。

尽管安大略省的红湖和澳大利亚的西佩斯位于地球的两端，但这并没有让澳大利亚地质科学咨询公司——不规则形制图公司的尼克·阿奇博尔德和他的团队以为他们不能在加拿大找到黄金。

2001 年黄金公司挑战杯一等奖的获胜者——阿奇博尔德和他的合作伙伴分享了 10.5 万美元的奖金，因为他们指明了可能找到黄金的地点。阿奇博尔德说，我从未去过矿井，我也从未去过加拿大。

但当阿奇博尔德得知这一竞赛时，他认识到这对他的公司而言是个机会，其公司专门生产矿井的三维模型产品……由于奖金是由阿奇博尔德的团队和泰勒·沃尔协会共同分享，阿奇博尔德的团队实际获取的奖金几乎不能弥补此项目的成本，但公众效应却极大地推动了公司的经营业绩。他说，原本要花掉几年时间才能在北美地区获得认可，可这个项目却让我们一夜成名。

阿奇博尔德补充道，更重要的是，这场竞赛开阔了我们行业的视野，让我们认识到可以用一种新的方法进行勘探。他说，这对采矿业来说是个巨大的变革，就好像是黑暗大海中的一座灯塔。

博客：上传新闻和评论

在社区开发的软件运动获得迅速发展后，我们很快见证了另一种新型的自下而上的、自发组织的上传形式：博客。我所从事的新闻职业让我对这一点看得最清楚。在这个空间中，唯一的在线评论员——博客主会根据自己的思想倾向选择和其他博客建立链接，并创立一种开放源的新闻室。博客就是你自己的虚拟肥皂箱，你每天早晨起来，可以用专栏、时事通讯或长篇大论的形式，告诉世界你对任一话题的想法，并将这一内容上传到自己的网站，等待世人的检验。如果其他人喜欢它，他们将从自己的博客链接到你的博客或链接到其他内容，比如在线的新闻文章或评论。现在我把阅读博客文章当成每日例行的收集信息的一部分（博客一词源于单词 Weblog）。《华盛顿邮报》的霍华德·库特兹曾撰写过描述不知名的博客如何就"拉瑟门事件"在网上掀起轩然大波的文章（2004 年 9 月 20 日），"就好像在煤油浸过的木头上扔了一根火柴一样，随之而来的火焰迅速蔓延到整个媒体行业，以往不为人所知的博客现在让默罗和克朗凯特（美国新闻界泰斗）建立的传统新闻业处于被动境地。网站设计师和博客查尔斯·约翰逊说，其中的秘密就是'开放源信息采集'。也就是说，我们现在拥有一帮市民记者，他们会兴致勃勃地寻找各种新闻线索。"

不过，这个记者队伍通常只配备有很简单的采访器材，如录音机和可拍照手机，但在平坦的世界里，他们的声音却可以传播到哥伦比亚广播公司和《纽约时报》那里。这些博客已经创建了没有任何准入障碍的网上平民区，这些平民区通常会散布各种谣言和主观臆测。因为没人管理，各种行为标准差别很大，会有一些彻底不负责任的言论。但是也正因为没人管理，信息流动才会彻底畅通。而且这一社区有时也会报道一些真实的事情，比如"拉瑟门事件"，它可以像任何网络或主要的报纸一样报道一些客观公正的新闻。

Technorati 网站负责跟踪不断更新的网络日志，它宣称，每 7 秒钟就有一个新的博客诞生，现在已有 2400 万博客，其数量还在以每天增加 7 万的速度递增，每隔 5 个月，博客数量就要翻一番——以个人视角报道伊拉克前线新闻的博客、批评高尔夫球场建筑构造的博客、扑克博客、投资博客以及像你我一样普通的博客。

旧金山自由撰稿人马克·格拉瑟（Mark Glaser）2005 年 7 月 28 日给 YaleGlobal Online 网站写的一篇文章提到，7 月 7 日伦敦地铁发生爆炸的当天，BBC 网站邀请观众和听众发送一些他们见到的照片。24 小时之内，该网站就收到了 2 万份电子邮件书面记录，1000 张照片，20 段视频。一位业余爱好者拍摄的双层汽车爆炸的照片成为当天该网站的主要图片之一。BBC、《卫报》、MSNBC 的网站都是走平民记者道路的主流媒体网站，它们的读者即使没有接受过任何报道培训，也可以在短暂时间内为网站建设做出贡献。BBC 同时做到了驾驭上传并将其转化为自己可以利用的媒体资源。

BBC 愿意欢迎博客，这一方面显示出博客的力量和弱点，另一方面也告诉我们为什么博客对传统媒体的影响目前尚无定论。谁能在 24 个小时内细细研读 2 万份博客呢？这就像我们不能从灭火水龙带里喝水的道理一样。因此，和软件行业一样，我们很有可能看到的是更加混合的方式：传统的新闻机构吸收、筛选、从中选出最优的，然后将它们同传统方法编辑的新闻合为一体（如今，许多像通用电气这样的大公司每天都监控着博客对它们的评论，并相应地做出回应）。10 年后你认识的所有人几乎都拥有一个博客，很难想象那时是什么样子。可这就是我们的发展方向，如果你看一下 Face book.com 现象，就会明白这一点。Face book.com 是高中和大学十分风靡的网上社交场所，数以百万计的年轻人利用这个平台讲述自己的故事。

研究科技与政治相互关系的分析师迈卡·西弗赖在 2004 年 11 月 22 日的《国家杂志》（The Nation）中写道，下一代人在网络环境中成长，而不是人到中年时才去适应这种环境。Grunwald Associates 2003 年 12 月的研究显示，美国 6～17 岁的青少年拥有自己网站的人数超过 200 万。幼儿园到 3 年级的孩子中 29% 拥有电子邮箱。二十几岁的乔希·凯标格（Josh Koenig）很早就参加 Dean 运动，是美国音乐（Music for America）的创始人之一，他说我们只看到倾盆大雨的前几滴雨而已。他告诉我，在美国的大多数高中，学生们利用网站来给老师划分等级。我认为这样有些夸张。但后来，我在"评价我的老师"（Rate My Teachers.com）网站上发现，4 万所美国和加拿大中学的学生对 90 万个老师做出了 600 万项评价。这一数字是上一年的 3 倍，覆盖了两个国家 85% 的学校。未来是这些学生的，我们剩下的人只能随波逐流了。

播客（Podcasting）是博客的音像版本，这一现象刚刚兴起。播客的兴起伴随着苹果公司推出的日益流行的 iPod。播客是指公司和个人自己创造声音和图像文件：音乐、报道、书籍、诗歌朗诵、演唱会，任何你可以想象出来的声音和图像形式的东西，然后，他们可以把自己的作品上传到网站，比如 Apple iTunes。用户或注册会员可以下载这些文件，在他们自己的 iPod、电脑、手机等中播放。播客对传统的音乐公司、电台等带来了巨大的冲击，因为越来越多的人可以自由地创作音像作品，而不再是被动的听众和观众。

专门传播视频文件的 YouTube 网站可以说明这种现象是何等的流行。2005 年 2 月，PayPal 的几位职员创办了 YouTube，那时候本书的第一版刚刚问世。2006 年 10 月，本书出第二版的时候，Google 花了 16.5 亿美元买下了 YouTube。YouTube 允许用户上传、观看和分享视频文件和电影片断、电视节目、音乐带、演讲、喜剧表演等。这些作品或者是网民自己创作的，也可能是别人的。许许多多业余爱好者有了自己的网络和电影工作间，他们中的很多已经有众多的观众和听众了。

很难穷尽人们是如何利用 YouTube 的，甚至恐怖主义分子都学会了在 YouTube 上散布他们的信息。我最喜欢的例子是 YouTube 如何使得普通人变得更加有力量。2006 年 12 月 10 日《纽约时报》上的一篇文章谈到："只要有犯规或惩罚，球迷们就会责骂裁判，说裁判不公。过去球迷对裁判是谩骂，比如'裁判，你瞎了眼了！滚回去！'现在，球迷的指责越来越有科学依据。瞬时回放和多角度拍摄可以发现哪怕是最微小的裁判失误。随着

YouTube 的出现，在网站上球迷开始使用越来越复杂的技术查出裁判失误，并广为散布。现在，比赛结束不过几个小时，失利球队的球迷们就会把裁判失误的带子放到网上，他们会把裁判犯错误的镜头反复地播放，这是一种非常有力的羞辱裁判的方法。很多此类视频是用慢镜头播放的。Slate 杂志的一个作者称此为'YouTube 上的泽普鲁德（Zapruder）影片'。❶最有说服力的视频是把整场比赛缩短为出现裁判失误的那些片断。看到这些视频，比如在达拉斯小牛队（Mavericks）对休斯敦火箭队（Houston Rockets）的第五场比赛，会把最无动于衷的观众变成一个相信阴谋论的人。今年最具有煽动力的是关于俄勒冈对俄克拉何马的第四节橄榄球赛的录像。裁判判俄勒冈队重新接球，但是录像重放却显示应该是俄克拉何马得分。网友的反应又快又尖刻。一个录像的标题叫'骗子'，另外一个叫'改变了我人生哲学的比赛裁判'。体育协会开始反击。美国国家橄榄球联盟（NFL）最近要求 YouTube 撤掉播放其比赛的视频，其中很多视频都是批评裁判失误的。"

维基百科：社区上传内容

我在写这本书时经常提到的另一种知识平民化性质的合作形式是维基百科(Wikipedia)，这是由用户贡献内容的网上百科全书，也被称作"人民的百科全书"。"wikis"在夏威夷语中是"快"的意思。这种网站让用户可以直接在家庭电脑上编辑网页。2004 年 5 月 5 日，香港大学新闻及传媒研究中心的助理教授安德鲁·利赫在 YaleGlobal 网站上张贴了一篇论文，解释了维基百科的运作方式和它如此成功的原因："维基百科是由 Bomis.com 的总裁吉米·威尔士发起的。在此之前，他曾发起过一个虽属自愿创办但却处于严格控制下的百科全书项目，主编们都拥有博士学历，但他们只收集了几百篇文章，2 年后由于缺乏资金和资源，这个项目流产了。为了不让这些内容浪费掉，2001 年 1 月威尔士将这些文章贴到了一个 wiki

---

❶ 亚伯拉罕·泽普鲁德是达拉斯一家服装店的老板。他在肯尼迪遇刺的现场拍摄了一部 26 秒的影片，内容为肯尼迪头部中弹的全过程。

网站上，并且邀请访问者对之做出修改和增添新的内容。这个网站第一年就取得了很大成功，第二年也是如此，两年之内就汇集了2万篇英文文章和12种语言以上的相关翻译。"

你也许会问，人们怎么通过公开来源、公开编辑的方式创建令人信服的大百科全书呢？事实上，维基百科中的每篇文章上都有一个"编辑此页"的按钮，让访客可以自己决定是添加还是删除该页。利赫解释说，由于wiki可以追踪文章的状况、查看访客的修改和就一些问题进行讨论，它们实际充当着"社会软件"的角色。wiki网站也可以查询和保留文章每次的修改状况，因此任何操作都不会造成永久性的破坏。维基百科在多数一致的原则下运作，用户在增添和修改内容的过程中也是在努力达成共识。

利赫写道："不过，技术本身是不足够的。吉米·威尔士的编辑原则是必须保持中立观点（NPOV）……维基百科的章程是，'中立观点意味着应努力让支持者和反对者都同意某种观点或事实……'因此关于全球化等争议问题的文章也得益于维基百科这种开放的全球属性。过去2年中，'全球化'这一词目已经有90多种解释，参与者来自荷兰、比利时、英国、澳大利亚、巴西、美国、马来西亚、日本和中国。其角度多样：从世界贸易组织和跨国公司到反全球化运动和对文化多元性的威胁。与此同时，一些恶意的修改行为也会被遏制。对破坏行为进行监督和纠正也并不是什么难事，用户只需查看近期修改的清单就可在几分钟（甚至几秒钟）内发现这些破坏行为，然后点击按钮就可以回到被破坏前的状态，这就比较有利于wiki社区对质量问题的掌控。"2004年11月1日一期的《新闻周刊》引用英国艾塞克斯一位维基百科迷（他曾对1000多个词条的正确性进行网上监督）的话说："合著百科全书的想法也许是有些疯狂，但它的自控却很好。"

它当然很受欢迎。到2005年底，维基百科每个月的页面浏览次数达到25万亿，这让它成为网上访问次数最高的参考类网站之一，类似的网站还有Dictionary.com。我相信，在你成长的过程中，当大英百科全书的推销员敲开你的家门并向你炫耀这些书时，你肯定感觉它很棒。我当时自然也有这种感觉。然后，当你拿到微软电子百科全书的第一版本、并可以点击到自己的百科全书时，你的感觉也一定很爽。微软电子百科全书最新版本的网上广告如下：微软百科全书标准 2006 是销量第一的百科全书品牌。这是你可以放心地用于探索知识世界的资料来源，它包括 3.6 万篇文章、上万张图片和声音剪辑、视频、动画、游戏、地图和更多的东西，这些内容既准确又吸引人，并且还紧跟时代潮流。你知道上传的百科全书——维基百科里有多少篇文章吗？我于 2005 年 11 月 29 日写下这些文字时，维基百科的网站这样报道：始于 2001 年的英语版本中，我们现在共有 841 358 篇文章。吉米·威尔士才刚刚起步。他还将维基百科拓展到了字典和辞典领域——维基字典；拓展到了数字课本和手册领域——维基书本；拓展到了网上引用语领域——维基引语；拓展到了物种的网络目录——维基物种；当然还有让你可以自由创作和上传的新闻内容——维基新闻。

不过，维基百科并不总是光鲜照人，它也不是总能实现自控。当人们上传自己的百科全书时，很多事情都会发生，而且并非所有的事情都是好事。你的敌人可能将它用作在全世界毁坏你名声的海报栏，这种情况通常需要大量时间才能解决。老约翰·席根塔勒(John Seigenthaler Sr)是《今日美国》的主编，并且还是范德比尔特大学（Vanderbilt University）自由论坛宪法第一修正案中心（First Amendment Center）的创始人。一天早晨，他醒来后发现，维基百科上这样描述自己：老约翰·席根塔勒在 20 世纪 60 年代初是总检察长罗伯特·肯尼迪的助手。在一段很短的时间内，他被认为与肯尼迪两兄弟（约翰和鲍比）被刺案直接相关。但是，至今没有任何事件被证实。

他很不开心。这篇人物介绍在世界范围内被广泛阅读和拷贝。2005 年 11 月 29 日，他在《今日美国》的公开版面写下了下面的话：

这是一个在网上暗杀别人的故事，它也可能会发生在你身上。

我不知道是哪个有邪念的人构思了在我名下的这篇虚假而恶毒的传记，并把它在维基百科这个受人欢迎的在线免费百科全书上登载了 132 天，而维基百科上文章的作者都是匿名的，因此很难被人发现。这篇传记写道：

"约翰·席根塔勒于 1971 年移居到了前苏联，并于 1984 年回到美国。"维基百科这样说："之后不久，他创办了一家公关公司，这家公司是全国最大的公关公司之一。"

在 78 岁的高龄，我以为任何有关我的负面消息都不再会令我吃惊或使我受到伤害，但是我错了。这篇传记中有一句话是真实的。20 世纪 60 年代初，我是罗伯特·肯尼迪的行政助理，同时也是他的护柩者。当我儿子小约翰·席根塔勒（美国全国广播公司的新闻记者）后来给我打电话说，他在两家网站 Reference.com 和 Answers.com 上发现同样卑劣的文章时，我感到难以置信。

几个星期来，我从老师、记者和历史学家那里听说了"维基百科这个精彩的世界"。成千上万世界各地的人每天访问这个网站，目的是要迅速获取参考事实。但这个网站的内容却是由没有专业技能和知识的人（有时还是一些恶意的人）编写并粘贴上去的。

在我的要求下，三个网站的主管人员已经删除关于我的虚假内容，但是他们不知道，也查不出到底是谁写了这些恶毒的言辞。

我打电话给维基百科的创始人——吉米·威尔士，问他，你……有办法知道是谁写的这些吗？

"不，我们没有办法。"他说。另外两个网站的代表说，他们计算机的编程只能从维基百科上逐字复制数据，从不检查其内容的真伪……

我们生活在一个全新的媒体世界之中，其中拥有在世界范围内交流和研究的宝贵的机会。但是其成员中也有蓄意用笔中伤他人的知识分子，国会已经授予这些人权力并保护他们。

当我还是一个孩子的时候，妈妈教导我：说人闲话是罪恶的。她拿起一个塞满羽毛的枕头并说，如果我把枕头撕破，羽毛将会四处飞扬，我就再也不能将它们装回去了。而恶意中伤他人的行为，也是这样。

对于我来说，那个枕头就是对维基百科的暗喻。

我喜欢维基百科，在写作这本书的过程中我也曾使用过它。但在使用它的过程中，我很清楚，网络社区中的知识并不总是正确的。网络并不总是能自动纠错，并且其纠错的速度不及错误传播的速度。今天，IBM 专门有资深员工负责跟踪维基百科上有关 IBM 的介绍，并且确保这些内容不存在虚假，这并不是什么偶然事件。在未来数年里，年轻人将更多地从维基百科而非 IBM 自身获取有关后者的信息。

上传究竟要发展到什么地步？

我的结论是：无论是个人上传还是集体上传，都已是令世界变平的有利因素。上传正在不断拓展，因为使上传成为可能的平坦世界平台也在不断拓展，也因为上传回应了人们希望参与其中并使自己的声音被他人听到的渴望。《纽约时报》记者塞思·希塞尔曾经做过这方面的报道（2005 年 6 月 21 日），他注意到越来越多的年轻男性宁愿玩一个与运动有关的视频游戏，也不愿看电视中播放的比赛实况。他指出自 2000 年以来，在美国与运动有关的视频游戏的销售额增长了 34%，在 2004 年达到了 12 亿美元；而在 12 岁至 34 岁的男性观众中，几乎所有主要运动的电视收视率却下降了。然而，文章最让我震撼的是希塞尔引用的一个年轻人阿伯特·阿塞的话，他喜欢玩 NBA 品牌的视频篮球游戏。在游戏中，当球员（都是模仿真正的 NBA 球员的）跑动和投篮时你可以控制它的动作。阿塞说，我喜欢科比——洛杉矶湖人队的篮球明星科比·布莱恩特（Kobe Bryant）；我喜欢玩这种游戏是因为我可以在游戏中让他传球给其他人，而在电视里，他好像都不知道如何传球。

他更愿意玩游戏，而不是观看科比的比赛。迈卡·西弗赖说，这种心态暗示着在网络时代接触媒体的方式会有一个从静止的、被动的方式到主动的、参与式的方式的重大转变。在游戏中参与比赛要比观看比赛更有乐趣。蒂姆·奥里利（Tim Oreilly）是 Oreilly 传媒公司的创始人和首席执行官，也是世界上主要的计算机图书出版商之一。他对上传现象有着独有的描述方式，称之为参与体系框架，该框架是让用户用来进行生产而不仅仅是消费的。他认为那些自己设计软件、系统、网站以及百科全书的公司将吸引到最多的用户。

人们喜欢上传。这是为什么在令世界变平的 10 大力量中，上传有潜力成为最具破坏性力量的原因。有多少人在何时运用这种能力参与游戏，这将决定上传破坏力的程度。西弗赖说，参与这种行为就好比你必须使用身上的肌肉，我们并不习惯成为过程的主动参与者，尽管各种工具都已经在那里，但很多人并不使用它们……盲目屈从权威和机构的思想仍然是根深蒂固的。简言之，上传者的数量还是相对比较少的。但是随着个人上传以及协作的工具越来越普及，随着越来越多的人从他们的上传经验中获得积极反馈，我敢肯定地说每一个大的机构或是等级结构将会感受到冲击。

我已经警告你了。

第 5 大变平力量——外包:Y2K

自 1947 年 8 月 15 日独立后，印度的国运交替兴衰，但是在某些方面，印度可以称得上是 20 世纪末最幸运的国家。

直到最近，印度还在银行界被称作"第二买家"。在商业领域，你会很希望成为第二买家——你希望从破产的前买家手中买到宾馆、高尔夫球场或购物中心，因为这时候银行会以相当于原价值 1/10 的价格拍卖这些资产。这些前买家就是那些一味地铺设光纤电缆的美国股东，他们以为数字世界会无休止地拓展，他们也会无休止地变富。当数字泡沫破裂时，他们手中持有的股票要么价值大幅缩水，要么变得一文不值。印度人实际上就是这些光纤公司的第二买家。

印度人实际并没有购买这些股票，但却直接受益于这些光纤电缆的过度投资，因为他们及他们的美国客户几乎是在免费使用所有的这些光纤。印度是最大的受益者（中国、前苏联和东欧国家也有所收获）。印度这个国家实际上并没有什么自然资源，但这也令它特别注重一件事情——开发国民的脑力资本，培养出大量的科学界、工程界和医学界精英。1953 年印度第一任总理尼赫鲁在东部城市克勒格布尔建立了第一所印度理工学院（IIT），以后又相继建立了 6 所。接下来的 50 年当中，成千上万的印度人都竞相进入这些理工学院和其他一些私立大学（印度还有 6 所管理学院）学习。在拥有 10 多亿人口的印度，这种竞争也造就了一个知识精英阶层，它就像一个工厂一样，生产和出口最有天分的工程、计算机和软件人才。

　　这是印度的正确选择之一。由于印度独立后政局不稳，尼赫鲁政府又一直偏重前苏联计划经济体制，一直到 20 世纪 90 年代中期，印度都不能给大多数科技人才提供很好的工作机会，因此美国就成了印度科技人才的第二买家。在那个时候，如果你是一个受过良好教育的印度人，发挥你最大潜力的方式就是离开你的国家，最理想的选择就是到美国去，从 1953 年起共有 2.5 万印度高等学府毕业的工程师定居在美国，印度纳税人培养出来的人才极大地丰富了美国的头脑。

　　2003 年 4 月 16 日《华尔街日报》的文章称："印度理工学院是优秀科研人员的摇篮。要进入那里学习可不是什么容易事，你不可能蒙混过关……他们只有在通过了严格的入学考试后才能被录取。政府也不会干涉学校开设的课程，那里的课程很重……进入印度理工学院甚至比进入哈佛或麻省理工学院还难……参与创立太阳微电子公司的印度理工学院毕业生维诺德·科斯拉表示，'当我从印度理工学院毕业到卡内基梅隆大学攻读硕士学位时，我觉得一下子轻松了很多。'"

　　在这 50 多年中，印度这些理工学院的毕业生可以说是美国买到的最物美价廉的产品，就好像是一个排水管，在新德里把它装满后再到帕洛阿图市（硅谷的发源地）把它排空。

　　然后就有了网景、1996 年《电信法》、环球电讯和其他的光纤电缆公司。世界变平坦了，全球光纤电缆的铺设让印度理工学院的毕业生可以待在家里、出口他们的脑力劳动。华尔街上最受人景仰的对冲基金管理人之一、年轻的印度青年迪纳卡·辛格说："印度没有什么资源和基础设施。尽管它可以大批量地生产出高质量的人才，但过去很多人就像在印度港口腐烂的蔬菜一样，没有发挥自己才能的机会，只有相对较少的一些人可以到国外寻找自己的一片天地。现在不会了，因为我们越洋铺设了这种名为光纤电缆的东西……过去的几十年当中，你必须离开印度才能得到很好的发展……现在你在印度就能和世界连接。你不必像我这样，从耶鲁大学毕业后先选择在高盛集团工作。"

　　印度本来根本不能支付将人才济济的印度和高科技的美国连接在一起的宽带，所以美国的股东就替他们付了款。当然，过度投资也可能是好事，铁路的过度投资就极大地惠及了美国经济。辛格说："铁路的过度投资和由此带来的好处只能限于你自己的国家，但数字铁路则可以让外国人受益。"

美国公司这时候发现，它们可以在印度本土利用那里丰富的人力资本，让我们听听见证这一转变的印度人是怎么说的吧。印度软件巨头维普罗科技公司的总裁维沃克·保罗说："从很多方面讲，印度的信息技术外包革命开始于通用电气集团的到来。我们说的是 20 世纪 80 年代末和 90 年代初的事。当时得克萨斯太平洋集团公司也开始在印度做一些芯片设计工作，这家公司在美国的一些主要设计者都是印度人，后来他们就让这些印度设计师返回国内，直接在当地进行设计研发。那时候，我负责通用电气医疗系统在班加罗尔的运营。1989 年，通用电气当时的总裁杰克·韦尔奇来到印度，他立刻发现，印度具备通用电气所需的大量人力资源。韦尔奇常说，'印度是一个具备发达知识技能的发展中国家。'他发现了一个可资利用的人才库。于是他说，'我们在开发软件方面耗费了不少钱。难道我们不能在这里为 IT 部门做些事情吗？'"因为印度在此之前一直不对 IBM 等外国科技公司开放市场，所以印度就开设自己的工厂来制造计算机和服务器。韦尔奇感觉，如果他们能为自己制造，就一定能为通用电气制造。

韦尔奇派一个由通用电气首席综合官（CIO）带头的团队到班加罗尔进行实地考察。保罗当时担任通用电气在印度的业务开发主管，他回忆说："那是在 20 世纪 90 年代初期，当时我的任务就是陪同第一次去印度的首席信息官，他们带来了一些试点项目。飞机抵达德里机场时已经是午夜，前来接机的是 5 辆印度国产汽车——大使轿车（Ambassador）组成的车队，这种汽车仍以 20 世纪五六十年代英国莫利斯公司的老轿车为设计基础。在从机场到小镇的路上，我坐在后面的一辆车上，忽然我们听到一声巨响，发生了什么事？我冲到车队的前面，只见领头汽车的车盖已经被掀掉，并且砸坏了挡风玻璃——里面还坐着通用电气来的人。于是所有通用电气来的人都集中到了路边，我听到他们在那里嘀嘀咕咕地说，'这就是我们要得到软件的地方吗？'"

令印度人感到欣慰的是，通用电气集团并没有因低质量的印度汽车而决定退出，相反它决定和维普罗科技公司开展合作项目并在印度扎下根去。不过这仍是光纤时代之前的事情。比如，美国西蒙 & 斯库斯特出版社会将它的书运到印度，每个月支付给印度人 50 美元（在美国这一数字为 1000 美元），要求他们将书中内容输入电脑，将书本变成数字化的电子文件，这样以后就能很容易地编辑或修改——特别是字典这样需要经常更新的书籍。1991 年时任印度财政部长的曼莫汉·辛格开始打开国门、引入外资，并为印度通信产业引入竞争。为能吸引到更多外资，辛格为外国公司提供了极大的便利，比如帮助在班加罗尔建立通信卫星的下行线路等，这样他们就能越过印度本地电话系统直接和他们在美国、欧洲或亚洲的总部联系。在那之前，只有得克萨斯太平洋集团敢于面对印度官僚体系的挑战，在 1985 年成为第一个在印度建立研发中心和集成电路设计的跨国公司。得克萨斯太平洋集团在班加罗尔有自己的卫星下行线路，但是必须接受印度政府官员的监管，他们有权检查输入或输出的任何数据。辛格从 1991 年开始就放松了所有这些管制。

1994 年一个由美籍印度医生部分融资的"健康记录"公司在班加罗尔建立，承接美国医生和医院外包的电脑录入工作。在此之前，医生需要将手写的记录口述并录制下来，转交给秘书或其他人去完成录入，通常要花费数日或数周。"健康记录"公司建立了一套可以将医生的按键式电话变为听写机器的系统，医生可以先拨通一个号码，然后对装有声卡的电脑口述手写记录，这样电脑就可以将他的声音数字化。由于卫星传导系统的存在，班加罗尔的家庭主妇或学生可以从他们的电脑下载医生已经数字化的声音，在 2 个小时而不是 2 周内完成录入，然后她（他）就可以再通过卫星将完成的文本文件发送到医院的计算机系统。由于美国和印度存在 12 个小时的时差，印度人可以在美国医生仍在睡觉时完成工作，让医生第二天早上就可以看到。对公司来说，这是一个重大突破，因为如果你可以安全合法地在班加罗尔完成对医疗记录、实验室记录和医生诊断的录入工作，很多别的行业也会考虑将后台工作转移到印度去完成。他们后来也确实是这样做的。但卫星可以处理的内容毕竟是有限的，而且还存在声音时滞的问题（"健康记录"公司的创始人之一拉姆达斯·辛·卡尔萨称，他们最初的外包对象是在缅因州的印度人——也就是美籍印度人）。在印度进行这种录入工作的成本是美国成本的 1/5，这一差距引起了很多人的注意。

到 20 世纪 90 年代末，幸运女神开始从两个方面关照印度：光纤泡沫开始膨胀，将印度和美国联系在一起，而 Y2K 计算机危机——所谓的"千年虫"——也在这时候爆发。计算机通常都有内部时钟，最初为了节省存储空间，这些时钟都只用 6 位数字表示时间——2 位数表示日期，2 位数表示月份，还有 2 位数表示年份。这意味着计算机表示的时间只能到 12/31/99，当日期到了 2000 年 1 月 1 日，很多老式计算机不能表示 01/01/2000，只能表示 01/01/00，计算机会认为又重新回到了 1900 年。所以当时大量的老式计算机（新式计算机的时钟已经解决了这些问题）都必须调整它们的内部时钟和相关系统，否则这些计算机程序就会关闭，导致全球危机。

对计算机系统进行调整是一项庞大而烦琐的工程。世界上哪个国家拥有可以完成这项工程的软件工程师呢？答案是印度，它拥有从印度理工学院和其他私立科技大学毕业的众多技术人才。所以在 Y2K 的大敌面前，美国和印度开始频频约会，它们的关系极大地推动了世界变平的进程，因为这向很多不同的行业表明，个人电脑、网络和光纤电缆的结合提供了新型合作和水平价值创造的新方式：外包。任何能被数字化的服务、呼叫中心、商务支持或知识工作都可以外包给世界上最廉价、最有效率的供应商。通过使用光纤电缆连接的工作站，远在世界另一端的印度工程师可以帮你完成这些计算机调整工作。

维普罗科技公司曾承担部分 Y2K 外包工作，总裁维韦·保罗称："Y2K工作是非常单调乏味的，不能让西方公司具备很强的竞争优势，所以他们特别希望能把这项工作以尽可能低的费用外包出去。他们说，'我们只是想安然度过该死的 2000 年！'于是他们就开始和印度科技公司开展合作。"

杰瑞·拉奥说："Y2K 对不同的人意味着不同的事情。对印度工业来说，它代表着最大的机遇。过去，印度一直被视为一个落后的国家。Y2K 突然要求对世界上的每台电脑进行检查，而印度恰巧具备这种人才储备。Y2K让印度 IT 行业在全球留下了足迹，它是我们的增长发动机。"

到 2000 年初，Y2K 问题基本解决，接着又出现了新的商机——电子商务。当时，网络泡沫还没有破裂，需求仍十分旺盛，而技术人才又比较缺乏。保罗说："人们希望得到的是对生存至关重要的应用软件，他们转向了印度公司。结果发现，这些印度公司不仅可以完成复杂的工作任务，而且还可以提供比别处质量更高的服务，这就为印度的 IT 供应商赢得了广泛尊重。如果说 Y2K 是美国公司和印度公司相识的过程，电子商务阶段就是其恋爱的过程。"

随着科技泡沫的破裂，外包作为美国与印度间的新型合作方式发展极为迅速。班加罗尔工作站和美国公司主机间的光纤电缆让美国公司可以通过维普罗科技公司、Infosys 和塔塔咨询公司这样的印度 IT 企业处理电子商务和主机应用等业务。

保罗说："我们开始在主机应用和电子商务方面开展合作，这意味着我们已经结婚了。"印度又一次感到幸运的是，它可以利用所有的海下光纤电缆。保罗补充说："那时候，我在离班加罗尔莉拉宫宾馆很近的地方有一个办公室，我还在班加罗尔郊区怀特菲尔德（Whitefield）国际科技园区的一家工厂工作，但当时即使在办公室和工厂之间安装本地电话线都不大可能，除非你愿意去贿赂官员，而这是我们不愿做的。于是，每次我从办公室往工厂打电话时，都会先从班加罗尔的办公室转到美国肯塔基州通用电气的主机上，然后从肯塔基州再转回怀特菲尔德。我们可以越洋使用租用的光纤电缆，但仅仅是使用穿过小镇的电缆却还需要贿赂。"

印度虽然从网络经济的繁荣中有所获益，但它更多地得益于网络泡沫的破裂。这的确很有讽刺意味。网络经济的繁荣铺设了将印度和世界联系在一起的光缆，而它的衰败不仅将这些光缆的使用成本降低为零，而且也极大地增加了愿意使用这些光缆将工作外包到印度的美国公司的数量。

Y2K 让印度脑力劳动者大受欢迎，印度公司提供的服务质优价廉，不过价格在当时并不是客户考虑的首要问题——解决"千年虫"问题才是要务。Y2K 之后就是网络经济的繁荣时期，美国会讲英语的工程师几乎都已被电子商务公司挖走，印度成为唯一可以找到这种人才的地方。然后就是网络泡沫的破裂，股市滑坡，投资资金短缺，幸存下来的美国 IT 公司和风险基金公司手中的资金已经所剩不多，它们此刻对印度工程师的需要更多的是为了节省成本。

21 世纪初许多分析人士犯下的错误之一就是将网络繁荣和全球化混为

一谈，认为两者都只是暂时的狂热。当网络泡沫破裂时，一些固执的分析人士认为全球化也已经结束。但实际正好相反。网络繁荣只是全球化的一个方面，网络泡沫的破裂不仅没有破坏全球化，反而加速了它的进程。

美籍印度人普罗莫德·汉克是硅谷的著名的风险投资家之一，当时他和他的公司 Norwest Venture 都处于过渡阶段。汉克解释说："网络泡沫破裂时，在美国持短期工作签证的印度工程师都失去了工作，他们只好回到印度。"但这样造成的结果就是，几乎每家美国大公司的 IT 预算都减少了很多。他继续说："每家公司的 IT 主管都被要求用尽可能少的钱完成同样或更多的工作，他们会怎么做呢？他们会对下属说，'你还记得网络经济繁荣时期曾经在我们这里工作过的那个印度人维杰吗？他已经回家了，给他班加罗尔的家里打电话，看他是否还愿意为我们工作。'"网络经济繁荣时期铺设的光纤电缆让他们很容易就找到了维杰，并给他安置了工作。

Y2K 计算机调整工作主要是由技术水平不高的印度程序员完成的，他们大多刚走出技术学校。汉克说："不过，持签证到美国的那些印度人也不是贸易学校毕业的，他们大多已获得高等工科学历，美国公司发现这些人很擅长 Java 和 C++ 等计算机设计工作。网络泡沫的破裂令这些人被迫下岗并回到国内，这时候美国的 IT 主管就得到上级指示，'我不在乎你怎么完成任务，但一定要把成本降下来。'于是他就给维杰打电话。"就在美国和印度"拍拖"的时候，班加罗尔的 IT 企业开始有了自己的想法。Y2K 工作让它们和美国的大企业有了接触，它们开始了解如何对业务流程进行改善。于是，那些一直从事具体定制工作的印度人开始开发自己的产品，将他们自己从维修公司转变为产品公司，提供一系列的服务和咨询。这让印度公司更加深入美国企业，业务流程外包也上升到了一个新的水平——印度人开始负责后台工作。汉克说："我有一个应付款部门，可以将它转移到印度的维普罗科技公司或 Infosys，这样成本就会减少一半。美国公司的首席执行官会说，'用更少的钱做更多的工作。'而印度公司则会说，'我已经为您的电脑做过一些维修工作，现在我将以最低的价格给您提供一整套的解决方案。'"印度外包公司的意思是说："您还记得我在 Y2K 期间为您修过'轮胎和活塞'吗？如果您愿意，我还能为您完成其他我已得心应手的工作，现在您已对我有所了解，您知道我可以做成这件事情。"印度劳动力不仅廉价，而且渴望学会新知识和新技能。

网络泡沫破裂后资金的匮乏让风险资本公司发现，它们投资的对象正努力寻找最有效的高质低价的创新方式。汉克指出，在网络经济繁荣时期，一个 5000 万美元的投资项目在公司上市后很容易就能获得 5 亿美元的回报。网络泡沫破裂后，同样的投资项目上市后可能只能获得 1 亿美元的投资回报。因此，风险投资家们在泡沫破裂后只愿拿出 2000 万美元去冒险。汉克说："风险投资公司面临的最大问题是，我怎么能让我的投资对象更快地收回成本并赢利呢？而被投资的企业会这样想：我最好从一开始就将尽可能多的流程外包出去，因为我必须更快地给投资者带来回报，所以能外包的就必须外包。"

在这一阶段主管朗讯的亨利·夏克特从公司管理的层面分析这一问题："每个人都觉得商业经济学'面目可憎'。每个人都发现价格是很难下降的、市场是停滞的，他们已经不能在公司的后台运营上再花费巨资。成本的压力很大，人们不得不做他们以前从未想过自己会做或能做的事情……全球化的进程加快了——不管是制造业还是知识型产业。"

这些美国公司发现，它们可以到麻省理工学院找到 4 个即将回国的、超级聪明的中国工程师，让这些人在中国替自己工作，而这 4 个人的工资成本仅相当于在美国聘请一位工程师的成本。贝尔实验室在中国的青岛就设有研究机构，可以和美国的朗讯计算机联机。夏克特说："他们可以在（美国的）夜间使用我们的计算机，那时候计算能力和数据传输都是免费的，而且计算机也是闲置的。"

因为所有这些原因，我认为 Y2K 应该是印度的第二个独立日，应该设为全国假日。就像约翰霍普津斯大学的对外政策专家迈克尔·曼德尔鲍姆（他年轻时在印度呆过）指出的那样："Y2K 应当被称作印度独立日，光纤网络带来让印度具备了和西方公司合作的能力，让印度人可以真正自由地选择工作方式、工作对象和工作地点。"

换句话说，8 月 15 日是在午夜纪念自由的获得，而 Y2K 纪念的是午夜的就业机会——不是任何人的就业机会，是印度知识精英的机会。8 月 15

日让印度获得独立，而 Y2K 让印度人获得独立。从这个意义说，印度是很幸运的，但它也是建立在辛勤工作、良好教育和老一代领导人的英明决策基础上的。

路易斯·巴斯德曾有一句名言："机遇只垂青有准备的头脑。"

第 6 大因素——离岸经营: 和瞪羚一起赛跑，和狮子一起捕食

2001 年 12 月 11 日中国正式加入世界贸易组织，这意味着中国要同世界上多数国家一样遵循进出口和外国投资方面的全球规则。这也表明中国原则上同意提供和世界其他地方一样的竞争场地。几天后，北京一家燃料泵工厂的中国主管在工厂内张贴了译为汉语的非洲谚语。我之所以了解这些，是因为这家工厂是我的一个朋友杰克·潘考夫斯基开设的，他是亚新科工业技术有限公司的首席执行官。谚语是这样的:

> 在非洲，瞪羚每天早上醒来时，
> 它知道自己必须跑得比最快的狮子还快，否则就会被吃掉。
> 狮子每天早上醒来时，
> 它知道自己必须超过跑得最慢的瞪羚，否则就会被饿死。
> 不管你是狮子还是瞪羚，
> 当太阳升起时，你最好开始奔跑。

我不知道该将谁比作狮子或瞪羚，但我确实知道这一点: 从中国入世的那天起，中国和世界其他地方都必须跑得越来越快。这是因为中国的入世极大地推动了另一种形式的合作: 离岸经营。在此之前，离岸经营已经有几十年的历史，这是一种不同于外包的国际合作方式。外包意味着将有限的、特定的业务（比如研发、呼叫中心或账目管理等）交给其他公司去做，然后将完成了的工作再融入整体的经营体系。离岸经营却是一种完全不同的经营方式: 如果一家公司将它在俄亥俄州坎顿市（Canton）的工厂通过离岸经营的方式整个转移到中国的广州，这就意味着广州工厂将以同样的方式生产出完

全相同的产品，只不过劳动力更为低廉，税收、耕地、能源得到补贴，医疗成本也更低。就像 Y2K 将印度和世界带到了一个全新的外包水平上一样，中国的入世将中国和世界带到了一个全新的离岸经营水平上，更多的企业将生产离岸经营，然后将其融入全球供应链。

1977 年，中国领导人邓小平将中国带到了改革开放的发展道路上，让人们相信"勤劳致富是件光荣的事情"。当中国第一次打开它那尘封已久的大门时，工业化国家的公司认为这是扩大出口的绝好机会。这些制造商们梦想向这个人口大国出售 10 亿套内衣，一些外国公司在中国还设立了经销店。但是由于中国在入世前并不受世界贸易规则的约束，它可以通过各种形式的贸易和投资壁垒限制西方产品的进入。即使中国不是有意为之，各种文化差异也会造成同样的效果。许多最早到中国的投资者都经历了梦想破灭的过程，而且中国当时不健全的法制也无法为他们提供援助。

从 20 世纪 80 年代起，很多外国投资者，特别是一些华侨，考虑这样一个问题：如果我们不能向中国出售那么多的产品，为什么不利用中国廉价的劳动力在当地生产加工，然后进行出口呢？这正迎合了中国当时的需要，中国希望吸引外资和外国先进的生产技术，这不光是要生产 10 亿套在中国销售的内衣，还要向世界其他地方出售 60 亿套利用中国劳动力生产的产品，这些产品的价格要远远低于欧洲、美国，甚至墨西哥的同类产品价格。

一旦离岸经营开始在纺织、电子、家具、眼镜架和汽车零件等行业开展，其他行业的企业也开始跟进，或者也到中国进行离岸经营，或者寻找东欧、加勒比或其他地区作为生产中心。

中国 2001 年入世让外国公司相信，如果它们将工厂离岸经营到中国，它们将受到国际法和国际统一规则的保护。中国同意逐步实现对外国企业和公民的国民待遇，这意味着外国公司可以在中国的任何地方出售它们的产品。中国还同意对所有世贸成员实行最惠国待遇，这意味着对各成员将实行相同的关税和规则。它还同意在和另一国家或外国公司发生贸易争端时，接受国际仲裁。与此同时，政府官员也变得更为和善起来，投资程序大为简化，各个部委的网站内容日益丰富，这些都是为了方便外国投资者在华的投资。我从美国驻华使馆那里了解到，中国入世后的数周内中文版本的世贸规则书籍一下子卖掉了 200 万册。邓小平让中国吸收了让世界变平坦的 10 大因素，因此也让中国成为世界的挑战。

在中国入世之前，人们认为，尽管中国为了获取和西方贸易的好处选择了开放，但政府和银行将保护中国企业免受外国竞争的冲击。从 20 世纪 90 年代初就在中国生活和工作的杰克·潘考夫斯基告诉我说，中国的入世是给世界其他地区的一个信号——中国将不会脱离市场经济轨道。

因为中国可以低成本招募大量熟练技术、半熟练技术和非熟练技术工人，因为中国为了增加就业机会愿意吸收大量的工厂、设备，因为中国具有巨大而蓬勃发展的消费者市场，它已经成为离岸经营的理想地点。不管你从事什么行业的经营，中国迟早会成为主要的竞争对手和消费市场，因此你必须考虑好如何和它开展合作、竞争甚至加以利用。中国有 160 多个人口超过 100 万的城市，你可以到一个之前从未听说过的东部沿海城市，你会发现那里的一个小镇供应了世界上绝大多数的眼镜框，而相邻的小镇则生产了世界上大多数的打火机，还有的小镇给戴尔生产计算机屏幕，有的专门生产手机。前面提到的日本顾问大前研一在他的《中国合众国》（*The United States of China*）中提到，在中国香港北部的珠江三角洲有 5 万家电子零件供应商。

有一天在东京的时候，大前研一对我说，中国是威胁，中国是顾客，中国也是机会，你不能忽视中国；你不应该将中国视为竞争的敌人，应该将自己的业务分为几个部分，想好哪个部分可以在中国投资，哪个部分需要出口到中国，哪个部分需要从中国进口。

现在让我们看看中国对外开放对世界变平的真正影响所在。中国作为离岸经营基地的优势越大，它的竞争对手就感觉压力越重，这些国家包括马来西亚、泰国、爱尔兰、墨西哥、巴西和越南。看到中国正在发生的变化，看到大量工作机会正流向中国，他们对自己说，我们最好开始提供同样的激励措施。这创造了竞争性的变平进程，为了鼓励到本土的离岸经营，各个国家在廉价劳动力的基础上互相攀比，看谁能提供最好的税收减免措施、教育激励和各种补贴。

俄亥俄州立大学的教授、《中国世纪》（*The Chinese Century*）一书的作者欧迪德·先卡（Oded Shenkar）在 2004 年 12 月接受《商业周刊》采访时直言不讳地告诫美国的企业家：如果你还在从事劳动密集型产品的生产，你现在就赶紧退出，否则会流血致死，要参与竞争你们就必须有一个全新的商业模式。即使你削减 5% 的成本，那也没有用，中国生产商也可以做出同样的调整。他说，你需要全新的经营模式来参与竞争。中国的变平力量还和它在不断开发巨大的国内市场有关。同一篇《商业周刊》的文章提到，这带来了规模经济和激烈的国内竞争，降低了产品价格，并且每年都新增 35 万名工程师；年轻的工人和管理人员吃苦耐劳，他们愿意每天工作 12 小时，在电子行业和轻工业，这都是无与伦比的竞争优势；企业家的工作热情也很高，他们愿尽一切努力取悦沃尔玛、Target、百思买和 J.C. Penney 等大型零售商。

2005 年秋，我在北京参加访问时，遇见了美国商会驻中国主席查尔斯·M·马丁。他告诉我，他刚从浙江省一家袜业厂参观回来。这个制造厂为世界各地的大商家和中国的零售商生产短袜和女式内衣。厂长为马丁打开一盒短袜并告诉他，如果你从他那里买 12 双这种普通短袜，按批发价计算，每双你只需支付 11 美分。但是厂长继续解释说，即使是以这么低的价格出售，其竞争力也很难维持，因为他的竞争对手正以更低的价格出售短袜。所以他打算将厂址迁到 400 英里（1 英里 =1.61 千米）之外的内陆地区——江苏省北部的一个贫困地区，那里的地方政府已经许诺给他更低的税收、更低的地租和更低的劳动成本。

最终，中国将不再有这样的内陆地区可供工厂迁址，中国制造商将不能仅通过迁址进一步降低成本。但我们现在还没有到过那里，这就是为什么说中国是制造业的一大变平力量，这就是西方制造商削减 5% 的成本根本解决不了问题的原因。你需要一个全新的商业模型。

不过，这种经营模式也遭到了批评人士的抨击，他们认为，中国的市场规模和经济实力意味着中国的经营模式将很快成为全球效仿的标准，而这种标准下不仅工资水平较低，而且劳动法保障不力。这在商业上被称作"中国价格"（the China price）。

但真正让世人感到惊慌的是，中国并非仅仅通过超级优惠的条件吸引外国投资。这只是短期战略。很多人在谈到中国现象时，他们犯的最大的错误就是认为中国不是靠改善质量和提高生产率，而仅仅凭工资水平来占据优势。世界大企业联合会（U.S. Conference Board）的研究发现，1995～2002年，中国的私营工业部门每年的生产率增加17%——我再重复一遍，是17%。这主要是因为中国吸收了新科技和现代化的商业模式。该委员会还发现，中国在此期间失去了1 500万个制造业的工作机会，而美国的这一数字只有200万。研究指出，"随着中国制造业生产率的提高，中国正失去制造业的就业机会——而且其数量要远远超过美国——这有利于中国服务业的发展，这一模式正是多年来发达国家一直在遵循的。"

中国真正的长期战略是赶超欧美国家，并且已经有了一个很好的开端。中国领导人比很多西方国家领导人更关注如何提高年青一代的数理和计算机知识（这在平坦的世界中无疑是成功的必备条件），如何建立高度发达的通信基础设施，如何创建吸引外国投资的激励机制。中国领导人希望看到的是新一代的内衣服装和飞机机翼都能在中国完成设计，这也是他们在下一个10年中希望达到的目标。因此，30年的历史将见证中国经历"中国销售"—"中国制造"—"中国设计"—"中国梦想"的整个过程——或者说，中国在同全球制造商的合作中，从一切都无能为力到成为一个低成本、高效率的合作者。在写这一章节的过程中，我正好在网上看到了有关半导体行业的、名为 Inquirer 的时事通讯，给我印象最深的是2001年11月5日一期的文章《中国将成为一切的中心》。文章引用《人民日报》的文章称，福布斯500强中的400家企业已经在中国内地投资了2 000多个项目，这还是5年前的事情。

与中国一衣带水的日本在内部化中国的挑战方面采取了非常积极的方式。日本推动出口的官方机构——日本贸易振兴会理事长渡边修(Osamu Watanabe)在东京告诉我："中国现在发展得非常迅速，并且它们正从低端产品发展到高端、高科技产品。"他认为，日本公司要维持其全球竞争力就必须将一些中间产品的生产和装配工作转移到中国，在日本国内主要从事一些更高附加值的产品，因此中国和日本"正成为同一供应链的一部分"。和美国积极参与北美自由贸易区、欧盟不断东扩一样，日本也在加大和它西面邻居的一体化。在经历了长时期的经济衰退后，日本经济从 2003 年开始反弹，部分原因是当时销售了数千吨的机器和关键零部件给中国。而真正的购买者是那些将工厂离岸经营到中国内地的韩国、日本和中国台湾人。2003 年，中国取代美国成为日本最大的进口国。

中国的飞速发展也许会影响一些国家制造业工人的就业，但对世界各地的消费者来说，中国廉价的产品的确是天赐福音。2004 年 10 月 4 日的《财富》杂志引用摩根斯坦利的研究数据称，从 20 世纪 90 年代开始，中国的廉价产品已经给美国消费者节省了大约 6 000 亿美元，给美国制造商节省的零部件进口费用更是不计其数。文章称，这些节省下来的费用让美联储可以维持更久的低利率水平，居民有能力购买房屋，商家也可以有更多资本进行创新。

为了更好地理解在中国的离岸经营，我和北京亚新科工业技术有限公司的杰克·潘考夫斯基进行了一次畅谈，他可以说是这种合作形式的排头兵。如果在奥运会中有一类叫做"极端资本主义"的比赛项目，我想杰克·潘考夫斯基一定会得金牌。1990 年，他离开了在潘威伯集团(PaineWebber Group Inc.)高级投资银行家的职务，并且在 42 岁的时候决定迎接一项新的挑战——他和合作伙伴一起筹得 1.5 亿美元用于收购中国企业。从那之后，他在中国的商海中沉沉浮浮，尽管也曾遭遇惨痛的失败，但最终还是成为中国离岸经营方面的成功范例，并且验证了这一合作方式的有效性。

"1992～1993 年我刚到中国时，所有人都以为我遇到的最大困难将是如何在中国找到和得到机会。"事实上，当时中国到处都是机会，缺少的只不过是知道如何按照先进方式经营汽车零件工厂的中国经理人。潘考夫斯基说的一点都没错，在中国建厂是很容易的，难的是在中国找到善于经营的管理人。所以当他最初购买中国汽车零件公司的大多数股权时，他也开始从国外聘请管理人，成本当然是很高的，而且让外国人在中国从事经营无疑也存在很多不便。第一种方案失败了。

"所以我们就辞退了所有的外国管理人，并且开始尝试第二种方案——聘用收购工厂原来的管理人员。"但是后来发现，这一办法也不行，因为这些人已经习惯于计划经济条件下的经营模式，他们不知道怎么和市场打交道。中国不乏具有企业家才干的人，但在中国入世之前，中国没有健全的法制和债市股市，因此你只能从国有企业的管理者或第一批下海的私人企业主中进行选择。

他在中国第一次购买的是一家橡胶零配件公司的股份。当他后来和中方合作伙伴达成进一步收购股份的协议时，中方还同他签署了非竞争条款。然而，交易刚刚达成，中方合作伙伴的主管就自己开了一家从事同类生产的工厂。非竞争条款根本没有起到约束的作用。第二种方案也失败了。

潘考夫斯基的生意曾经亏损过很多钱，他称其为在中国学做生意的学费，后来他发现自己已经拥有好几家零件工厂。他说："1997 年左右是我事业的低点。我们的公司从整体来看是在缩水，当时根本没有利润可言。尽管在收购的企业中，我们持有大多数股份，理论上讲我们可以根据自己的意愿选择管理者，但在企业内部已有的管理人员中，我实在挑不出理想的人选了。这时候我们选择了方案三。"

"我们后来得出的重要结论是，我们不喜欢'计划经济下的中国'，我们想把赌注放在'市场经济下的中国'上。"潘考夫斯基称："我们开始寻找新一代的中国管理者，他们大多思路开阔，受过一定形式的管理培训，在熟悉中国企业运营方式的同时还了解西方国家的管理经验。所以在 1997～1999 年，我们聘用了'新三代'的管理者，他们一般都曾在外企里工作过很多年。"

自从有了这些得力管理者的支持，亚新科工业技术有限公司就开始赢利了。今天，亚新科工业技术有限公司在中国 9 个省份 13 家中国工厂 1 年的销售额达到 3.5 亿美元。这家公司的产品远销到美国，在中国也有 36 个销售网点，专门给中国汽车制造商提供服务。

在这个基础上，潘考夫斯基做出了又一个大胆的决策——将在中国离岸经营获得的利润再带回美国去赚钱。他说："2003 年 4 月，我们收购了联邦默高公司（Federal-Mogul）在北美的凸轮轴业务，收购的目的首先是要获得其客户群——主要是美国的三大汽车制造商，再加上卡特彼勒和康明斯。我们同卡特彼勒和康明斯有着多年的合作关系，此次收购强化了我们的关系，增加对三大汽车巨头的凸轮轴销售才是我们真正希望达到的目标。收购的第二大原因是为了获取可以带回中国去的先进技术。人们以前不太重视凸轮轴技术，但实际上对于汽车发动机来说，凸轮轴技术水平的高低至关重要。此次收购获取的专利技术足以奠定我们在中国凸轮轴生产的领导地位。现在，我们拥有了最先进的凸轮轴生产技术，并且在中国和美国都拥有客户群。"

这是非常重要的。因为人们普遍认为，离岸经营对美国工人来说是绝无好处的事情——本来是这里的东西去了那里。这就是故事的结尾，现实更加复杂。

多数企业建立离岸经营的工厂不仅是为了给在美国或欧洲出售的产品获取更廉价的劳动力，它们更大的愿望是希望能在不必担心贸易壁垒的情况下在这个国家获得较为有利的竞争地位，特别是在像中国这样巨大的市场。美国商务部的数字显示，美国拥有的离岸经营工厂有 90% 的产品都卖给了外国消费者，但这事实上刺激了美国的产品出口。很多研究表明，一家公司在离岸经营工厂每投资 1 美元都会为它的母国带来额外出口，因为当前大约有 1/3 的全球贸易都是在跨国公司内部完成的。即使离岸经营的目的是为了节省工资成本，但实际上就像亚新科工业技术有限公司的实践所证明的那样，并非所有的工作机会都被转移到了国外。美国很多企业离岸经营生产出来的产品已经成为它们全球供应链的一部分，很多商品仍旧会在美国完成最后的加工步骤。传统基金会(The Heritage Foundation)的一项研究报告《创造就业和对外国来源收入的征税》（*Job Creation and the Taxation of Foreign-Source Income*，2004 年 1 月 26 日）指出，那些既在美国国内也在中国从事生产的美国企业，它们的产出占美国产出的 21%，占美国出口的 56%，提供了美国制造业 3/5 的就业机会（大约 900 万人）。所以，如果通用电气在上海建立一个离岸经营的工厂，通过给这家中国工厂出口商品和服务，它也给美国创造了很多就业机会，并且美国方面还可以受益于从中国进口的低成本零件。刚才只顾讨论美国企业在中国的离岸经营，忽略了美国每年吸收的大量离岸经营投资，因为外国投资者也希望能通过这一方式进入美国的市场。2003 年 9 月 25 日，戴姆勒克莱斯勒集团庆祝在美国阿拉巴马州塔斯卡卢萨阿市建厂 10 周年，这家工厂是该集团第一次在德国之外建立的梅赛德斯－奔驰轿车生产厂，在庆祝会上该集团还宣布对这家工厂增资 6 亿美元。戴－克集团负责梅赛德斯业务的主管于尔根·哈伯特在庆祝会上说："在塔斯卡卢萨阿市，我们已经成功地验证，在一个全新的工厂利用全新的工人生产全新的产品是可以实现的。我们也证明，在德国之外是可以成功地生产出梅赛德斯产品的。"

亚新科工业技术有限公司也是如此。它利用在中国的凸轮轴工厂完成原材料处理和基本的生产过程，然后将半成品出口到在美国的凸轮轴工厂，在那里技术更熟练的美国工人完成最后的加工工作，这对于保证产品质量也是十分必要的。这种情况下，亚新科工业技术有限公司的美国客户既可以享受拥有中国供应链的好处，同时也可以很方便地和已经十分了解的美国供货商联系。

美国高级技工每月的平均工资为 3 000～4 000 美元，而中国工厂工人每月的平均工资只有 150 美元。除此之外，亚新科工业技术有限公司还必须参加美国政府要求的养老金计划（包括医疗、住房和退休福利）。中国工人每月的工资要交纳 35%～45%到当地的劳动部门以获得上述福利。中国的医疗保险也便宜得多，因为工资更低、医疗保险涵盖的内容更有限。潘考夫斯基说："这些当然让中国成为拓展业务的理想地点了。如果可以采取什么措施减轻美国公司医疗保险负担，那将有助于美国保留住更多就业机会。"

他还说："通过离岸和本土经营的合作，高工资、高技能的美国工人和低工资中国工人的合作，我们美国公司的竞争力不减反增，我们得到了更多订单，业务增长也很快。这是很多美国人在谈论离岸经营时经常忽略的事情。比如，在并购了联邦默高公司在北美的凸轮轴业务后，我们和康明斯的业务翻了一番，和卡特彼勒的业务也大幅增加。我们的所有客户都接触到了全球竞争，他们也非常希望作为供应商的我们能够提供更有价格竞争力的产品。他们希望和理解平坦世界的供应商合作。我在拜访美国客户并向他们讲述我们凸轮轴业务的发展战略时，他们对我们的办法表示肯定，因为他们可以看出来，我们对业务的调整能让他们的竞争力也大为提高。"

潘考夫斯基说，"这种合作程度也只有在最近几年才有可能实现，在1983 年或 1993 年是绝对不可能的。从 1993 年之后，情况就发生了很大转变。比如，人们经常谈论因特网如何使美国受惠，但我经常说，中国的受惠程度要胜于美国。过去阻碍中国发展的是信息不畅。外面的人不了解中国，而中国人也没法了解世界。在因特网出现之前，唯一可以获取信息的方式就是出行。可是现在，你可以待在家里并通过因特网了解一切。我们现在直接通过电子邮件发送设计图，甚至连联邦快递都不需要了。"

潘考夫斯基补充道，对于一些行业来说，在中国完成加工制造的好处是无与伦比的，"如果你老老实实地待在美国，根本不知道怎么进入中国，10~15 年之内你都不能在全球获得领先地位。"

中国入世后，一些传统、效率低下且备受保护的经济领域都面临着全球竞争的挑战。在中国入世谈判期间担任美中商务理事会驻京办事处负责人的帕特·包尔斯表示，如果中国政府将入世这件事进行全民直接投票，恐怕永远都无法通过。在最近的两年半中，他们已经采取了强力行动。

坚持世贸规则将使中国经济变得更加平坦，并且也能推动全球经济变得平坦。

但是，虽然我是一个贸易自由主义者，但我仍旧担心中国崛起给美国工人工资和福利的影响，至少在短期内如此。中国经济已经和发达国家密切联系在一起了，如果试图通过保护主义切断这种贸易联系将会导致经济和地缘政治的混乱，甚至给全球经济带来毁灭性的打击。美国和欧洲公司要想从中国的经济发展中获益，就应该寻求新的商业模式。也许亚新科工业技术有限公司就是其中的一个，将个人电脑业务出售给联想集团的 IBM 算是另一个。正如《商业周刊》2004 年 12 月 6 日一期的封面文章《中国价格》所写的那样，"中国能支配一切吗？当然不能。美国现在仍是世界上最大的制造国，消费的产品 75% 都是由其国内生产的，虽然这一数字在 20 世纪 90 年代中期为 90%。需要巨额研发费用和资本投资的行业（比如航空航天、医药和汽车行业）在美国仍有强大的生产基地。美国肯定会继续受益于中国经济的快速发展"。文章还说，如果美国不能很好地应对中国价格在众多领域给它带来的长期挑战，美国的经济实力和影响力将遭到损失。

换句话说，如果美国和欧洲公司希望受益于这一令世界变平坦的因素，它们就必须至少和速度最快的狮子跑得一样快，我怀疑中国就是这头雄狮，而且它奔跑的速度相当快。

第 7 大变平力量——供应链：在阿肯色州吃寿司

直到我参观沃尔玛在阿肯色州本顿维尔的总部，我才知道供应链是什么样子。我在沃尔玛的朋友带我到他们 120 万平方英尺（1 平方英尺 =0.093 平方米）的配送中心，我们爬到最高的平台，这样就可以观察整个配送过程。在中心的一端，很多白色的拖车正将从不同供货商那里获得的装有商品的盒子卸下，大大小小的盒子被放上传送带，然后这些小的传送带就像小溪注入大江一样将商品转到更大的传送带上。每周 7 天，每天 24 小时都是如此。不过这只是整个供应过程的一半。随着"大江"的不断前行，电眼会阅读每个盒子上的条形码，根据内容的不同将它们在到达配送中心另一端时再进行一次分流。这些盒子会在电动手臂的引导下离开"大江"到达特定的"小溪"，在那里，另一条传送带会将它们直接送到各个沃尔玛商店派来的卡车上，卡车再将这些盒子送到美国某个沃尔玛商店的货架上。消费者将它们从货架上取走，交给收款台，收银员扫描商品的同时也通过沃尔玛的网络给这个产品的供货商发出信号，不管这个供货商是在中国还是在缅因州。供货商在获得这一信号后就会通过供应链给沃尔玛补充新的产品，整个过程就会再循环一遍。所以，你从沃尔玛货架上取下产品并交给收款台的那一刻也就意味着在世界的某个地方将会生产出同样的产品。我们可以称其为没有终曲的"沃尔玛交响曲"，它只会一年 365 天、一天 24 小时地不停播放：交货、分类、打包、配送、购买、生产、重新订购、交货、分类、打包……

圣诞节时期，仅惠普一家公司就能通过沃尔玛在全球的 4 000 家分店在一天之内售出 40 万台电脑，这要求惠普调整它的供应链确保所有的标准和沃尔玛的相吻合，这样它们的产品就可以顺利通过"小溪"、"大江"流入沃尔玛的商店。

沃尔玛可以在全球范围内成功地演奏交响乐——每年将 23 亿个统一的商品箱通过供应链运送到各个分店，这足以论证我要讨论的下一个令世界变平的因素，我称这一因素为"供应一条龙"。这是一种以创造价值为目的，在供货商、零售商和顾客之间开展水平合作的方式。它既是平坦世界的产物，也在扮演令世界变平的重要角色，因为这些供应链拓展得越快，它们就越能在公司间强制推行共同标准（这样每个供应链的环节都可以连接下一个供应链），就越能消除一些摩擦，让一家公司的高效率更易于为其他公司所接受，同时也更能推动全球合作。

为了理解供应链在平坦世界中作为竞争优势和利润来源的重要性，请考虑一下这一事实：如今的沃尔玛是全世界最大的零售商，它并不只做一件事情。它所做的一切事情汇合成一条超级高效的供应链。正如供应链管理专家及麻省理工学院工程系统教授约西·谢菲（Yossi Sheffi）所说的那样："制作东西——那是很简单的事情，但建立供应链却很难。"他的意思是，在如今的技术下，很难严守知识产权秘密，因此很容易反向设计产品并在数日之内"制作出产品"。然而，建立一个在全球配送物品的流程需要涉及许多供应商、分销商、港口运营商、海关经纪人、转运人和运输公司，要让他们高度和谐地一起运作不仅很难，而且非常难以复制。

在详细查看沃尔玛的情况之前，我先简单谈几点有关供应链及其重要性的事情。在平坦的世界中，你的公司能够而且必须以最低的价格充分利用最佳生产商。如果你不能做到这一点，你的竞争者会抢占先机。所以从世界各个角落吸收到零件和产品的供应链已经成为对零售商和生产商都至关重要的因素。这是个好消息。正如谢菲所说，坏消息是，供应链的运作要比看上去困难得多，它需要不断地创新和调整。他解释说，在平坦世界里开发全球供应链有两个基本挑战。其一，是全球化最优化。它意味着，在一个地方究竟能否得到更便宜零件，这并不重要，关键是从世界各地将所有零件及时运送到你的工厂或者零售店的总成本必须很低，而且当然要比竞争对手的成本要低。谢菲说，如果我是公司的运输部经理，我希望和价格最低的运输公司合作。如果我是公司的生产部经理，我将和最值得信赖的运输公司合作。它们可能不是同一家公司。因此，第一个挑战就是平衡这些因素来找到最值得信赖同时成本又低的运输系统。第二个挑战是协调容易中断的供给和难以预测的需求。换句话说，你不想对某一个零部件或某一种毛线衫采购过多，因为当它们在工厂或商店的货价上积压起来的时候，你将不得不打折处理它们。你也不想买太少的零部件或毛线衫，因为顾客购物时可能找不到想买的商品，你那天失去的可能不只是一单生意，还将永远失去一个顾客。产品生命周期的缩短更恶化了这两个挑战，特别是在时装和消费者电子产品领域。创新速度在加快，产品流行和淘汰的速度也加快，这加大了对需求预期的难度。

谢菲暗示，公司尝试用很多方法应对这些挑战。其中一个是用信息来取代存货。沃尔玛率先实行这一方法。你从商店越快获知顾客正在购买的产品、模型和颜色，你就能越快地把这些信息反馈给生产商和设计者，他们就能越快地通过供应链送回更多的红毛线衫和更少的黄毛线衫。先进的信息技术也让沃尔玛随时可以获知产品在供应链所处的位置。因而，如果得克萨斯州的需求量大，而新英格兰地区的需求低于预期，沃尔玛就可以指导产品的供应流，确保更多产品运往顾客最需要的地方——得克萨斯州。西班牙时装零售商扎拉（Zara）特别精于此道，因此经常在竞争中脱颖而出。扎拉的座右铭是，短缺能比过剩带来更多的利润，然后以闪电般的速度来应对短缺问题，这样你既可以满足客户所需，又大大降低了积压存货的风险。他们是怎么做到这些的呢？

根据 UPS 和哈佛商学院联合进行的一项研究，扎拉在精密信息技术方面投入很大，给所有的店面主管都配备了具备发射功能的个人数码助理(PDAs)，用以监测客户的喜好，然后将数据直接发送到中心计划办公室。这项技术缩短了执行时间，产品从设计到上货架不会超过 30 天，这样扎拉就能推迟设计决策以从商店吸收最新的调查结果。通过好的计划来应对变幻无常的消费者口味以及时尚偏好，扎拉也做好了应对突发事件的准备。"9·11"事件后，扎拉高管立即认识到消费者情绪低落，数周之内，黑色就成为他们的商店新产品的主色调。

谢菲的最新一部作品是《弹性企业》（*The Resilient Enterprise: Overcoming vulnerability for Competitive Advantage*），他解释说，这种战略在商业被称作"延迟成分"（postponent），它的理念是：随着需求预期变得越来越难，好公司想尽办法推迟给它们的产品增加价值，希望能坚持到最后一刻。

这就是戴尔公司的秘诀。因为戴尔生产的每一台电脑都是为客户"量身定做",它生产的电脑数量就是顾客需要的数量,每台电脑都按顾客需要的方式生产。它没有电脑存货,但有基本的零件供应,可以按照客户需求调整显示器尺寸、内存和软件。"戴尔碰运气买的零件有时会过剩,但每个零件都可用于多种配置,因此这些零件很可能迟早会派上用场,"谢菲说。但是,戴尔绝不会出现无人购买的电脑。"结论是,"谢菲总结道,"在这个平坦的世界,产品从创新成果转化为商品的速度比以前任何时候都快,竞争来自世界各地并且比以往更为激烈,消费者的需求比以前更不稳定且见多识广,各种时尚潮流就像闪电一样来去匆匆。在当今世界,聪明而迅速的全球供应链正成为公司克敌制胜的重要法宝之一!"

作为消费者,我们很喜欢供应链,因为它可以为我们传送各种商品——从网球鞋到笔记本电脑——并且让价格变得越来越低,这就是沃尔玛能成为全球最大零售商的原因。但作为沃尔玛的工人,我们对这种供应链可能持一种十分矛盾甚至有些敌视的态度,因为它让我们面临越来越大的竞争压力,有时候还要承受公司为削减成本而降低工资和福利的压力,这也是沃尔玛成为世界上最矛盾公司之一的原因。没有公司在改善供应链和令世界变平方面能胜得过沃尔玛;没有公司更能集中体现我们作为消费者和作为工人的矛盾心理。

2002 年 9 月 30 日《计算机世界》的文章总结了沃尔玛的关键角色:"美国美泰玩具公司的首席信息官——约瑟夫·艾可罗斯曾说过,'作为沃尔玛的供货商有利也有弊。沃尔玛虽然是一个很不错的销售渠道,但也是一个很严格的客户。他们对产品的要求很高。'这个世界上最大的零售商建立了一个存货和供应链的管理系统,从此改变了商业的经营面貌。他们运用新技术识别和跟踪单个商品的销售情况,这使得他们的技术支持成为全球其他公司竞相研究和效仿的对象。波士顿高科技咨询机构 AMR Research Inc 负责零售业研究的配特·阿伯尔称,'我们一直将沃尔玛视为最佳的供应链运营商。'"

在寻求建立世界上最有效供应链的过程中,沃尔玛也犯下了不少商业过错,其影响正慢慢扩展开来。不过,它作为 10 大令世界变平力量之一的地位却是不可否认的，为了更好地理解这一点，我决定到本顿维尔去"朝圣"。不知道为什么，当我在纽约的 La Guardia 机场坐上航班时，我在想，今晚我要吃寿司。但在阿肯色州的西北部，我到哪里去寻找寿司呢？即使能找到，我还会愿意吃它吗？

然而，当我到达沃尔玛总部附近的希尔顿饭店时，我很惊讶地发现这里不仅有寿司店，而且旁边还有一个很大的日本牛排餐厅。当我和店员说起自己从未想到会在本顿维尔吃到寿司时，他告诉我："我们很快将在这个城市增设 3 家新店。"在本顿维尔将有很多家日本餐馆。我对自己说："我已经论证了自己的观点——世界是平的。可以回家了。"

阿肯色州对寿司的需求和这样一个事实有关：供货商在沃尔玛办公室周围建了很多办事机构，这个地方被称作"卖主城"（Venderville）。沃尔玛的总部是非常有特色的。各个供货公司的办公室都挤在一个改装了的仓库中。当我们经过一个由皱皱巴巴的金属包裹的大楼时，我以为那是一个维修棚，但带我参观的沃尔玛的发言人威廉·沃茨却告诉我："这是我们的国际办公室。"这些地方跟我女儿上学的初中校长、副校长甚至辅导员的办公室相比，都差得很远。当我走过大厅时，我发现供货商正向沃尔玛的采购员宣传他们的产品。有的在桌上放满了缝纫机，有的堆满了玩具，还有的是各种女式衬衫。感觉就像是在山姆会员店和大马士革集市之间的十字路口。沃尔玛的股东们应该感到很高兴：这家公司肯定没有把钱浪费在无谓的装修上。

这些有创意想法已经在很多方面改观了世界经营模式，但它们怎么会出自这样一个穷乡僻壤呢？这实际上就是我在本书中经常提到的现象——平坦系数。你的社团或公司拥有的自然资源越少，为了生存你就越能开发自身潜力，寻找创新灵感。沃尔玛之所以成为世界上最大的零售商，主要因为它在和对手进行谈判时常常不做让步，达成的协议都条件苛刻。但我们千万别忘记一件事情：沃尔玛成为龙头老大的另一个原因是，这个来自阿肯色州西北小城的公司在接受新技术方面远比它的竞争对手要聪明和迅速得多，而且直到今天还是如此。

大卫·格拉斯在 1988～2000 年担任沃尔玛首席执行官期间曾采用很多创

新方案，让沃尔玛成为全球规模最大、赢利最多的零售商。《财富》杂志曾称其为"最被低估的首席执行官"，因为他默默无闻地完成了山姆·沃尔顿的设计蓝图。格拉斯对供应一条龙的贡献就相当于比尔·盖茨对文字处理的贡献。

格拉斯解释说，20 世纪 60 年代沃尔玛刚在阿肯色州的北部城市起步时，它希望成为一个折扣商店，但在当时，每种廉价商品都是从同样的批发商那里获取的，因此沃尔玛和其他零售商相比并没有太多优势。他说，唯一可以增强竞争力的方法就是让沃尔玛直接从生产商那里进购商品。但是，让生产商将商品运到全国各地的沃尔玛商店无疑是不现实的，因此沃尔玛就建立了自己的配送中心，生产商先将商品运到配送中心，然后沃尔玛再派卡车将商品送到各个分店。我们可以仔细计算一下，沃尔玛拥有自己的配送中心平均会增加 3% 的成本，但去除批发商环节直接从生产商那里购买商品平均又可以节省 5% 的成本，因此总体来看，沃尔玛可以平均降低 2% 的成本。

一旦确立了从生产者手中直接购买商品以最大限度获得折扣的基本方法后，沃尔玛就将注意力集中到 3 件事情上：第一，和生产者合作让他们尽可能地降低成本；第二，努力改善和生产者相关联的供应链，让他们不论在世界的任何地方都可以将产品运送到沃尔玛的配送中心，并且尽可能地降低成本和减少摩擦；第三，就是不断改善沃尔玛的信息系统，确切知道消费者购买的商品并将这一信息反馈给相应的生产商，这样货架上就会及时补充合适的商品。

沃尔玛很快认识到，如果它能直接从生产商那里采购、不断创新以降低供应链的运营成本、更多了解客户以避免库存积压，它就能在价格上击败竞争对手。此外，它在阿肯色州本顿维尔的地理位置也让它没有太多选择。沃尔玛一位高级副总裁杰伊·艾伦称："沃尔玛的物流和配送体系都由它自己建立，这主要是因为本顿维尔确实是个小地方，如果你想找第三方负责物流，这几乎是不可能的。这的确是生存需要。人们常常以为，我们定价低是因为我们的规模庞大，并且从中国等廉价生产地购买商品。但事实是，低价格源自沃尔玛投资的效率——系统和文化。这是一种低成本文化。"格拉斯补充说："我希望这些能说明我们是很聪明和富有远见的，但实际这一切也是出于必要……很多生产效率的提高都跟文化有关。"供应链拓展得越快,沃尔顿和格拉斯就越能体会他们业务的关键是规模和效率这一点。简单地说,供应链的规模和范围越大,他们就越能以更低的价格向消费者出售商品,在和供货商的讨价还价的过程中就越能占据优势,出售的商品就越多,能给股东带来的收益也就越丰厚……

如果说山姆·沃尔顿是这一文化之父,必要性就是这一文化之母,他们的子女就是供应链机器。2004 年,沃尔玛美国分部采购了价值约为 2 600 亿美元的商品,通过全国上下 108 个配送中心组成的供应链将它们送到在美国的 3 000 家分店中。

格拉斯说:"早些年里我们规模很小,只是西尔斯和科马特的 4%~5%。规模小就容易受攻击,因此我们格外希望能扩大市场份额。我们不得不采取低价竞争战略。如果我能将配送中心的运营成本从 3%降到 2%,我就可以降低零售价格、增加市场份额并且不再遭受攻击,因此我们任何高效率最后的受益者都是消费者。"

比如,生产商将产品送到沃尔玛的配送中心后,沃尔玛还需要将它们再送到各个分店,这意味着沃尔玛会有卡车来往于美国各地。沃尔顿很快意识到,如果他能通过广播和卫星联系上所有的司机,让他们在某个分店将商品卸下后,再到附近的生产商那里提取另外一些商品,他们就不会空车而归,而沃尔玛也不必再给后一个制造商支付配送费用。虽然节省的都是小费用,但毕竟可以积少成多。沃尔玛在改善供应链上是不遗余力的。在参观沃尔玛在本顿维尔的配送中心时,我注意到,由于一些盒子体积太大不能直接放到传送带上,沃尔玛的雇员就把这些盒子放到托盘上,用专门的小型起重卡车运送,计算机会跟踪每个员工在 1 小时内往卡车上装的托盘数量,并通过员工戴的耳机告诉他们是否按进度完成了任务。沃尔玛负责物流的执行副总裁罗林·福特解释说:"在设定耳机声音时,你可以选择男声或女声,也可以选择英语或西班牙语。"

几年前,这些托盘司机还不能获得这种计算机语音提示,他们只能从书面指示中获取这些信息,后来沃尔玛发现,通过这种柔和的语音提示,司机可以将双手都用于开车,而且这个声音还可以不断提醒他们是否赶上进度。

福特说："我们的效率已经大大提高。"正是这些微不足道的小创意让沃尔玛的供应链与众不同。

格拉斯说，真正的突破出现在沃尔玛认识到，要想不断降低成本，沃尔玛和生产商在讨价还价的同时，还必须为给对方创造价值而开展水平合作。沃尔玛是最早使用计算机跟踪销售和存货的零售商之一，它也是第一个为和生产商分享信息而开发网络的公司。沃尔玛的理论是，如果生产商可以更多地了解消费者的购买情况，它们也就能更快地适应不断变化的市场需求，沃尔玛的销售也就更有效率。

1983 年，沃尔玛开始配备 POS 终端机，它将款项记入现金记录机的同时也可以跟踪存货的减少情况，确保迅速补充存货。4 年后，它又大规模安装了将所有分店和公司总部联系在一起的卫星系统，让沃尔玛的电脑中心可以实时获得存货数据，同时让整个供应链可以分享这些数据信息。主要的供货商可以通过沃尔玛的零售系统网络查看其产品的出售情况，并决定何时需要增加产量。

雷拉·格兰诺夫斯基（Rena Granofsky）是设在多伦多的一家零售咨询公司 J·C·D 威廉斯（J. C. Williams）有限集团公司的合伙人之一，他在 2002 年的《计算机世界》上撰文指出，正是向供应商开放销售和存货数据库才造就了今日如此强大的沃尔玛，就在竞争对手视销售信息为珍宝、不愿透漏给供货商时，沃尔玛却以合作伙伴的姿态走近供货商。沃尔玛的合作规划、预测和补充项目（CPFR）让它可以实时查看存货，降低零售商和供货商的运输成本。格兰诺夫斯基说："从此以后，供应链中多余的存货就少得多。"仅仅因为供应链效率的提高，沃尔玛的商品成本就比它大多数的竞争对手降低了 5%～10%。

沃尔玛在完善供应链方面最近的一次创新是引入 RFID（无线射频识别芯片），这种微型芯片会附加在托盘及包装盒上，进而可以取代必须单个扫描的条形码方式。2003 年 6 月，沃尔玛通知其最大的 100 家供货商，从 2005 年 1 月 1 日开始，所有运送到沃尔玛配送中心的托盘和包装盒都必须配有 RFID 标签。（根据 Journal 的文章，"RFID 是对那些使用无线电波自动识别物品或人这种技术的通称。可以用来识别的方法有很多种，但最常用的方法是，将可以分辨人或物品的一系列数字储存在微型芯片上——芯片和与它相连的天线一起被称作 RFID 发射机应答器或 RFID 标签。天线让芯片发送识别信息给阅读器，阅读器再将 RFID 标签反射过来的无线光波转换成可以传递给计算机的数字信息"。) RFID 让沃尔玛可以跟踪供应链每个阶段上托盘和包装盒的情况，并且可以确切地知道盒子内装的是哪家供货商的产品、什么时候到期等。如果某种商品需要在特定温度下储存，RFID 标签就会反映该商品所处环境的温度是否适宜。因为每个标签的成本在 20 美分左右，沃尔玛只将它们用在一些大件商品和托盘上。虽然并不是每件商品都使用，但很明显这将是未来的发展趋势。

沃尔玛负责物流的主管福特说："在 RFID 上进行投资是很有远见的。"你可以更快地判断出，哪些商店周五出售的某种洗发水更多，哪些周日出售的更多，你也可以知道，美籍西班牙人是否更喜欢在周六而不是周一晚上出去购物。福特补充说："当所有的这些信息被输入需求模型，我们就可以在产品的生产和运输上更有效率。过去我们需要在接收终端对产品进行扫描以清查数量，那是很麻烦的。现在有了 RFID 之后，只需对整个托盘扫描一次，系统就会告诉你，你订购的 30 样产品都在这里，每个包装盒会告诉你，'这就是我的样子，我的感觉就是如此，这是我的颜色，我的状况良好'——这就让产品接收变得很容易。"宝洁公司发言人吉恩列·萨林顿（Jeannie Tharrington）在《沙龙》杂志（2004 年 9 月 20 日）上谈及对沃尔玛采用 RFID 的看法："我们认为这项技术对维持整个供应链的正常运行是十分有利的，我们的产品有时会因信息反馈不够及时出现脱销情况，这是我们和消费者都不愿看到的，这项技术可以避免这种现象，让顾客在货架上总能找到我们的产品。"此外，RFID 技术还能让沃尔玛根据情况的变化更快地调整供应链。

沃尔玛的高管人员告诉我，在飓风即将到来之际，人们会喝更多啤酒，而在飓风期间人们会吃更多像 Pop-Tarts 果酱馅饼这样易储存且不易腐烂的食品，并且也会购买更多不需用电且可以替代电视的儿童玩具。所以当沃尔玛的气象专家告诉总部，飓风即将降临佛罗里达时，沃尔玛佛罗里达分店的供应链就会自动调整到飓风状态——起初有更多啤酒，接着有更多 Pop-

Tarts。

沃尔玛总在不断寻找和消费者合作的新方式，最近又开始进入银行领域。它发现在美籍西班牙人的聚居地，很多人并没有银行账户，只能通过现金支付，于是沃尔玛就给他们提供了汇票、现金转账甚至是账单支付服务（只针对电费账单等标准业务）——全部都只收取小额费用。在此之前，沃尔玛一直都对内部员工提供这种服务，现在只不过是将其外部化了。

太多的好东西

不过，推动沃尔玛不断创新的因素——与外界相隔绝的地理位置、挖掘自身潜力的必要性等——也让它陷入困境。很难形容这个本顿维尔的零售商在维护劳工权利和人权方面同世界的潮流有多么不合拍，但我们很容易看到，一味追求低价格的沃尔玛在有些方面确实有些过了火。

山姆·沃尔顿在完善沃尔玛供应链的过程中不仅无情地要求提高效率，而且也造就了一种无情的文化氛围。沃尔玛不久前被曝光的一系列事件：将夜班员工锁进商店，雇用非法移民担任看门人，在美国历史上最大的一起歧视妇女诉讼中充当被告，以及拒绝将《花花公子》等某些杂志放在货架上。这些还不算，沃尔玛一些大的竞争对手抱怨说，为了迎接沃尔玛的挑战，它们不得不削减员工的医疗福利并降低他们的工资水平。我们只能指望过去几年中对沃尔玛的这些反面报道能迫使它明白，超级有效的全球供应链在帮助人们节省开支、改善生活同降低成本、压缩员工福利是有着明显界限的。

沃尔玛可以挤出供货商的最后一分利润，它也会毫不迟疑地让国内外的供货商相互竞争。一些供货商已经适应并且精于在这种压力下生存。如果沃尔玛所有的供货商都无法适应这种压力，那沃尔玛恐怕也就找不到供货商了。因此，很明显的是，很多供货商都作为沃尔玛的合作伙伴很好地生存了下来，但也有一些供应商将沃尔玛的价格压力转化为对本企业员工的剥削，降低他们的工资和福利，或者眼睁睁地看着自己的商机流入中国。2004 年沃尔玛的供应链从 5 000 家中国供应商那里采购了价值 180 亿美元的商品。沃尔玛中国业务的发言人许军（音译）在接受《中国商业周刊》采访时

（2004 年 11 月 29 日）称："如果沃尔玛是单个经济体，它将在俄罗斯、澳大利亚和加拿大之前名列中国的第 8 大贸易伙伴。"

山姆·沃尔顿的继任者似乎认识到了沃尔玛存在的问题，但沃尔玛究竟能调整成什么样子现在还不得而知。不过，当我直接向沃尔玛现任首席执行官李·斯科特询问这些问题时，他丝毫没有回避——事实上，他非常想跟我谈论这些问题。斯科特说："我觉得我应该做的是，就像我们把对消费者的承诺制度化一样，我们也应该把这种对社会的义务制度化。世界已经发生了变化，但我们却没有跟上。我们相信，好的意图、好的商店以及低廉的价格会让人们原谅我们的过错。在某些领域，我们并没有做到最好，我们应该努力做得更好。"

对于时下美国制造业的大量离岸经营，沃尔玛坚持认为，自己无需对此负责。格拉斯说："如果可以直接采购美国制造的商品，我们的状况就会好很多。过去 2 年中，我一直在周游美国各地，试图说服供货商在美国本土进行生产，我们甚至愿意支付更高的价钱，因为这可以给那些光顾我们超市的当地人创造就业机会。三洋曾在阿肯色州设有一家工厂，为西尔斯百货公司制造电视机，但西尔斯对它们的要求过于苛刻，于是它们决定将工厂迁到墨西哥和亚洲地区。政府向我们寻求帮助，我们决定从三洋购买电视机，条件是它们愿意将工厂仍留在阿肯色州，但它们不同意，还是希望把工厂搬到其他地方。为了说服它们留下，我们的州长甚至还跟三洋在日本的控股家族进行过谈话。最后，在州长和我们的共同努力下，它们终于同意留下了。现在它们是世界上最大的电视生产商。我们刚刚从它们那里购买了第 5000 万台电视机。但是，那些不愿在美国从事生产制造的人会说，'我是想把产品卖给你，但我不想为这里的建筑、雇员和高额的医疗保险负责，所以我们被迫将制造外包到世界的其他地方。'我所担心的是，当生产都外包到其他地方后，有一天我们只能相互出售汉堡包。"

要了解沃尔玛在世界变平中发挥的作用，最好是到日本去。1853 年 7 月 8 日，美国海军准将马修·佩里率 4 艘荷枪实弹的蒸汽舰艇打开了日本封闭的国门。海军的历史资料显示，当时日本人根本不知道世界上还存在蒸汽

船，他们被眼前的景象吓坏了，认为它们是"喷云吐雾的巨龙"。1854 的 3
月 31 日，佩里将军又回到日本，和日本政府签署了《日美亲善条约》，允许
美国舰船自由驶入函馆港和下田港，并且在下田设立了美国领事馆。这项条
约带来的是美日贸易的迅猛发展，不仅让日本走出了闭关锁国的状态，而且
加速了日本现代化的进程，因为日本人认识到了自己的落后。他们确实迎头
赶上了。在很多领域，从汽车到消费电子产品，从索尼随身听到丰田凌志，
日本人从西方国家那里学到了很多东西，并且他们也在很多地方超过了我
们——除了零售业，特别是折扣零售业。日本人可以让索尼产品的质量达到
无与伦比的地步，但到了零售环节，他们就不行了。

佩里将军签署条约 150 年后，美日之间又签署了一项条约（虽然知名度
要低得多），这实际是一项商业合作条约，称作《日商西友－沃尔玛条约》
（2003 年）。跟佩里将军不同的是，沃尔玛不必用战舰轰开日本的大门，它
有声誉开道，这也是濒临破产的日本零售连锁店日商西友急于在日本推行沃
尔玛模式的原因。于是我乘高速列车从东京赶到沼津——这是第一家采用沃
尔玛方式经营的日商西友超市所在的地方。《纽约时报》的文章指出，这家
商店离美国第一个驻日领馆所在地——下田市约 100 英里（1 英里 =1.61 千
米）。佩里将军也许也会喜欢在日商西友的新式商店购物，在那里你可以欣
赏到优美的西方音乐，你可以用 65 美元购买一套中国制造的男式西装，然
后再花 5 美元购买一件配套的白衬衣。沃尔玛的口号——每天都有低价
（EDLP，Everyday Low Prices）——是沃尔玛员工最早学会用日语说的话。
沃尔玛对世界变平的推动作用可以在沼津的日商西友超市得到验证，这不仅
表现在每天的低价位上，还包括宽过道、运送家用商品的大托盘、展示每类
商品最低价格的巨型标志和沃尔玛供应链的计算机系统等。

我问日商西友的首席执行官木内正男（Masao Kiuchi）为什么他会寻求
和沃尔玛的合作。他回答说："我第一次知道沃尔玛还是大约在 15 年前。当
时我去美国达拉斯市参观那里的沃尔玛商店，我发现他们的方法是非常合理
的，主要体现在 2 个方面：其一是他们的标价方法简单易懂，其二是他们真
正兑现了物美价廉的承诺。日本人过去认为，折扣商店就意味着以低价出售
次等商品，可我发现，在沃尔玛不管是等离子彩电还是高级品牌的宠物食品

都能确保质优价廉。在达拉斯的沃尔玛分店，我照了很多照片，后来就带回日本给日商西友的同事们看，但光看照片是远远不够的。"最后，木内正男与沃尔玛进行谈判，双方在 2003 年 12 月 31 日签署了合作协议。沃尔玛收购了一部分日商西友，作为交换，沃尔玛同意教给日商西友它独特的合作方式：通过全球供应链以最低的价格给消费者带来最好的商品。

但是有一样事情是日商西友必须教会沃尔玛的。木内正男告诉我，这件事情就是怎么卖生鱼。日本大大小小的超市都有专门的食品专柜给眼力很好的消费者出售生鱼，一天之内日商西友的鱼价都要随着新鲜度的下降而下调好几次。给沃尔玛一点儿时间，我相信在不久的将来，我们将看到沃尔玛推出自己制作的寿司。

最好有人警告一下那些金枪鱼。

第 8 大力量——内包：那些穿着可笑的褐色短裤的家伙在干什么？

在身边发现自己以前一点不了解的事情，这是我在写作本书过程中觉得最有趣的事情之一。没有什么会比发现联合包裹服务公司(UPS)的价值更有趣的了。是的，我指的就是那些穿着普通褐色短裤、开着难看的褐色卡车的家伙。就在我睡着的时候，丑陋的 UPS 成了令世界变平的巨大力量。

这次又是我的印度"导师"之———Infosys 的首席执行官南丹·奈利卡尼给我指点迷津："联邦快递和 UPS 也应被列入令世界变平的力量。它们不仅在配送包裹，也在做物流。"当他从班加罗尔给我打来这个电话时，我还不理解他在说些什么，只是记下了这个观点。几个月后，我到了中国，有一天晚上由于航班延误，我就在中国的某个机场观看 CNN 国际频道。忽然屏幕上出现了 UPS 的商业广告，广告词就是 UPS 的新格言：让你与世界同步。

忽然之间我有了个想法：这肯定就是南丹要我明白的事情。我认识到，UPS 不仅是在配送包裹，它也让大大小小公司的全球供应链实现同步。第二天，我打电话给 UPS 在亚特兰大的总部，表示希望登门拜访。后来，我就参观了临近路易斯维尔市国际机场的 UPS 全球港配送中心，这个机场在夜间基本就是被 UPS 大批的货运飞机接管了。来自全世界的包裹被卸到配送中心后先被加以整理，几个小时后就被发送到各自的目的地（UPS 拥有 270 架飞机，在全球航空公司中排名第 11 位）。我在参观过程中发现，今日的 UPS 早已不同于往日。是的，虽然 UPS 每年 360 亿美元的销售额大部分都出自每天发送的 1 350 万个包裹，但这个 1907 年创建于西雅图的邮递公司早已改头换面为全球供应链的管理者。

请你想一想。如果你拥有一台享受质量保证的东芝笔记本电脑，现在它出了点毛病，这时候你会打电话给东芝公司要它们维修，东芝公司会让你联系 UPS，由它负责把电脑送到东芝维修中心，修好后再送还到你手中。但是他们有一点没有告诉你的是：事实上，UPS 并没把你的笔记本电脑交给东芝公司，而是交给了 UPS 中心负责电脑和打印机维修的工作站。我以为在路易斯维尔中心只会看到被拖来拖去的包裹，然而我却发现自己穿着蓝色罩衣站在干净的房间里观看 UPS 员工更换那台东芝笔记本电脑的母版。几年前东芝曾遭遇形象问题，一些客户抱怨他们的修理过程耗时太长，于是东芝就找到 UPS，要它设计一个更好的系统。

UPS 说："我们可以去除所有中间环节，直接从你们客户手中取到机器，由 UPS 修理，然后再送还给他们。"现在已经可以在一天内将东芝笔记本电脑送到 UPS 的修理中心，第二天完成修理，第三天再将电脑送回。UPS 的维修人员都是获得东芝公司认证的，消费者的抱怨由此大幅度降低。

这只是 UPS 的一项业务而已。最近吃过棒约翰的比萨吗？如果你看到带有棒约翰标志的供货卡车通过，可以问问是谁在派遣这些司机，谁在确定西红柿、比萨酱和洋葱等原材料的配送时间。我可以告诉你，答案是 UPS。UPS 现在深入很多公司的内部，帮助它们及时配送货物，就棒约翰公司而言，UPS 负责的任务甚至包括将比萨的生面团在固定时间从面包房送到经销处。

你是否已经厌倦了在商场购买网球鞋？到耐克公司的网站去订购一双吧。不过，这个订单实际是由 UPS 处理的，雇员从 UPS 在肯塔基的仓库提取、检验、打包和配送你在耐克网站上订购的网球鞋。同样，你从乔基国际公司网站订购的内衣最后也是由 UPS 雇员帮你填好订单、打包、贴标签并最后发送给你的。

惠普打印机在欧洲或拉美出了故障该怎么办呢？在那里给你上门维修的人往往也是为 UPS 效命的，他们在这些市场负责为惠普客户更换零件和进行一般的维修业务。假如你通过 UPS 从加拿大订购佛罗里达州 Segrest 农场（全世界最大的观赏鱼经销商）的热带鱼，UPS 对这些鱼的特殊包装可以让它们在经过 UPS 的处理系统时不受到任何伤害。UPS 的发言人史蒂夫·赫尔姆斯称："我们希望它们旅途愉快。"

这就是我说的"内包"过程——一种水平合作和创造价值的新形式。它既是平坦世界的结果，也令世界变得更加平坦。在前面的章节，我探讨了供应一条龙在平坦世界如此重要的原因，但并非每家公司，事实上只有很少的公司可以像沃尔玛那样开发和维持一个规模和范围都相当大的全球供应链。这就是"内包"产生的原因。一旦世界变平坦了，小公司也可以有大动作，它们会发现，在世界很多地方它们都可以销售和生产产品，并且可以用更加有效的方式购买原材料。但是很多公司要么不知道怎么做到这些，要么没有能力独自管理一个复杂的全球供应链。很多大公司虽然有能力管理，但认为这不益于提高它们的核心竞争力，因此无暇考虑供应链问题。比如，耐克公司就宁愿将资金和精力用于设计更好的网球鞋。

这就给 UPS 等传统配送公司创造了新的全球商机。1996 年，UPS 推出了"同步商务解决方案"，迄今已投资 10 亿美元收购了 25 家全球物流和货运公司，具备了在平坦世界的每个角落为任一供应链提供服务的能力。2000年左右这一业务得到了突飞猛进的发展。我喜欢使用"内包"这个术语的原因是，UPS 的工程师会深入你们公司内部，分析你们的生产、包装和配送流程，然后设计、再设计和管理你们整个的全球供应链。如果有必要，UPS甚至还会为部分流程提供融资，比如应收款项和货到付款等。现在有一些公司甚至将全部流程都交给 UPS，自己根本就不接触产品。UPS 负责从工厂到仓库到消费者直到维修的整个过程。如果有必要，它甚至还负责收款。这种深层合作的方式需要 UPS 和它的客户及客户的客户建立信任和亲密关系。

UPS 的董事长兼首席执行官迈克尔·埃斯丘说："你知道我们大部分的客户和合作伙伴都是什么公司吗？都是些小公司。这些公司让我们带它们走向全球化，我们让它们和大企业平起平坐。"事实上，如果你是一家小企业，你也可以搭上 UPS 的快车，让它成为你全球供应链的主管，这样你可以装作是个更大的公司。另一方面，如果小公司可以做大，它将让全球竞争场地变得更加平坦。UPS 收购的 Mail Boxes 等公司让它可以给个人和小企业提供全球供应链服务。不过 UPS 也可以让大企业具备小公司的竞争优势，如果你拥有像惠普一样的大企业，UPS 让你可以在世界的任何地方以极快的速度配送包裹或维修产品，为你节省下不少成本。

除此之外，UPS 还极大地提高了商品和服务在全球的配送速度和效率，它让越来越多的人接纳了运送商品的统一规则、标签和跟踪系统，有助于贸易的协调化。UPS 所有的包裹上都贴有智能标签，这样时时处处都可以对它们进行跟踪。

在和美国海关总署的合作过程中，UPS 设计了一种特殊的软件程序，让海关可以直接同 UPS 对话："我希望查看一个名叫卡洛斯的人从哥伦比亚卡利市发到你们世界港中心的所有包裹"，或者"我希望查看一个名叫奥萨马的人从德国发送到美国的所有包裹"。计算机将自动引导这些包裹到达 UPS 中心的海关办公室，受计算机控制的臂状物会将这些包裹从传送带倾倒至一个专门的箱子里，让海关人员仔细检查，不仅提高了检查的效率，而且也不影响其他包裹的流程。这种高效率给 UPS 的客户节省了不少开支，加速了他们的资本循环，让他们可以有更多资金用于创新，不过它也要求 UPS 及其客户间的合作能达到一个新的层次，这样他们就可以通过水平合作创造更多价值。

Plow & Hearth 是一个专门经营"乡村生活产品"的网络零售商。有一天这家公司的负责人来找 UPS 说，他们在运送家具的过程中总是遇到擦碰现象，问 UPS 能否出点儿主意。UPS 派它的"包裹工程师"为 Plow & Hearth 采购小组组织了一个研讨会，为其提供了选择供货商所必需的指导原则，目的就是要让 Plow & Hearth 明白，对供货商的选择不仅要注重他们产品本身的质量，而且要考察这些产品打包和运输的质量。在给 Plow & Hearth 提供帮助的过程中，UPS 不仅要仔细研究 Plow & Hearth 的内部状况，而且还要调查其供货商的经营情况，包括后者使用的包装材料等。这就是内包。

让我们看看 eBay 上的卖主、UPS、PayPal 和 eBay 上的买主之间是怎样开展合作的吧。假如我提出要在 eBay 上出售高尔夫球棒，你决定购买它，我会用电子邮件给你发一个 PayPal 的发票，上面有你的名字和通信地址。同时，eBay 会在它的网站上给我提供一个图标（这样就能打印出一个 UPS 的邮政标签），我的打印机印出的邮政标签上会有 UPS 的跟踪条形码。而 UPS 通过它的计算机系统也设立了一个与那个标签一致的跟踪数字，这个数字会通过电子邮件自动发给你——要从我这里购买高尔夫球棒的人——你就可以自己在网上跟踪包裹，并且可以确切地知道什么时候能收到。

即使没有 UPS 也会有其他公司从事这一行业。在这个平坦的世界中，越来越多的人通过远离本土的全球供应链从事生产，必须有人填补当中的空缺和强化微弱环节。UPS 负责全球销售的高级副总裁库尔特·库恩称："比如，得克萨斯州生产机器零件的公司担心马来西亚的客户有信用风险，我们作为双方都信任的中间人参与其中。如果运送的货品由我们掌控，我们就可以用承兑汇票而非信用卡的方式收款。虽然可以通过个人关系或系统控制的方式建立信任关系，但如果没有这层信任关系，你可以依赖货运中心，它们会在收到货款后才发货。我们会比银行更能管理这一切，因为我们掌握着货品，而且和客户的关系更为持久。"

从 1997 年起，60 多家企业已经将它们的工厂搬到了离路易斯维尔的 UPS 中心更近的地方，这样它们的产品一经生产出来就可以直接从 UPS 中心发送出去，不必再占用库存。不过，受益于"内包"更好的物流和更有效供应链的并不仅仅是一些小公司。2001 年，福特汽车公司将其效率低下的配送网络交给了 UPS，让其深入研究福特公司内部存在的问题，理顺其供应链中的症结。

《商业周刊》2004 年 7 月 19 日的文章称："多年来，大多数福特经销商最头疼的就是这家汽车制造商将汽车从工厂运到展台的低效率。如果汽车没在路上被弄丢的话，通常要一个月的时间才能到达，而且福特公司并不是总能告诉经销商还有多少存货、在最近的铁路仓库里都有哪些存货。得克萨斯州加兰市 Prestige Ford 公司的老板杰里·雷诺兹回忆说，'我们甚至丢失过几个车皮的汽车，这简直是很疯狂的事情。'但 UPS 的工程师重新设计了福特整个北美的配送系统，从汽车运出工厂的路线到它们在地区分类中心被处理的过程都得以简化，他们还在福特 19 个美国工厂生产出来的 400 万辆汽车的挡风玻璃上贴上了条形码，这样它们就像普通包裹一样可以被随时追踪。福特汽车到达经销商手中的时间因此缩短了 40%，平均只需要 10 天时间，这就给福特公司每年节省下来上百万美元的成本，而且让它的 6 500 家经销商可以很容易地跟踪需求量最大的车型。雷诺兹说，'这是我见过的最令人惊讶的转变。我对 UPS 最后的评价是，能像这样再给我们弄些备用零件吗？'"

UPS 在马里兰州提摩尼恩市设有一个运筹组，它们专门负责研究供应链的运算法则——被称作"包裹流程技术"，将 UPS 的卡车、轮船、飞机和分类能力同当天需要配送的包裹相匹配。UPS 的首席执行官埃斯丘说："我们现在可以改变时间以适应数量的变化。运算法则最关键的地方就是要使整个供应链最优化。" 提摩尼恩市这个 60 人的工作小组主要由一些工程和数学方面的专业人才组成，还包括一些博士。

UPS 还雇用了气象学家和战略威胁分析师来预测每天必须应对的自然和政治风暴。UPS 是无线技术在这个世界上最大的私人用户，仅 UPS 的司机在取货、送货途中接打的电话就 100 万个。UPS 的数字显示，该公司配送的商品占全球 GDP 的 2%。哦，我是否提到 UPS 还有一个金融部门（UPS Capital）呢？这个部门可以为你的供应链提供资金，特别是当你是一家小企业，并且没有足够资本的情况下。

埃斯丘举例说，假设加拿大一家出售医用胶粘带的生物科技公司是 UPS 的客户，这家公司在大医院连锁店的市场份额一直在增加，但存在的问题是，它不能及时满足需求，而且由于规模太小不能得到足够的融资，它在美国东西海岸都有配送中心。UPS 重新设计了这家公司在达拉斯的冷藏中心，并且通过 UPS 资方的融资对其进行了扩建。这样做的结果是，这家公司的存货数量变少，现金流量增加，客户服务改善。加拿大蒙特利尔一家制作新娘头饰和面纱的工厂希望将业务拓展到美国市场，埃斯丘回忆说："我们将加拿大公司的库存用一次报关的方式全部运到美国，存储在我们纽约的仓库中，这样他们的产品就不必一个一个地经过海关检验了。我们通过网络接受订单，贴上标签、发货并收款，接着我们通过 UPS 资方将收款转入他们的银行，这样他们既进入了新市场，又使得存货最小化。"

埃斯丘解释说："我们的祖辈开店时，存货就是放在店铺后面的东西，现在的存货则需要用卡车、火车、飞机来运输。我们现在都可以很清楚地看到供应链，因此可以协调所有这些运输模式。"

确实，由于消费者现在可以通过网络订购个性化的产品，UPS 发现自己不仅是真正接受订单的企业，而且还可以根据用户的特殊需要来送货上门。于是其他公司说："让我们把尽可能多的差异化产品推到供应链的终点（而非起点）吧。"由于 UPS 是产品被装上飞机、火车和卡车前供应链上的最后环节，它就创造了名为"空运前终端服务"（end of runway services）的新商务形式。我去路易斯维尔的那天，两个年轻女性正将尼康相机和特别的存储器及皮套放在一起包装，原因是一些商店在周末促销时会将这些存储器和皮套当作礼物，UPS 甚至为那家商店把这些促销的尼康相机放到专门的盒子里，它让这些公司在最后关头可以有更多机会推销它们个性化的产品。

UPS 还充分利用了网景和其他令世界变平的力量。1995 年前，UPS 的客户必须通过呼叫中心才能查询和跟踪自己的包裹，你拨打 UPS 的号码800，然后询问接线员自己的包裹在哪里。圣诞节前一周，UPS 的接线员一天能接到 60 万个电话，每个电话要花费 UPS 公司 2.1 美元。20 世纪 90 年代，越来越多的 UPS 客户开始使用网络，而且 UPS 自己的货件跟踪系统也已随着无线技术的提高而有所改善，于是 UPS 就让客户在网上跟踪自己的包裹，这样 UPS 每次承担的费用就降低到了 5～10 美分。

UPS 的副总裁肯·施特纳德称："所以我们极大地降低了服务成本，并且增加了服务内容。"UPS 现在平均每天处理 700 万个跟踪查询，高峰时期每天能达到 1 200 万个。你还会看到 UPS 的司机总是携带着褐色的电子书写板，这是一种被称作"司机配送信息采集设施"（driver delivery information acquisition devices，简称 DIAD）的新技术。最新一代的电子书写板可以告诉司机每个包裹应该放在卡车里的哪个位置——在架子上的具体位置，它还告诉司机下一个目的地是哪里，如果他没有到达正确的地点，DIAD 中的

GPS 系统就不允许他发货。除此之外，DIAD 还让客户可以上网查看司机送到包裹的具体时间。

我将这种合作形式称作"内包"——以区别于"供应一条龙"——因为它已经超出了供应链管理的范围。这是一种第三方管理的物流方式，它要求 UPS 和它的客户及客户的客户建立更加密切和广泛的合作关系。如今，UPS 的雇员不仅让你的包裹同步化，而且也让你的整个公司与客户和供货商的互动同步。

埃斯丘说："这不再是一种买主和卖主间的关系。我们替你们接电话、我们和你们的客户对话、我们为你们保管存货、我们告诉你们哪些产品畅销。我们可以获取你们的信息，而你们也必须信任我们。虽然我们的客户可能是竞争对手，但一切运行良好的前提是，就像我们的创始人告诉金倍尔和梅西百货（美国的两大百货公司）的那样，'要相信我们'。我不会违背这一点的。因为我们让它们将一部分业务交给我们，这确实需要信任。"

UPS 正努力创建让任何人都可以将自身业务全球化的平台，或者是让他们能提高自己全球供应链效率的平台。这是一个全新的业务，但 UPS 确信它的发展空间是无限的。时间会验证一切。尽管这一行业的利润空间还不是很大，但 UPS 在 2003 年 1 年的收入就达到了 24 亿美元。我的直觉告诉我，这些穿着可笑的褐色短裤、开着可笑的褐色卡车的家伙将要成就一番大事业——一种只有在平坦的世界中才有可能出现、并且令世界变得更加平坦的事情。

第 9 大变平力量——提供信息 Google、雅虎和 MSN 搜索服务

我和我的朋友在一家餐馆遇到了一个年轻男子，我的朋友被他迷住了，但我却对这家伙的身份表示怀疑。用 Google 进行了一番搜索后，我发现他曾因重罪被逮捕过。虽然我因此再次对这种约会方式感到失望，但至少我给朋友敲了警钟。

——用户给 Google 的赞词

我对你们提供的翻译服务完全满意。我朋友安排两个工人给我们帮忙，但在交代事情的过程中出了一点儿差错：她让工人们上午 11 点来，可服务中心 8 点半就把他们派过来了。这两个工人只会说西班牙语，我只会说英语和一点儿法语。我们会讲西班牙语的邻居碰巧又不在家。但是，在 Google 翻译服务的帮助下，我可以和这些工人交流、向他们表示歉意并让他们 11 点时再来。谢谢你们提供的这种服务……谢谢。

——用户给 Google 的赞词

我只想感谢 Google 教我找到爱情。在使用 Google 寻找多年未见的兄弟时，我偶然看到了墨西哥一个介绍男性脱衣舞表演者的网站，我被震惊了——我的兄弟在做男妓。我以最快的速度飞到了他所在的城市，在那里，我不仅将他从这个卑微的职业中解放出来，而且还遇到了一个和他从事同样工作的人……上个周末，我们在墨西哥结婚了。我非常感谢 Google 给我提供的帮助，没有它我就不会找到我的兄弟、我的丈夫和见识墨西哥男性脱衣舞行业。谢谢你，Google!

——用户给 Google 的赞词

Google 的总部位于加州的山景城，有点 Epcot 迪斯尼主题公园的感觉——有那么多好玩的太空时代玩具，而时间又那么少。在一个角落里放着可以旋转的地球仪，它根据全球各个地方 Google 搜索用户的多少发出光束，正如你所料，大部分的光束都来自北美、欧洲、韩国、日本和中国沿海，中东和非洲仍是一片黑暗。另一个角落里放着一块大屏幕，上面显示的是使用不同语言进行搜索的人们使用最多的关键词。我在 2001 年参观 Google 总部时向工作人员询问当时最频繁使用的关键词是什么。答案当然包括"性"，还有"上帝"，排在第三位的是"工作"。排在第四位的答案令我哭笑不得——职业摔跤。最不可思议的答案就是菜谱：人们打开冰箱，看看里面还有什么原料，然后用 Google 搜索一下这些原料，看看会搜到什么菜谱。

很幸运的是，没有任何一个单词或主题在任何时间曾超过 Google 搜索主题 1%～2%的比例，所以任何人都不必因为 Google 上某一关键词出现得过于频繁而担心人类的命运。事实上，正是因为 Google 上有如此多样的搜索项、如此多的语言种类，才让 Google 及其他的搜索引擎工具成为重要的令世界变平的力量。在此之前，人类历史上从未出现过有如此多的人可以依靠自身力量找到如此多信息的时候。

Google 创始人之一、俄罗斯出生的塞吉·布林说："如果一个人可以通过宽带、拨号方式上网，那么不管他是柬埔寨的小孩子、大学教授还是像我这样管理搜索引擎公司的人，他都可以跟其他人一样获取同样的信息。这是完全平等的。这和我小时候的情况有很大差别。那时候，我最好的选择就是去图书馆，而那时图书馆的馆藏也并不是很丰富，你要么等待奇迹的出现，要么只能找到简单和新近发生的事情。"他补充说，当 Google 出现时，人们可以充分接触世界各地图书馆的所有信息。

这当然是 Google 的目标——方便人们获取以各种语言表达的知识，实现全球知识共享。Google 希望，在未来的某一天，掌上电脑或手机让每个人都能把人类的一切知识放到口袋里面。"一切知识"和"每个人"是你在 Google 经常听到的词。事实上，Google 的主页是这样解释"Google"一词的来历的：这是由"googol"一词转化而来的，它表示数字 1 后跟 100 个零。Google 创始人希望能为你在他们的网站上提供这么多、几乎是无限量的信息。Google 的成功表明，人们确实非常希望能如此方便地获取全世界的信息量。再没有什么比这个更能推动世界变平的进程了——让任何人在任何时间、任何地方获取人类所有的知识。

Google 的首席执行官爱瑞克·施密特称："我们对任何人都不会实行差别待遇，除非你不能或没有条件使用计算机，否则的话，只要你能打字就能使用 Google。如果平坦的世界有什么意义的话，它应该意味着在获取知识的过程中没有歧视。Google 现在的搜索语言有 100 种，而且现在还在不断增加。我们可以想象未来的 Google 会带有 iPod 功能，让你通过声音搜索——

照顾那些不能使用计算机的人。"

　　搜索怎么能跟合作扯上关系呢？我将两者的关联称为"提供信息"
(informing)：它是公开源、外包、内包、供应链和离岸经营在个人合作关系
上的体现；它意味着你可以建立和运用个人的供应链——信息、知识和娱乐
方面的供应链；它是一种自我合作的方式——不必去图书馆、电影院或通过
网络电视就可以自主进行研究、编辑和选择娱乐方式；它是搜索知识的方
式，可以让你寻找志趣相投的人群和社团。Google 在全球的受欢迎程度让
雅虎和微软（通过 MSN）也开始在自己的网站上提供搜索服务，这表明人
们寻求这种合作形式的意愿是何等强烈。

　　Google 的另一位创建者拉瑞·佩吉称，搜索变得越容易、越准确，
Google 的用户基础就会越广泛，它在推动全球变平方面就越重要。每天都
有越来越多的人可以用母语为自己"提供信息"。佩吉说："现在 Google 的
搜索只有 1/3 是在美国，而且不到一半是用英语进行搜索的。随着人们搜索
内容的日益模糊化，出版的内容也日益模糊化。这就更推动了世界变平的进
程。"所有主要的搜索引擎工具最近都增加了新功能：用户不仅可以在网上
搜索信息，而且可以在电脑的硬盘上搜索文字、数据或电子邮件。当你可以
更加有效地搜索自己的存储器时，这才是真正的"提供信息"。2004 年底，
Google 宣布了将密歇根大学和斯坦福大学图书馆的所有藏书都扫描到数据
库中的计划，这样就可以在网上搜索和查看数万本书了。

　　在搜索引擎出现的早期阶段，人们对可以搜索到大量信息感到惊讶和兴
奋，雅虎的创立人之一杨致远说："如今，他们对此已习以为常，认为这些
信息的获得是理所应当的，科技人员只不过是让这些搜索变得更简单而已。
信息的民主化对社会具有深远影响。今天的消费者效率更高——搜索引擎让
他们能比通过传统方式更迅速地找到信息、产品和服务。他们可以获取更多
有关工作、健康和休闲的信息。小城镇也不会再让人有信息闭塞的感觉。人
们能更好地接触他们感兴趣的事物，能方便快捷地成为特定主题方面的专家
并且和其他人分享他们的乐趣。"

　　20 世纪 90 年代末，网络中每天都会新增几十万网页，Google 的创立者
们明白，当时只能搜索关键词的引擎工具无疑是跟不上这一发展速度的。同

为斯坦福大学计算机专业 1995 届毕业生的布林和佩吉开发了一种新的数学公式，能将搜索结果按链接网页的多少进行排序，认为链接的网页越多说明其包含相关信息的可能性就越大。Google 成为全球最大搜索引擎工具的关键力量是，它能更准确地按点击率的多少对网页进行排序，可以过滤掉那些试图通过虚假链接出现在搜索结果中的网页。即使 Google 最后一个进入搜索引擎市场，它仍旧会因更准确和更相关的搜索能力而受到人们的青睐。（Google 现在雇用了大量数学人才帮其研究搜索中的运算法则，让其在和对手的竞争中立于不败之地。）

布林说："因为某种原因，人们低估了搜索功能相对于其他网络功能的重要性。如果你在搜索诸如健康问题之类的东西，你肯定很需要这些信息，因为在一些情况下，这甚至是生死攸关的事情。一些用户会用 Google 搜索心脏病发作的症状，然后拨打 911。"但是有时候你的确也希望通过 Google 查找一些更为简单的信息。

2004 年 6 月我在北京，一天早上我和妻子安、16 岁的女儿娜塔莉一起乘电梯下楼，女儿手里拿了一叠要寄给朋友的明信片。安对她说："你把他们的地址也带来了吗？"娜塔莉看她妈妈的神态就像在打量一个来自 19 世纪的人一样。女儿回答说："我没有带过来。我只要 Google 一下他们的电话号码，就可以找到他们的家庭地址。"

娜塔莉就是在给自己"提供信息"，她使用 Google 的方法我以前连想都没想过。由于 Google 的存在，我们用个人电脑创作的数字化信息突然都可以搜索到。它们能被突然发掘出来。令人惊奇的是，以前从未搜索到的信息将来会随着更灵活搜索引擎的诞生而被搜索到。这些更高级的引擎可以筛选出越来越多不同类型的数据，从图片到录像到家庭明细表到交通信息到高中报刊再到健康药物。前微软亚洲研究院院长、现任 Google 中国总裁的李开复说："人们一直以为文本是唯一的信息来源，但现在，即使是很久以前的图片、视频、书籍，都可以搜索到。你的电脑上可以有地理信息、地图、本地信息以及个人信息……基本上，我们看到、听到、接触到、读到以及写下的所有东西都是信息，而现在网络搜索只覆盖了能被扫描、搜寻和驾驭的很少一部分事物。"随着时间的发展，个人将有能力在任何时间依靠各种设备找到世界上的任何事物，这将产生巨大的力量。"最令我兴奋的就是这种巨大力量，"李说，"我将可以集中时间、精力和脑力去做我擅长的事情，而不是将它们花在材料的搜集上。它就是构造、设计、想象和创造事物。"

我们在中国旅游的时候，娜塔莉还带着自己的 iPod，这让她可以用另一种方式给自己提供信息——用娱乐而非知识的方式。她是自己的音乐编辑，将自己喜欢的所有歌曲下载到 iPod 中并且带到中国去。几十年来，广播事业都是建立在这样一种观念的基础上：你在网络电视或广播上播出广告，希望别人在看或听。如今随着娱乐世界的逐渐平坦化，这种现象的重要性也在逐渐逝去。

如今的 TiVo 数字视频录像技术让你可以成为自己的电视编辑，你可以跳过广告、将喜欢看的节目录制下来，在希望看电视时选看自己喜欢的节目。你不必早早地等在电视机前，被迫观看强加给你的商业广告。TiVo 技术让你可以只观看自己喜欢的节目和你可能感兴趣的那些产品的广告。

但是，正如 Google 可以追踪你搜索的内容一样，TiVo 可以知道你锁定、存储和重放的电视节目。这里是一个新闻小测试：猜猜有电视以来重放最多的节目是什么？答案是：2004 年超级碗橄榄球总决赛中珍妮·杰克逊的露胸事件（或者委婉一点说，她的"服装故障"）。在 2004 年 2 月 2 日的新闻发布上，TiVo 公司表示："对 TiVo 家庭收视情况的年度调查显示，贾斯汀·汀布莱克和珍妮·杰克逊让周日的超级碗节目大放异彩，吸引的观众数量是最精彩赛事时的 2 倍。杰克逊－汀布莱克事件让 TiVo 在观众中的受欢迎程度大幅上升。数以万计的家庭运用 TiVo 特有的功能对这段电视现场节目暂停和重放，收视率上升了 180%。"所以如果有人在他想看某个节目时可以不限次数地观看，广播电视——在某个时段播放节目，中间插播广告，然后猜测谁在观看——就会越来越失去其意义。获益的只有像 Google、雅虎或 TiVo 这样的公司，它们学会和用户合作并给他们提供专门定制的节目和广告。我想总有一天广告商会只愿给这种广告付费的，这一天已经不再遥远了。

像 Google、雅虎、亚马逊和 TiVo 之类的公司已经学会这样一种生存方式：不是向客户推销产品和服务，而是建立一个让客户能自我掌控的合作体系，然后迅速对客户的需求做出反应。这样效率就会大为提高。

Google 首席执行官爱瑞克·施密特说："搜索是一件相当个性化的事情，它赋予人们的能力是无与伦比的。你不必听从别人的教导和指挥。这是一种自主能力，它让人们使用自己需要的信息去做他们认为最佳的事情。这跟以前的事情是完全不同的，广播和电视都是'一对多'的方式，电话是'一对一'。搜索是个人能力的最佳表达方式，让人们使用电脑看世界，确切地找到他们需要的东西——每个人的找寻结果是完全不同的。"

当然，Google 不仅提供了搜索引擎工具，而且还是一家利润丰厚的企业，这主要是因为创立者认识到，他们可以建立一种有目标的广告模式：当你在搜索特定主题时，这一模式会展示与你搜索内容相关的广告，然后按Google 用户点击广告的次数向广告客户收费。与传统媒体的广告效果无法获知不同，Google 可以确切地知道你感兴趣的内容——通过你搜索的内容——然后链接上那些与你搜索内容直接或间接相关的广告。2004 年末，Google 又开通了一项服务：如果你在马里兰州的贝瑟斯塔市，有一天忽然特别想吃寿司，你就可以通过手机给 Google 发出一条短信"寿司 20817"——贝瑟斯塔市的邮政编码——它会给你发回一条短信，告诉你几家寿司店的地址。

不过，"获取信息"并不仅仅是搜索事实，它还可以帮你寻找朋友、支持者和合作者。它有助于跨越国界和文化差异形成全球社区，这也是另一种至关重要的令世界变平的力量。人们可以就任何主题、项目或话题寻找合作伙伴——特别是通过像雅虎这样的门户网站。雅虎共有大约 3 亿用户和 400万积极小组，这些小组共有 1300 万个人成员，他们每个月会在世界各地加入小组讨论。

杨致远说："网络本来就是自我服务的领域，而雅虎的这些小组更是例证。它提供了一个论坛、一个平台和一系列的工具，让人们可以不受时空的限制在网上进行私人的、半私人的或者是公开的聚会。它让人们可以用在现实生活中不现实或不可能的方式谈论自己感兴趣的话题。这些小组可以让素不相识的人就共同话题互相提供帮助（应对罕见疾病、初为人父人母、现役军人的配偶）或者就共同的兴趣爱好互相探讨。现实生活中的社区也可以在网上聚会，在互动的环境下繁荣发展（组建当地孩子的足球队、让年轻人接受宗教仪式和组织校友会），为那些希望分享、组织和交流信息的小组提供一个虚拟的家。一些小组只能在网上存在，在现实生活中是不可能存在的，而一些则是现实生活中社区的反映。这些小组可以随机组合和解散，话题也可以更换或不变。"

出于好意

人们获取信息的能力提高之后，世界变得更加平坦。但是再一思索，这种变化也是非常可怕的。为什么？因为别人可以探听到你们的信息，这些私人信息过去是无法获得或很难获得的。我们的生活和我们的过去曾经被坚硬的水泥工事保护，想要穿过这些保护层需要艰难的钻探。当然，这些坚硬的水泥墙可能保护过坏人，比如诈骗犯和恋童癖，但是，这些保护层也保护着你我的隐私，使得外人难以探听我们的过去和现状。但是，Google、Yahoo!和 MSN 迅速打破了这些保护层，所以每个人只要轻轻敲击键盘，就能知道别人的过去。你根本意识不到自己在网络上会留下来什么蛛丝马迹。你想象不到其他人和公司能够探听到多少关于你的信息，从你的薪水到你喜欢读什么书，全部能够在 Google 上找到。

每个人都会被别人搜索，每个人都可以搜索别人。Google 带来了信息的平等。没有阶级的界限，没有教育的界限，没有语言的界限，最后也会没有金钱的界限。如果你能够 Google，你就得到了世界上最好的研究工具。无线技术销售公司 Airspace 的副总裁阿兰·科恩说："如果我能用 Google，我就能找到一切东西。Google 就像上帝，上帝无处不在，上帝洞察万物。在这个世界上，一切问题你都可以去问 Google。"

第 10 大力量——数字的、移动的、个人的和虚拟的类固醇

但是这种 iPaq 与众不同之处就在于它的无线技术，这是第一种可以用 4 种无线方式与网络及其他设施连接起来的掌上电脑。在 30 英寸（1英寸 =2.54 厘米）的距离内，iPaq 可以像电子商务卡一样将信息通过

红外发射器发送到另一个掌上电脑上。在 30 英尺（1 英尺 =30.48 厘米）的距离内，它可以使用蓝牙无线功能……在 150 英尺的距离内，它可以使用 Wi-Fi 天线。此外，iPaq 还具有手机功能。如果你的老板或同事还找不到你，那你肯定是在国际空间站里。

——摘自 2004 年 7 月 29 日《纽约时报》一篇关于
惠普新款笔记本电脑的文章

　　我现在在从东京到三岛的高速列车上，路旁的风景引人入胜：左边是渔村，右边是冰雪覆盖的富士山。我的同事吉姆·布鲁克是《纽约时报》东京工作站的主管，此刻他正坐在我的对面，但他对路边的风景似乎一点都不感兴趣。他正聚精会神地摆弄他的电脑，事实上我膝盖上也放着一台。但是他的电脑可以无线上网，而我却只能在电脑上打打字。几天前我们一起在东京闹市区坐出租车时，吉姆就在后座上用笔记本上网，并且还通过雅虎给我发了封电子邮件，自此之后我就一直在感叹日本无线技术的发达程度。除了少数偏远海岛和山村，如果你的电脑或者任何日本手机中装有无线上网卡，你就可以随时随地上网——从地铁站的深处到穿越村庄的高速列车上。吉姆知道我对日本拥有比美国强得多的无线上网技术念念不忘，但是他还一次又一次地跟我提这件事。

　　村庄随着火车的前进都被甩到了后面，他说："看，汤姆，我现在已经上网了。我的一个朋友是《纽约时报》在阿拉木图（哈萨克斯坦的一座城市）的特约评论员，他的妻子昨天晚上刚给他生了个女儿，我在给他发出祝贺……我现在在读今天《纽约时报》头版的要闻。"最后，我让精通日语的吉姆把列车乘务员叫过来，然后我让吉姆替我问他，高速列车的速度有多快。他们叽里咕噜说了半天后，吉姆给我翻译说："每小时 240 千米。"我摇了摇头。我们现在乘坐的高速列车时速是 240 千米，也就是每小时 150 英里——我的同事正在回复来自哈萨克斯坦的邮件。而如果我在从华盛顿郊区到特区商业区的路上打电话，手机信号至少会中断两次。我在东京的时候还和吉姆的同事托德·曹恩见了面，他一边用手机上网，一边给我解释说：
"我是一个冲浪爱好者，所以我每个月花 3 美元从网上订阅这种特殊短信，
每天早上都会有短信告诉我，在我家附近的浪高有多少，这样我就可以决定
当天最佳的冲浪地点。"（我越想越觉得自己应该去竞选美国总统："我承
诺，如果我当选美国总统，4 年之内美国的手机覆盖性能赶上加纳，8 年之
内赶上日本——条件是日本同意静止不动，在 8 年之内不做任何创新，这样
我们就能赶上。"我竞选的宣传条幅将非常简单："你能听见我说话吗？"）

　　我知道美国在无线技术方面迟早会赶上世界其他地方。但是第 10 大变
平力量这一章并不仅仅是关于无线技术的，它是关于我称作类固醇的东西。
我将一些新技术称作类固醇，主要原因是它们可以放大和增强所有其他变平
力量的作用。这一章节将强调各种合作形式——外包、离岸经营、开放源、
供应链、内包和获取信息——并且让每一种合作形式都像惠普首席执行官卡
莉·费奥里娜所说的那样可以用"数字、移动、虚拟和个人"的方式完成，
进而让这个世界变得更加平坦。

　　费奥里娜所说的"数字"指的是，在个人电脑—Windows—网景—工作
流革命的作用下，一切内容和流程（从摄影到娱乐、通信、Word 处理、建
筑设计和我家草坪的洒水设施）都会被数字化，因此可以通过计算机、网
络、卫星或光纤电缆进行制作、操纵和传递。她所说的"虚拟"指的是，
这种制作、操纵和传递的过程可以用很快的速度、很轻易地完成——这归功
于所有的数字管道、协议和标准。她所说的"移动"是指无线技术可以让人
们从任何地方通过任何设备和任何人建立联系："个人"指的是，你可以用
自己的设备为自己做这些事情。

　　如果你采用和加强所有这些新型合作方式，平坦的世界会变成什么样子
呢？我只给你举一个例子。约翰·霍普金斯大学的校长比尔·布罗迪给我讲了
一件 2004 年夏天发生在他身上的事："当时我出席了在韦尔举行的一次医疗
会议，做报告的医生极力吹捧一种治疗前列腺癌的新方法，但实际上这种方
法与现行的外科疗法背道而驰。为了增强说服力，他声称业内权威帕特·沃
尔什的理论也支持他的观点，并断章取义地加以引用。听完他的话后，我对
自己说，'这听起来好像不是沃尔什博士的研究成果'。于是我立刻用我的掌

上电脑无线上网，进入约翰·霍普金斯大学的主页后再进入医学专区，然后就开始搜索。搜索结果全是沃尔什观点的摘要。我点击了一个，然后开始阅读，我发现沃尔什博士的观点和那个家伙说的东西完全不同。于是在提问阶段我提出异议，那个家伙的脸一下子红了。"

约翰·霍普金斯大学最近几年所有的研究成果都以数字化的形式被存储下来，这让布罗迪可以迅速和毫不迟疑地搜索一些信息。无线技术的进步让他可以在世界各地用任何设备进行搜索，而他的掌上电脑让他可以独立自主地进行个性化搜索。

让这一切成为可能的类固醇是什么呢？

第一种类固醇和计算机有关。简单地说，计算机性能包括3部分：计算能力、存储能力和输出／输入能力。所有这些自从第一代大型主机产生后就一直在稳步提高，这种进步就构成了一种重要的类固醇。作为结果，我们将文字、数据、音乐和娱乐进行数字化，处理和传送的速度就比以前大大加快了。

比如，几十年来，芯片制造商一直不断缩小芯片上的晶体管以缩短电子的运行距离，从而加快数据处理速度（载于《商业周刊》，2005年6月20日）。MIPS代表"每秒钟百万条指令"，这是对计算机微型芯片计算能力的测量方法。1971年，英特尔4004微处理器每秒钟能产生6万条指令（即0.06MIPS）。而今天的英特尔奔腾处理器至尊版（双核）达到了每秒执行200多亿条指令的理论最高额。1971年，英特尔4004微处理器内含2 300个晶体管，2006年英特尔最高端的奔腾处理器内含17亿个晶体管。

但是，存在的问题是这些微型电路的密集程度太高，由此引起的高温会影响芯片的运行。不过不必为此担心。《商业周刊》报道，芯片制造者让两个或更多的计算机核心在一个微处理器中共同运作，取代了单一的微处理器，进而制造出超高速甚至更加超高速的芯片。这些计算机核心可以共同承担负荷，因此，每一个都不会过热或消耗太多能量。

与此同时，输出／输入数据的速度也大大提高：如果按286和386芯片的速度进行磁盘驱动，我需要1分钟左右的时间才能从数码相机上下载一张照片。今天的 USB2.0 磁盘驱动和最新的处理器让我可以立刻完成下载。微软首席执行官克雷格·芒迪称："存储技术也发展得非常迅速，它对世界的变革作用一点也不亚于其他力量。"它让各种形式的内容都可以变成数字化和便携式的产品，同时也极大地降低了这些数字产品的价格。5 年前，没有人会想到，一个 40G 可以存放上千首歌的 iPods 能便宜到让十几岁的小孩也可以买得起。数据的传送也发生了很大改观。光纤电缆的进步将很快能让一根光纤每秒钟传送 1 太比特（terabit）的数据，如果一根电缆里有 48 根光纤，每秒钟就可以传送 48 太比特的数据。朗讯前首席执行官亨利·夏克特曾精于此项技术，他指出，你可以"用一根电缆在数分钟内传送全世界的所有印刷材料。这意味着在零增加成本的情况下可以有无限的信息传送能力"。尽管夏克特所说的这一速度指的只是光纤网络的枢纽部分，并不适用于接入你家电脑上的网速，但这仍可以说明我们已取得了很大进步。

在《凌志车和橄榄树》一书中，我提到 1999 年奎斯特公司的一条商业广告。广告中那个饱经旅途劳顿的商人走进了路边的一家汽车旅馆，他问那个不耐烦的服务员是否会提供房间服务，她回答说是，然后他又问自己房间的电视是否会提供娱乐服务，服务员用鄙夷的口气回答说："所有房间的网络都可以让你在任何时间选择观看任何语言的电影。"当时我用这条广告说明拥有网络的美妙，现在它却成为脱离网络所能带来好处的例证。未来几年内，随着存储能力的增强和存储器的日渐缩小，你将可以把很多电影直接存储到便携的存储器当中。

第二种类固醇包括在即时信息和文件共享方面的突破。P2P 模式下的文件共享让计算机用户可以共享歌曲、视频和其他各种文件。音乐交换网站纳普斯特让我们对此大开眼界，让两个人可以共享存储在各自电脑上的歌曲。Howstuffworks.com 的数据显示，"纳普斯特在最佳状态时也许曾是最受人欢迎的网站。不到 1 年之内，它每月的访问次数从零增加到 6 000 万次。然而不久后它就因侵犯版权被法院勒令关闭了，直到 2003 年才被重建为音乐下载网站。原来的纳普斯特之所以会迅速走红，主要因为它提供了独一无二的产品——可以毫不费力地从大的数据库获取免费音乐。"这一数据库实际是文件共享的基础，纳普斯特通过它可以方便你我电脑间的连接，这样我们就可以互换音乐文件。虽然原来的纳普斯特已经不复存在，但文件共享技术仍旧存在并且变得日益复杂，极大地提高了合作水平。

美联社 2005 年 6 月 22 日报道，2004 年诸如苹果 iTunes 这样的网上商店出售了大约 3.3 亿个音乐作品，但还有约 50 亿个作品是人们从网上免费下载的，他们只需使用可免费下载的文件共享程序——电驴、BT 和 Kazaa。

第三种类固醇包括网络电话技术方面的突破。VoIP（IP 语音）这种新的类固醇的兴起让我们和所有这些数字化数据的合作变得更加容易和廉价。它把声音变成可以通过网络传送的数据包，然后在网络的另一端再把它们变回声音的形式，这样网络电话就成为可能。VoIP 让任何人都可以通过他的电话公司或私人运营商订购这种服务，这样他们就可以戴着耳机用自己的个人电脑、笔记本电脑或掌上电脑接打当地和长途电话。很快这种服务就会传播开来——埋藏在地下的管道将使这一切变为可能，它会让越洋电话变得像当地电话一样廉价——几乎跟免费的差不多。如果这还不能放大每一种合作形式，我就不知道什么事情具备这种能力了。

让我们看一下《商业周刊》2004 年 11 月 1 日一期关于 VoIP 公司 Skype 的文章："Eriksen 是一家规模虽小但影响巨大的翻译公司。布鲁克林(纽约)公司通过全世界的 5 000 名自由译者将商业文件译为 75 种语言提供给美国的客户，但同时公司每月的电话费也高达 1 000 美元。所以，当业务开发部门主管克劳迪亚·卫特曼听说 Skype 科技公司可以提供免费网络语音电话与世界其他地方的 Skype 用户通话时，她高兴得跳了起来。签约后 6 个月，Eriksen 公司的电话成本已经下降了 10%，而且它的雇员和自由译者现在可以更加经常地交换意见，极大地提高了工作效率和速度。卫特曼说，'这让我们的工作方式整个都发生了转变。'" 2005 年底，Skype 公司推出电话软件的 2.0 beta 版，有些人认为这将使该技术更受欢迎。这一版本包括电视会议功能，更平稳和更清晰的界面，并且还配有电话手柄，这样你就无需受连接在电脑上的麦克风的限制。越来越多的家长告诉我，多亏了 Skype 和其他 VoIP 系统，他们现在可以在几乎不支付什么费用的情况下，定期同在世界其他地方学习或工作的孩子交谈。

VoIP 将变革整个通信产业，这一产业从一开始就建立在这样一种观念

的基础上：电话公司会按照你的通话时间和通话距离的长短来收费。VoIP
带来的竞争让电话公司按时间和距离收费的日子不能再持续很久了。不光如
此，旧的电话平台缺乏竞争，如果你通过网络平台提供电话服务，各种创新
都会变为现实。你只需双击通信录上的人名就可以拨通对方的电话。如果你
接到某人的电话，并且希望验明对方的身份，对方的照片就会出现在你的屏
幕上。各个公司将就 SoIP（IP 服务）展开竞争：谁能让你们通过电脑、掌
上电脑或笔记本电脑对话的同时召开具有最佳效果的视频会议；谁能让你方
便地和三四个人同时进行对话；谁能让你们一边对话一边交换文件和发送文
本信息（这样你们可以对文件内容展开讨论）。你可以给对方留下能转换成
文本的声讯信息，同时通过附件发去需要共同研究的文件。思科的高级副总
裁迈克·沃尔皮表示："这将不再是谈话时间长短和距离远近的问题，而是你
怎么围绕这些声讯服务创造价值的问题。各公司的差距体现在它们给顾客就
免费声讯服务提供的相关服务上。"

　　第四种类固醇是视频会议技术，它将发展到一个全新的水平。惠普和梦
工厂电影公司合作设计了视频会议设备，梦工厂带来了它的电影和声音技
术，而惠普则提供了计算机和压缩技术。参加视频会议的每一方都坐在长桌
前，面对着摄像镜头和纯平电视的大屏幕，这种技术最后达到的效果是，好
像所有的会议方都围坐在同一张会议桌上，这和市场上曾出现的其他技术明
显有着质的差别。我曾有幸参加过这种视频会议，一切是那样逼真以至于你
似乎都能感受到屏幕另一边与会人员的呼吸，虽然他们是在 500 英里（1 英
里 =1.609 千米）外的地方。因为梦工厂在全世界制作电影和动画，它认为
自己必须拥有这种视频会议的解决方案，让具有创新思维的人们可以交流他
们所有的思想、面部表情、感觉、愤怒、热情等。惠普首席战略官沙恩·罗
宾森告诉我说，惠普计划 2005 年在市场上推出这些视频会议设备，价格在
25 万美元左右。和过去必须频繁到伦敦或东京面对面召开会议所需的飞机
票和其他成本相比，这点费用确实不算什么。购买这些设备的公司 1 年之内
就能收回成本。这种视频会议设备一旦得到推广就能让远程开发、外包和离
岸经营变得更为便捷和高效。

　　第五种类固醇涉及计算机图像的最新进展，这些部分是在电脑游戏的推

动下产生的。通过提供更清晰的图像和更多阐述、控制屏幕图像的途径，这些新技术极大地促进了视频合作，提高了计算性能。IBM 公司的 Irving Wladawsky-Berger 在博客上介绍了这种类固醇。他写道，现在最令人兴奋的创新领域之一就是围绕他所说的第三代用户界面展开的，也是由游戏玩家促成的。这些有望给医疗、教育、科学和商业的各种应用软件带来高度可视互动的界面。他补充说，这非常重要，因为人与计算机的互动方式每次出现新模式时，我们就会看到各种新的应用软件开始出现，不仅与过去有很大不同，质量上也有很大提高。视频游戏在这方面尤其重要，因为除了拥有逼真的图像和不错的声效外，它们还具有高度互动和协作性逐渐提高的特点，因此它们是很好的"发射台"，可以让人们思考怎样才能和各种计算机应用软件实现最佳互动，未来该怎样相互合作。

第六种，同时也许是最重要的类固醇包括新的无线技术和设备。它们让我们和所有新型合作方式富有流动性，这样我们就可以通过移动方式在任何地方同任何人控制、分享和塑造我们的数字内容。

Airspace 的高级副总裁阿兰·科恩辩论说："通信的自然状态就应该是无线状态。"无线服务首先从声音开始，因为人们希望能随时随地进行通话，这也是手机成为很多人最重要的通话手段的原因。21 世纪初，人们对数据通信也提出了同样的无线化要求——通过手机、掌上电脑或其他个人设备上网、发送电子邮件等。（现在又出现了对无线技术的第三种要求，这进一步推动了世界变平的进程：机器可以和机器进行无线对话，比如沃尔玛的 RFID 芯片，这种小的无线设备可以自动将信息传送给供货商的电脑，让它们跟踪存货情况。）

在计算机出现的早期阶段（全球化 2.0 阶段），你只能在办公室工作，那里会有一台大型主机，你得走过去让操作大型主机的人替你提取或输入信息，就像是在传递神谕一样。个人电脑和因特网、电子邮件、笔记本电脑、浏览器以及客户服务器出现后，我可以从自己的电脑上获取存储在网络上的各种数据信息。在这个时代，你可以从办公室中摆脱出来，选择在家里、宾馆里办公。现在我们已经进入全球化 3.0 时代，数字化、微型化、虚拟化、个人化和无线技术的存在让我可以随时随地处理、收集或传送声音或数据。

科恩说：“不管你在哪里，你的办公桌都会跟随你。”能随时随地处理信息的人越多，竞争和通信方面的障碍就越少。忽然间，不管你是在班加罗尔还是在班戈（美国缅因州的城市），我们都可以很方便地联系。这种无线联络的方便性就像电给我们带来的便利一样。摩托罗拉的首席技术官帕达玛丝丽·沃丽尔（Padmasree Warrior）说，我们迅速进入了“自我移动”（mobile me）的时代。如果消费者为获取信息、娱乐、数据、游戏或股票报价等付费，他们就希望能随时随地获取这些内容。

由于各种无线技术和标准现在仍无法共同操作（interoperable），消费者感觉像是陷入了无线技术的迷宫。正如我们所知，一些无线技术可以在邻近地区、州或国家发挥效力，但超出了这个范围就会变得无能为力。

只有当你不管使用什么设备都能在全世界的任何国家和任何城镇与他人联络时，这种“自我移动”革命才算结束。只有当这种技术得到广泛传播时，“自我移动”令世界变平的作用才能得到充分发挥，人们才真正可以使用一切设备随时随地开展工作和交流。

对日本手机运营商 DoCoMo 在东京总部的访问让我对这种未来前景有了一点了解。这家公司在提供可共同操作的无线技术方面远远领先于美国公司。DoCoMo 是“通过手机网络提供通信”（Do Communications Over the Mobile Network）的缩写，在日语中，它的意思是“任何地方”。我到达 DoCoMo 的总部后，一个会日本式鞠躬的机器人带我参观了摆放着各种视频手机的展台，这种手机让你可以看到通话对象。

该公司 U-Biz 部门（Ubiquitous Business，普适商务）的副总裁三石多闻（Tamon Mitsuishi）解释说：“年轻人将我们的手机当成双向视频电话。每个人拿出他们的电话，拨通号码就可以看到对方。当然，也有一些人不愿让对方看到自己。”DoCoMo 的技术让你可以用卡通人物代替自己，并且在你想表示愤怒或快乐时，可以操作键盘让对方看到的卡通形象变成愤怒或快乐的表情。三石多闻还说：“这是手机，是数码相机，但它的功能已经类似于一台个人电脑。你需要很快地用拇指按手机键，我们称自己为‘拇指一族’。日本的高中女生现在在手机上打字的速度要远远快于在电脑上打字的速度。”

我趁机问道：“U-Biz 部门究竟是做什么的呢？”三石多闻回答说：“我们

已经看到了网络在全球的普及，下一步应该提供相关的服务。到现在为止，网络通信大多都是个人之间展开的——电子邮件和其他信息。但是，我们也开始看到个人和机器以及机器之间的沟通。人们希望有更丰富的生活，商业也希望有更高效的经营……虽然年轻人工作时间在办公室里使用个人电脑，但业余时间里却主要使用手机。现在的发展趋势是手机付账，在现金收款台的旁边会有一个手机智能卡的阅读器，你只需将手机放在前面扫描一下就可以结账，手机也可以变成你的信用卡……"

似乎没有意识到英语中"control"一词的双重含义，他继续说："我们相信手机将成为个人生活的重要调节器（controller，也可译为控制器）。比如，在医疗领域，它将成为你的鉴别系统，你可以先检查病历卡，然后用手机进行支付。没有手机你将不能生活，你还可以用它遥控家用电器，目前我们需要进一步增加手机可操控的家用电器。"

手机会让我们对未来有很多担心：孩子在使用手机上网时可能会受到各种色情网站的诱惑，雇员会在上班时间用手机偷偷打游戏，一些人会用手机从事各种非法活动。在日本已经出现了这种情况，一些人走进书店，拿下烹饪书，用手机拍下食谱的照片，然后再大摇大摆地走出去。幸好照相机在拍照的时候会发出声响，这样商店老板或者更衣室里站在你旁边的人就可以知道他们是否被偷拍。别忘了，可以联网的拍照手机不仅仅是个照相机，它还是个复印机，可以将偷拍的照片在全球传播。

DoCoMo 现在正和其他日本公司合作开发一些新技术。比如，如果你在东京街头看到了麦当娜的演出海报，你会发现海报上有一个条形编码，用手机扫描一下条形编码就可以购票。另一张海报可能是对麦当娜新推出 CD 的介绍，扫描条形码就可以试听歌曲，如果你喜欢这张 CD，你可以再扫描一次，订购这张 CD，不久就会有人给你送上家门。《纽约时报》派驻日本的托德·曹恩娶了一位日本太太，他告诉我说，日本手机服务的内容是如此丰富，以至于"当我和日本亲戚在一起时，如果有人提出了什么问题，他们的第一反应就是去找手机"。

仅仅是写这些就已经让我感到筋疲力尽，但很难夸大类固醇将如何强化其他 9 种合作形式。这些类固醇会使开放源的创新更加开放，因为它们将让更多的人以更多的方式从更多的地方相互开展合作。它们也会推进外包，因为公司的单个部门都可以容易地和另一家公司开展合作。它们也会强化供应链，因为总部可以随时联系上将产品放上货架的雇员、每个包裹甚至生产这些产品的中国厂家。它们也将提高内包的水平——让 UPS 深入其他公司内部负责它们的整个供应链，让司机自己使用掌上电脑同库房和客户联络。而且最明显的是，它们将改善提供信息的方式——通过 Google 和雅虎等搜索工具管理你自己的知识供应链，通过 iPod 或 TiVO 管理你自己的娱乐供应链，你不仅能获取信息供应链，还能把这些信息放在口袋里和其他人一起分享。

劳斯莱斯的总裁约翰·罗斯告诉我们一个绝佳的例子，说明无线技术和其他的类固醇是怎样帮助该公司完成工作流程以及同客户开展新型合作的。比如说，英国航空公司的一架波音 777 航班正飞过大西洋，在格陵兰岛的上空附近，这架飞机使用的一个劳斯莱斯引擎遭到雷击，乘客和机组人员可能都会感到恐慌，但实际这是没有必要的。因为劳斯莱斯的引擎通过异频雷达收发机（transponder）同卫星相连，它随时都会将与其状况有关的数据传输到劳斯莱斯地面操作间的电脑上。很多劳斯莱斯的飞机引擎都是如此操作的。在复杂运算法则的基础上，劳斯莱斯电脑的人工智能作用让它可以监控引擎在运作过程中出现的异常现象。上文中出现的雷击情况很快就被劳斯莱斯电脑的人工智能发现，并立即发送报告给劳斯莱斯的工程师。

罗斯说："我们随时可以通过卫星接收这些数据，在发现'情况'后我们的工程师就可以做出远程诊断。正常条件下，如果飞机引擎遭到雷击，飞机需要迫降，工程师要检查飞机已遭受多少损伤，并决定是否需要延迟航班对飞机进行修理。但是你要知道，如果飞机滞留很长时间，就不能按原来的安排返回机场，代价是很高的。现在我们可以在引擎出现故障的同时对其进行监控和检查，当飞机迫降时我们的工程师就已经做出了有关的决策。如果我们根据所有的信息决定不需要进行专门的维修，那么飞机就可以按时返回，这就可以给我们的客户节省大量时间和费用。"

这些类固醇造成的结果是，引擎可以和计算机沟通，人之间可以沟通，计算机之间可以沟通，人类和计算机的沟通可以距离更远、速度更快、价格更低、方便更多。当这些已经发生时，更多的人从更多的地方开始互相询问两个同样的问题：你现在可以听见我吗？我们可以一起工作么？

第三章

三重汇合

什么是三重汇合呢？为了解释这一点，让我先讲一个亲身经历的故事，并和你分享我最喜欢的一个电视广告。

这个故事发生在 2004 年 3 月，当时我打算从巴尔的摩乘西南航空公司的班机到哈特福德（康涅狄格州首府）看我女儿奥利，她在该州的纽黑文市读书。由于我是一个乐于接受新技术的人，我并没有去买纸面的机票，而是通过美国运通公司定了一张电子机票。任何经常乘坐西南航空公司班机的人都知道，那里的低价航班是不能预订座位的，当你办理登机手续时，你的登机牌上只注明了 A、B、C。A 牌乘客先登机，B 牌次之，C 牌乘客排在最后，没有人愿意要 C 牌，因为持 C 牌的人往往只能找到中间的位置，而且根本没法在座位上方的行李箱找到空的地方。如果你想坐在靠窗和靠过道的地方，并且想找个地方放行李，你肯定希望能拿到 A 牌。那次我给女儿带了很多衣服，我当然想拿到 A 牌，所以我早早地起床，比飞机起飞时间提前 95 分钟到达机场。我走到西南航空公司的电子出票机前，插入信用卡，然后用手触屏选择我要的机票——一个相当时尚的男人，不是吗？然而出来的却是 B 牌。我一边看手表，一边愤愤地自言自语："怎么会是个 B 牌，不可能会有那么多人比我早到这里，有人作弊，这是事先安排好的。这不过是个自动贩卖机！"

我气愤地跺着脚通过安检，买了一个肉桂卷（Cinnabon），然后郁闷地坐在 B 列的后面，期盼着能幸运地在头顶的行李柜中找到一个位置。40 分钟后，机场通知我们的航班开始登机。我站在 B 列的队伍中嫉妒地看着排在我前面的 A 列乘客。这时候，我发现 A 列乘客手中的机票和我的不同，根本不是一般的电子机票。他们手中的机票就像是被弄皱的白纸，只不过上面印有登机通行证和条形码，这些登机通行证好像是在家里上网下载之后用打印机印出来的。我很快就证实自己的猜测是正确的。虽然我才知道这一情况，但西南航空公司在此之前就已宣布，从航班日期头一天晚上的 0 点 01 分开始，你就可以在家下载机票，打印出来，然后登机前就可以直接在入口处扫描机票上的条形码。

看到这番场景后，我对自己说："弗里德曼，这么看来你只能算是 20 世纪的人……你是全球化 2.0 时代的人。" 让我们想想吧：在全球化 1.0 时代，票务代理大行其道。我过去常常不得不走到华盛顿特区市中心的机票销售点去，拿一个号，排队等着，然后与一个票务代理面对面地交谈来安排自己的飞行计划。全球化 2.0 时代，电子出票机代替了票务代理。我们认为这非常酷。而且这不过发生在几年以前。但是就在你打瞌睡的时候，我们进入了全球化 3.0 时代，现在你变成了自己的票务代理。或者，换句话讲，你个人变成了西南航空公司的一名雇员。或者再换句话讲，想想你为了自己订票而在电脑前熬到深夜的时间，你会发现，在成为西南航空公司的一名雇员的同时，你还在为西南航空公司付费！

这是柯尼卡美能达商用科技制造公司推销新型多功能设备 Bizhub 的电视广告。Bizhub 这种办公用品让你可以在一台机器上完成黑白或彩色打印、复印、传真、扫描、发送电子邮件以及网络传真。广告一开始是两个人的对话，一个人在自己的办公室里，另一个人站在 Bizhub 机器的旁边。他们的距离很近，只需稍稍提高嗓门就可以听到对方。多姆职位稍高，但在接受新技术方面就像我一样有些迟钝。他只要斜靠在椅背上就可以从门口处看到站在 Bizhub 机器旁的特德。

多姆: (在桌旁) 嘿，我需要那个图表。
特德: (在 Bizhub 机器旁) 我正在发 E-mail。

多姆：你在用复印机发送 E-mail？

特德：不，我在用 Bizhub 发送 E-mail。

多姆： Bizhub？等会儿，你给我复印了吗？

特德：我扫描完就复印。

多姆： 你用发 E-mail 的机器扫描东西？

特德： 发 E-mail 的机器？我在使用 Bizhub 机器。

多姆：（一头雾水）复印？

特德：（极力让自己耐心些）E-mail，然后扫描，再复印。

多姆：（隔了很长时间）Bizhub？

话外音： （放映 Bizhub 的动画，展示它的多功能）惊人的多功能性和可支付的价格。这就是柯尼卡美能达公司的 Bizhub。

（镜头切换到多姆一个人在 Bizhub 旁，看这个神奇的机器是否可以往他的杯子里倒咖啡。）

　　西南航空公司提供在家就能订票的系统，柯尼卡美能达提供 Bizhub 技术，这些都是因为我所说的三重汇合作用。三重汇合的组成部分有哪些呢？简单地说，首先，在 2000 年左右，前面讨论的 10 大变平因素已经开始汇合，共同创造了一个全新的世界平台。伴随着这个新平台的建立，商家和个人开始接受新的习惯、技术和流程，他们从一个垂直的价值创造模式转换到更为水平的模式。新的世界平台和新的经营方式的结合就是第二大汇合，这让世界变得更加平坦。最后，当变平过程全部展开的时候，来自中国、印度和前苏联的几十亿人走上竞争场地，他们很快就利用平坦世界的一切新工具与其他人开展竞争和合作，这是第三大汇合。现在，让我们仔细探讨这些问题。

第一大汇合

　　至少从 20 世纪 90 年代开始，我在第二章讨论的令世界变平的 10 大因素就已经出现了，但是它们必须在全球传播、扎根并相互联系才能发挥神奇效力。比如，2003 年的某个时候，西南航空公司认识到，世界上个人电脑和宽带的普及程度、计算机的存储和软件技术的发达程度都足以让它创建一个工作流系统，让客户选择在家里下载和打印他们的登机通行证，其方便程度不亚于下载一封电子邮件。西南航空公司和它的客户从此可以用新方式开展合作。与此同时，工作流软件和硬件的汇合让柯尼卡美能达公司可以在一台机器上提供扫描、打印、传真、复印和发送电子邮件等服务。这就是第一次汇合。

正如斯坦福大学的经济学家保罗·罗默指出的那样，经济学家一直都认为"市场上存在互补商品——如果你在拥有商品 A 的同时还拥有商品 B，那么商品 A 的价值就会得到极大提高。比如，能在拥有纸的同时也有铅笔就已经很好，能在增加纸张的同时也增加铅笔、在提高纸张质量的同时也改善铅笔的质量，你的效率就会得到很大提高。这就是互补产品的同步提高"。

我的观点是，柏林墙的倒塌、个人电脑的风行、网景、工作流、外包、离岸经营、开放源、内包、供应链、提供信息和类固醇都像互补产品一样可以相互强化对方的作用。它们只不过需要时间汇合在一起，并以互补互利的方式共同起作用。这个时刻在 2000 年左右出现了，当碾平世界的 10 大因素以如此的规模和如此的强度汇合在一起时，位于各大洲的亿万人就突然开始发觉，某些东西……某些东西……是全新的。他们不能总是非常确切地描述发生了什么，但是到 2000 年之前，他们感觉到，他们能够联系到此前他们从来联系不到的人，他们受到了来自此前从来不能挑战他们的人的挑战，他们正在与此前从来没有竞争过的人相互竞争，他们正在与此前从来没有合作过的人相互合作，他们正在做此前做梦都没有想到的事情。

他们正在感受的是一个正在平坦的世界化的世界。

碾平世界的 10 大因素的汇合已经创造了一个全新的平台。这是一个全球性的、以网络为基础的竞争平台，在该平台上存在多种形式的合作。这一平台能够使得世界上任何地方的个人、群体、公司和大学，出于创新、生产、教育、研究、娱乐（唉，还有战争）等目的进行合作，这是前所未有的创造性平台。这一平台的运作目前已经不再受到地理、空间、时间的限制，在不久的将来甚至不再受到语言的限制。再往前发展，这一平台将会处于一切事物的中心。财富和权力将会越来越多地聚集到那些成功地完成了以下三个基本任务的国家、公司、个人、大学和群体手中：建设连接到这个平坦世界平台的基础设施；通过教育来获得更多能够在这一平台上创新、在这一平台下工作，以及成功接入这一平台的人才；最后，通过成功治理来从这一平台中获得最好的东西，并且防范最坏的副作用。

然而，并非所有人都能进入这一新的平台，这个新的竞技场。当我说这个世界已经平坦化时，我并不是指我们变得越来越平等了。我想说的是，更多地方的更多人现在能够进入这个平坦世界的平台相互联系、竞争和合作，不幸的是，也前所未有地相互毁灭。

本书出版之后，*Wired* 杂志的创始人之一凯文·凯利（Kevin Kelly），写了一篇文章来纪念网景公司（Netscape）上市 10 周年。在文章的结尾，他以他自己的方式宣称，这一可以容纳多种合作方式的平台（他称为机器）事实上是无比崭新和无比伟大时代的开始。正如他在 2005 年 8 月那一期 *Wired* 杂志所写的：从现在开始的 3 000 年后，当人们回忆往昔的时候，我相信我们这个远古的时代——位于第 3 个千年的尖锋——将被视为"一个崭新历史纪元的开端"。在网景公司上市的那几年里，人们开始用智慧去激活惰性的物体，把它们连接成一个全球性的场地，然后把他们自己的心灵融为一体。这将被视为这个星球上最大、最复杂和最令人惊叹的事件。通过晶体和无线电波，我们的种族开始把所有地区、所有进程、所有事实和概念连接成一个巨大的网络。这个胚胎性的神经网络将演变成为我们文明的一个合作性接口。

第二大汇合

作为创新和生产的最基本操作系统的平台，其本身的演变并不剧烈。引入一项新的技术或者平坦世界那样的平台，并不足以大幅度提高劳动生产率。只有当新技术或者新的技术平台与新的经营方式结合起来后，劳动生产率才会出现跃升，而这总是需要时间的。所有辅助性的技术、企业流程和习惯等要相互融合起来实现劳动生产率的进一步突破，是需要时间的。沃尔玛之所以能够获得生产率的跃升，是因为它把大容量的仓库（人们在那儿能够购买足以使用 6 个月的肥皂）和崭新的、水平式的供应链管理体系（这使得沃尔玛能够立即把堪萨斯城一家沃尔玛里购物的顾客与中国沿海一家沃尔玛供应商联系起来）相互结合起来。我们现在正处于一个大规模的、全球性的习惯转变的开端，很多人已经进入这一平台，并且学习怎样利用这一平台。这是一个我喜欢称之为水平化（horizontalization）的过程，这也是目前正在发生的使得世界变得平坦化的第二大汇合。这就是我想说的。

计算机最早被当作办公用品时，每个人都期望生产效率会有大的突破，但这并没有立刻发生，相反人们感到的是失望和困惑。著名经济学家罗伯特·索洛（Robert Solow）嘲讽地说，计算机随处可见，但就是在"生产效率的数据"中找不到。

经济史学家保罗·A·大卫（Paul A.David）在 1989 年的论文《计算机和发电机：现代生产率悖论》中，用历史来解释这种滞后现象。他注意到，尽管电灯泡的发明是在 1879 年，但电气化的开始和发挥作用却是几十年后的事情。为什么？因为仅仅是安装电动机和放弃旧技术（蒸汽发动机）并不能代表什么，整个的生产流程都必须改装。大卫指出，就电气化本身而言，关键的技术突破在于怎样重新设计和管理建筑物、生产线。蒸汽时代的工厂一般都是高大的、高成本的多层建筑，为的是能容纳蒸汽动力系统巨大的传送带和别的传送设施。一旦小巧但功力强大的电动机进入生产生活，每个人都希望生产力有快速提高。不过，这是需要时间的。你需要重新设计建筑物，你需要拥有那种长而低的单层厂房，小的电动机足以给各种大小的机器提供动力。只有当大批有经验的工厂设计师、电机师和管理者出现后，这些懂得电机之间互补性、知道如何重新设计厂房和生产线的人员才真正让电气化带动了生产力水平的提高。

今天在世界变平的过程中也发生了同样的事情。令世界变平的 10 大因素中，有很多已经存在很多年，但要让它们的作用得到充分发挥，我们不仅需要将这 10 大因素汇合到一起，而且还需要别的东西。大批的管理者、创新者、咨询师、商业学校、设计者、IT 专家、首席执行官和工人，需要适应和开发各种水平合作形式、价值创造程序以及可以利用这个平坦世界的习惯。简单说来，10 大因素的汇合也把各种商业实践和技能汇合在一起，然后两者开始相互强化对方。

罗默说："当人们问：'为什么 IT 革命没有立刻导致生产力的迅速提高呢？'这是因为你需要的不只是新计算机，你还需要新的商业流程和与之相配套的新技术。新的经营方式让信息技术变得弥足珍贵，而信息技术也让新的经营方式成为可能。"

全球化 2.0 的确是计算机主机时代，一切都是垂直管理——命令和控制式的，公司及其下属部门也是垂直化组织。全球化 3.0 在 10 大变平因素的合力下形成，特别是个人电脑、微处理器、网络和光纤电缆的结合让竞争场地从由上而下的垂直式变为由左至右的水平方式。这自然需要促成新的经营模式，命令和控制要让步于联络和合作。

惠普首席执行官卡莉·费奥里娜（Carly Fiorina）解释说："我们对价值创造的要求已经从垂直命令发展到水平命令。"她说，惠普等公司的创新越来越多地来自全球各地不同部门和团队的水平合作。比如，惠普、思科、诺基亚最近合作开发一种拍照手机，它可以将数字化的图片传送到惠普打印机上，然后很快将照片打印出来。每家公司都掌握有各自领域内的尖端技术，但是只有三家公司都将它们的尖端技术水平结合在一起才能实现增值。费奥里娜补充说："水平合作和管理需要的技术和传统的从上到下的方法完全不同。"

我来举几个例子。过去 5 年中，惠普已经从一个拥有 87 个不同供应链的公司——每个都垂直独立管理，拥有自己的最高管理者和后台支持——发展到一个只需 5 个供应链就可以管理 500 亿美元业务的公司，而且会计、人力资源等职能也是由总部统一掌管。

西南航空公司就是利用这 10 大因素的汇合，创造了一个让顾客可以在家里下载登记登机牌的系统。或者换一种说法，美国西南航空公司知道世界变平了，知道它们可以以新的方式和顾客互动，以便提高其劳动生产率、降低成本。但是，只有在我已经改变了购买机票的习惯，而且能够和美国西南航空公司合作起来之后，这种技术进步才能对我的效率提高有帮助。于是我得让自己改变。我得知道我可以下载并自己打印登机牌，我得了解，这样做了之后，可以提前 65 分钟到达巴尔的摩机场，而不用像以前那样提前 95 分钟。于是，我节约了 30 分钟的时间，提高了自己的效率。Bizhub 的广告反映了懂得使用新式 Bizhub 机器的雇员和同一个办公室中不懂得此项技术的雇员的差别，只有后者也改变了工作习惯，整个办公室的生产效率才能得到提高，虽然这种神奇的新机器在办公室里早已存在。

最后，让我们以全球第二大广告营销通信巨头 WPP 作为例子，20 年前的这家英国公司和今天截然不同。它是业界知名广告公司扬雅（Young & Rubicam）、奥美和 Hill &Knowlton 合并的结果。这种合并是为了满足越来越多大客户的营销需求，比如广告、邮件直达、媒介购买和品牌推广。

WPP 下属的朗涛（Landor）品牌顾问设计公司主管艾伦·亚当森（Allen Adamson）声称："多年来，WPP 面临的巨大挑战一直是如何让它下属的公司开展合作，但现在仅在公司间开展合作已经不够。我们经常为给一家客户提供解决方案从各个下属公司抽调人员组成定制的合作小组。任何一家公司或这些公司的传统合作都无法提供这些常常是个性化的服务。我们不得不深入整个集团，为那家客户选出合适的广告人员、合适的品牌人员和合适的媒体人员。"

当通用电气公司 2003 年决定将保险业务剥离出来、成立独立保险公司时，WPP 就特别组成了一个工作小组来负责从给新公司命名（取名为 Genworth）到首次广告和营销宣传的整体服务。亚当森说："作为这个组织内的领导，你需要分析每个客户的特殊需求，然后在 WPP 的员工中找到适合给他们提供服务的专门人才，进而为客户组建一个虚拟的特别服务公司。在给通用电气公司提供服务时，我们甚至还给专门组建的这个虚拟合作团队起了一个名字：Klamath Communications。"

在世界变平的过程中，WPP 为使收益最大化调整了自己的办公结构和方式，就像电气化初期那些将蒸汽工厂改为电动工厂的企业一样。不过，WPP 不仅推倒了办公室的墙壁，而且还打穿了楼层间的地板。它将下属公司所有的员工看做一个巨大的个人专家库，根据项目的具体需求将他们水平组合成合作团队，这个团队可以成为拥有自己名称的事实上的新公司。

水平性思考适用于从企业到教育到军事计划等的一切过程。从垂直性思考到水平性思考的转换是需要调整的，正如 WPP 所做的那样。因为垂直性思考经常要求你从问谁控制着什么系统开始，而不是从你想创造什么样的产出或者效应开始。比如，假设我是身在伊拉克的一名将军，我想创造的效应就是获得更好的战场适时情报系统。如果这是事实的话，那么我的首要任务并不在于我是否控制了在战场上空盘旋和拍摄航空相片的侦察机。不，我的首要任务是找到一种方式，能够尽可能深入和迅速地分析侦察机发送回来的相片。当这成为我的首要任务的时候，我就开始水平性地思考了。我开始思考如何利用平坦世界的平台，也就是说，我如何利用我自己的网络，或者网络的网络，一旦得到侦察机传来的相片，就将之反馈到 CIA、DIA、NSA、陆军情报机构、空军情报机构的电脑屏幕上，接着把所有的分析师集中到一个聊天室内，让他们键入各自从中所看到的以及各自认为所面临的威胁，由于交谈和视频是同步的，因此我们就能一起来进行分析了。在这种方法下，我远离了垂直性思考，即作为空军的我在导弹仓库中控制着侦察机，因此我的分析师们必须独自对录像进行分析，接着告诉导弹仓库中的我军我们发现了什么。相反，由于我想得到的效应是最及时、最聪明的分析，我为了获得这种效应所使用的方法是把整个网络中不同的节点水平地联结起来。因为我们大家要比我们中的任何一个人更聪明，我的首要任务不是谁控制了录像，而是如何创建一个水平性的反馈系统来提炼出最重要的情报，让我们中的所有人来理解录像到底展示了什么。

新的竞争场地和新的经营模式需要一定时间才能真正联合在一起，目前尚在进展之中。但我也有一个小小的警告，它进展的速度比你想象的要快得多，而且这是一种全球趋势。

记着，这是三重汇合的过程！

第三大汇合

就在我们创造出这个全新的更加水平的竞争场地时，西方的公司和个人很快就适应了这一新事物，而从前一直被排除在外的 30 亿人也突然发现，他们可以自由地加入竞争并和其他人开展合作了。

除了极少的一部分，这 30 亿人之前从未被允许参加过竞争和合作。我指的是中国、印度、俄罗斯、东欧、拉美和中亚国家，它们大多在 20 世纪 90 年代才开始开放，此后这些地方的人民就开始越来越自由地加入自由市场的博弈。这 30 亿人民是什么时候和新的竞争场所、新的工作流程汇合到一起的呢？就在世界被变平后，就在上百万的人可以更加平等和水平地开展竞争和合作时，就在他们可以获得更多廉价工具的时候。的确，世界的变平让这些人不必离开家门就可以加入竞争。10 大因素让竞争场所来到他们面前！

我相信这三股力量的汇合——新的竞争者在新的竞争场地上为水平合作开发新流程和培养新习惯——是影响 20 世纪初全球经济和政治形势最重要的力量。让这么多的人接触所有这些合作工具，让他们可以通过搜索引擎和网络接受数十亿网页的初始信息，这些都确保下一代的创新将来自整个平坦世界。参与各种创造发明的未来全球社区的规模将是前所未有的。

冷战期间，整个世界只有三个主要的贸易集团——北美、西欧、东亚（以日本为首），由于它们是同一战壕里的盟友，因此三者之间的竞争相对有限。而且当时的全球劳动力流动和行业竞争仍面临很多障碍，这三大贸易集团的工资水平、教育水平和劳动力规模都旗鼓相当。英特尔的主席克雷格·巴雷特（Craig Barrett）说："我们曾经拥有温文尔雅的竞争环境。"

然后就开始了三重汇合，柏林墙倒塌了，柏林商业街建成了。忽然之间阻隔在墙外的 30 亿人民走上这个变平了的全球广场。

哈佛大学经济学家理查德·B·弗里曼（Richard B.Freeman）在 2004 年 11 月公布的一项研究报告称，1985 年的"全球经济世界"包括北美、西欧、日本以及拉美、非洲和东亚，这个全球经济世界的总人口（意味着参加国际商贸合作的人口）大约为 25 亿。到 2000 年，由于苏联的解体、印度和中国的市场经济改革，这些国家的人民也加入了国际商贸合作的大军，再加上这段时间世界人口的自然增长，全球经济世界的总人口达到了 60 亿。在经济世界总人口增加的情况下，大约又有 15 亿新工人加入全球劳动力的大军，弗里曼称，这让全球劳动力的总数恰巧达到不计入前苏联、中国和印度时的 2 倍。

也许这 15 亿新劳动力中只有 1/10 的人具备直接参与竞争及合作的教育和沟通能力，但哪怕只是这 10% 的人也已相当于美国劳动力的整体规模。克雷格·巴雷特说："30亿人口的突然加入必然会给全球经济带来巨大的影响，特别是这些人都来自印度、中国、俄罗斯等拥有悠久教育传统的国家。"

这是完全正确的。我们正在与之融合的这些社会都非常推崇教育。看看《教育周报》（*Education Week*）——以美国学校教师们为对象的周报——上的这个故事。在2005年11月30日的该报上，发布了一个关于印度中产阶级的一份特别报告。这份标注着印度的报告是这样开头的："在印度泰米尔纳德邦首府金奈（Chennai）一个随处可见的辅导班中，上百名12年级的学生涌进了一个紫色的房间里，这个房间大概30英尺长25英尺宽。尽管头顶的电扇不停地转动，室内的温度还是达到了100华氏度以上，这里有令人昏昏欲睡的温度。在一个木制讲台上，M·阿鲁塞范（Muthukrishnan Arulselvan）在黑板上画了一个三角形，表明其内部的角度，然后通过麦克风讲解了一个几何学公式。学生们全神贯注地听着，尽管时间已经接近晚上10点了。每当阿鲁塞范问一个问题，学生们就迅速地齐声回答。每当教师写出一个题目，他们就把头埋在笔记本上，咬着铅笔，期望自己能够比其他人更早得到答案。这种高强度的、一周7天的培训班反映了印度高中生们的日常生活，他们希望能够进入金奈当地学校攻读工程学位……当他们回到家里后，大多数人都会喝上一杯浓的甜咖啡，让自己能够再多学习几个小时……在印度，把一个小孩送进工程院或者医学院，对很多中产阶级的家庭而言是一辈子的目标，这种方式是美国人几乎一无所知的。在这个发明了十进位制的国家里，诸如S·拉马努金（Srinivasa Ramanujam）和阿耶波多（Aryabhatta）这种已经逝世很久的数学和科技天才，依然备受尊崇，而在这些领域内学得很好的孩子，将会获得特别的奖励。"

根据国际教育协会（Institute of International Education,IIE）的资料，在2004年和2005年，印度送到美国读大学的学生人数要比世界上其他任何国家都多。根据IIE的资料，在美国入学的外国大学生中有80 466名来自印度，其次是中国的62 523名，再次是韩国的53 358名。这些学生中的大多数正在学习商业、工程、数学或计算机。印度是一个遥远的国度，是一种截然不同的文化，从那么远过来不是一件容易的事情。可见印度学生的求知欲必须很强烈。事实上，来自印度、中国和前苏联的大量的新参与者不仅仅步入了这个平坦世界的竞技场，他们还充满了通过学习来赢得竞争的欲望。我们看到了在诸如印度、中国和前苏联等地区里，被压抑了50年的欲望的疯狂爆发。在这些地区里，50年来年轻人都得到了教育，但是却没有一条出路来充分释放其潜力。试想一下，如果把一个香槟酒瓶摇晃上50年，然后最终打开它。当软木塞被拔出来时，你会看到何等猛烈的爆发。这非常类似于当前印度、中国和前苏联等被压抑欲望的集中爆发。相信你不会试图去阻挡软木塞的运行轨迹。

而这也是为什么三重汇合不会缓慢地发生的原因。它发展得非常迅速。因为一旦世界已经平坦化了，越来越多的人能够进行新形式的合作，胜利者将是那些能够最快地学习习惯、流程和技能的人，而且没有什么能够保证美国人或者西欧人永远地位居前列。请记住，这些新的参与者是一身轻松地进入竞争场地的，也就是说，虽然他们以前远远落后于发达国家，但恰恰是这一点让他们可以直接采纳新技术，不必担心旧体系下的沉没成本问题。他们会很迅速地采用先进技术，这也正是中国的手机用户超过美国的原因。很多中国人已经跳过了使用固定电话的阶段。换句话说，很多中国人在10年时间内完成了从没有电话到持有手机的转变。在2005年春天，我在哈佛大学与人共同讲授一门关于全球化的课程。有一天课后，一个学生找到我并告诉我这个故事：他和他的哈佛同学与中国学生们组成了一个学生组织。他们彼此帮助对方做各种事情，从写简历到参加学习项目。他说，有趣的事情在于他们之间如何交流。他们使用Skype，这是一种基于互联网技术实现免费通话的软件。但是对我而言，更加有趣的事情是中国的学生介绍美国学生使用Skype。而且他指出，那些中国学生中的大多数并非来自大城市，而是来自中国各地的中小城镇。

我们一般都认为，国际货币基金组织、八国集团、世界银行、世界贸易组织以及各种贸易协议才是推动全球经贸合作的因素。我并不否认这些官方机构的作用，但我想说的是，它们的作用正日益淡化。推动未来全球化进程的将是理解平坦世界的个人，他们能迅速适应新世界的程序和技术——不需要国际货币基金组织的任何条约或建议。他们将来自世界的各个角落。

世界经济从此将不再依赖各国财长的深思熟虑，它将更多地由充满活力的"急皮士"（zippies）决定。是的，我们在 20 世纪 60 年代和嬉皮士一起长大，很多人在 80 年代成为雅皮士。现在让我介绍一下"急皮士"。

印度《瞭望》（Outlook）周刊的文章称："急皮士在这里。"急皮士指的是印度在脱离社会主义、直接融入全球贸易和信息变革后第一批成长起来的年轻人。《瞭望》称这些人是"自由主义的孩子"，将他们定义为"生活在城市或郊区，年龄在 15～25 岁，大跨步前进时精神十足的人。属于第 Z 代。可以是从事学习或工作的男性或女性，具有特立独行的态度、雄心和愿望，冷静、自信和富有创造性，寻求挑战、热爱冒险和无所畏惧。"印度的急皮士从不讳言挣钱和花钱。《瞭望》引用一位分析人士的话说，"他们朝着目标前进，不相信命运，性格外向，生活态度积极向上，不愿过一成不变的生活"。54%的印度人都在 25 岁以下，大约有 5.55 亿人，这意味着 60%的印度家庭中都至少有一个潜在的急皮士。这些人不仅迫切需要好的工作，他们还希望过上好日子。

这一切发生得那么快。印度呼叫中心公司 24/7 Customer 的首席执行官和创始人卡纳安告诉我，在过去的 10 年中，他从一开始担心能否得到在美国工作的机会，发展成为为美国提供外包服务的排头兵。他回忆说："我永远不会忘记当初申请美国签证时的情形，那是 1991 年 3 月，我已经从印度国家注册会计师学院获得了注册会计师的本科学位。当时我 23 岁，我女朋友 25 岁，她也是注册会计师。我 20 岁大学毕业后就在塔塔咨询公司工作了几年，我女朋友也是。我们通过一家猎头公司找到了到美国给 IBM 做程序员的工作机会，于是我们就去了孟买的美国领事馆。那时候申请去美国的人很多，很多人常常深夜去排队，为了能占住位置，晚上就睡在地上，有的人还以此赚钱，一个好位置能卖到 20 卢比。但我们决定靠自己，就站在队伍中等，最后终于有机会见到了面试官，他们的工作就是向我们询问问题，借此判断我们是否有移民倾向。他们的判断常常具有某种神秘性，我们过去称之为'博彩'——你的一切都维系在上面。"

事实上在印度有很多书和研讨会专门讨论如何准备美国使馆的工作签证面试。到美国工作在当时是懂技术的印度工程师真正发挥他们才能的唯一方式。卡纳安说："我记得一个技巧就是要着正装，所以我和我女朋友都穿着我们最好的衣服。面试结束后，签证官什么也不会告诉你，你必须等到晚上才能知道结果。整个这一天我们都在痛苦的等待中度过。为了分散注意力，我们就到孟买的大街上去购物。我们在街上走来走去，'如果我能去你不能去该怎么办？要是你能去我不能去呢？'我无法给你形容我们有多着急，因为一切都由此决定，那真是一种煎熬。晚上的时候我们获知，我们两个都拿到了签证，但我拿到的是 5 年期限、允许多次出入的签证，而我女朋友只得到了 6 个月的签证。她哭了，她以为自己只能在美国待 6 个月。我努力给她解释，只要能去就一切都好办了。"

尽管很多印度人现在仍希望来美国工作和学习，但在三重汇合的情况下，他们中的很多人呆在国内就能得到体面的工作和不菲的收入。在一个平坦的世界里，你不必移民就可以创新。卡纳安说："我女儿从不需要那么费力气。在这个平坦的世界中，没有一个签证官能让你排除在这个体系之外……这是一个在任何地方都能平等参与竞争的世界。"因为现在你不必移民就能创新，越来越多的世界级创新，特别是软件方面的，现在都源自在印度当地工作的印度人。这既使得印度人愿意留在国内，又能够吸引其他国家的人。P·阿兰丹（P.Anandan），美籍印度人，是一个过去在雷德蒙德（Redmond）的微软公司工作的软件工程师，他于 2005 年回到印度，开办了位于班加罗尔（Bangalore）的微软研究中心。阿兰丹告诉我说："我有两个外国人为我工作，一个是日本人，一个是美国人，他们能够在世界上任何地方工作。"他补充说，他是在 28 年前在印度获得工程学位的，当时的全部竞争是获得一个海外的工作。现在最激烈的竞争是获得一个印度国内的 IT 工作：今非昔比啊！是的，我不得不留在这儿，但是，我有机会留在这儿吗？

让我给你们介绍印度最有活力的实干家之一——罗杰西·拉奥，他是班加罗尔一家小规模游戏公司 Dhruva Interactive 的创始人和首席执行官。如果要我给你举荐一个能体现三重汇合的人，那肯定就是拉奥。他和他的公司给我们展示了印度急皮士在 10 大因素作用下的变化。

Dhruva 位于班加罗尔居民区一条安静的街道上。我前去拜访时发现在两层楼上办公的印度游戏设计师和艺术家正在电脑上为美国和欧洲客户设计各种游戏和动画人物。他们一边工作一边通过耳机听音乐，偶尔也会在休息时间一起打打网络游戏。Dhruva 开发生产了很多有创意的游戏——从可以在手机上打的网球赛到可以在电脑或笔记本电脑上玩的台球比赛。2004 年，这家公司还购买了将卓别林的形象用于电脑游戏的专利。

没错，一个新兴印度游戏公司现在可以将卓别林的形象用于计算机游戏。在班加罗尔以及后来的电子邮件来往中，我向刚刚 30 出头的拉奥打听他是怎么从班加罗尔成为全球游戏行业的重要一员的。

身材矮小、留着八字胡须的拉奥总让人联想起重量级的拳击手，他说："我的第一个重要时刻是在 20 世纪 90 年代初。虽然我曾在欧洲学习和生活过很长时间，但我的选择是很明确的，我不会离开印度。我希望立足印度，在这里完成能在世界上得到尊重并能给印度带来变化的事情。1995 年 3 月 15 日，我在班加罗尔创立了自己的公司，公司里除了我没有其他人。我父亲给我提供资金让我获得一笔银行贷款，用这笔钱我买了一台电脑和一个 14.4 kbp 的调制解调器，我开始为教育和工业领域开发多媒体应用软件。到 1997 年，我们已经是一个 5 人组成的团队，虽然在业内我们已经小有成就，但仍觉得所做的事情挑战性不足。这就是 Dhruva 1.0 时代的结束。"

"1997 年 3 月，我们和英特尔开展合作，并开始朝游戏公司的方向转变。到 1998 年中期，我们告诉全世界的游戏玩家，Dhruva 既可以设计游戏，也可以开发别人外包的部分游戏。1998 年 11 月 26 日，我们和法国游戏公司 Infogrames 签署了第一个重要的游戏开发项目。虽然我们做了很多工作，但成果却从未被发表过。这对我们是个巨大打击，不过我们的工作质量也由此得以展现，所以我们存活了下来。这件事给我们的教训是：我们可以做这些，但是必须变得聪明一些。我们必须重新定位，这是 Dhruva 2.0 时代的结束。"

这就导致 Dhruva 3.0 时代的开始——将 Dhruva 定位为一个游戏开发服务供应商。电子游戏产业已具备相当规模，每年的收入甚至超过了好莱坞，这一产业很早就有将游戏人物的设计外包到加拿大和澳大利亚等国的传统。拉奥说："2001 年 3 月，我们推出了新的游戏样品'沙龙'（Saloon），其主题是反映美国的荒凉西部，背景是在一个小城镇的沙龙里，打烊后招待员在打扫卫生……我们之前从未见过真正的沙龙，但是我们使用网络和 Google 查看和感受真正的沙龙。我们对主题的选择是经过深思熟虑的，因为我们希望美国和欧洲的潜在客户相信印度人能'做好这一切'。这一游戏样品获得一致好评，它给我们带来了很多外包业务，我们从此成为一个成功的公司。"

如果是在 10 年前、在世界变平之前，他能做到这一切吗？

拉奥说："不能。" 很多条件需要同时具备。第一就是宽带的普及必须达到一定程度，这样他就能通过电子邮件给美国客户发送游戏内容和使用方法，同时也可以收到他们的反馈。第二个条件就是个人电脑在企业和家庭中的推广，人们要习惯于用电脑完成一系列的任务。他说："个人电脑无处不在，今天的印度也是如此。"第三个条件是工作流软件和网络应用软件的出现，比如 Windows, Outlook, NetMeeting 和 3D Studio Max，它们让 Dhruva 有望成为一个小型跨国公司。不过 Google 的出现是至关重要的。拉奥说："这是十分美妙的。对于我们的西方客户来说，他们很想了解的问题是，'你们印度人能懂得我们文化中的细微差别吗？'很大程度上讲，这种疑惑不无道理。但是网络的出现让我们只需触动按钮就能把不同的内容综合到一起，今天如果有人让你制作看起来像《猫和老鼠》之类的东西，你可以'Google 《猫和老鼠》'，然后你就可以获得关于《猫和老鼠》的无数图片、信息、评论和吹捧文章。"

拉奥解释说，就在人们将注意力集中在网络经济的发展上时，真正的变革却在悄然发生：世界各地的人们都开始使用新的基础设施。他说："我们开始感受到使用这些设施的效率。当越来越多的人开始无纸化办公并不再担心空间距离的远近时，我们就可以更多地改进这些基础设施了……这将让世界发生很大的改变。"

而且，如果不是因为公开源免费软件的存在，印度新创业的游戏公司根本没有财力购买这些软件程序。拉奥说："要不是因为 21 世纪初出现了大量免费软件和共享软件，软件工具的成本将由有关利益方决定。若不是因为很多免费软件、共享软件具备和微软 Windows, Office, 3D Studio Max, Adobe Photoshop 一样的竞争力，这些程序的定价都会比现在高很多。网络给我们这样的小公司带来了很多选择……游戏产业中已经有很多艺术家和设计师选择在家中办公，这在几年前都是不可想象的，因为开发游戏毕竟是一个互动的过程。他们使用 VPN（虚拟私人网络）进入公司的内部系统，这样就跟坐在工作间里办公没有差别。"

拉奥补充说："网络让整个世界变得像一个市场。这种基础设施让我们可以从最合适的地方以最合理的价位获得最佳质量的产品，而且还可以让人们分享大量的知识和实践，这是前所未有的。这对于整个世界也是很有好处的。经济发展将推动一体化，一体化也将推动经济增长。"

拉奥认为，美国没有理由不从中获益。Dhruva 正在印度国内引导电脑游戏产业的发展，等印度市场开始将电脑游戏作为主流的社会活动时，已经立住脚跟的 Dhruva 就会从中获益。但是到那个时候，这个市场"就会变得很大，很多国外的厂商也可以加入进来。美国人在获知游戏产业的发展趋势和产品设计方面一直处于领先地位——他们肯定抢先进入我们的市场，所以这是一个双赢的事情……一旦打开了这个市场，那些（从美国的角度看）因为外包失去的机会和财富将以 10 倍的收益返还到你们的手中……印度赚取的美元将会给它带来繁荣，极大地推动印度个人消费的发展，这意味着任何全球公司都可以在这里销售它们的产品。记住，我们拥有 3 亿中产阶级，这比美国或整个欧洲的规模都大"。

印度现在的确有很多会讲英语且受过良好教育的高级人才，他们乐于进取、服务意识也很强，但薪酬却一点也不高。拉奥说："我们的确正在引导所谓的服务外包潮流，但我相信，这无疑只是个开端。如果印度人认为他们已经可以决定一切，那就大错特错了，因为东欧正在觉醒，中国也在极力发展服务业。我的意思是，今天你从世界的任何地方都可以获得好的产品和服务，因为平坦的世界正在运行新的基础设施。当不同行业的人们都能充分利用新的基础设施时，你将看到大的飞跃。5~7 年之后，我们将看到很多英语讲得很棒的中国学生陆续走出大学校园。而波兰和匈牙利等东欧国家不仅在地理位置上接近西欧，在文化方面也是如此。所以，尽管印度现在还处于较为领先的位置，它若想保住位次就必须努力工作，它必须永不停息地改进和再改进。"

拉奥和他那一代印度人拥有的理想很值得美国人关注，这一点我将在以后的部分详细阐述。

拉奥说:"我们不能放松。我来自印度。印度过去在科技和商业水平上和美国差距很大。但是,一旦我们拥有了可以让世界变小的基础设施,我们立刻最大限度地利用它们。这时候我们忽然发现有很多事情可以做,今天我们看到的正是这一切的结果……没有时间休息了。有很多人正在做和你一样的事情,他们还想努力超过你。这就像碟子里的水一样,你摇晃它的时候,它会找到最小阻力的路径。很多工作机会也是如此——它们将流向具备最小阻力和最多机遇的地方。假设在马里的廷巴克图(Timbuktu)有一个技术人员,倘若他知道怎样和世界其他地方建立联系,他就能很容易地找到工作机会。你可以制作一个网站、拥有一个电子邮箱,如果你还能用这些基础设施展示自己的工作,如果人们很愿意将工作交给你,而你勤勤恳恳又没有不良交易记录,你就能在行业内立稳脚跟。"

拉奥说,美国人和西欧人不应该抱怨外包,"你们应当提高对自身的要求,做更有价值的事情。20世纪,美国人一直在引导创新,那时候我们从未见美国人抱怨过。我们一直将他们视为领导者,我们已经从美国人那里学到了很多东西。我们学会了在推销自己的时候咄咄逼人,这在过去是不可想象的,因为我们以前受英国文化的影响很大"。

我的大脑一片混乱。在和拉奥告别之前我问他,总体而言,你想表达什么意思?

"我的意思是,现在发生的只是冰山一角……真正必要的是让每个人都认识到,人们开展商务活动的方式已经发生了根本性的变化。每个人都必须提高自己,具备竞争能力。看,Dhruva刚刚从斯里兰卡厂商那里定制了作为赠品的棒球帽。"

"没有从班加罗尔的工厂定制吗?"我问道。

拉奥说:"没有。尽管班加罗尔是印度重要的服装出口中心之一,但在给我们报价的三四家制帽厂商中,斯里兰卡厂商提供的产品是最质优价廉的,我们对这笔交易很满意。这种状况还将不断优化,如果你感受到了印度人的无限能量,那是因为我们一直是被欺压者,我们有动力不断前进……印度将成为一个超级大国,我们将成为统治者。"

"统治谁呢?"我问道。

拉奥也被自己选择的这个词逗乐了。他说："印度不是要统治任何人，这是关键，不会再有那样的统治者了。现在是要让你为自己创造一个好机会，要把握这个机会，并且为自己不停创造更多的新机会。我认为时至今日，这种'统治'应该是和效率有关的，它是关于合作、竞争力以及如何做好博弈者的……世界现在就是一个足球场，你必须在球队中做到出类拔萃。如果你还不够优秀，那你最好坐在那里看比赛。就是这些。"

汉语中 Zippies 怎么说

就像 10 年前的班加罗尔一样，在今天的北京最容易找到急皮士的地方就是美国大使馆的签证处。2004 年夏天的北京，我发现申请到美国学习或工作的中国学生甚至还在网上开设了专门的聊天室，他们相互交流申请签证的经验和心得，比如对某某签证官要说某段话才奏效。他们甚至还给美国外交官起了外号，比如"亚马逊女神"（也代指高大强壮的女人）、"秃顶大高个儿"和"帅哥"。美国驻华使馆的官员告诉我，一名新上任的签证官在第一天工作时，面试所有学生得到的回答都完全一样，因为他们都听从了聊天室的建议——"我去美国是想成为一位知名教授"。在听了一整天这样的回答后，这名签证官在第二天很惊讶地听到了这样的回答："我母亲失去了一条腿，她虽然安了假肢，但我希望到美国学会给她安个更好的假肢。"这名签证官很高兴能听到不同的回答，他对这个男孩子说："这是我一天中听到的最好的故事，我真的很崇拜你，我会给你签证的。"你可以猜到这一点。第二天，数十名学生依次出现在这名签证官面前时，他们的回答都是要到美国给母亲安更好的假肢。

在跟美国驻华使馆的官员交谈时，我很快认识到，他们给这些学生发放签证时的感觉实际是很复杂的。一方面，他们很高兴看到有这么多中国人希望到美国学习和工作，另一方面，他们也想警醒自己的孩子：你们认识到将要面临的挑战了吗？你们知道竞争场所已被夷为平地且门户大开了吗？正如一位美国驻华使馆的官员所说的那样："中国正在发生的事情也是过去几十年亚洲其他地方一直在发生的事情——科技的繁荣和当地人民旺盛的精力。

过去我在其他地方见过这种情形，现在中国也在发生这些变化。"

2004 年春天，我去了耶鲁大学，当我在埃利·耶鲁的雕像附近散步时，两个讲汉语的旅行团从旁边走过，旅行团中各个年龄阶段的游客都有。中国人已经开始组团环游世界了，随着中国社会的进一步开放，中国游客很可能将改变整个世界的旅游产业。

但是，中国人参观耶鲁并不仅仅是为了表示艳羡。我们可以看一看耶鲁大学的数据：1985 年秋季毕业班只有 71 名研究生和本科生是中国人，1 名是苏联人；2003 年秋季毕业班就已经有 297 名中国毕业生和 23 名俄罗斯毕业生了；耶鲁大学留学生的总数从 1985 年秋季毕业班的 836 名增加到 2003 年秋季的 1 775 名；中国高中毕业生申请到耶鲁读本科的人数也从 2001 年毕业班的 40 人增加到 2003 年毕业班的 276 人，俄罗斯则是从 18 人增加到 30 人。

1999 年，来自中国成都的女孩刘亦婷获得了哈佛大学的全额奖学金。她的父母将培养女儿进哈佛读书的过程写成了一本书《哈佛女孩刘亦婷》，书中提供了"已被科学地加以验证的方法"。这本书在中国十分畅销，2003 年已销售 300 万册。此后，中国书市又出现了类似的书籍，告诉你如何让孩子进入哥伦比亚、牛津或剑桥读书。

虽然很多中国人都渴望能到哈佛或耶鲁读书，但他们也在努力建设国内大学。2004 年，我应邀出席圣路易斯州华盛顿大学的 150 周年校庆并发表演讲，这所学校一直以理工科见长。仪式开始前，我和该校校长马克·赖顿（Mark Wrighton）一起聊天。他提到，2001 年春天他曾（与美国及其他国家的学术界精英一起）接受邀请到中国最好的大学之一——清华大学参加其 90 周年校庆。他说，这个邀请一开始让他摸不着头脑：为什么会有大学庆祝 90 周年校庆——而不是百年校庆呢？

赖顿自己想，"也许这是中国的传统？"然而当他到清华大学时，他就知道答案了。他们邀请了全世界大约 1 万多名学术精英参加仪式，目的就是要宣布"清华大学要在百年校庆的时候进入全球顶尖大学之列"。赖顿后来在电子邮件中给我解释，"这一庆祝活动还邀请了中国国家领导人和北京市市长，每个人都相信，政府对清华大学进行的投资将是富有成效的。清华大学已经是中国最好的理工院校，他们设立这个 10 年目标的动机是很明显的——推动中国的科技创新"。

就在中国取得成功的时候，微软主席比尔·盖茨对我说，"出生决定命运" (ovarian lottery)的规则已经发生改变，正如地理位置和个人才能的关系也发生了改变一样。他说，30 年前，如果你可以选择做孟买或上海郊外的天才或是做纽约州波基普西市（Poughkeepsie）的普通人，你可能会选择波·基普西市，因为在这里你可以有更多机会过体面的生活，即使你才能平平。盖茨说，随着世界的变平，很多人可以在世界的任何地方享受公平的机会，个人才能的重要性开始超过地理位置。他说："现在，我宁愿做出生在中国的天才，也不愿做出生在波基普西市的普通人。"

这就是柏林墙变成柏林商业街后发生的情形，30 亿人带着用于开展合作的新式工具汇合到一起。盖茨说："我们现在可以开发和利用的人力资源是过去的 5 倍。"

来自俄罗斯的爱

虽然我没有机会为这本书专门访问俄罗斯和采访俄罗斯的急皮士，但我也尽了最大努力。我让我的朋友托马斯·皮克林（Thomas R.Pickering）——美国驻莫斯科前任大使，现任波音公司负责跨国合作的副总裁——给我解释我听说的一件事：波音公司聘用曾在前苏联米高扬设计局工作过的俄罗斯工程技术人员帮助设计下一代客机。

皮克林给我讲述了下面这个故事。从 1991 年起，波音公司就开始将一些工作交给俄罗斯的科学家来做，为的是利用他们在空气动力学和航空合金材料方面的专长。今天，波音公司已经有 400 位俄罗斯籍科学家，他们负责一系列复杂的科学和数学问题。1998 年，波音公司直接在莫斯科设立了航空工程设计办事处，这家办事处位于麦当劳公司在莫斯科建的 12 层大楼上。值得一提的是，这座大楼是麦当劳公司在苏联解体前用卖巨无霸赚得的卢布建成的——麦当劳公司曾承诺不将这些钱带出这个国家。

皮克林说："7 年后，波音公司已经聘用了 800 名俄罗斯科技人员，我们还打算将这一数字增加到 1 000 人，也许还会是 1 500 人。"他解释说，波音公司和不同的俄罗斯航空公司签署协议，这些公司在冷战期间一直以制造战机出名，比如伊留申、图波列夫和苏霍伊，他们为波音公司不同的项目提供专门服务。法国生产的飞机设计软件让这些俄罗斯工程师可以和他们在美国的同事合作开发计算机辅助飞机设计。

波音公司已经建立了 24 小时工作制，这包括在莫斯科的 2 个轮班和在美国的一个轮班。皮克林说："光纤电缆、先进的压缩技术和航空工作流软件让他们可以将设计从莫斯科发到美国。"波音公司在莫斯科办事处的每层楼上都装有视频会议设施，所以莫斯科的工程师如果有问题需要和美国同事商讨，他们可以进行面对面的交谈，不必依赖电子邮件。

过去波音公司将飞机设计工作外包到莫斯科是一种实验，是一种副业；但在美国如今缺少航空工程师的情况下，这就成了一种必要。正是因为波音公司将这些低工资成本的俄罗斯工程师和高成本的美国设计团队结合了起来，波音公司才可以和它的竞争对手——空中客车旗鼓相当，后者得到了欧洲政府的大量补贴，并且也聘用了很多俄罗斯工程师。美国航空设计师每小时的工资成本是 120 美元，而俄罗斯工程师的薪酬却只是其 1/3。

但是接受外包的人也可以是外包者。俄罗斯工程师已经将波音公司交给的工作部分外包给了在班加罗尔的印度斯坦航空公司，这家公司负责将飞机设计数字化，让飞机的投入生产变得更容易。皮克林解释说，过去的时候波音公司会对它的日本分包商说："我们将波音 777 机翼的设计图交给你们，由你们负责生产，然后你们要从我们这里购买整架飞机，这是双赢。"

今天，波音公司会对日本三菱公司说："这是新型 7E7 飞机机翼的参数，你不仅要设计出成品，还要负责生产。"但是日本工程师的工资成本是很高的。结果怎样呢？三菱公司将 7E7 的机翼设计外包给负责设计 7E7 其他部分的俄罗斯设计师。与此同时，一些俄罗斯的工程师和科学家还设立了自己的公司，波音公司正在考虑购买这些公司的股票。

所有这些外包都是为了让飞机的设计和制造变得廉价而迅速，这样波音公司就可以将资金用于开发新一代飞机并迎接空中客车的挑战。在三重汇合的条件下，波音公司现在只需 11 天的时间就可生产出一架波音 737，而几年前它们还需要 28 天的时间。波音公司只需 3 天时间就能开发出新一代飞机，因为所有的零件都由计算机设计组装，而且波音的全球供应链也让它可以及时将零部件从一家工厂转移到另一家工厂。

为了在零部件和其他供应上获得最好的交易，波音公司现在定期进行"逆向拍卖"（reverse auctions），供货商要相互不断压价而不是提价。他们竞标的对象包括很多，从波音工厂洗手间使用的卫生纸到库存的商品零件。波音公司会在特定时间在专门设计的网站上宣布拍卖，它会首先给出自己认为公平合理的价位，然后在线观察参与拍卖的供应商的所有报价。竞标者事先都是由波音公司审批过的，每一方都可以在网上看到其他方的报价。

皮克林说："你真的可以看到市场竞争的压力，就像看一场赛马比赛一样。"

另一版本的三重汇合

我曾听比尔·布拉德利讲过美国一个上层妇女第一次从波士顿去旧金山的故事，她回到自己家中后，一位朋友问她对旧金山的感受如何，她回答说："不是非常喜欢那里，那儿离海太远了。"

一个人头脑中已有的观念和倾向对他看待事物的方式影响很大，这可以解释为什么很多人会错过三重汇合。尽管一切都在他们眼前发生，但他们的头脑却在别处。而3件其他的事情恰巧也汇合到了一起，它们制造了这种烟幕弹。

第一个就是开始于2001年3月的网络泡沫破裂。就像我以前说过的那样，很多人错误地将网络繁荣等同于全球化，所以当网络泡沫破裂时，很多网络公司以及它们的支持者都破产了，这些人就以为全球化也破灭了。dogfood.com和10个类似网站[承诺在30分钟内将10磅（1磅＝0.454千克）狗食送到你门口]的突然破灭都证明全球化和IT革命是华而不实的东西。

这纯粹是很愚蠢的想法。那些认为全球化等同于网络繁荣，网络泡沫的破灭标志着全球化结束的想法实在是大错特错。再者说，网络泡沫的破灭实际还推动了全球化转变为超级模式，因为公司为了节省有限的资本不得不采用外包和离岸经营的方式。这为全球化3.0时代的到来奠定了基础。从网络泡沫破裂到今天，Google 从每天处理大约 1 亿条搜索发展为今天大约 2.5 亿条搜索，其中只有 1/3 的搜索发生在美国，其余都发生在世界的其他地方。随着电子港湾拍卖模式的全球化，它从 2000 年初的 1 200 名雇员发展到 2004 年的 6 300 名雇员。这些都发生在全球化被认为已经"结束"的时候。美国尼尔森互联网评级公司提供的数字显示，在 2000～2004 年间，全球因特网的使用率也增长了 125%，其中非洲增长 186%，拉美增长 209%，欧洲增长 124%，北美增长 105%。

除了网络泡沫的破裂外，还有两大因素让人们看不到三重汇合。最重要的因素就是"9·11"，这对美国政体形成了很大的打击，随之而来就是出兵阿富汗和伊拉克，在战争的浓烟和网络电视上喋喋不休的辩论中，三重汇合自然很容易被人们忽略。还有就是安然公司治理丑闻和后来的泰科、世通事件，这些都让公司首席执行官和布什政府无处藏身。尽管首席执行官们在被证明无罪之前都被认定是有罪的，但一向偏向大企业的布什政府也变得小心谨慎，不敢在公众面前表现对大企业的过度关心。2004 年春，我见到了美国一家大科技公司的主管，他到华盛顿是为了游说政府给国家自然科学基金会提供更多的联邦基金，进而帮助美国工业建立更为坚实的基础。我问他政府为什么不召集首席执行官们召开会议以显示对这件事情的重视，他摇了摇头，只说了一个词——"安然"。

造成的结果是：就在世界变平的过程中，三重汇合也在重新塑造全球整体的经营环境，要求我们和其他西方发达国家的社会做出很多重要的调整，可是美国的政客们不仅没有告诉公众这一点，反而还混淆视听。在 2004 年的美国大选中，民主党辩论《北美自由贸易协定》是否有利于美国，布什政府赶紧封住了白宫总统经济顾问委员会主席 N·格里高利·曼昆的嘴。这是因为著有畅销经济学教材的曼昆曾经大胆地对外包表示赞同，称外包是"对亚当·斯密以来经济学家们都十分赞同的'贸易能使双方受益'观点的最新证明……这是国际贸易的新方式"。曼昆的言论引发了一场新的竞赛，看谁能做出最可笑的回应。获胜者是白宫发言人丹尼斯·汉斯德，他说曼昆的理论"经不起经济学最基本的检验"。丹尼斯，你所说的这种检验是什么呢？可怜的曼昆从此就很少出头露面了。

因为所有这些原因，多数人错过了三重汇合。现在的确在发生很重大的变化，但在美国和欧洲并非所有人都注意到了这些变化。2004年初我造访印度之前，我也忽略了这一点，尽管我曾得到一些暗示，知道一些重大的事情正在酝酿。这些年来，我所知的最有思想的商业领袖之一就是索尼公司的主席出井伸之（Nobuyuki Idei）。只要他一说话，我就聚精会神地去听。2004年我们见过两次面，每次他那带有浓重日语口音的英语都给我留下了深刻的印象。出井伸之说，我们这个商务科技世界正在发生重大变化，有一天人们会说这种变化"就像流星撞地球导致所有恐龙灭绝一样"。很幸运的是，处于全球科技前沿的企业知道现在正在发生变化，而且像西南航空这样全球最好的公司正悄无声息地适应这些变化，以防止自己成为灭绝的恐龙。

刚开始写这本书的时候，我有时感觉自己就像是在佛罗里达州迪斯尼世界的"迷离境界"（Twilight Zone），我会四处采访美国和其他国家大公司的首席执行官和技术人员，他们会以自己的方式给我描述三重汇合的事例。但是正因为我在上面解释的原因，他们中的大多数并没有将这些告诉公众或政治家。他们要么精力太过于分散，要么太关注自己的事业，要么是没有这样的胆量。他们都知道这个秘密——但没有人想把这个告诉孩子们。

这就是没有人愿意告诉你的事实：在三重汇合的作用下，这个全新的平坦世界平台，已经开始摧毁我们的围墙、天花板和地板。也就是说，世界通过光缆、互联网和工作流软件等的联结，已经摧毁了妨碍合作的围墙。人们从来没有想到他们能一起工作，人们从未想到的工作会在国家之间流动，现在很多传统的高墙已经消失了。相同的平台也已经掀去了我们的天花板。人们从来没有想到能够把他们自己的意见上传到博客，或者上传一种新的政治视野，或者上传一部百科全书，或者上传一种新的软件。人们突然发现，作为个体，他们能够对世界产生全球性冲击。随着传统天花板的消失，人们就能够向上突破，以之前想象不到的方式获得成功。接着，地板最后也消失了。由于搜索行业的兴起，人们现在能够寻根究底，搜索到事实、引文、历史，以及从未谋面的陌生人的个人数据。阻碍我们深入挖掘过去或现在任何事物或任何个人的传统的坚硬的水泥地板已经消失了。

的确，这些围墙、天花板和地板是在一段时间内逐渐消失的。平坦化起源于 20 世纪 80 年代后半期，但是在三重汇合的作用下，平坦化已经到达一个关键的集中阶段，它涉及如此众多的人物和地点。

因此让我留给你以下思考：你还记得商业媒体过去 20 年中一直在吹捧的 "IT 革命" 吗？对不起，那只是序曲。过去的 20 年只是在铸造、磨砺和分发所有用于合作和联系的新式工具。现在真正的 IT 革命即将开始——就在这些工具的补充物也开始汇合在一起的时候。能够拨开迷雾、确切地给这个时刻下定义的是惠普公司的卡莉·费奥里娜，她在 2004 年时就在公共演讲中宣称，网络的繁荣和萧条只是 "开始的结束"，过去 25 年对于科技领域来说只是 "热身行为"，现在我们将进入主要阶段，"我所谓的主要阶段指的是科技可以改变商业、生活和社会每一方面的时代。"

第四章

大 整 顿

当世界开始从垂直的价值创造模式（命令和控制）向日益水平的价值创造模式（联系与合作）转变，当我们同时驱散那一道道"围墙、天花板和地板"，人们立刻发现他们面临着许多纷纭复杂的变化。但这些变化不只是影响商业运作的方式。变化会影响下列许多方面：个人、团体和公司的组织方式，公司和团体的兴亡，个人如何扮演好其作为消费者、雇员、股东和市民的不同角色，人们如何看待自己的政治地位，以及政府在这一变迁中发挥何种管理作用。这一切不会在一夜之间发生，但随着时间推移，我们对在圆形的世界所习惯了的各种角色、习惯、政治地位和管理实践不得不进行深入调整，以适应平坦的时代。一句话，随着 2000 年前后出现的三重汇合，我们将亲历我命名为"大整顿"（the great sorting out）的时刻。

我和哈佛大学著名的政治理论家迈克尔·桑德尔(Michael J. Sandel)交谈后开始考虑大整顿的问题。桑德尔说的话让我大吃一惊，他说我描述的世界变平过程实际最早在马克思和恩格斯 1848 年的《共产党宣言》中就已提到，只不过我们今天看到的世界的变小、变平和马克思当年的情形存在程度的不同。马克思在他关于资本主义的论著中强调了同样的历史趋势，科技和资本排除了全球商业发展道路上所有的障碍、边界、摩擦和限制。

桑德尔解释说："世界将成为不受各国边界限制的全球市场——马克思是最早预见这一点的人物之一。马克思是资本主义最猛烈的抨击者，然而他也很欣赏资本主义跨越障碍、创造全球生产和消费体系的能力。在《共产党宣言》中，他将资本主义描述为可以瓦解一切封建、宗教和民族实体的力量，认为它将导致市场力量统治下的全球文明。马克思认为，资本主义的产生是不可避免的，而且也是合乎需要的，因为一旦资本主义消除了民族和宗教的障碍，资本和劳动的斗争就会凸显，全世界的工人将会团结起来反抗压迫，在去除了爱国主义和宗教因素的干扰后，他们会认清所受的剥削，并起来反抗。"

的确，今天当我阅读《共产党宣言》时，我十分惊异地发现马克思曾那么敏锐地刻画了在工业革命期间令世界变平的因素，而且他还预见了这些因素令世界不断变平的方式。在《共产党宣言》中，马克思和恩格斯这样写道：

> 一切固定的古老的关系以及与之相适应的素被尊崇的观念和见解都被消除了，一切新形成的关系等不到固定下来就陈旧了。一切固定的东西都烟消云散了，一切神圣的东西都被亵渎了。人们终于不得不用冷静的眼光来看他们的生活地位、他们的相互关系。

> 不断扩大产品销路的需要，驱使资产阶级奔走于全球各地。它必须到处落户，到处创业，到处建立联系。

> 资产阶级，由于开拓了世界市场，使一切国家的生产和消费都成为世界性的了。不管反动派怎样惋惜，资产阶级还是挖掉了工业脚下的民族基础。古老的民族工业被消灭了，并且每天都还在被消灭。它们被新的工业排挤掉了，新的工业的建立已经成为一切文明民族的生命攸关的问题；这些工业所加工的，已经不是本地的原料，而是来自极其遥远的地区的原料；它们的产品不仅供本国消费，而且同时供世界各地消费。旧的、靠本国产品来满足的需要，被新的、要靠极其遥远的国家和地区的产品来满足的需要所代替了。过去那种地方的和民族的自给自足和闭关自守状态，被各民族的各方面的互相往来和各方面的互相依赖所代替了。物质的生产是如此，精神的生产也是如此。各民族的精神产品成了公共的财产。民族的片面性和局限性日益成为不可能，于是由多个民族的和地方的文学形成了一种世界的文学。

> 资产阶级，由于一切生产工具的迅速改进，由于交通的极其便利，

把一切民族甚至最野蛮的民族都卷到文明中来了。它的商品的低廉价格，是它用来摧毁一切万里长城、征服野蛮人最顽强的仇外心理的重炮。它迫使一切民族——如果它们不想灭亡的话——采用资产阶级的生产方式；它迫使他们在自己那里推行所谓文明，即变成资产者。一句话，它按照自己的面貌为自己创造出一个世界。

很难相信，马克思在 1848 年发表了这些论断。在提到《共产党宣言》时，桑德尔对我说："你所说的和马克思预言的十分类似。你说的是，信息技术的发展让企业将低效和摩擦排除在市场和经营之外。这就是你对'平坦'的定义，但平坦的、无摩擦的世界却是把双刃剑。就像你所说的那样，它可能会对全球的商业发展有利，或者像马克思所说的那样，对无产阶级革命有利。但是，它也可能给一些有特色的地方和社团构成威胁。从资本主义的萌芽阶段开始，人们就把这个世界想象成一个完美的市场——不受地方保护主义、法律和语言文化差异及意识形态差别的阻碍。但是想象中的美好却总是被现实所打破，这个世界到处都是制造摩擦和低效的地方，尽管有些低效的确是应该极力避免和消除的，但也有些低效的来源却是人们十分珍视的机构、习惯、文化和传统，它们反映了社会凝聚力、宗教信仰和国家荣誉等非市场价值。如果全球市场和新的通信技术抹去了这些差异，我们可能就会失去一些真正重要的东西。这就是为什么关于资本主义的辩论从一开始起就是围绕哪些摩擦、障碍和国界只是无用和低效的根源，哪些是属于我们应该努力保护的身分和属性的根源。从电报到网络，每种新的通信技术都有望缩小人与人之间的距离，增加获取信息的方式，并且让我们更接近完全高效、无摩擦的全球市场。而且，每次这个问题都会被很迫切地提上日程：我们应该在多大程度上减少低效情况的发生？我们应该在多大程度上保护全球市场不能提供的价值观？一些摩擦的来源的确值得保护，特别是在全球经济已威胁其存在的情况下。"

当然，最大的摩擦来源一直是民族国家，它们有界定清晰的国界和法律。民族国家传统上提供把我们的生活组织起来的"围墙、天花板和地板"。国界是我们应该希望保留或者能保留在平坦世界的摩擦来源吗？那些限制信息、知识产权和资本自由流动的法律障碍，例如版权、工人保护、最低工资呢？在三重汇合的情况下，令世界变平的因素对摩擦和障碍消除得越多，它们给民族国家、特定文化、价值观、国民特性、民主传统以及过去为工人和团体提供保护和缓冲的约束合同构成的挑战就越大。为了更加容易地开展合作，我们应该保留哪些东西呢？

当然，构成我们经济和政治生活的那些"围墙、天花板和地板"仍然会存在，它们不会在一夜之间就消失。但是，它们正在消失。对于那些几十年来一直墨守陈规，而且难以适应转型的的行业来说，这种变化会带来很大的冲击。以我所在的新闻行业来说，平坦的世界给我们带来了很大变化。由于Google 的出现，传统的平面媒体不再能够垄断分类广告，由于博客的出现，我们不再能垄断社论和新闻报道，由于互联网的出现，我们也不再能垄断发行。互联网给报纸行业带来了翻天覆地的变化，但是能够适应这些变化的生存之道，在平坦世界中报纸的商业模式，仍然没有出现。

或者，看看房地产行业，以及我们如今如何买卖房子。2006 年 5 月 8 日，《今日美国》有一篇报道谈到："房地产经纪人已经不能再垄断房屋信息了。买家和卖家通过 800 多个地区性的房地产供求网，可以很快进行房屋的买卖。他们可以找到全国范围内新开工的房子或待出租的房子，他们可以看到房子的照片、社区的照片。他们可以搜索社区小学以及对每个城镇的介绍。他们可以在网上论坛中提问题并得到回答。而这些都是免费的。维尔帕瑞索·麦克科利（Valparaiso McColly）房地产公司的经纪人 Art Raby 说，'互联网所做的是过去的保护消费者权益的积极分子想都不敢想的。互联网拉近了顾客和房地产专家的距离，而且使得消费者不再像过去那样依赖房地产专家。'全国房屋交易商协会的统计表明，1995 年，只有 2%的买家通过互联网找房子。去年，77%的房屋交易是通过网上进行的。"

我们都愿意在网上读报纸吗？不会是所有的人。我们都会在网上买房子吗？也不会是所有的人。但是，随着越来越多的人这样做，曾经保护过报纸和房地产业的"围墙、天花板和地板"就会被拆开，或是根据平坦的世界重新组装。

一家叫"周一早晨"的北欧独立思想库找到了描述我们正在经历的这场

大融合的最贴切的方式。"通过加速，我们已经从工业社会，经历知识社会，到达了现在的分散社会"，最后，我们会到达"新的全球合作社会"，老的权力结构和经验会被新的市场力量和价值观提出挑战。

有人会因为这种分化感到振奋和自由。他们会得到更多的机会，用一整套新的工具，在各方面扩展、深挖、高飞、重建。但是也有人会觉得恐惧，感觉他们正在做自由落体运动，没有可依靠的，没有可支撑的。人类学家和历史学家告诉我们，急剧的社会变化往往带来巨大的破坏。没有人会知道，三大整顿会对社会带来什么样的冲击。但是它已经令人感到紧张。过去的边界，那些"围墙、天花板和地板"不存在了，可我们不知道什么能替代它们。但我们知道，我们是人类，人类是需要"围墙、天花板和地板"的：我们需要达成共识的行为准则和商业规则。我们需要就如何建立权威、如何建设社区、如何工作、如何保护产权、如何决定谁是可以信任的，达成共识。

这些规则和标准会从何而来呢？开放代码运动的支持者告诉我们，互联网会确立规则。从某种意义上讲，这是对的。比如 eBay 社区是一个虚拟的市场，没有"围墙、天花板或地板"，它仍采用了一套规范的体制，为诚实交易互相奖励星星，为使用者提供了信息反馈的机会，使每个人的交易历史对社区的每个人来说都变得透明，结果建立起一种框架，鼓励从社区大量涌现的良好行为，并一直得到维护。但开放资源运动的倡导者说总是能够依靠"网络"来建立新规范时，这就有点言过其实了。毕竟，基地组织是一个网络，而它所提倡的价值很少增进和平、宁静以及世界一致。网络也能以空前的速度传播流言蜚语，并且不总是立即得到更正。回想在网上维基百科传播的关于 John Seigenthaler Sr. 参与暗杀所散发的毒害。有个谣言说犹太教徒被警告在 9 月 11 日上午不要去世贸中心上班，这一大谎言开始在穆斯林世界的某个地方出现，并像野火一样在网络上迅速传播，拆穿其假面具的无数新闻报道都不能根除这一谣言。我相信，这主要是由于网络社区的多样性。我怀疑，散布谎言——犹太教徒被警告不要在 9 月 11 日去上班——的网络是高度同质的网络，主要由思想类似的人们组成，他们想让别人相信他们所传播的谎言，并且在没有其他观点并存的情况下公布自己的观点。在平坦的世界中，这是许多网络的真实情况。

由此，在将来限定我们的"天花板、围墙和地板"将会呈现混合模式。也就是说，传统的国家、政府、公司和新闻机构必须与新兴的网络、虚拟社区和公司合作来逐渐制定出在平坦的世界中行动的新规范和新界限。这将成为大整顿的组成部分，将肯定成为平坦的世界中民族国家之间、网络之间和内部政治争论的前沿话题。下面是一些说明性的例子。

印度 VS 印第安纳：谁在剥削谁

桑德尔教授认为，我所说的"合作"可能在别人看来只是对能在印度雇用廉价劳动力的美称。如果从美国人的角度来看待这个问题，事实的确如此。但如果从印度工人的角度来看待这个问题，这些合作形式、外包形式则会被视为发展中国家的人们能力增强的表现。他们可以培养、利用和受益于自己的智慧，在世界变平之前这些智慧往往都被浪费掉了。如果从美国人的角度看，你可能会得出结论说，限制外包的摩擦、障碍和价值观应该被保持，甚至是加强。但是从印度人的角度来说，所有这些障碍和摩擦因素都应该被消除，他们认为这样才能维持公平、正义和满足他们自己的愿望。在这个平坦的世界中，一个人的经济自由可能意味着另一个人的失业。

让我们看看在真实的世界里所发生的情形：2003 年印第安纳州就该州处理失业赔偿金的计算机系统升级项目提出招标。猜猜最后谁赢了？Tata America International——印度塔塔咨询服务公司在美国的分支机构。塔塔公司的报价（1 520 万美元）比最接近的报价（由纽约的德勤和埃森哲两家咨询公司提出）低了 810 万美元。印第安纳州没有一家企业参与竞标，因为这个项目对它们来说规模太大了。

换句话说，印度的一家咨询公司获许给印第安纳州的失业救济部门提供服务。印第安纳州将可以给本州居民弥补外包不利影响的部门也外包了出去。塔塔计划派大约 65 名雇员到印第安纳州政府工作，在那里还有 18 名该州的工人与他们配合。塔塔还说，它将雇用当地的一些分包商，但是大部分工人仍将来自印度。《印第安纳波利斯星报》(*Indianapolis Star*) 2004 年 6 月 25 日的报道称，这些计算机的升级一旦完成"就将加速该州失业救济的处理速度，并且还会节省邮递费用，减少由此引起的争端"。你也许可以猜出故事是怎么结束的。报道说："州长弗兰克·班农（Frank O'Bannon）的副手签署了这个政治上较为敏感的 4 年期合同，之后在 2003 年 9 月 13 日这个民主党州长就去世了。"但是当合同内容公布于众时，共和党人却把它当作了大选中攻击民主党人的工具。后来这一问题变得日益严重，接替弗兰克·班农担任州长的民主党人乔·克南（Joe Kernan）命令取消合同并制定法律阻止这种事情的再次发生。他还命令将这一合同分解成若干的小合同，这样印第安纳州的公司就承担得起，虽然有利于当地的公司，但对于该州来说却成本高昂且效率低下。这篇报道还说，印第安纳州政府支付给塔塔集团 99.3 万美元，作为 8 周工作的报酬，在此期间塔塔集团为印第安纳州培训了 45 名软件程序员。该州负责劳力开发的委员阿兰·德格纳（Alan Degner）说："这家公司很好相处。"

我现在有一个简单的问题：在这个印度－印第安纳州的故事中，谁是剥削者，谁是被剥削者？印度咨询公司的美国分支机构建议通过给计算机升级为该州的纳税人节省 810 万美元，在使用印度雇员的同时也雇用当地人。这笔交易会让这家印度企业受益，它也会让一些印第安纳州的技术工人受益，它为该州居民节省下来的税收可以在别处雇用更多的工作人员、建更多新校舍等。然而，整个合同在亲劳工的民主党签署后却被倡导自由贸易的共和党摧毁了。

让我们好好理理思绪！

在旧世界中，价值通常都是在单个企业从上而下垂直创造的，很容易看出谁在上、谁在下，谁是剥削者或被剥削者。但是当世界开始变平，并且价值创造日益水平化时（通过多种合作形式，个人拥有更多能力），谁在上、谁在下，谁是剥削者或被剥削者就变得非常复杂了。一些旧的政治哲学已经不再适用。过去，印度人在国内最好、同时也是名列全球前几位的科技院校接受完教育却无法在印度找到合适工作，以至于那些没到国外寻找机会的高级知识分子不得不在国内以开出租车为生，他们是不是"被剥削"了呢？如今，当这些工程师加入印度最大的咨询公司，拿到在当地相当优厚的报酬，并且可以将他们的技术在平坦的世界中充分加以运用时，他们是不是被剥削了呢？或者，当这些印度工程师的要价比美国咨询公司低得多时，是他们在剥削印第安纳州的人民，还是印第安纳州的人民在剥削这些廉价的印度工程师呢？有没有人可以告诉我，在这个故事中究竟是谁在剥削谁？

传统的"左派"会站在哪一边呢？跟那些试图在发达国家中运用得来不易的才能、同时薪酬也还不错的发展中国家的技术工人站在一边，还是跟那些希望将工作交给本州选民、尽管他们的要价更高的政客们站在一起呢？传统的右派会站在哪一边呢？站在那些希望通过外包减少财政支出的人一边，还是那些宁愿提高税收也要将工作机会保留在当地的人一边呢？如果你认为全球化会伤害发展中国家的人民而反对它，你又会站在哪一边呢？印度还是印第安纳州？

印度与印第安纳州之间的争端说明很难在两个集团的利益间划清界限，他们以前从未想过他们之间会有什么联系，更不用提合作了。但他们醒来后突然发现，在这个平坦的世界里，工作关系日益成为水平合作关系，他们不仅相互联系和开展合作，而且迫切需要一个社会契约来管理他们的关系。

更重要的事情是：不管我们谈论的是管理科学、政治科学还是生产和研发，很多博弈方式和程序都将必须和"水平化"密切相关。一切都需要很好地加以整顿。

公司将何去何从呢

在这个平坦的世界中，就像不同的工人之间的关系必须加以整顿一样，公司和社团的关系也是如此。公司受什么价值观的影响，它们会维护和尊重谁的利益？显然，在一个平坦的世界中，跨国公司努力在全球寻找机会和利用全球的资源，并使自己更适应平坦的世界。过去，一个国家依靠该国最成功的公司在全球范围内获得霸权以确立该国的经济发展状况或世界地位。当企业在全球范围内寻求利益和工作机会，当股东日益要求这些公司树立全球目标，在全球寻找机会和利用资源时，将会发生什么呢？这些公司的利益和需求日益与其总部所在国失去联系。过去人们常常说，通用汽车公司体现了美国的价值观。但是今天，人们会说："戴尔公司体现了马来西亚、中国、爱尔兰、印度等国的价值观。"今天的惠普在 170 多个国家拥有 15 万雇员。它不仅是全球最大的高科技消费品公司，也是欧洲、俄罗斯、中东和南非最大的 IT 企业。尽管惠普的总部在帕洛阿图市，但如果它大部分的雇员和消费者都在美国之外，它还能称得上是一个美国公司吗？如果一家公司的一切活动都只在一个国家进行，那它根本不能生存，即使是像美国这样的大国。所以，现在让民族国家和它的国民夜不能寐的应该是怎样应对不受民族国家限制的公司。它们会忠诚于谁呢？

对冲基金管理人迪纳卡·辛格（Dinakar Singh）说："美国公司表现得很好，这一点不错，但这也是因为它们调整自己适应了平坦世界的缘故，它们将尽可能多的生产外包给了最廉价和高效的供应商。如果戴尔产品每一部分的生产都在中国沿海地区完成，然后再卖给美国的沿海地区，戴尔必将从中获益，美国的消费者也将获益，但美国的劳工能否受益就不得而知了。"所以戴尔希望世界能越来越平坦，摩擦和障碍也越少越好，很多别的公司也希望如此。外包让它们可以在成本最低、效率最高的市场进行生产，然后在利润最丰厚的市场完成销售。全球化 3.0 时代几乎没有什么对资本不好的事情。资本家只需出钱购买创意、雇用世界上最质优价廉的劳动力进行研究、开发、生产和销售，然后就可以高枕无忧了。戴尔的股票、股东、消费者以及纳斯达克都从中受益，所有和资本相关的事物都有良好的表现，但美国的工人和社团却只有一部分可以受益，其他的工人和社团将感受到世界变平带来的痛苦。

从跨国公司最初在世界各地寻找劳动力和市场开始，它们的利益就总是超出总部所在的民族国家。但在今天的平坦世界中，程度的不同会导致种类的不同。企业在分派研发任务、生产低端和高端产品方面从未拥有过这么多的自由，从未遇到过这么少的阻力，但这对公司与它们母国的长期关系会造成什么影响就不是很清楚了。

让我们看看这个例子吧：2004 年 12 月 7 日，IBM 宣布将个人电脑（PC）业务整体出售给中国联想集团，后者将因此成为全球第三大 PC 制造商，年收益大约为 120 亿美元。IBM 同时将获得联想集团 18.9% 的股份，两者将建立在个人电脑销售、融资和全球服务方面的战略联盟。形成战略联盟的新集团将把全球总部设在纽约，但它主要的生产基地将在北京和罗利（北卡罗来那州的首府），研发中心将在中国、美国、日本，销售网点将遍布全球。整合后的联想集团将是 IBM 优先考虑的 PC 供应商，而 IBM 也将成为新联想在服务和融资方面优先考虑的供应商。

你还在接着读吗？大约 1 万名员工将从 IBM 转到联想工作，联想成立于 1984 年，它是第一家在中国引入家用电脑理念的公司。从 1997 年起，联想就一直是中国排名第一的 PC 品牌。媒体披露了新公司的高级管理人员名单："杨元庆——董事会主席(原联想集团首席执行官)；史蒂夫·沃德（Steve Ward）——首席执行官(原 IBM 个人电脑高级副总裁兼总经理)；弗兰·奥沙立文（Fran O'Sullivan）——首席运营官(原 IBM 个人电脑事业部主管)；马雪征——首席财务官(原联想首席财务官)。"

让我们谈谈水平价值创造的问题吧：新的个人电脑公司仍归中国人所有，总部设在纽约，工厂在北京和罗利，它的董事会主席和首席财务官是中国人，首席执行官和首席运营官是美国人，公司将在香港上市。你会把它称作一家美国公司还是中国公司？联想对哪个国家有归属感，还是仅仅将自己视为在平坦世界上漂浮的企业？

这个问题在媒体报道中也有所预见："联想的总部将设在哪里？"答案是："作为一家全球企业，新联想在地理位置上是很分散的，人员和实物资产都将遍布世界各地。"

让我们好好理理思绪吧。

冷酷的事实是，管理层、股东和投资者大多对利润的出处并不关心，他们也不在乎给哪里创造了就业机会，但他们确实希望公司能持续发展。政治家们迫于压力不得不设法增加本地就业，而居民——不管他们是美国人、欧洲人还是印度人——都希望好的工作机会能留在自己国内。

一家欧洲大型跨国公司的首席执行官告诉我："我们现在是一家全球研发公司了。"对他的股东和投资者来说，这的确是个很好的消息。他接触的是世界各地最有智慧的头脑，虽然这些人并不一定都在国内，但却一定能给他节省开支。他私下里告诉我："不过这最终肯定会给我们国内的就业造成影响——也许不是在今年，但 5～15 年内肯定会显现。一开始我们可能还会和政府商谈怎样为国内保留就业机会，但日子久了就必须首先考虑股东的利益。"

这就是说：如果我能以在美国或欧洲雇用 1 名研究人员的价格在中国或印度雇用 5 名优秀的研究人员，我将选择后者，长此以往，我们自己的国家就会失去它的一部分技术基础。能将公司和其母国利益结合起来的唯一方式就是拥有真正聪明的国民，他们不仅可以在更大的全球蛋糕中获取属于自己的份额，而且还可以创造出新的份额。这位首席执行官说："我们已经习惯于高收入，现在我们真的必须靠自己去赚这笔钱了。"

但现如今，即使要辨别一个公司的母国也变得越来越困难。劳斯莱斯公司的主管约翰·罗斯爵士（Sir John Rose）曾跟我说："我们在德国有一桩大买卖。我们是勃兰登堡州高科技领域最大的雇主，最近我和德国总理施罗德有一次聚餐，他对我说，'你们是一家德国公司，为什么你不在下一次陪同我出访俄罗斯呢？'施罗德此行的目的是到俄罗斯给德国公司招揽生意。他认识到，尽管我们的总部在伦敦，但我们的业务却是围绕如何在德国创造价值展开，这对德俄关系是富有建设性意义的。"

劳斯莱斯的总部尽管在英国，但它却通过水平的全球供应链运营。该公司的首席执行官是被英国女王册封爵位的大英帝国公民，却被德国总理邀请一同访问俄罗斯，这一切都因为劳斯莱斯供应链的一个链环恰巧穿过勃兰登堡。

我的朋友格伦·福岛（Glen Fukushima）是一位有着日本血统的美国人。他的父亲也是一位有着日本血统的美国人，当年参加美国军队驻扎在日本，因此格伦于 1949 年出生于那儿的一家美国军方医院。他先后毕业于斯坦福大学和哈佛大学，最后于 1985 年从一名律师成为美国商务代表（the U.S. Trade Representative, USTR）办公室负责日本事务的主任，而后成为美国商务代表办公室负责日本与中国事务的主任助理，代表美国与这两个亚洲"巨人"进行艰难的贸易谈判。1990 年他来到东京，随后他先后担任 AT&T 以及其他美国跨国公司的高级行政职务。1997 年，他被美国同伴选为驻日本的美国商会会长，这是他担当的一项为他带来巨大声望的志愿工作。2005年 9 月我路过东京，在 Okura 旅馆他的位于角落的桌子上与他像往常一样共进早餐。我问起他的工作来，他的回答让我大吃一惊，他说在从事一项新的工作：他刚刚成为欧洲联盟空中客车公司(European Consortium Airbus)日本运营处的总裁。他现在管理着这家欧洲王牌制造公司的日本业务，帮助这家公司尽力打败美国王牌制造公司——波音公司，向日本——他的祖籍所在的国家出售客机。

"当我加入空中客车公司以后，这儿的美国大使馆通知我：不再允许我参加驻日本的美国商会理事会与美国大使举行的月度会议。"福岛先生这样说，那时他是商会会长，正在主持商会的 50 周年纪念活动。毫不奇怪，大使馆工作人员不希望代表欧洲主要工业财团的人得到美国大使馆的协助，这也许不利于美国最大的工业企业之一与其竞争。而福岛先生认为，"我在尝试一些新鲜的事物，它们反映出时代特征，不服从纯粹的国家划分思想。"他说，跨国公司经理主管人员的国籍、公司总部的地理位置和高级管理人员最为关注的市场这三者之间已不再有相互关系。参加驻日本的美国商会月度例会的成员，有很多是在日本办公司的美国人，但是他们的公司没有一个美国雇员，也有为非美国的公司工作的美国人，也有为美国公司工作的日本人。尽管我们总是把总部位于芝加哥的波音公司称为"美国最大的出口商"，但事实是，每架新的波音 787 飞机的 35%的零件都是在三菱重工或其他日本企业制造，还有其他很多重要组件在欧洲、俄罗斯、中国等地进行制造。

是的，让我们好好理理思绪！

从命令和控制到合作和联系

在美国前国务卿柯林·鲍威尔（Colin Powell）离职前，我前去采访他，采访的地点在美国国务院办公楼的第 7 层，当时陪同他的还有他的两个媒体顾问。我忍不住问他是什么时候认识到世界已经变平的，他只用一个词回答："Google。"他说，他在 2001 年刚接任国务卿时，如果需要了解一些信息——比如联合国决议的文本，他会让副手帮他寻找材料，为此常常需要等待几分钟甚至几小时的时间。

"可是现在我只需 Google '联合国安理会决议 242'，这一文本就会出现。"他还解释说，他发现自己独立完成的调查研究一年比一年多。这时候，旁边的一个媒体顾问说："是的，他现在不再让我们帮他查找信息了，他已经掌握了信息，他找我们就是要采取行动了。"

　　一位副手透露说，曾是美国在线董事会成员的鲍威尔也经常使用电子邮件和其他国家的外交部长联系，在召开峰会时还和英国外交大臣杰克·司特劳（Jack Straw）用即时通信的方式保持联络，就好像他们是大学同学一样。鲍威尔说，手机和无线通信技术让任何一国的外交部长都无法躲避他。在我采访他的前一周，他一直在寻找俄罗斯的外交部长。他先是拨打俄罗斯外长在莫斯科的手机号，后来又拨打他在冰岛的手机号，接着又拨打他在老挝的手机号。鲍威尔说："我们有每个外交部长的手机号码。"

　　我从所有这些故事中提取的要点是，当世界变平时，把等级制度夷为平地的不仅是那些可以做大事情的小人物，还包括可以做小事情的大人物——他们可以自己完成更多事情。还有一件事情真的对我触动很大。鲍威尔的媒体顾问之一、一位年轻女性在采访结束后将我送出办公室，路上她对我说，"黑莓"（BlackBerry，无线电子邮件接收器）让鲍威尔随时可以通过电子邮件找到她和她的老板。

　　她开玩笑地说："我根本摆脱不了这家伙。"因为鲍威尔总是不停地通过电子邮件给她发指令，前一个周末当她和朋友一起在商场购物时，她突然收到国务卿发来的即时信息，让她完成一些公共关系方面的任务。她说："我的朋友都很惊讶，我在和国务卿对话！"

　　这就是当你从垂直世界（命令和控制）进入更加水平世界（合作和联系）时的情形。你的老板除了能完成自己的事情外，他也可以做本属于你的活儿。他可以是国务卿，也可以是自己的秘书。不管白天还是夜晚，他都可以给你发布指示。如果这些老板们愿意，他们可以比以前更加直接地同更多的员工开展合作，不管这些员工是谁，也不管他们处于等级制度的哪一层。但是员工也必须更加努力地工作，这样他们才能比老板获知更多信息。如今，老板和员工之间的这种对话将大为增加："我已经知道了！我自己用Google查的。"

多重身份的紊乱

在平坦的世界中需要对多重身份加以调整的不仅是社团和公司，还包括个人。在平坦的世界中，我们的多重身份——消费者、雇员、公民、纳税人和股东——将发生越来越尖锐的冲突。

商务顾问米切尔·汉莫（Michael Hammer）说："19世纪的主要冲突是劳资冲突。现在是消费者和劳动者的冲突，公司夹在中间。消费者会对公司说：'让我少花钱买到更多东西。'然后公司会对雇员说：'如果我们让他们少花钱买到更多东西，我们就会陷入麻烦。我们不能给你担保工作，工会干事也不能，只有消费者可以。'"

《纽约时报》2004年11月1日报道说，沃尔玛2003年的收入为2 560亿美元，它将其中大约13亿美元用于给45%的员工（大约53.7万人）购买医疗保险。沃尔玛最大的竞争对手考斯科（Costco）给96%的全职或兼职员工购买医疗保险，其中全职员工在工作3个月后、兼职员工工作6个月后就都可以享受医疗保险。但在沃尔玛，多数全职员工必须工作6个月、兼职员工工作至少2年才能享受医疗保险。文章还说，沃尔玛全职员工的平均工资大约为每月1 200美元，或每小时8美元，它还要求员工自己承担所享受福利的33%，目前这一比例将降至30%。沃尔玛的医疗保险计划要求每个家庭每月必须负担高达264美元的保费，有些治疗的自付金额高达1.3万美元。如此高的开支让享受医疗保险的员工也承担不起。

这篇文章还表示："支持沃尔玛的华尔街，在那里考斯科反而被指责劳工成本过高。"沃尔玛已经将成本压至最低，而考斯科却还没有做到这一点。考斯科的税前利润只有收入的2.7%，还不到沃尔玛5.5%的一半。

且慢，我们若是沃尔玛的消费者，不是希望它能除去所有的中间人、冗余和摩擦，让我们得到最低的价格吗？最贫穷的美国人——他们通常没有卫生保健——难道不是从中受益最多吗？这正是塞巴斯蒂安·马尔莱伯（Sebastian Mallaby）在2005年11月28日的《华盛顿邮报》上发表的评论文章中所指出的。他写道："沃尔玛的批评者宣称，这一零售商对美国穷人不利。"这一主张是后向推理的：正如纽约大学的詹森·弗曼（Jason Furman）所说，沃尔玛是"一个随时代进步的成功故事"。在 2004 年的运动中，弗曼向 John "Benedict Arnold" Kerry 提出了建议，而从未接受沃尔玛的报酬；他不是公司的辩护者。但是他指出，光是沃尔玛的食品折扣每年就为美国购物者节省了至少 500 亿美元。如果计算沃尔玛的所有商品折扣，所节省的金额可能有 500 亿美元的 5 倍之多。对于贫穷和中等收入的家庭来说，所节省的金额显得特别重要。沃尔玛商品的消费者平均年收入为 3.5 万美元，而塔吉特（Target）的顾客平均年收入为 5 万美元，考斯科的顾客平均年收入为 7.4 万美元。此外，沃尔玛的"每日低价"对穷人来说最为重要，因为他们把收入的较大比例用于购买食品和其他基本生活用品。就扶贫力量来看，沃尔玛的 2 000 亿美元加上对消费者的补助，可能比得上多个联邦项目。

我们若是沃尔玛的股东和购物者就希望它能除去供应链中的冗余和摩擦，削减雇员福利，尽可能地增加利润，保持商品低价。但我们若是沃尔玛的工人，我们肯定很痛恨沃尔玛的工资和福利制度。大家都知道，由于美国最大的公司沃尔玛不能给所有雇员提供医疗保险，一些人只能去地方医院的急诊室治疗，这最终还是由纳税人负担。《纽约时报》报道说，乔治亚州的官员调查发现，"沃尔玛员工的 1 万多名子女都被列入该州财政负担的儿童医疗项目，每年要花掉纳税人近 1 000 万美元"。同样，"北卡罗来纳州的医院发现，他们治疗的 1 900 名自称是沃尔玛员工的患者中，31%的患者加入了医疗救助计划，16%的患者根本没有医疗保险"。

记者莉莎·费瑟斯通（Liza Featherstone）2004 年的著作《贱卖妇女：在沃尔玛的妇女权利斗争》对沃尔玛因歧视妇女被送上法庭一事进行了跟踪报道。2004 年 11 月 22 日，费瑟斯通在接受 Salon.com 的采访时谈及自己对此书的看法："美国的纳税人不得不给沃尔玛的很多全职员工支付医疗保险、住房公积金和粮票——因为沃尔玛的员工在很多方面都不能自给自足。这是非常具有讽刺意味的，因为山姆·沃顿一直被视为美国自给自足精神的象征。而且沃尔玛对共和党竞选人的支持也是很不诚实的：它们提供的竞选资金 80%都给了共和党，但共和党又倾向于不支持沃尔玛赖以生存的公共援助项目。事实上，沃尔玛应该要求设立全国医疗保险，它们至少应该承认自己无力给员工提供这些福利，要求国家设立更加全面的福利制度。"

当你掂量自己的多重身份时——消费者、雇员、公民、纳税人、股东——你必须决定：你更喜欢沃尔玛还是考斯科的方法？这在平坦的世界中将是一个非常重大的政治问题：在你综合考虑了多重身份后，你希望公司变得多么平坦呢？因为当你把中间商排除在外，当你让供应链完全变平时，你也让生活中缺少了一些人性化的东西。

同样的问题也适用于政府。你希望政府变得多么平坦？为了让公司更容易地在平坦世界中开展竞争，你希望政府能通过解除规则减少多少摩擦呢？众议院议员兰姆·伊曼纽尔（Rahm Emanuel）是伊利诺伊州的民主党人，曾是克林顿政府的高级顾问。他说："我在白宫工作期间，我们精简了美国食品药品管理局(FDA)的医药审批流程，目标只有一个——让医药更快地进入市场。然而这样造成的后果就是，美国食品药品管理局和医药行业的关系越来越亲密，这给公共健康造成危机。万络（Vioxx）事件就表明，医药安全问题在加快审批的过程中已经退居次要地位❶。最近国会对万络事件举行的听证会就表明，美国食品药品管理局在将危险药品排除在市场之外这一点上做得还不够。"

作为消费者，我们希望全球供应链能提供最便宜的药品，但作为公民，我们希望也需要政府能监督和监管供应链，即使这意味着摩擦的存在或增加。

让我们理理思绪。

谁拥有什么

在这个平坦的世界中，还有一件事情是绝对必须加以整顿的：谁拥有什么？我们如何建立法律保障来保护创新者的知识产权，这样他或她就可以将创新收益用于开发新产品呢？从另一个方面来说，我们怎样尽可能地降低围墙，鼓励分享知识产权呢？

---

❶ 万络（Vioxx）是默克公司（Merck）生产的一种止痛药，由于长期连续服用会增加使用者患心脏病的危险而于 2004 年退市。美国食品药品管理局 2000 年就已得到有关研究成果，但因一直未采取行动而备受指责。

　　微软的技术主管克雷格·芒迪说："如果对知识产权实行统一待遇，世界肯定就不是平坦的了。"他说，如果一个创新者可以自己汇集很多资源、从平坦世界召集合作者然后在某种产品或服务上取得真正的突破，那将是非常美妙的。但是如果别人利用平坦世界的平台和工具克隆和分销他的新产品，这位创新者该怎么办呢？如今在软件、音乐和医药领域每天都在发生这种事情。而且科技已经达到了这种地步，"你要知道世界上已经没有什么是不能很快仿制的了"——从微软生产的文字处理软件到飞机零件。世界越平坦，我们越需要可以和各种合法或非法合作方式相配套的全球治理体系。

　　我们可以以美国专利法为例。公司可以对一项创新做3件事情：它们可以对自己的发明申请专利，然后自己负责生产销售；可以在申请专利后，特许别人生产；可以申请专利后，与别的公司交换使用对方的专利产品，这样它们可以共同生产某种产品，比如电脑就是由多种不同专利汇集在一起的产物。美国专利法在技术上还是相对中立的。但是专家告诉我，已有的案例法很明显是歧视交换使用专利和不鼓励推广专利产品的，它更关注的是保护单个企业生产自身专利产品的权利。在平坦的世界中，公司需要的是对这两种行为都鼓励的专利体系。一国的法律体系越鼓励交换使用专利和标准，这个国家的合作创新成果就越多。个人电脑就是交换使用专利的产物，有的公司拥有光标显示器的专利，有的则拥有鼠标和屏幕的专利。

　　因此，随着越来越多的创新从开放资源的协作和团体中涌现出来，知识产权法必须进行调整——否则，作为社会成员，我们将不能从平坦的世界中获益，或者不能避免平坦的世界中的缺点。"为了使合作创新兴旺起来，我们必须反思我们对知识产权的观念。"IBM 的总裁萨姆·帕尔米萨诺（Sam Palmisano）说，"设立知识产权法的初衷是使得个人和机构能从他们的发明中得到报酬，同时使得整个社会可以利用这些知识财富。而在这一很精巧的框架内，应优先考虑谁的利益呢？对此有不同看法。一些人认为，激励创新的最好方法就是严格保护发明者的私人利益。而其他人认为，应该让其他人有充足的机会利用新创造的知识财富。我认为，我们需要找到新的解决途径，在上述两种极端情形之间取得平衡。我们必须保护真正做出新的、有用的发明的个人和公司的利益。同时，我们也需要保护创新团体、创造性的生态系统的利益——这些团体没有组成公司或者受到特许，但他们在参与真正的——并且确实重要——创新活动。在后工业时代，我们需要扩展有关所有权的观念。"

当你在思考所有权问题时，不妨也想想下面的问题。2004 年 11 月 13 日，20 岁的美国海军陆战队队员贾斯汀·M·埃尔斯沃思（Justin M.Eusworth）在伊拉克巡逻期间被地雷炸死。2004 年 12 月 21 日，美联社报告说，他的家人请求雅虎提供自己儿子电子邮件的密码，这样就可以看到他曾经收发的信件。贾斯汀的父亲约翰·埃尔斯沃思告诉美联社的记者："我希望通过他的话怀念他。他在做自己认为有必要做的事情，我希望能把他的信件永远保存下去。这是我儿子留下的最后的东西了。"我们现在所处的世界中，越来越多的交流都以比特（bits）的方式在网络空间中开展，并且存储在世界各地的服务器上。没有一个政府可以控制这个网络王国。现在的问题是，当一个人死后，他的比特由谁掌管呢？美联社的报道称，雅虎后来拒绝给贾斯汀的家人提供他的密码，理由是雅虎邮箱在连续 90 天没有激活后就删除所有记录，而且所有的雅虎用户一开始就认可了雅虎的用户须知——用户的 ID 或记录在死亡后将终结。雅虎的女发言人卡伦·玛宏（Karen Mahon）告诉美联社的记者，"虽然我们对死者的家人深表同情，但雅虎的账户是不能转让的"。随着数字格式越来越多地取代纸面材料，你最好在死之前整理好一切，并且在遗嘱中写上愿意将你的比特留给谁。这是真的。我将本书的很多章节都存储在我的美国在线信箱里，感觉这是网络空间中最安全的地方。如果我在写作过程中遭遇了什么不幸，我的家人和出版商就可以对美国在线提出请求，以争取取得文本。请求吧，有人会把它们拣选出来。

推销员之死

2004 年秋，我去明尼阿波利斯市看望我母亲，并且连续碰到了 3 个能说明平坦世界的例子。首先，在我离开华盛顿的家之前，为了找到一个在明尼阿波利斯市朋友的电话号码，我拨打了 411（查号台）。电脑的声音要我告诉它查询对象的姓名，不知道为什么，电脑总是不能听清我的声音，它不停地用电脑里的声音问我,"您说的是……吗?"我不得不一遍又一遍地告诉它,但后来我的声音已无法遮掩我的愤怒(不然电脑还是听不懂),最后,电脑将电话转给了接线员。我最终也没感受到这种电脑服务的好处,虽然它可以消除各种摩擦。我渴望这种摩擦,也许通过电脑提供电话号码更廉价而且更高效,但对我而言这只是带来了挫折。

到达明尼阿波利斯市后,我和家人及朋友聚餐,其中一个朋友一直在中西部地区做批发商,给这一地区的零售商提供商品。他是个天生的推销员。我问他最近的行情如何时,他叹了口气说,行情已大不如前。他解释说,每种商品的利润空间只有1%。但实际这也没有什么,因为他批发的大多是大宗商品,因此在销量很大的情况下,即使利润空间很小也不要紧。真正令他感到不安的是,他跟自己的大客户已经无法进行面对面的交流。而即使日用品和低成本的商品也有一些差别,需要在出售时加以说明和强调。"一切都通过电子邮件进行。我联系国内最大的零售商之一,接电话的是个年轻人,他说,'把你的报价给我用电子邮件发过来'。我从未见过他,有一半的时间他都不回复我的邮件。我不知道该怎么跟他打交道……过去我常常直接到他们办公室,给这些买主一些维京航空公司的机票。我们都是好朋友……现在每个人都只关心价格。"

幸好我这个朋友是个成功的商人,他有很多企业。但当我后来反思他的话时,我回想起《推销员之死》中的场景:威利·洛曼说他和同事查理不同,他希望能"讨人喜欢"。他告诉自己的儿子,不管在生意场还是在生活中,性格、人格和人际关系都比聪明更重要。威利说:"那些在生意场上露脸的人,那些引起人们注意的人才会取得成功。讨人喜欢的人永远不会缺少东西。"

然而在平坦的世界中就未必如此了。用电子邮件和网络是很难创造人际关系的。有一天我和朋友肯·格里尔(Ken Greer)一起吃饭,他经营一家媒体公司(我会在后文中详细论述)。肯也拥有同样的悲哀:很多合同都给了那些只是在销售数字而非灵感的广告公司。然后肯就说了一些很能打动我的话:"就好像他们将经营中的'脂肪'都给切去了一样,他们将一切都变成了数字游戏。但是脂肪才是让肉很香的东西,瘦肉根本不出味儿。你会希望它至少能有一点脂肪。"

世界的变平不停地将"脂肪"从生活和商业经营中挤出，但是就像肯所说的那样，脂肪是让生活有味儿的东西，脂肪也是让我们感到温暖的东西。

是的，作为消费者，我们肯定希望沃尔玛能将价格中的"脂肪"挤出。但作为雇员，我们肯定希望沃尔玛能像考斯科一样在骨头上留一点脂肪，希望它能给所有雇员提供医疗保险。而作为股东，我们自然希望得到沃尔玛而非考斯科那样的利润。作为公民，我们又会希望公司都能提供像考斯科那样的福利，因为公司福利的差别最终还是要由社会负担的。作为消费者，我们希望电话单上的收费金额能很少，但作为人类的一员，我希望在我拨打411时能跟接线员说话。是的，作为读者，我喜欢在网上阅读博客的文章，但作为公民，我也希望这些博客能有一个编辑或中间人告诉这些在网上鸣不平的人，在按"发送"键之前要仔细核对事实。

在这些相互冲突的感情和压力中，美国政治有可能会完全重组。共和党右翼的社会保守人士不喜欢全球化或融入全球化，理由是这会给美国带来过多的外国人和外国文化，他们可能会和代表民主党左翼的工会联合在一起，后者不喜欢全球化是因为这会方便外包或离岸经营。这些人可以被称作"围墙党"（the Wall Party），他们会让摩擦和"脂肪"变得更多。让我们面对事实吧：共和党的保守派和俄亥俄州杨斯镇（Youngstown）的钢铁工人、中国的农民以及沙特中部的毛拉会有更多的共同之处，他们都希望有更多的"围墙"；而这些保守派和华尔街的投资银行家或是那些在帕洛阿图（硅谷所在地）和全球经济密切联系的服务行业工人也许根本没有共同语言。

与此同时，共和党的商务派则希望推动自由贸易、解除管制、加强一体化和降低税收，这一切都会让世界变得更平坦，而且他们最终也可能会和民主党的社会自由主义者联盟，后者多是美国东西海岸全球服务行业的，也可能会包括好莱坞及其他娱乐行业的雇员。所有这些人都是平坦世界的受益者。他们可以被称作"网络党"（the Web Party），主旨将是推动更多的全球一体化。曼哈顿和帕洛阿图的居民同上海及班家罗尔人们的共同利益比跟杨斯镇或托皮卡（堪萨斯州城市）居民的要多得多。简单地说，在平坦的世界中，我们可能看到社会民主党人、全球服务行业白领雇员以及华尔街大亨们形成一个利益团体，而社会保守党人、本地服务行业的白领雇员以及工会形成另一个利益团体。

《耶稣受难记》的观众将和国际卡车司机工会（Teamsters）以及美国劳工联盟及产业工会联合会（AFL-CIO）在同一个战壕，而好莱坞及华尔街的自由主义者以及《电邮情书》（You've Got Mail）的观众将和硅谷的高科技工人以及曼哈顿和旧金山的全球服务提供者在同一个战壕。这将是梅尔·吉布森、吉米·霍法（卡车司机工会以前的领导人）对抗比尔·盖茨和梅格·瑞恩。

在平坦世界中，政治生活会越来越关注哪些价值观、摩擦和"脂肪"值得保留，哪些应该听任它们从人间蒸发。只有在了解全球竞争场地的性质和结构并理解它和冷战时期的不同后，国家、公司和个人才能给出正确答案。只有在充分欣赏平坦的竞争场地并掌握所有可以开展合作和竞争的新工具后，国家、公司和个人才能做出正确的政治选择。我希望这本书能为这场意义重大的政治辩论以及即将到来的大整顿提供一个大致框架。

为了这个目的，接下来的三个部分将讨论世界变平和三重汇合将怎样影响公司、美国人和发展中国家。

振作起来吧！你即将进入平坦的世界了。

The World Is Flat
America and the Flat World

美国与平坦的世界

第 五 章

美国与自由贸易

——李嘉图的理论是否依然正确

结束了印度之旅，作为一个笃信自由贸易的美国人，我心中产生了一个很大的疑问：在平坦的世界里，我还能继续相信自由贸易理论是正确的吗？这个问题必须马上搞明白——不仅是因为其在国家政治层面已经成为热门话题，而且因为我对平坦世界的各种观点全部建立在对自由贸易的坚定信念上。我知道，自由贸易当然不会使每个美国人都受益，而且我们的社会将不得不帮助那些在自由贸易中受到损失的成员。但是对我来说，关键问题是：当世界变得如此平坦，当如此多的人可以和我的孩子们合作和竞争时，自由贸易是否可以使美国人在总体上受益？许多我们觉得应该是我们美国人的工作将被来自世界各地的竞争者瓜分。如果我们的政府采取保护主义措施，禁止离岸分包业务，那么每个美国人的生活难道不会更好吗？

在班加罗尔拍摄《探索时代》纪录片时的第一次产生这一疑问。一天，我们在下午 5 时左右来到了 Infosys 的园区。此时 Infosys 转接中心的白班工人和夜班工人正在换班。大批的工人涌入园区，有的乘坐小公共汽车，有的徒步，还有的骑小型摩托车，同时许多高级工程师在这个时候下班。我们站在园区大门口，拍摄着进进出出的人流。他们都是受过教育的年轻人，朝气蓬勃，充满自信。看着这些年轻人，我真真切切感受到了压力。我在心里不停地说，李嘉图是对的，李嘉图是对的，李嘉图是对的！英国经济学家大卫·李嘉图（1772~1823）创立了基于比较优势的自由贸易理论。这个理论指出，如果每个国家专门生产自己具有比较优势的产品，然后用各自的产品进行交换，贸易双方都会从这种交换中获得好处，各国总体的国民收入水平都会提高。所以如果这些印度的科技人才所做的工作发挥了他们的比较优势，他们会用其收入购买美国具有比较优势的产品——从康宁公司的玻璃到微软的视窗操作系统——即使有些印度人和美国人在这个过程中要经历工作的调整。但两个国家都从整体上会受益，最近几年印美贸易的巨额增长可以证实这种来自贸易的收益。

但是当看到这些朝气蓬勃的印度年轻人时，我又不禁陷入迷茫：噢，上帝，他们人数如此之多，头脑如此聪明，受过良好的教育，工作又勤奋，他们的崛起势不可挡，一浪高过一浪。我的女儿和数百万的美国年轻人所能做的工作，这些印度人也一样能够完成，而他们所要求的工资水平比美国人低得多，这对于美国的年青一代来讲可不是什么好事。当李嘉图提出自己的理论时，只有商品是可贸易的。当时，美国和印度之间没有铺设海底光缆，因而无法支持服务贸易。在我为美国的年轻人的处境担忧的时候，陪同我们的Infosys新闻发言人在不经意中又说到，去年Infosys要招聘9 000个技术岗位，结果接到100万个年轻人的申请，真是百里挑一。

这个问题一直萦绕在我的脑海中。我不愿看到任何美国人在同国外的竞争中丢掉饭碗，或因技术落后而失业。对每个失业者来说，失业率不再是5.2%，而是100%。任何关于平坦的世界的书，如果不承认这一忧虑，不承认在经济学家之间还存在着关于李嘉图的比较优势理论正确与否的争论，那它肯定是不诚实的。但是当我听完两方的论战后，我还是同意大多数经济学家的意见，李嘉图依然是正确的，如果我们不阻止把工作岗位转移到海外，不卡断国际供给链，不禁止离岸外包，多数美国人民的生活会更好。

本章要传达的信息就是：即使世界变得平坦了，作为一个整体，美国也会像以往一样，坚持自由贸易所得到好处将超过实行贸易保护带来的短期利益。贸易保护主义只会激起其他国家的报复，最终影响我们自己的发展。但我在这一章想进一步强调，尽管自由贸易政策是必需的，但仅仅有自由贸易政策是不够的。自由贸易政策必须和提高美国公民受教育程度的国内政策结合起来。这样，他或她才有能力在平坦的世界中竞争新的工作岗位。与自由贸易政策配套的措施还有在世界范围内开放曾经受到限制的市场（包括我们自己的某些市场，如农产品），这样，越来越多的国家将会进入全球自由贸易体系，增加全球商品与服务需求，激励创新，减少失业和为寻找工作而导致的全球人口流动。

当然，贸易保护主义者和离岸外包的反对派不会同意上述观点。反对派声称，在平坦的世界里，除了商品是可贸易的，许多服务也变得可以贸易了。这些服务业的工作岗位过去造就了很多美国中产阶级，但这些工作从来没有像现在这样容易受到离岸外包的冲击。由于这种转变，美国和其他发达国家的经济发展动力和人民生活水平将绝对地下降，而不是相对地。除非这些发达国家针对来自国外的竞争保护本国的某些工作岗位——既包括蓝领也包括白领。反对派指出，国际经济的舞台容不下太多的人同台演出，服务与科技领域现在由美国人、欧洲人和日本人主宰，他们不能接受由于竞争者加入导致的工资降低。

离岸外包的支持派，包括我这个李嘉图理论的信徒，则相信：起初，在某些领域确实有一个过渡阶段，在这个阶段，发达国家的工资可能会下降。但没有理由认为这种下降是永久的和全面的，因为随着全球经济规模的壮大，馅饼越来越大，每个人得到的份额也会增长。认为离岸外包会导致工作岗位绝对减少的想法是基于一个错误的假设，即一个社会中能提供的工作总量是固定的，一旦一部分工作岗位被人占据，那么其他人就不能再从事这样的工作了。如果我们现在占据着这些岗位，而印度人提出可以较低的工资做相同的工作，那么这些岗位就会被印度人抢走，美国人则面临失业。

之所以称上述观点是一种错误，是因为它没有考虑到发明与创新的因素。其理论前提是假定所有该发明的都已经发明出来了，不会再有新的创新，经济竞争就是一场零和游戏，你的所得必然是我的所失。这个理论忽略了一个事实：人们在报纸上常常读到一些大公司转移到海外，但小公司在源源不断地创造出更多的工作岗位，却很难引起人们的关注。人们很难相信这些事实，但事实确实如此。如果不是这样，美国今天的失业率要比5%高很多。当跨国公司把低附加值的制造与服务工作从欧洲、美国和日本转移到印度、中国和前苏联，世界经济的馅饼不仅变大了——因为更多的人实现了收入增长——而且馅料还会变得更加多种多样，因为更多的新工作岗位和更多的新技术被创造出来。

让我用一个简单的例子来解释这个道理。假设这个世界只有两个国家——美国和中国。假设美国经济体系中只有 100 个人，其中 80 个人受过良好的教育，20 个人受教育程度较低，工作技能较差。接着设想世界已经变得平坦，美国已经和中国签署了自由贸易协定。此时的中国有 1 000 个工人，但中国是个发展中国家，所以在这些工人当中，只有 80 个人接受过良好的教育，其他 920 个人都是非熟练劳动力。在美国和中国签署自由贸易协定以前，美国的市场上只有 80 个掌握较高技术水平的工人，协定签署之后，世界范围内掌握较高技术水平工人的人数增加到 160 人。因此，80 个美国人会感觉他们面临的竞争更加激烈，事实确实如此。但随后美国得到的好处却是一个大大扩展的、更加多样化的市场。原来 100 人的市场扩张到 1 100 人，需求大量上升。所以对于中美双方的熟练劳动力而言，这是一个双赢的结果。

不错，由于来自中国的竞争，美国的那 80 人中的一部分将不得不转移到要求掌握更新技能的工作岗位中去。但是你尽管放心，在这样一个庞大和多样化的市场中，对于任何一个不断学习的熟练工人来说，新的工作岗位会层出不穷，而且待遇不菲。所以不必担心两国中的熟练工人，在这个更大的市场中，他们会做得更出色。

"你说什么，不必担心？"你会问，"如果来自中国的 80 个熟练工人愿意以较低的工资做美国工人正在做的相同的工作，我们该怎么办？怎么解决这个问题？"

这样的情况不会在一夜之间发生，所以，尽管一些美国人会在这种转变过程中受到影响，但这种影响不会持久。正如斯坦福大学经济学家保罗·罗默所说的：中国熟练工人的工资太低了。这是因为尽管他们所掌握的技术和美国同行们一样，但是他们过去却被桎梏在一个封闭的经济体中。随着中国的改革开放，中国熟练技术工人的工资将上升到美国／世界水平，而我们的工资不会向低看齐。班加罗尔发生的一切证实了这个观点。各公司对电脑程序员的争夺使他们的工资迅速地向美国或欧洲工人看齐——此前数十年内，印度经济处在封闭状态，工人工资长期位于低水平。这正是为什么美国人要支持印度和中国持续渐进的改革开放——因为从长远来看，在一个更加开放、更具活力的世界经济中，整体工资水平将会提高。

但是，我们确实要担心那 20 个技术水平较低的美国工人。因为，他们必须与 920 个中国工人竞争。这 20 个美国工人过去之所以能够得到不错的收入是因为相对于那 80 个美国的熟练劳动力，他们的数量很少。任何一个经济体都需要低技术水平的劳动者。但是现在中国和美国已经签署了自由贸易协定，在这个两国世界里，非熟练劳动力的总量达到 940 人，熟练劳动力 160 人。20 个技术水平较低的美国工人所从事的是可替代性工作——这些工作可以轻易地被转移到中国，所以他们将面临一些麻烦。不可否认，他们的工资水平肯定要下降。为了保持或提高他们的生活水平，他们必须增加自己受教育程度，提高自己的技能水平，而不是要求更换同等技术的工作。只有这样，这 20 名工人才可以在国际市场中找到被创造出来的新工作（在第六章中，我将阐明我们的社会必须且有义务确保每个人都有机会学到这些技能）。

保罗·罗默指出，从美国过去的经验来看，只要经济馅饼持续增大，知识工人基数的扩大并不必然导致所有工人工资水平的降低。从 20 世纪 60 年代到 80 年代，接受过大学教育的劳动力供给显著地增长，而他们的工资水平增长得更快。因为随着馅饼的增大，人们的需求也在增加，从而对人们从事复杂工作和使用专门技术的能力提出了更高的要求。罗默在解释这一点时指出，部分原因是因为"在资源密集型产品和知识密集型产品之间是有区别的"。如果你是一个掌握较高知识水平的工人，从事生产和销售一些知识密集型产品，如提供咨询服务或金融服务，提供音乐产品或电脑软件，或市场管理、工程设计、研制新兴药品等，那么，市场越大，你的产品的销量就越大；市场越大，细分程度就越高。如果你设计出下一代视窗操作系统或万艾可（Viagra），世界上的每个人都有可能成为你的客户。所以，掌握知识水平较高的工人可以从容应对全球化。幸运的是，美国所拥有的知识工人的数量比世界上任何一个国家都多。

罗默说，如果你只是一个低水平的手艺人，比如你生产的产品只是一块木头或一片钢板，那么，随着市场规模的扩大，你出售产品的收益不一定会增加，甚至有下降的可能。虽然有很多工厂会雇用你，但会有更多的人生产这些产品。木匠和保姆提供的劳动在同一时间只能提供给一家工厂或家庭，而程序员或药品研制者生产的知识密集型产品却可以在全球市场里同时提供给每一个人。

这就是为什么美国从总体上讲，能够应对平坦世界中自由贸易体系中带来的挑战。当然前提是美国可以持续不断地大量培养出掌握先进知识技术的工人。因为这些工人不仅可以生产出在全球范围内销售的知识产品，而且可以胜任由于全球经济扩张和知识汇集所创造出来的新工作岗位。世界上生产资源密集型产品的工作岗位也许是有限的，但生产知识密集型产品的工作岗位却是无穷无尽的。

依然假设世界上只有中国和美国两个国家。如果以前美国有 15 个制药公司和 15 个软件公司（共 30 个公司），中国有 2 个制药公司和 2 个软件公司（共 4 家公司），而现在，中国公司的数量也增长到 30 家（包括制药公司和软件公司），那么，在这个扩大的世界经济中，将会出现更多的创新，更多的治疗方法，更多的新产品，更多的细分市场，同时更多的人的收入将会提高，从而有能力购买这些产品。

"经济馅饼之所以能够持续增长，是因为今天仍是人们渴望拥有的物品明天就会成为必需品，"马克·安德森（Marc Andreessen）说。安德森在美国网景公司工作，他们创造了一个全新的经营领域——电子商务。全球目前从事电子商务的专业人才达到数百万人，而这些工作在克林顿担任美国总统的时候还没有出现，可见其发展速度之快。我总是喜欢偶尔去一趟咖啡店，既然出现了星巴克在这儿，那我就选择在星巴克喝咖啡，于是星巴克也创造了一个日益扩张的行业。同样，我总是希望能够搜索到各种信息，既然有 Google 可以使用，那我就把它作为我的搜索引擎，于是围绕搜索功能，一个全新的行业建立了起来。Google 抢在雅虎和微软公司的搜索引擎之前大量雇用数学博士。人们总是想当然地认为该发明的都已经发明出来了。但事实并非如此。

　　"如果你相信人类的欲望是无限的，"安德森补充说，"那么就会有无限个行业等待你去创造，无限的商机等待你去发掘，你所受到的唯一的限制只是人类的想象力。"世界在变得平坦，同时社会也在进步。如果你回顾一下历史，你就会发现每当我们的贸易更加繁荣，交通更加发达时，人类的经济生产就会出现大的飞跃，生活水平就会显著提高。

　　第二次世界大战以后，美国帮助百业凋零的欧洲和日本进入了全球经济体系，他们制造业水平和服务技能与日俱增，并经常从美国进口技术和设备（有时甚至是窃取，如同 18 世纪 70 年代美国窃取英国技术一样）。第二次世界大战后的 60 年里，美国的生活水平日益提高。今天，即使存在把工作大量转移到海外的情况下，失业率也仅仅是 5%多一点，大约只相当于西欧最发达国家失业率的一半。

　　安德森说："我们刚刚建立了一家公司，这个公司提供了 180 个工作岗位。"安德森的 Opsware 公司利用自动化技术和相关软件在管理位于偏远地区的巨型服务器群❶方面取代人工。通过利用自动化设备取代人工，Opsware 公司节省了资金，并把有才华的人力资源从日常杂务中解脱出来，投入到其他新领域中去。安德森说，只有当你认为你永远不再需要新药物、新的工业、新型的娱乐以及新式的咖啡屋时；只有当你的国家的工人不能通过提高知识技能承担新工业和新商业创造的工作任务时，你才会对离岸外包感到恐惧。

　　"是的，"他最后总结道，"只有理解经济学的理论，并最终相信这样的理论，你才会认识到将会有新的工作等待人们去做，但让人们接受这个理论很难。"但是，在我们身边，新的事物一直不断地产生，没有任何理由让我们认为这一现象在将来会有所改变。

　　大约 150 多年以前，90%的美国人在农业或与农业相关的领域工作。他们用骡马拉犁，用双手收割作物。今天，得益于农业的现代化，我们只需要不到 3%的农业人口就可以生产出全体国民所需的粮食甚至更多。如果当初我们决定对所有农业领域的工作提供保护和补贴，以抵抗工业化和后来的计

---

❶　服务器群技术可以最优化地分配每个服务器的负载，以达到服务器负载的最佳平衡。

算机化，那么现在将会是什么样子？如果骡马能够投票，就不会出现后来的汽车。我们所有人会真的比今天活得好？不可能。美国哥伦比亚大学贸易理论家巴格瓦蒂谈到，印度人和中国人确实在沿着产业链向上移动，并开始制造更多的知识密集型产品——美国一直以来所擅长的产品——所以我们在一些领域中的相对优势会减少。在某些领域里，工资将面临降低的压力，一些工作岗位将永久地转移到国外。这正是为什么一些知识工人不得不转换工作的原因。但是日益扩大的经济馅饼无疑会提供更多的新的工作岗位，等待这些工人去填补，同时这些工人又会具有新的比较优势，尽管新的比较优势现在无法预测。这取决于我们能够开发出多少新的服务和产品，而这方面的创造力应该是永远没有止境的。

比如，美国的半导体工业曾经一度在世界上占有统治地位，但后来，其他国家逐渐取得进步，并占据了该行业的低端市场。有些国家甚至在高端市场也同美国展开了竞争，于是，美国不断在市场中开辟新的领域。如果没有这个过程，就没有今天的英特尔公司。事实是，现在的英特尔生意兴隆。英特尔公司总裁保罗·奥特利尼（Paul Otellini）在接受《经济学家》杂志（2003年5月8日）采访时说，当芯片在某些行业应用并推动这些行业迅速发展时，更多的行业增加了对相关芯片的需求，这种需求促进了功能更强大、更复杂的芯片的研制生产。

一旦Google、雅虎和微软开始按计划提供视频搜索，必然产生对相关的各种设备和技术的需求，在7年前Google刚刚创立时，人们做梦也想不到这些设备技术。当然，实现这个过程需要经过很长一段时间，但这个过程一定会发生。巴格瓦蒂说，服务业正在发生的变化与制造业在贸易壁垒降低后曾经发生过的变化如出一辙。他指出，当贸易壁垒降低后，世界市场规模扩大，更多的竞争者参与到相同的生产领域，行业内的贸易规模越来越大，因为分工越来越细，越来越专门化。墨西哥专门生产轮胎，中国专门生产凸轮轴，美国则专门负责整体的汽车设计。当我们进入知识经济时代，你会发现越来越多的"服务业内部贸易"，因为随着服务部门的工作越来越复杂，越来越多的工作分离出去，成为新兴服务行业。

所以，父母们，如果你的孩子有一天从大学回来告诉你，他或她想成为一名"搜索引擎优化师",你一定不要感到惊奇。是的,你也许会做出这样的反应:"等等,你说什么,我把你送到大学是为了让你成为一名医生或律师!搜索引擎优化师到底是个什么鬼东西?你为什么不能成为像你叔叔那样的眼科医生呢?"但是,不要受这些传统思想的束缚。搜索引擎优化师只不过是平坦世界中涌现出来的新兴职业之一。这个职业是这样出现的:假设世界上有两家大型箱包公司——汤姆箱包和新秀丽公司❶。当某人在 Google 上搜索"箱包"时,如果在搜索结果首页上,汤姆箱包的名字在新秀丽公司之前出现,这将会为汤姆箱包带来巨大的利润。越来越多的人将点击汤姆箱包的网址,而且由于通过网站点击该公司网站的人往往是想要买箱包的人,汤姆箱包将借此占有市场的大部分份额。搜索引擎优化师(在贸易活动中,他们被简称为 SEOs)的工作是不断地研究主要搜索引擎所使用的算法,然后想办法设计出市场和网络战略,从而使你的公司网站在搜索结果中尽量名列前茅。搜索引擎优化师对算法如此着迷,因而被人称为"算法狂"。他们的工作综合了数学和市场管理——被平坦世界创造出来的全新的工作领域。还记得,你问过数学专业的朋友们:"你们将来打算用数学干些什么工作?"现在,你明白了吧。

搜索引擎优化工作已经成为一个庞大的产业,以至于 Google 开始在其总部为所有试图破解其算法的搜索引擎优化师举办年度舞会。2005 年 8 月 20 日,美联社在报道中这样描述了 Google 公司举办的舞会:"流淌的啤酒,欢快的音乐,卡拉 OK 和电脑游戏把总部晚会推向了高潮,但这场晚会的真正好戏却在 Google 公司总部的一间会议室上演。在那里,试图操纵 Google 的搜索结果以获得有利竞争地位的狡猾的网络公司老总们试图充分利用这一难得的机会与 Google 公司的顶尖工程师套近乎,双方斗智斗勇。编写 Google 算法的工程师尽管表面上附和说尽可能帮忙,但实际上他们是不会把'独家秘方'——Google 严格加以保护的用来排列网站的算法公式——告诉别人的。试图套近乎的努力使网络工程师们感到厌烦,像莎里·瑟罗

---

❶ Samsonite,美国的箱包行业中唯一一个全球性运作的大型公司,一直稳坐该行业头把交椅,已有 90 多年历史。

(Shari Thurow）就说道，如果想使自己的网站在搜索结果中的排列顺序靠前，最好的办法是提供有价值的信息和高质量的产品。"

没有任何证据表明，平坦的世界使李嘉图的比较利益理论过时。唯一出现的新情况是，在平坦的世界里，发达国家和发展中国家如何界定自己的比较优势，每个公司和每个人该如何适时地在新旧服务业和工业中选择自己的立足点。新的挑战正是来自于这里。在平坦的世界里，一个国家会比在传统球型世界中更快地失去在某个领域中的比较优势。比如，中国和印度现在可以在很多领域中与西方发达国家竞争，而这些领域在过去曾被发达国家垄断。如果这些西方发达国家想保持自己的生活水平，他们就需要对自己的战略做出调整，以更快的速度转移到更加新兴的领域中去。同时，随着印度和中国的发展，他们过去在低端市场——普通制造业和纺织业——的比较优势将会转移到像越南和马达加斯加这样的国家。没有一个国家能够摆脱这种经济发展规律。正如我一直试图要解释的那样，对于美国来说，好消息是，在平坦的世界中新兴行业的出现会越来越快，新的工作岗位会层出不穷。受过良好教育的美国人和欧洲人能够胜任这些工作，比如搜索引擎优化师。同时，由于大量的现有工作逐渐商业化以及更易于贸易，这些工作如波浪一样从发达国家涌向发展中国家，并成为这些国家的比较优势。

由于导致世界平坦化的 10 大因素的影响，越来越多的工作被细分，更多的复杂工作由发达国家来完成，相对简单的工作由发展中国家完成——他们各自发挥自己的比较优势。你将开始发现越来越多的创新来自中国和印度，而且，一些生产、设计和市场销售外包到了西方国家，因为西方国家有相应的比较优势。你将会看到所有这一切，所有的这一切都将同时发生。但是，只要每个国家的人们都在创造出新的服务和产品，使得经济蛋糕越做越大，只要人们能够不断地提高技能、适应这些新的工作，那么印度、中国、欧洲和美国的工人都会同时过得越来越好。

记住：印度人和中国人不是在把我们往悬崖下面推，他们是在把我们往高处赶——而这对于我们来说是件好事。他们需要高水平的生活，不是血汗工厂；他们需要高品质的产品，不是垃圾；他们想用小型摩托车和我们交换小汽车；他们想用钢笔或铅笔和我们交换计算机。他们越这样做，其对生活水平的需求就越高，我们在产业链顶端开辟新领域的空间就越大。因为一旦印度人和中国人使用了这些产品，他们会购买更多，从而导致多样化产品市场的形成，并促进各种专业化领域的出现。印度的科技企业从美国接收到订单之后开始转而利用一些新开发的技术和资源设计出新的产品。这些产品的使用使穷人摆脱了贫困线，逐渐加入到中产阶级的队伍中。一旦变成中产阶级，就有可能成为美国产品的消费者。中国和印度都在快速地从注重以低成本生产和仿制转变为注重低成本的自主创新。他们需要寻找创新来解决自身的问题。一旦他们获得成功——比如印度每年为每个穷人提供 10 美元的医疗保险计划，便宜的笔记本电脑，廉价的手机，甚至在加油站电话亭的因特网中售票的低价位航班（从班加罗尔到德里长达 3 个小时的单程飞行只需要75 美元）——这些努力将促使这些国家的人民赶上全球化的班车。2004 年11 月 11 日的《商业周刊》引用了塔塔的一个汽车制造厂的例子，这个工厂坐落于孟买南部的浦那。"在那里，一群年轻的设计师、技术人员和销售人员关注着设计图样并检查着样品——制造新型小汽车所需的钢和复合塑料。明年初，他们将设计出一辆紧凑型轿车的样品——这是塔塔集团最雄心勃勃的计划。这款轿车的售价定在 2 200 美元，公司希望这款车能够打败日本铃木公司生产的价值 5 000 美元的 Maruti 牌小轿车，从而成为印度最便宜的小轿车。他们还要将该车出口，并以此为其他发展中国家树立榜样。'这是当前印度人需要的国民车'，总资产 125 亿美元的塔塔集团总裁拉坦·塔塔（Ratan Tata）说。这款车预计 2008 年投放市场。发展中国家的投资者、管理者和工人们都能感觉到印度软件制造业和通信转接中心的冲击力。但这只是印度为发达国家服务的例子。现在，印度的企业家和公司如塔塔集团想转向为本国国民提供服务……金融、教育、医疗保健和汽车。在很多领域中，印度越来越需要物美价廉的产品，今年强劲的经济增长将进一步增强这种需求。'印度制造'的短语成了全球新经济中'低成本革新'的标牌。"

国际货币基金组织首席经济学家拉格兰·拉詹是 HeyMath.com 公司的董事会成员。这是一家富有创新精神的从事教育的印度公司，它利用印度的教师为新加坡和其他地区的学生提供家庭作业辅导。同时该公司还雇用印度、英国和中国的专家帮助公司设计各种教学方法，使六年级到十二年级的学生快速接受数学和自然科学课程的内容。在与新加坡公立学校——现在甚至扩展到美国的学校——的合作中，HeyMath 为老师们提供教学计划、用 PowerPoint 软件制作的教学讲义、在线家庭作业压缩包和其他各种教授数学和自然科学的方法。所有这些为教师节省了时间，他们可以把省下的时间专门用来备课，或用来与学生进行面对面的交流。HeyMath 公司总部坐落在印度的清奈，挣的却是新加坡或其他地区学校的钱。英国的剑桥大学也参与合作，提供综合质量控制，并指导教学计划和教学方法。

"参与者各取所需，都是赢家。"拉詹说，"这个公司的经营者是两个印度人，他们曾经在伦敦分别为花旗银行和瑞士信贷第一波士顿银行工作，后来都回到了印度并创办了这家公司……剑桥大学挣的是专长于某领域的公司的钱，印度的学生利用闲暇挣点零花钱，而新加坡的学生可以得到更好的学习成绩。"与此同时，印度学生所使用的教学软件是由微软公司提供的，计算机里的芯片则是由美国英特尔公司制造，印度的学生得到报酬后极有可能从惠普公司购买个人电脑。所有这一切真实发生的事情，你看不到。拉詹说："经济馅饼在增大，但没有人会注意它。"HeyMath 公司加入到世界经济中来，没有导致任何地区的任何人失去工作，相反，不同地区的很多人有了新工作——这些工作在 5 年前还不曾存在。

发表在《麦肯锡季刊》上的一篇名为《廉价劳动力不是唯一：经济发展之道》（2005 年 1 月）的文章对这个情况做了很好的说明："在意大利北部的大多数服装生产被转移到了成本更低的地区，但是就业率依然保持稳定。因为服装公司把更多的资源投入到服装设计和调配全球生产网络的工作中，从而又创造出新的岗位。"

要想煽动人们对自由市场经济和对公司把工作转移到海外做法的仇恨是很容易的，因为和中小企业增加 5 个、10 个就业相比，大公司裁员的增加更容易引起人们的关注，经常会被登在报纸头条。偶尔，也会有报纸对这个问题做更深入的探讨。我家乡的一份报纸——《明尼阿波利斯星论坛报》就是这样做的，它仔细考察了明尼苏达州的经济是怎样受到平坦的世界的影响的。2004 年 9 月 5 日，该报刊登了一篇名为《离岸外包对我们有益》的文章，这篇报道发自中国无锡："室外空气潮湿，弥漫着灰尘，气温高得像身在热带。而在厂房的里面，环境清洁，空气干湿适度，凉爽宜人，成百上千的工人从头到脚穿着像美国国家航空航天局职员穿的工作服在为总部在伯明顿的唐纳森公司工作，而这些人以前曾是农民。唐纳森公司在中国的员工达到 2 500 人，而它在明尼苏达州伯明顿的员工人数只有 1 100 人，前者是后者的 2 倍还多。某些产品如果放在美国生产，唐纳森公司是赚不到任何利润的，因为生产成本过高。通过在中国设立工厂，唐纳森又具备了生产这种产品的能力，由于成本下降，这种产品又重新进入美国市场。另外，在中国设厂，还为明尼苏达州增加了就业机会，从 1990 年至今，这种岗位大约有 400 个。唐纳森在明尼苏达州高薪聘请工程师、化学家和设计师专门设计新型的滤清器并由中国工厂生产，此外还有类似 MP3 播放器和数码摄像机。在中国进行生产使电脑硬盘价格下降成为可能，并导致产品需求上升。'如果我们不顺应这样的潮流，我们就会被淘汰出市场。'唐纳森公司负责硬盘和微电子器件的总经理大卫·蒂姆（David Timm）说。2003 年，全球观察公司估计离岸外包为明尼苏达州增加的岗位达到 1 854 个。到 2008 年，这家公司预计该数字将增长至 6 700 个。"

经济学家经常把中国和印度加入到世界经济体系中来与当年铁路把美国新墨西哥州与人口更多的加利福尼亚州连接起来时相比。维普罗技术公司总裁的维韦·保罗（Vivek Paul）说："当铁路修到城镇，你首先感觉到的是它巨大的运输能力，所有的新墨西哥州人都会说，那些加利福尼亚人将消灭掉我们铁路沿线的所有工厂。在一些地区确实是这样，位于铁路沿线的一些墨西哥州的公司退出了市场。但是从另一方面来说，资本得到了重新分配。最后，铁路沿线的每一个人都会受益。存在这样的担心是好事情，因为这种担心会促进人们去改变、去发现更新的事物并做得更好。"

这种担心还在铁路把纽约州与新墨西哥州和加利福尼亚州连接起来时出现过，在我们把西欧与美国中西部和日本连接起来时出现过，并且还将在把印度、中国和美国、欧洲、日本连接起来时出现。成功之道不在于切断连接你的铁路线，而在于提高自己的能力，激发自己的想象力、提升自己的技能、接受新的规则、建立新的教育机构，以便能够在不断扩大但是也越来越复杂的经济蛋糕中分得更多的份额。

第六章

如何避免平坦化的冲击

—— 寻找新兴中产阶级

世界平坦化的趋势可能会像过去的市场化进程一样很难停下来（但不是不能停下来），从整体来说这对美国社会是有好处的，但是个人如何从平坦的世界中得到好处？我们怎样向孩子们解释？

答案很简单：在平坦的世界里，有许多好工作等着你，只要你具备足够水平的知识、技术、创意和自我激励，就能够抓住机会。但是，我们面临的新挑战是严峻的。如果一个美国年轻人能够意识到他或她最终将与每一个中国人、印度人和巴西人竞争，那么他或她是明智的。在全球化 1.0 版本中，国家必须从全球的角度思考自己的繁荣之道，或者说至少是生存之道。在全球化 2.0 版本中，公司必须改变思路，而 3.0 版本是对个人的挑战，这不仅要求人们掌握一定的技能，还需要人们在心理上有一定的适应力、自我激励和应变力。我可以肯定地说，我们美国人能够在此轮发展中成为佼佼者。但是我也可以同样肯定地说，这不是一件容易的事，如同刚过去的 50 年中我们走过的路程一样，未来需要我们付出很多辛苦。我们每一个人必须更加努力，以更快的速度前进，才能保证我们的生活水平不断上升。

"全球化已经从行业领域发展到个人领域，" 维普罗技术公司❶的总裁维韦·保罗说，"今天的人们在从事各种各样的工作时，会感觉到国际分工是怎

---

❶ 印度第三大软件出口商，最大的独立软件开发商。

样起作用的：'我在和印度的某人合作。我在从某个中国人手里买东西。我把货卖给了某个英国人。'我认为正在发生的事实是，在个人层面，这种国际范围内的整合达到了一个前所未有的高度。结果，我们惊奇地发现，对于每个个体而言：'不仅我的工作要在某条全球供给链中找到位置，而且我自己也必须懂得竞争并掌握适合生产链中工作岗位要求的技能。我完成这项工作的质量应该像世界上其他人完成的质量一样高甚至更高。'"今天，这种不必由别人敦促的责任感比以往任何时候都深入人心。在很多全球化的公司中，你必须每天通过自己创造的价值和独特的技能证明你有资格继续呆在这个岗位上，否则就会被淘汰。

总之，在工作中表现平庸从来不是一件好事，但是在世界市场尚未破除壁垒的时候，平庸之才依然可以得到一份不错的收入，你可以一直这样混下去。然而在平坦的世界里，你无法再平庸下去或对你的工作缺乏热情的。在平坦的世界里，你不愿像《一个推销员之死》中威利那样。威利相信自己即便是一个推销员，即便工作上不尽如人意——激烈的市场竞争让他处处碰壁，但他仍有一个美丽的梦，梦想自己有一天会出类拔萃，可是他的儿子比夫却不领情，认为他的老爸根本就是一个跟不上潮流的失败者："最新产品！一毛钱一打！你就是一毛钱一打！"愤怒的威利反驳道："我不是一毛钱一打！我是威利·洛曼，你是比夫·洛曼！"

我不愿意与我的女儿们进行那样的对话，所以在这个平坦的世界里，我对她们的建议简明又直率："当我还是孩子的时候，我的父母像他们那一代的无数美国父母一样，常常对我说：'汤姆，把你碗里的饭吃干净，别忘了中国人（或印度人）正在挨饿。'我对你要说的是：'孩子，去做你的作业，别忘了中国人或印度人正对你的工作岗位虎视眈眈。'"在平坦的世界里，没有所谓的美国人的工作，任何人，只要有能力，都可以参与竞争。与以往不同，不论这个人在世界哪个角落，只要他是最好的、最聪明的、最有生产力的或成本最低的，这个工作就非他莫属。

组成钟形曲线中间部分的新成分

在平坦的世界里，仅仅完成你的家庭作业是不够的，你还必须选择合适的家庭作业。因为，在平坦世界中竞争的公司远不是只做了微调，它们正在改变整个工作模式和方法。这意味着，学生也必须调整其所学，教育者必须调整其所教。他们不能总抱着过去50年中那些老套的内容和方法。我在本章和第七章中所要讲的就是这些内容：成功的公司和企业家创造了哪些中产阶级的工作？工人们如何为获得这些工作做准备，以及教育者怎样帮助他们获得相应技能。

让我们从头道来。对于个人来说，在平坦的世界中生存的关键是想办法使自己成为"免受平坦化冲击的局外人"。没错，当世界变得平坦后，社会层级颠倒了过来。在印度，社会最底层人民是社会发展的"局外人"，但是在平坦的世界里，每个人都应该努力成为"局外人"。在我的词典里，"免受平坦化冲击的局外人"是指那些工作不会被转移到发展中国家的人、那些工作不会被数字化或自动化的人。记住分析师戴维·罗斯考夫的话，大多数工作不是淘汰给印度或中国，而是"淘汰给了过去"——即数字化和自动化替代了传统人工操作。《纽约时报》华盛顿办事处过去雇用电话话务接待员，现在录音程序和语音邮件已经取代了人工操作。传统的话务接待工作并没有转移到印度，而是被微型芯片淘汰。世界越平坦，越是有更多的工作被数字化、自动化或转移到落后地区。南丹·奈利卡尼喜欢把平坦世界中的工作分成"可替代的和不可替代的"。所谓可替代的是指能够轻易被数字化、自动化或转移到国外的工作。平坦世界中最与众不同的特色之一是，有越来越多的工作，不仅仅是制造业的蓝领工作，还包括服务业的蓝领工作，逐渐变得可替代。相比从前，由于越来越多的人从事服务行业，越来越多的人也将受到影响。

我们生活的世界里，越来越多的东西会变得可贸易。普林斯顿著名的经济学家阿兰·布兰德，在其一篇充满智慧的名为《离岸之忧》的文章中解释道：

在任何时候，科技水平——尤其是交通和通讯技术——在很大程度上决定了哪些商品和服务容易进行贸易，哪些不容易或不可能进行贸易。简而言之，经济学家习惯上把世界上的商品和服务分为两大类："贸易品和非贸易品"（即南丹·奈利卡尼所说的"可替代的和不可替代的"）。传统上讲，任何可以被放进包装箱并被运输的物品（可粗略地认为是制造品）都可以被归类为可贸易品，相应的，任何不能被打包的（像服务）或过于沉重不便运输的（像水泥）则是非贸易品。但是现在，这种分类方法已经过时了。

由于科技不断地进步，交通运输变得越来越容易、成本逐渐降低，贸易品和非贸易品之间的界限变得越来越模糊……随着时代的发展，越来越多的东西可以进行贸易。值得一提的是，包装箱已经不再是过去的样子了。如果你把一个物品放进包装箱，这个物品就是贸易品——这种想法太陈旧了……大量的数字化信息已经代替了过去包装箱所扮演的角色，许多服务已经是可贸易品了，而更多种服务也将变得可贸易。

让我做一个大胆的预测：未来，甚至在很大程度上讲就是在当代，一种物品是否能够进行国际贸易的关键不再是看其是否能够被包装而是看一种服务是否能够被以电子的方式进行长距离传输，并且在传输过程中不会导致质量降低。可贸易的大量服务即人们所说的新新事物。毫无疑问，这些新新事物还会大量涌现。（普林斯顿大学经济政策研究中心第119号工作报告，2005年12月）

如果这是世界经济的发展方向，谁会在这个过程中成为免受平坦化冲击的局外人呢？哪些工作有可能成为可替代的，容易被自动化、数字化所淘汰呢？我把免受平坦化冲击的局外人简单地分为三类。

第一类是有特殊天赋的人或掌握一些特殊技能的人，比如迈克尔·乔丹、麦当娜、埃尔顿·约翰、J·K·罗琳[1]、你的脑外科大夫以及国家卫生研究所的研究癌症的一流学者。这些人提供的产品独一无二，无人能够替代，因此不能被转移到国外，不能被自动化或通过电子方式传输。这些人可以免于受到平坦化

---

[1] 哈利·波特系列作品的作者。

的冲击。由于在全球范围内，对这些人提供的产品或服务有大量的需求，所以这些需求可以把他们的工资提高到相当的高度。

第二类是工作与某个地区有紧密联系的人。他们之所以免于受到平坦化的冲击是因为他们的工作地点是固定在某个区域的，因此他们熟悉当地的情况，或者他们熟悉与之面对面地打交道的顾客、客户、患者或观众。通常这些工作也不能被数字化，难以被别人取代。比如我的发型师、我吃午饭的餐厅的女招待、主厨、管道工、护士、牙医、本地歌手、按摩师、零售商、修理工、电工、乳母、园艺工人、女清洁工和离婚律师。这些人中，既包括社会地位较高的工作者（离婚律师、牙医），也包括一些手艺人（管道工、木匠），还有社会地位较低的工作（收破烂的和女仆）。不考虑这些工人具体的手艺如何，从总体上讲，他们的工资水平是由当地市场供给和需求决定的。

接着，就是第三类人。他们从事的是中产阶级工作——从工厂流水线，到数据录入、证券分析、会计以及放射医学等——这些工作在过去曾被认为是不可替代或不可贸易的，而现在，由于世界变得平坦，他们已经转变为可替代和可贸易的了。我把这些工作称为"旧中产阶级"工作。许多从事这种工作的人现在面临着来自平坦世界的压力。正如南丹·奈利卡尼所说的："美国面临的问题实际上就是中产阶级的问题。因为指望当一个会计就可以过上安稳生活的日子已经一去不复返了。许多中产阶级都是这种旧中产阶级……除非形势的逼迫，否则他们是不会对自己的知识技能进行再投资的，结果导致许多人都吊在同一棵树上。"

有些人已经注意到了这一点。他们注意到新机器的出现或印度的工人正在使得他们的工资停止增长，尽管他们更有竞争力，他们的公司有更多的利润。

在现实生活中，这是如何发生的？2006年11月2日的《纽约时报》报道："Jack Drake 比普通的美国人更清楚地知道美国经济最近几年是如何的强劲。他为亚特兰大的一个媒体公司工作，每天要做的事情就是记录上市公司召开的研讨会上的发言，以便给分析师和投资者提供金融信息。他说，'我每天都在听那些首席执行官们解释他们的公司业绩如何的好。'但是42岁的 Drake 先生抱怨，大幅增长的公司业绩和高速增长的美国经济都没有给他带来好处。他每年的年薪是 4.7 万美元，过去五年都没有加过薪。Drake 说：'医疗的费用提高了，能源的价格提高了，但是我的收入却没有改善。'Drake 先生和数百万受过教育的美国中产阶级一样，看到他们的收入始终没有提高，他们开始抱怨技术进步和全球化。Drake 说：'尽管我的工作很难被外包，因为做这个工作得熟悉很多专业知识和商业术语，但是老板一直在拿外包作为潜在的威胁，不给我们提高工资。'"

　　我们该怎么做？首先，我们要全面的看。是的，发达国家白领工人的平均工资一直没有提高，但是这些工人拿这些工资可以买到更多的东西，因为全球化不仅使得他们的工资出现了停滞，也使得价格不断下降。中国持有超过 1 万亿美元的美国国库券，使得美国能够保持较低的利率，这使得很多美国人能够以较低的利率买房子。由于全球化，我们也能够以非常低的价格购买平面电视、手机、电脑、鞋子、衣服和汽车。全球化影响的不只是工资，它也影响到价格。

　　尽管如此，我们是否能使全球化进程继续发展，取决于各个阶层的工人是否认为全球化和国际贸易能带来更多的积极作用。全球化是否不仅能让他们买到更便宜的 DVD，还能让他们的孩子受到教育，给他们的家人提供医疗保险，就像他们的中产阶级父母过去能够做的那样。如今，中产阶级的工资难以提高，工作日益不稳定，但公司高管的工资却越来越高，这是个不好的现象。仅仅给他们上一堂李嘉图理论的课，不会让人们感到满意。过去，美国人从来不会仇恨富人，只要他们会感到自己也有公平的机会变得富裕或发达。所以，如果太多的人们感觉自己被抛弃了，那么美国一直所吹嘘的政治稳定就会摇摇欲坠。

　　美国经济过去看上去就像是一条钟形曲线，中间有一个巨大的凸出部分。这个凸出部分代表着中产阶级的工作，它不仅是美国经济稳定的基础，而且是政治稳定的基础。没有广大的中产阶级队伍，我们的民主制度是不会如此坚固的。如果这条钟形曲线变为两头大中间小的哑铃形曲线，美国是承受不起的。哑铃形曲线难以保证经济上的公平和政治上的稳定。前克林顿时期的国家经济顾问吉恩·斯珀林正确地指出："我们要么一起成长，要么分崩离析。"

我想再次指出，我们应该如何去做？显然，我们应该使税收制度更合理。我之后会进一步详细地谈到这一点。靠筑起围墙显然也不是问题的答案。我们不想扼杀导致美国经济如此独特的开放和灵活。我们希望更多的美国工人能够参与全球化，能够留在富裕的中产阶级，甚至进一步上升。对那些受过教育的熟练工人的需求比过去都要旺盛，这些工人能够更好地适应技术的变化。《商业周刊》2007 年 2 月 9 日的报道说："1979 年，大学毕业生的工资平均比高中毕业生高 38%，现在这一差距已经达到 75%。"

在我们需要做的各种工作中，首先要做的是确定哪些是新的中产阶级工作，哪些工作可以避免离岸生产、自动化和技术变化导致的工资降低，为了得到这些工作，工人需要受到何种教育，掌握何种技能。在美国，新的中产阶级不断涌现，这就是为什么在世界变得平坦的过程中，美国没有出现大规模的失业。但是为了得到和保住这些工作，你必须掌握特定的技能，它们能够使你更特殊、更专业化、更难以被排挤、更容易提高自己的工资。

新兴中产阶级

到底是什么技能呢？为了回答这个问题，我来到一些在平坦世界中取得成功的美国公司，问了一个简单的问题："很显然，你们这里有许多新兴中产阶级的工作。请问什么人能够在这里工作，他们在做什么工作？"接着，我得到了一个关于新兴中产阶级工作的清单，以及从事这些工作所需要的技能。这些信息就好像是平坦世界中的"求救"广告。

伟大的合作者

很明显，许多新兴中产阶级的工作需要与他人合作或需要公司内部各部门之间及公司之间的合作，尤其是那些从世界各地雇用不同国家员工的公司。所以随着越来越多的公司把业务拓展到全球，加入全球供给链，新兴中产阶级工作中最关键的是一种管理人员，这种管理者可以协调供给链的各个组成部分，实现七大洲、一周 7 天、一天 24 小时不间断生产。

我最初理解到这一点是在 2005 年的夏天，当时，我带着我的女儿奥莉（Orly）来到班加罗尔。她在那里充当志愿者，在郊外的一所学校里担任教师。一天，她和我一起去拜访我在 Infosys 的朋友。当我们到达 Infosys 总部时，女发言人带领我们在大厦里参观了一番。当我们走过大厅时，她顺便说起："我们的实习生听说你今天要来这儿，他们问你是否可以给他们讲几句话。"

没问题，我说，我愿意。我总是喜欢和这些年轻的印度人交流。

"不，不，"她纠正道，"不是印度人，是来自美国的实习生。"

"你们公司里有美国实习生？"

没错，她说。那年夏天有 9 000 个申请者竞争 Infosys 的 100 个实习名额。这些申请者主要来自北美、中国、法国和德国。实习生 Vicki·陈来自美国加利福尼亚克莱门特学院，有中国血统，学习商业。我问她为什么要来班加罗尔实习。"所有的业务都转移到了印度，所以我就跟着来了，"她说，"如果这里是众人仰望的圣殿，你就应该在这里接受教诲，这样，当你走出圣殿，你在别人眼里就会变得更有价值。"

如同公司首席执行官南丹·奈利卡尼向我指出的，坐落在班加罗尔的 Infosys 是世界上最大的承接外包业务的公司之一，"30% 的员工来自印度之外的国家和地区"，这些员工在当地从事前沿技术的研究、招揽新的业务、开发新软件，以及维护现有账户。"有许多好工作包含了这种全球合作，"奈利卡尼说，"假如你在一家大型制药公司工作，而这个公司开始在印度进行大量的研究。你需要帮手为你去跟华盛顿的美国食品和药品管理局打交道，并应对当地市场的各种问题。在全球性生产中，总会涉及一些本土问题。"这些新型合作存在于销售、市场、保养维修和管理工作之中，但其共同点是需要工作者无论何时都具备良好的横向合作能力，能够在全球化的公司（其总部也许在北京或班加罗尔，不是波士顿）中愉快地工作，能够针对当地市场调整自己的服务。这是一种能够协调、调动、激励及管理多维、多元文化的工作队伍的能力。

尽管良好的人际关系在任何职场都是必要的，但是在平坦的世界中更加重要。由于许多产品将通过全球生产链合作制造，因此，很多新兴中产阶级工作的内容就包括如何让生产链运转得更有效率。生于委内瑞拉的研究科技与社会经济发展的专家卡洛塔·佩雷兹（Carlota Perez）说："全球网络越复杂，公司越希望在技术规格、兼容性、研究和设计、全球市场、分销渠道、数据分享以及安全性等方面开展合作和加强管理。"在这条链上，有许多新兴中产阶级的工作。

还有另外一个原因，使得一个好的合作者或团队领导能够得到好的工作。硅谷的风险资本家约翰·多厄（John Doerr）说："我们并不缺好的点子，我们缺的是能够执行的人才。很多人都觉得硅谷的企业家是一个人孤单单的在车库中干出来的，事实上，必须有一个团队才能取胜，才能把新的点子变成产品。"产品和服务越是复杂，团队就越庞大。多厄说，这意味着"我们需要能够和别人顺利合作的成员，更需要能够和成员交流、解释并激励大家的团队领导"。风险资本家所做的不是简单地开出一张支票给刚刚创业的企业。风险资本家做的最重要的事情是找到一个有管理才能的人才，能够带领和激励整个团队，使得刚刚创业的企业走上正轨。

复合型人才

我们越是扩展知识的边界，加强创新，越会导致更多新的突破。新一代的热销产品和服务来自于把完全不同的东西结合在一起，而这种结合，在以前你做梦也想象不到。比如，搜索引擎优化工作把数学家和市场专家结合在一起。生物科学的下一阶段的重大突破将得益于计算机工程师。他们能够与制药公司合作绘制人类基因组，而制药公司可以根据基因组信息研制挽救人类生命的药物。这种结合将产生新的工作岗位。当我写作本章时，最时髦的行业之一是所谓的"mash-ups"，其内容是把两种不同的网络工具结合在一起。比如，一些本地的房地产经纪人把 craigslist.org 和 Google.com 结合起来。这样，某一个特定地区中，卖房和出租房屋的人的信息就全部可以通过 Google 地图查到，而且所有信息每秒可以更新一次。

"你可以培养出艺术家与分析师相结合的复合型人才吗？" Infosys 的首席运行官 S·克里斯·戈帕拉克里希南（S. "Kris" Gopalakrishnan）一天在班加罗

尔问我。"如果综合性的工作能够创造出新的价值，那么你就需要复合型人才。传统的解决问题方法是把其分解成各个部分，逐个解决，但是现在，解决问题的方法是把分散的东西综合起来，从整体入手。IBM 公司过去同时生产芯片、计算机和软件。但是你看戴尔，它从不自己设计和制造电脑。它只负责把各种零件采购回来，组装后把成品送到顾客面前。戴尔的价值在于综合能力，它在这方面比任何人都做得好。关键是按照客户的要求进行组装……所以，在一个组织，你既需要各方面的专业人才，也需要可以把各种能力综合在一起的复合型人才。当前在印度和 Infosys 公司正在发生的事实是，我们正在强化为客户提供综合产品的能力。我们能够察觉到当今行业中的潮流，并预计到潮流的发展趋势。"

杰夫·瓦克尔（Jeff Wacker）在电子资讯系统公司 (EDS)负责分析未来行业发展趋势，他曾经在公司备忘录中预测未来 15～20 年内什么工作最热门。其结论是 CIO。"虽然字母缩写同样是 CIO，"他写道，"但今后的 CIO 指的是首席综合官，而不是现在的首席信息官。信息技术已经根植到商业的各个领域，高科技公司已经从单纯的提供技术转变为将各种生产活动进行综合。"

讲 述 者

复合型人才越多，我们越需要管理者、作家、教师、电影制作人、记者和编辑，他们都是很好的讲述者，能够把复杂的事情用简单的语言表述出来。马西娅·洛克雷也是一位在 EDS 工作的企业设计师。她是一个典型的新中产阶级者，她学会了如何成为一名讲述者。把某些东西解释给别人，比专注于自己的工作更为重要，她在我访问 EDS 总部时对我说："我这里有很多人能够编写软件，"她说，"但是有些人不得不走到顾客面前解释：'这个软件是专门为像你这样的用户设计的，把它装在你的系统里，会对你有很大帮助，现在仅售……美元。'"

想一想，如果你能够把复杂的问题用简单的语言解释给别人，让人听懂，那么你得到客户订单的机会就比较大。因为你知道该对客户讲什么，同时，你让客户得到的信息越多，你越是一位出色的讲述者。亚马逊网站的价值不仅仅在于以低于标价30%的价格卖给你书，还在于它能够帮助你迅速和方便地畅游书海，找到你感兴趣的书籍。

霍华德·弗里曼（Howard Freeman），53岁，在科罗拉多的阿斯蓬开了一家承担定制照片业务的摄影工作室，名字叫做"幻灯片大师摄影"。我们是碰巧认识的。他是我的滑雪指导。一天午饭后，在白雪覆盖的山顶上，他对我讲了他的生意的发展历程，随后，我告诉他，他已经成为新兴中产阶级中的讲述者。事情是这样的：

1977年当弗里曼的生意刚开张时，他专门处理、复制和放大由职业摄影师或高级业余爱好者拍摄的幻灯片。比如那些将在《建筑文摘》上发表的图片。但是由于技术的传播与融合，以及数码照相的兴起，拍摄幻灯片和其他胶片摄影的人越来越少。

原来的业务越来越少，而弗里曼发现自己每天要花费越来越多的时间向顾客解释如何使用数码照相机以及如何使用计算机处理和修饰数码照片。就这样过了一段时间，他发现自己每到下午5点的下班时间都会筋疲力尽，可真正的业务却没做多少。他把自己所有的时间都用来为客户或员工解释数码相机的好处和使用方法。

突然有一天，他认识到，既然这样，倒不妨把解疑释惑作为自己的工作。2006年初，他把自己商铺中用于放大幻灯片的大型打印设备处理掉，然后买了12台电脑（大多数是苹果机）和一些数码照片打印机。他和他的员工不仅用这些电脑处理客户的数码照片，而且创造了一个全新的作为讲述者的职业。他们邀请潜在客户在喝咖啡或其他的时间来到店里学习如何使用最新的计算机软件对数码照片进行加工、润色和处理等复杂的工作。他们也走出公司，主动上门讲授课程，到办公人员的家中或使用电脑进行工作的公司里，这样可以实现即学即用。

"我们过去出售胶卷、冲洗并打印照片同时免费提供咨询，"弗里曼说，"现在，我们出售咨询信息，同时不放弃其他业务，只不过这些业务所占份额很小而已……我们的主要业务成为了解释自己业务本身。"

考虑到这一点，弗里曼告诉我他不得不以另一种方式考虑其员工的去留问题。不善与人打交道的纯粹的后台技术工人不再吃香，具有较强交往能力的人才变得更加有价值，他们通过让客户了解数码技术，可能成为潜在客户的发掘者。

杠杆作用

第一个把信息技术外包的人是罗斯·佩罗（Ross Perot），他曾于1992年参加过总统竞选。1957年，他从海军退役后，在IBM担任销售员。在那里，他利用下班的时间使用公司的电脑（那时电脑还不普及，而且非常昂贵）为其他公司提供数据处理的服务。佩罗于1962年离开IBM，成立了EDS公司，专门从事数据处理业务，并获得了许多大公司甚至美国政府的订单。这些工作现在看来就是所谓的商业生产过程的外包，只不过由于世界的平坦化，外包的地点从得克萨斯转移到了班加罗尔。由佩罗1984年创建的EDS至今仍然做外包工作，在世界范围内与印度公司展开竞争。

2005年11月，我访问了EDS在得克萨斯州布兰诺的工作园区。园区中央的草坪上，一座由玻璃与钢筋结合而成的现代化建筑拔地而起，这便是系统管理中心（SMC）。有一块专门为访问者开放的参观区，其中摆放着坐椅，好像家庭影院。当你进来后，窗帘关闭，工作人员退出，接着一个巨大的控制室出现在你面前，就好像是美国国家航空航天局在监控登月发射。控制室中有7块巨大的墙式屏幕，在这些屏幕下面是小型电视监控器，再往下是100台左右的个人电脑。今天，只有大约20个人在使用电脑，因为只要几天时间，20个人就可以完成10年前100个人所做的工作。EDS和具有廉价劳动力优势的印度竞争的唯一途径是提高单个雇员的工作效率。现在这20个人能够及时利用各种先进技术高效地进行工作。

说到这里，我有一个问题：下面的这20个人是谁？他们为什么没有受到自动化和外包的冲击？我是这样认为的：当系统管理中心建成后，有100个人轮流在这里工作，眼睛时刻不停地盯着屏幕，因为当你在处理其他人的数据时，你不能保证自己的电脑或其他电脑随时处于正常运行状态，如果电脑临时出了问题，那么公司的业务就会受到很大影响。所以系统管理中心的工作者们不得不同时监控着各种不同的显示屏，查看每个顾客的数据处理情况。你也许会发现 1 000 条有用信息和一条错误信息——如果漏掉的话，你将吃不了兜着走。

当时，一些在系统管理中心工作的人没有上过大学，更不用说使用计算机了。EDS 只是简单地训练他们时刻不停地盯着屏幕，一旦发现错误信息就发出警告。所以，如果你突然得到一条"无法提供此项服务"的消息，以及来自客户中心的电话时，作为操作员，你的工作就是在四个不同的显示器上搜索有用的信息，查出导致问题的原因。是路由器的原因？还是服务器的原因？两个不同的操作员会采取不同的方式查找，并得出不同的答案。

随着时代的发展，EDS 可以通过越来越多的自动化设备查询问题的原因。"现在，我们已经不再通过人工监视屏幕了，"带领我参观 EDS 的向导说，"如果有问题，屏幕上会自动显示出'路由器出现故障'等提示信息。"也许你会对自己说，现在你可以不必受更多的教育就能够胜任那 20 个位子的工作。但事实正好相反。只有掌握科技的专门人才才能在 EDS 找到工作。他们能够精确地设计出电脑程序，使别人能够更轻松快捷地工作。这些人能够免于受到平坦化的冲击。现在 EDS 的新兴中产阶级工作岗位至少由会操作这些新程序的人占据。这意味着什么？

今天，坐在 20 台电脑前的人都是精通相关技术的电脑工程师。EDS 的未来发展分析师杰夫·瓦克尔说："我们现在寻找的雇员，不仅要能够找到问题，还要能够迅速地找到彻底解决问题的方法，不让这个问题再次出现……他们不仅能够抓到鱼，还要会切鱼片和播种鱼苗……他们发现问题、解决问题、重新设计系统，既治标又治本。"对系统的重新设计必须符合标准规范，这样，当你解决了这个问题后，新的系统可以应用于 EDS 系统，实现系统优化，如果更好的话，还可以把这些技术出售给客户。

"现在我们需要的人才应该知道如何把各种不同的东西结合在一起——但这些结合并不是仅仅指从我们的电脑到客户的电脑，"瓦克尔说，"而是指把我们的业务同我们客户的业务以及客户的客户的业务结合起来。我们客户的客户也许是戴尔电脑的供应商，所以你的雇员必须了解戴尔公司以及它的运作理念。"比如，EDS 为一个加拿大木材公司工作。为了更有效率，木材公司需要使用有关技术系统在树木被砍伐以前确定其是否将被用来做纸浆或木料，哪家工厂将对其进行加工，哪个零售商将购买，甚至每一块木料的精确尺寸以及这些木料将被用来建造哪些建筑、家居或办公室。如果 EDS 能够帮助加拿大木材公司完成上述工作，让建筑设计师的设计数据和原材料承包商提供的数量及木材公司砍伐的数量有效地协调一致，将会使任何一方节省资金、减少浪费、降低运输费用和增加利润。

美国的长期经济增长和生活水平提高依靠的是杠杆技术，这使得我们能够和廉价的外国劳工竞争。我们的重点是提高劳动生产率，使得我们的产品比别人更便宜，但工人的工资比别人更高。我们需要把计算机和通讯技术的潜力和我们能够培养出来的最优秀的劳工结合起来。我们需要把人类积累的新的最好的实践经验和计算机系统结合，实现系统升级，使机器与人的结合具有更高的生产力。在这个过程中，存在很多新兴中产阶级工作。

适配器

加特纳集团是一家科技咨询公司，他们创造了一个新的术语来描述信息科技世界发展的趋势，即从现在的专家转变为无所不能、样样精通的人才，就是"多面手"。培养多才多艺的工人，发现多面手及愿意被培训成多面手的工人"将成为职业培训的新标语"。加特纳公司的一份研究报告指出，专家型工人通常在很窄的领域内拥有高深的技能，他们的能力只能被识货的人发现，在其擅长的领域之外，他们立刻变得无用武之地。万金油型工人什么都会点，什么都不精通，他们虽然可以根据需要迅速转变，但却难以赢得工友和顾客的信任。相比之下，多面手样样精通，能不断学习新的技能，与别人建立良好的关系，承担新的工作任务。多面手不仅善于适应还善于不断地学习和成长。TechRepublic.com 引用西门子商业服务培训处主任乔·桑塔纳的话说："面临平坦的世界、更少的预算和更少的工人，企业管理者需要发掘工人最大的潜力。不能再把工人看做专用工具，而要让他们变成瑞士军刀。那些'瑞士军刀'正是多面手。"

让我们面对这个现实，我的孩子们不太可能像我一样为同一家公司工作

25 年了。他们必须使自己更加具有适应性,像瑞士军刀一样。美国前总统克林顿的经济顾问吉恩·斯珀林(Gene Sperling)是《支持增长的进步者》的作者,也曾经对这个问题做过很好的论述。他对我说,今天的工人竞争工作岗位非常像奥运会上的运动员竞争奖牌,只有一点不同:"工人们就像一些为奥运会做训练,却不知道自己将参加什么比赛的人,"斯珀林说,"他必须做好准备应对任何挑战。"

如果这些是真的,那么我在 EDS 总部遇见的企业设计师马西娅·洛克雷(Marcia Loughry)就应该是奥运会的金牌得主。她对我介绍了她是如何改变发展道路,进入新兴中产阶级行列的。

"有时我觉得与其说我是有计划地迈进中产阶级行列,不如说是误打误撞过来的,"这位 48 岁的具有极强适应能力的人跟我说起她在 EDS 走过的辉煌历程。"这一切开始于 1978 年。我想我要成为一名会计,所以我来到了北得克萨斯大学,但随后我就对那种生活失去了信心,于是,我退了学,参加了夜校,学习打字和速记,并在 EDS 文字处理中心找到了一份工作。"那时,个人电脑还没有普及,所以洛克雷只是在一台简陋的文字处理器上工作,负责打印销售报告。然而过了几年,每个人的办公桌上都摆上了个人电脑,于是销售代表自己就可以打印其销售报告了。文字处理中心的工作走到了历史尽头。

"之后,我转到主机系统负责桌面编印工作,"她说,"那种工作稍微有些专业化,包括用计算机格式化文本和准备编排文件。但不久,借助越来越先进的电脑软件,个人就可以独自完成操作。于是,这个工作也报销了。"

自那以后,洛克雷曾经在短期内帮助 EDS 的同事学习如何自己进行桌面编排工作。"我通过把格式化过程自动化使人们自己编排文件,"她说。后来,她又在 EDS 的呼叫中心和咨询台工作。"我只在那里工作了一年,因为,当我在咨询台工作时,我意识到如果我对网络了解得更多,我会在咨询台工作得更加出色,"她回忆道。"所以有一天,我摘下耳机,问在系统管理中心工作的萨姆·比林斯,'我怎么才能了解你做的那些工作呢,你可以教我吗?'他同意了。于是,他让我观察他的工作过程,并从其办公桌下拿出一本手册,说:'你应该先了解一下这些东西。'当他处理故障的时候,便会给我看一张网络图，'我们假设一种情况：你接到客户一连串的电话，他的系统出现了这个症状。这意味着什么？你必须具备很多相关知识才能指导客户。'"

洛克雷逐渐认识到，她需要提升自己，这样才能增加与别人竞争的实力。"有许多人懂技术，那么我凭借什么脱颖而出，竞争到工作岗位呢？"她问道。"我总结到，我必须不断地学习，因为新事物层出不穷。那时，我才理解到我就是'马西娅公司'。我有责任让自己与时俱进，学习各种新知识，而这只是行动的开始。我还觉得我需要一些证书。"那时，EDS在使用 Novell Netware 作为其主要网络操作系统。洛克雷开始自学相关课程，并通过了该系统操作水平的认证。周末，她会来到公司看工程师们摆弄新服务器。

"他们很愿意帮助我，我猜是因为他们觉得我有很强的好奇心，于是，我得到了一些实际经验，"她回忆道。"一天，一位经理叫住我说：'系统管理中心发展很迅速，'他说，他有 5 个空缺的职位，让我挑一个。我挑选了 Windows NT——微软网络操作系统，于是，我成了系统管理中心的最初的几个 NT 服务器技师之一。后来，在我的参与下，公司建立起了一支技师队伍……接着，我又开始跟随一些系统设计师学习。我脱产到学校学习网络课程，最终成为工程师。在这个过程中，她还写了一本书《新手指南》。洛克雷说，"所有这些使我在 EDS 中崭露头角。我需要证明我不仅仅是一名眼睛盯着显示器的技术人员，我还想要证明我可以和那些重量级人物同台竞争，我可以在他们的地盘上占有一席之地。因为如果要做最好的员工，你必须要发表文章、申请专利和参与全球重要项目。"今天，马西娅·洛克雷已经成了 EDS 技术人员中的第二号人物——企业设计师。

洛克雷是一个单身母亲，她说她的儿子是一个海军预备役军人，最近刚从伊拉克回来。"我跟他谈了很多话，但我不知道他是否听进去了，"她说，如同每一个母亲关心自己儿子那样，她告诫儿子："深厚的技术功底和数学与自然科学知识可以把你领进门，但不能保证让你永远呆在里面或获得巨大成功。某一领域里的能力仅仅是入门基本要求。真正能保住你的位置的是要形成更为广阔的视角。随着世界变得平坦，公司也在平坦化，而你必须能够从公司、顾客和市场的角度发现新动向。你不能只是眼睛盯着显示器埋头苦干。"

回头看看自己走过的路，洛克雷说，以前的那些工作都被历史潮流淹没了："那些工作在某些程度上要么被自动化了，要么已经转为由印度人在做……我能够在这个潮流中幸存下来得益于我坚韧的决心。我喜欢学习，而这里有很多值得学习的东西。"但洛克雷知道，即使是企业设计师也不是高枕无忧的。"我绝不只是在适应，而是主动进取，"她说。"萨姆很久以前告诉过我，'要同时做三个领域里的专家，但也要知道这三个领域将是不断变化的。'所以，我尝试对这三个领域这样分配：一个是我现在精通的，一个是与现在的领域紧密相关的，还有就是我下一步要涉足的。"

对了，我忘了说，马西娅·洛克雷现在仍然没有拿到学士学位——她总是忙于事业。"现在，我正在学习地理课程，"她笑着说。"我的学习时间不够多，还没有毕业。要是我花费在理财和科技课程上的时间能加到地理课上就好了。"

环境保护

当中国、印度和前苏联的 30 亿人在很短的时间里走到世界舞台上与我们同台竞争时，他们每个人都想拥有住房、汽车、微波炉和冰箱。如果我们不学会如何用较少的能源做更多的事，同时形成更少的污染，那么我们的环境将面临巨大的灾难，我们的孩子将无法继续在地球上生存。所以，许多贴着"可持续"和"再利用"标签的工作岗位，比如可再利用能源和环境可持续发展体系将大量出现。这将是 21 世纪最大的产业。

如同卡洛塔·佩雷兹（Carlota Perez）指出的："中国、印度和其他发展中国家或前苏联国家越是向工业化迈进，环境问题越严重，需要保护、调整和占领的市场越广泛。"这些大国的进一步发展会产生对环保行业的需求，日益严格的全球环境保护规章也会促成这些行业的出现。

史蒂夫·尤尔韦特森（Steve Jurvetson）是一个风险投资家和创新家，最近，他把精力主要放在了对清洁技术的投资上。他说他希望出现"生物技术复兴"。这是一个新兴的领域，在这个潮流中，大学生从希望成为医生转变为关注运用生物技术解决我们迫在眉睫的能源危机和环境问题。同样，在这个领域中，会存在许多工作岗位。

个 性 化

安和我以及朋友们共同使用季票来到巴尔的摩看金莺（Orioles）队的棒球比赛。任何到卡姆登球场（Camden Yards）① 看比赛的人都知道，那里有一个卖柠檬水的人。他总是熟练地表演其配制柠檬水的技法。在把饮料递给你之前，他跳着欢快的舞步，高举着双手。我喜欢看他的表演。他所卖的只不过是加糖和柠檬的水，再简单不过了，没有更多的附加成分。但是，我注意到，在比赛结束后，他总能赚到不少钱，还有小费——比其他任何一个摊主得到的收入都丰厚。为什么？因为他给柠檬水附加了一些新的东西，使其成为独具个人特色的产品。我可以从很多商贩那里买到柠檬水，我也可以喝可口可乐或普通水，这一点他很清楚。但我和其他人还是经常花费 3.5 美元（外加小费）选择了他的产品，因为他的水让我解渴，同时，他的表演让我心情愉快。他的某些独特的东西给了我独特的感觉。

现在，这个在巴尔的摩卖柠檬水的人具备了免于受到平坦化冲击的能力。他的工作与当地紧密相连，不可能被印度的某个人代替，因为他可以把柠檬水送到我的面前，同时我也不愿失去看其表演的机会。然而，我要说，他已经通过使自己的产品个性化，使自己上升到一个新的层次，一个能得到更高收入的新兴中产阶级工作。2006 年 4 月，我又去看金莺队的比赛。我在运动场中找那个卖柠檬水的小贩，想告诉他我在书里面写到了他。当我问当地人他到哪里去了，有人告诉我："你没有听说吗？他现在专门把自己租出去，为别人的私人晚会表演。"他又开辟了新的业务，甚至在比赛时散发自己的广告小册子。这真是个伟大的国家，不是吗？

有时，个性化纯粹来自于激情；有时，个性化纯粹来自于娱乐；有时，个性化则来自于自己的灵光一现。但不管怎样，必须把一种工作升级到新兴

---

① 它是巴尔的摩老牌棒球队金莺队的训练及比赛场地。

中产阶级工作。有一位年老的非洲裔美国女人在华盛顿 K 大街我办公室旁边的卡里布咖啡店做咖啡。每次我到那里，她都会尽其所能为我提供周到的服务，对我问寒问暖——不像是丽思卡尔顿酒店①的员工那样假惺惺的、做作的样子，而是让人感到十分真诚，所以能够吸引我来这里。一天，咖啡店要让她做经理——也许她从来没有想过。

那些从事传统的中产阶级工作的人们，接电话的、健康护理员、服务业工人和办公室接待人员等，只要他们能在自己的工作中多一些个人色彩、让自己更与众不同、多一些对本职工作的热爱，就可以把原来的工作变成难以被外包、自动化和数字化的新兴的中产阶级工作。有意思的是，普林斯顿经济学家阿兰·布兰德在他的论文中就离岸外包问题说道，由于如此多的新兴中产阶级工作需要个人特色，因此会导致人类之间交流技能的复兴——这种技能曾经随着工业时代和互联网的发展在某种程度上萎缩了。布兰德写道，这种技能的复兴给人们带来的影响与查理·卓别林在电影《摩登时代》中所表现的恰恰相反。人类是社会动物，离不开交流。在过去几十年中，看上去，现代经济生活的发展减少了人们在工作过程中的自然接触。在未来几十年中，随着具有个性化的服务卷土重来，以前的趋势很可能逆转——有可能导致更少的隔阂以及工作中更大的满足。

数学爱好者

电脑使我们每个人都成为作者，我们可以创作出文字、表格、数据、照片、博客、音乐或视频，并以数字的形式储存。这使得越来越多我们所设计的、写作的、买卖的和发明的都以数学的形式表现。如果我们写出来的是字、画出来的是图形、谱写出来的乐符，那么我们难以再做什么。但是如果这些文字、图形、数据和乐曲变成了数字形式，即以 0 和 1 的不同组合出现，我们就可以用数学搜索内容，比较内容，并以各种新的方法混合、对比和组合这些内容。我们可以用数学处理更多的内容。在平坦的世界上，如果

---

① 丽思卡尔顿酒店被称之为超五星级酒店，也有人将它比作酒店中的"国王"。

你能够比你的竞争对手快几个星期，就能获得巨大的经济收益。如果你能够找到正确的数学公式并运用它们，并比你的竞争对手先行一步，你能获得的收益就能更多。

Infosys 的首席执行官南丹·奈利卡尼说："现在一切都和数学有关。无论是做搜索引擎的家伙，还是那些高盛的家伙，归根到底都是在寻找正确的计算方法，并设法比别人快那么两个星期，得到竞争的优势。"

2006 年 1 月 23 日，《商业周刊》封面文章的题目是《为什么数学会动摇你的世界》。在这篇文章中，斯蒂芬·贝克（Stephen Baker）介绍了数学的新应用，数字已经在市场营销、管理、研究和运营中得到崭新的应用。每一个父亲或母亲、每一个渴望加入新的中产阶层的人们都应该认真读读这篇文章。

"世界正在进入一个数字的新时代。数学家和计算机专家的合作将进入新的商业领域并发挥数学的效率。这在以前也发生过。在过去数十年，高等数学和计算机模拟的结合改变了科学和工程学。量子物理学家使得金融出现了天翻地覆的变化。数据挖掘技术从大量的消费者和商业数据中发现了金矿。看看现在数学家在哪里？他们帮助制订广告计划，他们改变了新闻编辑室和生物试验室的研究方法。他们帮助市场营销人员寻找和消费者的新的一对一关系。随着这些变化，越来越多的经济活动进入了数字的王国。美国国家安全局的数学研究部主任詹姆斯·R·沙茨（James R Schatz）说到：'现在对数学家来说是最好的时代。'在过去 10 年内，有一大批人开始把自己的工作、娱乐、聊天和购物转到网上。我们在网络上储存了大量的数字化信息，这些信息原本是会在纸上渐渐褪色，或是在谈话之后便被遗忘的。我们生活中的很多方面都被数据库纪录了下来，很多数据库现在进入了公共领域。从商业的角度来看，它们迫切需要加以分析。但是，尽管电脑变得越来越先进、存储越来越便宜，如果没有熟练的数学家和计算机专家，公司仍然无法在数据的海洋中遨游，更不用说利用这些数据建立新的业务。数学的兴起使得劳动力市场上杰出的数学家炙手可热，尤其是在互联网行业，刚刚毕业的数学系研究生就能够得到几十万的年薪，以及丰厚的股权。麻省理工学院的应用数学教授汤姆·林顿（Tom Leighton）同时也是个企业家，他说：'我的所有的学生都早早的拿到了 Yahoo!和 Google 的聘书。'顶级的数学家成为新的全球精英。他们大约有 5 000 名，人数尽管不多，但是每一个人都顶得上一批哈佛大学 MBA 学生，他们将撼动整个世界。这个世界充满了数据，我们都将会变成数学狂人的试验品。Aetna 健康护理、Amazon.com 的研究人员正在开发新的关于消费者和雇员的数学模型。有的模型能够预测我们会买什么样的音乐，还有的模型试图发现哪些人最适合特定的职业。这些模型仍然是非常粗糙的，只是简单地搭了个框架。但在之后的 10 年内，这些模型会描绘出我们每个人的更有血有肉的内容。我们会成为数学模型中的工人、店主、投票者和病人。"

人类社会越来越需要高端的、天才的数学家，他们能够设计并演算数学方法，开发搜索引擎，设计华尔街的衍生品战略。我们还需要更多受过基本的微积分训练的人们，因为在越来越多的中产阶级工作中，会有越来越多的内容需要用到越来越多的数学。在我母亲 2006 年春天生病之前，我没有在医院里面长时间呆过。当我坐在我妈妈的病床外边时，我忽然发现，医护人员要用到这么多的电脑。有的跟踪病人的状况，有的管理用药情况。你不需要成为一个数学天才就会用这些设备，但是如果你对数学一窍不通，就无法熟练使用这些设备。现在，即使是 UPS 的运货人员也要懂得关于传送设备的简单数学，而且要把货物按照 UPS 总部根据其算法制订的操作规则摆放，这样就能更容易地追踪货物的运送。

挪威管理学院的副教授艾斯彭·安德森（Espen Andersen）在 IT 杂志《无所不在》（*Ubiquity*）2006 年 3 月 21 日的一篇文章中谈到年轻人需要学习数学的各种理由，其中有一条格外引起我的注意。他写道："选择数学，因为你在将来会越来越多地遇到它。数学将在越来越多的工作和研究中变得至关重要。未来的记者和政治家说得会更少，分析得会更多。未来的警官和军官会用到非常复杂的技术。未来的护士和老师每天都得和数字打交道。未来的汽车技师和木匠既要用到活动扳手和锤子，又得会最佳集成电路块选择和应力分析（stress analysis）。你的工作中会用到更多的数学，所以你在学校里得学更多的数学。"

幸运的是，我们正在赶上。Thinkport.org 是为马里兰州的教育者和家庭提供建议的一个网站。2006 年 11 月它发布了一个帖子："有多少次我们这些大人互相说：'我数学不好？'对我们中的一些人来说，可能确实如此，但是对我们的孩子来说，再这么说可不妙。事实上，你可能会感到吃惊，在未来的工作中数学的地位是如此重要：根据美国文凭研究项目的报告，在未来10年，有62%的工作需要新员工熟练掌握代数、几何、数据分析、概率论和统计。如果你是个高中生的父母，请一定让您的孩子学习并通过代数Ⅰ、几何、数学Ⅱ。即使你的孩子在低年级已经通过了数学考试，到高年级仍然应该让他或她上一门数学课，比如微积分。"

本 土 化

大型产业对于创造中产阶级工作而言，无疑是十分重要的。但事实上，小型和中型产业提供的就业岗位却在总就业岗位中占大多数。当这些中小产业处于增长状态，并大量雇用工人时，经济就充满活力，否则，经济就处于衰退状态。所以，如果将产生新兴中产阶级，那么中小型产业将扮演重要角色。平坦世界里令人振奋的变化如商业网站等新事物的出现，给小型产业带来了更多的活力，使他们能以更少的成本在全球范围内创新和参与竞争。IBM公司的战略家乔尔·考利（Joel Cawley）把这种状况称为"全球本土化"。他指出："将有大量产业等待这些中小企业去开发，他们将学会如何把全球资源量体裁衣，为本地服务。"在这方面做得成功的企业会理解日益显现的全球化，并使用其可利用的所有工具满足本土需求。这将创造出许多工作岗位。全球本土化将成就一批自由职业者，他们利用卫星接受天线、DSL线路、一套黑莓系统❶、一台个人电脑，或者一些新软件，就可以在自己的卧室里当编辑或进行电影剪辑或在eBay上当一名企业家。体育酒吧的老板将学习使用多路卫星接收系统支持多台平面电视，以便在星期日下午为

---

❶ 黑莓是一种采用双向寻呼模式的移动邮件系统，兼容现有的无线数据链路。它出现于1998年，无线电子邮件接收器挤在一起的小小的标准英文黑色键盘，看起来像是草莓表面的一粒粒种子，因此起了这么一个有趣的名字。"9·11"事件中，美国通信设备几乎全线瘫痪，但美国副总统切尼的手机有黑莓功能，成功地进行了无线互联，能够随时随地接收关于灾难现场的实时信息。之后，在美国掀起了一阵黑莓热潮。

其顾客同时转播 12 场 NFL 比赛, 外加欧洲的高尔夫锦标赛、中国的篮球赛和澳大利亚的足球比赛。咖啡馆的老板要通过提供免费无线上网延长其顾客在店内停留的时间。小企业家要认识到, 他可以利用亚马逊网上书店的全球网络设施经营自己的定制藏书标签业务。他可以通过互联网找到一家中国公司来制作这些书签。这样, 一夜之间, 他就变成了书签进口商, 然后再把产品转卖给网上书店, 所有这一切都在网上完成了。一家不间断电源商店的老板一夜之间就可以成为全球供给链的参与者, 为其他企业服务。本地的汽车维修店突然发现, 它可以从罗马尼亚的供应商那里得到比罗切斯特更便宜的宝马 hub-caps 和梅塞德斯的挡风玻璃。

最后, 各行各业的人们都要认识到 "模型" 的力量——我不是指辛迪·克劳馥, 而是指利用计算机模拟和图像分析。你可以把所有的数据收集在一起, 做出模型, 从而可以看出各种复杂的因素结合在一起究竟会产生什么后果。作为一个会建立模型的房地产经纪人, 你可以给潜在的买主演示房屋或公寓的平面设计图, 并让他们按照自己的意愿移动墙壁, 以选择最佳效果。作为一个会建立模型的工程师, 你也可以对桥梁和道路做同样的模拟。所以那些园林建筑师、财务计划起草者、家居设计者和不动产交易经纪人等, 一旦掌握了这些技能, 把其运用到工作之中, 满足客户的要求, 就会发现他们自己具备了免受平坦化冲击的能力。

这些只是粗略的分类, 新兴的工作会层出不穷。而且, 各种战略之间并没有一成不变的界限。因此, 人们经常搭配使用这些方法。所以, 让我给你介绍最后一个例子——我的儿时伙伴比尔·格里尔 (Bill Greer)。我认为他是搭配使用这些策略的好手, 他也借此在工作中具备了很强的竞争力。

比尔·格里尔今年 50 岁, 过着自由艺术家的生活。自 20 世纪 70 年代到 2000 年为止, 从事美术设计工作 26 年, 在这期间, 他为客户进行工作的模式几乎没有改变过。

"我的客户, 像《纽约时报》, 希望直接拿到成品," 比尔向我解释说。所以, 如果为一家报纸或杂志制作一幅插图, 或为一个产品设计徽标, 他必须亲自完成所有的工序——制作图样, 上色, 把其裱到纸板上, 在上面覆盖上薄绢并打包, 最后交给邮递员或使用联邦快递公司传送。他把这称之为"打包的艺术"。在行业内，人们把这种工作称之为"暗箱艺术"，因为首先需要对想要的视觉形象拍照，然后把画面在四层不同的彩色胶片上成像——也叫做色彩分离，最后付梓出版。"你一个人必须把所有的程序做完，正因为作品中凝聚了作者的很多心血，所以显得十分珍贵，"比尔说，"这是一件真正的艺术品，有时候，人们甚至愿意把它们挂在自己的墙上欣赏。事实上，《纽约时报》早就想把其出版过的刊物中所有的插图作品做一次艺术展。"

"但是最近几年，这种情况发生了变化，"比尔告诉我。随着出版商和广告公司开始采用数字化技术，依赖最新的设计软件如 Quark、Photoshop 和 Illustrator（从事平面设计的艺术家把它们称为"三位一体"）进行创作，艺术设计变得更加容易起来。每一个人都可以在艺术学校学习使用这些软件。实际上，由于平面设计变得如此容易，以至于这项艺术创作演变成了香草冰激凌生产。每个人都可以干，任何人的产品都没有区别。"从设计方面看，"他说，"这些技术赋予每个人相同的工具，所以人人都能借助软件画出线条，正因为如此，作品不再像以前那样具有很高的含金量了。你过去需要用肉眼观察某些图形是否平衡，字体选择是否正确，但是现在，每个人都能在一瞬间完成这些工作。"

所以，格里尔借助技能梯子爬到了生产链的上游。因为出版商要求所有的最终产品都要采用数字形式，以便可以通过网络上传，所以"打包的艺术"再也没有人需要了。于是格里尔使自己转型为创意顾问。创意正是客户们所需要的，这些客户中包括麦当劳和联合利华。现在，他已经不再用钢笔和墨水了，他只需用铅笔画出草图，然后把草图扫描到电脑中，利用鼠标给图样上色，再把样品通过电子邮件寄给他的客户。最后，客户再去找一些会用电脑软件的人完成其他所有工序。

"我走到这一步并不是有意识的。"格里尔说，"我得找工作，而且这种工作不能人人都会做，年轻的艺术家们即使利用电脑也做不成，否则我就挣不到钱。所以，当有人问我能不能给他们提供一个创意时，我便接下了这些活儿。客户会给我提供一个概念，他们只需要我绘制出能表达他们意思的草图，而不是一件成品艺术。我仍然在使用绘画的基本功，但只是向别人传达一个转瞬即逝的想法。尽管只是一个草图，客户仍然愿意为此支付较高的价格。我实际上因这种能力扮演了另一个角色——一个艺术顾问而不是用电脑武装的所谓艺术家，这种所谓的艺术家有很多。我现在是靠创意吃饭的人，我的能力使那些所谓艺术家相形见绌。我的客户花大钱只是买概念，这笔买卖真划算。""那些所谓的艺术家用计算机程序把我的草图进行处理加工，虽然与我以前的处理方式不同，但也不错了。"

接着，另一件事发生了。技术进步把格里尔原先工作的低端部分转变为标准化生产，同时也在高端部分开辟了一个全新的市场。一天，格里尔的杂志商老客户找到他问其是否能够制作"漫画变形"。"漫画变形"是卡通连环漫画中的一种技术手段，通过这种手段使一种人物形象变形成另一个人物形象——玛撒·斯图尔特变形为考特尼·拉夫，德鲁·巴里摩尔变形成德鲁·凯里，玛利亚·凯莉变形成为吉姆·凯莉，谢尔变形成为布里特涅夫·斯皮尔斯。当格里尔第一次接触到这些的时候，他不知道从哪里开始。所以格里尔登录到 Amazon.com 下载购买了一些专业软件，试验了几天后，制作出第一个漫画变形作品。从此以后，他把这项技能发展为自己的专长，需求的客户也越来越多，包括男性杂志《马克西姆》、中年女性时尚杂志 More、儿童杂志 Nickelodeon。

换句话说，某些人发明了在香草冰激凌上添加的新口味的酱汁，而格里尔立刻抓住了这个机会。这正是在全球经济中每时每刻发生的事情。"我有很好的经验技术，所以能够很快进入这个行当，"格里尔说，"我现在利用苹果公司 Mac 笔记本电脑完成这个工作，这样我就不受工作地点的限制，无论我身处何方——从圣巴巴拉市到明尼阿波利斯或我在纽约的公寓。有时候，客户给我定下一个主题，有时是我自由创意。过去，漫画变形是不折不扣的高端技术产品，你只有在电视上才能看到，现在，人们设计出相关软件，普通人也可以自己亲自动手制作了，我设计出许多造型供杂志社使用，而这些作品仅仅是一系列 JPEG 格式的图片文件……'漫画变形'这个工作市场行情很好，许多杂志都有需求。我甚至收到一些孩子们给我寄来的电子邮件，他们把我当成了明星，对我十分崇拜。"

在技术发展到能够创造出"漫画变形"这样一个新的专业领域以前，格里尔从来不知道什么是"漫画变形"。由于市场的变化以及相应的工作的压力使他渴望掌握新的技能。"我希望我走这条路是有意识的，"他承认，"可并不是这样，我只是恰好能做这项工作，我只是很幸运能够得到一个机会。我知道很多艺术家离开了自己的专业领域。一个曾经制作插图的艺术家转行做了包装设计师，还有的人彻底转到了美术设计以外的其他领域。我认识一个设计师，她是最好的设计师之一，现在已经变成了一名园林建筑师。虽然，她还是在从事设计工作，但已经不再与媒体打交道了。人要能够改变自己，但我还是对自己的未来感到有些紧张。"

我用我这本书中的一些术语把格里尔的故事向他重新解读了一遍。他原来生产的是有巧克力汁的冰激凌（传统的插图设计师），随后转变为一个提供香草冰激凌式产品的生产者（用计算机武装的插图设计师），经过技术升级，他又开始生产带有特殊巧克力汁的冰激凌（设计顾问），最后，在专业化市场需求的引导下，开始生产完全与众不同的产品——樱桃冰激凌（作为一名"漫画变形"艺术家）。

格里尔听了我的一席恭维话之后，沉思了一会，说道："我所做的一切只不过是在竞争中挣扎，我还是我。"当他起身要走的时候，他告诉我他要会见一位朋友并与他合作排练球技杂耍。工作之余，他们在一起表演球技杂耍已经很多年了，有时候就在街道角落里，有时候在私人聚会上。格里尔有很好的手眼协调能力，他说："甚至球技杂耍也逐渐被从绝技转变为大众游戏。过去，如果你同时能够耍 5 个球，就已经非常了不起了。现在，同时耍 5 个球只是基本要求。我和我的合作伙伴常常一起表演。在我刚认识他的时候，他能同时耍 7 个球，而目前 14 岁的小孩都能同时耍 7 个球，一点问题也没有。现在人们可以买到这方面的书，像《球技杂耍傻瓜书》，以及一套训练用具。它们可以教会你表演杂耍，最终水涨船高，标准被抬了起来。"

第七章

必备的知识

一位朋友曾向诺贝尔物理学奖获得者伊西多·拉比（Isidor I.Rabi）询问他的成才之道。拉比回答说，小时候每天放学后母亲都会问他当天的学习情况。她对儿子一天所学内容并不感兴趣，但她总是会问："今天你是否提了一个好问题？"拉比说："提出好问题让我成了科学家。"

——出处不详

过去两年中，我一直有机会周游美国并和很多人谈论全球化和平坦世界的问题，他们当中有加州棕榈泉的退休人员，有马里兰州贝塞斯达的高中校长，也有郊区图书俱乐部的家长。令我感触颇深的是，全国上下各界人士都特别关心教育和竞争问题。如果要对此加以总结的话，我会这样说：过去我们的父辈以为，他们会比自己的父辈过得更好，他们的子女会比自己过得更好。然而，我们现在却越来越担心，我们退休时可能不及父辈那么富裕，而我们的子女可能不及我们富裕。在我看来，每个人似乎都在寻找可以让其后人的生活免于走下坡路的诀窍。我曾经两度被问及同一个问题，人们问："我女儿正在学汉语。她会有收获的，对吗？"

"这个，"我回答说，"也不尽然。"

为什么不尽然呢？因为根本没有什么诀窍可言。在这种时候，我觉得我们应该问的问题是：如果前一章详细介绍的方法足以让个人获取能让他们迈入新兴中产阶层的各种工作，那么，什么样的教育能让我们的年青一代具备承担这些工作的能力呢？正如普林斯顿大学经济学家阿兰·布兰德所说的那样，"很显然，为了培养本国社会需要的各类工人，美国和其他富裕国家必须改革它们的教育体系……总体而言，提供更多教育也许是个不错的办法，特别是，受教育程度更高的劳动力灵活性更高，更容易应对各种非常规工作和职业变动。但是，这也绝非什么万能药……将来，子女受教育的方式也许比受教育内容的多少更重要。"

什么是必备的知识？我不是个教育家，我只是个记者。在这一章，我想和大家分享的是最近几年我采访企业家和教育家们的时候，他们对这个问题的回答。我并没有得到秘诀，我所谈的也未必全面。但是，通过我的采访，我希望告诉大家，如果希望把孩子们培养成为平坦世界上不会被淘汰的中产阶级，所需要的五种技能和态度。

我该怎么学会如何学习

在平坦的世界中你们首先需要培养"学习如何学习"的能力——不断学习和教会自己处理旧事物和新事物的新方式。这是新时代条件下每个人都应当培养的能力。在这个时代里，一切或部分工作都将不断受到数字化、自动化和外包的挑战，而且新的工作和新的行业也将越来越快地涌现。在这个世界里，要想脱颖而出不仅要看你了解事物的多少，也要看你了解事物的方式。因为你今天了解的事物可能很快就会过时，其速度之快恐怕你连想都想不到。

我在明尼苏达州首府圣保罗演讲时曾讲过这一观点，在之后的提问阶段，一个坐在包厢里的年轻人举起手来，他先介绍自己是9年级的学生，然后问道："弗里德曼先生，如果学习如何学习有那么重要，那您怎么学会如何学习的呢？我应该上哪些课呢？"

尽管这只是个孩子提出的问题，但却是一个很有逻辑性的问题。在那之前我并没有仔细思考过这个问题。于是我即兴发挥作出了解答，但我想当时我提供答案的思路是正确的："去找你的朋友并向他们提一个问题：'谁是你最喜欢的老师？'列出这些老师的名字，然后去选他们的课——不管他们教的是什么。"不管他们教的是希腊神话、微积分、艺术史还是美国文学，只管选他们的课程。因为当我回想起我最喜欢的老师时，我并不记得他们具体教会了我什么，但我肯定记得曾经为所学内容激动不已。现在还伴随我的并不是他们传授的内容，而是学会那些内容的激动心情。要想学会如何学习，你必须热爱学习——或者至少你应当喜欢学习——因为很多学习都和自学有关。尽管有些人似乎天生就具备这种才能，大部分人都是靠后天自身培养或教师（或父母）灌输而来。

网上冲浪

第二点，我们必须考虑如何教育孩子网上冲浪的技巧。随着世界变得平坦，越来越多的知识、信息、新闻、软件、商业和社区会出现在互联网上。我们的孩子将通过网络互相联系，并和更广阔的世界以及网络上的一切建立联系。因此，我们必须教会孩子如何在虚拟世界漫游，并如何甄别网络上的噪声、垃圾和谎言，如何发现网络上的智慧、知识的来源。当互联网刚刚出现的时候，我曾经开玩笑，每一个出售的调制解调器都应该写上："不提供判断"。

2002 年 5 月，我和 20 个有思想的印度尼西亚青年坐在雅加达最好的伊斯兰寄宿学校的花园里。我问他们对美国的看法，我想了解世界上最大的穆斯林国家是如何看待"9·11"和中东危机的。其中一个最健谈的 18 岁姑娘这样告诉我："大部分穆斯林对美国心存恐惧，因为他们认为美国是反对伊斯兰教的。美国在背后支持以色列，而以色列、犹太人和犹太教徒与伊斯兰世界之间的敌意是显而易见的。不是美国人害怕穆斯林教徒，而是穆斯林教徒害怕美国人。关于'9·11'事件，我们无法证明是穆斯林干的，因为至今为止我们没有证据表明这是本·拉登的所为，而且我在有些报纸上读到真正的幕后凶犯是美国人自己。我不知道美国国会议员中有多少人是犹太人，但美国始终在支持以色列，我想这就是穆斯林对美国怀有敌意的原因。"

我问她怎么看小布什总统，她说："一开始很多人认为乔治·布什只会学他的爸爸，不会有任何新的做法。同时很多人不愿意戈尔获胜，因为戈尔是犹太人，因此人们会觉得乔治·布什会比戈尔更好一些。布什有很多美妙的承诺，但至今也没有兑现。"

她非常肯定戈尔是一个犹太人。

我问她从哪里得到的信息，她说："从电视里，也从互联网上。我喜欢阅读网上的阿拉伯杂志，因为他们提供了不同的观点。印度尼西亚的杂志很少提及穆斯林和伊斯兰教。"

我总是觉得这个女青年缺少网上冲浪的技巧，她没有能力在互联网庞杂的信息中区别谎言和真相。有多少次你听人说过："但我从互联网上得知……"由于互联网包含着高科技，很多缺乏网上冲浪技巧的人们会轻易地相信网上的东西都是真的。罗宾·威廉姆斯的电影《年度人物》讲的是一个电视上的喜剧演员（由威廉姆斯扮演）竞选美国总统的故事，在电影里威廉姆斯的一个助手跟他说：电视的问题是能让所有的事情和所有的人"变得更加可信"。可是如果每个人都是可信的，就没有人真正可信。一个喜剧演员和一个专家辩论，他们似乎是平等的。互联网上也是一样。互联网上所有的事情都变得同样可信，BBC网站上说戈尔是基督徒，基地组织的网站上说戈尔是犹太人。在互联网的世界里他们似乎一样可信。

2001年11月5日一家印度报纸《每日新闻与分析》上发表了该报驻华盛顿记者Sachin Kalbag的一篇文章。其中说道："不可否认互联网是信息的最终仓库，你可以在网上找到企鹅为什么点头的原因，你也可以找到老鹰乐队的著名歌曲《加利福尼亚宾馆》，歌词中'Colitas'究竟是指什么。整整一代年轻人已习惯了与互联网做伴，如果你在准备博士论文，请搜索互联网。如果你想抄袭别人的论文或报告，互联网是你最好的帮手。结果是这一代人能获得大量的知识和信息，但智慧却越来越少。未来的父母、教育家和思想家面临的挑战不是传播信息，而是告诉孩子们如何区分信息和智慧。这是件很难的事情，因为人们经常会把信息误认为智慧。"

在处理信息的时候，判断真伪和发现真理的能力总是很重要的。但如今更为重要。越来越多的人从没有经过编辑的新闻网站获得信息，越来越多的人在没有教室的网上学校自己学习，越来越多的人在创作自己的博客和播客，越来越多的人在和他们不知道而且从未见面的网友交流。

我们不能对此视而不见，IBM 公司的 Joel Cawley 跟我说他女儿所在的中学禁止学生在作业里引用维基百科。Cawley 不同意这一做法，他说："学校的动机是好的，他们想让孩子们变得更加严谨，但他们失去了一个机会，教会孩子们如何在网上冲浪。"我们不能让孩子们忽视互联网上的资源，但我们必须教会他们如何更好地在网上冲浪，如何甄别信息，核实事实的真相。

CQ+PQ > IQ

我要说的第三个主题是激情和好奇心。不管做什么事情，拥有激情和好奇心永远都是一大优势。但值得重申的是，在平坦的世界里，激情和好奇心对工作、成功、研究领域甚至兴趣爱好都显得更为重要。因为在这个世界里，你拥有更多的工具可以让你和你的好奇心得到充分发挥。

多克·西尔斯（Doc Searls）是 *Linux* 杂志的高级编辑，也是美国最受尊敬的科技作家之一。他在评论本书第一版（2005 年 4 月 28 日）时称："在平坦的新世界中，即使没有学校、政府、教堂或企业的帮助，受教育的机会也是无穷尽的。你需要了解的很多东西都可以在网络中找到——如果你是技术专家，这一点就尤为明显了。当然，网络并非无处不在，但至少它存在于一切平坦的地方，而且这种平坦性正在迅速蔓延……当然，智力平平的人和愚钝的人还有很多，这一点是毫无疑问的。不过，我们可以试着这样考虑问题：过去的时候多数人是怎样受教育的。那个时候，他们大多接受学校教育，从工业时代初期开始，学校教育就有一个主要目的：为公司培养各种层次的雇员，公司的组织结构是金字塔的形状，下宽上窄……在工业时代，除了农耕和其他相对独立的工作外，很少有其他职业选择，但如今职业选择的机会同可以上网的人数一样多。"

因为上述原因，我得出了以下结论：在平坦的世界里，IQ——智商——仍旧重要，但是 CQ 和 PQ——好奇心商和激情商——更为重要。我得出了方程式 CQ+PQ>IQ。一个拥有学习激情和发现好奇心的孩子会比一个拥有更高智商但却缺乏激情的孩子进步得更快。因为好奇心强同时又拥有激情的孩子通常都善于自我学习和自我激励。他们总是能够学会如何学习，特别是在平坦的世界让人们可以下载和上传的情况下。"努力很重要，"西尔斯说，"但是好奇心更重要。没有人比一个拥有好奇心的孩子学习更努力。"

在我看来，他们可以将这句话刻到美国每所学校的入口处：没有人会比一个拥有好奇心的孩子学习更努力。

一些孩子生来具有好奇心，但是，对于很多不具备这种天生条件的孩子而言，让他们热爱学习的最佳方式要么是通过教学慢慢给他们灌输一种好奇心，要么是通过让他们接触平坦世界里的一切科技来激发他们内在的好奇心，后一种方法可以让孩子以各种方式实现自主学习。让我们看一看《纽约时报》教育生活增刊的这篇文章（2005 年 4 月 24 日）。文章讲述的是亚利桑那州大学一名学生布莱特尼·施密特（Britney Schmiolt）的故事，她曾经对所学课程烦透了，因为教授们似乎每天只在乎讲完课就走人。

她对《纽约时报》的记者说："那时候我所有的课程都拿 A，但我从未接受过挑战，而且我不会思考新事物。"但新学期里选修的自然科学课程改变了她的一切，传授这门课的教授和助教激发了她的好奇心，点燃了她的激情之火。"我很幸运，"她说，"这些老师是真的很重视这门课的。"结果是：一位科学家诞生了。在经过几门自然科学课程的系统学习之后，施密特被加州大学洛杉矶分校研究生院的行星物理学专业和芝加哥大学的天体化学专业录取。

如果你自己都没有激情，那你就不可能点燃别人的激情之火。希拉里·罗利（Hilarie Rooney）是马里兰州蒙哥马利县莱顿·斯维尔（Laytonsville）小学的校长，一次她在听完我的讲座后走上前来，告诉我她选聘教师的标准很简单："要看他们是否爱这些孩子。"她说，因为如果你不和孩子进行有效沟通，你就不能将教材上的内容有效地传达给孩子们。如果你对音乐没有感觉，你就永远不能演奏出好音乐。

"但是如果你爱孩子们，"她说，"而且你能将这种感情表现出来，即使你对所教课程并不是十分了解，孩子们也会因为你的激励而自发地去学习。我可以教给任何人教学方法，但我却不能教会一个人怎么去爱孩子。而且你只要走进教室，就能感觉出一个老师是否爱学生。小学阶段的孩子们都会爱他们的老师，好老师也会同样地爱他（她）的学生，他们会激励孩子努力按老师的要求去做。学生们所做的事情自然对他们自己有好处，但如果他们发现老师很在乎他们学会的东西，这些孩子就不会对学习感到厌倦。这就是真正的学习。"

如果没有老师或父母的激励，你能自发产生学习某一科目的激情商吗？当然可以。回想孩提时代，当你得到第一个救火车玩具、洋娃娃、医生的工具箱或者宇航员的头盔时，你告诉每个人，等你长大后要做一名消防队员、时装模特、医生或者宇航员。这种对特定工作的激情是天真无邪的，不知道薪水，不知道工作时间的长短，也不知道需要做的准备，这些是你们需要回忆的。我们都应当发现这种感觉的存在，"我这么做是因为我想这么做——我不想解释为什么。"简单说来，你们需要重新发现内心深处的救火车。我们内心深处都有这么个小救火车，当你发现它时，你就知道了。

强调文科的重要性

新的中产阶级工作需要综合能力，因此重要的是鼓励年轻人学会横向思维并把不同的节点连接起来，这才能带来创新，但首先你要有足够的节点。我认为这有赖于文科教育。文科教育强调横向思维，强调历史、艺术、政治和科学之间的联系。我们确实需要加强年轻人在数学和科学方面的训练，但我们也同样需要改进关于艺术、音乐和文学的教育，这对创新也是至关重要的。全国教育及经济中心的主席 Marc Tucker 说："我们已经知道当一个人掌握了两个以上领域的知识，并能用一个领域的思维框架去考虑另一个领域的问题时，常常会带来创新。从直觉来说我们会知道这是真的。达·芬奇是伟大的艺术家、科学家和发明家，他的每一种专长都滋养了另一种专长。他是伟大的思想家。如果你只是专注一门学问，就永远不会有综合思考的能力。"

我能想到的最好例子是苹果电脑的创始人之一史蒂夫·乔布斯（Steve Jobs），他于 2005 年 6 月 12 日在斯坦福大学发表了一次精彩的讲演：

"我今天很荣幸能和你们一起参加毕业典礼，斯坦福大学是世界上最好的大学之一，我没有从大学毕业。说实话，这也许是我生命中离大学毕业最近的一天了。今天，我想告诉你们我生命中的三个小故事。

第一个故事是关于如何连接节点的。

我在里德大学待了 6 个月就退学了，但之后仍作为旁听生混了 18 个月后才最终离开。我为什么要退学？这要从我出生之前说起。我的生母是一名年轻的未婚妈妈，我出生时她还在读研究生，于是决定把我送给其他人收养。她坚持我应该被一对念过大学的夫妇收养，所以在我出生的时候，她已经决定好了，让一名律师和他的太太收养我。但在最后一刻，这对夫妇改变了主意，他们想要一个女孩。这时候选名单上的另外一对夫妇，也就是我的养父母在半夜接到电话，问他们是否愿意收养我。他们很愿意收养我。但事后，我的生母才发现养母根本就没有从大学毕业，而养父甚至连高中都没有毕业，所以她拒绝签署最后的收养文件。几个月后，我的养父母保证会把我送到大学，她的态度才有所转变。

17 年之后我确实进了大学。我愚蠢地选择了一所几乎和斯坦福大学一样贵的学校。我的养父母都是蓝领阶层，他们几乎把所有积蓄都花在了我的学费上面。6 个月之后，我发现这是毫无意义的。我不知道自己的一生想做些什么，而大学教育也无法为我指明方向。我自己混着日子，却挥霍着我父母的全部积蓄。于是我决定退学，并且以为退学也没有什么不妥的。当时做这个决定的时候我其实是非常害怕的，现在回头去看，这是我一生所作出的最正确的决定之一。从我退学的那一刻起，我就再也不用去上那些我毫无兴趣的必修课了，我可以自由地选择自己感兴趣的科目。

但是这并不是那么罗曼蒂克。因为自己没有宿舍，我只能睡在朋友房间的地板上；我去捡可乐瓶子，退一个瓶换回 5 美分，以此填饱肚子；每周日为了吃一顿像样的晚餐我不得不走 7 英里的路穿城前往 Hare Krishna temple。但是我喜欢这样的生活。我跟着我的直觉和好奇心走，遇到了很多东西，此后被证明是无价之宝。

让我给你们举一个例子：里德学院那时的书法课可能是全国最好的。校园里的每一张海报，甚至抽屉上的每一个标签都是漂亮的手书。由于已经退学，不用再去上那些常规的课程，于是我选择了一个书法班，想学学怎样才能写出一手漂亮字。在这个班上，我学习了各种衬线和无衬线字体，改变不同字体组合间距的方法，以及如何做出漂亮的版式。那是一种科学永远无法捕捉的充满美感、历史感和艺术感的微妙东西，这太有意思了。

当时，我压根儿没想到这些知识在我的生命中会有什么实际运用价值。但是 10 年之后，当我们设计第一款 Macintosh 电脑的时候，这些东西全派上了用场。我把当时我学的那些东西全都设计进了 Mac。那是第一台使用了漂亮印刷字体的电脑。如果我当时没有退学，就不会有机会去参加这个我感兴趣的美术字课程，Mac 也就不会有这么多丰富的字体，以及赏心悦目的字体间距。现在个人电脑就不会有现在这些美妙的字形了。当我 10 年后回望当初这一切因缘际会时，真觉得生命非常神奇。

当然，人不可能充满预见地将这些节点串联起来；只有在回头看的时候，你才会发现这些节点之间的联系。所以，一定要坚信，你现在所经历的将在你未来的生命中串联起来。你必须相信某些东西：自己的直觉，命运，勇气，机缘……正是这些信仰，让我不会失去希望，也让我的人生变得与众不同。"

史蒂夫·乔布斯的这个故事说明，带来技术创新的灵感并不总是来自科技知识本身。数学和科学是非常重要的，但仅有数学和科学还不完备。美国之所以在产品和服务方面始终保持领先地位，一个原因就是因为我们的社会总是既重视科技又重视人文。为了不让任何一个孩子掉队，我们不能忽视艺术、音乐、戏剧和文学课。这些课程为我们的经济活力提供了重要的支撑，也有助于创造出更多新的中产阶级工作。Marc Tucker 说：

"能够创造出新产品和服务的国家将在全球市场上占据优势，并能让本国国民获得更高的工资。但这种领导地位并不完全取决于科技，它取决于能不断自我更新的创造力，取决于有一大批能想人之未想、有绝妙的市场营销策略、能写书、拍电影、开发新软件以释放人们的想象力的人。在当今世界，大部分工作岗位都需要劳动者有很高的阅读、写作、演说、数学、科学、文学、历史素养；如今，能自如地抽象想象是获得理想工作的通行证，创新是美好生活的关键。进一步深造是唯一的保障。"

今天大部分日常工作已被机器完成，因此数学的推理比数学的论据更重要。如果流水线上的工人无法参与到产品的设计之中，他们自己就会变成落伍的产品。那些精通音乐和艺术的软件工程师会比没有文艺细胞的同行更有优势，因为娱乐行业正在日益壮大。为顾客建造游艇和渔船的商人如果能了解一些合成碳纤维的科学原理就能更加成功。

正如我曾经说过的，印度和中国培养了大量的受过数学和科学训练的年轻人，这对他们走出贫苦是至关重要的。但是当你跟印度和中国的商人甚至是教育家谈话的时候，很多人公开表示担忧，认为艺术、文学、音乐和人文学科受到了忽视。当他们的国家进入下一个阶段的全球竞争时，这将会带来巨大的障碍。

印度最大的外包公司 Mphasis 的创始人之一杰瑞·拉奥（Jerry Rao）说："现在很少印度学生愿意学文科，每个人都想学工科或 MBA，我们变成了一个程序设计员和推销员的国家。"50 年前研究梵文的学者在印度很受尊重，但今天年轻人想的都是去当工程师、程序设计员、医生或读 MBA。拉奥说："现在在美国毕业的研究梵文的博士比印度还多，梵文可是我们印度文化的根基。如果没有足够的年轻人学习人文和社会科学，那么我们将会失去下一代的 V.S. Naipauls[1] 和 Amartya Sen[2]，这将是可悲和危险的。"

右脑的事情

如果创造力来自于连接不同的节点，我们需要教育孩子的就不仅仅是通过艺术培育更多的节点，而且要培养横向思考的能力，即如何将不同的观点和学科融会贯通，创造出新的事物。这是我们的右脑做的事情。教育家需要考虑如何开发孩子的右脑。丹尼尔·平克（Daniel Pink）在《全新的头脑：从信息时代到概念时代》一书中解释说：

---

[1] 印度作家，2001 年被授予诺贝尔文学奖。
[2] 印度裔经济学家，1998 年度被授予诺贝尔经济学奖。

　　科学家早就知道，神经学上的马森·狄克逊（Mason-Dixon）线将我们的大脑分为两个区域——左半球和右半球。但在近 10 年中，在核磁共振技术（functional magnetic resonance imaging）的推动下，研究人员已经开始更精确地辨别大脑左右半球的分工情况。左半球负责排序、文字和分析。右半球负责注意周围环境、表达情感和演绎推理。当然，对于由 1 000 亿个细胞构成 1 亿亿个关联的人类大脑，其复杂性自然是令人瞠目。我们所做的一切事情几乎都需要两者的协同合作，但大脑的构造有助于解释我们这个时代的轮廓。

　　一直以来，大脑左半球都被认为是决定学习、工作、经商等领域成功的重要器官。左半球控制的是数学、逻辑和分析能力，这些能力是 SATs 考试可以测度的，也是注册会计师们需要运用的。但这些能力对当前个人的发展来说是必要但非充分条件。在这个世界里，外包的兴起、数据的充斥和选择的激增让右脑的重要性大为提升，艺术才能、换位思考、统筹安排和追求卓越都是右脑决定的各种能力。

　　平克还指出，如果想让您的孩子成为免受全球化冲击的局外人——他的工作"计算机或机器人不可能做得更快，国外的劳工不可能做到更便宜"——我们就需要不断开发孩子的右脑功能，"比如，建立良好关系而非简单交易，解决新挑战而非处理日常问题，统筹安排而非只抓一点。"

　　明天我们并不会失去所有的工作……但是随着和世界另一端的沟通成本下降到几乎为零，随着印度（到 2010 年）成为拥有最多会说英语者的国家，随着发展中国家技术工人的继续增加，西方国家公民的职业生涯将会发生巨大改变。如果数字处理、图表阅读和代码编写能在国外以更低的价格完成，并且通过光纤电缆即刻发给客户，各种工作机会自然会转移到那里。

　　但是这些比较优势只会带走某些种类的白领工作——那些可以缩减为一套规则、程序和指令的工作。这就是为什么诸如基本计算机编码、会计、法律研究和金融分析等左脑控制的工作正不断转移到大洋彼岸。

与此同时，这也解释了本土公司和员工——能设计整个系统的程序员，可以担任理财咨询师的会计师，更擅长交易艺术而非 Excel 表格的银行家——仍拥有大量非程序性工作机会的原因。

平克说："既然国外能以更低的成本完成左脑控制的工作，我们美国人就必须更好地完成右脑控制的各种工作。"对我而言，这是最关键的一点：既然国外能以更低的成本完成左脑控制的工作，我们美国人就必须更好地完成右脑控制的各种工作。

他详细解释说：

20 世纪，机器证明它们可以取代人类臂力。21 世纪，科技证明机器可以比人类左脑表现更好——它们可以比拥有最高智商的人更好、更快、更精确地完成排序、简化和计算工作[国际象棋大师加里·卡斯帕洛夫（Garry Kasparov）就曾在和计算机的象棋对决中败下阵来……]。

为了能在这个时代更好地生存下去，我们需要用"高概念"(high concept) 和"高接触"(high touch)的天资来补充已经相当发达的高科技。高概念包括创造艺术美和情感美的能力，发现特点和机会的能力，撰写令人满意的叙述文的能力和创造发明的能力。高接触包括换位思考的能力，理解人类交往精妙之处的能力，寻找自身快乐和给别人带来快乐的能力，以及在探求目标和意义的过程中超出日常范围的能力。

培养这种高概念、高接触的能力对任何人来说都绝非易事。在一些人看来，这似乎是不可能达到的目标。其实根本不用担心（或者至少不必那么担心）。这些最重要的能力基本上都是人类特有的品质。在南美的大草原上，住在洞穴里的人类祖先并不知道怎样将数字填入电子数据表，也不会排除程序代码中的错误，但他们却在讲述故事，进行换位思考和从事发明创造。这些能力一直都是人类本性的一部分。只不过在进入信息时代后，我们的很多高概念、高接触的本性都已经像肌肉一样萎缩了。现在的挑战是将它们恢复原状。

但是你怎么培养右脑的各项技能呢？具体如何去做，应该听取教育专家的意见。但是，我想，重要的一点是，你应该去做自己热爱的事情——或者至少是自己喜欢的事情——因为在做这些事情的过程中，你的右脑会无形中产生一些东西，这些东西不能轻易被重复、自动化或外包的。正如平克所说的那样："现在来看，最重要的能力往往体现为人们出于内在动机所做的事情。很少有人在内在动力的推动下成为会计师，但这种动力却是推动人们成为创造者、换位思考者、设计师、讲故事者、律师和咨询师的关键因素。周末会有会计师在车库里画水彩画，会有律师写电影剧本。但我可以担保，不会有雕刻家周末从给别人计算税收中取乐。换句话说，人们出于爱好所做的事情和出于经济利益所做的事情之间的重合之处越来越多。"

平克因此得出结论称，当你听到父母或大学毕业典礼上的演讲者告诉你"去做你热爱的事情"时，他们并不是故意讨你欢心，他们是在教给你生存战略。

大号和试管

现在让我们再退后一步来看这个问题。如果新兴中产阶层的工作要求你成为一个优秀的合作者、操作者、改编者、解释者、综合者、模型建立者、局部化者或者个性化者，并且要求你学会如何学习，在工作中具备好奇心和热情，同他人友好合作并且培养右脑的技能，这些对教育又提出了什么具体要求呢？

我不是教育家，因此我只能十分谦恭地谈论这个问题。不过，作为一名记者，我可以报告的一点是，有许多真正的教育家一直在努力解决这一问题。让我深受感动的是，很多大学为了给新兴中产阶层设计"合适的教育"已进行了大量试验。为了更好地说明问题，我将把注意力集中在一所大学上——位于亚特兰大的乔治理工学院。

韦恩·克劳福（G.Wayne Clough）是这所大学的校长。他表示，在平坦世界中重新思考教育问题完全是出于必要。克劳福 1994 年接任校长，他告诉我："20 世纪 60 年代我作为一个战战兢兢的新生来到这所学校。他们对新生进行军训并告诫我们，'看看你的左边，再看看你的右边，你们当中只有一个人能毕业。'"

乔治理工学院当时的录取制度并不像今天这么严格，但采用的是达尔文主义的优胜劣汰原则，并且完全以在校学习成绩为评判依据。正如克劳福所说的那样，这是一种非常冷酷的社会和学术环境——没有什么乐趣可言。即使是在 20 世纪 90 年代中期，这所学校的毕业率也只有 65%。很多学生之所以没能完成学业，主要是因为他们觉得课程和学习环境都黯然乏味，他们认为学校根本不将学生的成功当回事。

克劳福就任校长时的观点是，美国迫切需要更多优秀的科学家、工程师和企业家，因此他的学校担负不起 1/3 的学生不能毕业的代价。他认识到，只有通过提供恰当的教育，而不仅仅是更多的教育，"才能让更多的学生申请这所学校，才能让更多的学生毕业"。

克劳福通过回想自己做工程师时的经历来反思乔治理工学院的治学方针。他感觉到，自己这些年来曾经合作过的最好的工程师并非是工程系最好的学生。"他们知道怎么创造性地思考问题，"他说，"他们当年可能不是最擅长运算微积分方程式的学生，但他们却是能将要运算的方程式界定得最好的学生……他们通常都是很有个性的人，他们身上都有些无形的东西。"

随着克劳福任职时间的增加，他注意到"很多有才能的学生感兴趣的对象不是他们在教室里学到的内容，而是一些富有创造性的东西"——电影制作、音乐制作或者其他不平常的爱好。"和这些学生谈过之后，我发现他们都是很有趣的人。我开始想，'让校园里有更多这种类型的学生岂不是一件好事？这会让校园更有趣，并且有助于那些兴趣单一的学生全方面发展'"。

于是从 20 世纪 90 年代末开始，克劳福逐渐改变了乔治理工学院的招生政策。他让招生办公室在招收工程系学生时，重点录取那些会演奏乐器、参加过合唱团或其他团队活动的学生。"这样做的原因是，那些拥有其他兴趣爱好的人往往善于沟通、更爱交际、在需要帮助时能更容易寻求到帮助并乐于帮助他人，能统揽全局……能将不同学科和领域的事物综合到一起。"

克劳福说，结果是：如今乔治理工学院 50% 以上的新生都会演奏乐器或参加过某种类型的音乐团体——以至于克劳福现在面临的最大挑战是如何在校园里建成更多的音乐厅。他开玩笑地说："我创造了一个怪物。"他还创造了更多的毕业生。毕业率从他接任校长时的65%上升至2005年的76%。他们是不同类型的毕业生。

"学生的回应也棒极了，"克劳福说，"选修音乐课的学生数量已大为增加。过去我们几乎没有室内合唱团，现在我们有一打以上。过去我们学校也没有室内乐队（一种小乐队），现在我们有5个。我们还有电脑音乐合成团队、爵士乐团队以及虚拟的机器人鼓手。"虚拟的机器人鼓手——只有在这种理工大学才会有!

与此同时，克劳福告诉我，乔治理工学院也在组建大乐队（比如行军乐队和交响乐团），参加人数和组建规模都十分可观。一些小规模团队（比如合唱俱乐部）也已大量增加。伙计们，我们是在谈论乔治理工学院，不是朱莉亚（Juilliard）乐队。"有太多的学生在寻求参与机会，"克劳福补充说，"以至于我们不得不将校园里一所破旧中学的教学楼改造成了我们的音乐楼，将一座老式教堂的大厅当成一些歌唱团的训练场。我们还为学生创造了用于锻炼才艺的更为随意的场所，比如新建学生中心的舞台。"

克劳福让乔治理工学院处处充满歌声的努力在1996年得到了外力的支持。当时这所学校被选作奥运村，为参加亚特兰大奥运会的运动员提供休息场所。乔治理工学院的乐队指挥被选作亚特兰大奥运会的乐队指挥。奥运会结束后，乔治理工学院被告知可以半价购买奥运会期间乐队成员使用过的各种乐器。"于是我们的乐队规模一夜之间就扩大了一倍，"克劳福说，"这也是让我们走上正轨的推动力量之一。真是棒极了。因为这次机会，我们的行军乐队现在已拥有24个大号。很少有学校拥有24个大号。下次看保龄球比赛的时候，你可以核对一下。"

很少有重点理工大学的校长以夸奖他们试管器材的方式炫耀他们的大号。但是克劳福有理由这样做，因为据我猜测，通过让乔治理工学院处处充满歌声——通过给本科教学系统增添对用户友善的特点，通过让该校学生更容易地获取海外教育——他不仅培养了更多工程师，而且是更多为社会需要的工程师。

克劳福称："会演奏乐器的人或参加过乐队的人通常都更会社交——他们并不是只埋头于工作。"他补充说，这种人更能总揽全局、高屋建瓴、综合不同领域的相关知识。比如说，通晓光子学(将太阳光转化为电) 的工程师将成为最为抢手的人才。这要求学生必须接受过基础工程学、化学工程学、电工程学等相关培训。一家大型工程公司主管最近对克劳福说："不要给我送来只会操作电脑来完成工作的工程师。这种工作都将被我外包到印度。我需要的是适应性很强的工程师——他们可以跨学科思考问题。"

乔治理工学院的计算机学院采纳了上述治学方略，并将它们转化为具体的课程。网络泡沫破裂后，该学院的入学率开始大幅下降。曾任惠普公司首席技术官的院长李奇·德米罗 (Rich DeMillo) 指出："当时每个人都读到了大量工作流失到印度和中国的文章。家长们关心的首要问题是，'如果所有的编程工作都外包到国外，我的孩子毕业后干什么呢？'"于是德米罗和副院长默里克·弗斯特 (Merrick Furst，从伯克利的国际计算机科学研究所引进的人才) 开始走访企业界名流，向他们提出两个简单问题：公司希望雇用什么样的人才，计算机专才怎么被用来给公司带来价值？他们拜访了 CNN 在亚特兰大的总部，发现网络已将大量的数字和模拟内容连接起来。很明显，如果计算机专业的毕业生能通过电脑管理所有这些内容，并找到运用这些内容的各种途径 (比如电视、手机、视频 iPod 或网站)，这些能运用技术讲故事的毕业生将很容易找到工作。

认识到这一切后，2004 年德米罗和弗斯特重新提出了计算机专业的相关要求，并将它们总结为 9 条"线"。每条线都将计算机技能和其他领域的一项技能结合在一起，形成了知识的综合体——这才是真正能创造价值的东西。"'线'代表课程设计不再是垂直方向，不再以只传授给学生一套固定技术和知识为目标，"弗斯特在他的课程介绍中解释说，"'线'代表着水平方向，其目标是让学生广泛积累各种技能和学习经历，这些都是他们在充满竞争的概念时代必需的生存之道。'线'提供了一套与直觉有关的、灵活且互相强化的课程，这些课程可以让学生刻画自己的独特未来。"

这 9 条线分别是：计算机和智能，计算机和实施方案 (embodiment)，计算机和互联网技术，计算机和平台，计算机和信息，计算机和人，计算机和媒体，计算机和建模，计算机基础。今天，要想拿到乔治理工学院计算机专业的学位就必须得到两条线。

以"计算机和媒体"这条线为例，它要求学生必修计算机科学、沟通学、写作和文学等几门课。弗斯特说，这条线要教会学生"怎样才能通过科技给人们讲故事和创造体验"。你在课堂上会接触从计算机图表到《哈姆雷特》、从人类感性认识到互动小说引擎等诸多话题。因此，比如说，如果你想成为顶级游戏设计师，你就可以从这里开始。

"计算机和人"这条线让学生具备一定的理论和计算机基础，帮助他们理解以人为中心的各种设计、建筑和评价体系。选择"计算机与人"这条线的学生可能也会选修"计算机与化身"，这样他们就可以研究人与机器人之间的互动关系了。这9条线之间的排列组合几乎和星巴克里的咖啡种类一样多。

德米罗在介绍这一项目的文章中写道："假设乔治理工学院一名计算机专业的大二学生对计算机安全问题感兴趣。他可能会将'计算机和信息'这条线（学会数据存储、恢复、解码和传递）同'计算机和人'这条线（了解人们使用科技的方法和学会尝试与人有关的各种试验）结合起来……他会精心准备一个有价值的计算机身份，设计、发明和建立安全的计算机系统，让人们可以安全地管理他们的信息。"德米罗还表示，不管是单条线还是组合在一起的线，其关键之处在于提供了一套技术模式和学历基础，让毕业生能超出狭隘模式创造价值——这种技术模式在平坦世界的新兴市场模式下肯定很有价值。

德米罗还补充说，25年前计算机学科很简单，"几大类之间界限清楚——硬件、软件和计算程序——你只要通晓任何一类，就能找到工作。你只需做好最擅长的那份工作，就能大展宏图。你可以负责硬件，可以对系统软件编程，或者主攻应用运算程序。25年后的今天，硬件、软件和计算程序之间没有清晰的界线，相反现在又出现了商务流程、改变管理和ERP。这些都是水平性质的关系，并且处于不断的变化中。如果你是教育界人士，你将怎样应对这些变化？在对学生的要求中，有一些是保持不变的：讲故事的能力，开发智能化产品的能力和创立网络的能力。这些要求是恒久不变的。但现在不同的是，你们必须将所有这些要求水平地汇总到一起。我们的9条'线'就是这样的合理汇总。这也是你们需要以这种方式管理整个大学的原因。将各系分割开来的理念本身就是愚蠢的。你们确实需要改变整个方法，这并不是修修补补就能解决的问题。"

乔治理工学院模式是对平坦世界的认可，它认识到平坦的世界已为各种类型的水平合作提供了工具。因此学校最好能确保将这些工具和合作观念融入教育过程。"这种融合必须体现在各个课程中，"弗斯特称，"它不可能是某一门课程，否则我们将永远不可能让富有竞争力的人群占到人口的很高比例。"

美国仍将胜出

如果上述这些就是进入新兴中产阶层的工作和路径，美国作为一个整体是否创造了好的大环境呢？从理论上来说，我们已经具备了提供这些工作和培养平坦世界所需各种人才的能力。是的，我们的确有这种能力。

让我们记下这份清单。首先，我们拥有相对灵活、放松管制的自由市场经济，在各州和大学之间有很多试验和竞争——比如乔治理工学院。美国经济的灵活性是一笔宝贵财富，特别是在为保持竞争力必须不断调整变化的情况下。迄今为止，美国既没有屈从于经济保护主义者（保护本国就业机会），也没有降服于国家安全保护主义者（排斥外国劳工）。正如南卡罗来纳州参议员吉姆·德明特（Jim DeMint）告诉过我的那样，我们不能做的一件事情就是试图"阻塞通往繁荣的道路"。

我们应当保持这种开放性和灵活性，这是至关重要的。美国文化中甘于推翻旧事物、一切重头再来的特点让我们在平坦时代具备了很多优势，因为在平坦的世界里为了推动创新和增长，我们必须更加频繁地除旧迎新。过去我们从农业时代过渡到工业时代，然后从工业时代过渡到服务业时代。现在我们需要进入下一个阶段——将服务配送到世界各地。过去的每次过渡都会以特有的方式带来痛苦，但是那时候我们都能比其他主要经济体更快、更有效地渡过难关，这是因为我们具有开放灵活的特点，我们让市场自主调节市场确实起到了调节作用，尽管也给很多人造成了痛苦。这次向平坦世界的过渡将造成更多痛苦，因为它很有可能触及更多的白领工人。不过，现在决不是停止过渡的时候。

　　"你们（美国人）已具备一切条件可以从旧的中产阶层进入新的中产阶层，"Infosys 的南丹·奈利卡尼说，"如果你们先完成这个过渡阶段，你们将成为胜者……（不过）如果人们感到惊慌并开始实施保护主义措施，你们就会失败。这是个信仰的问题——你们必须相信这会发生。"

　　在灵活性的庇护之下，美国拥有无数的制度优势。首先，美国拥有很多具备科研能力的大学，它们源源不断地提供实验结果、创新成果和科学突破——从数学、生物学、物理到化学。"我们的大学体系是最好的，"比尔·盖茨如是说，"我们给大学提供研究基金，这是一件很神奇的事情。高智商的人汇聚于此，我们让他们进行创新并将他们的创新成果转化为产品。我们实行风险激励机制。我们的大学体系富有竞争力并且敢于尝试。他们能试验不同的方法。有 100 多所大学对机器人技术的发展做出过贡献，但每所大学都指责别的大学是错误的。这说明美国的大学体系是十分混乱的，尽管如此，它仍是世界上各种创新的巨大引擎。在联邦政府税收资金的资助下，再加上慈善事业的捐赠，美国的大学体系还将继续兴盛下去……我们除非犯了最愚蠢的错误，否则财富不会停止增长。一个聪明的办法是，我们可以利用大学教育体系来更快地增加绝对财富。"

　　网络浏览器、MRI（磁共振影像）、超高速计算机、全球定位技术、太空探测设备和光纤电缆等新发明都只是基础大学科研项目的一部分。波士顿银行的经济部曾做过名为"麻省理工学院：创新的影响"的研究，得出的一条结论是，麻省理工学院的毕业生已创建 4 000 家公司，在全球创造了 110 万个工作岗位，销售额也已达到 2 320 亿美元。

　　美国的独特之处并不在于它拥有麻省理工学院，也不在于这所学校的毕业生带动了经济增长和创新，其独特之处是，美国的每个州中都有像麻省理工这样的大学。"美国有 4 000 所大学，"国际教育协会的主席艾伦·E·古德曼（Allan E. Goodman）称，"世界其他地方的高等学府加起来一共才有 7 768 所。在加利福尼亚一个州就有大约 130 所大学。全球只有 14 个国家拥有比加州更多的大学。"让我们拿俄克拉何马州举例。大家在提及科技发展时通常都不会想起这个州，但如今它也成立了本州的科技推动中心（O-CAST），该中心在网站上这样描述自己的使命："为了有效参与新经济竞争，俄克拉何马州必须继续壮大受过良好教育的人口队伍，建成相互合作、各有专长的大学科研基地，为大大小小的尖端企业培育良好的经营环境……O-CAST 推动建立大学－企业科技中心，该中心可能涵盖很多学校和企业，最终将带动新产业的繁育、新产品的生产和新技术的运用。"据大学科技管理者协会透露，美国大学 2003 年共获专利收入 13 亿美元。

美国除了拥有大学、公共和私人实验室以及零售商等独特的创新带动机器外，还拥有全球监管最严格、效率也最高的资本市场，可以将新观点转化为产品和服务。迪克·福斯特（Dick Foster）是麦肯锡公司的主管，也是两本创新书籍的作者，他对我说："在美国，证券交易所执行了产业政策的职能，不管它是纽约证券交易所还是纳斯达克。"福斯特介绍说，这里就是风险资本被汇集和配置到新观点或增长型企业的地方，世界上没有比美国资本市场更好、更高效的资本市场。新产品和创新很容易得到风险资本的资助，这也是美国能从平坦世界的平台获益最多的重要因素。为什么呢？因为科技上新一轮的巨大突破很少由传统公司完成。发明收音机的人并没有发明电视机。哥伦比亚广播公司并没有创立 CNN。Lexis/Nexis 也并没有开创 Google。不过，让风险资本和资本家为下一代 Google、CNN 或其他未经市场检验的创新承担风险，意味着那些希望从平坦世界获取最多利益、真正懂得新产品和娱乐形式创新价值所在的人可以由此得到满足。

美国资本市场的良好秩序主要得益于严格监管。在这里，少数股东的利益也能得到很好的保护。当然，我们的资本市场中也存在欺诈、越轨和腐败，这些都是市场存在大量风险资金时经常会有的现象。美国资本市场的独特之处并不是会杜绝安然事件的发生，事实是这些丑闻确实发生了。独特的地方在于，当这些丑闻发生时，它们通常都会被美国证交会或财经媒体曝光，并得到纠正。让美国别具一格的不是安然公司而是纽约州检察长埃利奥特·斯皮策（Eliot Spitzer），他不辞劳苦地"清理"证券行业和公司董事会。除了纽约、伦敦、法兰克福和东京，这种类型的资本市场在世界其他地方很难找到。福斯特说："中国、印度和其他亚洲国家只有拥有了成功的资本市场后才会在创新方面取得成果，只有拥有了在风险状态下保护少数股东利益的法律机制才会拥有成功的资本市场……美国几个世纪来不断在经济领域做出尝试，我们是幸运的受益者，我们是已经有效果的试验品。"

上面所讲的这些都是美国成功的核心秘密，不过还有其他一些东西值得我们珍藏和培养。有时候，为了更好地欣赏这些可贵的东西，我们需要和外界人士交流心得，比如印度维普罗公司的维韦·保罗。"我将给你列的清单上再增加三点，"他对我说，"一个是美国社会的开放性。"我们经常忘记美国的这一特性，"说到做到—创建—矿产—重头再来"在美国是很常见的事情。这种社会状态举世无双，我们的开放性是一笔巨大财富，也是吸引众多外国朋友的地方，在他们国家会有各种限制。

保罗说，第二点就是"美国对知识产权的保护力度"，这进一步鼓励人们提出新的观点。平坦世界的机制可以激励新产品或程序的开发，因为它们瞬息之间就能达到全球规模。但是，如果你是新观点的提出者，你自然希望知识产权得到保护。"没有哪个国家会比美国更好地尊重和保护知识产权，"保罗说到。这样造成的结果是，很多创新者希望来美国工作和注册知识产权。

此外，美国还拥有世界上最灵活的劳动法。解雇夕阳产业的员工越容易，朝阳产业就越容易招到雇员。这是一笔巨大的财富，特别是在将美国劳工市场和严格监管下的德国劳动市场对比之后就更会有此感。德国政府对雇用和解雇都有严格的限制。美国能在机会最多的地方迅速投入资本和劳动力，在前期投入已获利不多的情况下迅速重新配置资源，这些灵活性都是平坦世界中所必需的。

美国成功还有一个秘密：它拥有世界上最大的国内消费者市场，拥有最多的"初体验者"。这意味着，如果你在介绍一种新产品、新技术或新服务，你绝不能漏掉美国这个大市场。所有这些意味着美国将拥有十分稳定的就业来源。

如果你想对所有这些制度、文化模式、商业惯例和法律体系造成的净效应进行总结，可以归结为一个词：信任。它们创造和带动了很高的信任水平，这也是开放社会最重要的特点。从多方面来看，信任是美国成功经验中所有成分的产物。

LRN 公司的创建者多弗·塞德曼（Dov Seidman）称："我们是一个信任度很高的国家，因为我们同意受制于反映在制度和法律上的价值观和原则——这些比任何个人都更有权威且更持久。"LRN 这家公司为全球企业提供伦理和治理建议，这些内容我将在第十一章中讨论。这些模式和制度使一切具有可预测性，进而导致了信任的产生——相信创新将受到保护、相信货币稳定、相信我们的法律体系。塞德曼认为，所有这些推动了创新。

为什么呢？因为在信任度很高的社会，诸如美国，人们知道他们可以依赖某些规则和原则框架来管理他们的个人和商务生活。"如果你从沙地上跳起，另一个人从硬木上跳起，"塞德曼问，"谁会跳得更高呢？当然是那个从硬木上跳起的人。信任就是那块硬木。它给你带来的可预测性让你可以跳得更高……没有信任就没有冒险，没有冒险就没有创新……如果你想让更多人承担创新带来的必要风险，那就需要更多的信任。"信任度很低的社会不会产生持久的创新。

在平坦的世界中，越来越多的价值被创造出来，复杂问题也日渐得到解决，拥有信任度很高的社会更将是一种优势。"在合作型的世界，拥有充分信任是至关重要的，"塞德曼补充说，"因为人们越信任对方或他们的领导，他们就越有可能合作愉快。"

美国确实已成为全球重要的会合点之一。在这里，形形色色的人结交，学会互相信任并建立水平性质的朋友和联盟关系。在俄克拉何马大学受过教育的一名印度学生毕业后找到的第一份工作是在俄克拉何马城的一家软件公司，由此结成的这种信任和理解关系对于未来的合作确实至关重要，即使有朝一日他回到自己的国家工作。没有什么能比耶鲁大学将研究工作外包到中国更能说明这一点了。耶鲁大学校长理查德·列文向我解释说，耶鲁大学在中国有两大研究中心，一个在北京大学，另一个在复旦大学。列文说："这种机构间合作关系大部分并不是来自校方的行政命令，而是来自学者和科学家个人之间的长期友谊。"

耶鲁大学和复旦大学的合作关系是怎么形成的呢？列文说，首先是因为耶鲁的一名教授许田和两大机构都很有关联。他在复旦读完本科，然后在耶鲁拿下博士学位。列文解释说："许教授在复旦大学的五位合作者都曾接受过耶鲁大学的培训。"其中一位是和许教授一同在耶鲁读研究生时的同学，一位在许教授耶鲁同事的实验室做过访问学者，另一位曾以交换学生的身份来耶鲁，并回复旦拿的博士学位，还有两位在许教授的实验室做博士后研究。同样的，北京大学和耶鲁大学联合成立的植物分子遗传学和农业生物科技研究中心也有着类似的故事。

许教授是遗传学方面的顶级专家，已从国家健康协会和休斯（Howard Hughes）基金会获取专项基金用于研究遗传学和癌症及其他神经变性疾病的关系。这种研究需要大量实验支持，需要在动物身上研究基因突变问题。列文解释说："为了找到导致某些疾病的特定基因，你需要测试很多基因，你需要做很多实验。人力的增加自然是很大优势。"因此，耶鲁实际是通过创建复旦－耶鲁生物医药研究中心将实验工作外包给了复旦。每所大学都自行负担劳务和研究费用，所以它们之间不需要资金往来。但是中国方面主要从事的是基础技术工作，需要的是大量技术人员和实验动物，这一研究成本要比耶鲁低得多。耶鲁方面主要从事数据分析这种高端工作。通过合作，复旦师生和技术人员可以接触到高端研究，耶鲁也可以得到大规模实验的支持。如果耶鲁试图在（学校所在的）纽黑文市建成与复旦同样的研究规模，其成本将高得吓人。而且，像这样的项目在美国的实验室只会有 30 名技术人员，但在复旦会有 150 人。

"收获是双向的，"列文说，"我们的实验人员得到的是显著提高的生产效率，中国方面则培训了他们的研究生，而且他们年轻的教学人员也和我们的教授成了合作者，后者都是该领域的领军人物。这一合作给中国增加了人力资本，给耶鲁带来了创新。"两所大学的研究生可以互访，所建立的关系无疑为未来的更多合作做好了铺垫。与此同时，列文补充说，在合作过程中耶鲁也做了很多法律准备，以确保耶鲁能获得其中的知识产权。

"科学没有国界，"列文说，"这种类型的国际分工是很合理的。"他说，耶鲁大学坚持认为，中国实验室的工作条件是世界一流的，并且双方的合作也有助于提高中国各项设备的质量。"实验室动物的生活条件也达到了美国标准，"列文说，"这里不是老鼠的血汗工厂。"

如果将上述内容综合到一起，你就能拥有美国的成功经验，它由以下成分混合而成：制度、法律、能带来信任的文化模式、创新以及让我们能不断给经济增添活力和提高生活水平的合作关系。平坦的世界没有什么让美国人不能应对，只要我们卷起袖子以正确的方式教育我们的年轻人并且不断丰富我们的成功经验。我们是在这样做吗？这是下面两章要谈的内容，但让我给你一个提示：答案是否定的。

第八章

靜悄悄的危机

在以前的奥运会比赛中，美国队很少遇到势均力敌的对手，现在看来，美国人应该逐渐适应这种情况了。

——摘自 2004 年 8 月 17 日美联社发自雅典奥运会的评论文章，题目是《美国男篮以微弱优势战胜希腊》

中国人现在对我们国家处在衰退态势中深表同情。很多中国朋友向我提到他们的谚语："富不过三代"，他们难以理解美国为何变得如此的无秩序、无理智和无节制。"莱温斯基丑闻"在他们眼中是一种难以理喻的时间浪费，他们过去的皇帝可以有成千个妃嫔。中国人同样惊叹美国人允许自己借贷泛滥，让公立学校赤字运行，而媒体只对喂食管、影片《十戒》和如何做到多吃不胖感兴趣。

——美国商业协会中国理事会前主席詹姆斯·麦克·格雷高（以前是一个驻华记者，现在在中国经商）在 2005 年 7 月 31 日《华盛顿邮报》如此写道

现在，世界上的其他国家都正在和美国展开激烈的竞争，而这种竞争与其他国家男子篮球队同美国男篮在 2004 年雅典奥运会上已不相上下的场面有异曲同工之妙。由众多 NBA 明星组成的美国男篮，在输给波多黎各、立陶宛和阿根廷后，只拿到铜牌，垂头丧气地打道回府。在此之前，美国男篮在现代奥运会历史上只输过一场比赛。曾记否，美国当年只派全美高

等院校体育协会的学生球员参加奥运会篮球比赛。在很长的一段时间里，这些学生球员足可以摆平其他国家的全部参赛队伍。再往后，挑战出现了，我们开始派出职业球队出征，而职业球队也逐渐受到挑战。因为其他国家的球队在不断地学习，知识技术的传播越来越快。其他国家球队的教练可以从因特网上下载美国球队的训练方法，并通过卫星电视在自己的起居室里收看NBA比赛。他们中的很多人甚至可以通过 ESPN 体育台观看精彩场面的录像。由于导致世界变得平坦的因素相互交织，大量的初露锋芒的篮球天才从世界各地来到了 NBA 的赛场，这其中包括许多来自中国、拉丁美洲和东欧国家的球员。当奥运会开始时，他们回到自己的国家，用他们在美国磨炼出来的技术为国家队效力。所以，20 年前美国在奥运会篮球赛场上的优越感现在已经荡然无存。NBA 的技术水平正日益变成香草冰激凌。如果美国想继续在奥运会篮球比赛中保持统治地位，我们必须在技术上再上一层楼。过去的标准已经成为历史。如同 IBM 的乔尔·考利（Joel Cawley）对我说的："球员一个个单挑，来自立陶宛或波多黎各的篮球队员还不能与美国队队员相抗衡，但是当他们团结在一起整体作战时，当他们之间配合得比美国队更流畅时，其对美国队是极具威胁性的。"

2004 年 8 月 26 日，体育专栏作家约翰·范因斯坦（John Feinstein）在《美国在线》上发表的一篇评论文章指出，美国男篮的表现是其他国家篮球队水平提高和美国篮球水平下降两个因素共同作用的结果。美国篮球水平的下降又是两种长期趋势发展所导致的。第一个趋势是篮球基本技术的退化。美国的孩子们只是想通过投三分球或者扣篮得分——这些场面你可以从 ESPN 体育台的精彩场面回放中看到——而不是踏踏实实地学习如何精准地传球、如何找到空当在拉扯中跳投或者摆脱大块头上篮。这些技术需要经过大量艰苦的训练才能学会。范因斯坦说，今天这一代美国球员崇尚的是玩得精彩，而不是技术的基本功，他们变得越来越急功近利。"当世界其他国家的球员逐渐进步的时候，越来越多的 NBA 球员对参加奥运会比赛提不起精神来，"范因斯坦说，"自 1984 年以来，我们已经有了很大改进，当时鲍勃·奈特（Bob Knight）告诉查尔斯·巴克利（Charles Barkley），他出现在奥林匹克训练营时体重不能超过 265 磅（1 磅 =0.373 千克），而巴克利最终的体重是 280 磅，奈特把他刷了下来。现在奥运会男篮的教练甚至不会检查'巴克利'们的体重，他会派一辆大型高级轿车到机场去接球员，如果球员要求的话，他们还可以在去宾馆的途中在唐肯快餐连锁店逗留……世界变了，美国篮球界发生的变化却不是朝着好的方向发展。"约翰·范因斯坦的话放在美国工程技术领域同样适用。

第二次世界大战以后发展至今天的美国让我想起了一句老话——富不过三代。第一代人是艰苦的创业者，通过创新发家致富；第二代人守住了所有的财富；第三代人在成长过程中，逐渐变得肥胖、木讷和懒惰，慢慢地挥霍着祖辈留下来的遗产。我知道这种话太尖刻，而且过于泛泛，但是不管怎样，确实多多少少有些道理在里面。美国社会从 20 世纪 90 年代开始变得飘飘然起来，那时正是第二次世界大战后第三代人成长起来的时候。因特网带来的繁荣给很多人留下了一个印象——不必通过繁重的劳动一样可以致富。你只需拿到 MBA 学位、让自己的公司上市或者签一份 NBA 合同，就可以一劳永逸，不用再担心以后的生活。但是当我们正在欣赏自己创造出来的平坦世界的时候，大量的印度人、中国人和东欧人正在盘算着如何利用平坦世界带来的机遇发展自己。我们是幸运的，因为我们是唯一没有受第二次世界大战破坏的经济体，因为在过去 40 年里，我们没有经历过严酷的竞争。这使我们在各个方面成为世界领头羊的同时，也让我们滋生了自满情绪，想当然地认为一切都应该是美国的。近几年，这种状况甚至发展成为一种趋势——吹捧消费而不重视辛勤劳动、投资和战略思考。当我们遭到恐怖袭击以后，对于总统来说，这是一次号召人民更多地关注国家财政、能源、科学和教育等我们一直疏于重视的方面的绝好机会，在一代人的时间之内，这种机会很难得。然而我们的总统没有像当年肯尼迪那样做，相反，他号召我们去消费。

在前几章，我指出了为什么古典的经济理论和美国经济内在的强大实力使我相信：如果我们挽起袖子，做好迎接竞争的准备；如果我们每个人都仔细思考如何提高自己的技能和更多地接受教育；如果我们持续不断地对技术革新进行投资，那么美国人就用不着担心世界平坦化的到来。这一章是分析为什么我们没有做这些事情，以及如果我们不改变现在的状况，沿着这条路走下去，将会有什么事发生。

　　事实是，我们现在正处在危机之中。但是这场危机发展得十分缓慢，十分平静。"这是一场静悄悄的危机。"雪莉·安·杰克逊（Shirley Ann Jackson）说。雪莉·安·杰克逊是 2004 年美国科学促进会主席，同时她还自 1999 年起至今一直担任斯利尔理工大学的校长（是美国历史最悠久的科技大学，建于 1824 年）。这场静悄悄的危机正在逐渐地侵蚀美国的科学和技术工程基础，而这些正是美国人得以不断创新并提高生活水平的来源。

　　"天还没有塌下来，一时半会儿不会发生多么严重的事情，"杰克逊说。这位受过物理学训练的科学家仔细地斟酌着她的用词："美国现在仍然是世界技术革新的领头羊。美国开设有最好的研究生课程，有最好的科学基础设施以及把知识转化为利润的资本市场。但是我们必须清醒地认识到，在美国的科技界，一场平静的危机正在酝酿。我们要把自己放在全球的环境中，要看到所有与美国竞争的国家不仅头脑清醒，同时还在与我们进行着马拉松比赛，可我们只是短跑成绩优秀。"

　　雪莉·安·杰克逊知道她在说什么，因为如同其他人一样，她能够以其职业生涯做例子证明为什么美国在过去 50 年里如此繁荣，以及为什么在下一个 50 年里，美国的辉煌将不复出现。杰克逊是一名非洲裔女性，1946 年出生于华盛顿特区。她在一所种族隔离的公立小学接受了启蒙教育，后来由于美国最高法院在布朗控诉托皮卡教育委员会案[1]中的判决，她又成为公立小学中第一批受益于反种族歧视政策的黑人孩子。当她由于一次偶然的机会能够到更好的学校去读书的时候，前苏联于 1957 年发射了第一颗人造地球卫星。于是美国政府全心致力于把美国年青的一代培养成为科学家和工程师，这种趋势在肯尼迪总统宣布实施载人航天计划后变得更为强烈。当肯尼迪总统谈到要把人类送上月球时，雪莉·安·杰克逊是正在聆听总统演讲的千百万

---

[1]　南北战争之后，虽然美国黑人享有公民的基本权利，但 1896 年，美国最高法院判定，只要为黑人开办的隔离学校和为白人开办的学校条件相等，则实行学校种族隔离的做法是允许的。在 20 世纪 50 年代初期，人们对这种"隔离但平等"的原则提出了异议，几个黑人家长——其中包括堪萨斯州托皮卡的奥利弗·布朗夫妇——提出诉讼，要求当地学校当局允许他们的孩子在专为白人开办的学校上学。首席大法官厄尔·沃伦在 1954 年就该案所作的裁决突破了"隔离但平等"的原则，为后来几十年在种族平等问题上取得实质性的进展奠定了基础。

美国青年之一。她回忆说："总统的话，鼓舞了我，帮助并推动我们这一代的许多人成长为科学家、工程师和数学家。"而他们在这些领域所做的突破和创新已经远远超过了载人空间计划的原先要求。"空间竞赛实际上是一场科学竞赛。"

感谢种族歧视的废除，杰克逊的灵感和理解力得到了发掘，她最终成为第一个在麻省理工学院获得博士学位的非洲裔美国女性（她的专业是基础粒子物理理论）。从那时起，她在 AT & T 的贝尔实验室工作了很多年，并在 1995 年被克林顿总统任命为核管制委员会主席。

然而，随着岁月的流逝，杰克逊开始发现对像登月竞赛这种国家面临的挑战感兴趣的年轻美国人越来越少，很少有人再对数学、自然科学和工程学着迷。在大学里，她注意到，学习理工专业的学生人数一直增长了几十年，并在 1993 年达到顶峰，尽管最近有些进展，但今天的人数仍然低于 10 年前的水平。所以在杰克逊这一代之后，相对于国家的需求来说，理工人才后备力量变得越来越薄弱。到杰克逊开始担任斯利尔理工大学校长，并把其全部身心扑在重振理工专业队伍上时，她意识到，一场完美风暴即将来临，这场风暴将对美国经济健康产生长期危害，于是，只要有机会，她就会尽自己所能就这个问题大声疾呼。

"'完美风暴'这个词来源于 1991 年 10 月的一次气象灾害，"杰克逊在 2004 年 5 月的一次谈话中说，"当时一股强大的风暴蓄积了大量的能量，蹂躏了大西洋地区，造成了巨大的人员死亡和财产损失。这个事件后来被写成一本书，继而被拍成电影。尽管负责观察这种现象的气象工作者强调，多种因素汇合在一起形成巨大破坏力的情况不太可能发生，但与此相似而且更糟糕的情况就在眼前，它很可能会阻碍我们国家的科技发展。这种'风暴'的作用力是多重的、综合的，来自人口、政治、经济、文化甚至社会方面。"每一个方面的作用力都有相当的负面作用，而当所有作用力结合在一起，它们会具有极强的破坏性。"100 年以来，美国将第一次发现它在科学探索、技术革新和经济发展方面落在了其他国家的后面。"

知识总是很重要的，在当今时代知识更是举足轻重。正如经济学家杰弗里·萨克斯指出：17 世纪科技革命开始之前，任何地方任何人实际上都为生计奔波。但随着 300 多年来科学技术的发展，温饱早已不是生活的标准。蒸汽动力、机器、电力和现在的计算机和因特网已经使得个人进行大规模生产成为可能。因此，工业时代和信息时代现在正让位于精英时代。趋于平坦的世界把工业时代和信息时代的工具带到更多地方和带给更多人种。随着工具的商品化和普及化，对于国家和企业来说"唯一的求生之道"是其人民和雇佣者的才能和企业家精神。商业战略家约翰·黑格尔如此说道。经济活动总是可以双赢，但是最大赢家会是那些最善于以最快速度吸纳精英的人。

以上就是我一再坚持的，在平坦化世界里具备下面三个基本要素的国家才能急剧积累财富：和平坦世界高效快速连接的基础设施；为了其人民从事创新和高附加值工作所需要的良好教育计划和知识技能培训体系；良好的政府治理结构（正确的税收政策，恰当的投资贸易法律法规，对研究的有力支持，强化知识产权保护，最重要的是有感召力的领导——能够游刃有余地带领人民应对平坦化世界中的潮起潮落）。

不幸的是，美国在所有这些领域的发展都存在严重的不足。在冷战时期，导致美国忧心忡忡最深的根源是所谓的美苏之间的导弹数量差距。这种差距从外部威胁着美国。今天，我们则对美国在教育、基础设施和教育方面与别国的差距表示忧虑。在平坦世界里，这些差距对美国是一种来自内部的威胁，这是美国讳莫如深的秘密。如果我们继续忽略这些事实，危机就已经不再是平静的了，杰克逊说："它将成为真正的麦科伊❶。"

讳莫如深的秘密之一：数字的差距

数字的差距是第一个秘密。受 1957 年苏联发射第一颗人造地球卫星的威胁和肯尼迪总统的鼓舞而投身于自然科学研究的那一代科学家和工程师已

---

❶ 麦科伊是世界著名的拳击师，据说有一天，他与女友在酒吧饮酒，一个当地的无赖竟当着麦科伊的面，对他的女友动手动脚，麦科伊虽怒火中烧，但还是强压住，想用自己的大名把他吓走，于是就说："我是基德·麦科伊。"可那歹徒不相信，他说："你如果是麦科伊，我就是华盛顿。"说完继续调戏麦科伊的女友，麦科伊忍无可忍，只挥拳轻轻点了他一下，那个歹徒便应声倒地，失去知觉。过了十几分钟他才苏醒过来，高喊："他是真正的麦科伊。"从此，这句话就流传下来，成了美国的俚语。

经接近退休的年龄，如果美国仍然想保持其首屈一指的经济地位，那么将难以找到足够的合格的后备力量来填补这些人员退休后空出的岗位。根据国家科学基金会的统计，一半的科学家和工程师已经 40 多岁了，而且平均年龄还在稳步上升。

以美国国家航空航天局为例。2004 年 3 月 21 日，《今日佛罗里达》报对国家航空航天局的档案（其中包括美国肯尼迪空间中心）进行了分析，发现以下事实：国家航空航天局的 18 146 人里，几乎 40% 的人达到或超过 50 岁。这些在政府公务部门工作了 20 年的人员有资格提前退休。22% 的工作人员达到或超过 55 岁。超过 60 岁的工作人员人数与小于 30 岁的人员的人数之比是 3∶1。只有 4% 的工作人员小于 30 岁。考虑到国家安全的因素，该部门中的很多工作岗位只招纳美国公民。然而，一份 2003 年的 GAO 研究结果显示，国家航空航天局很难雇佣到符合其要求的工作人员，越来越多的人不具备国家航空航天局工作中所需的扎实的自然科学、工程学和信息技术等知识。国家航空航天局管理者肖恩·奥基夫（Sean O'Keefe）于 2002 年在国会证实："如果找不到合适的人选，我们了解和保护地球、探索宇宙以及寻找外星生命的使命不得不终止。"由前宇航员和参议员约翰·格伦（John Glenn）主持的面向 21 世纪国家数学和自然科学教育委员会发现，在美国数学和自然科学的教学队伍中，有 2/3 的人将于 2010 年退休。

从传统上来讲，我们主要通过在国内加强教育和从国外引进人才两种方式来弥补国家在工程师和科学技术人才的短缺。但是最近，这两种渠道都出现了干涸的迹象。

每两年，国家科学委员会都会对有关美国科学技术发展动向的一组广泛的数据进行监管，这些数据被当作美国自然科学与工程学发展的指示器。在分析了 2004 年的数据后，国家科学委员会发现："我们观察到，身为美国公民的科学家和工程师的数量在下降，而需要这种专业背景的工作岗位却持续增长，这种现象令人担忧。"这种趋势会威胁到国家经济福利和安全。国家科学委员会还补充说，如果这种趋势还将继续的话，有三种情况将会连锁发生："需要具有理工专业知识背景的工作数量将上升；能够胜任这种工作的美国公民的数量最多与现在持平；对其他国家相关人才的利用率将下降，其原因或者是由于考虑到国家安全因素对他们进入美国采取限制措施，或者是由于全球各国对这种人才的争夺使我们难以得手。"

国家科学委员会的报告还发现，美国18岁到24岁的青年人中，接受过自然科学和工程学教育的人数已经跌落到世界第17位，而30年前，我们在世界上的排名是第3。报告指出，2003年，在全世界授予的280万个理科和工科学士学位中，有120万个被在亚洲各大学学习的亚裔学生获得，83万个被欧洲人获得，美国的年轻人只得到其中的40万个。特别是在工程学专业，亚洲各大学现在每年培养的本科毕业生数量是美国的8倍。

"而且，如果与有些国家相比较，上述的比例差距会更大。"雪莉·安·杰克逊说。在中国，每年理工类专业学士学位的颁发数量占其颁发的所有学士学位数量的60%，在韩国这个比例是33%，中国台湾地区的比例是41%。相比之下，美国的这个比例还保持在大约31%的水平。国家科学委员会说："美国一直以来依靠其人民的发明与创新来参与世界市场的竞争。具备自然科学和工程学知识背景的劳动力的充足供给是保持国家竞争力的重要基础。但是，即使我们立刻采取措施改变当前的不良趋势，也只能在10年至20年之后看到效果。"2004年毕业的获得理工专业学位的劳动力应该在14年前，当他上中学时，就选修必要的数学课程，这样才能为其今后的专业学习奠定基础。所以，今天一些中学生如果做出相同的选择，至少要到2018年或2020年，才能成为国家栋梁之才。"如果现在不改变这个发展趋势，到2020年我们会发现，美国研究与教育机构的革新能力已经受到损害，失去了相对于世界其他国家的领先地位。"国家科学委员会说。

"更糟糕的是，这种人才短缺发生在世界趋向平坦的过程中。美国国内需求具有理工知识背景人才的工作岗位每年的增长率是5%，"国家科学委员会说，"相比之下，其他工作岗位供给量年均增长仅1%多一点。"2001年"9·11"事件以前，劳动统计局指出，需要理工技术的职业增长速度是其他所有职业增长速度的3倍。不幸的是，根据国家科学委员会的报告，现有理工技术人员的平均年龄正在上升。

"许多在20世纪60年代和70年代（这些人出生于第二次世界大战后1946～1964年间美国生育高峰时期）进入科技劳动力大军的人们预计将在

未来 20 年内退休，然而在这些人的孩子们当中，选择像他们父母们一样专业的人数却远不如几十年前那么多。"国家科学委员会说，"此外，选择数学和计算机科学专业的女性比例自 1993 年至 1999 年下降了 4 个百分点。"国家科学委员会 2002 年的数据分析还显示，美国授予的理工专业博士学位从 1998 年的 29 000 个下降到 1999 年的 27 000 个。美国工科专业的大学生总人数在 20 世纪 80 年代到 1998 年之间下降了 12 个百分点。

然而，美国理工专业的劳动力大军人数的增长率还是比理工科学位的增长率要高一些。原因是很多国外出生的理工专业毕业生移民到了美国。自 20 世纪 90 年代以来，国外出生的学生在美国大学理工专业学生中的比例持续稳步地上升。同样的趋势也可以在工作领域体现出来，国家科学委员会说，从总体上看，这个比例在 1990 年是 14%，随后的 10 年里，拥有学士学位的国外学生在美国理工类工作岗位中占的比例从 11% 上升到 17%，如果是硕士学位，这个比例从 19% 上升到 29%，而对于博士学位，则是从 24% 上升到 38%。通过把国外出生并在国外接受教育的科学家和工程师吸引到美国，我们不仅可以保持美国理工类劳动力的增长，同时还不必承担为此支付的长期教育成本。

与此相反的另一种趋势是，由于世界变得平坦，世界各地彼此连接得更加紧密，即使外国人不移民到美国，也可以为美国从事革新工作。他们可以为世界第一流水平的公司干世界第一流水平的工作，在得到体面的收入的同时还不必离开自己的家。"所谓全球化就是在他们的家乡为其创造工作岗位，"国际教育协会会长艾伦·古德曼说，"所以他们会说，'我还是觉得自己的家乡好，我在自己的家乡生活比在纽约更舒服。'以前，他们的家乡没有实验室，不能连接到因特网，而现在，所有这些问题都解决了，他们在家里就可以把工作搞定。这种趋势甚至在'9·11'事件导致的签证困难之前就已经开始了，大约在 2000 年，人才外流取代了人才流入。"

国家科学委员会的研究表明："自 20 世纪 80 年代以来，其他国家增加了对理工专业教育领域和理工类人力资源的投资，而且其增长率要高于美国。1993 年至 1997 年，OECD（经济合作与发展组织，包含有 40 个高度发达市场经济的国家）国家需求理工类专业人才的研究工作岗位增长了 23%，是美国 11%的 2 倍还多。"

　　另外，该研究还表明，自"9·11"恐怖袭击以来，由于国内增加的安全限制和国外申请者数量的下降，美国为国外留学生和理工类人才发放签证的速度更慢了。2001 年，美国政府为外国留学生发放签证的数量比 2000 年减少了 20%，在随后的几年里，这个比例还在增加。当各个大学校长们告诉我，2004 年的情况有所好转，美国国家安全部正在试图为外国留学生和科学家加速并简化办理签证的程序时，大量的损失已经无可挽回，无论外国留学生和科学家在哪个领域工作，都会牵涉到国家安全因素，这已经成为美国政府的一块心病。难怪《纽约时报》教育专栏作者萨姆·狄龙在报道中说："今年美国研究生院接收到的外国留学生申请下降了 28%。研究生院中外国留学生的实际注册数量下降了 6%。今年秋天发布的一年一度的调查显示，30 年来，在美国攻读本科、研究生和博士后的所有外国留学生的注册人数首次下降。与此同时，英国、德国和其他国家的大学注册人数在快速增长。今年中国申请攻读美国研究生的人数下降了 45%，而一些欧洲国家则宣布中国留学生的注册人数猛增。"（2004 年 12 月 21 日）

　　一些分析家认为单纯地比较印度、中国和美国的理工科毕业生总数可能会是极大的误导，因为不仅准确的统计难以获得，而且忽略了工科学位在不同国家中"含金量"的不同。比如，2005 年 12 月杜克大学理工学科管理项目的研究，以"工程技术人力资源外部替代的框架性研究：将美国置于与中国和印度同一游戏场"为题，该报告指出印度和中国的数据经常包括没有受过严格训练的两年或者三年专科毕业生，而美国的数据仅仅是特指训练严格的四年制学士毕业生。杜克大学的研究还区分了两种不同的理工科毕业生：创造型工程师和操作型工程师。创造型工程师是那些能够进行抽象思维和利用科学知识高水准解决问题的个人。这些工程师通常经过至少 4 年的理工学科教育计划的严格培养，他们的工作不容易从外部获得可替代的人力资源。而操作型工程师通常是接受同事、技术人员的教导，或是文凭式教育而不是严格的学士学位教育。他们可能具有理工科的基本知识和技能，却没有经验和能力利用这些知识解决更大的问题，他们的工作很容易找到可替代的人力资源。杜克大学的研究结论认为，美国相比印度和中国，仍然培养较高比例的创造型工程师和电脑专家，因此，仍具有较大的竞争优势。

但是，我仍然要给这个研究的结果中加入以下忠告。首先，美国的大学理工科学位不仅授予美国居民，还有很多的外国学生，他们将回到各自的祖国。其次，的确，中国和印度理工科学位的平均水平可能没有美国四年制正规培养的毕业生水平高，但是应该认识到：有更多的印度人和中国人（比例比美国高出很多很多）正在本国或美国大学学习自然科学、计算机和工程学。在平坦化世界中，先进的知识传播总是很快。因此，我毫不怀疑在未来20 年中，中国和印度理工学科本科学位的平均水平会紧紧跟上美国的水准。我们应该看到的是趋势的发展，而不仅是今天的片断。

讳莫如深的秘密之二：教育的差距——来自高层

导致数字差距的最重要的原因，当然是我们在教育方面的差距。我们没有给我们的孩子们提供良好的教育，或者说，没有对为孩子们提供关于在数学、自然科学和工程学等方面的教育给予足够的重视。

看看一年一度英特尔国际科学与工程学大奖赛●，大约 40 个国家每年通过大赛组委会设在本地的分支机构提名参赛人员。根据英特尔公司的统计，2004 年这个赛事吸引了大约 50 000 名美国孩子参加。而当我在一次访问中国期间，询问英特尔中国区总裁陈伟锭关于中国的参赛情况时，他告诉我："中国先在国内进行大赛的选拔赛，几乎每一个省都会派学生参加选拔。在中国，有 600 万孩子参与竞争，尽管不是所有的人都能进入到最后的决赛……"中国人对这个比赛非常重视。那些被选中参加最后阶段国际比赛的孩子被允许免试进入大学学习，而且可以随便挑选进入国内的一流大学。在 2004 年的比赛中，中国共获得了 35 个奖项，比其他任何一个亚洲国家获得的奖项都多。这些奖项中包括三个全球最高奖中的一个。

难怪美国各地所有的教师都要阅读的杂志《教育周刊》刊登了一篇题目

● 英特尔国际科学与工程学大奖赛是一项有 52 年历史的国际性青少年科学研究项目比赛。它也是世界上唯一的面向 9～12 年级（初三至高三）的学生，竞赛学科涵盖了所有自然科学学科和部分社会科学内容的科学比赛，因而被称为中学生科学竞赛的"世界杯"或"奥林匹克"。

为《移民儿童的数学和自然科学成绩名列前茅》（2004 年 7 月 28 日）的文章。这篇文章写道："美国政策国家基金所做的一项研究表明，自然科学成绩最优秀学生中的 60%和数学成绩最好的学生中的 65%来自于新移民到美国的家庭。这份调查所依据的数据是：最近 3 年各个学校竞赛中获奖者的名单，英特尔公司的科学人才调查，参加国际数学奥林匹克大赛以及物理比赛的美国代表队成员组成。""这项研究的作者把移民家庭学生的成功部分地归功于其父母要求孩子科学安排自己的学习时间。许多移民家庭的父母鼓励自己的孩子学习数学和自然科学，他们坚信掌握了这些知识会增加孩子们将来在职场上的竞争力，从而避免偏见和缺乏人际关系对他们的影响……接受调查的很多学生的家长是持向专业技术人员发放的 H-1B 签证来到美国的。"这项研究的作者斯图尔特·安德森是基金的执行董事，他认为美国政府制定的过分限制移民流入的政策是有风险的，有可能导致科学技术人才持续稳定流入美国的停滞。文章举了安德烈·蒙泰亚务（Andrei Munteanu）的例子：安德烈·蒙泰亚务，18 岁，代表美国参加了 2004 年英特尔国际科学与工程学大奖赛。安德烈·蒙泰亚务的父母 5 年前从罗马尼亚移民到美国，他从 7 年级开始接受美国教育。当时安德烈·蒙泰亚务发现，美国 7 年级课本中的数学和自然科学课程似曾相识，原来，他在罗马尼亚读 4 年级时就已经学过了同样的内容……

每隔 4 年，美国都要参加国际数学和自然科学发展趋势的研究。这个研究把所有学生分成 3 组：4 年级、8 年级和 12 年级。最近的研究涉及了大约 50 万名学生，涵盖了 41 个国家，使用了 30 种语言，这使其成为有史以来规模最大的和最广泛的关于教育水平的国际研究。

2004 年的研究结果显示（相关测试是在 2003 年做的），美国学生的成绩只比 2000 年有略微提高，从这些数据可以看出，美国的劳动力在科技方面的竞争力要弱于紧盯着它的对手国家。2004 年 12 月 4 日，美联社报道说，美国 8 年级学生的自然科学与数学成绩自 1995 年第一次测试以来已经得到提高，但是这些提高主要来自于 1995 年至 1999 年之间，也就是说，最近几年的提高微乎其微。当然，这 4 年的提高使美国获得了相对于其他国家更高的排位。可令人担心的是，美国 4 年级学生的成绩却从 1995 年起停滞不前，既不上升也不下降。结果，相对于取得进步的国家来说，美国的排名反而落后了。负责组织这次研究的波士顿大学国际研究中心的联席主任艾娜·穆利斯告诉美联社说："亚洲国家在高级阶段的自然科学和数学教育方面稳步前进。"例如，测试结果表明，44%的新加坡8年级学生的数学水平达到高级阶段，中国台湾地区的比例是38%，而美国的这个比例仅为7%。另一个旨在对学生素质进行评价的国际教育测试也于2004年12月得出结论：15岁的美国学生应用数学技能解决实际问题的能力低于国际平均水平。

2005年，美国科学院、美国工程院和美国医学科学院的一份题为《风口浪尖上》的报告，可以部分解释上述现象。研究表明，在1999年只有41%的8年级学生接受毕业于数学专业的数学老师的指导，大大低于77%的世界平均水平。尤其在美国高中的教育中，看上去似乎像一个黑洞，无情地打击着年轻人的兴趣发展，尤其是对想选择自然科学的女学生。

2005年10月，我和我妻子去纽黑文参加耶鲁大学家长周末会，和女儿、女儿的室友和其中一个室友的男友一起吃比萨午餐。我坐在那位男士的对面，他叫艾瑞克·斯特（Eric Stern），24岁，在耶鲁攻读纳米生物工程博士学位。艾瑞克正是美国教育体系应该大量培养的年轻人。他的祖父是一个手表工程师，他父亲是哥伦比亚大学的医学博士和教授，他很小的时候就对自然科学产生兴趣，尤其是他看到了父亲的实验室并曾和祖父一起制造零件。他上高中的时候，是西屋（Westinghouse）科学大赛的决赛选手，在耶鲁获得学士学位，随后进了研究生院。目前，他在一个政府资助的项目中运用纳米技术检测空气中的毒素成分，这在应对恐怖活动中将会有广泛运用的前景。我和斯特很快谈到了关于美国当代自然科学的教育。

他一开始便提及在座的5位耶鲁大学本科女生，"看看在座的各位，我和这些聪慧的女生一起吃比萨饼，可惜她们并没有一人与我一样从事自然科学。"5位女生都是学人文学科的，为什么？我问斯特。他认为这涉及很多原因。首先，"人们愿意做有乐趣的事情。但是像代数或背诵乘法规则表完全是没有趣味的事情，而这些基础知识是大一新生的必修课，这些东西简直是无聊透顶而且好像毫无用处。其实，只有到了高年级，你才能得到所谓的乐趣，但是前提是掌握这些无聊的基础知识。而现在的文化就是直奔乐趣。"

提及耶鲁，斯特告诉我："我喜欢耶鲁，但我的朋友中甚至没有人对我做的东西感兴趣，如果我要和他们交流我做的事情，我不得不把它讲得很有趣。耶鲁的工作是'制造'总统，而不'生产'科学家。而且总统们并没有认识到科学的价值，没有比布什更好的典型了。最近我参加一个婚礼，我大学时所有伙伴现在都是投资银行家，他们讨论他们挣了多少钱。我也开始算计我挣了多少，结果是：一周工作 80 个小时，而 1 小时报酬为 3 美元。但是，我从来没有让金钱左右我的思维方式。"

在 20 世纪 70 年代和 80 年代初，想成为律师的年轻人人数开始超过想成为工程师的年轻人。接着，随着因特网的繁荣，在 90 年代，那些想就读于商业学校获得 MBA 证书的年轻人数量以压倒优势盖过了想成为工程师和律师的人数。

斯特认为虽然其他国家致力于教学基础设施建设并从教育系统更具创造性的教育方法中受益，但美国的文化还是培养了一些最具创造力的科学家和工程师。斯特强调说，这正是为什么美国小孩必须改善他们在数学和自然科学等方面基本技巧，同样，我们也必须加强自然科学的基础教育，从而保持和激发孩子们的创造性。他认为公立学校取消艺术和音乐课程简直是疯狂之举。"我生活中所获得的创造性思维和工作理念，很重要的一个渊源就是音乐。我是一个古典音乐爱好者，基于这点，我领悟到的是努力独自做好自己的工作，而不是像一个体育团队那样。这同时也引导你运用新的方法阐释你的计划和灵感。"

感谢美国的社会能够"生产"出像艾瑞克·斯特这样的年轻人，但是我们不能存有幻想：他和他的同事仅是越来越小的一个少数派。斯特补充道：在当今的美国，很多人最大的希望是成为一个医生、律师或银行家，而不是工程师或科学家。他担心的是创新的根基从何而来？

"我们出口的是自己的优势要素，还是中国的优势要素？"他问道，"我想确信的是我们应该有自己的贸易产品。"他又重新强调自然科学基础的重要性，"科学和工程技术许多是有关敬业精神的——不仅愿意掌握所有的基础知识，同时还要继续坚持一个哪怕已经失败了 20 次的实验。"留给他印象最深刻的是亚洲的学生和美国最优秀学生的敬业精神。"当一个中国的研究生在实验室遇上我并对我说,'你怎么这么努力',这是我想得到的最大的恭维。"

我希望更多美国的年轻人能够有这番感慨,但数据统计却恰恰相反。美国的教育问题不仅仅在数学和自然科学,美国学生简单的阅读和写作能力也在退步。2005 年 12 月 16 日,《纽约时报》报道了美国大学毕业生英语读写能力的调查结果:大学毕业生在过去十年读写能力平均水平是明显下滑的。这是大学毕业生——而不是那些半途退学的家伙。2003 年教育部进行的全美成年人读写能力测评,是考察美国成年人写作能力的最重要测试。《纽约时报》指出,"该测试还发现美国人在英语读写中的语法水平大幅下降,而黑色人种和亚裔却有明显提高。1992 年进行的该项测试显示,40%的美国大学毕业生读写能力是精通水平,可以阅读长篇复杂的英语文献和进行高难度的推理。在 2003 年的测试中,只有 31%的毕业生是精通水平,而毕业生总数为 2 640 万……"格罗佛·J·怀特赫斯(Grover J.Whitehurst)是教育部一个研究所的主任,他负责监测此次测评。他认为大学毕业生的读写能力是下降的,因为近年来越来越多的年轻人将大量业余时间花在看电视和上网,"他们的阅读兴趣正在减退,而阅读正是能提高读写能力的有效途径。"

讳莫如深的秘密之三:进取心的差距

我们对电视、视频和网上游戏的喜爱有助于揭示第三个秘密——这是几个美国公司的杰出首席执行官悄悄地告诉我的:"当他们把工作转移到海外,公司不仅节省了75%的工资成本,同时还得到了 100%的生产增长率。"其中的一些原因是容易理解的。当你把一个在美国地位比较低、收入比较少的工作,如呼叫中心的接线员,转移到印度后,同样的工作就变成了高工资、高社会地位的岗位——公司的支付减少了,可是工人的干劲却比在美国更足了。一家总部在英国的跨国公司的美国籍首席执行官告诉我,"离岸外包不仅可以节约成本和提高效率,同时生产质量和生产力的提高也是巨大的。"除了工资的支出压缩外,一个班加罗尔的印度工人经过再培训后,可以做 2~3 个欧洲人的工作量,而且这些班加罗尔的雇员不享受 10 周的休假。

"如果你认为离岸外包只是降低工资支出的问题,"他补充说,"你不会感到惊讶,但事实是,这些工人工作得太努力了,勤奋得让人害怕。"

从印度回来后不久,一个年轻人在机场接我,他想和我谈论一下我写的关于印度的那些文字。我们聊得很开心,于是我要了他的名片,随后,我们通过电子邮件不断交往。他的名字叫迈克·阿尔盖洛(Mike Arguello),住在圣安东尼奥,是一名 IT 系统设计师。由于他从事的是高端的 IT 系统设计工作,所以并没有感到来自国外竞争的威胁。从事设计师的同时,他还教书。当我问他,我们需要采取什么行动才能把竞争优势保持住,他给我发来了这个电子邮件:

我在当地一所大学教书。看到许多学生不思进取地混日子,我感到非常沮丧。我已经教过他们 6 个学期的课程,但只会考虑雇用其中的两个人为我帮忙,因为其他的学生缺乏创造力、缺乏解决问题的能力以及学习的热情。你非常清楚,印度人相对于中国人和俄罗斯人的最大优势就是他们讲英语。但是如果认为最高水平的印度开发人员比美国同行工作做得更好就错了。印度人的有利条件是他们可以对一个问题投入大量的人力。我曾经在工作中合作过的印度人都是最优秀的。他们同样都毕业于麻省理工学院,并回到了自己的国家,这些人数量众多。如果你跟随我参加一天中的各种会议,你就会发现一个明显的事实:我一天之中的大部分时间都在和印度人打交道。大部分管理人员还留有这样一个印象,即所有印度人从事的全部是软件开发中的低端工作——软件各组成部分的汇总。但是一些像 Linux 的技术的应用,已经可以使他们开始从事较高端的系统设计方面的工作了,而以前,这些设计方面的工作完全被美国人垄断。这些印度人掌握了沿着"技术链"往上爬的方法,并渐渐地达到了与美国人同样的高度。现在,智能与智能的对抗开始了,印度人咄咄逼人的态势令人敬畏。从技术的观点看,世界将变得越来越平坦(如果有可能)。我只在两个领域还没有看到印度人的身影,它们分别是网络设计师和系统设计师,但我心里清楚,这只是时间早晚的问题。印度人是非常聪明的,在与系统设计师的交流中,在讨论 IT 方面的各种难题如何解决与协调的过程中，他们可以快速地学到他们想得到的知识。如果国会通过立法阻止雇佣印度的劳动力，那么一些大型软件系统将出现无人会操作运行的局面。不幸的是，在 IT 界，许多管理位置上坐着的并不是技术型管理者，他们或许还意识不到这种局面的严重性。我只是一名信息系统方面的专家，不是经济学家，但我知道，一个高收入的工作岗位需要工人创造出更多的价值。经济体系中存在着高端工作岗位和低端工作岗位，但是许多人已经不具备从事高端工作的能力了。不求上进，不愿接受更高的教育，结果只能从事些低端的工作，收入自然不会高。这个道理再清楚明白不过了，可越来越多的美国人却执迷不悟。很多美国人想不出来，那些高收入的工作不由美国人来做，那么还有谁有这个资格呢？我把这种想法称作"美国人的幻想"。西蒙·考埃尔曾经对一些应聘的竞争者说他们不具备这方面的能力，那些应聘者却不相信——不知你是否看到过那样的场面。我只求有一天，自己不要被那样不留情面却千真万确的话惊醒。

但是如果没有更早的话，问题从高中就开始了。2005 年夏天，我收到了一封来自华盛顿州一个高中老师马尔科姆·戴维德森（Malcolm Davidson）的信。内容如下：

> 亲爱的弗里德曼先生，我在华盛顿州塔科马市的一所私立高中教授五年级的阅读和社会课程。尽管许多学生来自不同的种族，受到良好的教育，大多数孩子还是来自白人、中上阶层的美国家庭。我最近刚刚看完了您的新书《世界是平的》。其中有两章的内容"三重汇合"和"静悄悄的危机"我在您写出来之前，就已经经历过了。读到这些让我意识到世界真的是平的。真的很希望在您写这两章之前就能与您分享我的想法。开家长会是一个比较有意思的工作，但是我从来没有意识到这也会是一个文化的学习过程。两年前我开的两个家长会让我经历了世界的平坦化过程。一个会议是与 Deven 和 Swati Vora（猜猜 Vora 家是从什么地方移民过来的？）当讨论到他们的女儿 Sonia 时，他们告诉我，他们认为

学校没有留足够的家庭作业，而且也不够难。过了几天，我又与另外一个从西欧移民过来的家长 Irena Mikeladze 会面，她想知道为什么她的儿子汤姆斯没有任何自然科学书，而且要学这么垃圾的科学课程。在连自然科学书都没有的情况下，我们怎么能有竞争力呢？这两个家庭家长的态度代表了两种不同的国家特性，让我思索良久。不幸的是，很多白种的中产阶级的美国人却说，五年级的课程对于他们的孩子来说太难了，孩子们不可能做完作业，没有时间做一个真正的"孩子"。足球、体操、音乐课程和晚餐挤占了他们的学习时间。一些家长甚至要求我和我的同事减轻这些孩子的负担。这些担忧过度的家长们对他们的孩子设定的期望值很低，并且干预教学；他们认为万事皆好，从不要求更多。只要他们孩子做的还可以，并且能够得到乐趣，就算得到了很好的教育。我们学校完全符合"11·9"的思维模式。作为一所学校，我们要与邻街或者邻镇的学校竞争。如果家长相信我们比其他的公立、教会、私立学校好，他们就会满意。但是正如您所写，我从这两个家长会中意识到，真正的竞争已不再是来自邻镇或者邻州的学校。您是对的，很多时候我们都在自己欺骗自己。从理论上说，我们已经不再愤怒（除了在拉拉队，踢足球和彩票没中的时候）。我们洋洋自得，并且不断地惹麻烦。不幸的是，国家领导人还在想怎样才能让我们的孩子落在后面。堪萨斯和乔治亚州甚至想去掉达尔文课程，增加智能设计！如果某人将耳朵贴近平坦的地球，他就可以很清楚地听到来自海外的竞争。作为一个教育工作者，我们的目标将不能止于做当地最好的学校，而应该做全地球最好的学校。

本质上，在世界开始变平坦化之前，整个美国就是一个孤立的小岛——一个鼓励创新、安全和收入不断增长的小岛。然后，它变成了一个巨大的磁铁，吸引全世界的资本的智能源源不断地向其流去。而当你的货币变成世界货币，每一个人都在挖空心思想要在你家门口工作时，你就会开始将一切当成理所当然的了。

亚洲国家不具备这些有利条件。2004 年的冬天，我在东京与野村综合研究所的首席经济学家辜朝明喝茶。我和辜检测了一下我提出的"平坦系数"：所谓平坦系数是指这样一个概念——一个国家自身越平坦，也就是说一个国家的自然资源越少，那么这个国家在平坦世界中的处境就越好。在平坦的世界里，一个理想的国家是没有任何自然资源的，因为没有自然资源的国家无依无靠，所以倾向于挖掘自身的潜力，提高自身的竞争能力。这些国家会设法调动起全体国民的干劲、创业精神、创造力和学习知识的热情，而不是热衷于挖油井。中国台湾省在自然条件上，是一个位于台风频发海域的贫瘠海岛，除了当地人民的干劲、进取心和才华，几乎没有任何自然资源。但是今天，它却拥有着世界排名第四位的外汇储备。日本、韩国、中国香港和中国沿海地区的经济成功也都能够用同样的理由来解释。

"我是美国籍中国台湾人，我的父亲是中国台湾人，母亲是日本人，"辜朝明告诉我，"我生于日本，并在日本接受了小学教育，随后移居到美国。中国有句俗语：学到手的和吃到肚子里的东西，别人是拿不走的。在我很小的时候，我的老师就告诉了我这句话。我们永远不能像美国人和加拿大人那样生活，因为我们的自然资源十分贫乏。所以我们必须好好学习，努力工作并大量出口产品换回外汇。"

随后，我读到一篇由《华盛顿邮报》的财经专栏作家兼记者史蒂文·皮尔斯坦（Steven Pearlstein）从波兰的弗罗茨瓦夫发出的报道，该文章的名字是《欧洲的资本主义幕布》（2004 年 7 月 23 日）。皮尔斯坦写道："一块幕布从欧洲上空拉了下来，把欧洲分成两半。幕布的一边是希望、乐观、自由和对更好生活的憧憬，另一边则是惶恐不安、悲观主义、令人窒息的政府管制以及一种今不如昔的感觉。" 皮尔斯坦说，这个幕布区分了东欧与西欧，前者正在拥抱资本主义，后者则急切盼望摆脱掉东欧这个与自己分食的竞争者。"

"然而，这一次，很可能是东方会赢。"他接着说，"你可以感觉到那里的能量和对胜利的期盼。资本和公司大量地进入到这个地区——不仅仅是一些大牌公司像庞巴迪、西门子、惠普、丰田汽车和沃尔沃公司，还包括围绕这些公司形成的供给商网络。起初，大部分新的工作都是对技术要求不高的半熟练型工种。现在东欧的工人已经可以从事工程设计等方面的工作了，而这些工作主要是由该地区供应充足的大学毕业生队伍完成的……大公司到这里投资不仅可以降低工资支出成本，而且还因为这里的工人有向上的工作态度，愿意做一切必要的工作，即使某些工作的外包会减少工作岗位，即使需要工人在周末加班甚至改变休假安排——在西欧，所有这些毫无疑问会导致长达数月的抗议和谈判。西欧的那些人还没有明白，如果要保住他们现有的利益，需要做多少改变，西欧人面临的危险是巨大的。他们不知道情况变化得有多快……与其说是对财富的梦想，不如说是愿意努力工作的决心，愿意做一切必要牺牲的决心，和要改变所有需要改变的做法以缩小与西方差距的决心激励着弗罗茨瓦夫的人们勤奋工作。弗罗茨瓦夫的市长拉法尔·杜特凯维奇说：'荣誉感和坚定的信念可以用来解释为什么幕布另一边那个悠闲的社会对我们的进步感到如此恐慌。'"

讳莫如深的秘密之四：教育的差距——来自基层

当你回顾 20 世纪前 30 多年的美国，你就会发现我们现今公共教育体系的根源，而这个系统在平坦的世界中早已过时。20 世纪早期，美国决定通过将权力和责任下放到当地教育委员会来搭建美国的教育体系。我们允许各个社区组织自己的教育子系统，决定其教学、课本等方面，还有自己的酬薪结构——而不是像大部分国家那样实行教育体系全国化或像德国那样实行州际化。"这一方式的影响是，全国的教育系统是由各地教育理事会拼凑起来的一个系统，"国家经济与教育中心主席马克·塔克（Marc Tucker）指出，这样，相对富裕的人们就可能组织一个"自税"区，将富人们自己联合起来，在交纳相对低的税率时，仍然可以使学校每个学生的平均预算水平较高。反之，相对收入较低的人们，则要交纳较高的税率，而花费在每个学生身上的预算却很低。同时，在这样的贫穷社区中，社会不稳定，很难对教育成果有较高的期待。

塔克指出，第二次世界大战以后，高速公路建设补贴和房屋抵押贷款补贴创造了市郊卫星城。20 世纪 60 年代学校中事实上还存在种族隔离，因为白人家族大多摒弃了大城市移到郊外，留下的是种族隔离更加明显的城市（由于种族和阶层）。在所有这些战后发展起来的美国大都市周围，卫星城由于种族和阶级力量得到了"很好"的规划，同时具备了相匹配的学校区。

毫无疑问，最富有的学校区吸引了最好的教师、校长和课程设计者，以及教育需求最强的父母，而最穷的城区和校区相对应的是最差的教师、校长，还有穷困得必须从事三份工作才能养家糊口的家长（他们几乎没有时间辅导孩子的功课）。与此相比，其他工业国家是根据学校提供的标准课程来提供经费的，而这些经费是从国家财政预算中拨付。

美国总是愿意并希望公立学校成为改变一个人社会地位的媒介，贫困人群希望通过在公立学校学习提升自己，使自己有机会进入社会更高的层次。然而，因为经费筹集的不均衡性，现在美国许多地区早已今非昔比，公立学校很多时候得不到经费了。

塔克补充道："美国能够维持这个教育系统如此之长在于 20 世纪 30 年代是一个大批量生产占统治地位的时代。的确，我们在制造某些东西上效率十分高，我们那时教育着一批又一批可以从事大批量生产的劳动力，并向那些具有创造性的精英人才注入大量的资金。因此，如果你到一个私立精英学校或富人区的公立学校，你接受的教育更有利于创造力和创新能力的挖掘和培养，然而最差的公立高中仅仅提供给孩子们得到'面包和黄油'的技能。如果现在也有很多能提供'面色和黄油'的大批量生产的工作职位，支付不错的报酬，并且等在高中大门外，所有人过得也不会太差。"

不幸的是，世界趋于平坦化，那些大规模生产的工作已经大量被自动化机器或外来人力资源所取代，对于没有知识的人而言，体面工作越来越少。比如，30 年前，在许多美国城市，制造企业是最大雇主，而今变成了医药或技术研发中心。因此经费不畅、人员贫乏的高中学校走的都是死亡之路。"那里不再有未来，"塔克分析道，"因此，我们必须寻找一个能以更高水平教育我们年轻人的方法。如果你不提高他们的技能，那么低技能工人竞争的唯一途径就是降低他们的工资。"

讳莫如深的秘密之五：教育资金投入的差距

到现在为止，与其他国家相比，美国仍然在大学阶段教授理工专业方面和建立大学研究基地方面占有优势。"但是，随着中国通过其不断改善的中学和大学教育体系把一代又一代的年轻人培养成材，"巴雷特说，"10 年后，中国会达到与美国相同的水平。我们不是在标划体积的刻度，我们在教育方面的基础设施建设没有尽头，对于各种各样的新思维，没有最好，只有更好。所以我们只有两种选择，要么适应平坦世界的要求，要么听凭对自然科学的投资下降。"

英特尔公司董事长克雷格·巴雷特说："如果美国的科技在将来还能够保持领先地位，不断创新并提供工作岗位，那么政府就应该对基础研究的投资负起责任来。"根据一个工作组 2004 年提供的关于美国技术创新对未来影响的研究报告，不幸的是，联邦政府拨给支撑 GDP 的物理学、数学和工程学研究的资金在 1970 年到 2004 年之间下降了 37%。2004 年 11 月，美国共和党主导的国会通过了 2005 年年度财政预算。其中为国家科学基金会编制的预算被削减了 1.9%或 1.05 亿美元，而这个部门在联邦政府中的职责却是促进科学研究和资助更多更好的自然科学教育。当美国应该为国家科学基金会增加预算的时候，国会竟然砍掉了对科学研究的资助，历史会证明给我们看，那些人犯下了极为愚蠢的错误。2006 年度财政预算在这方面的进展是细微的——2.4%的增长。能源部科技办公室——美国物理学研究最重要的资助者，在 2005 年只得到 2.9%的预算增幅，在 2006 年仅增长 0.9%，在扣除通货膨胀之后，实际上是一个"粗暴"的预算缩减。

2006 年 1 月，全国总工会发布消息说，总统发誓要努力改变教育研究预算减少的局面。我们拭目以待。我们该做什么？2005 年 10 月，国家科学院和美国医学科学院发布题为《在风口浪尖上》的报告，这是由科学家和企业家组成的专门小组调查研究后得出的报告。该报告认为，为了 21 世纪美国的发展，在未来 7 年，美国联邦在研究领域的投资每年必须增长 10%。它同时还推荐了几个新的研究补贴项目（每个项目在未来 5 年中每年获得 50 万美元的补贴），以资助大约 200 个最杰出的年轻研究人员。

在小布什上任之初以及共和党主导的国会决定削减 2005 年国家科学基金会预算时，来自密歇根州的共和党参议员维恩·埃勒斯（Vern Ehlers）在众人的附和声中提出了异议，他做出如下声明："我理解在紧缩财政的前提下，做出这种选择是很艰难的。但我还是认为削减科学研究基金的做法很不明智。事实是 2005 年需要资助的项目还在增多，这方面的支出还会增长。
所以在保持财政约束的基础上，增加对基础研究的拨款应该是显而易见的。
但是，我们不仅没有使我们的拨款增长率跟上通货膨胀的速度，而且还做出
了南辕北辙的决定。这个决定忽视了国家的未来发展，是很危险的。我对政
府选择做出这种决定的时机十分惊讶——此时此刻，其他国家的学生在数学
和自然科学比赛中不断地超过我们的学生，各国政府都在不断地增加对基础
科学研究的经费——因而也很担心。如果没有一批训练有素的受过良好教育
的劳动力队伍，我们是不能指望在国际竞争中夺回曾经失去的饭碗的。"

　　维恩·埃勒斯说得不错。削减经费的影响已经显现出来了。根据国家科
学基金会的统计，自 1992 年以来，美国人撰写的科技论文在世界论文总量
中所占的比重下降了 10%。美国人在世界一流物理学杂志《物理评论》中发
表的论文占刊登的所有论文的比重，从 1983 年的 61%下降到现在的 29%。
现在，人们开始注意到大量的技术专利被亚洲人获得。1980 年到 2003 年之
间，日本在世界工业专利中的份额从 12%上升到 21%，中国台湾地区从 0 上
升到 3%，相比之下，美国则从 60%下降到 52%。

　　国会议员为了得到支持，在各地高速公路项目大肆花钱已经有一段很长的
历史，从今往后，让我们将钱用在试管项目上吧！以防美国在国家竞争中落后。

讳莫如深的秘密之六：基础设施的差距

　　一位在日本的美国前外交官托马斯·布莱赫（Thomas Bleha），在 2005 年
5～6 月期的《外交》上发表了一篇著名的文章，开头如此写道：在布什执政的
前 3 年，美国在宽频因特网使用上的全球排名从第 4 位下落到第 13 位。现
在，大部分美国家庭只有"基本"宽频设备，在发达国家中这是最慢、最贵
而最不稳定的网络接入方式。在手机接入因特网模式上，美国落后得更多。
这一境况无疑是布什政府在发展网络工程上的失职，实际上，美国是唯一一
个没有明确国家宽频发展政策的发达国家。自 2001 年布什执政以来，其政府
认定的主要优先项目是：减税、导弹防御系统和反恐——而不是让美国在因
特网创新上保持领先。实际上，布莱赫写了那篇文章以来，根据 2004 年的统

计，情况已经变得更糟糕了。根据国际电讯联盟 2005 年 4 月的数据，美国的宽频普及率从第 13 位下滑至第 16 位。国际电信联盟数据显示，截至 2004 年 12 月 31 日，美国每 100 个居民中有 11.4 个宽频用户，这还不到韩国的一半——韩国的宽频使用率是世界最高的，每 100 个居民中有 24.9 个宽频用户。挪威、以色列和芬兰首次超过了美国的宽频普及水平。2005 年 4 月 25 日《国家期刊》报道，法国广泛运用宽频技术几乎让美国的名次进一步下滑。高速因特网在法国的普及率上升了 1 倍，从 2003 年的每 100 个居民 5.61 个宽频用户到 2004 年的 11.2 个用户，居于第 17 位，仅仅比美国的水平差 1 位。

在布什的前 3 年任期中，布莱赫认为，布什总统仅仅提及宽频两次，而且仅仅是一笔带过。美国进步研究中心的马克·赖特在《发展报告》（2004 年 10 月 7 日）中写道："不仅如此，美国衡量宽频服务的指标还是 200 Kbps（Kbps，每秒千字节数，网络接入速率单位），早就不能跟上世界其他地方的水平了。"比如，在日本大概一个月支付 10 美元就能获得一个相当于 200 Kbps 的 40 倍速度的网络接入服务。在世界上，最聪明的国家和城市提供给它们居民的宽频服务不仅是最快的，而且是最低价格。

为什么美国要小心？

宽频技术和信息技术之所以重要，不仅在于它们是全球最大的一个产业，而且它们对经济的每一个部门的生产率提高和创新都是至关重要的。以简单而又可承受的方式与平坦世界受教育的人们联系越多，你能自动获取的知识就越多，就有更多的时间和精力用于创新。而创新越多，生产出用于促进平坦世界发展的东西就越多。这将会是一个良性的循环，一个我们梦寐以求的发展促进方式。

"平坦的世界使得创新和生产更加具有效率，但是如果人们没有相关的基础设施或教育方法以获得知识，不能利用平坦化的优势和好处，"微软首席技术官克雷格·芒迪说，"那么，被打垮就会是迟早的事情。"

底　线

当我问比尔·盖茨关于很多人认为的美国教育优势——强调创造力而不

是死记硬背的学习方法——时，他对这种看法表现出全然蔑视的态度。按照他的观点，那些认为强调死记硬背学习方法的中国和日本培养不出来有创造力的人才的观点是错误的，用这种方法培养出来的人一样能够和美国人竞争。"创造力是通过接受测验激发出来的，"盖茨说，"我从来没有遇到过不会使用乘法的软件开发者……谁设计了世界上最有想象力的电子游戏，是日本人。我从来没有感觉到他们是靠死记硬背的技能工作的人……在为我工作的最优秀的软件开发人员中，就有日本人。你必须首先要记住原有知识，才能在其基础上拓展到更广阔的领域。"

永远记住：来自年轻的中国人、印度人和波兰人的竞争不是把我们赶下悬崖，而是迫使我们上升到更高层次。他们并不想为我们工作，甚至他们根本就不想抢我们的饭碗。从创立公司的角度来说，他们是想统治我们，想要在未来建立公司，让全世界的人们都羡慕并争先恐后地为他们服务。他们绝不会满足目前自己已经取得的进展。我曾经与一位美国籍的中国人聊天，他在微软公司工作，曾经陪同盖茨访问过中国。他告诉我，盖茨在中国的时候，强烈地感觉到了那些年轻人体内蕴藏的能量。人们扒着窗户、从票贩子手里购买高价票仅仅是为了听他的一席话。同样的情况，杨致远也遇到过，他是雅虎公司的创始人，在中国，人们对他的狂热就像对待摇滚明星。

在今天的中国，比尔·盖茨的人气超过了"小甜甜"——布兰妮·斯皮尔斯。在今天的美国，只有布兰妮·斯皮尔斯才是人们真正崇拜的偶像——这正是令人担忧的地方之一。

难怪约翰·霍普金斯大学校长比尔·布罗迪对我说："我们学校自然科学专业的学生中，60%来自外国，其中大部分又来自亚洲。4年前的某段时间里，所有数学专业的学生都来自中国。然而，直到学校让这些学生担任助教时，我才了解到这些情况，因为他们中有一些人英语讲得不够好。"一名该校大学生的父母写信给布罗迪抱怨他们的儿子听不懂微积分学教授的课，因为那个老师的英语发音实在太差，并操着一口浓重的中国口音。

不管美国在数学和自然科学方面的基础教育是如何缺乏，但人们似乎相信，只要能通过鼓励最好的学生发挥创造性思维就可以"弥补"。情况似乎如此。中国人会告诉你现在他们已经擅长制造下一代新产品、拷贝下一代新技术，但在想象下一代新事物方面还存在不足。可是这种情况将发生改变，中国人现在充满信心地认为，他们最好的高三学生可以在数学和自然科学方面超过美国学生，而且现在中国关注的是如何更多地激发年轻人的创造性、创新能力和活力。

2005 年 10 月，我访问北京，并拜访了中国教育部副部长吴启迪。教育部大楼是北京最新和最漂亮的政府办公大楼，我和她在其办公室一起喝茶。她告诉我："虽然我们的经济高速发展，但是我们知识产权所有量却很少，中国过去的四大发明令我们非常自豪：指南针、造纸术、印刷术和火药，但是在其后我们并没有跟上发明创新的步伐，中国人有能力发明创新——而为什么我们没有做到？我们需要回过头去反思。"

吴副部长补充道："今天我们正在关注的是如何培养创造性思维和企业家精神。"当然，行动难于言辞。培养创造性思维和企业家精神可能会和中国传统文化中强调的"顺从"相抵触，但是文化是会变的，而且中国正在经历改变，尤其是越来越多的中国人已在美国和欧洲接受教育。

"从改革开放之初，我们就已经选送一大批教师、学者和教授出国学习深造。他们经历了一个进化和变革的过程，而今他们在课堂上将这些变革的细节传授给学生们。现在我们看到世界正在改变，因特网让世界日新月异……我认为艺术将会扮演很重要的角色，但更重要的是如何将艺术和科学统一起来，以让人们具有创造性和独立性的思维……在艺术和科学的融合方面，我们的许多教师并没有得到很好训练。"

她给我的感觉像是佐治亚理工学院的威尼·克劳校长。正是这点感觉，让我确信中国现在正致力于克服自身的弱势而开拓创造性思维，以跟上美国的步伐。

可能实际的过程会比中国自己认为的要长很多。但是，当看到中国在一些领域的顶尖表现，我毫不怀疑中国可以到达它想去的任何地方。让我带你到微软亚洲研究院看看，这是比尔·盖茨在北京建立的研发中心。微软公司在全世界有 4 个研究中心：一个在英国剑桥，一个在它的总部所在地华盛顿的雷德蒙，一个在北京以及最近刚刚在班加罗尔建成的第 4 个。比尔·盖茨告诉我："如果以创意的质量为标准，微软北京研究院（现微软亚洲研究院）自

1998 年创立以来硕果累累，成为微软公司研究体系中最富有成效的股肱。"

中国的大学开始排列座次，为了在顶尖的大学校园里占有一席之地，人们之间的竞争是十分残酷的。那些数学和自然科学成绩优秀的人能够在一流大学接受教育，或被外国公司雇佣。对于科学家和工程师来说，能够在微软公司设立在北京的研究院工作是一件令人向往的事情，而微软公司的职员是这样看待北京研究院的："记住，在中国，即使你有幸抓住百万分之一的机会脱颖而出，那么还会有 1 300 个人同样做到这一点。"

这种人才储备太庞大了，目前微软公司在北京的研究院正是以百万分之一的比例挑选人才。

李开复①是微软公司全球副总裁，并按盖茨的指示亲自创建了微软北京研究院。我问他的第一个问题是："你通过什么方法招募研究人员呢？"李开复告诉我，他的团队奔赴中国各个大学，然后对具备博士水平的学生和职业科研人员进行数学、智商和编程测试。

"第一年，我们先测试了 2 000 人，"他说，"然后再利用更多的测试从这 2 000 人中挑出 400 人，接着是 150 人，最后，我们雇佣了其中的 20 人。"公司与他们每个人签订了两年的工作合同，并告诉他们，当两年的期限到期时，公司将根据他们以往完成工作的质量决定是否再与他们续签一份更长期的合同或由微软亚洲研究院颁发博士后研究证明。是的，你没有看错。中国政府确实授予微软公司建立博士后工作站的资格。最初雇佣的 20 个人，有 12 个最终留了下来。第二年，几乎有 4 000 人参加了测试。再往后，李开复说："我们停止了测试工作。因为那时，我们的公司已经被认为是世界上最好的工作岗位，所有计算机和数学精英都想加盟……我们开始结识各大高校中的教授，这些教授会把他们认为最棒的人才介绍给我们，公司对这些教授十分信任，因为如果他们推荐过来的人不能胜任工作，他们自己也会丢面子。现在，顶尖大学里的顶尖教授不断地向我们推荐顶尖的学生。其中很多学生想去斯坦福大学或麻省理工学院深造，但他们还是决定先在微软公司作两年实习生，因为这样微软公司会为他们提供推荐信，证明他们是麻省理工

---

① 他已于 2005 年 7 月从微软公司跳槽到 Google。

学院需要的材料。"

李开复说："他们把在微软工作看做是一生中难得的获得高收入的机会。这些青年人看到自己的父母经历过文化大革命的磨难，他们曾经认为所能争取的最好前途就是当一名大学教授，做一些关于计算机方面的课题研究。教授的收入还是很可观的。现在，他们可以到微软公司工作，利用大量的计算机和其他资源专心进行研究。我们为他们专门安排管理人员，所有杂七杂八的事情由专人负责，这令他们难以置信。这些人每天自愿工作 15 到 18 小时，周末还主动加班，不休节假日。因为微软是他们的梦想。"李开复在来到微软公司以前，曾经在美国其他高科技公司里工作。他说以前从来没有见过一个实验室中充满着如此的工作热情，仿佛这家公司还处在刚刚创业阶段。

今天微软在中国的实验室里有 200 名全职研究员。微软亚洲研究院院长、卡内基梅隆大学博士沈向洋坚信只要有适宜的环境，中国人可以做出任何创新。在 2005 年计算机图形与交互技术国际会议上，来自全世界各高校院所、研究机构的 98 篇论文结集出版，而其中的 9 篇来自北京，超过了麻省理工学院和斯坦福大学。沈向洋说："在 1999 年，我们只有 1 篇论文，2003 年有 3 篇，2004 年是 5 篇，今年我们非常幸运有 9 篇。"你看到了他们发展的态势了吧？

另外，微软亚洲研究院已经为微软的产品贡献了 100 多个新技术，从Xbox❶到视窗操作系统。近 7 年来，微软亚洲研究院经历了一个跨越，但是，在微软的大门之外，中国还有很长的路要走。

一位中国记者问我，中国和美国的差距到底有多大，中国落后多少？我开玩笑说：如果你不考虑创造性，中美高新技术的差距是 3 个月。当我20 年前读书的时候，我甚至不知道美国发生什么事情；现在，麻省理工学院的小子们不管在什么时候往因特网传东西，中国的学生 3 个月就能消化它们。但是在中国能创造这些东西吗？这又是另外一个问题。我在卡内基

---

❶ Xbox 是微软公司最新发售的一种新一代游戏主机。Xbox 不仅有强力的硬件，而且还有内建的宽带连接端口，支持网络的能力，而且还内建一个硬盘。

梅隆大学主要是学习如何正确地做研究。在你有任何创造之前，你应该理解现有的东西。只要你具有这些基础，创造性便是可培养的。中国正要构建这一基础，因此，10 年或 20 年你就会看到中国人写的高水平研究文章如潮水般涌来。

如果希望有更多原创思想在这里产生，中国将还需要更多的风险资本和法律法规将其市场化。沈向洋说："中国文化的某些方面并不鼓励独立思维。"

"但是，当风险资本进入中国，毫无疑问会成就新一代中国企业家。明年我将会在清华大学教授一门如何为高科技风险融资的课程。在中国的大学里有的是知识，但是人们不知道如何将其市场化。"

沈向洋手下的一些中国年轻的研究人员向我展示了许多新的研究模型。我注意到一些研究人员的桌案上几乎没有大部头的资料，我问一个书架上只有七八本书的员工，"那些是什么？"她回答说这些书上记录了研究人员已经获得专利的创新技术，每当一项技术产生，微软就会给其发明者颁发相关认证。

谁说中国造不出法拉利?

2004 年 12 月 15 日，竞争委员会在华盛顿里根大楼举行了一个全国创新大会以公布其长期创新发展报告——《美国的创新：在变革和挑战中前行》。这是美国顶级技术人员和工业家联合主持的一个详尽的调查，致力于通过更多的研究、教育、创新为美国的竞争优势和竞争力"加油"。

报告出来之后的几个月，中国驻华盛顿大使馆便联系了竞争委员会，说中国科技部副部长将访问他们，并邀请委员会的成员共进午餐。德博拉·温斯·史密斯——竞争委员会精力充沛的主席——告诉我她的同事们都非常高兴能与中国的客人分享这个报告。虽然还有其他国外代表团表达了拜访的意愿，但他们认为那没有多大必要。

"竞争委员会已经采取行动与其他国家分享报告。他（中国科技部副部长）说他们已经将报告翻译成中文，并将之整合进一个 20 年的科技发展计划。"温斯·史密斯说，"中国人紧跟我们，我们并没有紧跟他们。中国早已盯着委员会在其网络上发布的工作报告。"温斯·史密斯最近非常担忧："要么我们实施'美国创新报告'，要么中国实施并超越我们的计划。"

7

不要不在乎！当美国创新报告在华盛顿发布那天，作者们，那些很有权势的美国教育家和商界领袖，乞求白宫请布什总统参加报告发布会，他们期待利用布什使报告引起全国性关注。布什的手下拒绝了这个要求，显然他们认为这没有太大的新闻价值。

知道布什当天在哪里发表讲话吗？他恰恰在报告发布大厅的楼下，在同一座里根大厦，与报告会举行的时间恰恰吻合。他当时做了什么更重要的事情？他正在主持自己的"经济峰会"，对几个选定的观众和许多共和党捐献者们推销最终还是失败的社会保障私有化计划。布什在印有"保障我们经济的未来"的幕布前发表讲话。同样在报告会大厅下面，是由 IBM 首席执行官萨姆·帕米萨诺和佐治亚理工学院的威尼·克劳校长联合主持的国家创新峰会。布什甚至不能为此抽出 5 分钟时间，而中国人却马上将报告翻译成中文。这些并不是我胡言编造。

其后不久，我和英特尔董事长克雷格·巴雷特交流。他似乎非常气恼："华盛顿包括两个政党，都似乎没有看到这场静悄悄的危机的到来，至少没有意识到应有的紧迫感。"

巴雷特说，"虽然美国学校毕业了许多优秀的学生，但我们会雇佣任何地方的天才。"英特尔在高技术方面投资的地点包括：俄罗斯、中国、印度，还有较低程度的马来西亚和以色列。这些地区和许多新兴市场是英特尔销售芯片越来越多的地方。

巴雷特认为平坦的世界的确给英特尔带了变化，然而受到冲击的是许多美国人。他说，英特尔作为一个公司是可以兴旺发达的，"即使我们不雇佣美国人。""当然这完全不是英特尔的取向和意图，"他马上补充道，"虽然我们实际上还雇佣很多美国人，但现今我们能够在世界范围内雇佣精英并以此获得很大的成功。"

英特尔不得不到处寻找 IQ、CQ 和 PQ 高的精英，因为它的竞争者也正在这样做。英特尔公司事务部主任特拉西·库恩说："请记住，英特尔的芯片仅用两种原料——沙子（硅来自于沙子）和脑子——此时此刻，问题出在脑子上。"如果我们想雇佣更多的人才，并把他们留在美国，就需要政府制定更有效的国家发展的移民制度，否则我们只能走出去，到这些人才所在的地方寻找他们。如何取舍呢？我可不是在谈论数据程序员或计算机专业的本科生，而是在谈论专门领域的高级工程师。这远不是建立个转接中心的问题。我们刚刚在俄罗斯建立了一整套工程机构，那里的工程师受到了极好的训练，还不断地担心会失业。

这就是雪莉·安·杰克逊的"完美风暴"，我们如果像以前那样严格限制天才从海外入境，那对于我们最好的公司来说，未来的商业机会更多的来自国外市场，而我们没有通过良好的教育让我们的孩子弥补上这个差距。如果这样的风暴来袭，像英特尔这个美国公司将会像火箭一样离开美国的土地。我们将认为它们是美国公司，因为它们还会在纽约证券交易所的股票之中，还有邮政信箱，但实际上它们已经是平坦世界的公司了。创新在哪里发生的确事关重大，因为那意味着最好的工作将落在什么地方，并由此带来了更好和更体面工作的机会。微软的总部在华盛顿州雷德蒙德，Google 的总部在加州旧金山，这些地点都意义重大，如果有一天它们不在了，麻烦就大了。

"劳动力获得的附加值的平均水平和生活的标准相关，"巴雷特说，"而附加值又和平均教育水平相关，如果你的雇员平均教育水平下降了，则你的竞争力、生活标准必然是下降。"

再看国会高度关心的是什么？是全美棒球联盟各队的类固醇问题，而不是美国各棒球队所在城市的自然科学教育危机。国会在对各棒球队的类固醇问题做出反应的时间是多少呢？几乎是在丑闻爆发的那个时刻。而自然科学的教育危机呢？没有政治好处的事国会才不着急做呢，而总统有其他更重要的事情。

巴雷特说，"正像我妻子告诉我的，当你研究一下历史，看看每一个文明的兴衰，它们总会留下一个历史遗迹——一座位于它们首都中心的大型运动场。"

要想培养科学家或高级工程师，需要花费 15 年的时间——从孩子们在小学对自然科学和数学感兴趣时开始，到最终能够培养出大批人才以避免这场静悄悄的危机。我们应该在 10 年前开始实施加强理工专业教育和就业的国民计划。为了防止这场我们身陷其中的危机转化为杰克逊所说的"真正的麦科伊"，彻底地降低我们的生活标准，我们应该做好所有准备，毫不迟疑，不论付出多大代价都要立即启动加强理工专业教育的紧急措施。那种认为这样做是杞人忧天的想法会给我们带来大麻烦。科学家和工程师不能一夜之间从石头缝里蹦出来，他们必须要经过长时间的培养。

我们对此没有什么具体措施才是一个真正的危机。这可能是一场不知不觉的静悄悄的危机，但是它的确是真实的而又在眼前，正如斯坦福经济学家保罗·罗默的警告：

恐怖的危机迫在眉睫，没有时间可以浪费了！

第九章

这不是演习

我们有能力塑造自己的文明，为了建设我们的社会，我们需要把自己的热情和勤劳投入到所追求的事业中。来到这片土地上的人们不仅仅是要建立一个新的国家。他们是在寻找一个新世界。所以我今天来到你们的校园，我要告诉你们，你们可以把前人们的梦想变成现实。让我们从现在开始，这样当未来我们回顾走过的历程时便可以说：就是从那时起，经过了一段漫长和辛勤的劳作，人们的才智得到开发，生活变得日益丰富。

——林登·B·约翰逊，1964

这里的大多数政治家并不清楚服务器和服务生的区别。这正是韩国的孩子们比南布朗克斯（纽约地名）的孩子们有更多上网机会的原因。

——安德鲁·兰塞杰，2005 年参与竞选纽约市公众代言人，他试图推行一项致力于升级纽约市 IT 设施的计划（他没有当选）

作为一个在冷战时代长大的人，我总是记得驾车沿着高速公路行驶时，收音机里的音乐时常会突然停止，继而播音员用一个冷酷声音说："这是紧急状态广播系统的测试演习，"接着是 30 秒的高音警报器声。幸运的是，在冷战期间，我们从没有从播音员口中听到"这不是演习"。然而，我在这里却要说——这不是演习。

　　世界在趋向平坦的过程中给美国带来的机会和挑战是复杂的。因此，我们以前处理事务的方法和手段不再够用也不再有效。如果故步自封，那我们就不能总保持创新，并占到先机。身为对冲基金经理的美籍印度人迪尼克·辛格说："对于一个像我们这样富有的国家来说，在提高国家竞争力方面花费如此之少的精力让人感到十分惊讶。我们所处的世界体系中，有上亿的人汇聚在一起，而我们应当好好地思考这意味着什么。如果过去正确的东西到现在碰巧依然正确，那该多好呀。然而，现在却有很多事情需要你用与过去不同的方式去做……你需要对此有更深层次的思考。"

　　如果说美国历史上有哪段时间与现在的情形相像的话，那便是1957年左右，当时是冷战搞得最激烈的时候，那时，苏联率先把人造地球卫星送上太空，在与美国的空间竞赛中一马当先。当然，那个时期与我们现在有很大的不同：那时美国面临的主要挑战来自于那些忙于修砌各种"柏林墙"的人，而今天美国面临的挑战则是所有的墙都被推倒，很多人可以在世界舞台上与我们更加直接地竞争的事实；那个年代，美国面临的主要挑战来自于推行共产主义的国家——苏联、中国和朝鲜，现在美国面临的主要挑战则是来自于推行极端市场化的国家——中国、印度和韩国；那个时代的主要目标是建立一个强大的国家，而现在这个时代的主要目标则是使每个个体都具有强大的竞争力。

　　我们需要拿出像当年开垦新边疆和建造伟大社会时的干劲应对当前的挑战。我们需要我们的总统能够号召全民在自然科学、数学和工程学领域努力学习，拓展知识，从而占领世界在平坦化过程中开辟出来的新的制高点。我们还需要一个伟大的社会，我们的政府要通过修建基础设施、社会保障体制和各种制度以帮助每个美国人在工作非终身制的年代有竞争力。我呼唤我想象中的这个世界的到来。

　　调动美国人团结起来建设这样一个社会显然非常困难。约翰·霍普金斯大学的外交政策专家迈克尔·曼德尔鲍姆说："国家面临的危险比个体面临的危险更容易被传达。"搞经济不像战争，经济总是可以取得双赢，但是有时候，我却希望经济更像一场战争。在冷战的时候，我们看到了苏联在红场上炫耀他们的导弹。所有的美国人，从大陆的东端到西端，都受到了惊吓。我们的政客们不得不认真地、集中精力地规划我们的资源和教育，从而确保美国在同苏联的竞赛中不落后。

可是今天，没有来自印度洲际导弹的威胁。昔日经印度连接克里姆林宫和白宫的热线已经被一条服务线路所取代。任何美国人拨打这条线路都可以得到位于印度班加罗尔市的 IT 中心的服务。过去，当热线另一端的列昂尼德·勃列日涅夫在威胁一场核战争，现在，热线的另一端却是一个柔和的声音，期望帮助你调出你在美国在线的账单或者与你在一个新软件上取得合作。这种声音没有赫鲁晓夫把一只鞋重重地砸在联合国的桌子上那样具有威胁性，也不像鲍里斯或娜塔莎用一口浓重的俄国腔说我要埋了你。这种声音像一支欢快的印度歌曲，让你感觉不到任何威胁和挑战。你听到的仅仅是："你好，我是拉吉夫，我能帮你做些什么吗？"

不，拉吉夫，你帮不了我。

对于如何应对来自平坦世界的挑战，我们没有服务热线可以呼叫。我们只能依靠自己。如我在第四章中所论述的，我们已经拥有应对这个挑战的工具，但也如同我在第五章中所指出的，我们却还没有使用这些工具。真正的危机到来之前现实总是显得异常平静。今天，那种认为既然美国已经主导世界经济超过百年，因而其主导作用还将延续下去的想法是一种危险的妄想。这种妄想与 20 世纪 50 年代时那种认为美国的科技将永远在世界处于领先地位的妄想如出一辙。然而，应对挑战不是一件容易的事，使我们的社会跟上世界平坦化的速度需要付出艰辛的努力，我们将不得不以与以往不同的方式去做大量的事。如同肯尼迪总统于 1961 年 5 月 25 日在国会所作的著名演讲《国家面临的当务之急》中要求的，我们需要万众一心。当时，苏联发射人类历史上第一颗人造卫星和首次把宇航员加加林送入太空给美国带来巨大震撼。加加林升空后的第 13 天，肯尼迪总统作了演讲，他认识到，虽然美国有比苏联多得多的大量的人力资源和制度保障，但是它们没有被充分的利用。

"我相信我们拥有所有的必要资源和才能，"肯尼迪说，"而事实是我们从来没有对我们的资源做出合理的必要的规划。我们也从没有按照紧迫的时间表确定长远目标或充分利用资源与时间。"在他提出 10 年内要将人类送上月球的计划后，肯尼迪补充道："我要求国会和全体国民坚决地投入到这一计划与行动中去，而上述计划与行动会持续多年并会付出巨大的投入。这个决定要求全体国民投入到自然科学、技术、人力资源、原材料和机器设备的研究、培养和建设中，并且很有可能要求人们把精力从他们目前正在从事的其他方面的重要活动中转移出来。这意味着一定程度的奉献、组织动员和纪律，而这正是我们在以前的研究与发展过程中所缺乏的。"

为了达到设想的目标，肯尼迪立下了誓言，而这个誓言即使放在今天依然符合现实："所以我将向国会提出一项新的人力资源开发和培训计划，用来培训和再培训上千万的工人，尤其是那些因为技术进步而被置于长期失业境地的工人。通过为期 4 年的新的职业技术培训，我们要用工业自动化所要求的新技术来替代工人们目前所掌握的已经被淘汰的旧技术。"

现在我们也应该像肯尼迪那样未雨绸缪。我们要知道哪些需要保持，哪些应该丢弃，哪些需要改造，哪些需要吸收，在哪个领域我们要加倍努力，在哪个领域我们要集中精力，这正是我在这一章所要论述的。尽管这是一种直觉，但世界平坦化的趋势一定会在发展中国家和发达国家间产生巨大的裂变作用。意志不坚定会导致更快速度的落后。发达国家会面临来自发展中国家更为激烈的挑战。由于政治稳定在很大程度上依赖于经济稳定，而平坦世界中的经济是不稳定的，所以我不免会对此有些担心。总之，你会看到这种裂变会进行得更快和更激烈。回想微软试图盘算着如何对付全球范围内免费编写软件的人，我们现在进入了对类固醇创造性破坏的时代。即使你的国家已经有了对付平坦世界的通盘战略，它还是会在新的方面形成挑战。而如果你根本就没有事先制定任何战略，那么你不得不接受警告：这不是演习。

作为一个美国人，我关心我的国家。我们如何使我们的利益和机会最大化，并对在世界平坦化过程中遇到困难的人提供保护？有些人的建议趋于保守，有些人崇尚放任自由。我提供的解决之道是富有同情心的平坦主义。富有同情心的平坦主义是我下的定义，其含义是在一个平坦的世界里应渐进而行。我在开始就假设，除了某些地缘政治的冲突外，世界将变得越来越平坦，黎明将和黄昏衔接。在这样一个平坦的世界里，政府和政治家的工作将比以往更加重要。其职责是迎接全球化并通过一系列的政策建立一个更公正、更富同情心、更平等的社会，我们既不是要强化原有的福利国家，也不是要废弃它，仅由市场来决定我们需要重塑它，进而赋予每个美国人前景、教育、技能和安全网，这些都是他们在平坦的世界里和其他人竞争所需要的。这就是富有同情心的平坦主义的含义，它应该围绕以下五个方面构建：领导、肌肉的构建、好脂肪——缓冲机制、社会行动主义和抚养。

领　导

美国政客的工作，无论是从当地、州或国家的角度来讲，都应该是教育人民并向他们解释，他们生活在一个什么样的世界，以及如果想过上好的生活，他们应该做些什么。可是我们今天面临的问题是，政客们根本没听说过什么平坦的世界。正如风险投资家约翰·多尔曾经跟我说的："当你和中国的领导人谈话，他们的领悟速度相当快，因为中国的领导人全部是工程师出身。而美国政客就做不到，他们全是律师起家。"比尔·盖茨也补充说："中国人愿意承担艰苦的劳动，愿意接受教育。当你会见中国的官员们时，你会发现他们全是科学家和工程师。你可以和他们进行数字化讨论，而不必听他们说什么'如何给他的政治对手以颜色'，你面对的是一个聪明的官僚机构。"

当中国总理温家宝于 2005 年 4 月首次访问印度时，他并没有像其他外国领导人那样飞往新德里。他径直从北京飞往班加罗尔，做了一次技术之旅，然后才前往新德里。没有一个美国总统或副总统曾访问过班加罗尔。我并不是说要求所有的美国政客们都去读工程学位，但是如果他们对导致世界平坦化的各种力量有一个基本的了解并能以此来教育自己的国民进而激起反响，这无疑会对我们有很大的帮助。然而，事与愿违，现在太多的美国政客们看上去在做完全相反的事情。他们在努力地使自己的国民变得愚蠢，他们怂恿人民相信：现在的工作是铁饭碗，并且通过保护可以免于来自国外的竞争，或者由于美国一直以来支配着世界经济，其必将继续支配下去。如果人们没有认识到逐渐产生的教育缺口，如果人们缺乏进取的野心，如果人们不知道危机来临之前局势会异常的平静，那么就很难让美国人制定应对世界平坦化的国家战略。最好的例子就是，国会通过的 2005 年财政预算中，竟然把国家科学基金会的投入额削减了 1 亿美元。

我们需要能够向人们解释真相和鼓舞人们应对挑战的政治家。而当前最需要向人们解释的正如卢·格斯特纳在 1993 年接管国际商业机器公司（IBM）董事会主席时向公司所有员工们所说的。当时，由于没有及时调整并继续投资于其所开发的商用计算机市场，IBM 面临着生死存亡的考验。IBM 在商用计算机领域，垄断了帮助客户解决技术问题的特权，于是逐渐变得高傲自大。IBM 停止听取客户们的意见，认为没有这个必要。当 IBM 停止听取客户意见时，它便停止了创造价值，而创造价值是支撑其商业经营的关键力量。一个当时在 IBM 工作的朋友告诉我，在公司工作的第一年，当他在处理国内业务时，他的上级向他夸耀说，IBM 是个巨无霸，即使员工资质一般，公司也可以做出卓越的业绩。但是，随着世界变得平坦，IBM 变得越来越自负，其各级机构里充斥的平庸的员工难以保证公司继续繁荣下去。

然而，当一个公司在其所在领域处于"王冠"的位置时，很难劝说它去自省，并让它相信，现状不会永恒——摆在它面前有两条路：收起荣耀继续创造新的历史或成为历史。格斯特纳决定自省。他说，IBM 是丑陋的，仅仅围绕设计和销售制定的战略是没有意义的，正确的做法应该是应客户所需，想客户所想。不用说，这段话对所有 IBM 员工来说如同晴天霹雳。

"一个企业的转变来自于它的危机感，"格斯特纳在 2002 年 12 月与哈佛商学院的学生们谈话时说道，"任何机构都不愿意做根本性的转变，除非它意识到它遇到了很大的麻烦，只有革新才能生存。"21 世纪初美国的状况与当时 IBM 的状况十分相似。

当卢·格斯特纳接管 IBM 时所做的第一件事就是用终身适于雇佣的概念替代人们的铁饭碗思想。我的朋友亚历克斯·阿塔尔，一个法国出生的软件工程师，当时正在 IBM 工作。他这样描述公司的转变："以前，你一旦被 IBM 雇佣，就可以一劳永逸，不必再担心饭碗问题，而现在，你必须时刻向公司证明你的能力适合这个岗位，否则你只好走人。公司提供给你的只是一个框架，你必须自己去适应它、完善它。那时是 20 世纪 90 年代，我当时是 IBM 在法国的总销售负责人，我告诉我的员工，在过去，终身就业只是公司的责任，个人坐等现成。可是随着我们提出适于雇佣的概念，这就变成了公司与个人双方的责任。公司会为你提供机会学习知识，提高自己，你必须充分利用这个机会……你必须掌握各种技能，因为还有很多人在同你竞争。"

当格斯特纳开始推行新理念时，他不停地强调个人能力。亚历克斯·阿塔尔说："他认识到，一个非凡的公司只能通过一群非凡的人才可以建立起来。"

像 IBM 一样，美国也是如此。平庸的美国人必须变成有特殊才能的美国人或多面手的美国人。政府和公司的工作不是向人们保证给他们提供铁饭碗——那样的日子已经一去不复返。以前那种社会契约随着平坦世界的到来已经被抛弃。现在政府能够并且必须向人们保证的是它可以给人们提供机会，从而使每个人变得更加有能力，并达到被雇佣的要求。我们不想让美国成为 20 世纪 80 年代的 IBM：在达到了顶峰的同时，逐渐变得傲慢、怯懦和平庸。美国应该效法 IBM 的变革。

政治家们不仅需要向人们解释什么是平坦的世界，还要鼓励他们接受来自平坦世界的挑战。这对政治家的领导能力提出了更高的要求。是的，我们必须承认人们会害怕，但领导人可以培养他们的想象力。政治家可以使我们感到恐惧，使我们无所适从，然而政治家也可以鼓舞我们，使我们干劲十足。

的确，让人们对平坦的世界充满热情不是一件容易的事，需要花费一些想象力。肯尼迪总统意识到，与苏联的竞赛并非空间竞赛，而是科学竞赛，本质上是教育竞赛。因此，尽管他调动起全美国人民的积极性投入到冷战中去，然而实际实行的政策却是大量增加对自然与工程科学的投入以实现人类登月的目标，而不是向莫斯科发射导弹。如果布什总统能从这段历史遗产中得到一点启示的话，那么只能是要调动全民族科学研究的积极性，实现我们这个时代的"登月"梦想：寻找新型替代能源，从而使美国在未来 10 年内免于能源危机的困扰。如果布什总统能够把开发新型能源作为他的"登月"

计划，那么随着油价的跌落，恐怖主义的资金来源会逐渐枯竭；伊朗、俄罗斯、委内瑞拉和沙特阿拉伯将不得不开始改革的进程——这在油价处于每桶50美元时是不可能的；同时美元的实力也在增强；由于新能源使污染排放降低，缓解全球气候变暖进程，布什总统终于可以改变自己在欧洲国家面前的形象。通过这一方式，布什总统可以鼓舞青年人投身于反恐战争和未来国家建设，而青年人为这些事业献身的结果是，他们成长为科学家、工程师和数学家。"这已不仅仅是双赢了，"迈克尔·曼德尔鲍姆说，"所有的参与者都是赢家。"

我很吃惊地发现，这么些年来，那些针对我在报纸专栏里所写的文章的正面反馈竟然主要来自年轻人，并且他们感兴趣的正是我的关于催促总统带领国家实现新时期"登月"计划的思想。调动全国的能源和技术生产21世纪的新型能源，这一举动可以使布什总统的历史功勋与访华的尼克松和提出登月计划的肯尼迪相媲美。然而不幸的是，现实看上去，让布什总统采纳这个建议比登天还难。

肌肉的构建

既然就业终身制是一种平坦的世界难以支撑的多余的脂肪，那么我们的社会就应该设法让政府和企业集中精力于如何增强每个人的终身就业能力。就业终身制意味着社会肌体上长着过多的赘肉，而适于雇佣的理念则是用肌肉替换那些赘肉。我们应该在政府与个人之间，企业与员工之间设法推广这种先进的社会契约。在这个契约中，政府和企业不保证一个人的终身就业，但保证给你提供机会和工具，让你有被雇佣的可能。平坦的世界的精神内涵是每一个劳动者将逐渐对自己的饭碗、风险和经济安全负责，而政府和企业只是帮助人们形成这种能力。

工人需要的是终身学习的机会和收益。为什么是这两个？因为这是使一个工人在竞争中善于灵活调整的最重要的本钱。如同哈佛大学经济学家罗伯特·劳伦斯所说，美国经济制度所拥有的独一无二的优势就是其劳动力和相关法律的灵活性。在平坦的世界中，随着工作机会的创造和消失的速度加快，这种优势将变得更加明显。

　　劳伦斯说，对一个社会来说，尽可能地使人们享有更多的终身学习的机会和收益，使劳动力更具有流动性是十分重要的。一个社会不能让它的成员仅仅因为害怕失去退休金和医疗保障而不得不永远地在一个公司里混日子。当劳动者能够更容易地得到医疗保障、养老金和终身学习机会时，他们就会越来越愿意并能够进入新的行业和新的工作，从垂死挣扎的企业流动到欣欣向荣的企业。

　　建立管理退休金、健康保障、社会保障、医疗保险和医疗补助的合法机构将帮助人们提高这种流动性。今天，除了社会保障，几乎 50%的美国人没有退休金计划。有些人较为幸运地拥有退休金计划，但该计划又不能跟着工作走。因此现在最急需的是一个全国通用的退休金项目，并将原来 16 种不同的税赋合而为一。该项目由进步党政策研究所提出。你在第一次工作的公司就开始建立一个账户，该计划鼓励工人或雇主把支付的现金、奖金、分红或库存打入账户。不论账户里的资产采用什么样的组合形式，这项资产是免税的。改换工作时，工人不必提现，只需把这个账户带到新公司。今天，一些关于流动性的条款虽然存在，但是过于烦琐，以至于大多数工人没有从中得到好处。

　　这种通用的退休金计划将使人员流动变得简单、方便，不再对人员流动构成障碍。当然，每一位雇主仍然可以向他的工人们提供本公司特有的福利计划作为对员工的激励。但一旦工人跳槽，这份额外的福利计划会自动汇入通用退休金计划。退休金计划会在新的工作单位继续开始，基于该计划的各种福利会顺畅地衔接。

　　进步党政策研究所主任威尔·马歇尔提出，除了这个退休金计划，还应该通过立法使工人更容易得到本公司股票的认股权。这种立法会给予那些发给工人认股权的公司以税收优惠，并对没有这样做的公司征收更高的税。使工人具有流动性，部分取决于让更多的工人成为金融资产的主人而不仅仅是自己劳动力的主人。"在平坦的世界里，我们希望看到公众是资金拥有者，不仅参加劳动市场的竞争，还要融入资本市场的运行。"马歇尔说，"我们必须全都成为有产者，而不仅仅是挣工资的人，政策制定必须以此为目标——当人们进入 21 世纪后，每个人都应该拥有资产，就像 20 世纪的家庭所有制那样。"

为什么？马歇尔说，因为越来越多的著作都指出，"拥有私人资产的人可以更好地参与民主资本主义体系的运行，分享该体系给参与者带来的好处，并促进相关政策合理化"，这是继家庭所有制之后又一个巩固民主资本主义制度的方法。它可以使民主资本主义更加生机勃勃，因为变成所有者的工人更具有生产力。而且，在平坦的世界里，每个工人将面临更为激烈的竞争，如果人们拥有更多的机会通过劳动力市场和资本市场积累财富，他们就会更加独立。我们应该给每个工人吃下定心丸，让他们像富豪一样方便地得到认股权。保守派们过去总是把精力集中于保护已经存在的资本，而现在，让我们把精力集中在如何壮大资本所有者的队伍上。

在健康保障方面，我不想讲得太详细，因为这个话题需要另一本书的内容来专门论述。但是，推出一个旨在减轻雇主负担的可流动的健康保障计划是十分必要的。我在写作这本书的时候，与许多企业家进行过交谈，他们都说企业在健康保障方面日益增长的支出成本是促使企业把工厂转移到海外的原因。在那些发展中国家，要么员工健康保障方面相对支出得少，要么存在国民健康保障制度。我再一次呼吁执行进步党政策研究所提出的具有流动性的健康保障计划。这个计划将在每个州建立起像国会和联邦雇员现在所采用的那种集体购买方案。这种集体购买方案负责从大保险公司批量购买保险认购权。每一个雇主把这个认购菜单提供给新招聘的员工。工人们可以自己选择高、中、低三档的保险方案，所有人都会被保险体系所覆盖。雇主将支付部分或全部保险费，其余的由员工自己补足。但是雇主本人不必就保险计划与保险公司进行谈判，因为他们个体没有谈判优势。

这一方案将使雇员更具有流动性，他们可以带着自己的健康保障变动工作。这一方案既然在国会议员中运行得十分有效，那么为什么不把它推广到广大公众呢？对于支付不起相关费用的贫困和低收入的工人们，政府将提供一些补贴。但主导思想是建立起一个由政府监督、调节和资助的私营保险市场。在这个市场中政府制定规则，任何工人都不会被漏掉，而任何雇主也不能逃避责任。这个保障计划靠私人力量来运作，雇主要做的只是让员工在任何地点都能进入到这个体系之中，并帮助他们支付部分或全部费用，雇主本身不必对运作该计划负责。在这一过程中，雇主仍可以向员工提供公司特有的保障方案，员工有权在公司方案与社会通用方案之间进行选择。（详细情况可到 ppionline.org 去了解。）

尽管这个方案在很多细节方面并非完美无缺，但我认为方案背后的基本理念是正确的：在一个平坦的世界里，像《财富》世界 500 强这样的企业提供的退休金与保障计划已经不再能够保障工人们的安全，我们需要政府、劳工与企业之间更具合作性的解决方案，使员工更加自立，但又不是放任他们去自谋生计。

在构建终生就业能力的时候，政府还需要扮演另一个重要角色：提升全体美国劳动力的教育水平。在第七章里我探讨了适宜于新的中产阶级工作岗位的正确的教育类型。然而人们要想学会如何学习、开发他们的右脑、变得更有适应性并成为一个综合者，他们必须从打基础开始。正确的教育只能建立在牢固的基础之上——阅读能力、写作、算术和基础科学。如果没有更多的美国人具备扎实的基础，我们就不能构建出一个保证我们生活水平上升的新的中产阶级。

我们曾经遇到过类似的情形。每一次，当我们拓展了人类的知识边界，所有的工作都将变得更加复杂，需要更多认识事物与解决问题的方法。即便如此，我们的社会还是在 150 年以前实现了从农业化社会向工业化社会的转变。而且对于大多数美国人来说，我们的生活水平不仅没有下降反而大幅度提高。这一转变是怎样实现的呢？我们是通过强制推行中学教育来开始的。

"每个人都应该至少接受中级教育，"斯坦福大学经济学家保罗·罗默说："这就是 20 世纪初中教育普及运动所倡导的目标。"正如经济历史学家在各种各样的研究中所论述的（参考哈佛大学经济学家克劳迪娅·戈尔登和拉里·卡茨的有关研究），科技和贸易的发展使经济馅饼越来越大，然而更多的份额却从低水平技术工人手中转移到了高水平技术工人的手中，通过推行强制高中教育，越来越多的美国人成为技术密集型的劳动力，每个人可以从馅饼中分得越来越大的份额。随着历史的发展，这项中学教育普及运动得到了政府法案的支持并逐渐发展成为现代大学教育体系。

　　"这个思想太伟大了，"罗默说，"现在我们所缺乏的就是像当年我们从 19 世纪向 20 世纪转型时，那种政治上的伟大想象力，那种想象力对于我们进入 21 世纪应对平坦的世界的挑战是十分重要的。" 罗默补充说，现在政府需要做的是，在不能保证大学义务教育的情况下，至少对大学 1 年级和 2 年级进行补贴。这种补贴对所有的大学都平等对待，不管它是州立的还是社区的甚至技术学校。随着世界变得越来越平坦，大学教育将变得越来越关键，因为技术的普及将使旧的工作岗位消失，新的工作岗位不断涌现，并且其新陈代谢要比 100 多年前的那次转型中的速度快得多。

　　让越来越多的人接受大学教育会产生两方面的影响。一方面，它可以造就越来越多的能够创造更高价值的技术工人及新的工作岗位。另一方面，它缩小了从事诸如道路养护、家政维修和星巴克服务生等低水平技术工人的队伍，而相应的，由于劳动供给下降，这些低技术水平工人的工资可以保持稳定（在我们控制移民的情况下）。在一些城市的主要市区，管道工的工资达到每小时 75 美元不是一件稀罕的事，因为在这里，一个好的家政服务人员或厨师是很难找到的。

　　从 19 世纪中叶到 20 世纪中叶，美国通过培训工人，限制移民和控制低技术水平工人的供给给我们提供了一个很好的范例，当前，我们也可以通过同样的方式壮大中产阶级的队伍而不会导致收入分配严重不均。罗默说："实际上，从 19 世纪末到 20 世纪中叶，国民收入差距并不是很大。然而在最近 20 年到 30 年的时间里，人们的收入水平逐渐两极分化。这说明，如果你想保持你的相对位置不变，你必须以更快的速度奔跑。"随着各种新技术的出现和其复杂性的增加，你必须学习更多的技术知识，这样才有资格从事新的工作。从一名农业工人转变为一个说着正确的英文并且十分有礼貌的电话接线员相对容易，但随着这些低技术水平的工作逐渐转移到印度，从一名电话接线员转变成一名能够安装、修理语音邮件系统或编写相关软件的技术人员则是惊人的一跃。

　　在强调教育体系的高端，即大学教育的同时，加强技术学校和社区学校的教育普及工作也是十分重要的。每个人都应该有机会在高中以后继续接受教育，否则只有高收入者的孩子们才可能接受新技能的培训，并在收入分配中得到更大的份额。我们必须增加政府对低收入人群的补贴以便让每个孩子都有机会在社区学院接受教育，使越来越多的低技术水平的工人接受继续教育。

肯尼迪想把人类送上月球，而我的愿望是把每一个美国人送入校园。

在从就业终身制到终身可被雇佣的转变过程中，雇主起着十分重要的作用。比如，全球信用卡公司 CapitalOne，在过去几年里把其后台操作业务转移到了印度的维普罗和 Infosys。在全球金融服务市场的竞争中，它必须想尽一切办法节省成本。于是公司设法向工人们表明公司目前面临的困境，并告诉人们终身就业是不可能的。随后，公司设计了一整套方案对受外包冲击最大的计算机程序员进行全方位培训，使他们成为多面手，既可以在主系统工作，也可以在分系统工作。CapitalOne 还在业务领域对员工进行了类似的培训，使员工们从汽车贷款到风险管理样样拿手。结果，随着业务转移到国外，那些接受培训后离开公司的工人们在寻找新工作时占了先机，因为他们样样精通，在多个岗位上都有被雇佣的机会。那些同样接受了培训并依然留在公司的工人对 CapitalOne 来说将更为有价值，因为他们可以以一顶十。

公司基于自己的利益，应设法将自己的员工培养成"瑞士军刀"，政府还应该对公司给予补贴或税收刺激，使他们尽可能多地为员工安排学习机会，从在线攻读学位到公司内部为不同岗位进行的指导训练。公司提供这些教育计划所花费的成本是很低的。随着为员工提供终身学习机会的增加，既可以使本公司劳动力成为多面手，也可以使在裁员中离开工作岗位的工人拥有比自己初到公司时更多的技能，对于公司来讲，这也是它们对员工应尽的道义责任。今天，如果在雇主与雇员之间有一种隐含的新型社会契约的话，那么契约应该是这样的：你为我工作，在你工作期间，我保证给你提供各种接受教育和培训的机会，使你变成更具有竞争力的多面手。

乔治·米勒是一位来自旧金山东海湾地区的资深民主党议员，他致力于发展当地的公立学校事业。一次他对我说，"教育是一个过程，而非一个地方。"教育能够而且必须随时随地进行——在学校、办公室、家里、网上、教室或是你的掌上电脑——通过传统的教师、自学形式或网上节目等，而无论工作与否，你都不能松懈，因为在某个地方，你的竞争者毫不松懈。

当我们全力以赴构建我们社会肌体时，我们还要继续从国外进口有益的成分。让大多数在美国学习和工作的印度的、中国的、俄国的、日本的、韩国的、伊朗的、阿拉伯的和以色列的工程师、物理学家和科学家成为美国公民。他们来自东方，受过良好的教育，十分勤奋，而且如果有机会的话，非常愿意成为美国公民。这些人是我们国家所需要的，我们不能让联邦调查局、中央情报局和国家安全局把下一个穆罕默德·阿塔拒之门外，更不能把下一个谢尔盖·布林拒之门外。谢尔盖·布林是 Google 的创始人之一，出生在俄罗斯。如同我们的一个从事计算机设计的朋友所说："如果有一天，一个国外出生的人抢走我的饭碗，我希望他们是美国公民，这样他们上的税可以为我支付退休金。"

我希望相关移民政策出台，使每一个在正规大学拿到博士学位的外国留学生都可以得到一个 5 年期的工作签证。这些博士从事的是哪些方面的研究是次要的，我并不在意他学的是希腊神话还是数学。如果我们能把世界范围内的各种精英笼络过来，那么他们无疑会给美国带来好处。如果平坦的世界就是一场人才的竞赛，那么我们应该使我们引进的人才是世界上最多的。约翰·霍普金斯大学校长比尔·布罗迪说："我的工作就像经营着一个棒球队，不需要经纪人和每个成员都签订永久合同。我们在全球范围内搜索人才，我们要尽自己所能把这些人才聚拢过来，因为他们其中的人将成为巴韦·鲁思，不能让这样的肥水流到别人的田地。"

好脂肪——缓冲机制

虽然在平坦的世界里，全球范围的竞争会导致旧式企业和政府为人们提供的安全网逐渐消失，但是在人们强壮肌肉的同时，一些脂肪还是要予以保留，甚至增加。就像担心自己胆固醇水平的人们所知道的，有些脂肪是有益的，每个人都需要一定量的脂肪。在平坦的世界里，一个国家的社会肌体的构建也是如此。社会保障是有益的脂肪，而导致人们好吃懒做的过高的福利政策就是多余的赘肉。我的具体建议是，在平坦的世界里，我们应该推行薪金保险制度。

加利福尼亚大学圣克鲁斯分校经济学家洛里·克莱策的研究指出，在20世纪80年代和90年代，在制造业中，2/3因受国外竞争而失业的工人在其新岗位上挣得比原来少。1/4的工人在新岗位上的收入比原来下降30%。因为任何原因而失去工作对于工人和他的家庭来说都是一个重创，尤其是对于那些年龄比较大的工人，因为他们对新技术的接受能力比较差或者因为受教育程度较低而不能从事更高技术水平的工作。

薪金保险制度最早在1986年由哈佛大学的罗伯特·劳伦斯和布鲁金斯学会的罗伯特·E·利坦在一本叫做《拯救自由贸易》的书中提出。该思想提出后并没有引起多大重视，直到2001年经过克莱策和利坦的讨论后才受到追捧。当时，美国两大政党的委员会就减少贸易赤字问题进行争吵，除了薪金保险制度，双方在导致贸易赤字的原因和如何解决赤字的方法上没有达成任何一致，这反而成就了该制度的政治地位。

劳伦斯说："在贸易中自然会有赢家和输家，我们所考虑的是创造一种机制，使得赢家可以对输家进行补偿，特别是对那些在新岗位上发现自己的工资收入比以前大幅下降的工人进行补贴。"他还解释了这一思想的形成过程，即每个人都有"综合素质与特殊技能"，两者取得的报酬是不同的。当你转换工作后，你就会发现这一点。你也许上过大学，取得了注册会计师资格，或者你上过高中，具备运行机床的能力，你的这些技能将在工资中得到体现。但是假如有一天，有关车床方面的工作转移到了中国，有关会计方面的工作转移到了印度，而你则不得不去找新的工作。由于你在使用车床和进行会计核算方面的能力对于新岗位来说没有用武之地，你的老板只能根据你的综合素质（学历级别）为你开工资。薪金保障制度可以在一个特定的时期内部分地补偿你新旧工资之间的差额，而你在这段时间内可以学习新的特殊技能。

失业保险可以减轻失业给工人带来的痛苦，但失业保险对工人们最关心的新岗位的工资下降和无力交纳健康保险的问题却无能为力。工人要想获得薪金补偿必须满足三个标准。第一，造成其失业的原因必须是原工作岗位转移到国外、行业规模缩小或工厂倒闭。第二，至少在原工作岗位上工作了两年。第三，工人找到新工作后才能得到补偿，这样做是因为可以刺激工人加快找工作的进程而不是坐享福利，此外还可以增加工人接受边工作边接受培训的机会。边工作边接受培训永远是工人学习新技能的最好方法，它不像政府组织的再就业培训，由于不管找工作，即使完成培训，依然摆脱不了失业的困扰。

满足条件的工人将接受为期两年的补贴，该补贴补偿原工资下降额度的一半（每年超过 10 000 美元）。克莱策和利坦还建议政府为失业工人支付一半的健康保险，为期 6 个月。薪金保险制度比传统的由各州政府提供的失业保险好得多，后者提供的金额只相当于原工资的 50%，期限只有半年，并且对工人新工作工资下降的问题不闻不问。

克莱策和利坦补充说，虽然失业的工人有权从原雇主那里继续购买健康保险，但在没有补贴的情况下，他们往往难以使用这个权利。尽管失业的工人参加再就业培训后可以得到额外的为期一年的失业保险，但并不能确定得到工作。而且所谓再就业培训是漫无目的的，不如边工作边培训有用。

基于这些理由，薪金保险计划成为在平坦的世界里失业工人的缓冲器。并且，这项计划在财政上是可以负担的。利坦估算后认为，在失业率为 5% 的情况下，薪金保险计划和健康保险补贴每年会花掉政府 80 亿美元，考虑到其巨大的正面影响，这点花费是微不足道的。当然，传统的失业保险不会被取消，而是与薪金保险并行，工人可以在两者之间选择，但后者的推行可以通过促使工人更快地找工作以减少政府在失业保险方面的支出。

也许有人会问，为什么要施舍怜悯？为什么不清除所有的赘肉、摩擦和障碍？我可以坦率地告诉你：不对弱者适当地照顾不仅是一种残忍的做法，而且还是一种愚蠢的做法。这种做法在政治上会后患无穷，世界平坦化会在弱势群体中产生大的骚乱，政治上的不稳定甚至会导致经济陷入长期衰退。

向平坦世界的转变将会给很多人带来压力。正如电子贸易技术主管乔舒亚·S·莱文告诉我的："有时你知道如何度过艰难时期，而你需要缓冲，可是别人不愿给你缓冲。在"9·11"事件之后，那些航空公司的工人们正在经历这种过程。管理层和航空工会进行了 4 个月的谈判，最后管理层说，如果工会不同意削减 20 亿的薪水和福利，他们将关闭航线。这次较量之后，工会不得不接受了条件。我听了这个故事后不禁大笑，因为我知道，几个月后，经理层肯定会回来要求重新谈判……没完没了。没有人强迫我每年削减自己的工资。我们只知道每年人们都希望收入更多花费更少。如果你是纳税人，政府希望你交的税额年年递增，如果你是节俭者，你希望每年的存款步步攀升，没有人希望这种趋势逆转或停止。"

如果社会不能协调好这些关系，那么相应的政治力量就会介入，在世界平坦化过程中保护主义势力就会抬头，而且这些势力会用粗暴的方式保护弱者，以防止生活水平降低的名义阻止世界平坦化的成果。墨西哥前总统埃内斯托·塞迪略在推动墨西哥进入《北美自由贸易协定》时，就面临着如何对待市场失败者的问题，因而对这个话题十分敏感。他跟我说："对于平坦化的过程，你很难真正停止它，但却可以暂时停止它，也许你不能停止它的所有方面，但你可以把速度放缓。用25年还是50年完成这个过程，结果会有很大的不同。在此期间，2至3代人原本可以从贸易和全球化中得到好处，结果却空手而归。"

塞迪略说，要永远记住这些问题背后的政治因素。"在过去的50年里，有许多正确的政治决定使这个世界沿着正确的轨迹发展，但是，有些政治决策会让世界偏离正确的轨道。"

俗话说：如果你支持共和党，那么在投票时要说些民主党的好话——照顾一下失败者和后进者。真正的平坦主义者应该具有同情心。

抚　养

如果不讨论改善抚养方式的问题，那么关于有同情心的平坦主义的讨论就不完整。帮助人们适应平坦的世界不仅是政府和公司的责任，也是为人父母者的责任。他们需要知道自己的孩子成长在一个什么样的世界里，以及为了让孩子将来活得更好，他们应该做些什么。简而言之，我们要求新一代父母不再溺爱自己的孩子：现在不比从前了，你不能再让孩子疯玩，你应该关掉电视机，把MP3播放器扔到一边，让孩子好好学习。

那种认为权利是理所当然的，认为我们曾经在全球商业、地缘政治和奥运会篮球比赛中占绝对优势因而这种优势必将永存的想法，认为溺爱胜于打屁股的想法，认为孩子在学校时应该被保护在蜜罐里，任何困难、失望与紧张的情绪对他们造成的伤害，对于美国社会来说都是正在扩散的癌细胞。如果我们不扭转这些观念，我们的孩子们将会在平坦的世界里遭到来自社会的巨大打击。政客们制定政策是必需的，但父母们也应该承担起这份责任。

在本书初稿出来后不久，我的妻子（一位学校教师）交给我一封写给《纽约时报》（2005 年 9 月 1 日）的信，这封信是对我的同事鲍勃·赫伯特写的关于美国教育的专栏的一个回应。这封信准确地表达了我的感受："致编辑：鲍勃·赫伯特写道，'我认为我们正目睹一场教育危机'……作为一名老资格的中学英语教师，我同意这种说法。但是我们在学校目睹的危机在美国家庭中能找到根源，这些家庭渐渐疏远了书籍和印刷品，孩子们沉溺于电视、计算机和娱乐性的电子游戏，并看到他们周围的成年人也是这么做的。对于许多学生来说，感官刺激取代了阅读。一个人若不成为合格的读者就不能具备扎实的写作技能；这些技能的欠缺导致他们在标准化考试中满盘皆输。教育开始于家庭：家庭里的阅读是有价值和必需的；在这儿，父母鼓励孩子努力工作；在这儿，父母亲自参与学校的工作并对孩子的成功抱有极高的期望。如果没有这些基础以及家庭的持续支持，教师发挥作用的范围只能局限在学校。朱·安·普瑞斯，弗里霍尔德（Freehold），新泽西。"

要想让你的孩子同全球脱颖而出的精英竞争，你应该做哪些准备呢？获得诺贝尔奖的加州理工学院校长大卫·巴尔的摩很清楚。他告诉我，他很震惊地发现几乎所有来到加州理工学院的学生都来自于公立中小学而不是私立学校。因为在私立学校里，人们被灌输这样一种思想：因为你来到了这里，所以你是人上人。"我注意到这些来到加州理工学院读书的孩子。他们的家庭鼓励他们努力工作，并告诉他们掌握知识才能成就大事。"巴尔的摩说，"我对这样的父母十分赞赏，因为孩子考入公立学校往往被人视为失败。而公共教育却造就了这些卓越的学生——它一定会成功。孩子们的父母给予了孩子真正的培养，让他们认识到自己的潜力。我想，在培养教育孩子方面，我们的国家需要一场革命。"

可以很清楚地看到，移民到美国的父母们在这方面做得更好。"我们学校三分之一的学生有亚裔血统或是刚刚到美国的新移民。"巴尔的摩说。到加州理工学院就读工程学的学生大部分是在国外出生的，其他系里也有相当比例的学生来自国外。"在读生物学博士后的人中，中国学生占有绝对优势，"巴尔的摩说，难怪在今天所有的大型科学会议上，大多数有关生物科学最前沿领域的研究报告里至少会有一个中国作者。顺便提一下，人读麻省理工学院的孩子中有近90％是来自于双亲家庭，在这些家庭里父母双方都能够帮助引导孩子少走弯路。

2004年7月，喜剧演员比尔·科斯比借出席杰西·杰克逊的彩虹联盟和公民教育基金年会的机会指责美国黑人父母不教给孩子们正确的语法，指责黑人孩子不求上进。科斯比曾经声称："所有人都知道说英语的重要性。嘴里说着一口烂英语，你是当不了医生的。"科斯比告诉那些不珍惜机会的黑人："你应该停止殴打你的女人，因为你连一份工作也找不到，因为你不想接受教育，因为你只是在享受着政府补贴给你的最低工资保障。当初你上高中时应该多想想你的未来，因为那时你还有机会。"当科斯比的言论遭到大量的批评时，杰克逊教士为他辩护："比尔是说，你们应该知道自己哪里不足，然后有针对性地提高自己，使自己有能力参与到那场公平竞赛中去。醉鬼不明白这个道理，无知的人也不会明白。"

不错，美国应该逐渐地让所有的公民有能力参与到平等竞争中，但不是通过抑制先进，不是靠自暴自弃，而是靠激励后进者。科斯比的话不管是对黑人、白人、穷人还是富人都是发人深省的。教育，不管是来自父母的，还是来自学校的，都不应该仅仅是课本知识，还应该包括人格培养。因为父母、学校和文化确实能够塑造人。在我的生命里，除了家庭，对我影响最大的人是我在高中时的新闻学老师哈蒂·M·斯坦伯格。她把新闻学的基本原理传授给学生，但绝不是简单地告诉你如何写一篇内容提要或抄写一段引语，而是教会你如何用专业的方式来思考，这才是最重要的。她教我课程并担任校报顾问是在20世纪60年代，那时她已经将近60岁了。她的形象并不"酷"，但是我们在教室里围绕着她，就好像是在麦芽店里围着"狼人杰克"。我们也说不出是为什么，但就是愿意听她高谈阔论地演说，愿意接受她的训练，愿意听她的教诲。她给人的感觉是那么清澈，充满原则。我笔直地坐着，头脑里想的全是她。我们的孩子将逐渐地与中国的、印度的和其他的亚洲孩子们开始近距离地竞争。对于像哈蒂那样塑造孩子人格的方法，亚洲孩子们的父母比美国父母们理解得更为透彻。我并不是建议开展军事化教育，但是我建议应该用更多方法把我们的年青一代拉出安乐窝，去做他们应该做的事，现在的短痛可以换来长久的收获。

不幸的是，美国缺乏一个有远见的领导人，愿意号召我们的国家做一些艰苦的工作——放弃某些东西，而不仅仅是攫取；为了未来的国家利益牺牲一些，而不仅仅是为了今天活着。但是或许我们有这样的领导人而只怪我们自己不争气。保罗·A·萨缪尔森是来自于麻省理工学院的诺贝尔经济学奖获得者。他的教科书在近 50 年里影响了一代代经济学专业的学生，他少有地接受了德国《明镜周刊》题为《全球化：新世界》（2005 年 12 月）的采访。当被问及如何看待美国经济的未来时，萨缪尔森回答说："我们处在领先的位置，但是其他人和我们的差距渐渐缩小。美国作为领先国家的地位变得越来越脆弱，因为我们已成为一个低储蓄的社会。我们是一个只关注自我和眼前的社会，不考虑他人和明天。我认为问题出自选民而非领导人……过去的聪明孩子都在玩有挑战性的拼字游戏，今天的孩子在看电视，有太多分心的事，这也是为什么我们只关注自我和眼前的另一个原因。"

如果这是一次演习，我认为我们的领导人和父母没有尽其所能地为我们的年轻人应对未来的世界做好准备。"我们就像是一个盛满了 3/4 液体的玻璃烧杯，里面的液体就是我们的财富，"史蒂夫·乔布斯——苹果电脑的创始人，美国最伟大的革新者之一——说道："在旁边就是这个更大的烧杯，但是它盛得更少。我们今天正在做的就是用一根管子把这两个烧杯连接起来，之前我们从未这样做过。"因此，他说，除非我们能够继续保持非凡的创新性，否则我们的生活水平注定要下降。

但是，乔布斯补充说："我担心我们认识到这一点太迟了。因为学校系统不会在短期内得到改变，我们可能是在为过去 20 年的漠视付出代价。"乔布斯注意到他的公司最近决定在中国建一家主要工厂，令他惊讶的是中国政府在做出为工厂选址、提供资金资助建厂、帮助组织劳动力等决策时的迅速。"奇迹，就是那样，15 年前或是 10 年前在得克萨斯或美国其他地方会发生这种事情。现在它发生在中国。所以液体已经开始从一个杯子流向另一个杯子。当他们开始设计产品时，液体将会流出得更多。我是一个对美国未来保持乐观的人，但当我们看到罗马城已燃烧时，再做一个乐观主义者就很难了。"

史蒂夫·乔布斯的呼吁是一个结束本章的合适地方，这一章是从肯尼迪总统动员全国，迎接把一个人送上月球的挑战开始的。因为在某种意义上来说，他们都在付出同样的努力——号召美国人去做他们能做的最好的事情，那就是创造未来。

2005 年 10 月 24 日，《时代》杂志发表了有关苹果电脑最新发明的封面故事。封面是乔布斯手持最新款的苹果掌上电脑，这款电脑能播放视频和音乐。大字标题是这样写的："总是知道下一个是什么的人。"这正是美国在一个平坦的世界里保持繁荣的唯一途径——如果我们能持续地发明下一个新的东西。我的朋友杰里·劳是一位印度企业家，他有一次说，对印度和中国来说，未来是非常清晰的。他们准确地知道他们未来将要干什么。"我们在未来将要做美国今天正在做的事情，而美国的工作是去创造未来。"美国的工作不是去和印度、中国争夺旧的中产阶级工作，而是创造新的中产阶级工作岗位乃至更多。"这是很难的，"杰里补充说，"因为你不知道未来是什么样子的，"也因为你必须迅速树立坚定的信念，认为自己总是能够创造出下一个新的东西。

然而这是我们的任务，也是我们最好的希望。肯尼迪总统理解了这一点，史蒂夫·乔布斯、马克·安德瑞森、雪莉·安·杰克逊、迈克尔·戴尔、柯雷格·巴雷特和比尔·盖茨都理解了这一点。我们保持我们生活水准上升的唯一途径是建立这样一个社会，这个社会能培养出大批持续创造未来的人。但随着知识的高速发展，创造未来成了一件越来越难的任务—— 一件需要合适的教育、恰当的基础设施、适当的雄心、正确的领导和正确的抚养的任务。这需要使我们整个国家全神贯注地迎接这种挑战。

时不我待，如果我们不去创造，其他人会去创造。因为正如杰里·劳告诉我们的，印度和中国在明天将会做美国今天做的事，但是借助于平坦世界的这个平台，当后天来临时，印度、中国和其他国家也将会去创造未来。正如我试图强调的，把我们带入这个平坦世界的全球化 3.0 版并不仅仅是全球化 2.0 版的加强版。它是一种完全不同的模式。它远不是发达国家进入更多市场或获得更多廉价劳动力这么简单。它是一种程度上的巨大差异，低成本相互联系的程度、个人能力的程度、合作的全球化网络的程度都今非昔比。它改变了我们的竞争能力以及竞争方式的所有内容。2005 年 11 月刊登于《商业管理期刊》上的一篇题为《我们正在享受全球化的好处吗？》的文章很好地概括了这种差异，它注意到了平坦的世界赋予了站在高处的人把低成本劳动和高技术结合起来的能力。我们以前从未见过这种结合，这件事情本身已经对发达国家构成了挑战。然而印度和中国还在为低成本劳动和高技术增加更多新的东西：无拘无束的想象力，也就是高度的革新和创造能力。他们首先将会用廉价劳动力、高技术以及重新构想未来的高度创造力去解决自身的问题。接着他们将会关注我们的问题。我们必须有更多能做同样事情的人。所以，最后一次，我还要提醒大家：这不是演习。

The World Is Flat
Developing Countries and the Flat World

发展中国家与平坦的世界

第十章

圣母瓜达鲁佩

不是我们变得越来越像盎格鲁－撒克逊人那样野蛮，而是事实逼迫我们必须迎接挑战。

——德国报纸《法兰克福汇报》的出版商弗兰克·席尔马赫尔在《纽约时报》
上为德国工人接受再培训并延长工作时间的做法做出解释

到中国去学习知识。

——先知·穆罕默德

随着我写作这本书的工作逐渐深入，我在各地采访的时候越来越愿意问当地人们一个问题，即他们什么时候第一次感觉到世界是平坦的。

2004 年的春天，我在墨西哥城与几位墨西哥新闻工作者共进午餐，席间我又问他们这个问题。一位墨西哥记者说，他曾在墨西哥媒体和因特网上看到一些报道，墨西哥人的守护神圣母瓜达鲁佩的小雕像竟然是由中国人制造的，并经过美国加利福尼亚州的港口运到墨西哥。从那时起，他意识到，自己已经生活在一个全新的世界了。墨西哥是以劳动力成本低廉而闻名的，可是墨西哥人却从中国进口守护神的小雕像，这是因为即使考虑到横跨大西洋的运输成本，中国人制造这些雕像的成本也比墨西哥本地工厂低。这个事实说明，你生活在一个平坦的世界。

在墨西哥的中央银行，我问行长吉耶尔莫·奥尔蒂斯（Guillermo Ortiz），他是否知道有这种事情，他眨了眨眼睛告诉我，他觉察到充满竞争的世界舞台正在变得平坦已经有一段时间了，墨西哥正在失去其毗邻美国市场的天然地理优势。"2001 年的统计数据显示，20 年来墨西哥对美国出口首次下降，"奥尔蒂斯说，"这是真正的当头一棒。我们从市场中获得的收益开始下降，并进而失去市场。世界确实发生变化了，而这种变化却与中国有关。"

尽管北美贸易协定使墨西哥在对美贸易上占有绝对的有利条件，尽管墨西哥就在美国的家门口，中国依然在劳动力成本的低廉程度上超过墨西哥，并于 2004 年取代墨西哥成为美国的第二大贸易伙伴（加拿大仍然保持着第一位）。机械设备出口比如汽车、汽车零部件以及冷冻机等的运输成本是很昂贵的，虽然墨西哥得天独厚的地理优势使其节省了大量运费，但是中国更低的劳动力成本仍然使其在电脑配件、电器部件、玩具、纺织品、体育用品和网球鞋等领域把墨西哥产品挤出市场。更糟糕的是，在墨西哥国内，一些中国制造的产品也开始挤占墨西哥本土公司产品的市场份额，各地商店货架上都可以看到中国制造的服装和玩具。难怪一个墨西哥记者跟我说，有一天他采访了一位来自中国中央银行的官员，那位官员对他说的关于中美贸易关系的话让他的心情久久不能平静："最初，我们害怕狼来了——来自国外的竞争，后来我们与狼共舞，现在我们也要做狼。"

从墨西哥回来几天以后，我与一位来自埃及的朋友拉米斯·埃尔·哈迪迪（Lamees El-Hadidy）在华盛顿共进早餐。拉米斯·埃尔·哈迪迪在开罗长期从事财经报道。我很自然地问到她是什么时候发现世界是平坦的，她告诉我仅仅是在几个星期以前，穆斯林神圣的斋月期间。在斋月期间，埃及的学生和孩子们按照传统习俗都会提一个内部点着蜡烛的彩色灯笼，孩子们边摇摆着灯笼边唱歌，大人们则会给他们糖果或其他礼物，颇像美国的万圣节。这个传统可以追溯到埃及的法蒂玛[●]时期。拉米斯·埃尔·哈迪迪当时为 CNBC 做了一个关于这种灯笼的报道。几个世纪以来，这些小灯笼都是由开罗附近年

---

❶ 公元 909 年，法蒂玛王朝的缔造者摧毁了伊巴底王国的首都塔赫特。这个王朝的势力在 10 世纪后期达到顶峰，969 年并吞埃及，973 年建新都开罗成立哈里发帝国，即中国史书上的绿衣大食。

久简陋的小作坊里生产的。

直到最近几年，中国生产的灯笼像洪水一样迅速地占领了市场，那些小作坊的日子已不好过了。产自中国的灯笼是由塑料制成的，由电池供电的灯泡取代了蜡烛。拉米斯说："他们以创新的方式改变了我们的传统，对此我们也无能为力……这些灯笼源自我们的传统，源自我们的灵魂，但是中国制造的灯笼却比我们自己做的更有新意，更先进。" 拉米斯说，当她问埃及人是否知道这些灯笼是哪里制造的时候，所有的人都答不上来。但随后，他们会把灯笼转过来并发现它来自中国。

埃及自己生产的灯笼由玻璃制成，并用金属边包住边缘，里面点蜡烛。许多像拉米斯一样的母亲非常感谢中国生产的灯笼更加安全。中国生产的灯笼用的是塑料和灯泡，其内部还有一个电子芯片，能够播放埃及斋月期间的传统歌曲，甚至当前非常流行的斋月动画系列片 *Bakkar* 的主题歌。埃及的美国商会出版的《商业月报》在其 2004 年 12 月号中报道说，从中国进口灯笼的埃及企业家不仅是在和同行竞争，同时也是在和几百年来的埃及传统工业竞争。不管怎样，中国制造的灯笼注定是要流行起来的，一位著名的进口商塔哈·扎耶特（Taha Zayat）说："进口灯笼减少了传统灯笼的销售额，其现在的市场占有率不到 5%。"与埃及传统灯笼行业有关的人都认为中国在制造方面有明显的优势。中国可以用更高级的技术进行大批量生产，从而使生产成本更低。埃及自己的灯笼产业是由一系列各自从事不同工作程序的作坊组合而成，有的作坊安装玻璃，有的刷油漆，还有的焊接和安装金属边。"这么多年来，他们制造的灯笼一成不变，我认为将来有一天埃及自己生产的灯笼会彻底绝迹的，"扎耶特说，"他们无论如何是无法与中国的产品竞争的。"

像中国一样，埃及有大量的低收入工人。它紧邻欧洲，跨越苏伊士运河。它本可以并且应该像中国台湾省那样利用自己得天独厚的条件发展经济，但是埃及却把市场份额让给了中国，埃及穆斯林最受重视的宗教民俗工艺品却要中国制造。进口中国灯笼的埃及商人易卜拉欣·埃斯瓦（Ibrahim ElEsway）让《商业月报》参观了他在埃及穆士奇（Muski）镇的货栈。2004 年，他从中国进口了 16 种不同的灯笼。"在穆士奇镇喧闹的人群之中，埃斯瓦向他的一个雇员打了个手势，那个伙计迅速打开一个落着尘土的箱子，拿出一个塑料灯笼，外形是电影《狮子王》中小狮子辛巴的头像。这是1994 年我们进口的第一款灯笼，"他说。接着，他打开了开关，蓝色的狮子头亮了起来，灯笼里传出了《这是小小世界》的歌声。

自我反省

这本书的前两章主要是讲了公司与个人，特别是美国人，应该以什么样的方式应对世界平坦化带来的挑战。这一章主要讲述发展中国家应该采取什么政策为本国的公司和企业家创造有利于在平坦的世界中生存的良好环境，当然，我在这里所说的很多观点也适用于发达国家。

当发展中国家开始思考来自平坦世界的挑战时，他们首先要做的事情是自我反省。所有国民和领导人都必须客观地看待自己，寻找自己在与其他国家的关系中的位置，看看自己在导致世界平坦化的 10 种因素中处在什么阶段。人们要扪心自问："我的国家有了多大程度的进展？它已经被平坦的世界落下了多远？它在多大程度上顺应了发展的潮流并利用了竞争与合作的新平台？"正如那个中国的央行官员所说的，中国是一匹狼。在导致世界变得平坦的 10 个因素中，中国打入世界市场后对于广大发展中国家和许多发达国家都产生了重要影响。在劳动密集型产品的生产中，没有一个国家能够做得比中国更好，而且中国会逐渐在资本密集型产品的市场取得同样的成功。随着中国因素和其他 9 个因素产生的作用日益强大，如果一个国家不能够客观地认识自我，那么它是必将被平坦的世界淹没。

所以，我认为今天的世界应该效仿酗酒者互戒会❶。我们把这个俱乐部叫做发展中国家自省互助会。酗酒者互戒会的会员最初见面时，你要先起立，然后说："我的名字叫托马斯·弗里德曼，我是个嗜酒者。"在发展中国家自省互助会，每个国家在初次见面时也要先起立，然后说："我的名字叫叙利亚，我还是个发展中国家，"或者说："我的名字叫阿根廷，我还没有充

---

❶ 酗酒者互戒会会员都是嗜酒者，他们意识到自己无法戒酒，所以靠成员间的互相监督与合作戒酒。

分发掘自己的潜力。"

世界上的每一个国家，不管是发达的还是发展中的，都应该坦然面对自己的不足。"每个国家都应该做出深刻的自省，因为如果不做 X 光胸透，不了解自己的位置和潜力，任何国家都不会有所发展，"墨西哥主管北美自由贸易协定谈判工作的路易斯·德·拉·卡列（Luis de la Calle）说。没有跟上发展车轮前进的国家也像无法自拔的酗酒者一样，如果想追上大家就必须对自己有深刻的反省。发展是一个自愿的过程，你需要坚定的决心和正确的步伐，自省是第一步。认真而仔细地审视一下自身的优势和劣势，并清楚地了解在一个平坦世界中这意味着什么。

"当你我出生的时候，"德·拉·卡列对我说，"我们的竞争者只是住在我们隔壁的邻居。而今天我们的竞争者则可能是一个日本人或一个法国人或者是一个中国人。在平坦的世界中，你能很快了解你在竞争中的地位……现在你正在与其他的人竞争，在平坦的世界中最有才能的人将获得更多，如果你不合适的话，有人会替代你，而且替代你的这个人不会再是那个住在你街对面的人。"

通过批发型改革实现发展

我在本书中始终强调，一个国家为了应对平坦世界的挑战必须做好四件事情：第一件事情是提供良好的基础设施，包括廉价的宽带、手机、机场和高速公路，这样才能把更多的本国人民和平坦的世界联系起来。第二件事情是改革教育体系，要让更多的国民学会创新，学会在平坦的世界里合作。第三件事情是政府治理，包括财政政策、法律体系和官员素质等，要以最有效的方式管理本国国民和平坦世界之间的联系；最后一点常常被人忽视，在关于经济全球化的讨论中，人们常会忘记全球化也是一国的公共部门与其他国家公共部门之间的竞争，因此我们需要高素质的官员来治理并强化一国的创新活动，以便使国民不仅能想象出新的产品和服务，而且能实现这些创新并在市场上销售。第四件事情是良好的环境，在经济发展过程中有可能会不断破坏环境，但到了最后，那些环保做得最好的国家才最有可能留住和吸引知识工人，这些人的流动性最强，但他们才是将一个发展中国家转变为发达国家的关键。

在 20 世纪 90 年代末，尤其是在柏林墙倒塌以后，很多国家开始探索新的发展道路。在全球化 2.0 版本时期，随着世界逐渐缩小，批发型改革的时代来临了。所谓批发型改革就是指广泛的宏观经济改革。中国、墨西哥、巴西和印度等国是推动批发型改革的先行者。这些国家的领导人利用自己的权威释放社会上原本束缚的市场力量。他们推动自己的国家转变为出口型国家、自由市场经济国家，同时推进国有企业改革、放松金融市场管制，吸引国外直接投资，减少津贴、进行降低保护性关税以及制定更加灵活的劳动市场政策。埃内斯托·塞迪略（Ernesto Zedillo）在 1994～2000 年期间担任墨西哥总统，在其担任总统之前还曾担任财政部长。有一次，他对我说，开放墨西哥经济的所有决定都是由三个人做出的。当中国要从计划经济向自由市场经济转变的时候，也是邓小平一人力排众议说："致富是光荣的"；"不管黑猫白猫，会捉老鼠就是好猫。"1991 年，印度财政部长曼莫汉·辛格采取试探性的步骤如加强对外贸易、促进投资和鼓励竞争开放印度经济。这种政策并没有经过全国性的大讨论，但由于印度经济过于僵硬，对外国投资者没有吸引力，当时印度的外汇已经几乎枯竭。当戈尔巴乔夫开始进行改革的时候，也是依靠着克里姆林宫赋予他的权力以及领导层内少数同盟者的支持。相同的情况还曾发生在 1984 年玛格丽特·撒切尔夫人决定推行批发型改革以重振英国委靡不振的经济的时候。

摆在所有领导人面前的事实是，建设更加开放和有竞争性的市场是一个国家摆脱落后的唯一手段。因为在这样的环境中，新思维、新技术和最优操作方法可以很容易地渗入国家经济的各个层面，从而使私人企业甚至政府能够感受到竞争激励，愿意接受创新并通过创新创造出新的工作岗位和产品。就像戴维·多拉尔（David Dollar）和阿特·克赖（Art Kray）在他们写的《贸易、增长和贫穷》中总结的："增长和贸易是世界上反贫穷的最好手段。"

世界银行的报告指出，1990 年，中国大约有 3.75 亿人生活在极端贫困状态，每天人均支出不到 1 美元。而到了 2001 年，中国的极端贫困人口已经下降到 2.12 亿人。如果这个趋势保持下去的话，预计到 2015 年，这个数字将下降到 1 600 万人。在南亚，印度、巴基斯坦和孟加拉国，极度贫困人口从 1990 年的 4.62 亿人下降到 2001 年的 4.31 亿人，预计到 2015 年这个数字会继续下降到 2.16 亿人。然而在撒哈拉非洲恰恰相反，那里经济全球化的脚步非常缓慢。极端贫困人口从 1990 年的 2.27 亿人上升到 2001 年的 3.13 亿人，并预计继续上升到 2015 年的 3.4 亿人。

当一个国家基本上完成了批发型改革之后，又会出现新的问题。在 20 世纪 90 年代，一些国家曾经认为，只要全面实行批发型改革，比如国有企业私有化、解除对公用事业的管制、降低税费、鼓励出口等，就将从此走上经济发展。但是随着世界变得越来越小，越来越平坦，中国开始在制造业领域里同世界各地的对手竞争，印度开始向世界各地出口其科技人才，公司可以把业务外包到世界任何一个角落，个人前所未有地同世界上每一个人展开竞争。所有这些情况表明，如果一个国家想继续保持经济增长，仅仅靠批发型改革已经不够了。更深层次的改革—— 一个能以更为深刻的方式改变教育、基础设施和监管的改革需要提到议事日程上来。

发展的唯一途径是进行零售型改革

如果世界缩小成一个城市，那么它看上去会是什么样子？我会这样描述它："西欧是一个有着良好生活设施的住宅区，一群老年人在这里被土耳其护士照料着，享受着天伦之乐。美国则像是一个安装着大铁门的社区，门口有金属探测器，很多人坐在前院抱怨别人是多么懒惰，却谁也不曾注意，篱笆围墙上被来自墨西哥和其他国家的移民扒开了豁口，并且由于这些人的工作，这个戒备森严的社区才能运转得很好。拉丁美洲是这个城市的娱乐场所，俱乐部云集，每天晚上 10 点开始工作，然后一觉睡到第二天中午。这里是最适于居住的地方，没有商业的嘈杂，除了在智利人聚集的街道，你看不见什么新的商铺开张。这里的老板不会对产业再投资，而是把所有的利润存在银行。阿拉伯的街道十分昏暗，除了几条叫做迪拜、约旦、巴林、卡塔尔和摩洛哥的小巷，外人不敢在这里逗留。在阿拉伯的街区里，唯一的新商行就是加油站，其所有者也像拉丁美洲的老板一样，很少热心于扩大投资。在这里居住的人总是拉着窗帘，关闭百叶窗，并在其前院的草坪上插上牌子，上面写着：'小心狗咬，闲人免进。'亚洲则是另外一番景象，这里是一个新兴的大市场，由许多小型商店和仅有一个房间的小工厂组成，其间夹杂着卡普兰（Kaplan）美国大学入学考试培训学校和各种工程技术学院。他们都生活在大家族中，所有人干起活来都不睡觉，他们想靠努力和勤奋改变命运。在名叫中国的街道上，没有强制的交通法规，但所有的道路都被铺得整整齐齐，没有坑坑洼洼，路灯也总是亮着。印度的街道则相反，没人修理破损的路灯，路上到处都是被车轮压出的沟槽，但是警察却忠于职守，严格执法，你要是想在街边开一家柠檬水商店，必须要出示许可证。幸好，你可以通过贿赂当地警察办成你想办的事。在这里，所有成功的企业家必须自己配置发电机以保证工厂的电力需要，必须自备移动电话与外界通信，因为本地的电线杆都倒着。非洲的街道很悲惨，这里所有的店铺都关门了，人口预期寿命在下降，唯一的新建筑是卫生诊所。"

有一点需要注意，每个地区都有其自身的优势和弱点，都有必要进行一定程度的零售型改革。什么是零售型改革？我们刚才谈到了推进对外贸易、促进投资以及改变宏观经济政策等批发型改革，零售型改革是指在批发型改革的基础之上，对四个关键的社会政策进行调整。其中包括：基础设施、管理机构、教育和文化教育，这样，人们就可以放开手脚去革新、创业以及积极地与世界上任何一个地方的人合作。

由世界银行下属的国际金融公司的首席经济学家迈克尔·克莱因（Michael Klein）率领的团队完成了一份报告，对零售型改革的很多方面做了深刻分析。我们从他们的工作成果中得到了什么？首先，使每个人都有工作并不能保证你的国家能够摆脱贫困。每年，埃及都会保证大学毕业生100%就业，但近50年经济的缓慢增长已经使国家陷入贫困的泥沼。

"如果摆脱贫穷仅仅是工作岗位数量的问题，那就太简单了。"克莱因和比塔·哈吉迈克尔（Bita Hadjimichael）在他们为世界银行所做的研究"发展过程中的私营部门"中说，"比如，如果需要的话，国有企业可以吸收所有的无业人员。真正的问题不仅仅是就业，而是在有效率进行生产的前提下实现的就业，这种就业才会提高生活水平。国有企业和接受国家补贴的私人企业不足以支撑超过实际需要的工作岗位，过重的负担使它们难以对经济增长作出贡献。"仅仅把国外资本吸引到国内也解决不了这个问题，甚至对教育的大量投资也无济于事。

"生产力的提高、摆脱贫穷不是简单地把各种资源堆在一起就可以解决，"克莱因和哈吉迈克尔说，"更重要的是，如何利用好这些资源。"换句话说，在进行了批发型改革之后，政府必须继续为人们提供一个受法律保护的、遵守游戏规则的经济环境，使私营企业和个人可以放心地从事各种竞争，真正的经济增长才会到来。只有越来越多的人成为企业家，越来越多的人不断去创新，公司的数量才会逐渐壮大，并对经济发展形成有利的支撑。真正的工作岗位是从这里产生的。教育改革只是经济腾飞的必要条件，但不是充分条件。只有当人们感到创业是容易的，是有利可图的，雇佣和解雇劳动力不受限制，信用体系十分完善，健全的法制能够保护资本所有权不受侵犯时，改革所需的各种条件才算齐备。面临竞争压力的公司只有更多更快地创新才能生存下来。

国际金融公司是在对 130 多个国家进行调查研究后得出这个结论的，该项研究的题目叫做《2004 年商业报告》。国际金融公司在每个国家中问了 5 个最基本的问题：①从当地的法律、市场规则和许可证费用的情况来看，创办公司是容易还是困难？②能否自由地解雇和雇佣工人？③合同的执行是否困难？④信用体系是否完善？⑤是否有健全的企业退出制度？凡是在这 5 个方面做得比较成功的国家一定进行了零售型改革，反之，仅仅停留在批发型改革阶段的国家是不会在平坦的世界里繁荣昌盛的。国际金融公司的评判标准受到了埃尔南多·德·索托（Hernando de Soto）的有力支持，埃尔南多·德·索托在这方面也做了卓有成效的研究。他在秘鲁和其他发展中国家的研究证明，如果改变经营环境，理顺游戏规则，让穷人们有机会参与合作，情况自然会好起来。

《2004 年商业报告》试图用一些生动的例子来阐明它的观点：

特库（Teuku）是雅加达的一个企业家，想开办一家纺织厂。他已经联系到了客户，进口了机器设备，制定了前景美好的商业计划。当特库要为他的企业注册的时候，开始与政府打交道。他先从司法部领取了标准表格填好，并做了公证，证明他是当地居民，没有犯罪记录。然后，他获得了一个税号，再申请营业执照，并在指定银行存入最低注册资本（人均国民收入的 3 倍）。接着，他在官方通报上发布了公司章程，支付了印花税，再到司法部注册。90 天后，他需要填写与社会保障有关的文件。168 天后，他的企业终于可以合法营业了。在这段时间里，他原先联系好的客户已经和别的公司签订了合同。

艾娜是巴拿马的一个企业家，她注册建筑公司只需要 19 天的时间。由于公司的经营蒸蒸日上，艾娜想多雇佣些人员，并签订为期两年的合同。但是当地的法律要求有固定期限的佣工合同必须是特种工作岗位，而且期限最长为一年。与此同时，艾娜公司里的一名工人经常无理由早退，并因此影响整体工作，造成了巨大损失。为了替换掉这名工人，她必须事先通知工会，并得到工会的同意，然后再支付 5 个月的解雇赔偿金。思前想后，艾娜决定不再雇佣更有能力的应聘者，还是让这名不称职的工人继续留在公司里。

再看看一个在阿拉伯联合酋长国的商人阿里，他可以自由地雇佣和解雇工人。但是他的一个客户拒绝为晚送到 3 个月的设备支付货款。法院解决这个付款纷争动用了 27 道程序，花费了 550 多天。几乎所有的程序都必须以书面形式进行，都必须提供大量的合法理由，都必须聘请律师。经过这件事后，阿里决定以后只和他熟悉的老客户打交道。

蒂姆尼特是埃塞俄比亚一名年轻的企业家。她想通过向银行贷款发展自己前景不错的咨询公司。由于当地没有个人信用记录，所以她无法证明自己的信用状况。同时，尽管她的公司拥有大量的应收账款，法律禁止以此作抵押向银行借款。最终，银行认为，如果蒂姆尼特失信，银行是无法收回贷款的，因为法院的工作效率很低，法律也没有给债权人足够的保障。借贷申请被驳回，公司的发展只能原地踏步。

印度商人阿维克注册了公司，雇佣了工人，签订了合同，得到了贷款。但是当他发现公司赚不到利润经营不下去时，却必须面对长达 10 年的破产程序。最后阿维克逃走了，留下了没人管的工人，没人还的银行贷款和欠下的税金。

如果你想知道为什么有些地区经过 20 多年的宏观经济改革并没有减少贫困，没有创造更多的工作岗位，那是因为它们没有进行零售型改革。根据国际金融公司的报告，如果你想创造出有生产力的工作岗位（这些工作会带来生活水平的提高），如果你想促进新公司的成长（这公司能够创新、竞争和制造财富），那么你需要一个有着完善合理游戏规则的市场环境。在这样的环境里，开办公司十分容易，并随时可以根据市场变化调整公司业务。由于市场退出机制的完善，经营不善的公司随时关门，这样可以把资本释放出来用到能够创造价值的领域。国际金融公司并不是呼吁全面否定现有的各种机制，而是改革与经济发展有关的各种制度，创造出良好的经济环境，便于人们利用各种合作机会在平坦的世界中生存。

国际金融公司的报告指出，"在澳大利亚开办公司，办理手续只需要两天的时间，在海地需要 203 天，在刚果民主共和国需要 215 天。在丹麦为创建新公司办理手续不需要交纳任何费用，在柬埔寨交纳的费用相当于人均收入的 5 倍，在塞拉利昂交纳的费用则是人均收入的 13 倍。中国香港、新加坡、泰国等占世界 30%多的经济体不对新建公司设立最低资本要求。相反，在叙利亚，最低资本额相当于人均收入的 56 倍……捷克和丹麦的公司可以自由地与工人签订临时或定期合同，同时定期合同也没有时间限制。相反萨尔瓦多的就业法要求定期合同只适用于特种工作，期限最长为一年……在突尼斯，出现违约时，法院强制执行原合同的时间只需要 7 天，荷兰需要 39 天，而在危地马拉几乎需要 1 500 天。在奥地利、加拿大和英国强制执行合同时花费的费用不到争议合同金额的 1%，但在布基纳法索、多米尼加共和国、印度尼西亚和菲律宾，费用占合同金额的 100%……新西兰、挪威和美国的信用监管当局掌握着几乎每个成年人的信用记录，但是在喀麦隆、加纳、巴基斯坦、尼日利亚、塞尔维亚和黑山，有信用记录的人占成年人数比例不足 1%。当债务人破产的时候，英国的担保法和破产法会为债权人提供强力的支持，帮助其尽量挽回损失。而在哥伦比亚、民主刚果共和国、墨西哥、阿曼和突尼斯，债权人是没有这些权利的。在爱尔兰和日本，破产程序只需不到 6 个月，而在巴西和印度则要超过 10 年。在芬兰、荷兰、挪威和新加坡处理破产程序的花费只相当于标的资产的 1%，而在乍得、巴拿马、马其顿王国、委内瑞拉、塞尔维亚、黑山和塞拉利昂，这个比例几乎是 50%"。

国际金融公司指出，过度的规则原本是要保护弱势群体，实际上却对弱势群体十分不利，而且富人和有后台关系的人可以通过花钱和抢夺绕过烦琐的规则。在劳动力市场受到严格管制的国家，企业不能随随便便地雇佣和解雇员工，尤其是妇女就业更加困难。

"好的规则并不意味着没有规则，"国际金融公司的研究指出，"最理想程度的管理不是放任自流，但是也许会比现在大多数国家中管理程度更松，特别是那些贫穷的国家管制过多。"该研究提出的措施与我倡导的零售型改革不谋而合：一是简化规则，尽可能地解除对竞争的管制。因为竞争可以实现优胜劣汰，而过多的管制则会打开官僚贪污贿赂之门。"安哥拉采用了葡萄牙制定的就业法，该法被认为是最严格的就业法之一。但如果葡萄牙自己已经把它制定的就业法修订了两次，安哥拉就没有理由死抱着旧版法律条文不放。"二是集中精力加强对财产权的保护。在德索托的倡议下，秘鲁政府在最近 10 年承认了 120 万户城市家庭对其所占土地的所有权。"对财产所有权的保护使父母们可以放心地离开家去找工作，不必像以前那样守着家不敢离开。最主要的受益是他们的孩子，他们可以上学了。"三是把因特网技术运用到管理之中。它可以使办事过程更快、更透明、更不容易产生贿赂丑闻。四是减少法院卷入商业纠纷。最后，改革要持续不断，不能一蹴而就，也不能一劳永逸。在国际金融组织的调查中表现不错的国家都是遵循着这个原则。

关于国际金融公司的标准，需要引起注意的是，很多人认为其是针对秘鲁和阿根廷这样的国家提出的，但实际上，得分最低的国家中却包括了德国和意大利这种发达国家（德国政府甚至对研究中的一些发现提出了抗议）。

学习爱尔兰

通过推进监管、基础设施和教育等方面的零售型改革而实现了跳跃式发展的最好例子是爱尔兰。有些事情你可能不知道：爱尔兰今天是仅次于卢森堡的欧洲最富裕的国家。这个国家几百年来一直是因贫穷的移民、饥荒、内战和妖精传说而著名，今天却有着比德国、法国和英国更高的人均 GDP。爱尔兰是怎样在不到一代人的时间里由欧洲的穷人一跃而成为欧洲的富人呢？爱尔兰的转变始于 20 世纪 60 年代晚期，当时爱尔兰政府取消了对中等教育的收费，于是更多的工人阶级的孩子能接受更高的教育。1973 年爱尔兰加入了欧盟后，爱尔兰已经拥有了大批的比上一代受过更高教育的工人。到了 20 世纪 80 年代中期，尽管爱尔兰已经从加入欧盟中得到了一些收益，如得到了更多的补贴可以建设更好的基础设施，得到了更大的市场来销售自己的产品。但是由于爱尔兰多年来一直实行过分保护，它并没有足够的具有竞争力的商品销售。爱尔兰已经濒临破产，并且大多数的大学生都已移居国外。

"我们继续无节制地借款、花费和征税，这几乎让我们破产，"在 2005 年 6 月我访问都柏林的时候副首相玛丽·哈尼（Mary Harney）对我说："也正是因为我们几乎破产，我们才有了改变的勇气。"爱尔兰的确改变了。政府、主要工会、农场主和工业家们齐聚一堂，并对节俭财政政策达成了共识，公司税锐减到 12.5%（这一税率比其他欧洲国家要低得多），政府开始控制工资和价格的上涨，并大量吸收外国投资。1996 年爱尔兰宣布公立大学基本上免收学费，这样就能创造更多的受教育的工人。这些措施的结果是令人震撼的。今天，世界前 10 名的医药公司中有 9 个，前 20 名的医药器材公司中有 16 个，前 10 大软件公司有 7 个公司已经在爱尔兰开始了经营。在 2004 年，爱尔兰从美国得到了比中国从美国得到的更多的外国直接投资，国家的税收稳步增加。

戴尔计算机公司的创始人迈克尔·戴尔通过一封邮件向我解释道："我们于 1990 年在爱尔兰投资，是什么吸引了我们？受过良好教育的劳动力，附近有很好的大学。爱尔兰有独立于政治集团的产业和税收政策，这些政策能对商业进行一贯的支持。爱尔兰还有非常好的运输和物流业以及良好的区位位置——使我们能够将产品很容易迅速运往欧洲主要市场。"最后，迈克尔·戴尔补充道："他们很具有竞争意识，希望能成功，同时渴望并且了解如何成功。我们的工厂在利默里克，但是我们同时在都柏林外有几千个销售点和技术人员。爱尔兰的人才对我们来说是相当好的资源。同时我们也是爱尔兰最大的出口商。"

英特尔公司 1993 年建立了其在爱尔兰的第一个芯片工厂。英特尔副总裁詹姆斯·贾勒特（James Jarrett）说，吸引英特尔公司的是在爱尔兰受过良好教育的人，低公司税和其他的优惠政策让英特尔公司在过去 10 年里节约了大约 10 亿美元。爱尔兰的国民健康保障也没有损害公司的利益，反而是大大减轻了英特尔公司的健康保障义务。"我们现在在那里的 4 个工厂里有 4 500 名工人，我们在香侬已经和爱尔兰工程师一起进行高端芯片的设计。"

在爱尔兰有很多个投资的医药设备制造商巴克斯特（Baxter International）的前任首席执行官小哈里·克雷默（Harry Kraemer Jr.）解释道："工作道德规范、税收水平以及劳动力供应的灵活性都使爱尔兰对投资的吸引力要比法国或德国大得多，在德国或法国，解雇一个工人的成本相当大。"他补充道，爱尔兰人很有自信，他们认为如果实行灵活的劳动法，尽管可能会丧失一些工作，但是新的工作也会不断增加。而事实的确如此。当爱尔兰在就业政策上积极进取的时候，德国和法国却仍然采取防守的保护政策，它们越采取保护政策，就越难以创造新的工作。1990 年，爱尔兰总的就业岗位为 110 万个。到了 2005 年底，这个数目达到了大约 200 万个。

爱尔兰在其他政策改革方面一样咄咄逼人，爱尔兰的教育部部长玛丽·哈纳芬（Mary Hanafin）解释道，国家希望将教育改革提到一个新的水平。爱尔兰准备到 2010 年将其科学和工程学博士数目翻 1 倍，并且已经设立各种基金吸引全球公司和各类人才到爱尔兰进行研究。爱尔兰现在正积极招募中国科学家。哈纳芬说，"对于我们自己的高素质学生来说，能和国外的高素质学生交流是非常好的。"爱尔兰建立了一个科学基金，吸引各国人才到爱尔兰发展，并希望他们有一天能建立企业或发明产品。从 2001 年到 2005 年，爱尔兰科学基金已经帮助建立了 160 多个研究小组，这些研究小组中有 34 个是从国外实验室来到爱尔兰的。顺便提一下，爱尔兰科学基金的第一个领导人就是一个在国家科学基金工作的美国人。

爱尔兰的故事告诉了我们这样一个事实：资金在世界的流动并不只是寻找最便宜的劳动。如果是这样的话，所有的外资都会去海地和孟加拉国。资本在寻找价格便宜但是生产效率最高的劳动力。为了吸引外资，一个国家必须四个方面做好准备：基础设施、教育、政府治理和环境。思科系统公司的首席执行官约翰·钱伯斯（John Chambers）说得非常好："工作将流向那些具有很好教育的劳动力、有竞争力的基础设施、创造性环境和支持性政府的地方去。这些地方的人们将会有最好的生活水平。工作流向的国家可能是也可能不是那些领导工业革命的国家。"

文化的作用：全球化

今天零售型改革所获得的利益将比过去更高，并且大多数的国家都已经明白这一点。批发型改革可以自上而下地通过行政命令推动，但如果要克服既定的经济和政治利益，零售型改革需要更为广泛的公众基础和议会的大力支持。为什么有的国家能够调动各个利益集团和公众零售型改革推行到底，有的国家却半途而废呢？

答案是文化。

把一个国家经济发展的绩效完全归因于文化是荒谬可笑的，但是在分析一个国家的经济成就时，不考虑其文化因素同样不合理，因此很多经济学家和政治学者都想把文化影响纳入自己的研究范畴。当然，这种研究方法是有争议的，文化因素就像是屋子里的大象，谁都知道它存在，但都不愿意提起。我要提到文化因素是因为随着世界变得平坦，越来越多的合作工具可以被人们使用。有些文化能够鼓舞人们迅速地掌握并利用这些工具，而有些文化则不能。世界的平坦化会把这两类文化之间的差异放大，进而会导致完全不同的发展结局。

有两本书在这一问题上给我带来了深刻的影响。第一本书是经济学家戴维·兰德斯（David Landes）写的《国富国穷》。他在书中指出，尽管气候、自然资源和地理环境都可以解释为什么某些国家能够从农业社会跃进到工业社会，而有些国家没有，但最关键的原因是他们不同的文化禀赋，特别是一个社会在勤劳、节俭、诚实、忍耐和坚忍等方面的价值观，以及他们是否对变革、新技术持开放的胸怀，是否给予妇女平等的权利。第二本书是劳伦斯·哈里森（Lawrence Harrison）的《核心的自由真理》(*The Central Liberal Truth*)，哈里森是美国国际开发署的一名退休外交官，现在 Tufts 大学任教。他指出，一个社会运用一套制度和工具将观念和态度通过养育、教育、媒体和领导传承下去，并保持文化的连续性。宗教是至关重要的，劳伦斯·哈里森说："谈到宗教与人类进步之间的关系，我发现有些宗教比起其他的宗教更能推动政治民主、社会正义和繁荣。"哈里森说，有些宗教和文化是"支持进步"的，而另一些是"抵制进步"的，但历史上有很多例子说明，在不同的政治经济条件下，或由于领导人的影响，文化也会出现变异。

我认为，在平坦的世界里，文化在两个方面会影响不同人群的发展。其一是文化的外向程度：在多大程度上，它可以接受异己的文化？它在全球化与本地化的结合方面表现如何？其二是文化的内向程度。在多大程度上，人们认同所谓的民族团结并集中精力于国家经济发展；在多大程度上，社会中的人与人彼此信任，即使互不相识，也可以共同合作；在多大程度上，这个国家中的精英能够关心社会大众，并愿意回报自己的祖国，或是对国家的贫穷置之不理，只顾在国外捞钱。

国家文化的外向程度越高，越容易吸收国外的新思想、新技术并把它们同自己的传统相融合，印度、美国、日本和近年来的中国文化在这方面的能力就很突出。比如在印度人看来，蒙古人来了、蒙古人去了，英国人来了、英国人去了。但印度文化却仍然屹立，印度人仍然吃咖喱饭，印度妇女仍然穿莎丽，印度人仍然以家族为单位，几代人在一起生活。这正是全球化与本土化相结合的最佳范例。

"在这个世界上，开放的文化和不排斥新元素的文化会占优势，"掌管印度高科技贸易联合会的 Mphasis 公司首席执行官杰瑞·拉奥（Jerry Rao）说，"我的曾祖母是文盲，我的祖母只上过 2 年级。我的母亲没有上过大学。而我的妹妹获得了经济学硕士学位，我的女儿目前就读于芝加哥大学。我们亲眼所见这些变化，而我们愿意做出改变……你必须有自己固有的文化，同时还要接受其他文化的融合。固守自己的文化，排斥异己的人处在非常不利的地位。好好想一想，当中国皇帝把英国外交官赶走，谁最终受到了伤害？是中国。固守自己的文化是十分危险的。"

"开放对于一个国家来说十分重要,"拉奥补充说,"因为这意味着你开始接触有才能的人。当你和世界另一个角落的开发者聊天的时候,你并不知道他或她的肤色,你们彼此联系的基础是因为对双方才能的认同而不是种族或民族。如果你生活在崇尚这种文化观的国度里,这种文化会潜移默化地改变你对整个人类社会的看法。"

这可以用来解释为什么随着世界逐渐平坦,许多穆斯林国家开始在不安中挣扎。由于复杂的文化和历史原因,除了土耳其、黎巴嫩、巴林、迪拜、印度尼西亚和马来西亚逐渐变得越来越世俗化,很多穆斯林国家无法把全球化与本国传统有效地结合。当今世界,只有适应性和包容性强的文化才能够得到真正的利益。

想一想本·拉登主义者的指导思想。他们要把所有的外国人和来自外国的影响从沙特阿拉伯清除掉。这恰恰是开放与合作的对立面。部落文化和思想在许多阿拉伯国家仍然占支配地位。在平坦的世界,劳动分工越来越复杂,越来越多的人与他们不认识甚至永远不会见面的人合作。如果你想参与到现代的劳动分工中来,你必须对陌生人有更多的信任。

戴维·兰德斯说,在阿拉伯的穆斯林世界,某些文化观念成为社会发展的障碍,特别是一些禁止妇女在公共场所露面,禁止她们参与经济活动的观念。在这样的社会里,男人一出生就享有高于其姐妹以及社会中所有女性成员的特权,这对男人们是十分有害的,因为他们会产生自以为是的感觉,进而丧失了提高、前进和实现理想的动力。当然,这种性别歧视不仅存在于中东地区。实际上,在世界各地的不同历史发展阶段,都出现过类似的社会现象,即使是在所谓的现代工业社会。

阿拉伯穆斯林世界对全球化的抵触已经受到了一些阿拉伯人的关注。2004年5月5日,在沙特阿拉伯出版的一份英文日报《阿拉伯新闻》上刊登了由沙特阿拉伯记者拉伊德·古斯塔(Raid Qusti)写的文章,题目是《需要等多久才能迈出第一步?》。他写到:

"在沙特阿拉伯,恐怖袭击事件已经成为新闻里的家常便饭了。每当我希望并祈祷它不要再发生的时候,事态反而更加恶化。"《利雅德新闻》的主编图尔基·阿尔叙戴利(Turki Al-Sudairi)对这些恐怖事件发生的根源进行了分析。他说,那些执行恐怖袭击任务的人是朱海曼(Juhaiman)运动的追随者,这场运动在20世纪70年代席卷了主要的伊斯兰教寺院。这种运动认为异教徒是可恶的,应该放手信徒们对异教徒处以极刑,不管异教徒是西方人,还是不愿意遵从他们意愿的传统阿拉伯穆斯林。这一思潮在80年代和90年代一度消散,但最近又卷土重来。阿尔叙戴利没有提到的问题是:"面对这种情况,我们沙特阿拉伯人应该怎么办?如果我们拒绝探究深层原因,就像过去20年里一直做的那样,那么用同样意识形态武装的另一群破坏分子的势力壮大只是时间早晚的问题。我们的文化在帮助制造这些怪物吗?我们的教育体系不培养人们对其他信仰的宽容心,更不用提对其他伊斯兰教派思想追随者的容忍了。这种做法需要有所改变。需要改变的还有沙特阿拉伯文化本身,以及我们中的大多数人不接受其他生活方式,却把自己的思想强加于别人的事实。从4年级到12年级,我们不告诉孩子们在这个世界上还有其他的文明,不告诉他们我们只是全球共同体的一部分,我们只是反反复复地强调伊斯兰帝国是唯一的。这种情况不能再持续下去了。"

当谈论到经济活动时,人们很容易忘掉对一国发展起到最大推动作用的是文化的容忍度。当宽容成为人们的行为准则,人人都会因此得到好处,因为宽容是彼此信赖的前提,而彼此信赖又是创新和企业精神的基础。增进不同群体、不同公司或社会之间的信任水平,只有好处没有坏处。英国历史学家保罗·约翰逊在《福布斯》杂志上写道:"印度教的本质就是教人学会宽容,这种文化导致了印度整体的繁荣。中国人和印度人到了一起总是会形成一个群体,共同繁荣。再看看居住在乌干达的那些印度人曾受到独裁者伊迪·阿明①的排斥,最后被宽容的英国社会所接纳。现在,这个群体中产生的百万富翁比英国任何一个移民群体中出现的都要多。"回顾历史,当伊斯兰世界学会了宽容,它就会繁荣起来,摩尔人的西班牙就是例证。但是在当代,一些伊斯兰国家已经被某些精神领袖所统治,他们拒绝宽容,拒绝改变或创新。这种意识形态最终延误了许多伊斯兰国家的经济发展。

---

① 伊迪·阿明——1928~2003年,外号狂人阿明,是东非国家乌干达20世纪70年代的军事独裁者。

在这里，我们又要提到我曾经说过的平坦的相关系数。事实上，国内自然资源如像石油越贫乏，人们的文化就越倾向于适应平坦世界的要求。自然资源贫乏的国家在进化过程中，更容易接受新思维，因为这是他们生存和进步的唯一依靠。

值得我们高兴的是，文化不仅仅对社会的发展很重要，而且一个社会的文化是可以改变的。文化没有渗入到我们人类的 DNA 中，它们是每个社会中地理环境、教育水平、领导人能力和历史经验的综合产物。既然形成文化的各个因素可以发生变化，文化本身也可以改变。最近 50 年，日本和德国从高度军事化的社会转变为和平主义者的民主社会。巴林是阿拉伯世界里第一个发现石油的国家，也是第一个石油资源耗尽的国家。最终巴林成为海湾地区第一个实行议会民主选举的阿拉伯国家，并且妇女和男人一样拥有选举和被选举权。由穆罕默德信徒组成的西班牙在世界历史上是最宽容的国家之一，西班牙是个崇尚贸易和经商的国度，在那里，人们不得不靠智慧以及学会与别人合作才能谋生。而沙特阿拉伯靠卖石油就可以过上富裕的日子。所以沙特阿拉伯法律会禁止修建其他信仰的教堂或庙宇。然而，紧邻沙特阿拉伯的迪拜却利用其石油美元修建了海湾地区的贸易中心、旅游中心、服务中心和计算机中心。迪拜是世界上最宽容的大都会之一，在那里，寿司店和高尔夫球场看上去比清真寺多，旅游者甚至不需要签证。是的，文化很重要，但是文化是社会发展的产物，不是人类的基因，既然社会是不断前进的，领导人是不断改变自己的治国方针的，那么文化也是可以改变的。

看不见摸不到的东西

像很多美国籍印度人一样，风险基金经理迪尼克·辛格经常回印度看望家里的亲人。2004 年冬天，他又回到了新德里。几个月之后，他告诉我，这次回家后，他明白了为什么除了高科技部门，印度的经济在整体上还是没有实现飞跃。

"我住在新德里一家宾馆的 6 层，"他回忆说，"可当我站在窗前，我可以眺望很远。为什么呢？因为在新德里，电梯供电没有保证，所以这里的建筑都不会很高。"有远见的投资者不会在电力不足的城市修建高层建筑的，否则一旦电力中断，你不得不爬 20 层楼梯。在这样的城市里，由于低层建筑大面积平铺，所以对空间的利用率很低。我对辛格说，他的故事使我想起了我曾经在中国大连的旅行。我曾经于 1998 年去过大连，当 2004 年再次来到这里时，我竟然已经认不出这座城市了。这里有许多新的建筑，包括很多现代的采用玻璃幕墙和金属架构的摩天大楼。我开始怀疑自己是不是曾经于1998 年来过这里。接着，我又想起了 1974 年夏天，我曾经访问过开罗的中学，当时，整个城市中最著名的三个建筑是尼罗河喜来登酒店、开罗塔和埃及电视台大楼。2004 年，即使已过了 30 年，它们依然是当地最著名的建筑。这些年以来，开罗的地平线几乎没有改变。无论我什么时候回到开罗，我都知道自己身处何方，不会走丢。结束在大连的访问后不久，我来到了墨西哥城。已经 5 年没有来这里了，这次回来后的感觉是这座城市比我记忆中的干净了许多，真应该感谢市长为此所做的工作。我也发现了一些新建筑，但是数量不像我预想的那么多，尽管墨西哥加入北美自由贸易协定已经有10 年时间了。而且，我发现我的墨西哥朋友们有点沮丧。他们告诉我，墨西哥已经过了发展的最佳状态，今后再也不会有像以前那样的高增长了，而且人们的自信心也逐渐衰退。

所以在新德里，不管怎样建设，你都能在城市里一眼看到天边。在开罗，地平线永远不变。但是在中国，如果事隔一年之后再去某个城市，其快速的变化会使你觉得自己好像从来没有到过这里。对于墨西哥城来说，当人们觉得自我感觉良好，并遥遥领先时，却在转弯处猛然撞到了中国，这才发现原来中国走的是另一条道路，速度比自己还快。

怎么解释两者之间的区别呢？我们知道经济成功的基本公式是：经济成功 = 批发型改革 + 零售型改革 + 良好的管理 + 良好的教育 + 完善的基础设施 + 把全球化与本土化相结合能力。而我们不知道的是为什么有的国家可以同时把各个方面调动起来，使其持续地发挥作用，而有的国家就不行。为什么有的国家的地平线能够很快发生改变，而有些国家的地平线历经半个世纪也没有什么变化。我所能找到的唯一答案是"无形的能力"。这种能力主要指社会聚拢所有资源和为经济发展做出牺牲的能力和意愿，以及这个社会的领导人以权力谋发展而不是为自己谋取利益或保持社会原状的意愿。有些国家和地区，如韩国和中国台湾地区看上去能够把所有的能量优先集中于经济发展。有些国家的精力则完全被意识形态和地方各个势力之间的长期争斗所分散，如埃及和叙利亚。有些国家的领导人在任期间大力推进国家现代化，不为自己谋一丝私利。而有些国家的领导岗位靠金钱就可以买到，这些贪官污吏在位期间只顾搜刮民财，然后再把资本投资于国外项目。为什么印度的领导人能够修建技术学院而巴基斯坦做不到，其原因只能用我所说的"无形的能力"来解释。这些看不见摸不着的东西不容易比较衡量，但却非常重要。

我们以墨西哥与中国为例，来说明这个问题。从理论上说，墨西哥占据着得天独厚的地理条件，非常有利于其在平坦的世界中生存。它是世界上最大、最有活力的经济体美国的邻国，并在 20 世纪 90 年代与美国、加拿大签署了北美自由贸易协定，因此成为这两大经济体向拉丁美洲扩展的跳板。墨西哥还盛产石油，石油产值占政府收入的 1/3。相比之下，中国远在万里之外，背负着沉重的人口负担以及计划经济时代遗留下来的各种包袱，自然资源稀少，最好的劳动力集中在沿海地区。10 年前，如果你不对它们的发展前景进行预测，大多数人肯定会把赌注押在墨西哥身上。然而事实是，中国最终取代了墨西哥成为美国的第二大贸易伙伴。即使在墨西哥人当中，也存在一个共识，即虽然中国远在天边，但其在经济联系上却与美国越来越近；虽然墨西哥近在眼前，却在经济方面与美国渐行渐远。

我并不是说墨西哥一蹶不振。如果有足够的时间，墨西哥有可能会在中国－墨西哥版龟兔赛跑中最终取胜。中国还需要继续推进艰难的政治体制改革，在这个过程中的任何波动都会对经济发展产生不利影响。而且，墨西哥有许多像中国人一样富有创业精神的企业家，否则墨西哥不会每年向美国出口数十亿美元的商品。此外，中国的农民不会比墨西哥农民生产效率更高。但是，当你分析一下双方各自的有利条件和不利条件，你会发现中国正在成为兔子，虽然墨西哥在比赛开始时在自然资源方面有更多的优势。为什么？墨西哥人不停地寻求答案。

当你现在来到墨西哥城，墨西哥人将告诉你，他们听到了两个巨人吮吸

养料的声音。墨西哥前外交部长豪尔赫·卡斯塔涅达 2004 年曾经对我说，
"我们受到了印度和中国的两面夹击"。"除了高附加值的工业，要我们同中国
竞争是很困难的。在我们本来应该有竞争力的服务领域如办公业务外包和呼
叫转接中心，我们又受到了印度的冲击。"毫无疑问，在某种程度上，中国
受益于其仍然存在的中央集权管理体系，这种体系可以强行压抑各种利益之
间的争斗和无政府行为，为国家政策做出统一部署。北京的领导人可以从上
而下实施许多改革的具体措施，不管是从计划经济转向市场经济还是加入世
界贸易组织。

中国也许是个中央集权国家，但不可否认中国在进行零售型改革方面的
能力更强，它有更强大的国家组织体系和官僚机构，从而可以把大量有才能
的人放在关键的政策决策岗位，同时中国还有某种民众精神，广大人民的热
情可以很容易地被调动到国家建设中来。中国官僚体系中依然保存着对为国
家建设鞠躬尽瘁的官员进行提拔的传统。经典著作《历史的终结》的作者弗
兰克·福山说："中国有按照政绩对官员进行赏罚的传统，韩国和日本也沿
袭这类似的传统。在这种传统下，所有官员头脑中都有'国家'的基本概
念，官员的行政行为要考虑到国家的长远利益。"能够顾全大局，深谋远虑
的官员更容易升迁。

相比之下，墨西哥在 20 世纪 90 年代刚刚从一党专政的中央集权国家转
变为多党制民主国家。所以当墨西哥要召唤全国人民的意志和能量进行微观
层面的零售型改革时，它不得不要通过虽然合法、民主，但漫长的表决程
序。换句话说，任何一个想改变政策的墨西哥总统，不能像他独裁的前任一
样自己说了算，而是必须照顾到社会各方的利益，然而这就像放牧一群猫，
每一方都各行其是，很难取得一致。在改革过程中，很多利益集团——不管
是众人联盟还是少数人垄断的组织——的利益都会受到触动，而这些集团势
力强大，他们拒绝配合会导致改革计划的失败。像其他很多拉丁美洲国家
一样，墨西哥的国家体系在很长一段时间里仅仅是执政党赞助者的傀儡，
是为地方利益服务，而不是为国家利益服务。莫伊塞斯·纳伊姆在其著作
《拉丁美洲的市场经济之旅》中说："拉丁美洲国家的国家体系不能够良
好运转……历史学家强调这是由于西班牙人和葡萄牙人占领与殖民主义留

下的国家组织机构不全、法典和政治结构不完善的后遗症。政治学家则认为拉丁美洲国家糟糕的表现反映了政治经济权力在国家不同阶层之间的分配，这种分配原则不顾全公众利益，而是照顾富人，以中产阶级为主要服务阶层，排除穷人的存在。被特殊利益集团牵着走的政府机构没有能力制定和执行为广大民众服务的政策，只能照顾控制自己的'小众'的狭隘利益。"

　　另一种看不见摸不到的东西是文化对待受教育的态度。长期以来，中国和印度的父母不断地告诉自己的孩子，将来当一名医生或工程师是最有出息的。但墨西哥就没有这样的教育观，自然也不会在教育设施上有较多的投入。中国和印度在美国都有5万名以上的留学生，他们不远万里来到美国学习先进的技术。墨西哥虽然与美国近在咫尺，却仅有1万名留学生。作为世界最大经济体的美国讲英语，而墨西哥却从来没有制定过对国民加紧普及英语的计划，也从来没有设立过任何资助墨西哥学生赴美留学的奖学金项目。墨西哥前总统埃内斯托·塞迪略说，国家政治体系、全球化对国家的挑战和要求民众接受教育的程度这三者之间存在着脱节。

　　看到中国和印度之间的差异，有人会得出民主制度是零售型改革的障碍的结论。但我认为得出这个结论为时过早。实际上，真正的原因是领导水平而不是国家政治体制。在民主国家里，出现过有能力的领导人，像英国前首相撒切尔夫人，她把全国人民的目光集中到其所倡导的改革上，并使其政策在英国得到了贯彻实施。当然，民主制的国家里也有改革不成功的例子，像当代德国，政策左右摇摆，始终不能击中要害。同样是中央集权制度，中国可以成功地推进经济改革，津巴布韦则得过且过，不愿意调动人民的热情，因为其领导人不愿承受任何打击。

　　"墨西哥和拉丁美洲有着令人难以置信的潜力，"塞迪略总统说，"在30年前，拉丁美洲领先于其他各国，但在最近25年里，拉丁美洲的发展一直处于停顿状态，其他国家则渐渐赶上。我们的政治体系不能够处理、接纳和执行所谓的零售型改革。直到今天，你还不能在拉丁美洲公开谈论市场经济。中国每个月都在进步，而我们还要花费一年又一年的时间来决定是否需要进行初步的改革，这种改革对于任何社会来说都是十分必要和紧急的。我们的竞争力不强，是因为我们的基础设施建设太差，要想加强基础设施建设必须提高税收。自从签署北美自由贸易协定以来，我们还没有新建成几条连接美国和墨西哥的高速公路（事实上一条也没有），许多从政府支出中获益的人不纳税，所以政府要想运转下去的唯一方法就是征收更高的税，但该政策又会因遭到各方的反对而被扼杀。"

墨西哥的一份报纸最近刊登了一篇文章，内容是关于美国匡威(Converse)运动产品公司是如何使用墨西哥胶水在中国制造网球鞋。塞迪略说，"整篇文章都是关于为什么我们要给中国胶水，而对待这件事的正确态度应该是思考我们怎么能够多卖给中国一些胶水？看来我们还需要清除一些心理障碍。"

并不是说墨西哥没有加强其出口产业的建设，墨西哥逐渐落后于中国的主要原因是中国的发展速度太快，范围更广，尤其是在对科技人员进行教育培训方面。正如商业顾问丹尼尔·H·罗森在《国际经济》杂志（2003 年春季号）上发表的一篇文章中所指出的，自从 20 世纪 90 年代世界经济复苏以来，中国和墨西哥在许多相同的领域里都实现了出口份额的增长——从汽车零部件到电子元件再到玩具和运动产品，但是中国的增长速度更快。对于这种区别，与其说中国的发展战略正确，不如说墨西哥的发展过程中出现了失误——没有通过微观层面的改革，稳定地提高其经济竞争力。墨西哥所做的正确的决策是允许蒙特雷借助距离墨美边境近的地理优势，大力发展工商业，鼓励竞争❶。但却从来没有想过把蒙特雷模式应用到全国。这可以帮助解释为什么从 1996 年到 2002 年，墨西哥在《全球竞争力报告》中的排名逐年下降，而中国逐年上升。这不仅仅是工资成本低的问题，中国已经在教育、私有化、基础设施建设、质量控制、中层管理和引进新技术方面取得了优势地位。

"所以说中国正在吃墨西哥的午餐，" 罗森说，"但主要怪墨西哥不能在已有的成功上乘胜追击，不能及时在更广泛的领域内深化改革，而不能怪中国的低成本劳动力。"换句话说，墨西哥的零售型改革搞得很糟糕。根据国际金融公司的《2005 年商业报告》：在墨西哥创建一家公司平均需要 58 天，

---

❶ 如今蒙特雷已经成为墨西哥仅次于首都的第二大工业城市。

相比之下，在新加坡只有 8 天，土耳其 9 天；在墨西哥登记一项资产需要
74 天，在美国只需要 12 天；墨西哥的公司所得税税率为 34%，是中国的
2 倍。

《麦肯锡季报》的文章《廉价劳动力不是唯一》提到，自 2000 年以来，
当中国加入 WTO 并开始利用世界的平坦化时，墨西哥丧失了 27 万个装配
工作并且关闭了数百个工厂。然而该报告对感受到中国的压力的墨西哥和其
他中等收入国家给出了如下建议："这些国家不要只关注被中国抢走了多少
工作，而是应该要记得经济生活的这样一个事实：无论哪一国不会永远享有
低成本生产国的地位，即使是中国有一天也会丧失这一地位。墨西哥和其他
中等收入国家应该集中精力去创造有高附加值的工作，而不是仍务力保护那
些低工资的装配工作。只有当更多具有更高附加值的生产性企业代替了那些
生产能力较低的企业后，中等收入国家才能在发展的道路上继续前进。"

简而言之，墨西哥唯一的出路在于推进微观层面改革，使它能够把中国
赶到生态链的上游，而不是推下悬崖，因为中国的发展对墨西哥的冲击远没
有对美国的冲击大。但是要赢得这场比赛需要集中精力，加强意志力。在
平坦的世界里，当你的竞争者除了不断改革，加强自身基本建设外，还增
强内在的管理方面的无形能力时，你就无法持续地保持自己生活水平的提
高。中国不仅仅想变得富有，它还想变得强大，整个中华民族都把这作为
自己的历史使命。中国不仅仅想学会制造通用汽车，它还想成为另一个
"通用汽车公司"，然后把竞争对手赶走。

墨西哥发展研究中心主任路易斯·鲁比奥（Luis Rubio）说："你越自
信，就越不愿意沉迷于过去的辉煌之中。在 20 世纪 90 年代初期，令人鼓
舞的是墨西哥人认识到了自己能够做什么。然而，最近一些年，墨西哥人
丢掉了大量的自信心，因为政府停止了改革进程。缺乏自信会使一个国家
不断地回味过去，充满自信的国家则更愿意放眼未来。在墨西哥，缺乏自
信是指每一个国民都认为美国将赚去墨西哥所有的钱，这也是为什么北美
自由贸易协定对于建立墨西哥的自信心如此重要。北美自由贸易协定的成
就在于让墨西哥人往前看、往外看，而不是相反。不幸的是，北美自由贸
易协定却被墨西哥的领导人看做是政治经济改革过程的结束而不是开始，

因而该国没有制定出向前走的战略。"

威尔·罗杰斯（Will Rogers）在很久以前说过："即使你位于正确的道路上，但逆水行舟，不进则退，世界越平坦，这种现象就越显著。墨西哥进行批发型改革的路子是正确的，但随后由于很多外在和内在的原因，它停止了零售型改革，开始原地踏步了。墨西哥越原地踏步，被对手甩得越远。当然，这样的国家不止墨西哥一个。"

速度不同，方面一致

我经常被批评为全球化的狂热支持者，但读过本书的人都会发现，我既谈了全球化的优点，也谈了它的缺点。但有一件事情令我不安，当我看到中国、印度和爱尔兰等国家采取支持全球化的政策，并调整其国内的政治、社会、经济体制以便尽快获得全球化收益的时候，我都会感到异常激动。经济增长是会付出代价的，比如环境恶化、社会关系紧张、经济上不平等的加剧等。但我们不能低估全球化的经济收益，也不要指望那些反全球化的人有什么可行的策略，能让如此众多的人迅速脱离贫苦。在通向全球化的道路上，一个国家可以根据其独特的社会和政治体制选择不同的速度，但方向只有一个。

没有人比 Baldev Raj Nayar 说得更好，他是 McGill 大学政治学荣誉教授。在他的著作《印度的全球化：经济影响评估》中，Nayar 用经济学的语言讲述了印度的经验，他认为最关键的是印度采取了支持全球化的政策才带来了经济革命：

"全球化从 20 世纪 70 年代中期成为世界经济的推动力，但也在发展中国家受到许多批评。反对者认为全球化会带来发展中国家经济停滞、工业化进程退步、经济不稳定，不平衡程度加剧，这些批评是缺乏证据的。以印度为例，他只在一定程度上融入了世界经济，就已经成为全球化的巨大受益者。印度在 1956～1975 年实行的是自给自足的计划经济，之后印度开始缓慢地融入世界经济，与此同时，全球化恰好加速发展。但印度的经济自由化进展缓慢，直到 1991 年在巨大的经济危机之中印度才实现了向经济自由化的转型，然而做得仍远不够。

从改革之前和改革之后两个时期的对比来看，印度的经济不仅没有停滞，反而明显地加快增长。事实上印度冲破了许多没有实行全球化的国家所遭遇的经济停滞障碍，1956～1975 年间印度经济年均增长率为 3.4%，1975～2007 年的年均经济增长率达到了 5.5%，1995～2007 年该指标超过了 6.5%，过去 4 年印度的经济增长连续保持在 8% 以上。

这一经济增长的成绩是不容低估的。它不仅带动了人力资本投资，也提高了政府对社会领域和减贫的支出。经济的高速增长提高了印度人的自信心和凝聚力，印度从"亚洲病夫"成为亚洲力量平衡中的重要角色。

全球化并没有让印度的工业化进程倒退，当印度的关税下降之后，进口商品没有冲垮本地工业，相反印度的工业比开放之前增长更快。从 1975 年到现在，制造业的增长率大约为 6.5%，最近 10 年更是接近 7%，大约每 10 年制造业的产值就能翻一番。制造业的进步没有局限在消费品行业，而是出现了全面进步。

1975 年印度对外开放之前，自给自足的印度经济经历了多次严重的经济危机，这一时期印度一直面临的外汇短缺问题阻碍了经济的发展。20 世纪 90 年代以后印度未曾经历经济危机，也告别了外汇短缺的时代，外汇储备已经达到 1 700 亿美元。这极大地提高了印度人的自信心。

印度走向开放之后国民福利不断提高，贫困人口持续减少。1973 年有 55% 的人口在贫困线以下，2000 年已经减少到 26%。尽管这一数字因为调查的方法有所不同存在争议，但贫困人口的下降是不容置疑的。全球化和经济自由化带来了经济增长，经济增长带来了贫困的减少，这是对备受争议的积极投资理论（Trickle Down Theory）的有力证明。

当然，贫困依然存在，庆祝经济自由化的成绩还为时过早。虽然由于历史原因，贫困人口仍然大量存在，这使很多人失去了对全球化的热情；但对开放前后两个时期的对比已经证明经济自由化时期的高速增长推动了减贫工作，因此我们需要更多而非更少的经济自由化改革和持续高速的经济增长。

与反对者的观点不同，我们看到全球化让印度摆脱了经济停滞、经济危机的困惑，并减少了贫困现象；然而印度仍然面临着很多社会问题。正是全球化带来的加速增长提供了减贫的新资源。

让我们忘记那些废话吧，如果政策合宜、全球化持续发展，就会帮助众多的人摆脱贫困。当看到印度、中国和爱尔兰等地的亿万人民摆脱贫困之后，我确实异常激动。这又有什么失态的呢。

The World Is Flat
Companies and the Flat World

公司与平坦的世界

第十一章

公司如何应对平坦化

从错综复杂中发现简洁，

从不一致中发现和谐，

困难中蕴藏着机会。

——阿尔伯特·爱因斯坦

当我为写作这本书而进行采访的时候，我不止一次听到公司管理者们好像事先已商量好似的异口同声地告诉我："最近这几年……"不管是在哪个行业，不管是大公司还是小公司，管理者和研发人员不断地告诉我，"最近这几年"他们做成了以前想都不敢想的事情，或者说，他们正在被迫做以前他们想都没有想过要做的事情。

这些管理者正在对前文提到的三重汇合做出反应。每个管理者都在为他们的公司设计如何在新的环境中蓬勃发展或者至少如何生存下来的战略。正像每一个人都需要相应的策略应对平坦化的世界一样，公司也需要这样的策略。我的经济学导师保罗·罗默总是说："每个人都想要经济增长，但是却没有人想要改变自己。"然而，你不可能只挑选自己想要的东西。2000年以来，世界竞争平台已经发生了翻天覆地的变化，每个人都要有所准备。

这不是一本教你如何获得商业成功的书。但是，我在写作此书的过程中，通过研究发现了一个现象：那些能够生存和发展的企业，都是最愿意改变自我的企业。它们比自己的竞争对手更早发现平坦的世界带来的新变化并做好了准备去应对。

这一章的主要内容就是介绍这些公司在平坦的世界中占得先机所采取的一些策略。

规则一：当世界变得平坦，可能发生的事情就一定会发生。问题的关键在于是你推动了创新还是别人。

这条规则并不奇怪，在平坦的世界上越来越多的人能相互联系，越来越多的人能实现廉价的创新，越来越多的人能进入别人的市场，越来越多的人能发现和发明新的事物并在全球范围内传播。因此，可能发生的必将发生。如果你已经有自己的目标，便去追求它吧，因为有可能存在另外一个人会比你以更快的速度先实现这一目标。

我每天都能遇到很多个人、企业家和大公司，他们将各种技术融汇在一起，寻找新的市场和创新，做从未有过的生意，或以全新的面貌改造过去的商业模式。我认为这种趋势正以人们未曾察觉的方式成为全球经济的主要推动力之一，并将带来更多的进入全球市场的中小企业。让我给你举几个例子：

2006 年 5 月，我在布达佩斯的中欧大学参加会议，会议的主办方安排了一辆轿车接送我。当我开完会从布达佩斯的城区赶往机场的时候，我的司机 Jozsef Bako 问我是否知道谁打算来匈牙利，并告诉我可以让我的朋友通过他的网站与他联系。他说，在网站上介绍了他可以提供的各种车型以及服务：外交、商务或旅游。那是星期天的早晨，我还睡眼蒙眬，但听到这个匈牙利的司机有自己的网站，我一下子有了兴趣。我问他："你有多少生意是从网上获得的？"他说有 20%～25%。我回家之后查看了他的网站：www.felino.hu. 这个网站设计非常精美，用英语、马扎尔语和德语介绍了 Bako 的业务，还有各种车型的照片。他的网站还配有音乐！美国前国务卿詹姆斯·贝克三世退休之后曾经说："在华盛顿，当你坐着黄色的轿车，而你的司机讲波斯语的时候，你就应该知道自己已经过气了。"在平坦的世界里，当一个匈牙利司机都有自己的网站时，可能发生的必将发生。

2006 年 6 月我应环境保护国际的邀请访问秘鲁，有一天我们的导游 Alfredo Ferreyros 说起他的一个朋友在自己靠近库斯科[●]附近的村庄里卖手工制作的秘鲁瓷器，我对自己说："想不到电子商务已经延伸到了秘鲁的村庄。"但 Alfredo 又让我吃了一惊：他的朋友正在考虑是否能在中国生产传统的秘鲁瓷器，并直接运到美国，这样会更加便宜！可能发生的必将发生，你要不自己做，隔壁的村民就会做。

《纽约客》刊登过 Peter Setiner 的一幅卡通画，一条狗坐在电脑前和另一条狗在网上聊天："在互联网上，没有人知道你是小狗。"在平坦的世界里，也没有人知道你是乌拉圭人。乌拉圭是夹在巴西和阿根廷之间的一个小国，只有 340 万人口。谁也想不到，通过和印度的塔塔咨询服务公司合作，这里在不到 5 年间成为拉丁美洲最大的外包中心。当塔塔的印度雇员在孟买入睡之后，650 名乌拉圭工程师和程序设计员继续工作，帮助包括美国运通、宝洁公司和一些美国大银行进行计算机的后台操作。这是如何发生的？很简单，今天只要你有想象力、宽带和一小笔资金，任何人都能够在全球范围内组合工人和客户，创建自己的公司。

Jabriel Rozman 是一个退休的 Ernst & Young 的合伙人，他在乌拉圭长大。他想到了一个主意：与塔塔合作把乌拉圭的首都蒙得维的亚变成全球外包的枢纽。在联系塔塔的时候，他既没有客户、也没有雇员，仅仅有两个激情：他满怀激情地相信乌拉圭的教育体系已经培养出大批的优秀而廉价的工程师；他也满怀激情地想为乌拉圭做些事情，当年正是乌拉圭为他的匈牙利裔父母提供了一个避难场所，让他们得以逃脱希特勒的魔掌。TCS Iberoamerica 公司就这样成立了。5 年之后当我访问这家公司的总部时，他们已经迅速扩张，工人们只能在走廊里和楼梯上抱着电脑工作。很多跨国公司都希望能分散风险，而不是把所有的外包全部交给印度，尤其是去年有一家很大的美国银行几乎要关门倒闭，因为在飓风侵袭佛罗里达的同时，一场洪水使这家银行在孟买的数据中心陷于瘫痪。乌拉圭是个很好的选择，在这里你不用担心会和巴基斯坦发生核战争。

[●] 秘鲁南部城市，11 世纪初至 16 世纪为印加帝国首都。

当 Rozman 找到这家美国大银行，试图说服他们把一部分外包业务转移到蒙得维的亚时，那家银行的主管说："我连蒙得维的亚在哪都不知道！"Rozman 说："对呀，这样才是安全的嘛！"Rozman 认为蒙得维的亚的另一个优势是如果跨国公司让印度公司承接所有的外包业务，提供 24 小时后台服务，印度工人必须三班倒，而美国的白天恰好是印度的晚上，最优秀的印度工程师不愿意上夜班。蒙得维的亚和纽约只有一个小时的时差，因此塔塔可以在印度的白天（美国的晚上）提供最好的印度工程师，而在美国的白天（印度的晚上）提供最好的乌拉圭工程师。在乌拉圭的雇员大部分是本地人，但也有一些从塔塔公司派过来的印度人，这带来了一种文化冲击。蒙得维的亚连一家印度餐馆都没有，公司严格按照塔塔制定的规则运转，这些乌拉圭人在为美国人服务的时候还得假装自己是印度人。一位 27 岁的乌拉圭经理 Rosina Marmion 说："我们的顾客希望我们能像印度人一样。"

在平坦的世界里，可能发生的必将发生，于是我们有了一个在乌拉圭长大的匈牙利裔人创办的印度公司，雇佣的是乌拉圭的工程师，管理者是印度的技术人员，服务的是美国的银行。

2006 年的春天，我去采访印度一家最大的外包公司，Satyan 计算机服务公司的董事会主席 B. Ramalinga Raju，他说该公司正在把来自美国的外包业务进一步外包给印度的农村，Raju 说："我们的想法是，如果可以在印度的城市承接来自美国城市的业务，为什么不能让印度的农村承接印度城市的业务？"像处理雇员记录这样的事情哪里都可以做，当然也可以在印度的农村里做。一年之前 Satyan 公司开始在两个村庄里尝试这一思路，并计划推广到150 个村庄。现在印度一些较大的村庄里都已经有了宽带，而且村民非常踊跃。Raju 说："村民对这项工作非常投入，很少有人'磨洋工'，我们让印度的村庄也呼吸到了经济生活的气息。"

2006 年秋天我访问了内布拉斯加州的 South Sious 市，在那里我遇到了 Doug Palmer，他和他的同伴 Pat Boeshart 为建筑物制作绝缘混凝土模板。过去的做法是先把绝缘模板做好，运到建筑工地，再和水泥混合起来；他们的公司 Lite-Form 采用了一种韩国的机器并加上自己的设计，能够在建筑工地现场制作绝缘混凝土模板，就此节省了昂贵的运输成本。他们的公司从韩国进口机器，加以改进后出口到科威特。该公司还印刷了一本阿拉伯语的小册子，教科威特人如何使用这种机器，手册由内布拉斯加州印第安部落的一个广告公司制作。当地的印第安部落正试图寻找多元化的经营模式，不再仅仅依赖过去的赌场，所以成立了这家广告公司。在平坦的世界里，印第安人为内布拉斯加人制作阿拉伯文的手册，而内布拉斯加的公司从韩国进口机器，并为科威特的顾客进行改装。

传统的"左派"认为自由贸易只会让跨国公司受益，但如今自由贸易对小企业的成长至关重要。Palmer 的公司只有 28 个雇员，他说："我们很担心贸易保护主义，如果我们挖出一道壕沟自我保护，而且总是认为自己是世界上最聪明的，我们就将消亡。我们必须有交易的灵活性。"

数周之后，我在硅谷遇到了 Arijit Sengupta，他是个年轻的印度裔美国人，曾在斯坦福大学和哈佛商学院受过教育。他的公司 BeyondCore 开发了一种软件算法，可以更好地检测并减少外包的后台工作中的差错。Sengupta 的名片上有公司的标志，该标志由罗马尼亚的一个艺术家设计，而他是在一个网站上发布了自己对公司标志设计的设想，很快地他收到了来自阿根廷、印度、意大利、马来西亚、新西兰、罗马尼亚、乌克兰、乌拉圭和美国的不同设计建议，他挑选了最好的一个，花费了数百美元和几天的时间就做好了公司标志的设计。他的数据库和网络服务器使用的都是免费软件，他的博客和网站中的一部分是由 Google 免费管理的，他还把自己的销售支持和专利管理外包给印度公司。我问他："你的办公室在哪里?"他举起了自己的黑莓手机："用这部手机，它能接收到从印度、波士顿、帕洛阿尔托转发过来的电话。"他只有 7 个雇员，但已经有了一个财富 500 强的客户。他说："开办公司的时候我没有想过地理问题，我所考虑的是在哪里有做好某项工作的最好的资源。你需要有战略思想，这才是最难的。"

请记住：小企业创造了更多的就业机会，平坦的世界将带来一个蓬勃发展的小企业的时代。IBM 的 Joel Cawley 跟我说起，有个年轻人跟他提起，彩色的 iPod 耳机会比现在的白色耳机更吸引人，这个小伙子在阿里巴巴的英文网站上找到了一家中国企业设计这种耳机，又找了另一家中国企业负责生产耳机，然后他和 Amazon.com 签了个合同，这样 Amazon.com 成为他的物流和销售平台。Cawley 说："这个年轻人只用了很少的钱就建立了一个全球性的供应链。"

这些故事告诉我，在平坦的世界里通过互助方式建立自己的商业模式已经大行于世。可能发生的终将发生。

规则二：由于可能发生的事情必定发生，所以今天最重要的竞争发生在我们和我们的想象力之间。

是的，国家之间仍然在互相竞争，企业之间也仍然在互相竞争，但在平坦的世界里一个新的现象是，个人和小团体也可以在全球范围内竞争。当个人可以上传他们的思想、产品和服务之后，想象力变得越来越重要。这就是为什么最重要的竞争是你和你的想象力之间的竞争，因为现在你自己一个人能做的事情越来越多。B. Ramalinga Raju 告诉我："激发你和你的雇员的想象力将成为我们这个时代的特征。"能够保持繁荣的国家一定会创建适宜的环境，让人们自由想象并创造出新的产品和服务。我在前面所讲的故事里谈到的产品和服务都是前所未有的，那些企业家并不是借鉴别人的想法让自己的产品更廉价或质量更好，他们是在和自己竞争，他们必须要想象出能做什么，必须在别人想出新点子之前先行一步。

这就是为什么我们不同意有些美国人主张实行贸易保护主义、限制自由贸易的做法，这将是在错误的国家、错误的时间做的一件错误的事。让我告诉你们："我对贸易问题进行了反思，我不再是一个主张自由贸易的人，我现在是一个激进地主张自由贸易的人。如果一个社会对整个世界最为开放、对竞争最为开放，便最能鼓舞它的人民想象出前所未有的创新。这个社会将最为繁荣。"

这也是为什么我对美国在平坦的世界中的未来始终很乐观的原因。之所以乐观是因为我们比别的国家更为开放，华盛顿的政客们脑子可能坏掉了，民主党和共和党的脑子可能坏掉了，国会议员们的脑子可能也坏掉了；但美国经济和社会的自由开放风气、鼓励异想天开的创新传统仍然存在。在华盛顿之外，我在美国的每一个地方都能感受到这一点。这种自由开放和充满竞争的环境不仅使得我们这个国家脱颖而出，也使我们免受那些脑子坏掉的政治家的祸害。

南丹·奈利卡尼说："如果一个社会不去干扰思想观念的流动，就能在竞争中制胜。如果一个社会能够有效地把能够做的事情从思想转变为行动，也能在竞争中获胜。"

请原谅我反对那些想把美国藏在围墙之后的人们，我也不同意有的人说的"英国主导了 19 世纪，美国主导了 20 世纪，中国将主导 21 世纪"。中国可能会成为 21 世纪的主导，也可能不会；但如果我们自己骄傲自满，就注定会失去 21 世纪的主导权，我们必须更加勤奋、更加机敏。

规则三：小企业应该有大手笔…… 小公司要想在平坦的世界中发展必须学会采取大手笔。想象力是成功的必要而非充分条件。而要想如此，小公司就必须迅速利用所有促进合作的新工具，使自己扩展的力度更大，速度更快，范围更宽，程度更深。

我想，要把这条规则讲清楚的话，最好以我另一个朋友的经历作为案例。我的这个朋友叫法迪·甘杜尔，是 Aramex 公司的创始人和首席执行官，该公司是阿拉伯世界第一个从事包裹运输服务的本土公司，也是迄今唯一一个在纳斯达克上市的阿拉伯公司。甘杜尔一家原来是黎巴嫩人，20 世纪 60 年代移居约旦。甘杜尔的父亲阿里·甘杜尔创建了约旦皇家航空公司，所以，甘杜尔天生注定要和航空打交道。甘杜尔从乔治·华盛顿大学毕业之后回到家中，并发现了一个有发展前途的经营领域：他和一个朋友筹集了一些资金，于 1981 年创立了一个小型的联邦快递服务公司，主要在中东地区从事包裹快递。当时，在阿拉伯世界只有一个全球性的包裹快递公司——敦豪环球速递公司，如今它已经归德国的邮政服务公司所有。甘杜尔的想法是与在中东地区没有业务的美国公司合作，像联邦快递公司和安邦快递公司。甘杜尔打算主动提出要做他们在当地的业务分支，他认为自己的优势是：阿拉伯本土公司对当地更熟悉，知道如何回避可能对当地人心理造成的不快，比如以色列对黎巴嫩的入侵、两伊战争和美国对伊拉克的入侵。

甘杜尔说："我们对他们说，'看，我们不会在你的本土市场与你竞争，但是我们了解中东市场，所以为什么不把你的邮包交给我，让我去送呢？'""我们将成为你在中东地区的分支。为什么要把相关业务让给你在全球范围内的竞争对手敦豪环球速递公司？"安邦快递公司做出了积极回应，于是甘杜尔开始扩建自己的经营网络，采取买断或合作的方式收并了很多小型货运公司。这些公司的分布十分广泛，从埃及、土耳其、沙特阿拉伯，一直到印度、巴基斯坦和伊朗。不像联邦快递公司，安邦快递公司没有足够的资金在全球各个地区建立完全属于自己的标准化服务体系，所以它采取的方式是与全球 40 多家像 Aramex 公司一样的地区性货运公司进行合作，从而打造了一个有效的全球服务网络。通过与安邦快递公司合作，这些地区性公司获得的收益是能够在本地参与全球业务活动并应用受计算机控制的包裹运输路径与追查系统，从而可以和联邦快递公司及敦豪环球速递公司进行竞争。所有这些好处是任何一家地区性公司无法独立实现的。

"安邦快递公司使它所有的合作伙伴都可以使用在线的包裹运输路径与追查系统，所以在他们之间有统一的语言和一系列质量标准。在安邦快递联盟中，每个人都知道如何运送、记录路径和跟踪追查包裹。"甘杜尔解释道。由于 Aramex 公司的总部在约旦首都安曼，甘杜尔为了进入安邦快递公司的计算机系统而租借了一条数据线路，这条线路从安曼一直连接到安邦快递公司西雅图总部的大型主机计算机上。Aramex 公司利用安邦快递公司的计算机机房进行路径追查业务，并已经逐渐将安邦快递操作系统熟记在心。当甘杜尔的约旦雇员熟练掌握了这套系统后，安邦开始雇佣他们到世界其他地方为新的合作伙伴安装系统并教他们如何使用，所以这些讲英语的约旦人去了瑞典和远东等地区。最终，安邦购买了 Aramex 9%的股份以加强两者之间的关系。

这种合作进行得非常好，而且 Aramex 公司开始在阿拉伯世界的包裹运送市场占有支配地位。1997 年甘杜尔决定让公司在毗邻百老汇的纳斯达克上市。Aramex 持续成长为年收入几乎为 2 亿美元，拥有 3200 名雇员且没有大额政府订单的公司。它的业务是针对私营部门设计的，这在阿拉伯世界非常少见。由于因特网的发展使人们冷落了像 Aramex 这样的传统公司，又由于因特网泡沫的崩溃使纳斯达克遭到重击，Aramex 的股票价格从来没有真正上涨过。考虑到股票市场没有认识到公司的价值，2002 年初，甘杜尔和迪拜的一个私人资本把公司所有的股票从股东手中买了回来。

甘杜尔不知道，他的这个行动正好符合世界在变得平坦的过程中呈现的特征。他突然发现他不仅可以做新的事情，而且必须做以前从来没有想象过的新事情。他第一次感觉到世界在变得平坦是在 2003 年，当时安邦快递公司被敦豪环球速递公司收购。安邦在 2004 年 1 月 1 日宣布，它的快递操作计算机系统今后不再提供给以前的合作者们使用了。再见，愿你们好自为之。

在世界变得平坦的过程中每个人都面临挑战，如果失败，像安邦这样的大家伙也可能被发展的潮流淹没；如果成功，像 Aramex 这样的小公司也可以步步高升并取代原来大家伙占据的位置。"安邦一宣布它被收购以及解散合作联盟，"甘杜尔说，"我立即召集原联盟中较大的合伙人在伦敦开会，首要的问题是组建一个新的联盟。"甘杜尔也提出了一个新的建议："我告诉他们 Aramex 正在约旦开发相关软件而且快要完成了，这个软件可以替代安邦的计算机系统，我向所有的人保证在安邦关闭它的系统之前这个软件就可以投入使用。"

甘杜尔实际上在告诉这些合作者们，昔日不起眼的 Aramex 羽翼渐丰，已经具备了担当武林盟主的实力。Aramex 的规模虽然不大，但却可以在安曼以外的地区提供同样的计算机系统支持，以前这种能力只有位于西雅图的安邦总部才具备。Aramex 还将在全球范围内寻找更多的合作伙伴以填补由于安邦的退出而在原联盟里形成的空洞。为了实现这个目标，甘杜尔告诉未来的合作者，他将雇佣约旦的专业技术人员管理联盟所有的计算机业务处理系统。这些合作者以前都是从欧洲或美国租用相应的系统服务，甘杜尔的报价比欧洲或美国提供商低得多。"我并不是联盟中规模最大的公司，"40 多岁的甘杜尔现在充满活力，"但我取得了领导地位。我的德国合作者是一个年收入 12 亿美元的公司，但他们对变化的情况没有做出足够快的反应，所以落在了我的后面。"

甘杜尔凭什么能做出迅速的反应呢？一言以蔽之：是三重汇合（triple

convergence）。

首先，约旦新一代的软件设计员和工程师刚刚成长起来，并参与到了全球范围内的公平竞争中。他们掌握了公司发展所必需的各种合作工具，这些工具并非仅由西雅图安邦快递公司独享。对于他们来说，只要他们有干劲和想象力，就能充分利用这些工具实现自己的目标。

甘杜尔说："对于我们来说最关键的是掌握业务处理系统的技术并立即替代安邦的系统，因为各合作成员之间如果没有联机系统，就无法与大公司竞争。我们有自己的软件工程师，我们开发出了基于因特网的邮件运输管理系统。"

通过因特网为所有合伙人提供后台管理比把所有人连接到总公司主机上的安邦式管理更加有效率，安邦公司对系统的管理方式过于集中，它也已经意识到了这一点，开始针对新的因特网调整自己的计算机系统。利用因特网，联盟中的每一个雇员都可以通过个人电脑或手持设备以有线或无线的方式连接到 Aramex 的业务处理系统上。甘杜尔在伦敦提出建议几个月后，他把所有的未来合伙人聚集到安曼，向他们展示了 Aramex 公司开发的专有系统，并向人们介绍了他手下的约旦籍软件工程师（一些软件正由 Aramex 的工程师编写，另一些软件被 Aramex 外包出去了，外包意味着 Aramex 正在利用世界上最好的头脑为它服务）。未来的合伙人对此很感兴趣，随后全球范围内的联盟诞生了，在这个联盟中，Aramex 代替原来的安邦公司——位于美国西雅图，坐落在通往微软公司的高速公路旁——为大家提供系统管理。

Aramex 得以迅速取代安邦公司的另一个原因是，以前他们没有自己的系统，所以不必像一些公司被迫改造原有系统带来的损失。"我一上来就直奔因特网，就使用最新的技术，"他说，"因特网使我能够使用大手笔，能够以低廉的成本复制大公司们花费数百万资金研制的大量技术…… 从成本的角度来看，像我的这样一个小公司，这是十分划算的……我知道世界是平坦的。我作为公司首席执行官时，经常告诫员工们，我们可以参与竞争，我们可以在市场上占据一席之地，游戏规则已经改变了，你不必成为一个大块头，只要你掌握了技术，你就可以在自己的地盘与大块头们较量。"

2004 年 1 月，安邦关闭了它的操作系统，随后 Aramex 启动了自己的新系统，并且实现了无缝交接。该系统的软件主要由工资成本比较低的约旦程序员设计，可以通过因特网平台运行，所以 Aramex 用不着派它的工程师去对其他合作者进行培训。每一个合伙公司都可以利用 Aramex 的系统通过因特网建立自己的客户数据，管理自己的经营流程，成为新的全球航空运输网络的一部分。

"现在我们正在经营着这个包括 38 个合作者的全球网络，这个网络能够覆盖世界上每一个角落，" 甘杜尔说，"我们的基于因特网的工作系统节省了很多成本——你所需要的不过是一个浏览器和一组进入 Aramex 系统的口令，随后，你就会突然置身于一个全球运输管理系统内。" Aramex 利用各种各样的在线渠道对其他联合公司的雇员进行培训，教会他们使用 Aramex 的系统。这些渠道既有网络电话（基于因特网的语音传送技术）、在线聊天还有公司内部网络上的其他培训工具，从而使培训成本低得让人难以置信。

Aramex 很快开始包揽其他业务。阿拉伯和驻中东地区的外国银行把寄送信用卡的业务交给 Aramex 来办；移动通讯公司雇佣 Aramex 的送货工人代表自己向客户收取账单，送货工人仅需扫描一下那些公司的信用卡，然后开出一张收据（Aramex 也许是高科技武装的，但是在约旦河西岸，由于以色列和巴勒斯坦之间的冲突导致道路被封锁，公司仍然使用驴子跨越军事路障运送邮包）。

"我们的组织里没有繁多的等级划分，" 甘杜尔说，"这个联盟不是传统式的阿拉伯机构，因为在阿拉伯世界，私营部门就像政府机关，严格划分等级并采取家长管理制。Aramex 可不是这样。公司里任何一个人与我之间不超过 2 至 3 层管理级别。组织里的每一个脑力工人都有自己的电脑、电子邮件及登录因特网的权利。我可以通过登陆公司内部网看到每一台电脑、每一个人的工作情况，从而不必再让我的高级秘书通知我。"

总而言之，法迪·甘杜尔利用了一些新的合作方式建立了自己的供应商队伍、外包业务、承揽业务，使他年收入仅 2 亿美元的小公司成长为一个巨头。甘杜尔笑了笑说："以前，我在自己的地盘里算是个人物，可到了国际市场就变成无名之辈，现在我扭转了这个局面。"

规则四：大公司应该学会做小卖部……在平坦的世界中，大公司获得发展的一个经验就是学会该放手时就放手。要想做到这一点，关键是要向你的顾客和雇员提供自助式服务，而不必大包大揽。

星巴克的创建者和首席执行官华德·舒尔茨说，星巴克要想在任何一家普通门店的菜单上列出 19 000 种咖啡并不是不可能的。而星巴克却没有这样做，相反，它允许顾客按照自己的口味调配饮品。星巴克从来没有想过要向顾客提供豆奶，直到有一天，顾客们要求门店经理提供豆奶。经理们不得不在正当午的时候到街对面的杂货店去购买成箱的豆奶。星巴克吸取了教训，今天门店里出售的所有饮品中，豆奶的份额占 8%。"我们没有想过把豆奶与其他饮品进行调配。" 舒尔茨说。让顾客们自己去想吧。聪明的大公司清楚地知道科技的发展与传播可以使他们和客户以一种全新的方式进行合作——让客户自己动手。为每一名客户进行全面服务是不可能的，成本也是十分昂贵的。大公司应该尽可能地像小卖部一样经营：创造一个平台，允许每一个客户们按照自己的想法选择自助方式，无论他们是信步而来还是匆匆而去，无论是白天还是夜晚，无论他们爱吃酸的还是辣的。大公司实际上要把客户们变成它自己的雇员，让客户为公司分担工作，同时还要让客户为此向公司支付费用！

大公司学做小卖部的一个例子就是电子贸易公司。电子贸易公司的首席执行官米歇尔·H·卡普兰既是我的朋友又是邻居，他说，电子贸易公司之所以能提供细致的服务，就是当初认识到，在互联网泡沫的整个喧嚣背后其实有很重要的事情发生。"很多人认为互联网将会无限制地改变世界的每一件事情——甚至能治愈普通的感冒"，卡普兰解释说，这是虚假的，并将导致疯狂的价值判断和预期，最终将彻底地破灭。但同时，不太夸张地说，"互联网正在为公司以一种全新的方式接触消费者和为消费者以一种全新的方式接触公司创造一个全新的平台，"卡普兰说，"当我们还处在睡眠状态时，我的妈妈知道了如何使用电子邮件和孩子们联系，我们的孩子和他的朋友们随时保持方便的联系，我的妈妈学会了如何在线查看她的网上交易状况。"

留意发展趋势的企业都认识到，"自助型的消费者已经诞生"。使世界变得平坦化的工具已经让每一位消费者都可以依自己喜好的价格、经验和服务，量身定做产品。大公司需要在科技及流程上做出调整，保证自助型消费者有更大的自由，让消费者做大，让自己变得很小。他们应使消费者感觉到，每一项产品或服务都贴近他的特别需求，是专为他一人定制的。事实上，公司只是摆出一张数字化的自助餐台，让消费者自己来选择。

在金融服务业，这种做法带来了深远的变革。过去，金融服务由大银行、大券商、大保险公司所主宰，他们告诉顾客将得到什么，如何得到，何时何地得到，该付多少价格。顾客不喜欢甚至厌恶这些大公司对待自己的态度，但也毫无选择。但是现在世界变得平坦了，有了网络，消费者开始感受到他们可以拥有更大的掌控权。通过网络，消费者不断调整自己的消费习惯，从书店到金融服务业的各种公司也需要因此改变，向消费者提供可供掌控的工具。

卡普兰说："在网络泡沫破裂，网络股大跌时"，消费者却已经尝到权力的滋味，一尝到就不一样了，原来是公司掌控消费者的行为，现在变成由消费者掌控公司的行为。做生意的规矩变了，如果你不对此做出反应，不能提供顾客需要的，别家就会提供，你就将会出局。以前，金融服务业者曾努力做大，现在则都努力做小，而让顾客去做大。卡普兰说，"今天蓬勃发展的公司，都是对自助消费者有着正确理解的公司。"对于电子贸易公司而言，并不应自视为是银行、券商、融资等不同金融服务的集合，而是为自助性最强的金融消费者服务的一种整合的金融体验。"自助型消费者需要的是一站式的金融商店，"卡普兰说，"当他们来到我们的站点，他们需要得到他们想要得到的每一件东西。只到最近，我们才具备了将三种业务——银行、融资和券商整合在一起的技术，这带给消费者的不仅仅是价格和服务，还有他们想要的一种完全的体验。"

如果你在三四年前登陆到电子贸易公司的网站，屏幕上一次只能显示一种业务的相关信息，比如经纪服务的账户。要想查看你的贷款账户，你必须重新进入另一个操作界面。"从2000年开始，随着科技的发展，"卡普兰说，"在一页屏幕上，你可以看到你的实时经纪账户——其中可以显示你的购买力，你还可以看到你的存款账户以及针对贷款账户的偿还额度计划表——还有多少款未还、房屋抵押贷款余额和信用额度——你还可以将这三个指标的额度进行转换，从而获取最大的现金收益。"

在法迪·甘杜尔通过接管小公司，并设法做大的策略来应对世界平坦化时，米歇尔·卡普兰则通过接管大公司，把他们做小而使消费者做大，在平坦化的世界中得以生存。

规则五：最好的公司是最善于合作的公司。在平坦的世界里，越来越多的工作要通过合作才能完成——不管是公司内部的合作还是公司之间的合作。理由很简单：下一阶段的价值创造，无论是在科技、生物、纳米技术、半导体、市场还是制造业领域，都将是十分复杂的，没有任何一家公司或部门能够独自胜任。

国际商用机器公司（IBM）战略计划部的负责人乔尔·考利说："我们在越来越多的领域都看到，下一阶段的技术革新需要众多在更细微层面上的具有专长的成员来参与。各个领域内技术革新的前沿都将变得日益专门化。你的公司或你的部门在任何一个商务活动或社会问题中能起到的作用会越来越小。所以，为了取得任何有价值的突破，你必须能够把越来越多的细分的专长联合起来。这就是为什么合作是如此重要。"所以你也许会发现一家医药公司发明了一种新型血管支架，随后又会导致生物科学公司研制与这种新型支架相配的整整一类新型药物，而真正的突破存在于他们的合作之中，在技术突破中产生的利润由两个领域共同分享。

还可以举一个更有趣的例子：电子游戏。长期以来，电子游戏的背景音乐都是外包的。后来制造商发现，背景音乐如果配得好，不仅可以卖出更多的电子游戏，还可以通过 CD 或提供下载卖出更多的背景音乐。所以有些大的电子游戏公司就开始设立自己的音乐部门。有些艺人也感觉到，为电子游戏唱主题歌能比通过电台播送更有效地宣传自己。

正像我在前面提到的那样，很多新的工作日益需要具有更强综合能力的工作者。这是因为，日益平坦化的世界连接的知识库越多，就会带来越细致的专业分工，而将不同专业以全新的方式组合在一起产生的创新就越多，因而在你的公司中，更好的管理要求有更高的跨业合作的能力。2005 年 10 月 24 日《时代》杂志封面是一个关于史帝夫·贾伯斯和苹果播放器 iPod 的故事。有一段话让我印象深刻，它说："苹果公司的雇员不断地讨论着他们所谓的深度协作、交错和并行工程。从本质上说，这意味着产品的生产过程并不是从一个小组到另一个小组，不存在离散和有顺序的发展阶段，而是同时发生的有机过程。产品的生产需要所有的部门同时反应——包括设计、硬件和软件——要不断从不同的角度对设计进行评价。其他公司的管理人员还在吹嘘自己在会议中少浪费了多少时间时，苹果公司早已领先了一大步，并以此傲视群雄。'如果你们和我们一样雄心勃勃，就会发现以前发展产品的方式已经不适用了。'设计主管乔纳森指出，'当竞争变得更加复杂，你必须以协作和整合的方式来发展产品'。"

也许，解释这种模式变化的最好方法是观察一个传统的制造厂商，比如，劳斯莱斯。当你听到"劳斯莱斯"这个名字的时候，你头脑中立刻闪现的是一辆闪闪发光的手工制造的小汽车，在驾驶室里坐着一位身穿制服的司机，后排座位上则是一对穿着体面的夫妇，他们正在去往皇家阿斯科特赛马大会或温布尔顿的路上。劳斯莱斯是个典型的木讷守旧的英国公司，对不对？可是，如果我告诉你一些事实，你将会怎样想：劳斯莱斯现在已经不生产小汽车了，因为生产汽车这块业务已经于 1972 年被德国宝马公司收购，劳斯莱斯这一汽车品牌也于 1990 年授权给宝马公司使用；现在劳斯莱斯公司 50% 的收入来自保养服务，并且 1999 年该公司本土工人比例达 100%，现在这一数字已经下降到 60%；现在该公司在全球的业务活动涉及中国、新加坡、印度、意大利、西班牙、德国、日本和斯堪的纳维亚半岛等地。

不错，这已经不再是你父辈时代的劳斯莱斯了。

"很久以前，我们就已认识到，'我们不能只是一个英国公司，'"劳斯莱斯公司的首席执行官约翰·罗斯先生曾恰巧与我同在中国，在接受我的采访时，他说："英国的市场太小了。在 20 世纪 80 年代后期，我们 60% 的业务来自国防订单，尤其是喷气式发动机，我们最主要的顾客是撒切尔夫人领导的政府。但是我们需要在世界市场上占有一席之地。如果我们要进军世界，就必须认识到任何一个业务领域的最大客户都来自美国，并且我们必须在非国防领域取得成功。所以我们转变成一个专攻动力系统的技术公司。"今天，劳斯莱斯主要为军用和民用飞机、直升机、船舶以及从事汽油等能源生产的企业生产燃气轮机。

如今劳斯莱斯的顾客遍布 120 个国家，员工总数达到 35 000 人，但只有 21 000 人在英国本土工作，其余的工人主要分布于公司研发、服务和制造领域的全球网络中。现在公司收入的一半是由英国本土以外的业务创造的。罗斯说，"在英国国内，我们是英国公司，但在德国，我们就是一家德国公司。在美国，我们就是一家美国公司。在新加坡我们就是一家新加坡公司。你必须做到这一点，因为只有这样，你才能接近顾客、接近供应商、接近雇员并融入你赖以生存的经营环境。"今天，劳斯莱斯雇佣的员工有 50 种国籍，分布在 50 个国家，讲 50 种语言。劳斯莱斯把 75%的制造工作外包给了海外公司。"我们自己制造的这 25%包含了我们独有的技术，"罗斯说，"包括发动机的高电位端、涡轮、压缩机、风扇和合金以及这些部件运行的空气动力学，涡轮叶片由来自于真空的合金熔炉中的单晶体构成，并带有一个非常复杂的冷却系统。这种高附加值的制造工艺是我们具备的最核心能力之一，我们仍然掌握着关键技术，我们有能力识别和判定我们的消费者需要怎样的产品，有能力整合最新的科学技术，我们掌控着这些产品的营销网，我们有能力搜集和处理消费者使用我们产品的相关数据，使我们能够为产品提供相关的服务支持。"

但是在这些核心领域之外，劳斯莱斯则将非核心部分外包给世界其他地方的供应商。大英帝国可能不再是日不落国，过去的劳斯莱斯也已经衰落，但是新的劳斯莱斯绝不会衰落。为了在动力系统方面产生突破，公司将世界各地的专家集合在一起。罗斯解释说："为了使前沿的能源技术燃料电池技术商业化，在这一方面需要做得更多。"

"如今商业的核心竞争力还包括结盟的能力，"罗斯说，"我们在生产与服务领域结盟，和大学也和同行业的其他伙伴结盟，公司必须有相应的规则和纪律，才能清楚盟友们可以贡献什么，我们又该贡献什么……研发、供应商和产品都有结盟的市场，公司必须具备一个可以应对的架构。"

他补充说，"10 年前公司 98%的技术研究工作是在英国完成的，而现在这个比例不足 40%，很多工作是在美国、德国、印度、斯堪的纳维亚半岛、日本、新加坡、西班牙和意大利完成的。我们现在从各国外大学招募精英，实现我们所需要的技术与人员的融合，我们已经越来越不是固守英国本土的公司了。"

"当劳斯莱斯是一个以英国为核心的公司时，"他补充说，"组织的形式是垂直型的。但是我们必须使我们自己扁平化。"罗斯说。随着越来越多的市场向全球开放，劳斯莱斯可以在卖出自己商品的同时获取市场经验。

未来会怎样？

劳斯莱斯所擅长的这一应对平坦化世界的方式将会成为越来越多创业企业的准则。假如今天你去硅谷寻找风险投资家进行创业，说你打算成立新公司，但不考虑外包或离岸生产，他们会马上送客。今天的风险投资家要知道你从创业的第一天起，就准备利用三重汇合，在全世界寻求最聪明、最有效率的人才合作。所以，在平坦化的世界中，愈来愈多的公司一诞生就是全球性公司。

印度维普罗的总裁维韦·保罗说："以前，人们在创业时可能会对自己说，'我的公司要在未来的 20 年内成为跨国公司。'而今天人们则要想，在创业第二天就要成为跨国公司。现在，很多 30 人组成的公司在一开始就是 20 名员工在硅谷，10 名员工在印度。如果公司的产品不止一种，有些产品的制造可能会在马来西亚或中国，有些设计在中国台湾，而客户支持在印度或菲律宾，工程方面则可能在俄罗斯及美国。"这就是所谓的微型跨国公司，这将成为未来的潮流。

今天，你们离开商学院开始的第一份管理工作可能是整合这样的一个专业团队：1/3 的员工在印度，1/3 在中国，其他的可能在旧金山帕拉托或是波士顿。每个人都承担的是非常专业的技术工作，在平坦化的世界里，这种做法变得越来越有必要。

规则六：在平坦的世界里，最好的公司在市场上立足的法宝是经常做 X 光透视，并让客户知道其检查结果。

在平坦的世界里，新产品会更快地被模仿、复制，从而变成平凡的香草冰激凌。为了不断求新，优秀的公司会经常地做 X 光透视，以及早发现新的领域并尽快占领，同时把那些香草冰激凌式的产品转移出去。X 光透视是什么意思？先让我来介绍一下洛里·特罗皮亚诺，她是主管商业咨询服务的 IBM 副总裁，我把她称为公司的放射科医师。特罗皮亚诺和她的团队在 IBM 中的工作就是给公司进行 X 光检查，把业务的每一个环节分解开，并显示在大屏幕上。这样你就可以研究公司的"架构"。每一个部门、每一种功能都会被挑出来进行分析：其到底为公司增加了成本还是增加了利润或者两者兼而有之；其到底是公司的核心竞争力还是一项谁都可以做的工作，别人在做这项工作时是否比自己成本更低，质量更好。

"一般的公司有 40 至 50 个组成部分，"特罗皮亚诺对我解释道，并在她的大屏幕上向我展示了公司的架构图，"所以我们的工作就是把这些环节分解开，并问公司：你在每一个组成部分里花费多少成本？哪些部分做得最好？哪些部分的工作是香草冰激凌？哪些部分有潜力，但不敢保证一定能做好，因为需要投入的资金比你预想的要多？"

当你完成这项工作，你就基本上对公司进行了 X 光检查，结果是找出 4 至 5 个"热点"。其中 1 至 2 个可能是公司的核心竞争力，还有的可能是公司尚未意识到的竞争力，因而需要加强。其他的热点可能就是效率低下的部分，也许 5 个不同的部门在重复做着同样的工作，而这种工作如果让别的公司来做，可能效果更好，成本更低，所以应该把一些工作转移出去——前提是考虑到外包的成本和阵痛后公司仍有净收益。

"也许你会说，我在某些业务领域的能力也将成为我的核心竞争力，"特罗皮亚诺说，"于是我就可以把其他所有业务转移走，省下资金专门投入这些有潜力的领域。然而，对于一般的公司，如果 25% 的业务具有核心竞争力、有战略性及与众不同，就已经相当不错了。其他的业务，你可以继续做下去并努力提高或者转移出去。"

我第一次对这方面感兴趣是在看一则网络商业新闻的时候。"2004 年 2 月 25 日，惠普宣布赢得了印度孟买一家银行 10 年期的价值 1.5 亿美元的外包合同。"惠普为印度市场服务的营销部门负责人纳塔拉詹·孙达拉姆指出，1.5亿美元的外包合同是惠普在亚太地区赢得的最大订单，主要负责印度银行的750家分行的核心电脑系统安装及管理工作。"这是惠普第一次在亚太地区寻求核心银行功能的外包。"孙达拉姆说。包括IBM在内的很多跨国公司都参与了这次合同的竞争。在该合同项下，惠普将负责银行的数据储存、文件成像技术、电子可视银行、网络银行以及整个银行系统的自动应答设计工作。

印度银行正在面临来自于国有银行、私有银行以及跨国公司越来越激烈的竞争。它意识到，需要采用基于网络技术的银行服务，使其现有的计算机系统升级和标准化。因而它做了所有跨国公司都做的事情——给自己照了X光透视，将自己不算核心竞争力的功能外包出去，将自己不可能做得最好的功能也外包出去。

只是印度银行将此项业务外包给一家美国公司让人奇怪。我想进一步知道的是惠普这个我的打印机一坏就要给他打电话的公司怎么就赢得了印度国有银行750家分支机构的业务外包？对于印度银行的核心系统惠普到底了解多少？

带着好奇心，我决定去拜访惠普在旧金山帕拉托总部的负责人。在那里我遇到了负责新兴市场解决方案的副总裁莫琳·康韦，直接向她咨询了上面的问题。

"我们是如何利用我们的内部优势，并使其他人从中受益的呢？"她解释说，"惠普不时招待来访的客户，这些客户来到公司总部，亲眼目睹了惠普在信息系统管理方面的创新。很多客户都对惠普应对世界平坦化的能力表现出极大的兴趣。他们会问，惠普是如何把以前多达87条垂直的且独立管理的、每条都有自己的管理层级和后勤支持的供应链，压缩到如今只剩5条，并让这5条分管500亿美元的业务，而将会计、账务、人力资源等功能由公司统一处理的呢？客户对惠普是靠怎样的计算机和商务系统将其有效整合在一起的问题都感兴趣。惠普这个在178个国家拥有业务的大公司，曾经在每一个国家进行各自应收账款和应付账款的处理，业务是完全分割的。只到最近几年，惠普分别在班加罗尔、巴塞罗那和瓜达拉哈拉设立了3个交易程序中心，三个中心实行统一的标准，使得惠普在178个国家的账务工作都可以通过这 3 个中心来进行。"

看到客户对自己的内部系统这么有兴趣，惠普有一天终于自问："嘿，干吗不把这个变为商品拿去卖呢?"康韦说，"这就成了惠普外包服务流程的核心……我们给自己照 X 光透视，发现里面有别人想要的资产，那就是商机。"

换句话说，世界的平坦化既让印度的银行得了病，又让它找到了治愈的方法。很显然，在印度日益平坦化的银行环境中，它不能赶上它的竞争者，但同时它做了 X 光透视，然后将那些它自己没有能力做好的事情都外包给了惠普。同时惠普在给自己做了 X 光透视之后，发现它能够承担一种全新的咨询活动。可以确定的是，印度银行的大部分工作要由惠普在印度的雇员，或是实际已经加入惠普的印度银行的雇员来完成，而其中的一部分利润将汇回到惠普在帕拉托的总部，用于支持全球知识供应链的正常运行。

目前惠普的大部分收入来自于美国之外。但是惠普公司中那些整合全部过程赢得合同——就像赢得印度银行的外包合同一样——的核心知识和基础设施团队仍然留在美国。

"梦想的能力在这里比在世界其他地方得到了更好的发挥，"康韦说，"创造力的核心在这里，并不是因为人们更聪明，而是这里的环境和更自由的思想。创造梦想的机器仍然在这里。"

> 规则七：好的公司转移业务是为了成长壮大，而不是萎缩。他们通过转移业务可以加快改革的进度，降低改革的成本，获得更大的市场份额，以及雇佣更多的有不同专长的人，而不是要通过解雇人员节省成本。

正如前面谈到的，多夫·塞德曼经营的 LRN 主要为跨国公司雇员提供网上遵纪守法和道德教育，也帮助企业主管及董事做企业责任方面的咨询。2004 年秋季的一天，我和塞德曼共进午餐，塞德曼随便地和我提到，他最近与印度咨询公司 Mindtree 签订了一项外包合同。

"你为什么要削减成本呢?"我问到。

"我转移业务是为了赢得市场，不是为了省钱，"塞德曼反驳我说，"看看我们的网站，我们现在有 30 多个岗位空缺，这些全部都是知识型工作。

我们在扩展公司规模，我们在雇佣更多的人员，我们在开辟新的领域。"

塞德曼的经验恰如其分地解释了外包业务的本质——公司把业务转移出去的目的是获得更新的技术从而更快地成长壮大，而绝不仅仅是简单的削减成本和缩小生产规模。塞德曼的公司属于在平坦化世界中发展起来的全新领域中的领先者，他们帮助跨国公司在世界各地的员工中培育企业文化的观念。尽管 LRN 已经经营了 10 年，但公司真正的大发展则始于近几年，这主要是由于一系列公司丑闻比如安然事件发生之后。

安然事件和一些公司丑闻出现之后，很多公司开始对 LRN 公司提供的在线服务项目感兴趣——这些在线项目将帮助跨国公司的所有员工（从管理层到工厂工人）理解其基本的法律和道德责任。当公司与 LRN 签约后，他们的雇员将得到在线培训，这个在线教育包括对公司行为准则的掌握，何时可以接受客户的礼物，在发送一封 E-mail 之前应该思考的问题，什么将构成对外国官员的行贿等多方面问题的测试。

当 21 世纪早期对企业监管的需求迅速增长时，塞德曼意识到，就像电子贸易公司一样，它的客户也需要一个进一步整合的平台。尽管给员工在线训练的软件是一套，而给董事会伦理咨询是另外一套，但是他知道公司的管理者需要的是一个一次性满足所有要求的电子化界面，使得他们在管理过程中所面临的有关治理与伦理的问题都能得到解决：包括对雇员的教育，任何违规行为的通报，对企业声誉的维护以及政府的法规教育，管理者需要通过这个界面及时、可视地了解到公司的状况。

因而，赛德曼面临着一个双重的挑战。他需要立即做两件事：既要让 LRN 在线法规教育的市场占有率继续成长，又要为现有的公司客户设计一个全新的整合平台，而这需要技术上的真正飞跃。正是在面临这种挑战时，他决定和一个印度的咨询公司 Mindtree 合作，两者签订外包合同，后者提供给赛德曼 5 个资深的软件工程师，而价格仅相当于美国一个工程师的价格。

赛德曼说，"Mindtree 所销售的不是过季的清货，而是我一直努力寻找的顶级的软件工程师。我需要花费大量的资金来保住和扩展我的核心业务，并要继续照顾我的那些客户。同时我必须获得巨大的技术飞跃来满足客户的下一步需求，以便能够更好地在线解决所有的伦理、管理和遵纪的问题。

如果我不能满足他们的需求，别的公司便会乘虚而入。与 Mindtree 的合作使我有了两组团队，一组主要在美国，另一组包括 LRN 的印度顾问，集中精力于我们下一步的战略飞跃，以拓展我们的业务。"

自从企业伦理成为赛德曼洛杉矶总部业务的核心以来，其如何进行外包就变得跟合作关系的最终结果一样重要。赛德曼并没有宣布 Mindtree 是自己的合作伴侣，而是组织了一个有 170 多位雇员的大会来讨论他设想的外包计划。他列出所有的讨论点，让雇员们衡量，并为每个人展示了未来所需的工作以及他们如何为胜任这些工作做准备。他说："我需要向我的公司展示我们将会走向成功。"

毫无疑问，某些公司把业务转移出去的确是仅仅为了节省成本，并把省下的钱发给股东或管理层。否认存在这样的事实是幼稚可笑的。但我要指出的是，不以加速革新促进企业成长为目的的业务外包仅被少数企业采纳，大多数公司是不会这样做的，并且我也不会为了那一点点分成而做那些少数企业的股东。就像不是所有的业务都适合由美国公司来做一样，认为所有的业务都可以转移到印度去完成的想法也是可笑的。优秀的企业应该能够正确衡量哪些业务应该放在印度，哪些应该留在美国。有了正确的决策，这些公司最终才会拥有更多的雇员，才会成长得更加强大。

"这是有关试图让我们公司更快扩大，有关如何让我们能在更短的时间内，在有成功保证的情况下进行下一步跳跃式发展的决策，"赛德曼在谈到其将公司新的平台的关键领域包给 Mindtree 的这个决定时说，"这不是抄近路，现在我们在世界拥有 200 家客户。如果我能够按照我想要的方式发展这个公司，我会雇佣更多的员工，提拔更多的人，给我现在的雇员更多的机会和更优异的职业路径——因为 LRN 的目标是要更宽阔、更复杂和更加全球化……我们现在处在充满竞争的空间中。进行外包的决定是为了进攻，而不是为了防御。在别人没有追上我之前，我正在努力提高自己的分数。"

规则八：公司如何思考，变得更加至关重要。

我从 Dov Seidman 的书中受到了启发。Seidman 的核心观点是：在平坦的世界里，商业模式的许多方面都可以很容易地被商品化和复制。因此如何与众不同地经营变得更为重要。为了使你自己和竞争对手有所区别，就不能再仅仅依靠价格、也不能靠所谓的最佳法则，在你的行业里，每一个企业迟早终将学会这些最佳法则。从表面上看，沃尔玛、Kmart、Target 和 Costco 之间，或者 Nordstorm、Saka 和 Nieman Marcus 会有多大的差别？它们的价格、商店的设计和运营模式并没有很大的不同。

Seidman 说："差别在于他们对待雇员、顾客、供应商和投资者的态度不同。如果你和顾客的交流能使顾客得到更满意的购物体验、对待供应商的投资者能更开诚布公、对雇员能更尊重，你就能够赢得大家对你的忠诚，他们就会团结在你的周围，你就能够得到更多的信任，而信任能带来更好的合作。说到如何去做，要记住市场上有巨大的差异，只要差异存在机会就会存在。人的行为类型千差万别而又丰富多彩，如果我们能把握这一机会就不仅能战胜竞争对手，还能重塑竞争格局。"

另一个原因是，企业今天变得更加透明、消费者变得更有权力。如果世界还是圆的，到处都是墙壁，老板会对雇员说："你只要把事情做成就行，我不关心你如何去做，你只要不犯法就行。"为什么老板能这样做呢？因为别人很难看到企业商业运作的内幕，"不问不说"成了那个时代的商业规则。公司内部只有单向的交流，公司可以通过各种代理人，比如销售人员、广告商、新闻发言人或官方声明塑造自我的形象，消费者没有办法查知真相。公司只需要雇佣最好的代理机构或编造出最好的"信息"便能使自己与众不同。现在不同了，小人物也可以回应大公司，而且他们的话全世界都能听得到。他们可以在博客和播客上谈论你的公司，可以在 YouTube 上嘲笑你的产品，他们的视频可以在全世界被下载。

Seidman 说："公司过去有垄断的力量，现在是消费者和公司之间的双向对话，当我决定去度假、买电器或读一本书之前，我会在网上查查别的消费者是怎么做的，我会更重视别的消费者的话，而不是公司的自我吹嘘。消费者不仅能直接回应大公司，他们还可以看到你是如何做生意的，并且判断你做生意的方式是否能得到他们的认可。在今日的世界里你的声誉是你的所有行为以及与外界的所有交流共同决定的，你的声誉越来越多地由外界人士来判定。”

消费者对你的公司的看法不仅会影响到那些登门采购的人，也会影响到那些想和你合作的人，在平坦的世界里，你的公司能否让人信任至关重要。如果你的商业伙伴在世界的另一端，熟悉的是另一种文化，而你们素未谋面，那么你的声誉、你的道德观都非常重要。Seidman 说：“你必须在每一个时间和每一次交流中赢得信任，不能再从 Hill & Knowlton[1] 买到信任。过去你只需要做正确的事情，现在你必须要用正确的方式做正确的事情。”

规则九：当世界变得平坦，并且你也感到这种压力时，你应该挖掘自己的潜力迎接挑战，而不是修建各种保护墙。

虽然我在印度旅行的时候，已经隐隐约约地感觉到世界是平坦的，但是当我回到美国，并和我这两个来自明尼苏达的朋友谈论起这些问题时，我才意识到平坦化已经如此深刻地影响到我们的生活。大约在 25 年前，吉尔和肯（我将在这一章的以后部分介绍肯的哥哥比尔）建立了自己的多媒体公司——格里尔联合公司，其主要业务是为电视台制作商业广告以及为零售商品的目录册拍摄商品图片。他们在明尼阿波利斯市的生意做得非常好，拥有40 多名雇员，其中包括美术设计师和网页设计师，还有一间属于自己的多媒体工作室以及一小批来自当地和国内其他地区的稳定客户群。作为一家中等规模的公司，格里尔必须要努力地在市场中争夺业务。但经过几年的发展，肯的生意蒸蒸日上，公司的日子比以前好过多了。

2004 年 4 月初，为了庆祝我太太的 50 岁生日，吉尔和肯来到华盛顿，并在这里度过了周末。一天早晨，我们在弗吉尼亚的乡间散步，我告诉他我正在写这本书，而他说了他的生意。不一会儿，我们发现我们在谈论同一件事情：世界已经变得平坦，这一趋势发展得如此之快，对他的经营产生了深刻影响，他仍然在为如何适应变化调整企业的发展战略而殚精竭虑。他很清晰地感觉到正在面临的激烈竞争和削减成本的压力，这种竞争压力的类型和

---

[1] 美国一家著名的公关公司。

程度，他以前从来没有遇到过。

"我们遇到了独行侠。"格里尔说。所谓独行侠是指"个人公司"。他们就像蝗灾一样突然从天而降，与格里尔这样的公司争夺业务，所到之处，业务被一扫而光。"我们现在正与独行侠竞争！这样的情况在以前从未遇到过。我们以前的竞争对手是与我们规模和业务水平相似的公司，大家以差不多一样的方法做相同的工作，这样每一个竞争对手都可以分割一块市场，从而得以存活。现在的情况完全不同了，我们的竞争对手发生了变化。我们既要和巨型公司竞争，这种公司不分业务大小一律通吃，又要和个体从业者抢业务，这些人把家当作办公室，利用先进的技术和电脑软件，完成与坐在我们办公室里的员工所做的完全一样的工作。一个是雇佣了设计师并让他利用计算机进行设计的巨型公司，一个是做着相同作的中型公司，另一个是在自家地下室里工作的个体设计师——设计师与公司相比似乎势单力薄，从客户的观点来看，这三者做出的产品之间有什么区别吗？实际上，技术与电脑软件的发展使我们的产品看不出有什么不同。上个月，我们被个体设计师抢走了3份订单，这些设计师过去曾经在经营得不错的公司里干活，有丰富的工作经验，现在都出去单干了。我们的客户都对我们说，'你的公司活干得非常棒，可约翰干得也很棒，而且他要的价码更低。'过去，如果输给另一个公司，我们会感到不舒服，可是现在，我们竟然输给了一个人！"

变化为何如此之快？我问道。

格里尔解释说，公司的很大一块业务是为产品目录册提供照片，这些照片既有产品照片也有模型照片。25年以来，公司的工作方法就是接受顾客布置的任务。客户告诉格里尔他想要哪种照片，然后格里尔的公司设计出完全符合要求的图样。像所有的商业摄影师一样，格里尔使用一种一次成像照相机为产品或模型拍照，这样就可以立刻看到他的创作灵感是否与客户的要求一致，如果两者相符，再用真正的胶片照相机拍摄。照片拍好以后，格里尔把胶卷送到工作室进行冲洗和色彩分离。如果照片需要修饰，还将送到专门的实验室进行润色。

"20年前，我们决定把底片处理工作外包出去，"格里尔解释说，"我们把这些技术工作留给其他的专业公司去处理，因为他们有专业的技术设备，受过良好的训练，擅长此项工作。他们靠这个挣钱，我们靠拍摄挣钱。在那时，这种分工是个很好的做法，如果这种分工延续到现在也许仍然是个不错的主意，可这已是不可能的了。"

为什么？因为世界变得越来越平坦，每一个类似的过程逐渐数字化、虚拟化和适于个人操作。在最近 3 年中，为专业摄影师制造的数码照相机的技术水平达到了一个全新的高度，即使不比传统的胶片照相机拍摄效果更好，至少也可以做到势均力敌。

"所以我们对不同的照相机进行比较，挑选了当前使用的这一款，这款照相机最像我们的胶片照相机，"格里尔说，"这个照相机是佳能 D1，它看上去与我们的胶片照相机一模一样，只不过在机身内部有一个微电脑，在机身背后有一个显示屏，能让我们及时看到照片拍摄效果。它依然使用一组镜头，用相同的方式调节照相机快门速度和光圈，同样含有人类工程学设计。它是迄今为止第一款达到同级别胶片照相机水平的专业数码照相机。"

"这款数码照相机把我们从复杂的工作程序中解放出来，"格里尔说，"你可以即时地感受到摄影给你带来的激动和兴奋而且不需要底片。由于照相机是数码的，我们不必去买胶卷，不用去工作室冲洗胶卷和做后期处理。如果我们在某个地方拍摄照片，我们可以知道这是否是我们所需要的效果。它可以使我们产生瞬间的喜悦。我们把它称为电子'一次成像照相机'。我们过去常需要一名艺术指导对每件物品的存在或位置进行推敲，以确保我们正在拍摄的照片能产生预想的效果，但最终效果如何，只有等到照片冲洗出来以后才能看到。这样的工作是建立在人与人相互信任的基础上。我们的客户把我们当作专业人员，并支付给我们费用，因为他们需要的是专家，而专家的工作不仅仅是按一下快门，还要善于设计客户想要的图样效果。客户信任我们，所以才把工作交给我们来完成。"

然而好景不长，这样的陶醉感持续了仅一年左右。肯和他的同事们发现，数码照相机除了可以使他们从繁杂劳动中解脱、更好地施展能力以及加强各工作环节的控制外，同时也使他们成为它的奴隶。"我们发现除了负责拍照片并按照要求设计出相应的艺术表现效果外，我们不得不反复进行图像的后期技术处理。公司变成了后期处理工作室。有天早晨我们醒来都不禁说道：'我们还要进行后期处理。'"

怎么会这样呢？因为数码技术使格里尔司员工可以把数码照相机里的数码照片下载到个人电脑或笔记本电脑上，并且通过一些神奇的软件和硬件实现各种新的功能。"所以除了干摄影师的活，我们还要进行后期处理和分离色彩。"格里尔说。一旦技术使从事这类工作成为可能，客户就会提出相应要求。客户们会说，公司应该提供这项业务，公司必须提供这项业务。他们还会说，因为数字化，公司具备了提供一揽子服务的能力，因此公司原来进行图像设计的服务应该与其他所有服务捆绑在一起。"客户说，'我们不会对其他服务额外支付费用。'"格里尔说，"过去我们通常把对图片润色的任务如祛除红眼❶或污点外包出去，但是现在我们必须自己来做这些工作。客户希望我们在给他看图样之前就通过数码技术把红眼去掉。过去的 20 多年，我们的主要精力放在摄影艺术上：色彩、构图、纹理以及如何让人们在镜头前表现得自然，这是我们所擅长的。而现在，我们必须要学习并善于使用所有这些其他技术。我们从未选修过这些课程，但是市场竞争和技术的发展迫使我们必须恶补这些技术，啃下这块骨头。"

格里尔说，他的公司的每个方面都经历着类似过程。市场竞争和技术创新迫使他们自己编辑图片和影像，自己调试声音设备，甚至制作 DVD 光盘。所有过去被外包出去的工作，如今全部浓缩到一个包裹里，摆在你的桌子上。在排版印刷方面也是如此：格里尔联合公司自己排字，做图解说明，有时还自己打印，因为公司有数码彩色打印机、"工作似乎越来越容易，其实不然。"他说，"现在我感觉就像去麦当劳，虽然想吃快餐，却要自己擦桌子和洗盘子。"

他继续说："就好像是这些技术的发明者事先与我们的客户商量好了，要把所有这些工作都捆绑在一起转给我们做。如果我们拒绝并要求客户为新增加的工作分别支付费用，在我们身后立刻会有别人说，'我可以做这些工作而且不额外收费。'客户要求提供的服务大量增加，而你收到的费用却保持

---

❶ 数码照片中特定区域内的红色暗影。

不变甚至减少。"

在全球化过程中随着技术的推广，所有的工作都变成了生产香草冰激凌●。这种趋势在一系列行业中表现得越来越明显。随着越来越多的过程变得数字化、可视化、机动化和个人化，越来越多的工作变成了香草冰激凌的生产：标准化，易于制造并被广泛利用。

当所有的产品都是相同的，而且供给数量又如此之大时，客户的选择余地就很大，而且选择无所谓对错，因为选谁都一样。当这种局面产生时，你就变成了香草冰激凌。

幸运的是，面对这种趋势，格里尔选择了唯一正确的生存战略：挖掘自己的潜力，而不是修建保护墙。格里尔与他的合伙人努力寻找自己公司真正的核心竞争力，这种竞争力是推动他们的公司在平坦的世界中前进的首要动力。格里尔说，"我们现在提供给客户的，是战略洞察力、创作灵感和艺术眼光。我们卖的是灵感和创意，我们卖的是个性。我们的核心能力和主要工作是无法被数字化的。我知道我们今天的客户和未来的客户不会流失，他们之所以继续与我们合作就是看中了我们的没有被数字化的东西……所以我们雇佣了更多的创意人员，并把技术性的工作外包出去。"

格里尔说，过去许多公司"躲在技术背后。你可以做得很好，但你不必非要成为世界上最好的，因为你从来没有考虑过与世界竞争。地平线就在那里，没有人的视线能够超越地平线。但是仅仅过了几年的光景，我们从与沿街的其他公司竞争转变为与全球其他地方的公司竞争。仅仅 3 年以前，对于格里尔联合公司来说，客户的订单被一家英国的公司抢走是想不到的，而现在这种事情正在发生。所有的人都可以看见别人在做什么，所有的人都有同样的工具，所以要想胜出，你必须成为最好的，最有创意的。"

不要再生产香草冰激凌了。格里尔说："你应该提供一些独一无二的东西，你应该能够制造'甜酥面团曲奇、樱桃加西亚或矮胖猴子'式的产品"（这三款冰激凌是本杰丽冰激凌公司制作的具有异国情调的品牌产品）。

● 一种最普通的冰激凌。

"过去的经营要求是你能做什么，"格里尔说，"客户会问，'你能做这个吗？你能做那个吗？'现在需要你能为产品注入更多的创作灵感和个性……所有的一切都与想象力有关。"

The World Is Flat
You and the Flat World

你与平坦的世界

第十二章

全球化中的本土文化

——文化革命即将开始

1999 年，我在著作《凌志车与橄榄树》中尝试描述在 20 世纪末导致世界全球化的力量，以及全球化对经济、政治、地缘政治、环境和文化的影响。在《世界是平的》第一版出版后，一些读者向我抱怨说，我没有像在《凌志车与橄榄树》中那样，对世界平坦化趋势在 21 世纪对全球文化的影响做进一步的论述。我承认没有在这方面做进一步展开，因为我没有足够的时间考虑这个问题。这次更新的版本使我有机会补上这个工作。世界的平坦化确实对世界文化产生了令人惊奇的、重要的和似是而非的影响。

随着柏林墙的倒塌，世界平坦化的进程迅速加快，很多人也产生了相当的忧虑，担心"全球化即美国化"。这样的担心并不是没有道理，因为全球各地充斥着美国制造商和服务提供商、美国的品牌和美国的电影制作人、美国的歌星和美国的演员、美国的服装设计师和美国的快餐连锁店。他们在柏林墙倒塌和世界平坦化的过程中占据着最好的有利位置，是第一个尝到甜头的人。他们不可避免地会利用平坦的世界推销美国文化，不管当地独特的服装、语言、食物或音乐多么顽强地固守自己的风格，最后人们还是会担心，自己的文化传统可能被轻易地侵蚀。在这场旷日持久的斗争中，美国文化似乎注定要获得胜利。全球化长了一张美国面孔，有着一副美国神情，充满了美国味道。

所有这些变化将以"美国文化帝国主义"的形式对全球化产生影响。世界上的很多人声称，除非我们认真采取措施加强保护本土文化和自然环境，否则美国式的全球化将在未来数十年内消灭全世界花费数百亿年才进化形成的文化、生态和动物的多样性。

如同我在前几章中解释过的，世界的平坦化进程并没有减少环境所面临的危险。然而，就文化来说，我们有理由相信，世界平坦化进程不会必然导致各种文化的同化。实际上，与其说平坦世界中的竞争平台能同化各种文化，不如说其导致世界以一种前所未有的程度创造多样化的潜在能力更为强大。

为什么？主要是因为人们具备"上传"的能力。"上传"可以使本土文化成为全球化的成分之一。现在，世界各地的很多人都可以利用工具创造或上传自己独特的东西：本地的新闻报道、自己的观点、自己的音乐、自己的视频、自己的照片、自己的软件、自己的百科全书、自己的字典。所有这些行为汇集成一种强大的力量，从而保护并加强了本土文化的独有风格。平坦世界的竞争平台为你提供了把本土文化展现给世界的机会，这意味着你不再仅局限于下载《米老鼠和唐老鸭》。不，不，不，你现在可以写自己的歌曲，以你喜欢的语言创作播客，把它放在播客网站上与其他人分享。你现在还可以用便宜的电脑摄像头和微软操作系统附带的视频编辑软件拍摄和制作视频作品，并上传到网上。当今世界上最流行的食品不是巨无霸汉堡，而是比萨饼。什么是比萨？比萨就是在一块面团上撒上各种小食品和调料，各种文化撒的小食品和调料不同，所以可以制造出不同口味的比萨。比如，日本制作的是寿司比萨，曼谷制作的是泰味比萨，黎巴嫩制作的则是 mezze❶比萨。平坦世界的竞争平台就像是制作比萨时的面饼。它允许各种文化根据自己的爱好调节口味，这种状况将越来越平常。

与此同时，像中国和印度这样的高速成长的发展中国家已经具备了不通过移民就可以进行创新活动的能力。这意味着本土文化得到保护并发扬光大的机会增加了。一个年轻的印度工程师不必再在美国驻新德里使馆外排长队，祈求能够获得美国签证。他或她不必放弃自己的民族服装、民族饮食、民族音乐以及自己的家人孤零零地前往明尼苏达州，以求在美国 3M 公司获

❶ 阿拉伯传统食品，一种开胃拼盘。

得一个体面的工程师工作。这对于保护印度本土文化来说是一个好消息。文化离不开其赖以生存的环境，而越来越多的人在本土就可以幸存于平坦的世界，甚至发展的机会更多。促使文化多元化与促使文化同化两种力量的角逐中，前者变得更加强大。

而且，即使那些不得不离开自己国家前往西方——尤其是欧洲或美国——的人们，也能够利用平坦的世界保持自己本土文化中的很多特色。即使他们生活在千里之外的一个完全不同的文化氛围中，他们也能够利用网络读到本国新闻，可以通过网络电话几乎不花费用地与亲人和朋友联络，可以通过网络或卫星电视收看来自开罗和加尔各答的每日新闻（使用阿拉伯语和印地语），保持特色和趋同的两种力量一样强大。

当然，全球化过程中的美国化趋势仍然是一股强大的力量。任何人都不能低估它。但是，不管怎样，柏林墙倒塌后的10多年中，全球化并未必然导致人们逐渐像美国人一样去看、说、唱、跳，以及以美国人的思维方式去思考。

一个偶然的机会，我第一次听到了一位印度出生的专家对"全球化对本土文化的影响"这一问题的见解，他是亚洲传媒通信公司的秘书长英德拉吉特·班纳吉（Indrajit Banerjee）。2005年9月11日，英德拉吉特·班纳吉在接受新加坡《海峡时报》的费利克斯·绍采访时说，这是一种现象，无论散布在世界何处的人们都会利用当今全球的媒体网络来更多地关注他们本土的新闻、传统和朋友。当费利克斯·绍（Felix Soh）在介绍他对班纳吉的采访时，将"本土文化参与的全球化"称为"倒转的全球化"。除了全球性的媒体覆盖了亚洲，当地的"本土"媒体也正在走向世界。这种"本土文化参与的全球化"的现象是由于散居在外的亚洲人（尤其是中国与印度的在世界各地的移居者）对于本土新闻与信息的强烈需求而引起的。

班纳吉拥有巴黎索邦(Sorbonne)大学通讯专业的博士学位，目前在新加坡的一所大学任教。他在《海峡时报》的采访中说道："人们普遍认为亚洲的全球化将走向英语化，但事实并非如此。面向旅居在外的人群，你就可以用地方语言来创办国际报纸、国际广播电视频道。"这就是我所说的"本土文化参与的全球化"，并不是世界来包围我们，而是本土要走向世界。

今天，英国和美国有许多电视台的节目是全中文、全西班牙语、全阿拉伯语或全日本语的。班纳吉补充道："如果你的同族人口遍布世界，你就能有效地通过卫星平台向散落在全世界的小群体播放。如果你将这些小群体加起来，你就拥有一个巨大的全球市场。"

费利克斯·绍指出，印度最大的娱乐网络 Zee TV 已经为其他印度电视频道在亚洲地区的发展开辟了道路。班纳吉说："Zee TV 拥有非常明确的目标客户，就是海外印度人群体。它的节目采用的是印地语。对于 Zee TV，竞争力绝对不成问题，它根本不用考虑去占有其他语种的观众。"他还说："当然，在不久的将来，亚洲也将成为媒体内容的主要制造商，这将是非常有意义的发展。在过去很长的时间内，亚洲主要引进来自西方的节目。而现在，因为我们已经成年并已经成熟了，我们的媒体经验也变得丰富了。这一点再加上亚洲本身丰富的文化遗产将使这个有着巨大潜力的地区成为节目交易中心。印度拥有巨大的电影工业，它也可以制作许多电视的内容。韩国和日本则在动画方面实力强劲……我坚信只有各地的组合才能使全球化变得有趣。各个地区的经验与内容都应该被展现，而不是单一的节目制造者，不应由一种语言、一种文化观点、一种意识形态来主导世界。"

例如，印度已经发展成了游戏和动画设计的外包平台。当我拜访这些公司时，一位总裁对我说的一些事对我触动很大。班加罗尔 Jadoo Works 公司的首席运营官阿希什·库尔卡尼（Ashish Kulkarni）向我解释说，印度拥有为数众多的传统画家，他们可以轻松地过渡到电脑绘图。这些艺术家大多是印度神庙的雕刻家与画家的孩子。库尔卡尼说："我们培训他们将传统的技术转为电子形式的动画。"不过为了保留他们传统的印度绘画技术，Jadoo Works 公司还专门留出了房间供这些画家来练习民族画法，这两种技术可以相互促进。像 Jadoo Works 这样的公司可以满足全球市场的需求，可以随时提供最好的且成本最低的画家。但在世界变得平坦以前，印度并没有这样的公司。现在，新一代的印度画家至少有机会来保持和提高技艺，而不用靠开出租车来谋生。库尔卡尼说："我们现在会告诉家长，如果你的孩子作画可以达到 7 级水平，那么应该考虑让他们从事动画制作的职业。这在 5 年前很难，但今天，通过大量的报道，我们可以说服他们考虑继承父辈传下来的技艺。"我采访了一位在 Jadoo Works 工作的 28 岁的计算机画家迪帕克·甘古利（Deepak Ganguly），他说："我的父母都是艺术家，我的妈妈在家中从事雕塑，我的父亲是地毯设计师，他设计印度地毯。我有作画方面的天分，因为我在这种氛围里长大，所以我也进入了这个领域。在 3D（三维计算机设计）画法还没来到印度时，我就已经开始了我的动画生涯，但那时我只是 2D 动画设计师，从事 2D 的经典动画的设计工作。几年之后，3D 在印度悄然兴起时，我决定升级我的技术。过去我在德里的一家小工作室工作，常常看《星球大战》这类的电影并研究其中的电脑制作。然后我又得到了学习技术的机会。"全球化使甘古利学习到了技术，并且将他的技术卖到全世界。他说："通过电子媒体，分享变得简单，我们在这里可以轻松地得到活儿，同时又可以轻松地将我们的技术传送到其他地方。"

　　许多批评者认为全球化只是资本主义、国际品牌、快餐和消费者价值的扩张，它们将排挤温暖、安逸、地区繁荣、本土产业和本土文化。当然，在有些时期和有些地方，全球化的力量确实产生了上述的一些作用；但是，全球化不应仅仅是简单的资本和市场扩张或贸易的加强。它不仅仅是经济现象，也并不仅仅影响经济。它应该是一种更宽、更深、更复杂的现象，包含着许多新形式的交流与革新。世界的平坦化为工作的分配、知识的传播和娱乐的共享提供了多种形式并存的全球性平台。担心全球化会粉碎传统文化是有道理的，但是我们若忽视了它对于提高个人能力、丰富文化内容的意义，将会忽视其潜在的对人类自由与多样化的积极作用。我在这里的观点并不是说平坦的世界总是能丰富和保护文化；我想说的是它并不总是破坏文化，这是你在听到对全球化的批评时所要思考的事情。全球化的铁律很简单：如果你把它想成全都是好的或全都是坏的，那你将不会得到它。全球化是双刃剑，正面和负面影响同时存在。它是关于全球市场的，但它也是有关因特网与 Google 的。

　　我们不应怀疑，平坦的世界同时赐予黑暗与光明以力量。你可以上传自制的色情文学、狭隘的民族主义倾向、谎言、阴谋和废话，同时你也可以将这些东西更容易、更快、更远地在平坦世界的平台上传播。2005 年 9 月 19 日，《纽约时报》刊登了关于一个 10 多岁的男孩贾斯廷·贝里（Justin Berry）的令人齿冷的封面故事。他在网络摄像机前向 1 500 多名观众表演脱衣服、洗澡、手淫甚至性交，那些观众付给他成千上万的美元。更具讽刺的是，他们是通过 eBay 公司的 payPal.com 来在线付款的。

出于所有这些理由，我们的任务并不是抛弃这个平台，而是要取其精华，弃其糟粕。

在这本书出版时，Google 已经能支持从阿拉伯文、祖鲁族文到数种中文版本等共 116 种不同的语言。人们越是能够轻松运用本国语言交流，他们的语言和文字将越有可能留存，人们将越可能使用这些语言而不会感到必须用英文表达的压力。搜索是 10 种促成平坦化因素之一，随着搜索引擎逐渐扩展到这个平坦世界的每个角落，本土文化参与的全球化也将得到加强。

即使没有因特网，世界的平坦化也会给世界的不同角落带来差异。今天世界上有了更多的收音机、电视、电话和更多的旅行以及更多的贸易。在加纳出生的普林斯顿教授、哲学家夸梅·安东尼·阿皮亚在他写给《纽约时报》（2006 年 1 月 1 日）的一篇名为《污染案例》中清楚地表达了这种影响。通过采访加纳的库马西地区——这是他成长的地方——夸梅·安东尼·阿皮亚（Kwame Anthony Appiah）援引了多种事例说明今天非洲大陆的人们，甚至那些村民，都已不仅仅是由西方或文明世界改造的被动客体。多亏了全球化的帮助，他们成了积极给予和索取的能动主体——他们与世界是吸收、适应、改造、进口、再出口和革新的关系。"是的，全球化会产生同化，"他写道，"不过全球化也同样威胁着同化……当人们谈论全球化带来的同化时，他们所谈论的是：甚至在这儿，那些村民都将拥有一台收音机（虽然节目语言将是当地的）；你将可以听到关于罗纳尔多、迈克·泰森或图帕克的讨论；你也可能找到一瓶 Guiness 或可口可乐（同样也可以找到加纳自己出产的好啤酒，Star 或 Club）。"但是，接触这些东西是否让不同区域更多地趋同了呢？从人们喝可口可乐这点上你能说出多少关于他们心灵的内容？被同化的区域确实比一个世纪以前少了些特色，不过这种同化大部分是有益处的。他们中更多的人能够得到有效的药物，更多的人能够饮用洁净水，更多的人能够上学。另一种极普遍的情况是，一些地区在特色丢失的同时，却没有得到这些东西，这并不值得庆祝，而是应该痛心。同时，无论怎样同化，总会有新形式的特色不断产生：新的发型，新的俚语，甚至一次又一次地出现新的宗教。没有人能够说地球上的所有村落正在变成一模一样的。

最新的反趋同力量是播客，一种全新的使本土文化参与全球化的工具。2005 年 10 月，我访问上海郊区一所小公寓时，对这种现象有了一次短暂的认识。这个小公寓就是中国播客网领军人物——Toodou.com 的本部。32 岁的王微（Gary Wang）介绍说："我们的网站已经拥有 1.3 万个频道，在其中约有 5000 个频道会定期更新。"王微出生于福州，是一名拥有美国和法国教育背景的中国工程师。他创立了 Toodou.com，"Toodou"在中文中指土豆。在土豆网上，任何中国人都可以创建他自己的视频或音频内容，同时其他人可以通过注册获得该频道上上传的新内容。目前这个服务还是免费的，不过土豆网最终会按月收取订阅费。

王微补充说："我想创建成千上万个由普通人维护的不同频道，其他人可以参观和下载内容。"他会做到的，因为上传和播放简单易行，你只需要有一台电脑、一个摄像机和一个麦克风。

在我访问时，土豆网上最流行的播客内容是一段由两个 20 岁中国少女对口型演唱一首流行粤语摇滚的视频。王微介绍说，"她们感到无聊，于是就出去买了个摄像头（在上海以相当于 6 美元的价格就可以买到），然后她们利用 Microsoft Movie Maker（一款 Windows XP 附带的软件)制作了一段自己的 30 分钟 MTV 形式的播客内容，最后她们将它上传到 Toodou.com。在最初的 3 个月里，这段视频就被浏览了 7.5 万次。"王微说："她们花了 1 个小时制作视频并用了 15 分钟剪辑。"这两个自称"豆子"的女孩现在拥有了自己的在线追星俱乐部。

另一个最受欢迎的播客内容是由两名雕塑学专业的中国学生创作的，他们身穿休斯敦火箭队（中国出生的 NBA 明星球员姚明所属的球队）的队服，对口型演唱了一首后街男孩的歌曲。一组在深圳的现实生活幻灯片已被浏览了 1.6 万次，同时引来了中国各地网民各式各样的评论。当我访问时，排在博客内容访问量第 2 名的是一个地下摇滚乐队在上海酒吧里的演出。王微说，土豆网的目标，"是把中国人同他们的嗜好和他们潜在的合作者连接起来。我们将拥有一个巨大的内容数据库，而且我们将会与内容提供者分享收益。"王微补充说道:"我们建立了一个免费参与的平台,人们就会进来。当各种工具变得越来越便宜时,有创造力的人群自然会增长。"

是的,我知道我有点超前。目前只有相当少的人见过 iPod,因此这里的大部分播客内容都是在个人电脑上制作和观看(或收听)的。

尽管是这样,一旦 iPod(音频或视频的)的价格下降,播客在这里将会有巨大的市场。虽然现在的播客内容有许多是垃圾,但是质量肯定也会提高。播客进入的低门槛将使竞争加剧。王微第一次听到播客是在 2004 年。在 13 个月以后,他拥有了一个中国最流行的播客网站,以及 10 万名注册用户、8 名员工、40 名志愿者和 1 家美国风险资本商的支持。这个网站的新闻通过中国的博客们得到了免费传播。在我造访时,他使用的办公室兼公寓的租金是每个月 500 美元,他的一些员工还在里面住宿。维持 Toodou.com 运转的软件几乎全部来源于网络上免费的、公开源码的资源:一个 Apache 网络服务器软件;一个免费的 Unix 操作系统 FreeBSD;一个免费的数据库系统 MySQL 和免费的编程语言 PHP。王微自己写了运行 Toodou.com 的算法。王微说,同他求学过的美国和欧洲相比,在中国"同样的钱,你可以做 10 倍的事情……在上海我每个月的生活费只需 1000 美元,同时还能接触到最新的科技和所有这些服务器——你在美国能找到的东西这里都有"。

在中国,低开销和低进入门槛让制作文化内容的过程变得更便宜,也变得更流行。这就是我为何对"全球化中平坦阶段并不意味美国化"这么有信心,本土的文化、艺术形式、风格、食谱、文学、影像和思想将更多地参与全球化,越来越多的本土内容将变得具有全球性。

"我们有(与美国)不同的歌曲,并且我们想表达不同的想法,不过愿望是一样的,"王微说,"我们都想被看到、被听到,都想能够创造出自己喜欢的素材,并且想同他人分享它们……世界各地的人们将可以从采用同种科技的平台里获取知识和灵感,平台的技术虽然一样,不过在这个平台上繁荣的却是各种不同的文化。土壤是相同的,但生长的树木却是不同的。"

第十三章

如果没有发生，那是因为你没有行动

我早上走进办公室，打开电脑，突然发现邮箱里有 5 000 多封电子邮件。都是同样的抱怨，都是被同一个我从未听说过的机构煽动起来的。这是个小团体，在加拿大有个网站，有两个人、一条狗和 1 万美元。我问我的秘书："这些家伙是谁？他们是从哪来的？"她也不知道。她说："老板，我从来没有听说过他们。等我问问我的孩子吧。"我暗想："真是的，问问你的孩子，我秘书的孩子居然成了我的战略顾问！"于是我打电话给公关部："你们能不能告诉我，我该怎么做才能摆脱这些家伙？"

我杜撰了这个故事，但不是凭空捏造。当我写这本书的第三版时，我从很多首席执行官那里听到了这个故事的不同版本。他们都告诉我，他们都曾经遇到过"这些家伙"。"这些家伙"是我们这个时代的社会活动家和社会企业家。平坦的世界给了他们巨大的能量，今天的互联网使得那些最小的社会团体也能把他们的活动上传，并公诸全球，他们能建立全球的联盟，揭露或是羞辱最大的跨国公司。如果这些青年男女用互联网和平坦的世界来做一些欺骗或不诚实的事情，是不会有长久影响的。但如果他们做的是有价值的，他们就能在一夜之间让最大的跨国公司改弦更张或苦苦求饶。但如果跨国公司做了正确的事情并得到了社会活动家们的表扬，这些表扬也能使跨国公司得到真实的收益。

当我翻开 2007 年 3 月 8 日的《纽约时报》，我意识到社会企业家是如何影响到商业决策的。这一期《纽约时报》讲到一个非政府组织"环境保护"

刚刚雇佣了一家华尔街企业 Perella Weinberg 帮助他们处理谈判中遇到的一个重大交易。故事是在 2006 年开始的。那时，一家巨型的得克萨斯电力公司 TXU 刚刚宣布要建造 11 个新的火电厂。这些火电厂将排出大量二氧化碳，因而点燃了环境保护主义者的怒火。"环境保护"的主席福莱德·克努伯（Fred Krupp）写信给 TXU 的首席执行官约翰·怀特（John Wilder）要求见面，但遭到了拒绝。TXU 很明确，建造工厂是他们早就想做的，而且得克萨斯的州长也站在他们一边。给环境保护主义者的信息是：滚一边去。

他们不知道自己生活在一个什么样的世界。

于是"环境保护"开辟了一个网站 StopTXU.com，这个网站定期发布关于 TXU 计划的电子快报，并且建立了一个全国范围的同盟，以反对 TXU 的计划。

克努伯说："TXU 要建造 11 个火电厂的计划会把它变成一个恶魔，它们每年会排放 7 800 万吨二氧化碳，而 TXU 居然如此藐视公众利益。我们得让大家看看他们在二氧化碳排放方面是如何一意孤行的。而且我们要把他们暴露在光天化日之下。所以我们建立了这个网站，并且定期向得克萨斯的媒体、政治活动家、舆论领袖和社会活动家发送电子快报。"

所有的这些努力最后出现了效果。2007 年初一家大型企业 Kohlberg Kravis Roberts 和得克萨斯太平洋集团联合起来，打算以 450 亿美元的出价购买 TXU。这将是有史以来最大的一次并购，但有一条，正如克努伯说的："收购者可不想购买一家被环境保护主义者围攻的企业。于是他们找到我们说，'我们希望得到你们和自然资源保护理事会（NRDC）的支持，这样我们才能继续这笔交易。'""环境保护"和自然资源保护理事会愿意介入。条件是这次收购后成立的新公司能对环境保护更加友善。

克努伯说："谈判整整进行了 10 天，最关键的一次谈判进行了 17 个小时。在旧金山的东方文华大酒店，我们从早上 8 点谈到次日凌晨 1 点。"最后，收购者同意把 TXU 的火电厂修建计划从 11 个压缩到 3 个，支持联邦政府关于碳排放上限的计划，并承诺 TXU 会为提高能源效率投资 4 亿美元，将其购买风力发电的数额扩大一倍。环境保护主义者祝福收购交易能够成功。合同结束之后，克努伯还是雇佣 Perella Weinberg 公司以助他们在日后的谈判中完善细节。

对这些囊中空空的社会活动家来说，在谈判桌上的感觉从来没有这样好过。

我们能得到什么启示呢？克努伯说："想想看这里传递的信息，历史上最大的一次并购居然要靠赢得环境保护主义者的赞颂，这个故事告诉我们市场人士比政治家更有先见之明。世界已经变了，这些家伙看到了世界的变化。"

TXU却没有看到，它只会在得克萨斯自弹自唱。TXU不明白，仅仅靠搞些新闻发布会是没有办法提高自己的声誉的。因为有了互联网之后，普普通通的人们就能在网络上改变TXU的全球形象，而且他们几乎不用花一分钱。

克努伯说："以后公司的声誉不再仅仅由其公关人员的素质来决定，而是要看他们的实际行动。这使得我们能更加诚实的讨论他们的业绩。通过网络，我们把一个小地方的关于发电的讨论上升到了一个全国范围内的，关于限制和减少碳排放的讨论，TXU原本只想和我们打一场山地游击战，我们却让全世界的人们在电脑屏幕上看到他们。TXU的故事说明，真相加上热情加上互联网能带来不可阻挡的变革潮流。"

公民的活跃分子突然间涌现出来。一个在华盛顿为一家全球生化公司工作的政治游说者这样对我说："我们过去遵从老的游戏规则，现在规则已经变了，却没有人提醒过我们。"过去的规则是非常简单的：你的公司开发出来产品，政府批准你的产品，人们购买你的产品，人人皆大欢喜。新的规则却是：你开发出来产品，你对产品做检测，政府批准你的产品，农民购买你的产品，农民使用你的产品，消费者却开始叫喊"嘿，等等！我们不喜欢你的产品！"于是突然之间一场声势浩大的互联网运动汹涌而来，人们抗议你公司所使用的生物工程，世界上的每一个消费者都在问你，"你怎么能这样乱搞我的食物！"

让我告诉你是谁在一夜之间改变了游戏规则。他们来自五湖四海，有的是商学院的毕业生，内心深处却是维护和平的志愿者；有的是政治活动家，想用互联网募捐资金和人员；有的是想拯救地球的环境保护主义者，他们想教会那些大公司如何才能既保护环境又增加利润；有的是慈善家，他们认为低成本的通讯工具大行于世，能够成为让穷人帮助自己的新工具。

这些人有一个共同的特点，他们都极度渴望能改变这个世界，他们都坚定地相信，在平坦的世界中做一名社会活动家会更加容易，需要的钱会更少。事实上这些社会活动已经变得如此容易、花费如此之低，而且人人都能参与。我想告诉今天的年轻一代：如果没有发生，那只是因为你们没有行动。

你想为救助非洲的穷人或达尔富尔的难民募捐吗？你想拯救斯里兰卡的大象吗？网络给你提供了一个全球的舞台，全世界的人都是你的观众。你想在自己的社区内宣传亚马孙或极地的环境退化问题吗？你可以在 www.flickr.com 上贴出照片，或是把你拍摄的纪录片上传到 You Tube 上。你可以在你的博客上抨击社会不公，你也可以在博客上为你最喜欢的候选人筹资。只要你的观点、你的照片、你的视频、你的声音能够打动人心，你就会找到自己的拥护者，或者他们迟早会找到你。

没有网络你也能做得很出色。如果你有企业家的才能、一本护照、一点点钱和极大的勇气，你可以走出去，在世界上任何一个地方创办自己的企业，并为那些每天收入不到 1 美元的穷人提供更好的工作，你没必要只是在下一次世界银行年会上为穷人的利益示威游行。因为平坦的世界将自由市场扩展到了世界的每个角落。社会企业家可以利用这些市场为所有的人提供工作、服务和利润，不仅仅为富人，也为穷人，也为那些朝气蓬勃的中产阶级。

接下来我将为你介绍在平坦的世界里出现的几种社会企业家和社会活动家。

在当今世界上，或许最有名的社会企业家要属穆罕默德·尤努斯（Muhammad Yunus）。他是个孟加拉国人，2006 年获得了诺贝尔和平奖。尤努斯 1976 年创办了葛莱敏银行（Grameen Bank）。这家银行向社区里最穷的人发放小额贷款，而且不需要抵押品，在之后 20 多年的实践中，它证明了穷人可以很好地利用这些钱并偿还贷款。尤努斯开创了一项崭新的银行业务——微观金融。2005 年秋天我采访尤努斯的时候，给我印象最深刻的是他充沛的精力和源自内心的干劲。他的工作已经得到了全世界的关注，并将获得诺贝尔奖，但他仍然紧抓着我的衣领，滔滔不绝地向我讲述他现在的项目和未来的计划。

在我所有遇到的人里，尤努斯最尊重穷人企业家的才能，他也最了解开办自己的企业，哪怕是再小的企业，能给人带来多大的自尊。尤努斯向我解释："对穷人来说，小额贷款解除了他们的束缚，让他们感到自己和过去大不一样。他们不再去乞求别人，而是要发现自己。他们在探索自己永无止境的潜力。"这就是为什么他最近要搞一个新的项目，向乞丐们发放小额贷款，小到每一笔大约是 10 美元。是的，向乞丐贷款！尤努斯说他的银行的雇员走上孟加拉国达卡的街头，问街上的乞丐："既然你挨家挨户地乞讨，那你是否愿意再带上些糖果和玩具？这样你不是可以又讨钱又卖东西，这不是两全其美吗？"这一招很管用！因为那些乞丐就会去想："什么东西好卖呢？哦，你喜欢这个？那我明天给你多带些！"他们向 8 万多名乞丐发放了贷款，很多乞丐不再乞讨了，因为他们已经成功地变成推销员了，他们变成了全职的销售人员，业余时间才讨讨钱。

葛莱敏银行的顾客中有 97% 是妇女，还款比率高达 98%。尤努斯对我说："有没有抵押品是一回事，有没有信用是另外一回事。"穷人没有抵押品，但他们很有信用。

要是尤努斯没有尝试，谁会知道这一点呢？1976 年他还在吉大港大学讲授"优雅的"经济学理论，但他在校园里到处可以看到贫穷和饥饿的人，他想知道如何才能帮助他们。尤努斯说："我看到那些放高利贷的人在穷人临死前还要榨干他们最后一滴血。"尤努斯说的这种现象在发展中世界里臭名昭著。贷款者以极高的利率借钱给穷人，如果穷人还不起就把他们抽筋扒皮。尤努斯靠着一种直觉，借了 27 美元给当地一群贫穷的工匠，后来当这些工匠向银行贷款的时候，他又为他们做了担保。这笔贷款的效果非常好，如此就激发了尤努斯去创办葛莱敏银行。

2005 年 12 月 26 日的《商业周刊》写到："尤努斯的创新大受欢迎。1997 年在全世界范围内只有 760 万个家庭接受了小额贷款，到 2004 年 12 月

31 日，已经涌现出 3 200 家小额贷款机构，他们的顾客达到 9 200 万户。大约有 73% 的借款者在借第一笔钱的时候生活在赤贫状态，'小额信贷高峰运动'的主任山姆·迪里－夏里斯（Sam Daley-Harris）深表敬佩'银行发放大额贷款，尤努斯发放小额贷款；银行要烦琐的文件，他却向文盲贷款。尤努斯做的和传统银行业恰好背道而驰'。"

我在各地都能看到尤努斯这样的社会企业家涌现出来，当然不是所有的社会企业家都关注社会最底层的人民。帮助穷人变成小业主固然很重要，但帮助发展中国家的小企业发展成大企业也很重要，只有这样他们才能雇佣更多的同胞。正如谚语所说的 "授人以鱼不如授人以渔"。我还想再加一句，"授人以渔" 不如帮助发展渔业的企业家，这样受益者将不只是自己的家人，而是整个的村庄。

林达·罗腾博格（Linda Rottenberg）和皮特·科乐尔（Peter Kellner）于 1977 年创办的尝试社 (Endeavor) 就是个很好的例子。尝试社的目的是为了培养在新兴市场的企业家，他们首先在拉丁美洲开展活动。他们采用的模式是在中小企业家和有经验的企业家之间建立有机的联系，帮助那些刚刚创业的年轻人得到经验和业务联系，以便他们扩大企业规模，拓展雇佣的人数，这是一项最好的反贫困计划。这种形式的社会企业家非常重要，但没有得到足够的重视。《华尔街时报》在 2003 年 4 月 15 日报道过尝试社的事迹："拉丁美洲一向被认为是创业最艰难的地方，创业者既得不到资金的支持，又缺乏提升社会地位的机会……很多援助发展机构在拉丁美洲只关心小额信贷，尝试社想要帮助的那些人，那些有自己的中小企业并渴望变得更加富裕的人常常不会得到援助者的同情。罗腾博格女士记得一个基金会拒绝了她的要求，因为她只想 '帮助中产阶级'。"

但正是这些想创业的中产阶级和中小企业家为一个社会提供了最主要的工作机会和最活跃的创新思路。正如尝试社的创始人和首席执行官罗腾博格在一封电子邮件中告诉我的一样："通过孟加拉的葛莱敏银行、拉美的行动国际（Accion）以及玻利维亚的 Banco Sol 等小额信贷机构所做的大量工作，人们已经注意到向金字塔底部的穷人提供小额贷款的重要性，但我们在新兴市场还经常发现在小额信贷之后对中小企业几乎没有任何进一步的支持。那些能够在世界范围内得到咨询和投资服务的发展中国家的公司需要年收益至少 5 000 万到 1 亿美元以上的规模。"

罗腾博格说："尝试社想弥补这一缺口，我们主要帮助那些已经有自己的商业模式、年收益为 50 万到 2 000 万美元、未来增长前景看好的公司。有时候我们也帮助从头创业的企业，然而我们发现真正的转折点是在这些企业已经有了一定的基础、但需要战略性支持才能继续成长壮大的时候。新兴市场的大部分公司都无法达到这一转折点。"

尝试社取得了令人瞩目的效果：在他们所帮助的企业中，有 96％ 的企业仍然运转顺利并能够持续提供收入良好的工作机会。尝试社所帮助的企业平均每一家可以提供 214 个工作岗位，他们的工资水平至少是最低工资的 10 倍，其他福利条件也相当好。罗腾博格说："对我们而言，帮助这些企业家所带来的收益不仅仅是提供了更多的工作岗位。这些企业的发展产生了乘数效应：一个成功的企业家能够提供上百个工作机会并鼓舞上千个未来的企业家，这个趋势将由此发展下去。这一重要的作用在慈善界中几乎无人关注，甚至在有关经济发展的讨论中也未被重视，10 年前当尝试社刚刚创办的时候，在西班牙和葡萄牙语中均找不到'企业家'这一词汇，由于我们的努力、更得益于全球经济的影响，现在在他们的词汇中也有了'企业家'这一说法。"

这种形式的社会企业家还有巨大的潜力有待发挥，我们关于反贫苦的讨论非常之多，但很少关注如何鼓励企业家的成长。本地企业家的成功故事有着难以估量的鼓舞作用，当穷人看到他们中的一员取得成功之后就会对自己说："如果他能做到，那我也行！"榜样的力量是无穷的。

另一种形式的社会企业家是"我来做，你们受益"。我最喜欢的例子是杰瑞米·哈根斯坦（Jeremy Hockenstean）的故事。他早年的经历一帆风顺，他先在哈佛读书，然后到麦肯锡公司工作，但后来他的人生道路出现了一次重大的转折。他和一位麦肯锡的同事在柬埔寨创办了一个非营利的公司，在这个商业环境最糟糕的地方，他们想为美国公司提供外包的数据服务。

事情是这样开始的。2001 年 2 月，哈根斯坦和几位麦肯锡的同事一起去金边，一半是为了度假，另一半是为了寻找做公益事业的机会。他们非常惊异地看到金边到处是网吧，到处是学英语的学校，但却没有工作。那些毕业的学生只能找到有限的就业机会。

哈根斯坦说："我们想利用自己在北美洲的关系搭建一座沟通的桥梁，为当地人提供一些增加收入的机会。"那年夏天，他和同事又自费来了金边一趟，随后创办了"数字鸿沟数据（DDD，Digital Divide Data）"。他们想雇佣当地人为美国的公司提供打字服务，把美国公司送来的印刷材料输入电脑变成数字化格式，以便使这些数据可以在电脑中存储和检索。美国的公司把这些材料扫描之后通过互联网发送到柬埔寨。哈根斯坦他们做的第一件事是雇佣两个柬埔寨人做经理，他的合作伙伴 Jaeson Rosenfeld 飞到新德里拜访了很多家印度的数据输入公司，想找到一家，且只要一家，能够帮他们培训这两个柬埔寨经理的公司，9 家印度公司都拒绝了他的要求，他们最不愿意看到的事情就是在柬埔寨出现成本更低的竞争对手。但一个慷慨仁慈的印度人 Lalit Gupta 答应了他们，哈根斯坦的两个经理接受了培训。

他们第一批雇佣了 20 个打字员，其中有很多曾是柬埔寨内战的难民。他们买了 20 台电脑，租了一条网线，每个月需支付 100 美元。这个项目的资金中有 25 000 美元是他们自己掏腰包，另外 25 000 美元是从硅谷的风险资本家创办的全球催化剂基金会得到的资助。他们在 2001 年 6 月开业，第一笔业务来自哈佛的校报《红色哈佛》（*Harvard Crimson*）。

哈根斯坦说："《红色哈佛》想把他们的过刊数字化并放到网上，因为我们两个都是哈佛的毕业生，所以他们把一部分的工作交给了我们。我们最初的工作是让柬埔寨人在电脑上录入《红色哈佛》1873～1899 年的新闻报道，其中包括哈佛、耶鲁划船比赛的报道，后来我们开始录入 1969～1971 年的报纸，当时柬埔寨正在发生暴动，我们这些柬埔寨雇员录入的是他们自己的故事。"《红色哈佛》的过刊是用微缩胶卷储存的，我们通过俄克拉何马州的一家公司把它变成数码形式，又通过 FTP 把数码图片传送到柬埔寨，现在你已经可以到哈佛校刊的网页上下载这些故事了。"这些柬埔寨的打字员并不需要懂英文，他们只需要懂得打英文字母。他们两人一组，录入同一篇文章，然后计算机程序会检查和比对他们的工作，并确定没有出错。

数据鸿沟数字公司已有 4 年历史，他们现在有 400 名雇员、3 个办公室，一个在金边，另一个在柬埔寨的第二大城市马德望，还有一家刚刚在老挝的万象开业。哈根斯坦说："我们在金边开业的时候招募了两个经理，他们被送到印度去培训，现在我们在老挝又招了两名经理，这次他们就能在我们的金边分部接受培训。"

这棵树向四面八方传播着各种各样的种子。2005 年当 Google 宣布一项计划，准备把图书馆里的书都扫描下来的时候，DDD 担心这会影响到他们的业务，但在硅谷宣布的这项计划最终却为老挝的人们提供了更多的工作机会。为什么会这样呢？原来另一家搜索引擎公司也打算在美国扫描上万册的图书。于是在美国的一家常青藤大学里，图书馆的藏书被扫描成数码文件，但 DDD 在老挝的雇员得到了一项新的工作，他们要检查这些扫描文件是否出现了文字变形，扫描机是否漏掉了一页。哈根斯坦说："由于世界变平了，现在人们可以以更高的清晰度扫描更多的图书，以前这些工作只能在图书馆里人工完成。"

除了将图书数字化和录入《红色哈佛》，DDD 所承接的另一项主要工作来自 NGO（非政府组织），这些 NGO 想把他们在野外测量得到的关于健康、家庭或劳工状况的数据数字化。我觉得最有意思的是，DDD 最早的一批柬埔寨雇员中有的已经离开了这家公司，创办了自己的企业，专门为这些想做调查的 NGO 设计数据库。怎么会这样呢？哈根斯坦说，当他们为 DDD 工作的时候，他们经常从 NGO 那里得到需要数字化处理的调查工作。但是由于 NGO 没有事先把这些数据标准化，如果想把它们数字化就非常困难。这些柬埔寨工人意识到，在这一供应链的前端还有一项更重要的工作，他们从中能得到更高的收入：不是简单地为 NGO 打字，而是为 NGO 做调查的时候设计标准格式，这样调查起来更加容易，数据的数字化工作也更简便，于是他们开办了自己的公司专门承接这一业务。

哈根斯坦说，他们在柬埔寨提供的工作没有一个职位是和美国人有竞争的，数据录入的外包工作过去一直由印度和加勒比海国家承接，如果 10 年之前想在柬埔寨创办这样的事业是根本不可能的。在过去几年当中时机才逐渐成熟。

哈根斯坦谈到了他在柬埔寨的合伙人 Sophary："1992 年以前 Sophary 一直住在柬埔寨和泰国边界上的一个难民营里，而我当时正在哈佛大学读本科。我们生活在两个完全不同的世界里，柬埔寨签署了联合国和平条约之后，Sophary 走了整整 10 天才回到他的村庄，现在他住在金边，负责经营 DDD 的业务。"他们现在每天晚上交换信息，讨论如何向全世界的公司和个人提供服务。哈根斯坦说："今天的这种合作使我们变成了平等的合作者。"

到 2007 年初为止已有 200 多人从 DDD 项目毕业。他们现在的平均工资是每月 153 美元。在进入 DDD 之前他们中的大部分都已从中学辍学，而且从不敢想象自己每天的收入能超过 1 美元。如今的经济收入对他们是很重要的，但工作给他们带来的信心以及让他们感到一切皆有可能的感觉同样有价值。哈根斯坦说："我们之中并不是谁主导谁的关系，而是来自金字塔顶部和底部的人们之间的一次真正的合作，这使我们每个人的未来都更加美好。"

DDD 项目的名声开始四处传扬，哈根斯坦和他的合作伙伴们开始接到来自蒙古、巴基斯坦、伊朗和约旦的电话，他们也想向整个世界提供 IT 服务。2004 年，一位阿拉伯客户找到 DDD 公司，他想把英文－阿拉伯文词典数字化。大约与此同时，哈根斯坦的办公室还收到来自一家伊朗公司的电子邮件，这家公司在伊朗从事数据录入工作。哈根斯坦说："他们通过 Google 检索找到了我们。"哈根斯坦马上问这家伊朗公司能不能承接录入英文－阿拉伯文词典的工作。伊朗的语言是现代波斯语,他们所用的字母和阿拉伯文并不完全相同。哈根斯坦说："他说没问题，于是我们接下了这个工作，共同录入英文－阿拉伯文词典。"

这个故事还有一个小插曲能说明世界是平的。哈根斯坦说："我从来也没有见过这个伊朗人，我们的业务都是通过电子邮件和雅虎的网上聊天服务完成的。我们从柬埔寨把钱汇给他，我曾邀请他参加我的婚礼，但他最终还是没有成行。"

哈根斯坦这样总结他和他的伙伴们共同创办 DDD 的经验："两个人和一台电脑就能够改变 300 个人的命运，如今，两个人和一个网站几乎能做所有的事情。"

没有人命令哈根斯坦去柬埔寨，也没有人出钱让他们去，他们自己去了。哈根斯坦说："我们刚到金边的时候一个人也不认识，我们租了一间房子就开始敲别人的门，24 小时之后我们就坐进了把互联网引入柬埔寨的那个人的办公室，并开始讨论为当地人创造就业机会。"

我问哈根斯坦："如果要你给今天的年轻人提供建议，你会怎么说呢？你是希望他们去 NGO 工作还是希望他们去世界银行？你是希望他们去慈善机构还是先去上商学院？"哈根斯坦说："只有靠市场才能找到可持续的解决方案。有很多 NGO 试图教人们使用电脑并补贴企业，但当 NGO 的钱花光之后，那些受过资助的人却很少能自我谋生。在柬埔寨他们中的大部分人要么回家务农，要么被迫卖淫。如果你想彻底消除卖淫或毒品种植，你必须给当地人其他的赚钱机会，这才能对大多数人有益，也才能做到一劳永逸。我们在柬埔寨解救了 20 多名妇女，她们现在在我们这里工作，彻底摆脱了过去的生活。但还有许许多多的柬埔寨女孩最终又被迫卖淫才能维持生计。"

当然，大多数柬埔寨人仍然生活窘迫，处在不利地位，这是老的现象。新的现象是，在柬埔寨和老挝都出现了一线生机，并能让两国人民逐渐消除贫困。虽然前面还有漫长的路要走，但我们已经开始上路。

哈根斯坦对大学生们的建议是："很多年轻人愿意帮助别人，愿意有所作为，但他们不知道如何才能做有意义的工作。一个原因是他们仍在等着公司的招聘人员到校园里去给他们提供改变世界的机会，但是等来的却是咨询公司和投资银行。不要等着招聘公司到校园里来面试你，自己攒够一张飞机票的钱就出发吧！"

在地球上两个相距遥远的地方，有两个老师想利用平坦的世界，以一种完全不同的方式教育他们的学生如何相互合作。他们没有等待上级部门发出命令，调整课程大纲。我在网上浏览的时候，发现了孟加拉国达卡国际学校的朱利叶·林赛和美国佐治亚州卡米拉镇 Westwood 中学的维基·戴维斯所做的工作，他们都在自己的教案里使用了我的这本书，他们的目标都是想让中学生了解平坦的世界，并让他们亲自体验平坦世界中的各个方面。林赛说："当维基在她的博客中贴出来她的学生们关于《世界是平的》一书的评论时，我意识到我们正在做同样的事情。于是我想到通过直接联系那些志同道合的老师们，我们也可以让这个世界变得更加平坦。"

维基·戴维斯补充说："当朱利叶和我联系的时候，我意识到我们所希望设计的学习环境恰好和她的想法不谋而合。于是我们立刻开辟了一个维基（Wiki）的网页，并着手计划一次教育合作。"

他们创立的"平坦教室"（http://flatclassroomproject.wikispaces.com）花费了 6 周时间准备，并持续了两周时间。孟加拉国和美国佐治亚州课堂上的学生互相合作，共同设计一个维基网页（维基网页允许每个成员上传和修改网页内容），分别讨论导致世界变平的各种因素。学生们频繁地在互联网上交流，分享照片、音乐等资料，就像面对面地坐在同一间教室里一样讨论他们的计划。他们亲身地体验了平坦的世界。比如他们的老师们告诉我，有的学生把课堂报告的一部分"外包"给了另一国的合作者。两地之间的时差是个挑战，这两个老师只好在凌晨或深夜通过网上聊天相互交流。学生们不在同一个教室里、不在同一块大陆上，也不在同一个市区。

这些学生熟练地使用着各种软件和硬件完成他们的网页设计任务，这些软件和硬件包括维基网页、维基讨论区、RSS、Skype、IM chat、MySpace、Evoca、YouTube、Dropload 等。比如说有两个学生自称是"C 组合"（他们的名字分别是 Casey 和 Cannelle），他们讨论的话题正是"虚拟交流"。

林赛和戴维斯认为社会网络能极大地帮助人们学习并激发全球范围内的合作，她们说："这个项目还加深了孩子们的友谊，促进了不同文化间的相互理解。这对今天的世界来说确实是必须的。我们可能来自世界上的不同地方，但我们的学生们被互联网看不见的纽带连接在一起，变成了一个班级。"

当我问林赛和戴维斯，他们从哪里学到这样的做法的时候，他们回答说："学生们渴望彼此之间建立密切的联系，他们想知道大众媒体所描绘出来的偶像是不是真的。他们希望彼此互相联系、自己做出判断。这正是MySpace 或 YouTube 这类的网站会出现爆炸性增长的原因。这种相互联系的能力却被教育界忽视和压制。教育界很多人所习惯的仍然是经历了上百年历史的教室模式。但已经有一些教育家正在开发安全的、有意义的、吸引人的网上项目和合作。这些努力已经在教学中看到了令人惊讶的效果。我们正在分享这些创新。

学生们在这一项目中学到的不仅仅是"计划内知识"，即老师希望他们学到的知识，他们也在自己的合作经历中学到了很多"计划外知识"。这两个老师说："我们搭建了一座桥梁，未来的学生可以跨越鸿沟。我们已经实现了技术的连接，现在需要的是把人与人连接起来。"

这真是令人振奋的消息：今天的教育家已经超越传统的模式，彼此分享资源、信息和好的经验。有兴趣的老师们可以发送电子邮件到 flatclassroom-project@gmail.com。

另外一些社会企业家正在试图利用平坦的世界改善美国政府的治理。因为他们认识到这个新的平台赋予了草根阶层新的力量去抗衡政党机器和大的媒体。我的朋友 Andrew Rasiej 曾经是一个音乐推广者，他创办了 Mouse.org，想向纽约的中小学提供更多的技术。2005 年他是纽约市政府公共倡议办公室的民主党候选人，这一岗位的职责是帮助市长处理社区关系、调查从马路失修到城市服务等各个方面的抱怨。当我认识 Rasiej 的时候他正在努力推广一项倡议，让纽约市能够全面提供 Wi-Fi 设施，这样在纽约的任何一个地方人们都能使用高速互联网和手机。他的竞选没有成功，他走得比自己的时代更快，但最终时代还是要赶上他的步伐。

Rasiej 说："传统的政治方式是从一到多。"也就是说我们选出某人，由他来解决我们的问题。如今商业领域里的新模式是，你必须在商业过程中随时和社区及消费者交流。从你打算开发一项新产品开始，到设计、建立供应链、生产、运送、搜集消费者反馈的意见、根据消费者需求的变化迅速做出调整等，都需要社区和消费者的参与。

Rasiej 认为："现在我们需要把这种新的理念，即重视多数人的力量，运用到政治中，重新改造我们的公众生活和民主制度。我们不能仅仅满足于改善市政服务、提高居民的生活水平，还要让公民参与决策。我们要让这种参与既方便又有效。"

Rasiej 的建议是建立一个网站，让每一个市民在看到路面坑洼不平、铁轨松动或犯罪嫌疑人的时候都能用手机拍下照片，直接发送电子邮件给市政厅，或贴在官方的网站上，于是每个市民都变成了市政府的调查人员。两年之后，纽约市政府开始实施这一计划。

Rasiej 认为，当 2004 年民主党的总统候选人霍华德·迪安（Howard Dean）试图在网上筹措资金的时候，已经不经意地发现了网络的力量。但迪安的竞选失败了，而且并未东山再起。Rasiej 说："迪安没有意识到他从互联网上筹集到的资金只是一种副产品，真正的力量来自于支持民主党、反对布什和反对战争的热情澎湃的选民们。他们互相传递消息并支持了迪安的竞选。"其他的候选人也没有认识到网络的力量，没有一个候选人在 2004 年大选中试图发起平坦的竞选。但我敢肯定的是未来的竞选者们很快就会意识到这一点。美国政治的铁律是，那些能够以最快速度掌握并运用最新技术的党派会在政治中占据上风。富兰克林·罗斯福总统通过炉边对话占据了广播节目，约翰·肯尼迪总统通过在电视辩论中的出色表现战胜了尼克松，共和党通过广泛应用广播中的谈话节目才得以上台，布什总统的高级政治顾问卡尔·罗夫善于利用直邮和数据分析。下一轮的政治模式要发挥社区和上传的力量，在这种新的模式中政治家不再热衷于许诺解决大众的问题，现反将他变成连接大众与大众的纽带，他将创建一个包容社会活动家们的网络，不断地发现问题、解决问题。政治候选人将学会以正确的方式动员政府和公众的力量。

Rasiej 说："单凭一个被选举出来的市长是无法解决 800 万市民所有的问题的。但这 800 万人如果形成一个网络就可以解决一个城市的问题。他们会比官僚们更好更快地发现问题并找到答案。那些致力于探索这一新的领域的政党将会成为 21 世纪的多数党。民主党必须有所警醒：他们的根据地和互联网世界相距遥远。"

但民主党已有所改变。正是在这一背景下 Rasiej 和《国家》（Nation）杂志的主编 Micah Sifry 一同创办了 www.personaldemocracy.com，他们写道："借助于互联网一种新的力量正在崛起，并在挑战原有的大资本和大众媒体相互勾结的政治模式。来自互联网的声音重新激发了公共讨论，每一天都有更多的人发现这种新的力量，他们厌倦了过去一直被动地被操纵或影响，他们想要有自己的声音。每一个团体成员都想在决策过程中有发言权，读者们想和媒体沟通、市民们希望政府运作更加开放和透明，那些过去的机构，无论是大财阀、政党、大媒体和那些自我封闭的机构都必须有所改变，否则将会面临丧失地位和力量的挑战。个体民主的时代，即每个人都能充分参与的时代正在来临。

弗吉尼亚州参议员 George Allen 的失败就是一个例证。他曾经轻蔑地把一个年轻的批评者称为 "Macaca" ●，这一场景被人拍了下来并上传到互联网上，George Allen 因此失去了再次当选的机会。Rasiej 和 Sifry 说，未来的选举会更多地受到互联网的影响，选民、社会活动家、社会网络和技术的力量会共同要求选举过程和政府政策变得更加透明。

围墙将不再能挡住一切，哪怕是皇宫的围墙。2006 年 11 月 24 日的《金融时报》上，William Wallis 写过一篇有趣的文章，他从巴林发回报道："今年年初巴林政府封掉了谷歌地球的网站，声称它侵犯了私人住宅和皇室王宫的隐私权。自那以后上网浏览他们的王国变成了巴林人全国性的娱乐节目。"

巴林是个很小的岛国，坐落在沙特阿拉伯的东面。60％的巴林居民是什叶派的穆斯林，但统治该国的王室却是逊尼派穆斯林。巴林的什叶派穆斯林一直要求分享更多的财富和权利，反对派声称该国 80％的土地都被王室成员和私人地主瓜分，普通民众却面临严重的住房短缺危机。

Wallis 写道："谷歌地球网站使得互联网用户可以看到卫星拍摄的地球上各地的图像。当谷歌提高了巴林地图的精确度之后，网络上的一些活跃分子利用这些图像显示出来的王室成员和私人地主的占地，揭露出这个海湾小国土地分配严重不均的问题。"该国的一个高级官员向 Wallis 说，谷歌地球让公众能窥探私人住宅、觊觎富人的游艇和游泳池。但他也承认政府仅仅能封杀谷歌地球网站 3 天，而且这一做法适得其反，反而使得谷歌地球的名声大噪。巴林人对政府封杀网站的做法产生了更多的猜疑。2006 年议会选举之

● Macaca 原意是非洲短尾猿，俚语中有强烈的歧视性。历史上法语殖民者对皮肤黝黑摩尔人的一种蔑称。

前倡导民主的活跃分子乘机大肆鼓噪。这是 Hamad bin Issa al-Khalifa 国王 2001 年实行有限政治体制改革之后最活跃的一次政治运动。

Wallis 写道:"Mahmood al-Yousif 是巴林的一个商人,他的博客 Mahmood's Den 是巴林最有影响力的博客之一。他在自己的博客里说,在民意调查的过程中几乎每一个巴林人都承认曾经浏览过自己王国的地图,比较过宽阔的王宫游艇码头、高尔夫球场和拥挤不堪的什叶派穆斯林村庄。在那些村庄里失业率居高不下,公共服务异常糟糕。有的人宽带有限,无法登陆谷歌地球,在他们中间以匿名电子邮件的方式传播着一个 PDF 文件,其中有数十张下载的王室地产的图片。Yousif 和很多人一样鼓励网民们把这些图片上传到互联网上,他说,'有的王宫占地面积比附近三四个村庄还要大,还封锁了渔民出海打鱼的通道,人们过去早已知道这些,但他们看不到,他们只能看到高高的围墙。'Yousif 在巴林被誉为博客之父,他和其他的活跃分子认为,通过利用互联网能促使这个国家面对尴尬的现实,并更快地走向一个更开明的社会。但王室成员却认为在互联网上不恭敬地讨论王室是危险的冒犯行为。王室成员中的一些年轻成员看到了封锁谷歌地球是徒劳无益的,但其他成员却枉费心机地想和网络上的积极分子开战。Yousif 说,'王室里的一些成员仍然生活在过去,他们认为可以很容易地控制通讯,但这种奥威尔式的思想警察手段在今天已无法奏效。'"

许多年以来,所有的巴林王宫都被高高的围墙环绕,人们很难看到里面。如今谷歌地球来了,突然之间每个人都能看到围墙后面的东西,并根据他们看到的真相行动起来。

当我报道阿拉伯和以色列的冲突时,我认识到能够产生巨大改变的办法是让那些重要的角色出于错误的原因去做正确的事情。如果你等待着每个人出于正确的原因去做正确的事情,你只能遥遥无期地等下去。在平坦的世界里,另一种社会企业家也在运用这种策略。他们试图和世界上最大的跨国公司合作,试图改变他们的商业行为。

在平坦的世界里,大公司和社区之间的力量平衡越来越偏向跨国公司,尤其是美国的跨国公司。这些跨国公司的力量甚至比政府还要大。他们不仅能创造价值，而且能转移价值。为了避免在平坦的世界里成为人人指责的焦点，跨国公司变得越来越愿意和社会活动家及环保主义者合作。这些合作能让公司赚更多的钱，同时让我们的地球更适宜于生活。

让我给你举几个例子。地球上什么活动对生物多样性破坏最大？首当其冲的是农业。所以那些最大的食物生产厂商在哪里种植和捕捞，以何种方式种植和捕捞对我们保护动植物意义至关重要。"保护国际（Conservation International）"是世界上最大的环保非政府组织之一，其主要宗旨就是保护世界上的生物多样性。他们也相信有必要和大公司合作才能对全球范围内的环境保护产生巨大影响。2002年保护国际和麦当劳建立了伙伴关系，他们希望利用麦当劳的全球供应链不仅仅生产出经济价值，也创造出环保的价值。保护国际的副总裁 Glenn Prickett 说："我们和麦当劳一起关注各种环境问题，并试图发现我们的食物供应商不用花费太多却能减少环境污染的环节。"

之后麦当劳和保护国际一起同麦当劳主要的供应商制定出一套准则，麦当劳称之为"有社会责任的食物供应"。Prickett 说："对环境保护主义者而言，挑战在于如何面对数以亿万计的决策者。只有市场的力量才能使这些决策者协作起来，所以我们寻找的合作者是能够利用其购买的力量，通过采用一套有利环保的做法，既能使其从中得益，又能使供应商得益，同时也对生物多样性有益。只有这样你才能够抓住这么多的决策者。没有一个全球性的政府组织来保护生物多样性，你必须和那些能发挥关键作用的角色一起合作，麦当劳就是这样的一个角色。"

保护国际已经看到，麦当劳的供应商在水资源保护、能源利用和废物处理方面都有了改善，渔业管理也有了改进，但只有经历数年的发展，掌握了充分的数据之后才能够判断这些措施是否对环保产生了积极的影响。这种合作不能也不应该取代政府的法律和监管。但如果这种合作是有效的，就一定能对政府法令的执行带来积极的成效。那些更偏好政府立法的环保主义者常常会忽视一个现实因素，即如果立法过于苛刻，法律得到有效执行的可能性就会降低。

麦当劳从中有何获益？通过扮演一个全球好公民的角色，麦当劳可以极大地提高其全球品牌的影响力。保护国际和星巴克一起为种植咖啡的农户制定了规则，此外还和欧迪办公（Office Depot）一起为造纸企业制定了规则。

Prickett 说，这种合作开始"打破了不同利益集团之间的界墙"。通常情况是，环保主义者站在一边，农户站在另一边，他们都希望政府能够制定对其有利的政策，而政府的政策通常总会更偏向于大企业的利益。Prickett 说："现在，我们作为一个私人机构想要倡导的是利用全球供应链推动公益事业，但我们知道这件事要想卓有成效就必须依赖于环保主义者和农户之间的合作。"

在和麦当劳达成合作之后，Prickett 又找到了沃尔玛，保护国际正在和沃尔玛的经理一起制定战略，希望尽可能减少沃尔玛对环境的负面影响。这种新的战略将涉及沃尔玛如何利用能源、包装商品，以及如何在世界范围内如何生产这些产品。

Prickett 说："与沃尔玛的合作是激动人心的，因为它是世界上最大的零售商。如果你能够影响沃尔玛对其供应商制定的标准，你就能对全球范围内几乎每一种商品供应链上的 6 万多家商户产生影响。沃尔玛的另一个可道之处就是它向整个商业界发出了信号，它的行为能告诉其他的企业，如果全球最大的零售商都能把环境保护当成一项严肃的事业，那么环保就一定是一件举足轻重的大事。突然之间'绿色'变成了风行一时的商业战略，这使得大公司里那些主张环境保护的人有了更大的发言权。过去他们无法在企业层面推行环保事业，但现在的形式已大不相同。也许他们是沃尔玛的供应商，因此不得不变得更加环保，也许这种沃尔玛效应影响到他们的企业、影响到他们的老板对待环保的态度。随着沃尔玛转向更加环保的战略，绿色运动成为商业的主流，最终这将产生深远的政治影响。可持续发展变得深入人心，而不再只是上流社会的精英主张。"

在家电行业也有类似的变革，2004 年 10 月惠普、戴尔和 IBM 这三家巨头以及他们在计算机、打印机供应链上的主要客商一起，试图在世界范围内推行一种统一的企业社会责任条款。这一新的《家电行业行为准则》规定要禁止行贿受贿、使用童工、贪污公款、敲诈勒索以及侵犯知识产权的行为；准则还制定了有关废水处理、有害物质和污染物处理的规定，以及对工伤事故报告的要求等。这三家家电行业供应链上的主要厂商如 Celestica、Flextronics、Jabil、Sanmina-SCI 、Solectron 也参与了准则的制定。

对准则的执行当然更为重要，同时我们也需要观察这些企业对其供应商的行为能否保持警惕。但无论如何，利用供应链创造社会价值、而不仅仅是商业价值将成为未来的潮流。

惠普的高级副总裁 Debra Dunn 说："随着我们越来越依赖海外供应商，我们也必须承担更多的责任去关注他们以何种方式来完成自己的工作。"这首先是惠普的顾客们的要求。Dunn 说："顾客们对此非常关注，尤其是欧洲的顾客群。人权组织和非政府组织的全球影响力越来越高，他们也在说'作为全球性的企业，你们是有能力影响新兴市场的环保和人权保护状况的。'"

这些人权组织和非政府组织还会利用互联网，迫使没有意识到这一点的企业尽早警醒。

Dunn 说："像惠普和麦当劳这样的公司有大量的采购资金，人们都愿意和我们做生意，因此我们能够利用这一优势制定标准，我们也有责任制定标准。过去我们只强调要遵守当地的法律，但现在力量对比变得如此不平衡，我们不能再认为只要当地政府不反对沃尔玛或惠普就可以为所欲为。我们有能力在自己的世界里建立全球治理模式，这包括了我们的供应商、雇员和顾客。"

我相信在家电工厂里仍然会有很多不当行为，然而我也相信像《家电行业行为准则》这样的做法给劳工保护者提供了更有利的武器，并帮助其改善工作条件。执行是关键，而执行的关键是社会企业家们要教导消费者，他们是有力量的，他们的购买决策也是政治工具。消费者要学会利用这一工具。

社会企业家想要通过市场而不是示威活动改变世界。这是否意味着他们已经出卖了自己的原则？我向 EcoTech 的首席执行官和主席 Rob Watson 提出这一问题，Watson 是在环境保护运动中成长起来的，他曾经是在中国工作的、最受尊重的环保主义者，但最后他却决定去读商学院并创办了一家公司。我问他为什么做出了这样的改变，他给我发了一封电子邮件，标题是"我从商学院学到了什么"，这就是邮件的内容：

"为什么一个 43 岁的父亲会放弃在非营利部门 20 多年的成功事业，转而跑去读 2 年商学院，再去经历创办一家新企业的痛苦？我的人生目标一直是为大多数人的最高利益服务。我选择把自己的精力集中在环境保护方面，因为环境是地球上人类生存的基础。我所追求的是完成这一使命，在哪个机构工作只是手段而不是目的。20 多年来我一直为自然资源保护理事会（NRDC）工作，这是世界上最有效率的环保组织之一。在 NDRC 工作期间我有幸能在四大洲的很多国家工作过，帮助不同国家的政府和企业制定政策和项目以保护自然环境。我也是美国绿色建筑协会（Green Building Council）的发起人之一，我帮助建立了能源和环境设计领袖（LEED）绿色建筑评估体系；经过包括我在内的数百名志愿者的努力以及美国绿色建筑协会的辛勤工作，这一体系已经成为世界上最主要的绿色建筑认证标准。我确实尽自己的努力改变了世界。

然而我在这一领域的工作却使我认识到，我必须走一条新的道路。很多年以来当人们问我如何才能参与环境保护活动的时候，他们总是想知道究竟应该支持哪个立法或科研项目，但我却总是建议他们去读商学院。我为什么会给出这样的建议呢？因为我相信有关环保的立法和监管体系基本上已经成型，在当前情况下应该做的是如何传播和执行，而商学院教的恰恰就是如何执行。同时我们也看到有太多太多的关于环保的律师和科学家，却几乎找不到关心环保的企业家。我们需要绿色的企业才能把环保落到实处。

我认为主流商业模式造成了很多环境恶化的问题，却没有提供解决环保问题的答案。原因主要是常规的商业模式仍然沿用着 19 世纪的经济学和 20 世纪的工程技术，要想解决 21 世纪的新问题我们就有必要建立新的绿色商业模式，让清洁的发展带来最多的盈利机会。经济学、金融学和会计学研究的都是人类法则。不像万有引力这样的自然法则不为人的意志和行为所改变，这些人类法则是可以被改变的，我们必须要改变这些人类法则，否则就会变成地球上糟糕的生物试验。我想，要想促进这种模式的转变，去做一个商人要比在非政府组织做一个环保主义者更见成效。为此我必须先了解那个我想要改变的系统，我听从了自己的建议去读哥伦比亚大学商学院。在 MBA 项目中我学到了，或者说更加确信了三件事：

1. 做生意是非常非常难的；

2. 只有很少的人做生意能够成功；

3. 今天的商业模式中的概念、框架和工具都早已过时。

我想创建一个新的商业模式的过程应该是'从干中学'，首先我们应该消除市场和政府监管之间无休止的相互攻击。市场和政府监管都是有必要的，但也都是不充分的。好的政府监管能让市场运转得更加顺利、能够清除那些坏的企业。而市场能够激励创新，并使得商品生产和服务更加有效率。我去读商学院并从非营利部门转入商界的目的就是为了建立一个新的范式，我希望商业能够有效地服务于改善大多数人的福利的目的，希望我能成功。"

Rob，希望你能成功！对其他的人们来说，我想说的是："如果没有发生，那是因为你没有去做。"

第十四章

假如人人都有狗的听力

2006 年秋天，我到德国和法国参加一次巡回演讲和新书推广活动。到达法国戴高乐机场的那个晚上，法国出版社派了一名司机到机场去接我。这是个非洲裔的小伙子，他举了一块牌子上面写着我的名字。当我走向他的时候，我发现他正用法语喃喃自语，走近了我才看到他耳朵上挂个蓝牙耳机正在和某人亲密地对话。我指指自己，示意我就是他要接的人，他点点头，仍然自顾自地打电话。等我的行李到达后，我自己把它从传送带上拽下来，那司机指指出口，我跟在后面朝外走，而他仍然在电话里聊着。进到车子里我问："你知道我的宾馆在哪里吗？"他说："不知道。"我给他看一张写着宾馆地址的纸，他只瞄了一眼，又开始接电话！等车子发动之后，我发现他的仪表盘上有一个小屏幕，一般来说这个小屏幕显示的应该是 GPS 地图，而在他的车上却放着电影。我之所以注意到这一点是因为我坐在后座，本来打算在手提电脑上写篇文章，但他始终在打电话，加上电影里的声音，让我很难集中精神。等我好不容易写完自己的文章后，我拿出自己的 iPod 戴上耳机开始收听 Stevie Nicks[1]，而那个司机一边开车、一边看电影，同时继续打着他的电话。到宾馆之后我回想这一路行程：这个司机和我一起度过了一小时的时间，我们两个在此期间一共做了六件事情，他一

---

[1] 美国 20 世纪 60 年代的著名歌手，是加州知名乐团佛利伍麦克（Fleetwood Mac）的灵魂人物，也是对西洋乐坛后辈颇有影响的代表人物。

边开车，一边打电话、看电影；我一边坐车，一边在笔记本电脑上工作，还听了 iPod。

但有一件事我们没有做，我们几乎没有互相交谈。

这真是遗憾。我想他一定会有很多能和我谈得来的地方。当我把这件事情告诉我的朋友，《世界报》(LeMonde) 的高级编辑 Alain Frachon 时，他说："我猜外国记者引用出租车司机的时代一去不复返了。"Alain 说的是，在过去的海外通讯稿里经常这样写："我在巴黎碰到的出租车司机跟我谈起法国大选时说到……."现在你再也读不到这样的新闻稿了。我在巴黎遇到的出租车司机太忙了，他连问好都省略了，更不用说大谈政治了。而我忙着写自己的文章，也没有很好地观察新的环境。

是的，技术可以将远在天边的事情变得如同近在身边，但也能让近在身边的事情变得如远在天边。我所知道的是，那个司机大概是在和他在非洲的父母聊天，这多好呀！可是我们两个近在咫尺却无法交谈。我把这个故事讲给 Linda Stone 听，这位学者曾经指出，互联网时代的新病是"持续的心不在焉"。好比在这个故事里，我们两个人做了六件事情，但对彼此却几乎毫不在意。Linda Stone 说："我们都快要找不到仪器和我们自己的关闭键了，我们不停地戴着 iPod，不仅是为了听自己的音乐，也是为了把自己和身外的世界隔开、为了不去听外边的噪声。我们可以在任何地方却唯独不在我们自己所在的地方。"

在去巴黎之前我在旧金山市。有一次我站在路口等着过马路，一个男人一边跑步一边听 iPod，就站在我的旁边。交通灯一变绿他马上冲了出去，这时有个女人开着车在黄灯的时候冲了出来，要不是她猛踩刹车，差点就撞上了那个男人。那女人右手打着电话，左手开着车，我对自己说："我看到的是第一个后现代的本地新闻。"我还马上想出了这个新闻的导语："一个女人边接电话边开车，撞上了一个边听 iPod 边跑步的男人。"

这些事情说明了平坦的世界给我们的世界带来的负面影响。我在这一章打算谈谈这些负面影响。说到对社会的负面影响，我不是指本·拉登也在用手机或是恐怖分子开网页，我指的是对你对我、对我们的孩子和邻居、对陌生人和我们的朋友带来的负面影响；我指的是这个互联互通的时代对我们的相互交往和公共生活带来的负面影响。让我们彼此团结的新技术也在使我们相互分离，让我们能以前所未有的方式联系在一起的新技术也让我们以前所未有的方式互相干扰。让每一个普通人能够把自己的思想上传到网上的技术既使得小人物也能影响世界，也使得我们的语言变得更加粗俗、让我们的讨论变得更加低级趣味。更令人担忧的是我们至今还没有给予足够重视的一点：如今我们不仅能创作自己的内容并上传到互联网上，而且由于互联网和搜索引擎的发展，我们也能读到人们所写的关于我们的内容。如果互联网变得无处不在，搜索引擎变得更加强大，让我们突然之间能听到所有关于我们自己的窃窃私语，这个世界会怎么样？假如人人都有了狗的听力，这个世界会怎么样？

让我们来逐一讨论这些问题。我和巴黎司机之间的故事说明了每一个使我们能更容易相互联系的新技术同样也能使我们更容易地相互分离。我们在生活中处处都可以发现这一点。25 年来我们一家年年在圣诞节期间都去科罗拉多滑雪，与陌生人一起坐在雪橇上或缆车车厢里总是很有趣，因为你不知道谁会坐在你旁边。我们经常遇到外国游客，因此在短暂的相聚中总能学到一些新鲜事。可是现在你一走进缆车车厢就会发现旁边的人正在用手机打电话，根本没有机会和他们交谈。谁没有这样的经历呢？坐在火车上，旁边的人在手机里大声谈话，我们被迫听他们的谈话内容，这些内容经常是一些私人的事情，关于钱、家庭、爱情等。你会觉得很奇怪，这个人怎么会把自己的那些事在一群陌生人里公开广播呢？我经常会觉得很有趣，人们在手机里大声谈论的那些事情却无论如何也不会对身边坐的陌生人轻声谈论。

难怪人们要在网上约会。在滑雪、坐火车或汽车时和人相识的机会越来越少，因为坐在你旁边的人很可能不是打电话就是听音乐，根本没机会和邻座的人沟通。开会也和过去不一样了，因为一半以上的人正在桌子底下查他们的手机，偶尔才朝你看一眼，冲你点点头。每一次我参加研讨会，到小组讨论的时候我都会在一开始就说："每个人都得把两只手都放到桌子上，十个手指头都得让我看到，不许用黑莓手机。"只有这样你才能让他们认真听你的发言。

　　我喜欢有很多朋友，也喜欢朋友间能很容易地相互联系。可现在有那么多你认识的人，以及更多你不认识的人都能找到你，这让我觉得越来越不安。我称此为"干扰的时代"。因为如今你确实会被不停的干扰。我们从铁器时代发展到工业时代、再到信息时代，最后到了干扰的时代。我们现在所做的就是不停地通过短信、电子邮件和手机互相干扰。尽管没有人故意干扰你，但却总是有人在你想打个盹或写东西的时候打来电话。谁能在这种环境下认真思考和创新呢？我知道互联互通能带来生产力的提高，但超过某个限度之后互联互通就对我们的创造活动带来干扰。我甚至认为在干扰的时代文明可能会走向衰退，因为思想和注意力能持续的时间越来越短，而且我们每个人都或多或少患上了注意力缺失症。

　　我在一篇专栏文章里谈到这些观点之后，读者的评论应接不暇。我最喜欢的是马萨诸塞州的 Elizabeth Winthrop 的来信，她写道："我是一个小说家。当我跟朋友们说，我想到树林里找个书房完完全全不受干扰的时候，他们都笑了。可如果不是这样，当我的手机不停地响、电子邮件不停地来、而互联网不停地诱惑我的时候，我怎么才能构思下一个人物呢？"

　　我知道她的感受。我总是觉得集中精神做一件事情的时候，我会做得更好。我想很多人也有同感。2006 年秋，我想联系自己在耶路撒冷的朋友 Yaron Ezrahi 问个问题，我不停地打他的手机却无人接听，最后是在他家里找到了他，我问他："Yaron 你的手机是怎么回事？"

　　Yaron 说："几个月之前被人偷了。"他还说不想再用手机。因为手机的铃声总是打断他的思路，Yaron 说："我的手机丢了之后，我每天早上做的第一件事情就是感谢那个小偷并祝他长命百岁。"

　　手机给 Yaron 带来了很多便利也让他更容易分心。有了手机他的办公室好像就拴在了身上，像链子拴住球一样。如果你是一个股票经纪人，无所不在的联系对你可能是有用的，但对于思想家、教授、作家而言就不同了。只要你和外界保持联系，你就处在上班状态，永远不可能下班。要是真的想下班，在走出办公室的时候就得把你的所有移动通讯设施关闭。

　　技术使我们能够接收越来越多的信息，但这并不意味着我们的头脑能全部吸收他们。芯片的发展遵循摩尔定律，每过 24 个月芯片处理和分析信息的能力都会翻番，但人的头脑却做不到这一点。有时候我看到自己电脑里的电子邮件，真想把他们全部删掉！我感觉杯子已经满了却还有人不停地往里加水。现在的信息越来越多，我们发现越来越难以确定优先次序，我们没有办法确定哪些是真正重要的、哪些只是暂时的。没有人帮我们整理所有的信息，我们得自己分拣邮件，这当然也没什么，问题是我还有别的工作要做，你只有在彻底戒掉毒瘾后才能感觉到有多轻松。2006 年 6 月我去了秘鲁的热带雨林，那里给我留下了两个深刻的印象。首先让我震惊的是热带雨林里充满了激烈的竞争，树木和藤蔓互相争夺着阳光，动物、昆虫和鸟互相争夺着食物。让我震惊的还有这个地方如此地与世隔绝，是的，我必须要深入到秘鲁的热带雨林才能发现一个与世隔绝的地方。但我的确找到了一个没有互联网也没有手机信号的地方。当然地球上还有很多这样的地方，可是两天前在马丘比丘神庙，神圣的印加帝国遗迹里，我还看到有人在用手机。这不能不让我想到，即使是在安第斯山脉这样的地方也越来越少了。度过四天完全与世隔绝的生活能起到某种净化的作用。也许这是治疗 Linda Stone 所说的"持续的心不在焉"的最好的药。

也许过不了多久我们就只能人工地创造这样的经历了。也许很快我们就能看到这样的广告，旅游度假区不仅会宣传他们美丽的沙滩和舒适的房间，还会大肆宣扬他们是与世隔绝的。广告可能会说："我们保证每个房间都没有互联网"或者是"我们整个宾馆都没有无线上网服务"。这样我们才能在度假之后真正得到休息。

我们在秘鲁热带雨林的向导 Gilbert 没有手机也没有其他的通讯工具，他当然也没有患上"持续的心不在焉"。恰恰相反，他能够听到森林中每一种细微的声音并叫我们站住，告诉我们那是哪一种鸟、昆虫或动物的声音。他的视力极为敏锐，甚至不会错过一个蜘蛛网、一只蝴蝶、一只巨嘴鸟或是一队行进的白蚁。他和网络没有任何联系，但他和身边的这个不可思议的生命的网络保持着紧密的联系。

太多相互联系的机会不仅会扰乱宁静的生活，对整个社会也可能不是件好事。当如此众多的人可以轻易地把自己的声音、视频或博客上传到网络并在全世界散播的时候，他们会越来越上瘾，我们也一样。我不能确定的是，如果有数百万人都热衷于这种网上的交流，而网上交流又是不加编辑、随心所欲、不经过滤和审查的，这会是件好事吗？当然，平坦的世界给很多杰出的博客和播客创造了新的机会，使他们能发挥作用，比如扳倒 TXU 公司；我喜欢他们的工作，也尊重他们的工作，但是也有许许多多的网民连编辑器都不会使用，他们的想法似乎只应该说给自己听，或许他们应该在空闲时间做些更有意义的事情，比如读读书、上上课，而不是在网上写博客或发视频。

当《时代周刊》把"你"评选为 2006 年时代人物的时候，他们的报道里也有一篇文章表达了这种怀疑。NBC 晚间新闻主播 Brian Williams 在这篇文章中写道："值得担忧的是，我们可能会失去下一本伟大的著作、下一个伟大的思想，我们也有可能难以应对下一个巨大的挑战，因为我们正忙于自我陶醉。"专栏作家 Jeorge F. Will 在 2006 年 12 月 21 日的《华盛顿邮报》中也对人们陶醉于自我在网上的力量表示了怀疑。Will 写道："《时代周刊》的主编 Richard Stengel 曾说'托马斯·潘恩写了第一个博客'，他还说'本·富兰克林的《穷查理年鉴》就是在 18 世纪的 MySpace 上上传了自己的形象'。他说得并不正确。富兰克林与众不同的性格使他所写的东西更加传神，但他不是在写自己。潘恩可能是历史上最重要的通俗读物作者，2007 年全世界大约有一亿个博客作者，这正是为什么他们当中没有任何一个人会成为富兰克林或潘恩的原因。富兰克林和潘恩是天才，而天才是稀少的。"

相互干扰的时代还使得我们的语言受到了腐蚀。如今，我们每一个人无时无刻不处在网上的相互联络当中，很多人已经没有时间去认真地写，没有人会用手指写出一本伟大的著作，年轻人只会天天用拇指在手机上发短信。《华盛顿邮报》的记者 Lori Aratani 在 2006 年 12 月 25 日发表的一篇文章里谈到，短信的语言是如何侵入中学生和大学生的作文的。想象一下，10 年后英文会演变成什么？Lori 写道：

"Zoe Bambery 是贝塞司斯达市（Bethesda）的 Walter Johnson 中学的高中生，她每天晚上大约要发出一百多条短信。在 SAT 考试中这位 18 岁的姑娘发现她在写作文时会不由自主地用到短信中的缩写，比如用'b/c'代替'because'，她自己意识到这一点；现在写完后都会认真地校对一次。但她并不是唯一一个在学校功课里用短信词汇的学生。"

Montgomery 县的 Clarksburg 高中的英语老师 Sara Goodman 说："他们到处使用这种短信缩写。"为了修改作业和试卷中的这类错误，Sara 已经用掉了很多红笔。Silver Spring 的 Spring Brook 中学的英语老师 Wendy Borelly 发现，在学校年鉴的照片说明中有很多诸如"B4"和"nite"的缩写。一个学生给办公室留了张条，说他将"BRB"。

不仅仅青少年这样做，有的大学老师也受此影响。Syracuse 大学信息科学学院的副教授 Jeff Stanton 发现他和学生们的交流变得越来越随意，Stanton 给我看了他们的一封信："hi prof how are u culd u tell me my xm grade-tim"。

Goodman 对批改满是短信词汇的作业深感厌倦。当学生们又来上课的时候，她给学生们念了一段话，这段话里用的都是学生们在考卷上用的词："chaucer's the canterbury tales r a scathing attack on the catholic church of the late 1300s"，学生们明白了她的用意，都笑了。

我还担心相互干扰的时代会带来另一个负面影响：如果我们不仅能在自己的博客或播客上发言，而且能听到所有人对我们自己的议论，这世界会变得怎样。

如今，数百万人在YouTube、MySpace、Facebook、Yahoo Groups、Friendster、Flickr、Second Life 网站上写博客或上传视频或音频文件，这些业余活动带来了一些令人担忧的社会和法律问题，我们自己和我们的法律体系都没有准备好如何应对这一挑战。

如果你是一个公众人物，不管你是在政界、体育界、娱乐界、教育界、新闻界或是商界，很有可能现在就有人在博客上谈论你。如果你想知道别人怎么说你，你只需要把自己的名字输入 Google 或 Technorati.com 然后点击搜索。在我写这段话的时候，Google 能搜索到的有关"世界是平的"的信息共有 60 100 000 条。我承认，有段时期我喜欢用 Google 来搜索别人对这本书的评价，但是现在我已经失去了兴趣。尽管有很多评价是客观或赞扬的，还有很多评论尖酸刻薄或不知所云。

作为一个公众人物，我已经习惯了别人的批评，练就了一张厚脸皮。要想当个专栏作家，你必须得这样。但亲爱的读者，如果你所有的邻居或是你所有的学生都有他们自己的博客，你能应付得了吗？你的脸皮有多厚？如果我们都有自己的博客或播客，如果我们都会用自己的手机拍照，我们就会变成出版商、广播员和狗仔队。我们全会变成公众人物和新闻人物。

假如你的邻居在他的博客里对你恶语中伤或是把你的一些令人难堪的照片上传，和全世界的网民一起分析，你该怎么办？假如你的邻居有天晚上听到你的房间里有吵闹声和摔盘子的声音，然后在他的博客里写道："约翰夫妇昨天晚上大吵了一架，我听见他们在摔盘子。"你该怎么办？如果事实是你祖上是希腊人，你和你丈夫庆祝生日时总是要把盘子扔进火炉，你有什么办法来纠正邻居对你的错误指责？

我们已经看到一些类似的诉讼案件。2006 年 10 月 11 日，一个技术新闻网站 Arsthennica.com 上一篇文章的标题是"学生网上诋毁校长，学生校长对簿公堂"。这篇文章的作者 Nate Anderson 写道："当 MySpace 被用来拯救一条掉进井里的可爱小狗时，人们会盛赞这种行为；可是现在我们却被各种丑闻所包围。我们讲的这个故事发生在得克萨斯州。一位校长助理起诉两名学生和他们的家长，因为学生在 MySpace 网页上说这位老师是女同性恋，还用了很多猥亵的语言和下流的图片。"

根据 Anderson 的报道，这位在 San Antonio 任校长助理的老师曾有数次管教这两名学生，她知道这两个学生对他心怀不满，但显然没有料到他们会采用什么样的方式进行报复。这两名学生用校长助理的名字建了一个 MySpace 网页，上面说她是个同性恋，但其实她不是。这个网页上还有很多其他的 MySpace 用户的留言，许多也是恶意中伤。

根据法院的记录，一位学校的管理人员告诉了校长助理这个网站的事，这让她非常难过。Anderson 写道："这件事情在学校引起轩然大波，校方网站上那位校长助理的照片已经被撤掉，取而代之的是一个谴责 MySpace 的视频。和其他博客诽谤的案件不同的是，这个案子不仅起诉了制作网页的学生，还起诉了学生家长，因为家长没有监督他们的孩子，对此他们也要承担相应的责任。警方能够确认制作网页的电脑是在学生的家里，因此家长有责任知道他们的孩子在做什么。"

这只是个开始。Dov Seidman 所说的"不诚实的指控"或恶意的谣言总是能毁掉一个人的生活，而如今这种能力又被放大了。过去，除非你是像汤姆·克鲁斯这样的明星或是有名的政治家，你才会担心别人怎么在报纸上评论你。通常这些显赫人物最担心的不过是在超市里卖的通俗小报，如 National Enquirer 上有关他们的不实报道。现在世界变平了，我们全都变成了公众人物，哪怕你只是得克萨斯州的一位中学老师，都要担心恶意的报道。想想看，National Enquirer 是什么？它不过是在超市里出售的一张通俗小报，就连这张小报也有自己的编辑、记者和律师，他们都懂点新闻，也知道新闻的边界。尽管总是打擦边球，偶尔也会出界。但就像 National Enquirer 这样出格的小报也要对自己的报道负责任。如果它在法院受到指控，就得为自己寻找证据。它是一家公司出版的，而且这家公司的地址在报纸上就能找到。National Enquirer 流传很广，但也只限于那些买这份报纸或引用这份报纸的人，出了美国你就买不到它。它是一张街头小报，图书馆也不会收藏。它卖完之后也就完了，报纸上的故事会消失得无影无踪。

再看看今天的情况，由于世界变平了，我们都有可能变成色情文学的作者、黄色小报的记者或狗仔队成员。没有人需要编辑和律师，也没有人关心上传到网络上的内容是否准确、语言是否流畅，更重要的是没有什么能限制你写什么或别人怎么写你。一旦上传到网络上，就会散布到整个世界。

National Enquirer 的读者很难相互沟通。从 National Enquirer 的编辑和记者到它的读者，信息的交流是单向的。现在不同了，你不仅能不受限制地在全球范围内散播信息，而且能和网站的访问者们联系起来，对话变成了双向、多维的。

当观点相近的人们能够很容易地相互联系，他们就会动员起来，不管他们谈论的是正确的还是错误的、建设性的还是破坏性的，都能产生巨大的回声效应。如果你浏览一些观点极端的网站，你都能在他们的语言中感受到一种刻薄和狠毒。这种刻薄和狠毒是一个自我认同的小团体不断地自说自话、自我强化，毫不理会别人的置疑的条件下逐渐形成的。这些激进分子在 20 多年前要花费很大的精力才能找到一群志同道合者，现在他们可以在网上互通声气，而不需要在大庭广众下抛头露面。正如"卡特里娜"飓风在经过墨西哥湾温暖的水面时积累了邪恶的力量，最后无情地打击了新奥尔良一样；这些小团体也是在相互联系的温情之中酝酿着邪恶的力量。

平坦的世界对各种组织和运动来说也是一个便宜而方便的命令与控制系统。生活在民主社会的人们不愿意去面对这一现实，但我们已经创造了网络世界，不仅每一个心地善良的社会企业家能利用它，每个头脑疯狂的组织，不管它有多小，也同样能利用这个平台。我们给那些头脑疯狂的组织提供了一个免费的全球渠道，他们可以借此动员起来，互通声气。那些变态的人能看到他们的威胁会让全世界战栗。的确，最好的博客们会不断自我修正，正如报纸的记者也会经常自我修正一样。但这并不是必然发生的。那些捏造事实或撒谎的记者会受到真正的惩罚，他们有时会失去自己的工作；而在博客世界里却没有这样的纪律——你可能会失去读者，但也不一定——几乎没有人能惩罚你。

我想我们还没有准备好如何去应对公共和私人空间的边界正在快速消失的挑战，隐私权的消失会带来深刻的变化。我想要不了多久，当人们出席晚宴的时候，主人就会首先声明："今晚的聚会是不对博客开放的，任何人都不允许在博客上泄漏今晚谈论的话题。"很快父母也会这样对孩子们说："咱们的谈话是不公开的，我不想在你的 MySpace 上看到你公布我们的谈话。"

世界正在变平，人们以更快的速度相互联系，但我们并没有建立一套伦理和规范，用以编辑或审查网络上的言论。人们没有来得及去适应，如果别人都来谈论自己该如何是好。民主是好的，但不负责任的民主的确令人恐惧。

我们该怎么办呢？头一条就是要变得脸皮厚些。这就是我们现在的世界：那些成就出众或行为古怪的人会赢得大众的眼球，他们要学会忍受更多的网上的流言飞语。即使是那些不想引起别人关注的人也有可能会在网上被别人议论。

第二条要记住的是：不要花费太多的时间浏览网上的垃圾。不管是青少年人还是成年人，都有可能会染上"网瘾"。

第三条是：兼听则明。在庞大的网络世界里，绝大多数的网上留言都会变成噪声。如果网络世界里有各种各样的噪声，他们就会变成白噪声，那些有过开着空调睡觉经历的人都知道，噪声也是一种寂静。

最后一条是最重要的：要让我们的孩子知道他们生活在什么样的世界里。当每个人都能创造出更多的数字化信息，当搜索引擎和电脑变得越来越发达、越来越有效地查询和存储数字化信息之后，互联网会变成一本永恒的档案，而且随时能被人翻阅。你发的每一封电子邮件、每一次登录网站都会留下一个抹不去的脚印，你说的每一句话都有可能被记录下来。年轻人不仅要学会如何在网上冲浪，更要注意他们会在网上留下什么。Google、MSN Search 和雅虎会翻开一块块越来越小的石头，发现越来越小的线索，不管是明星逸事、科学发现、狂热阴谋还是你和孩子的生活细节。这是个新现象，但只会变得更加普遍。家长和老师需要帮助孩子们认识到，和他们的父辈相比，他们的声誉会在年纪很小的时候就被刻录下来。

商业伦理学家 Dov Seidman 以个人简历为例，简历能非常有效地让别人判断你自己。你必须自己写，用你愿意的方式讲述自己的经历。别人必须相信你所说的都是真实的。

现在不同了，Seidman 说："简历只是你向别人讲述的故事，在一个不透明的世界里我们只能靠简历来判断一个人。"别人要想核查简历中的每一个细节会非常困难，但在 Google 时代情况不同了，人们能用 X 光去透视你的生活。Seidman 说："现在我们不再需要简历而是直接调查你本人，雇主可以到你的 MySpace 网页上看你都写了什么、谁是你的朋友，他们也可以在网络上搜索你都干了什么，看你网上如何评价自己。即使你试图删去这些记录，他们也会重新挖掘出来。如果陌生人有这么多的工具看透你的个性，那你最好尽早着手塑造自己的良好形象。"这是老师们需要向年轻人教导的道理。

2006 年 3 月 7 日的《华盛顿邮报》报道说很多雇主都开始用 Google 搜索雇员的情报。"现在根据 Ponemon 研究所 12 月份的调查，在美国大约一半的人力资源部经理用互联网审查，有 1/3 的申请者因为网上记录有问题而被拒绝。华盛顿的一名律师 Mark Rasch 说，法律行业竞争非常激烈，能在竞争中脱颖而出必须有清白的记录。这一趋势还带动了一家新的公司

Reputation Defender，这家公司的业务就是应顾客的要求在网上寻找对顾客不利的内容并删除。一般来说法律不会让网站对网民帖子的内容负责，但也允许网站删除恶意的帖子。ReputationDefender 的首席执行官 Michael Fertik 说：'对很多人而言，互联网变成了代表耻辱的红字和不能摆脱的烦恼。'"

妈妈们，告诉你们的孩子：在平坦的世界里，第二次机会越来越少了，Seidman 说："在这个世界上你要学会第一次就做对，不能再像过去那样很容易就搬到另一个城市，重新开始自己的生活。"如果小布什是在这个时代出生并长大，他很可能当不上州长，更不用说总统。你能想象他会在耶鲁大学留下什么样的数字化脚印吗？布什曾经自己这样描述这段生活："当我年轻而且不用负责任的时候，我既幼稚又不负责任。"

Seidman 说："当你的历史会在网上永远存在，而且所有的人都看得到的时候，你的声誉会紧随者你，并会在你到达下一站之前就提前到达。马克·吐温说过：'要说实话，这样你就不用去记自己都说过些什么。'在互联网的时代我们的行为变得更加重要，不仅要避免不良的行为，还要努力去创建跟别人更紧密的联系。我们如何与人交流、如何写信、是否道歉、尊重还是破坏信任、如何合作、如何遵守自己的诺言都变得更加重要。"

祸兮福所倚，这些对社会的不利影响也有其积极的一面。Seidman 说："能够建立声誉的人会更有力量。他们会走在前面，引领众人，他们是最好的合作者，能够完成自己难以胜任的工作。这就是生存的策略，每个人都能做到这一点。"过一种正确的生活，靠自我的成就建立声望，为自己的声誉奠定坚实的基础才是制胜之道，即使网络上到处充斥着流言飞语。

总体来说，我的忧虑多于乐观。从最好的角度来说，网络能使公共讨论更加丰富，让我们听到以前听不到的新观点。但从最糟糕的角度来看，它带来了更多极端而不负责任的声音。而且没有人能限制和约束它。我担心由于后一种因素，会有越来越多的人不愿意成为公众人物或投身公共服务。因为他们害怕掉进流言飞语之中，或是在网络世界里受到伤害，想要迫不及待地逃跑。如今我们的民主社会需要最优秀的男女来领导公共机构，我们必须确保年轻的一代积极投身公共事务，而不是远远躲开。

The World Is Flat
Geopolitics and the Flat Worlo

地缘政治与平坦的世界

第十五章

不平坦的世界：禁止使用枪支和手机

经过多年辛勤的努力才能成事，而无知的行为可以把所有成果毁于一旦。

——温斯顿·丘吉尔

2004 年，在返回明尼苏达家中的旅途上，我和我的朋友肯和吉尔·格里尔在帕金斯烤饼屋共进午餐。在餐桌上，吉尔提到明尼苏达州不久前颁布的一项新的枪支管理法令。2003 年 5 月 28 日通过的《枪支持有和携带法》规定，除非雇主明确反对，当地的司法管理人员必须为任何要求在工作期间携带枪支的人签发许可证，有重罪前科或精神病患者除外。立法者认为这项法律将有助于阻止犯罪，因为当犯罪分子抢劫你的时候，他们对你是否携带武器也没有把握。但是同时，这条法律还包含一个条款，允许商户阻止非雇员携带武器进入经营场所，比如饭店或健身俱乐部，前提是相关企业事先在场所入口处树立"禁止携带枪支入内"的标志（据说，这个条款导致了一些非常有创意的标志设计，比如一家饭店利用一位穿着围裙、举着机枪的妇女图像作为禁止携带枪支的标志牌，还有一些人利用圣经上的引语制作标志牌，结果导致一个教堂向州政府提出诉讼）。我们之所以讨论这个问题，是因为吉尔在整个城市的各个俱乐部里打网球时发现，有两种标志总是有规律地同时出现，一个挨着另一个。比如在伊代纳的网球俱乐部，门外的标志牌上写着："禁止携带枪支入内"，接着，进门后，在衣帽间外，你又会发现另一个标志牌:"禁止使用手机。"

禁止携带枪支和手机? 如果说禁止携带枪支,我可以理解,但为什么要禁止使用手机呢?

看来我是落伍了。因为有些人曾经把带有照相功能的手机带进衣帽间,偷偷地拍摄裸体男人和女人的照片,然后利用电子邮件把这些照片发到世界各地。这些商家下一步还会禁止什么? 无论哪一种技术发明都是双刃剑,人们既可以用它改善自己的生活,也可以用它损害别人的利益。

当我在帕洛阿尔托采访 Norwest Venture 合伙人普罗莫德·哈克的时候,我得到了该公司公共关系主管凯蒂·凯尔汀的帮助。她后来发给我一个电子邮件:"前几天,我和我的丈夫谈论起你对普罗莫德的采访……他在圣马蒂奥的一所高中里担任历史老师。他告诉我就在几天以前,学校的教职工会议上,一名学生涉嫌帮助其他学生在考试中作弊,因而被停课。我们所说的作弊不是传统的'把写好的答案藏在鞋里或传纸条'那些手段……"这件事激发了我的兴趣。我随后给她的丈夫布赖恩打了电话,他把这件事的来龙去脉告诉了我:"在我们考区的考试结束,所有的试卷马上要被交到教室前方时,这名狡猾的作弊学生迅速地拿出他的手机,拍摄了一些考试题的照片,并立即通过电子邮件的方式发送给在另一个考区参加同一个考试的朋友。他的朋友也有一个带摄像头的手机,可以发送和接受电子邮件。所以在他的考区考试开始之前,他便可以看到试题了。当然,那个学生在掏出手机接收电子邮件时也被其他老师抓获。在我们学校,学生在校园里携带手机是违反规定的——即使我们知道所有的孩子实际上都偷偷地带了手机——所以老师把这位学生的手机没收,同时发现在他的手机显示屏上竟然有试题照片。教导主任在教职工例会上的第一句话就是:'我们要对一些新现象提高警惕,'他说,'保持清醒,睁大你的眼睛,因为到目前为止,这些孩子们在利用科技方面已远远超过了我们。'"但是新技术带来的并不都是坏消息,布赖恩说:"我曾在今年初去欣赏吉米·布菲的音乐会。照相机不允许被带入场内,但是手机却可以。所以,当音乐会开始以后,每个人都拿出自己的手机拍摄吉米·布菲的照片。我也搞到了一张。当时我坐在第二排,当紧挨着我的那个人举起手机时,我对他说:'嗨,你好,你能把你拍的照片发给我一些吗,没有人相信我这么近距离地看过吉米·布菲的表演。'他说：'没问题。'然后，我递给他一张带有我电子邮箱的名片。实际上，我根本没有期盼他真能把照片发给我，但是第二天，他确实发给了我。"

马克·斯泰恩在 2004 年 10 月 25 日出版的《国家评论》中提到，伦敦的一家阿拉伯语报纸 *al-Quds al-Arabi* 曾经刊登过一个故事：苏丹喀土穆曾经爆发一场席卷全城的恐慌。这场恐慌的根源是有人称如果一个男子与一名异教徒握手，这名男子将失去其男性特征。"这个故事使我感到惊异的是，"斯泰恩写道，"这个谣言竟然是通过手机短信传播的。想想看，你都可以拥有一个手机，却居然相信与陌生人握手可以融化掉自己的阴茎。用科技武装的原始主义压倒了科技本身，这究竟是怎么回事？"

这一章并不是讲述关于手机的事情，那么我为什么先讲这个故事呢？因为从我开始写作关于全球化的著作起，我一直受到一种批评："难道你的观点里没有某种科技决定论的因素吗？照你所说，有 10 个导致世界变得平坦的因素，它们相互交织，共同发生作用，人们对这些因素无能为力，只能顺从它们发展。当过渡阶段完成后，每个人都会变得更加富有，更加聪明，所有的事物都那么美好。但是，你错了，因为世界历史告诉我们，任何社会体系都会伴随着意识形态的交织和权力的更替，全球化也不例外。"

这是一个很重要的问题。所以让我直截了当地回答："就像你指出的，我是一个科技宿命论者！"

我相信能力可以创造动机。如果我们创造了因特网，使人们有能力开办一家网上商店并在全球各地拥有供应商、顾客和竞争者，那么他们一定会那样做的，开办网上商店，还有网上银行和书店。如果我们创造工作流程平台，允许公司把各种工作分解，把其放在世界上任何一个相应人才汇聚的地方，从而使工作完成的效率更高、成本更低，那么公司也一定会那样做。如果我们发明了带摄像功能的手机，人们就会用它们做各种各样的工作，从考试作弊到站在新西兰的一座山顶上给疗养院的奶奶打电话祝贺她 90 岁生日，无所不包。经济发展的历史一而再、再而三地证明了这个规律：如果你能做，你必须做，否则你的竞争者就会捷足先登。就像这本书一直试图论证的，当今世界有许多新的领域、新的事物等待公司、国家和个人去开发、认识，他们能够适应这种要求，也必须适应这种要求，因为只有这样，才能在平坦的世界中生存。

但是，我是个科技宿命论者，不是历史宿命论者。我不能绝对保证每个人都能够利用这些新的技术为自己、国家和人类服务。科技仅仅是一种客观存在，使用科技并不能使你更加现代、更聪明、更有道德、更公平或大方。它仅仅使你能够更深层次和更快地沟通、竞争和合作。所有的技术将变得更加便宜、轻便、小巧、个人化、机动化、数字化和虚拟化，越来越多的人将以越来越多的方式使用它们。我们只能希望更多的人在更多的地方使用这些技术去创造新事物、去合作和提高自己的生活水平，而不是相反。但是，事情不一定总是随我们所愿。

换句话说，我不知道世界的平坦化将以怎样的方式到来。事实上，这正是我在这本书中应该承认的一点：我知道现在的世界还不平坦。

是的，我知道现在的世界是不平坦的。

但是我可以肯定世界正处在不断缩小和变平坦的过程中，这个过程已经持续了一段时间了，而且其速度在最近几年里显著加快。半个世界的人们已经直接或间接地参与到平坦化过程之中或者感受到了平坦化的效果。我已经得到了出版当局的批准可以使用"平坦的世界"作为书名，这样能够把人们的注意力吸引到世界的平坦化过程以及它急切的脚步上来。因为我认为这是当今世界最重要的发展趋势。

但是，同样可以肯定，历史并不能保证世界的另一半也会继续变得平坦，同样，也不能保证目前已经变平坦的这一部分不会被战争、经济崩溃或政治因素推回到原来不平坦的状态。这个世界上，有数以亿万计的人们没有跟上平坦化的进程，或者说受到了平坦化进程的压倒性冲击，还有一些人充分利用了平坦世界提供的各种工具来反对平坦化的进程，而不是支持它。这一章的主要内容就是谈论平坦化的进程怎么会误入歧途，阻止平坦化的最大支持者、力量或问题是什么，我们怎样通过更好的合作克服这些障碍。

疾病缠身

雅虎公司的创立者杨致远曾经引用一位中国高级官员的话说："哪里的人们满怀希望，哪里就会产生中产阶级。"我认为这是一种非常有用的视角。全世界大量、稳定的中产阶级的存在对于地缘政治的稳定性具有决定作用。但是中产阶级是一种心态标准，而不是一种收入标准。这也是为什么大多数美国人总是把自己描述为中产阶级中的一员。即使根据收入统计，他们中的一些人并不符合标准。"中产阶级"描述的是这样一群人，这些人相信他们有办法摆脱贫穷或低收入状态，奔向更高的生活质量，为自己的孩子创造更好的未来。如果你相信社会规则给予了你通过辛勤劳动改变命运的机会，如果你相信你的孩子有机会过上比你更好的日子，那么不管你一天挣 2 美元还是 200 美元，你都可以在心境上认为自己是中产阶级。

在许多方面，生活在平坦世界里的人们与生活在不平坦世界里的人们之间的差别就在于心中是否对未来充满希望。从印度、中国和前苏联社会主义国家传来的好消息是，尽管存在着各种不足，尽管国家内部还有各种各样的矛盾，但这些国家的亿万人民对成为中产阶级充满希望。而从非洲、亚洲和拉丁美洲的贫困农村和发达国家中许多黑暗的角落传来的坏消息是，仍然有亿万贫苦人民看不到生活的希望，更谈不上通过追求梦想使自己加入中产阶级的行列。这些人群看不到希望有两个原因：一是他们被疾病缠身，无暇顾及其他；二是当地的政府支离破碎，社会混乱，使他们无法相信自己还有任何发展前途。

第一类人群有些每天被艾滋病、疟疾、结核杆菌和脊髓灰质炎所困扰，有些甚至得不到稳定的电力和饮用水的供应。令人十分惊诧的是，其中有很多人生活的地方竟然与平坦的世界近在咫尺。当我在班加罗尔时，我访问了当地一所名叫尚蒂·巴温或"和平的天堂"的实验学校。这所学校位于泰米尔纳德邦的 Baliganapalli 村附近。从班加罗尔市区充满玻璃幕墙和钢筋构架的高科技中心——其中一些区域被形象地称为"金色飞地"——驱车前往这个村庄只需要一个小时的时间。在我前往学校的途中，学校的负责人拉利塔·劳向我介绍了有关情况。拉利塔·劳是一个激进的、锋芒毕露的印度基督徒，在跟我交谈的时候掩饰不住她对现实的愤怒。我从她的口中了解到，学校一共有 160 个学生，全部来自附近村庄里远离主流社会的贱民家庭。

当我们的吉普车在通往学校的坑坑洼洼的路上颠簸前进时，她对我说："这些孩子的父母大多从事拾破烂、卖苦力、打零工等工作，所有的家庭都生活在贫困线以下，都处在社会的最底层，都生活在主流社会的阳光照不到的角落。这些贫民来自印度社会最底层的社会等级，他们注定要接受这样的命运，度过悲惨的一生。这些孩子来到学校时大都四五岁了，但他们甚至不明白喝干净的水是什么意思，因为过去他们一直在喝污水沟里的脏水，而且对于他们来说，能够找到污水沟里的水就已经很幸运了。这些孩子从来没有见过厕所，从来没有洗过澡……他们甚至没有合适的遮羞布，更谈不上衣服了。我们不得不从头开始教他们做一个正常社会的成员。这些孩子随地大小便，一开始我们也没有要求他们睡在床上，因为即便是睡在床上，对于他们来说，也是一种观念上的巨大冲击。"

我坐在吉普车的后座上，疯狂地敲打着笔记本电脑，尽量多地记录下她那令人心酸的关于那些村落的描述。

在印度、非洲和拉丁美洲的农村，这样的村庄成千上万。发展中国家（不平坦的世界）里的很多孩子没有条件接种疫苗预防疾病，所以这些地区的孩子生病的死亡率比发达国家的孩子高 10 倍。在受疾病困扰最严重的非洲南部，据报道 1/3 的怀孕妇女 HIV 呈阳性。仅艾滋病一种疾病就足以使整个社会衰败：非洲国家的很多教师感染了艾滋病，所以他们不能再从事教学；年龄不大的孩子们，特别是女孩不得不辍学，有的是因为要照顾疾病缠身奄奄一息的父母，有的孩子因为父母患艾滋病双亡成了孤儿，无力负担学费，由于无法接受教育。年轻人不知道如何保护自己不被艾滋病或其他疾病感染，更不用说获得其他的健康保健知识了，妇女对自身的卫生保健常识缺乏了解，对性伴侣没有控制。艾滋病也开始在印度大范围传播，就像其在非洲肆虐那样。世界上只有 1/5 的面临艾滋病传染危险的人能够得到保护措施。由于当地政府缺乏支持的资金，数千万希望得到援助的妇女仍然一无所有。在一个 50% 的人口感染疟疾、一半的儿童患有营养不良或 1/3 的母亲死于艾滋病的地区，经济无论如何是发展不起来的。

毫无疑问，中国和印度的情况要好一些，因为其一部分人口已生活在平坦的世界里。当社会开始繁荣，你会进入一个良性循环：人们生产出足够的粮食，这样原先一部分从事农业劳动的人口就可以通过接受培训和教育转移到工业生产和服务业中来。工业和服务业的发展导致创新的不断产生，促进出现更高水平的教育和大学、更自由的市场、经济增长和发展、更好的基础设施建设、更少的疾病和更低的人口增长率。在当今印度和中国的一些城市里，正是这种良性循环使人们能够在平坦的运动场里竞争，吸引大量的投资。

但是世界上还有几十亿人生活在这种良性循环之外。在他们居住的地方，犯罪率极高，暴力、内战和疾病接连不断。没有这些人的参与，这个世界不可能变得完全平坦。面对这些被疾病纠缠、失去发展机会的庞大人口，微软公司的董事长比尔·盖茨是采取措施力图改变其命运的为数不多的几个有钱人之一。多年以来，我一直对微软公司的一些商业上的做法持批评态度，而且我对曾经写过的批评其反竞争策略的每一个字都不后悔。但是，盖茨通过自己的资金和能力负起了帮助不平坦世界贫苦人们的责任，这一点让我十分感动。在我与其两次的谈话中，关于这个话题他说的话最多，而且投入了极大的热情。

"没有人为那30亿人提供援助，"盖茨说，"有些人估算，在美国，养活一个人的成本是500万～600万美元，我们的社会愿意为此付出代价。而在美国之外，只需不到100美元就可以保留住一条生命，但有多少人愿意为此投资呢？"

盖茨说，"如果仅仅是时间的问题"，我们可能会期望20年或30年之后所有的问题都会被解决，然后我们就可以宣布整个世界都是平坦的。但事实是，这30亿人陷入了泥沼之中，如果没有人拉他们一把，他们或许永远不可能进入到良性循环中，不可能得到更多的教育、更多的健康保障、更多的资本、更多的法规、更多的财富……我担心这半个不平坦的世界永远停留在这种状态。"

以疟疾为例子，这是一种由蚊子携带的寄生虫导致的疾病。它是当前世界上对母亲们生命的最大威胁。在平坦的半个世界里，没有人会死于疟疾，但在不平坦的世界中，每年死于这种疾病的人数超过 100 万人，其中 70 万人是儿童，他们大多数生活在非洲。由于蚊子已经对很多抗疟疾的药物产生了抗药性，同时许多商业制药公司认为在抗疟疾药物的市场上没有利润可获，因而不愿再投入资金研制新型的抗疟疾疫苗。近 20 年里，死于疟疾的人数翻了一番。盖茨说，"如果这种危机发生在平坦世界的国家"，相关的机制将会发生作用：政府将尽其所能控制疾病的发生，制药公司将尽其所能地把治疗药物推向市场，学校将教育年轻人各种预防疾病的措施，随后这个危机就可能被化解。但是这个机制发生作用的前提是处于危机之中的人们手里有一些钱。当盖茨的基金拨款 5 000 万美元资助针对疟疾的斗争时，他说："我们把世界上用于消灭疟疾的资金翻了一番。一个人得了疾病却没有钱治疗，但如果他们可以得到外界慈善组织的援助，他就能够进入到良性循环的机制中去。"

"但是到目前为止，我们还没有给这些人一个进入平坦世界的机会。因为只要一个小孩子有好奇心，有相应的设备，他就会像我一样对上网充满了兴趣。然而，如果这个孩子身体不健康，他永远不会有机会接触新鲜事物。是的，世界越来越小，但我们是否因此更容易地了解了我们所生活的这个世界呢？难道我们不是像以前一样，看不到这个世界上很多人真实的生活环境，不知道只需 80 美元就可以挽救一个孩子的生命吗？"

如果印度的农村以及南非在经济建设和个人发展机会方面稍稍有一点起色，整个世界都会受益匪浅。但是如果没有平坦世界中信仰人道主义的富人、慈善家和政府的帮助，没有更多的资源投入到解决这些问题的过程中去，那么这些人进入到良性循环体系的机会是很小的。唯一的出路在于这个世界上平坦部分与不平坦部分之间展开新型合作。

2003 年，盖茨的基金发起了一个叫做"人类健康面临的挑战"的工程。我很喜欢这个工程所设计的解决问题的方法。他们并没有说："我们，来自西方的援助基金，将指导你们解决困难，"然后发出一系列的指令，并签发支票了事。相反，他们说："让我们平等地合作，共同确认问题，并一起寻找解决方法。我们共同创造价值，然后基金会对找出的解决方法投资。"所以，盖茨的基金通过网站和更多的传统渠道在发展中国家和发达国家投放了大量的广告，询问科学家们一个问题：当前对人类最大的挑战是什么？如果科技工作者关注到这些问题并解决了它们，那几十亿陷入"婴儿高死亡率、预期寿命下降和疾病"恶性循环的人群的命运是否能显著地发生改变？基金会最后从来自80多个国家的数千名科学家（其中包括诺贝尔奖获得者）那里得到了多达8 000多页的方案。经过整理和筛选，这些方案最后被总结成为人类面临的14个重大健康问题。2003年的秋天，基金在全世界公布了人类面临的这14个挑战，它们是："如何制造出婴儿一出生就可以使用的有效的单剂量疫苗？如何制造出不需要冷藏的疫苗？如何制造出不采用针头注射方式的疫苗？怎样更准确地了解到哪一种免疫反应真正提供了保护性免疫？怎样更有效地控制传播病原体的昆虫？如何通过基因或化学方法制造出消灭传播疾病昆虫的药剂？如何培育出能够提供人类需要的所有营养的单一植物物种？如何制造出治疗慢性病的免疫疗法？"不到一年的时间里，基金收到了来自75个国家的10 000名科学家提交的1 600条针对这些问题的解决方法。基金已经资助了43笔款项，投入的现金达4.36亿美元。

前国家癌症研究所所长，现任盖茨基金全球健康计划负责人的里克·克劳斯纳解释说，"通过这个计划，我们试图完成两件事，首先要从道义上唤起科学研究的热情，指出我们忽略了许多需要解决的重大问题，即使我们一直号称自己关注着全球人类的生存。作为全球社会中的一员，我们还没有认真地尽到自己作为一个全球问题解决者的责任。我们希望这些筛选出来的问题是世界上最激动人心、最有科研价值的问题，任何人都可以点燃自己的想象力立即投入到对这些问题的研究中去……第二件事是，把资金用到相应的研究方向上，看看我们能不能取得任何进展。"

克劳斯纳说，解决这么复杂的问题需要集体的合作，人们曾经一度关注，如何迅速地将不同领域的佼佼者聚集到一个合作的组织中，并使科学家们意识到他们之间并不是竞争关系。"今天人们已经意识到如果你真的想要解决一个大问题，那么平等的合作必不可少"，他还说，"平坦的世界使这成为可能。你可以独自操作一个项目，但是你不可能自己解决一个巨大的问题。但是当初我们并不看好这一点。因为尽管我们在讨论合作，竞争依然是科学创造的主要催化剂。所以以前，对于人们是否能够放下竞争之心，担当一个大集体的一部分，共同解决一个问题，依然是不确定的。这并不符合自然趋势，但是让我们惊奇的是，他们确实做到了这一点。"

由于最近 20 年里科技飞速发展，人们可能会认为我们已经拥有解决这些问题的所有工具，唯一缺乏的只是资金。但事实并非如此，以疟疾为例，绝不仅仅是药物的问题。任何曾经到过非洲或印度农村的人都知道，这些地区的健康保障体系经常是支离破碎的，或者只能提供一个很低的保障水平。考虑到当地健康保障机制的状况，盖茨的基金正在试图开发相关药物和注射工具，这些药具必须使用方便，普通百姓自己就可以操作。这也许是最具有挑战性的工作：利用平坦世界里的工具去设计开发在不平坦世界里使用的工具。克劳斯纳说，"世界上最重要的健康保障机制是母亲，你如何才能使她掌握某些她可以理解、可以负担、并且会使用的工具呢？"

克劳斯纳补充说，"所有这些人的悲剧实际上是个双重悲剧，从个人角度来看，他面临着疾病带给他的死刑宣判，或破碎的家庭和有限的希望带给他的无期徒刑。从整个世界的角度来说，由于所有这些人处在平坦的世界之外，因而不能对世界的发展作出贡献，这种损失是惊人的。"如果世界是平坦的，我们可以把全世界所有聪明的头脑汇聚在一起，你可以想象一下这些人能给科学和教育带来什么。如果世界是平坦的，创新可以来源于任何一个地方。毫无疑问，贫困会导致不健康，但是不健康反过来又会使人们在贫困里越陷越深，进一步削弱他们的力量，让他们无法抓住进入中产阶级的最低一级阶梯。除非我们能够成功地应付那些重大挑战，否则其余那 50%的世界仍然会一直保持着不平坦的状态，不管已经平坦的那 50%取得什么样的成就。

然而，"疾病缠身"还有一个重要的方面需要我们考虑：如果"疾病缠身"遭遇"绝对平坦"会发生什么事情？让我们换个角度来考虑这一问题。从古至今，这个世界目睹了数次大规模的瘟疫在一瞬间夺去数百万人的生命。现代，它又亲历了沃尔玛的迅速成长以及高速的供应链，它可以在短时间内将货物从世界的一个角落传到另一个角落。但是，这个世界却从来没有见过，当沃尔玛的世界遭遇旧式的瘟疫时，又会是一个什么样的情形？

在一个沃尔玛式的世界中发生流行瘟疫会是一个巨大的噩梦：一方面平坦的世界会使得瘟疫传播得更快更广，从而杀死更多人的生命；另一方面，如此巨大、迅速的瘟疫会造成经济危机。由于人和货物的流动会帮助诸如流行性感冒病毒一类东西的传播，所以我们对于瘟疫的自然反应就是筑起围墙、切断联系和交流。即使在世界仍然是圆的时候，传染病的破坏力也是惊人的，正如我们在 1918 年流行性感冒肆虐时所见的那样。但是当世界是平坦的时候，当美国销售的药剂制品的原材料 80%来自海外，当你带的面具的橡胶是从印尼或者非洲供应、在欧洲加工、最终到达美洲时，我们抵御瘟疫的能力被大大降低了。每个人都会竖起路障，标明"请勿靠近"，进而破坏了世界上的供应链。简而言之，如果在一个平坦的世界中发生瘟疫，及时地获得免疫和医疗供应将更为重要，但是我们获得这些救助的能力却会被大大降低。而且，我们没有任何可用的存货，因为在一个平坦的世界中你可以即时获得任何东西，存货被视同废物。

明尼苏达大学公共传染病研究和政策中心主任，公共健康学院教授迈克尔·奥斯特赫姆指出，2003 年"非典"病毒的快速蔓延证明了在平坦世界中，传染病的传播有多么迅速。例如，美国西海岸的工作人员不会希望接收来自传染地区的船只进港卸货。但是，"非典"病毒的传播如果与流行性感冒相比的话，就像是一只乌龟在爬。病毒的传播速度更快，而且后果更具有破坏性。它会减少现代社会中许多我们已经习以为常的特点、商业行为和方便，并将世界平坦化的进程扼杀在摇篮之中。

无能为力

世界并不是严格地被分成平坦区域和不平坦区域。许多人生活在位于两个区域之间的过渡地带。我把在这个中间区域里生活的人叫做无能为力的人。这些人所生活的环境还没有完全实现平坦化。不像没有任何机会进入平坦世界的疾病缠身的人，他们的世界处在半平坦状态。这些人身体健康，但是尽管其所在国家中有相当大的区域已经变得平坦，他们却没有掌握相关的工具与技能，或者由于缺乏完善的基础设施，从而不能持续有效地参与到各种创新与合作中去。他们通过充分的信息已经了解到身外的世界正在趋于平坦，但他们从未从平坦化过程中得到任何好处。处在完全平坦化的环境里无疑是好的，但生活会充满了压力；处在完全不平坦的世界里是可怕的，生活充满了痛苦；但是处于两者之间地带的人也有自己的担忧。我们能够看见印度的高科技园区，那里是令人兴奋的平坦的世界。但我们可以清晰地看到，那里提供的就业岗位占印度所有就业岗位的 0.2%，加上出口制造业提供的就业岗位，两者之和仅占印度总就业岗位的 2%。

其余数亿的印度人民大部分生活在半平坦的环境中。半平坦世界内的人群广泛地分布在印度的农村、中国的农村还有东欧地区的农村。这些人生活的地点与平坦的区域非常近，他们可以看到、触摸到甚至偶尔受益于平坦的世界，但从没有真正地生活在这个区域。在 2004 年印度全国选举中，我们可以看到这个庞大的群体以及他们释放出的愤怒。领导印度实现经济快速增长的执政党印度人民党出乎意料地被赶下了台，主要原因是印度农业地区的选举人对政府在大城市以外地区推进全球化的缓慢步伐感到不满。这些选举人并不是说："停下全球化的列车，我们要下去。"而是要求："停下全球化的列车，我们也要上去。"

这些生活在农村的选举人——农民和农场主，是印度人口的最主要成分，他们可以在附近的任何一个大城市里看到平坦世界给当地人们带来的好处：小汽车、舒适的住宅，还有接受教育的机会。"每当村民在社区的电视上看到肥皂和洗发香波的广告时，他们注意到的并不是肥皂和洗发香波本身，而是使用它们的人的生活方式：出门骑摩托车，穿着时尚的服装，住着漂亮的房子，"经营着 YaleGlobal.com 的在印度出生的纳扬·昌达解释说，"他们也想进入那个世界。所以选举过程中充满了羡慕和愤怒。当生活状况出现了改善，而大多数人却没有享受到相应好处时，往往就会有革命爆发。"

同时，这些生活在农村的印度人也非常明白，为什么他们享受不到这些好处：因为当地政府的腐败和失职，不能为这些穷人提供受教育的机会和完善的基础设施，这些人当然就无法分享不断增大的经济馅饼了。"当被排斥在平坦区域的人们最终失去了希望，他们会变得更加信仰宗教，更加紧密地团结在其所属的阶层里，在思想上更加激进，更愿意攫取而不是创造，经济上的出路已经被堵塞，于是他们把肮脏的政治看做获得新生的唯一出路。"Wipro 公司的维韦克·保罗说。印度在世界上可以充当科技研发的先锋，但是如果它不能找到途径改善那些弱势群体的生活状况，它将会像一枚火箭，起飞后不久就迅速坠落，因为其得不到持久的支持。

国大党了解到这种情况，所以其一上台，就挑选了支持全球化的曼莫汉·辛格作为总理。曼莫汉·辛格曾经是印度的财政部长，1991 年，在他的主导下，印度经济通过加强出口、对外贸易的一揽子改革首次向全球化敞开大门。辛格在上任以后，也保证要增大政府对农村基本设施建设的投资，并对地方政府进行改革。

局外人如何加入到平坦化进程中来呢？我认为，首先，他们要重新定义全球民粹主义的内涵。如果平民主义者是真心想帮助那些乡下的穷人，就不能采取焚烧麦当劳、阻挠国际货币基金组织会议进程和加强贸易保护等方式，因为这些行为只能导致世界不平坦，只能在很大程度上使穷人更穷。所以，平民主义运动必须重新调整他们斗争的焦点，把主要精力放在促进地方政府改革，改善基础设施和加强教育等方面，特别是在印度的广大农村地区。只有这样，那些穷人才能够进入到平坦的世界里，并获得参与合作的工具。最著名的全球平民主义运动是"反全球化运动"，势力极其庞大，但到目前为止，这个运动已经四分五裂，不能再为穷人们提供任何有效的持续的支持。穷人们并不怨恨富人，他们所怨恨的是没有任何可以致富的途径，没有任何可以进入平坦世界。

让我们停下来分析一下，"反全球化运动"是怎样与"帮助穷人"这样的基本宗旨逐渐背道而驰的。反全球化运动兴起于 1999 年世界贸易组织在西雅图召开会议时，并在随后的几年里传播到世界各地。愤怒的人群经常聚集在一起袭击世界银行、国际货币基金组织和西方八国首脑会议的会场。最初出现在西雅图的这场运动主要是由西方人倡导的，很难在人群中发现有色人种的踪影。他们主要由以下几种力量组成：

一是美国中层社会里靠上层的那些自由主义者，他们对美国在柏林墙倒塌后以及在因特网经济兴盛时期所聚敛的难以置信的财富怀有一种负罪感。在股票市场繁荣的最顶峰时期，很多穿着名牌服装的娇生惯养的美国大学生，开始注意到世界其他地区辛勤劳动的穷人，他们希望通过同情和帮助穷人化解自己心中的内疚。

第二种力量更加无组织、无秩序。这些人来自不同的国家，对反全球化给予了消极的支持，他们认为旧式世界消失、世界区域平坦的趋势太过于迅速了。

支持这项运动的第三种力量是反美主义，这种反美浪潮在欧洲和伊斯兰世界尤其汹涌澎湃。美国与世界上其他国家力量悬殊，尤其是苏联帝国瓦解后，每个美国人都自以为美国已经成为当之无愧的世界老大，美国开始直接或间接地对别国的事务指手画脚，比人家自己的政府还操心。当世界各地的人们察觉到这一点时，反美主义便开始出现了。西雅图事件既反映了这种苗头，也对其发展壮大起了催化作用。人们会说："如果美国直接或间接地干预我们国家的事务，那么选举美国总统时就应该允许我投票。"在西雅图的时候，人们所担心的干预主要来自美国的经济和文化力量，因而人们要求经济政策制定机构如世界贸易组织有更多的选举权。人们觉得，20 世纪 90 年代的美国，在克林顿总统的领导下，像一条巨大的龙，在经济和文化领域有意识或不知不觉地把各地的人们推得东倒西歪。我们气喘吁吁地被动地应付着这条龙的冲击，但人们希望有权利决定是否要与这条龙纠缠。

随后发生了"9·11"事件，美国从在经济文化领域冲击其他国家的龙变成了肩头中了一支箭的哥斯拉。它口里吐着火苗，疯狂地甩着自己的尾巴，把干涉别人生活的范围扩大到军事和安全领域。随着这一切的发生，世界各国的人们开始说："在美国决定如何行使其国家权力时，真应该算上我一票。"在很多方面，整个关于伊拉克战争的辩论实际上就是关于投票权的讨论。

最后，第四种力量来自于严肃而善意的、有建设性的组织，包括环保人士和自由贸易支持者和有责任心的非政府组织。这些人在 20 世纪 90 年代加入平民主义者的反全球化运动是希望通过这条途径促成全球范围内关于"怎样全球化"的讨论。我对这个组织充满了尊重，并深有同感。但最后，他们的想法被"是否要全球化"这样的吵闹声掩盖了，"是否要全球化"的吵闹使反全球化运动更为激烈。2001 年 7 月，在热那亚召开的西方八国首脑会议期间，一名抗议者在用灭火器袭击一辆意大利警用吉普车后被警察打死。

导致世界平坦化的各种因素的相互交织、发生在热那亚的暴力事件、"9·11"恐怖袭击和由此导致的更严密的安全措施使反全球化运动受到了挫折。寻求讨论"怎样全球化"的组织不想像无政府主义者一样挑起公众与警察之间的冲突。

"9·11"恐怖袭击后，许多来自美国的工会组织不愿意再和由反美人士牵头的运动有联系。9 月下旬，反全球化运动的领导人企图在华盛顿重新上演发生在热那亚街头的那一幕，抗议国际货币基金组织和世界银行在那里开会。然而，国际货币基金组织和世界银行取消了他们的会议，该运动的许多美国成员也采取了回避的态度，即使那些走上街头的成员也把原先的抗议主题变为反对美国借口追捕本·拉登入侵阿富汗。从那时起，该运动中的反美因素所占的比重越来越大。同时，由于世界平坦化导致中国人、印度人和东欧人等成为全球化的最大受益者，他们不再可能认为全球化会损害穷人的利益。恰恰相反，平坦的世界和全球化进程把数百万的中国人和印度人送入到中产阶级的行列。

随着第五种力量渐渐离队，随着受益于全球化的第三世界人口数量的增长以及在布什领导下的美国越来越多地采取单边军事行为，反美成分在反全球化运动中开始扮演更重要的角色，说话的声音也更有分量。结果，这场运动本身越来越趋向于反美运动，而不能在关于"怎样全球化"的争论中扮演有建设性的角色。希伯莱大学政治理论家亚龙·埃兹拉黑指出："号召人们去影响全球化时，最重要的一点是不要把全球化等同于反美主义，不要让运动的领导权完全掌握在反美人士的手中。"

一个巨大的政治真空等待被填满。今天，我们确实需要一项运动，通过这个运动加快"怎样全球化"讨论的进程。这个运动兴起的最佳地点是印度的农村。

"如果国大党和它的左翼联盟没有从 2004 年选举中吸取教训，那么他们就是在拿印度的未来作赌注，"主管德里政策研究中心的普拉塔普·巴努·梅赫塔在《印度新闻》上写道，"人们并不是反对市场经济，他们只是抗议政府；人们并不是反对自由化，而是要求国家各个方面进行更加深入的改革……反对当权者并不等于穷人反对富人：普通老百姓远不像知识分子揣测的那样嫉恨别人的成功，他们只是在表达一种事实，即国家的改革还远远不够。"

按照我的观点，这就是为什么当今印度反贫困的最重要的战斗力来自于非政府组织。他们要求地方政府提供更好的管理，利用平坦世界提供的因特网和其他现代工具根治腐败、管理不当和偷税漏税。最有远见卓识的平民主义者不是那些扔下援助资金就走的人。真正的平民主义者最紧迫的工作是要推进受援助当地的改革，让平民百姓更加容易地拥有其耕种的土地；让注册公司的程序简化，门槛更低，不管这家公司的规模多小；让司法机构做出更公正的判决。真正有意义的平民主义，应该着力推进改革，让每个人都可以分享全球化的成果，让全球化进程持续地发展，并且通过改善地方政府的管理，让每个人得到平等的发展机会。所以，援助穷人的资金应该投入到这些用途，这样他们的企业家精神才能够被调动起来。只有通过地方政府的努力，人们才有机会接触到平坦的世界，并享受到相应的各种好处，而不是像以前一样只能在平坦世界的外面遥望繁荣。普通的印度村民不像那些高科技公司一样可以不依靠政府，自己解决供电、供水、保安、建设卫星城和相应的交通运输系统。老百姓需要国家为他们做好这些基础设施建设。如果政府在这方面没有做到位，更无法指望市场在这方面有所作为，所以国家建设必须跟上。过去闭关锁国的政策使印度的外汇储备接近枯竭。从 1991 年起，印度采取了融入全球化的战略，到 2004 年印度外汇储备达到了 1 000 亿美元。巨额的财富积累使印度可以帮助更多的国民进入平坦的世界。

拉姆什·拉马纳坦出生于印度，曾担任花旗银行的经理，后来回到印度领导一个叫做 Janaagraha 的非政府组织。这个组织的主要目标就是致力于改善当地政府管理水平。他说："在印度，人们是否选择接受公共教育取决于社会基础设施的建设与管理水平。在卫生保健方面也是这样。考虑到不断攀升的卫生保健成本，如果我们拥有一套完善的公共健康保障体系，大多数公民都会选择加入，而不仅仅是穷人。在一般道路、高速公路、供水、卫生防疫、出生与死亡登记、殡葬管理、驾驶证发放等方面，道理也是一样的。无论政府在哪里提供这些基础设施服务，都对公民有益无害。实际上，在某些领域，像供水和卫生防疫等服务方面，穷富是有别的，穷人根本得不到富人或中产阶级所享受的服务。所以，不要提什么为穷人提供专门的照顾性的服务措施，只要先做到对大家一视同仁就不错了。"非政府组织通过与地方政府合作，确保穷人能够享受到基础设施供应和援助的资金，从而对减轻贫困起到了很重要的作用。

尽管我的这些想法听起来可能会有些离奇，但这些观点一直紧扣全书的主旨：当今世界并不是不需要反全球化运动，但我们希望这个运动逐渐成熟。这个运动蕴涵着巨大的能量，能够大有作为。它所缺乏的是帮助穷人的可持续战略，这一缺陷使它无法通过合作的方式使穷人得到益处。对于减轻贫困贡献最大的是那些工作在印度和非洲偏远农村地区的人。他们与腐败作斗争，督促政府尽到责任，加强行政透明度，完善教育体系以及保护个人财产权。躲在盾牌后面向麦当劳的窗户扔石块对于帮助穷人起不到任何作用。如果你想帮助他们，就应该按照我说的去做。也许这些措施不像在华盛顿和热那亚的街道上向各国领导人抗议示威那么吸引人，不会引起 CNN 的关注，但这才是最重要的，不信，你可以随便找个村民问一问。

通过合作减轻贫困不仅是非政府组织的任务，也是跨国公司的职责。印度、非洲和中国的贫困地区本身就是一个巨大的市场，如果跨国公司准备与这些贫困地区平等地展开合作，其很有可能通过向那里提供服务而获得利润。我所遇到的关于这种合作最有意思的例子之一是惠普公司实施的一个计划。惠普公司可不是非政府组织。它首先提出了一个问题：这些穷人最需要我们把什么卖给他们？要回答这个问题，你不能在帕洛阿尔托纸上谈兵，必须深入实地考察。为此，惠普公司与印度政府和安得拉邦的地方政府建立了伙伴关系。接着，一群来自惠普的科技人员在库彭曼附近的村庄与当地的居民进行了一系列的对话。科技人员问了当地居民两个问题：在今后 3～5 年你的愿望是什么？哪些改变会让你的生活切实地得到改善？为了帮助这些居民表达出自己的想法（他们中的很多人是文盲），惠普公司从美国带来了画家，每当这些居民描绘出自己的梦想和心愿时，这位画家就会在纸上画出草图，然后再把这些草图挂在屋子里的墙上。

"当人们，尤其是当不识字的人表达出自己心中所想的事情，随即看到这些想法被画下来并挂在墙上时，他们会感到十分激动，充满热情，"主持这项工作的惠普公司分管新兴市场事务的副总裁莫琳·康韦说,"这增强了他们的自尊心。一旦这些生活在穷乡僻壤的农民放下拘束、畅所欲言时,他们真的非常踊跃。他们中的一个人说:'我们这里需要一个飞机场。'"

当这些对话结束后,惠普公司的人员开始花更多的时间在村子里观察人们是怎样生活的。他们发现,这些居民的生活中所缺乏的一个科技产物是摄影师。康韦解释道:"我们注意到,在办理执照、申请和政府许可证时,人们非常需要用照片进行身份识别。于是我们想,如果能把一些村民培训成摄影师,这里将成为一块新的市场。在库彭曼的市中心有一个照相馆,来这里照相的都是村民。我们注意到,这些村民愿意乘坐公共汽车花费两个小时来这里照相,然后再等上一个星期来取相片,有时会发现照片照坏了或照得不符合要求。时间对于他们和我们来说都十分宝贵。我们问:'我们惠普公司生产数码相机和便携打印机,为什么不能把产品卖给你们呢?'村民们回答得很干脆:'这里没电。'村民们得不到稳定的电力供应,即使能得到,也买不起。"

康韦说:"于是我们决定,把一个太阳能电池板放在手推车上,太阳能电池板提供的电量可供照相机和打印机使用,这样就可以建立一个机动的摄影工作室,也许会在惠普公司和村民之间架起桥梁。接着,我们开始寻找一些自立的妇女,一共找了5个人,并告诉她们:'我们要教给你们使用这些设备。'两个星期的培训结束后,我们对她们说:'公司将提供给你们照相机和其他材料,对于你们所拍摄的照片,公司将参与利润分成。'这不是施舍。即使在她们从惠普公司购买了全部材料,并分给公司一部分利润后,其每个人的家庭收入还增长了一倍。我们发现,在这些妇女所拍摄的作品中,只有不到50%的照片是制作证件所需的,其他的全部是人们为他们的孩子、结婚纪念日或自己的留影。" 穷人像富人一样喜欢家庭相册,并且愿意为之破费。后来,地方政府也将它们列为官方摄影机构,这进一步增加了她们的收入。

故事结束了吗?没有完全结束。正如我说的,惠普公司不是非政府组织。"4个月后我们说:'好了,实验结束了,我们要收回照相机了。'"康韦说,"她们说:'你们不是在开玩笑吧?'"于是公司告诉她们,如果想继续保留照相机、打印机和太阳能电池板，就必须花钱把它们买下来。最后她们提议以每个月9美元的价格租用这些设备，公司同意了。现在，她们的规模已经扩大到其他的村庄里。与此同时，惠普公司开始与非政府组织合作，共同培训更多的像这样的妇女流动摄影工作室。这是一个潜在的大市场，因为随着非政府组织的工作逐渐覆盖印度所有的村落，惠普公司的产品也将占领所有的市场份额。

受挫和屈辱

平坦世界的一个意想不到的产物是它使得不同的社会和文化能够更直接地交互作用。在人们还没有准备好的时候就将它们联系起来。全球紧密性使得一些文化迅速地繁荣起来，而另一些文化却受到了威胁，当地的人们感觉到沮丧，甚至屈辱。如此近的接触使得人们可以清楚地看到他们在世界上所处的位置以及与别人的比较，这些都有助于解释今天许多不平坦力量——基地组织自杀性爆炸案件以及国际恐怖组织——的产生。

阿拉伯穆斯林世界是一个巨大的、多元化的世界，它有10亿民众，从摩洛哥到印度尼西亚，从尼日利亚到伦敦的郊区都有穆斯林的足迹。对于一个如此复杂、包含了众多不同的种族和民族的宗教团体进行笼统化的定义是非常危险的。但是，只要我们看看每天的报纸头条就会发现，穆斯林世界似乎弥漫着一种愤怒、失望的情绪，尤其是阿拉伯社会更是如此。一个典型的案例就是以色列和阿拉伯世界之间的持久冲突。以色列占据了巴勒斯坦人的土地和东耶路撒冷，这在阿拉伯穆斯林的心中激起了一种义愤，并恶化了他们与美国和西方国家的关系。

但是，这并不是激起他们愤怒的唯一原因。这一愤怒与阿拉伯穆斯林的挫败情绪也有关。大多数情况下，他们生活在专制政府的统治下。政府不仅无视他们主导未来的呼声，也剥夺了千千万万年轻人通过良好的教育、体面的工作发挥他们潜力的机会。平坦的世界使得他们更容易看到自己与别人的对比，更进一步加重了他们的失败感。

一些阿拉伯穆斯林选择移民，去西方寻求发展机会，另一些人选择在家中默默地承受，希望能有一些改变。"9·11"以后我所经历的最有震撼力的采访经验是我在阿拉伯世界中遇到的几个年轻人。由于我在顶级的泛阿拉伯报纸 *Al-Sharq Al-Awsat* 上面设有我的专栏，那上面有我的照片，而且我经常在阿拉伯卫星电视的新闻节目中出现，所以很多阿拉伯人都认识我。有一件事情让我惊奇不已。"9·11"以后，在开罗街头和阿拉伯海湾，有那么多的年轻阿拉伯人和穆斯林和我说话，好比上个礼拜在 A1-Azhar 清真寺，早礼拜结束后，一个年轻人问我："你是弗里德曼，对吧?"我点头称是。他说:"请你继续写你在写的东西。"我写的是，给阿拉伯穆斯林世界更多思考、表达的自由和机会非常重要，只有这样，年轻人才能充分认识到他们的潜力。

但是不幸的是，这些进步青年并不是决定阿拉伯穆斯林团体与世界大部分其他地方关系的主体。阿拉伯世界与其他地方的关系正在逐渐地被地区军事主义者和极端分子所主导，他们正在通过简单粗暴地袭击世界其他地方的方式，来发泄他们的沮丧和不满。

我在这一部分想要探讨的问题是：这些暴力的伊斯兰极端主义由何而来，为什么它能在当今阿拉伯穆斯林世界中获得如此多暗中的支持？当然，尽管如此，我依然相信，大多数的民众并不同意他们的暴力举动和世界末日的论调。

我们必须要问：会不会再发生一次"9·11"事件，如果再有一次"9·11"事件？甚至更为严重的灾难，那么全世界都会陷入互相攻击。世界平坦化的进程将在一个漫长的时间中趋于停顿。

当然这正是那些伊斯兰极端教徒所想要的。

当穆斯林激进分子和原教旨主义者观察西方的时候，他们认为，开放使我们变得颓废、混乱，开放制造出布兰妮和帕丽斯·希尔顿。但他们并没有看到，或者说他们根本不愿意看到，思想的自由和求知欲使得我们变得更加有力，开放制造出了比尔·盖茨和萨莉·赖德。他们故意将所有这一切定义为颓废。因为，如果开放、赋予妇女权利、思想自由和求知是西方经济发展的主要来源的话，阿拉伯穆斯林世界就必须改变，而原教旨主义者和极端主义者是不想改变的。

为了击败开放的威胁，穆斯林极端主义者选择了攻击使开放社会开放、创新和更加平坦的根本：信任。当恐怖分子从我们的日常生活中获取工具——汽车、飞机、网球鞋和手机——并将它们转化为暴力武器时，他们降低了人们的信任度。当我们泊车时认为旁边的车不会发生爆炸，靠的是信任；当我们去迪斯尼世界，认为米老鼠旁边的人的衣服底下并没有捆满了炸弹，靠的是信任；当我们乘坐从波士顿到纽约的空中客机，并不会怀疑坐在我们身边的外国学生会引爆他的网球鞋，靠的是信任。没有信任，开放的社会将不复存在，因为永远不会有足够多的警察在各个路口巡视；没有信任，就不会有平坦的世界，因为只有信任才能使我们不再以邻为壑，消除人与人之间的摩擦。信任对于一个平坦的世界来说是必需的。你的供应链可能涉及数十、数百甚至上千的人们，而这些人从来没有面对面地交流过。开放社会越处于恐怖主义的阴影之下，人与人之间的信任就会越少，人们就会重新筑起城墙，挖出壕沟。

基地组织的创建者并不是宗教原教旨主义者，其主要精力并不是集中在自己与上帝的关系上以及价值和文化规范上，因此他们更接近一种政治组织。正如基地组织的主要思想家艾曼·扎瓦赫里所说的，基地组织是意识形态上的先锋，其对美国和其他西方目标的攻击，是为了动员和激励广大伊斯兰教徒起来反对自己国家内的腐败的统治者。这些统治者正是由美国及其盟友支持的。基地组织确信，伊斯兰教徒对自己的命运非常不满，通过一两次针对西方暴政的圣战，可以激发人们的斗志，推翻世俗化的、邪恶的和不公平的现存伊斯兰政权。这些恐怖组织发誓要建立一个与历史上鼎盛时期伊斯兰政权的疆域完全一样的伊斯兰国家，在一个哈里发❶的领导下，通过政教合一，把所有的穆斯林联合在一个共同体内。

在很多方面，这些恐怖主义组织产生的历史背景与19世纪和20世纪产生于欧洲的激进意识形态是一样的。法西斯主义产生于快速工业化和现代化的德国。在那里，被家族和村庄维系得非常紧密的人们四分五裂，儿子和父亲去城市里为大型工业公司工作。在这样一个变迁的时代，年轻人特别容易

----

❶ 哈里发，伊斯兰教和伊斯兰教国家领袖的称号。公元632年穆罕默德逝世后，阿布·伯克尔被选为继承者，即"安拉的使者的继承者"，简称哈里发。阿布·伯克尔及其继任者欧麦尔、奥斯曼和阿里，史称"四大正统哈里发"。后阿拉伯帝国分裂，一些地方王朝的统治者也用此称号。

失去认同感，像没有根的叶子在飘荡，传统社会结构提供的人格尊严荡然无存。当人们处于这个真空时期的时候，希特勒来了，墨索里尼来了。他们告诉年轻人失落感和屈辱感的原因：你也许永远不会再回到那个村庄或小镇了，但你应该为成为更大社会——雅利安人国家——的一员感到骄傲。

本·拉登也是用同样的意识形态教导年轻的阿拉伯人和穆斯林的。"9·11"恐怖袭击分子不是原教旨主义者，而是政治偶像的极端狂热的追随者。最早认识到恐怖分子这种本质的是"自由之家"的主席亚德里恩·卡拉特尼茨卡。2001年11月5日，他在《国家评论》上题为"在我们的幌子背后"的文章中写道："恐怖袭击者中的关键人物都受过良好的教育，他们中没有一个人曾经经历过极端贫困或政治迫害。"这些人中也没有一个是成长于原教旨主义者的家庭。实际上，"9·11"事件的主要操纵者和飞行员，像穆罕默德·阿塔和奥奥笛·谢哈比，曾经同住在汉堡的一所公寓里，都在汉堡－哈堡工业大学上学，都是在迁移到欧洲后，在基地组织思想传播者的劝诱下加入基地组织的。

所有的恐怖分子中，没有一个是从中东地区召集，然后在欧洲被培养出来的。相反，他们所有人都独立地在欧洲生活，但却远离身边的主流社会，最后受当地伊斯兰思想传播者的影响。经过了精神上的重生，他们被极端组织的教义培育成激进主义者，并在阿富汗接受了训练，转眼间，一个恐怖分子诞生了。他们在宗教上的所为早已超出了精神探索的范畴，也超过了原教旨主义。他们把伊斯兰教转化成了一种政治上的意识形态，是一种宗教上的极权主义。基地组织实际上是在寻求建立"完美信仰"对世界的统治。"像美国的激进学生团体Weather Underground（20世纪60年代末至70年代初美国的一个激进学生团体。因为认为和平示威已经无法阻止越南战争，也无法对政府高层造成压力，甚至无法唤醒麻木了的民众，学生组织Weather Underground潜入地下，进行了一系列针对政府机关的爆炸活动。其口号是：把战争带回国！）、德国恐怖组织巴德尔－迈因霍夫集团、意大利极左恐怖主义组织红色旅和日本的红色旅的成员一样，这些恐怖分子都接受过大学教育，并都皈依了新的极权主义意识形态……对于他们来说，伊斯兰教是新的世界革命的教义。"

我的朋友阿布达拉·施莱费尔是开罗的一个新闻学教授。他认识艾曼·扎瓦赫里——本·拉登组织的第二把手，最重要的思想人物。那时扎瓦赫里正处在由一名年轻的医师转变为激进分子的过程中。"当艾曼还是一个十几岁的少年时，他就被伊斯兰世界那种乌托邦式的幻影所吸引。"施莱费尔在我访问开罗的时候对我说。但是，扎瓦赫里没有成为传统的伊斯兰教信徒，而是把宗教转化为政治上的意识形态。施莱费尔说，"扎瓦赫里对在地球上建立神的王国非常感兴趣，伊斯兰教就成了他的乌托邦式的意识形态。"当穆罕默德·阿塔遇见扎瓦赫里时，那种意识形态刚好使穆罕默德·阿塔心中的愤怒和屈辱得到了宣泄，使他找到了希望。"艾曼对像穆罕默德·阿塔这样的迷惘者说：'你觉得不公平？那好，我们有一个体系，注意，是一个体系，它可以给你带来公平。它不是宗教，因为宗教只能给你带来心中的和平，并不能解决任何社会问题。你感到受到了挫折？我们有一个体系能够使你克服挫折。本·拉登和扎瓦赫里想建立的是完美信仰对世界的统治。

2003 年联合国发展项目召集一批阿拉伯社会学家，做出第二份阿拉伯人类发展报告。报告指出，1980 年到 2003 年间，阿拉伯国家共申请了 171 个国际性专利，而同一时期，仅韩国就注册了 16 328 个专利。惠普平均每天注册 11 个专利。阿拉伯国家中研发人员在总人口中的比例约为 371/100 万人，而包括非洲、亚洲和拉丁美洲专利世界平均水平为 979/100 万人。这也从一方面解释了为什么大量的外国科技出口到阿拉伯地区，却很少能够内生化，并被阿拉伯人自己的发明所取代。1995～1996 年，约有 25%的阿拉伯大学毕业生移民到了西方国家。阿拉伯国家，每 1 000 人才有 18 个计算机人员，而世界平均水平是 78 个。只有 1.6%的阿拉伯人能够接触到网络。报告还指出，尽管阿拉伯人占世界人口的 5%，但他们仅出版大约 1%的书籍，并且大多数为宗教书籍，是世界平均水平的 3 倍。据国际劳工组织的报告（联合出版社，2004 年 12 月 26 日）指出，在全世界 8 800 万个介于 15 岁到 24 岁之间的失业男性中，有 26%在中东和北非。

同一份报告还指出，阿拉伯国家的总人口在过去的 50 年内增加了 4 倍，达到将近 3 亿人，其中 37.5%为 15 岁以下，每年有 300 万人涌向就业市场。但是国内没有好的工作，穆斯林世界缺少可以吸引国际投资、刺激本地创新发展的开放制度。大学培养人才，发明新的想法，这些人才和创意得到资金的支持并创造出新的工作，这一良性循环在这里根本不存在。西奥多·达尔林普尔是一个精神病学家，他在英国执业，并为《伦敦观众》撰写专栏。2004 年春天他在一家城市政策杂志《都市期刊》发表了一篇评论。文章描述了他与英国监狱中穆斯林年轻人的接触。

"如果西方社会将莎士比亚尊为唯一的研究对象和生活的唯一指南"，达尔林普尔说，"那么我们很快就会陷入落后和停滞之中。"

事实上，无论在什么地方与一些年轻的阿拉伯和穆斯林谈话，这种认知上的不和谐和"羞耻"都会很快蹦出来。2003 年 10 月 16 日在马来西亚的一次伊斯兰峰会上，马来西亚总理马哈蒂尔·穆罕默德做的闭幕演说发人深省。他的演讲建立在前面其他穆斯林领袖演讲的基础上，围绕一个问题展开讨论，那就是为什么他们的文化会变成了耻辱的象征。他 5 次使用了"耻辱"这个词。"我不在这里列举耻辱的例子了。"马哈蒂尔说，"但是我们的唯一反应就是变得越来越愤怒，而愤怒的人们是无法合理地思考的。"

这种耻辱感就是关键。我始终持有一个观点，就是恐怖主义并不是缺乏金钱的产物，它是缺乏尊严的产物。在国际关系和人与人之间的关系中，耻辱感是最被低估的力量。当人们或国家缺乏尊严时，他们就会选择攻击别人，诉诸暴力。当你把今天大多数阿拉伯穆斯林世界经济的落后，与其先前的辉煌和宗教优越性的自我感觉加以对比，再加上这些阿拉伯穆斯林人离乡背井在欧洲或者成长于欧洲所遇到的歧视和疏远，你就会调出一杯满是愤怒的鸡尾酒。正如我的一个埃及剧作家朋友阿里·萨利姆对"9·11"劫持者的描述一样："他们漫步在生命的街头，寻找摩天大楼，寻找那些可以被炸掉的高塔，因为他们永远不可能像那些高塔一样高大。"

这种挫败和屈辱的感受为本·拉登培养了大量的帮凶，我担心这些年轻人所得到的心灵抚慰不能真正让他们的景况变好，而世界却因此遭殃；因为如果他们自身没有任何改变，平坦的世界只能加强其心中的屈辱感。在过去，领导人可以通过保护墙和地理上的天然屏障如山川、河流——阻断人民的视野，让他们察觉不到自己与其他国家人民的差距。你能看到的最远的地方仅仅是邻近的村庄。但是，随着世界变得平坦，人们的视野越来越宽广。

但是，在平坦的世界里，屈辱以光一般的速度不断地抽打着你。我偶然发现了一个非常有意思的例子。2004年1月4日，本·拉登通过卡塔尔的半岛电视台发布了他讲话的录像带。3月7日，伊斯兰研究中心的网站公布了其讲话的全部内容。一个段落吸引了我。这个段落位于本·拉登阐述当前阿拉伯统治者，特别是沙特阿拉伯的统治家族种种罪恶的言论的中间部分。

本·拉登说："于是，所有阿拉伯国家在人民生活上、在宗教上以及在世间纷纷扰扰的事物上的状况都越来越恶化，我们已经知道够多的了，所有阿拉伯国家的经济发展甚至不如一个曾经归属于我们伊斯兰世界的国家。那个国家就是失落的安大路西亚——西班牙。西班牙现在是一个异教徒国家，但是它的经济比我们的经济更加繁荣，因为那里的统治者是负责的。在我们的国家，没有人对国家负责，没有对错误进行惩罚，只有对统治者唯一的服从和高呼万岁。"

当我读到这里，身上的汗毛都竖了起来。为什么？因为本·拉登在发表这篇演讲时的参考资料是第一部《阿拉伯人类发展报告》，是由联合国发展计划署在2002年7月推出的，那时，他已经被驱逐出阿富汗很久了，极有可能藏在某地的山洞里。这个报告的阿拉伯作者们希望阿拉伯世界注意到他们落后了多远。所以他们想找出一个国家，其国民生产总值稍微多于21个阿拉伯国家的国民生产总值的总和。当他们查阅统计表后，发现西班牙最合适。挪威和意大利也符合条件，但是西班牙的GDP刚好略微大于所有阿拉伯国家的GDP之和。不知用什么方法，本·拉登在他的山洞里听说或读到了这个《阿拉伯人类发展报告》。我猜测，他也许看到了我评论这篇报告的专栏文章，因为是我的文章最早对《阿拉伯人类发展报告》进行报道，并强调阿拉伯世界与西班牙之间的比较结果的。或者也许他是从网上下载了这个报告。这个报告已经被下载了100万次。即使在山洞里，本·拉登依然可以得到报告中令人感到羞辱的结论，这个结果给了他重重的一击——把阿拉伯世界作为反面典型与西班牙对比，这还了得！本·拉登把这个结论看做是对阿拉伯世界的一种侮辱，一种屈辱——一个曾经被穆斯林控制的西班牙，其国民生产总值竟然比阿拉伯世界的国民生产总值还高。其实，这个报告的作者也是阿拉伯人和穆斯林，他们并不是要羞辱谁，本·拉登非要那么想，谁也管不了。我敢保证，他是通过 56K 的调制解调器上网的。就我所知，他们在托拉博拉山区还拥有宽带。

当本·拉登感受到这种屈辱后，他和他的效仿者们决定以同样的方式给予回击。你想知道为什么这些恐怖主义组织要把在伊拉克和沙特阿拉伯的美国人的头颅砍下来，然后把血淋淋的脑袋放在无头的尸体上，拍下照片，在网上传播？那是因为没有任何刑罚比把人的脑袋砍下来更具有羞辱性。这体现了恐怖分子对被杀害者的尊严及其肉体完全的蔑视。同样的道理也可以解释伊拉克境内针对美国人的恐怖行为，那些砍下美国人脑袋的人身穿橘黄色的跳伞服，而这种服装正是美军强迫被关押在关塔那摩的基地组织俘虏穿的。这些恐怖分子要么是从网络上，要么是从卫星电视上看到了这种服装。但使我惊讶的是，在伊拉克战争期间，他们竟然能够在本国境内得到与他们被俘的同伴所穿的完全一样的衣服。你羞辱我，我就羞辱你。2004 年 9 月 11 日，你觉得阿布·穆萨布·扎卡维在为纪念 "9·11" 事件 3 周年时录制的讲话中会说些什么？他说："神圣的战士们让西方联盟受到了羞辱……他们为此感到愤怒。"这盘录音带的标题是 "荣耀在哪里？"

但是，这些激进分子可以从穆斯林世界募捐到大量的钱财，他们获得了大量悄无声息的支持。导致他们获得这种支持的原因除了上面所说的政治原因以外，还因为有太多好的、正派的穆斯林也感受到了同样的挫败感和耻辱，他们会自然地对那些敢于站出来反对整个世界和统治者、维护他们的文明的年轻人产生一丝尊敬。"9·11" 事件发生几个月后，我到卡塔尔访问。我在当地有一个朋友，他热心、体贴、开明，在卡塔尔政府工作。他悄悄透露给了我一些令他自己深感棘手的事情："我 11 岁的儿子认为本·拉登是个好人。"

我确信，大多数处在中层社会的阿拉伯人和穆斯林不会为 "9·11" 事件中死了 3 000 多人感到欢欣鼓舞。我知道，我的阿拉伯朋友们都不会这样做。但是，许多阿拉伯人和穆斯林对于给美国一点颜色看看的思想确实是赞同的，并且在心中静静地为这样做的 "勇士" 鼓掌。美国人羞辱了这些阿拉伯人的国家和人民，美国还支持出口石油的阿拉伯国王和独裁者，支持以色列，在他们看来这些都助长了阿拉伯世界的不公平，所以他们自然很乐意看到有人羞辱美国一下。

我敢肯定，大多数美国黑人并不怀疑 O·J·辛普森杀死了他的前妻，但是当他们听到他被无罪释放时，无不额手称庆。他们将其视为对洛杉矶警察部门和长期以来羞辱、歧视他们的审判系统的一记痛击。耻辱感确实会对人们产生这样的效果。本·拉登对于大多数阿拉伯人来说，就跟辛普森对大多数美国黑人来说是一样的。他将一根棍子直接戳进了"不公平"的美国和当局眼中。有一次，我去采访迪亚卜·阿布·亚西耶，他被称为是比利时被隔绝的摩洛哥年轻人中的马尔科姆 X。我问他和他的朋友对世贸大厦被摧毁有什么看法。他回答："很显然，坦率说，全世界大多数的穆斯林都会觉得……美国遭到了一记痛击，其实也不坏。我不想做深思熟虑的回答，我想得很简单。那就是美国踢我们的屁股踢了 50 多年，无论是支持当地的恶霸欺凌弱小，还是支持以色列，都给我们带来痛楚。美国并不仅仅是打了我们鼻子一拳，他还卡住了我们的喉咙。"

正如在 20 世纪二三十年代的经济危机中，很多普通、聪明、有思想的美国人也都或多或少地支持过共产主义运动一样，落后的经济、军事和情感上的失落使得阿拉伯穆斯林世界中太多的普通、聪明、有思想的阿拉伯和穆斯林也默默地支持本·拉登。

前科威特信息部长，曾经当过记者的萨德·宾·特夫塔博士，在伦敦出版的阿拉伯日报 *Al-Sharq Al-Awsat* 上发表了一篇关于"9·11"事件的文章，题目是《我们都是本·拉登》。他在文章中提到，萨勒曼·拉什迪曾经写了一本叫做"撒旦诗篇"的书，这本书被认为是对伊斯兰神明的穆罕默德进行亵渎。本·拉登杀死了 3 000 多名无辜的平民，但为什么穆斯林学者和宗教人士踊跃支持伊斯兰教法学家对萨勒曼·拉什迪的死刑裁决，却没有一个人谴责本·拉登的行为呢？在伊斯兰教法学家对萨勒曼·拉什迪下达了死刑裁决后，伊斯兰世界各个国家里愤怒的人们聚集在英国大使馆前提出了强烈抗议，被做成萨勒曼·拉什迪样子的小玩偶随着他的书一同被焚烧。在巴基斯坦，有 9 个人死于这场示威游行中。

"教会做出的裁决被到处宣传，萨勒曼·拉什迪的书被查禁，誓将他置于死地，"宾·特夫塔写道，"伊朗悬赏 100 万美元，给任何能够杀死萨勒曼·拉什迪的人。"而本·拉登呢？"尽管他以我们伊斯兰教的名义杀死了数以千计的无辜平民，尽管他给各地伊斯兰教徒，尤其是身在西方的穆斯林——其生活条件比中东的穆斯林好得多——的声誉带来了损害，但到目前为止，伊斯兰教法学家没有做出任何要求杀死拉登的裁决。他们的借口是，拉登声称：'真主阿拉是唯一的神，'"宾·特夫塔写道，"更糟糕的是阿拉伯卫星电视频道竞相播放本·拉登的说教……由于我们对待拉登的暧昧的态度，从一开始，我们就留给世界一个印象：我们都是本·拉登。"

我们对待本·拉登的立场是如此犹豫不决，所以这使得整个世界都以为我们都是本·拉登。

"德国在第一次世界大战中也蒙受了屈辱，但是它拥有足够的经济基础，建立了一个政权——第三帝国并对这一屈辱予以反击。阿拉伯世界则正好恰恰相反，他们无法建立一个政权，却激怒了全世界。在最近50年里，阿拉伯世界产生了两位超级人物，"耶隆·伊扎说，"一个是沙特阿拉伯的石油部长艾哈迈德·扎基·亚马尼，另一个是本·拉登。两个人都在世界范围内臭名远扬，他们都把世界玩弄于股掌之中，一个是靠控制石油，一个是依靠难以想象的非常规的暴力手段。"他们两个都在短期内"提高"了阿拉伯世界的地位，但是这种提升仅仅是虚幻的泡影。沙特阿拉伯的石油是没有生产力的经济力量，本·拉登的恐怖主义组织是没有真实的国家、军队、经济生产和创新支持的暴力机构。

不幸的是，亚马尼主义和本·拉登主义被视为阿拉伯人影响世界的策略，他们忘记了自己在文化发展鼎盛时期的种种成就——纪律、勤劳、智慧和多元主义。"耶鲁全球在线"的编辑纳延·常达对我说，是阿拉伯人创造了代数方程组和算法，这两个单词都源自于阿拉伯语。换句话说，在很大程度上是建立在算法基础上的整个现代信息革命，都可以在阿拉伯穆斯林文明和伟大学术中心巴格达和亚历山大找到根源。他们首先引入了这些概念，然后通过西班牙传到欧洲。阿拉伯伊斯兰世界拥有令人难以置信的丰富的文化传统和文明成果，有各种成功实例、创新发明以及供年轻人学习的榜样。他们在自己的文化范畴内，拥有进行现代化建设需要的所有资源，只要他们想利用，就可信手拈来。

不幸的是，一些阿拉伯穆斯林的政权当局和宗教反启蒙主义者都极力反对这种现代化。只有当这一部分世界能够经历思想辩论，温和中庸可以取得胜利才能真正地获得解放，重新获取力量。150 年前美国人就经历了这样一场思想风暴——关于容忍、多元主义、人类尊严和平等的讨论。今天外界所能做到的唯一事情就是尽量以各种方式与穆斯林世界中的进步力量合作，无论是解决阿拉伯－以色列冲突，还是稳定伊拉克的局面，或者与尽量多的阿拉伯国家签署自由贸易协定，以促使他们那里也发生一场同样的思想革命。除此以外，别无他途。否则，这一部分就会变成一股巨大的反平坦力量。我们希望这里的好人可以获胜，但是必须依靠他们自己的战斗来取得胜利，没有人可以代替他们。

没有人比阿德巴尔·拉赫曼·阿拉斯德表达得更为清楚了。作为现今世界上最有名、最受尊重的阿拉伯记者，这位伦敦 Al-Arabiya 新闻频道的总经理在目睹了从车臣到沙特阿拉伯，再到伊拉克一系列涉及穆斯林极端分子的暴力事件后，于 2004 年 9 月 6 日的 *Al-Sharp Al-Awsat* 中写道："疾病的痊愈开始于自省。我们应该把当恐怖分子的孩子们找回来，因为他们是长在一种扭曲文化上的酸葡萄……伊斯兰教过去崇尚和平和理解。那时的宗教教义维护着有良好道德秩序和伦理的社会。伊斯兰教认为：除非特别紧急需求，禁止砍伐树木；谋杀是极其残暴的犯罪；如果你杀了一个人，就等于毁灭了人类整体。后来，出现了所谓新穆斯林。天真无邪的、慈善的教义传达出仇恨的信息，成为宇宙间战争的代名词……我们无法让那些信仰极端主义的犯下滔天大罪的年轻人回头，除非认清自吹为革命理论家的所谓精神领导人。这些人把别人的儿子或女儿送上死路，却把自己的孩子送到欧洲和美国的学校读书。"

过多的丰田车

疾病缠身、无能为力、受挫屈辱都以它们各自的方式阻止这个世界趋于完全的平坦。如果不被重视，未来可能会造成更大的问题。但是另一个对全球化的威胁正迫在眉睫。这最后一个因素不是人为的原因，而是自然条件造成的。如果来自印度、中国、拉丁美洲和前苏联地区数十亿的人也进入平坦的世界，他们想要拥有汽车、房子、冰箱、微波炉和烤箱，最好的结果就是我们会经历严重的能源短缺。最坏的结果是会为了争夺能源引起全球战争，人们会以最快的速度将世界吃光、抢光、破坏光。这正是我所担心的。

贾里德·戴蒙德在他的经典著作《崩溃》中指出，当考虑到可持久性的时候，有意义的并不是这个星球上能生活多少人，而是他们特定的生活方式会对环境产生什么影响。如果世界上60亿民众全都处于冷冻状态、不吃、不呼吸、不新陈代谢，那么他们对环境的影响就会降到最低。但是现在的问题是我们并没处于冷冻状态。我们时时刻刻都在消耗能源，产生废物！世界各地人均消费量和产生废物量是不同的，第一世界最高，第三世界最低。戴蒙德写道："平均而言，每个美国人、日本人和欧洲人对能源（例如化石燃料）的消费量，是第三世界的32倍，同时废物的排放量也是第三世界的32倍。但是，原本影响较小的人群其影响也在逐步加大。事实确实如此。这个平坦的世界正在使得低影响的人群越来越快、越来越多地加入到高影响的人群行列中来。这一速度和深度是史无前例的。"存在很多的乐观主义者，" 戴蒙德说，"他们认为这个世界可以支持2倍于现在的人口……但是没有任何人认真地考虑过，即使仅仅考虑来自第三世界的居民采纳第一世界的生活方式，这个世界是否还能承受12倍于现在的影响。"

在我访问北京以前，我告诉女儿娜塔丽："你一定会喜欢上这个城市的。在这个城市里所有主要交通干道上都留有宽阔的自行车道。也许我们到那里之后，可以租上自行车，环游全城。我上次是那样做的，很好玩。"

天啊，当我到了北京以后发现，在我离开这里的3年时间内，这里充满魅力的自行车道要么被缩窄，要么被取消，改划成另一条机动车道了。我在北京骑的唯一一辆自行车是宾馆里的健身车。在我参加国际商业会议期间，我知道了北京原来的那些自行车已经成为历史。一个发言人告诉我们，每个月北京的道路上将新增加3万辆小汽车。我觉得这个统计数字难以置信，于是便让《时代》杂志北京代表处的一位年轻研究员帮我再核查一遍。他便发给我下面这个回信：

你好！汤姆，别来无恙。对于你关心的北京城市道路上每个月新增加多少辆小汽车的问题，我根据网上的一些资料进行了研究，2004年4月，北京的汽车销售量是43 000辆，比去年同期增长24.1%。相当于路上每天增加小汽车1 433辆，这个数据包括二手车的销售。这个月新车的销售量是30 000辆，相当于每天路上增加1 000辆小汽车。2004年1月到4月，小汽车的销售总量是165 000辆，相当于每天路上增加小汽车1 375辆。这些数据来自北京市工商局。北京市统计局的资料表明，2003年北京市全年的汽车销售量是407 649辆，或平均每天1 117辆。去年，新车的销售量是292 858量，或平均每天802辆……目前北京的汽车保有量达到210万辆……但是最近几个月来，汽车的销售量看起来还在猛涨。值得注意的是，去年的"非典"爆发期间，由于害怕公众接触传染和由生存恐慌引起的"及时行乐"思想的驱使，北京很多家庭购买了轿车。由于城市的交通条件得到了很大改善，同时很多人因怕传染而自愿待在家中，宽阔无人的道路让许多新车的拥有者尽情地享受着驾驶的乐趣。由于中国加入世界贸易组织后下调汽车进口关税，导致汽车价格下降，很多家庭提前了他们购买汽车的时间表，虽然还有一些人预计汽车价格还会下降而持币待购。祝你万事如意！

迈克尔

中国曾经是石油和天然气的净出口国。但是随着世界变得平坦，那些日子一去不复返了。2003年，中国超过日本成为仅次于美国的世界第二大石油进口国。从2002年到2005年，中国总的能源消费量增长了将近65%，但是这还远远没有达到它工业化的总潜力。

如果目前的趋势保持下去，到2012年，中国将从每天进口原油700万桶增长到1 400万桶。要满足中国的这种需求增长，我们必须再发现一个沙特阿拉伯。但这是不可能的，但也没有什么别的好办法。曾经工作在石油工业一线的一位顾问菲利浦·K·弗莱杰Jr.说，"中国要成长，他们要走出去买石油，从地缘政治来讲，我们不能不让他们买。我们不能对中国和印度说：'还轮不上你。'从道德方面讲，我们不能谴责任何人。"但是如果我们什么也不做，有些事注定是要发生的。首先，汽油的价格将会涨得越来越高；其次，苏丹、伊朗和沙特阿拉伯的力量将得到加强；第三，环境污染会越来越严重。

我们这一代人面临的考验是，当我们把这个星球传给下一代时，其是否像我们刚接过它时那样好，甚至更好。世界平坦化的过程对人类的这个责任提出了挑战。"保护国际"的高级副总裁葛兰·布鲁斯说，"修补工作首先需要保存所有的碎片"，"如果我们不这样做会怎样？如果 30 亿新成员开始大口吞食所有的资源该怎么办？物种和生态系统不可能调整得那么快，生物的多样性将会受到巨大损失。"

当中国认识到迅速减少能源消耗对自己的环境和经济增长的好处时，中国自己就会采取行动。幸运的是，这一点已经开始了。

美国所能做得最好的促进中国节约的方法就是以身作则，改变自己的消费模式。这样我们才有资格去说别人。弗莱杰说，"重建我们对能源的节约意识是关乎国家安全和环境的一个重要问题。"我们还能做的事情是动员美国最杰出的人才和最有实力的公司去开发减少气体排放的能源技术，尽快地降低成本曲线，直至降到"中国价格"，即中国和其他发展中国家能够买得起并大规模运用的价格水平。

"解放美国阵线"的奠基人之一盖尔·勒夫特说美国需要一个能源战略。"解放美国阵线"是一个联合了国家安全、劳工、环境和宗教团体的多党联盟，他们认为降低能源的消耗应该受到最高关注。我们需要在一个新的联合体下，树立一种新的策略，节约资源，开发无污染、可循环的能源。我喜欢把这种理论思想称为"生态绿色主义"。环境保护者希望能够减少使用破坏气候的化石燃料，福音主义者希望能保护上帝赐给我们的绿色地球和其他一切东西。

布什政府迟迟不愿采取这样一种全面的生态保护战略，这种战略本来可以帮助美元成为强势货币并减少美国的贸易逆差，使美国成为领导世界应对气候改变的领袖，激励美国公司率先开发出世界、尤其是中国和印度迫切需要的绿色科技。我们为布什政府不负责任的做法扼腕叹息。尤其是，很多问题的解决方法已经存在，我们不需要再走回头路，或苦苦等待科幻小说中的氢电池，也不需要大幅度降低生活水平，我们现在就有能力改善环境保护，唯一需要的是领导力。现在我们最稀缺的就是充满想象力的领导者，愿意领导我们国家在新的生态绿色的道路上前进。

在自家的后院安装一台风车，或在自己的房顶上安装太阳能电池，都是值得鼓励的。但只有当我们彻底改变电网的设计，即不再使用肮脏的煤、石油和天然气，而是使用清洁煤、核能、风能和太阳能时，整个世界才会变得干净。这将是一个巨大的投资项目，比美国历史上任何一个政治领导人曾经设想过的计划都要宏大得多。我们需要一个能实行"绿色新政"的总统和国会，政府的作用不是为这一项目掏钱，而是要支持基础研究，在必要的时候提供贷款担保，制定技术标准和管制条例，设计税收体制和优惠政策，以帮助清洁能源市场的形成，鼓励数以千计的新能源公司，关注从发电到生物能源，从更有效的交通方式到绿色建筑等各个方面。

"绿色新政"需要做好两件事情：政府管制和定价。以加利福尼亚州为例，加利福尼亚州为建筑物和机器设备制定了不断提高的能源效率标准，并采取措施鼓励公用事业与消费者合作，减少电力消耗。由于采取了这些措施，在过去30多年里，加利福尼亚的人均电力消耗始终保持不变，但其他州的电力消耗已经增长了大约50%。这种能源节约使加利福尼亚州少建造了24个发电厂。严格的技术标准鼓励了创新，创新带来了大规模的能源节约。

价格同样是重要的。无论是联邦政府征收了更高的汽油税、碳税、热量（BTU）税还是限量措施，发电厂、工厂和拥有汽车的人都必须为排放到大气中的碳支付应有的成本。如果化石燃料的成本更高，其他能源就会更有竞争力。太平洋天然气与电力公司的主席 Peter Darbee 说："从长期投资的角度来说，电力企业是最重要的消费者，如果他们对碳减排不重视，他们就会减少对提高能源效率和开发可再生能源的投资。"任何一项能源政策，如果不实行不断提高的能源效率标准，不提高化石燃料的价格，都算不上是真正的能源政策。

在这一问题上公众走在前面。商业界已经开始行动，因为越来越多的公司开始发现节约能源就是节约金钱、就是竞争优势的来源。所以不要再说什么节约能源、提高能源效率和保护环境是我们无法承受的奢侈品，这种观点是懦弱的和不现实的。这不是美国人应该做的。真正的爱国者、真正想要在全球传播民主制度的人、真正的企业家都会以环境保护的方式生活、思考、建设和投资。

绿色是新的红色、白色和蓝色。

第十六章

戴尔理论与冲突防范

—— 过去与现在

自由贸易是上帝赐予人类的最好的外交手段，没有比自由贸易更好的方法能够让人类和平相处。

—— 英国政治家理查德·科布登，1857 年

在本章开始之前，我要跟你谈谈我在写作这本书时使用的电脑，因为这个电脑与我本章所要讨论的主题有关。我用的是戴尔 Inspiron 600m 型电脑，产品序列号是 9ZRJP41。我曾访问过位于得克萨斯州奥斯汀附近的戴尔管理部门。我告诉他们我这本书要讨论的主题，并问他们能不能让我了解一下戴尔笔记本电脑的全球供给链运作情况。我想了解这台戴尔笔记本的各个部件来自哪些国家，以及如果可能的话，哪些人生产出了我的电脑。我得到的报告是这样的：

2004 年 4 月 2 日，当我拨打了戴尔电脑的 800 免费服务电话后，公司的人员根据我的要求开始设计我所需要的电脑。接着公司指派了一个销售代表穆杰塔巴·纳威负责把我的订单输入戴尔公司的订单管理系统。他既要输入我所需要的笔记本基本型号，又要输入我选择的各种配置，还有我的个人信息、送货地址、账号地址和信用卡信息。戴尔通过与 Visa 的业务联系核实了我的信用卡，随后我的订单被正式发送到其生产系统中去。戴尔在全球

有 6 个工厂，分别位于爱尔兰的利默里克、中国厦门、巴西洛索州的埃尔多拉杜、美国田纳西州的纳什维尔、得克萨斯州的奥斯汀和马来西亚的槟城。我的订单被电子邮件送到马来西亚的槟城，那里的工厂立即从附近的供应商后勤中心——由不同的供应商联合组建——订购电脑相关部件。这些供应商后勤中心就像部队一样集结在待运地域，如果你是戴尔的零部件供应商，不管你在世界的哪个角落，你的工作只是保证存放在后勤中心的特定零件储备充足，这样戴尔工厂就可以随时订购零件实现即时生产。

"通常，我们一天卖出 14 万到 15 万台电脑，"迪克·汉特（Dick Hunter）对我解释说，他是管理戴尔全球生产的 3 个负责人之一，"客户通过戴尔的网站或服务电话下达订单。客户的订单一旦传入生产系统，我们的供应商就会立即知道。你对电脑中的任何部件的需求信息都可以准确地传递给他，这样供应商可以把相关零部件送到工厂。比如你是台式电脑电源线的供应商，你会知道每分每秒有多少电源线需要运送。"每两个小时，槟城的戴尔生产工厂就会向附近的供应商后勤中心发送电子邮件，告诉他们应该把多少数量的、何种零件在 90 分钟内送到工厂—— 一分钟也不能晚。在这 90 分钟内，你会看到，从各个后勤中心开出的卡车直奔戴尔工厂，然后再把所需要的零部件卸下。所有零部件都是客户在两个小时之前订购的笔记本电脑需要的。当零部件被运到工厂后，戴尔的工作人员用 30 分钟卸货，记录货物的条形码，然后把它们装入箱中等待装配。"我们随时都清楚，在戴尔的生产体系中，哪个供应商能够提供哪种零部件。"汉特说。

于是我问他："我的笔记本电脑中的每个零部件都来自何方呢？"他说："首先，这台笔记本电脑是由得克萨斯州奥斯汀的工作人员、中国台湾省的一个戴尔工程师队伍、一个由中国台湾设计师组成的笔记本设计队伍联合设计的。由于戴尔与顾客建立的直接联系，戴尔会完全按照顾客的要求设计电脑的功能和样式。一些任何电脑都必须具备的基本部件，如主板和计算机辅助软件是按照中国台湾制造商的统一规格设计的。在这个基础上，我们的工程师在奥斯汀同其他地区的技术人员共同设计整个电脑。这种全球范围内的合作会产生更高的工作效率——24 小时不间断的工作系统。我们的合伙人负责基本的电子设备，我们帮助他们把顾客要求的有个人特色的功能融入其中。我们比供应商和竞争对手更了解顾客的需求，因为我们每天直接和他们打交道。"戴尔笔记本电脑大概每年都会彻底地重新设计，但是在一年当中，新的个性化功能总是随着硬件和软件的更新在不断地增加。

碰巧的是，当我的笔记本电脑订单被送到位于槟城的戴尔生产工厂时，有一个零件无线网卡因为质量原因不能使用。所以我的电脑的装配被推迟了几天。不久，装满质量良好的无线网卡的卡车开到了工厂。4 月 13 日上午 10 点 15 分，一位马来西亚籍的工人把我的产品订单拿走，一旦所有的零部件到齐，订单自动地转移到生产程序中。接着，另一位马来西亚雇员拿出一个 "traveller" —— 一个特殊的装载工具，用来盛放和保护零部件，然后把我的电脑需要的所有零部件放入其中。

这些零部件都来自哪里呢？那些常用的 30 个零部件，戴尔选用的供应商的数量是零件种类的若干倍。这样，如果一个供应商出了问题，戴尔也不会因此陷入困境。我的电脑的供应商是：微处理器来自美国英特尔公司设在菲律宾或哥斯达黎加、马来西亚或中国的工厂；内存来自韩国、日本、中国台湾或德国的工厂；显卡来自中国内地或中国台湾的工厂；风扇来自中国台湾的工厂；主板由韩国或中国台湾在上海开办的工厂或是中国台湾当地企业制造；键盘或者是由日本在中国天津开办的工厂生产，或者是由中国台湾在深圳的工厂生产；液晶显示器由韩国、日本或中国台湾制造；无线网卡或者是由美国在中国或马来西亚的工厂制造，或者是由中国台湾在当地或内地的工厂制造；调制解调器由中国台湾地区在内地开办的公司或中国内地当地的公司制造；电池来自日本或韩国或中国台湾设在墨西哥或马来西亚的工厂；硬盘由美国在新加坡的工厂或日本在泰国、菲律宾的工厂制造；光驱很有可能来自韩国在印度尼西亚和菲律宾的工厂，或者来自日本在中国、印度尼西亚或马来西亚的工厂；电脑包是由爱尔兰或美国在中国的公司制作；电源适配器或者是由泰国生产，或者是由中国台湾、韩国或美国在中国的工厂制造；电源线是由英国在中国、马来西亚和印度的工厂制造；最后，可移动内存条是以色列制造的，或者是由美国公司在马来西亚的工厂生产。

使供给链的每一个环节协调运作——从我的电话订购，到组织生产，再到送货上门——是平坦世界里的奇迹之一。

"我们不得不进行大量的合作，" 汉特说。"迈克尔个人认识这些供应商的首席执行官，我们一直与他们进行合作，改进生产工艺，保持供给与需求的实时平衡。"戴尔总是在不断地调整产品需求结构。怎样调整需求结构？举个例子来说：奥斯汀时间上午 10 点，戴尔发现很多客户订购的笔记本电脑都要求配备 40G 的硬盘，如果这样的话，两个小时后，供给链将出现断货。这个信号被自动地传送给戴尔的销售部门、公司网站以及所有的订购电话接线员。如果你正好在 10 点半向戴尔发出订单，公司的销售代表会对你说："您今天非常幸运，因为我们马上要推出促销活动，您只需在 40G 硬盘价格的基础上多支付 10 美元，就可以得到 60G 硬盘的配置。如果你现在订购，戴尔还会奉送您一个手提包，以感谢您选择我们公司的产品。"利用这样的促销，在一两个小时内，戴尔可以根据全球供给链的情况重新塑造顾客对笔记本电脑和台式电脑的需求结构。今天可能是促销内存，明天可能是促销 CD 光驱。

接着讲我的笔记本电脑。4 月 13 日，上午 11 点 29 分，所有的零部件都已经到齐，我的电脑被电脑安装工 A·沙迪尼组装完毕，他负责安装所有的零部件，并贴上我的订货标签，这台电脑随后被传送机传到操作系统安装部门，在那里，公司将把我指定的软件安装在我的电脑上。戴尔可以根据用户的口味为用户提供安装很多包括微软公司、诺顿公司和其他软件供应商的最新软件。

"下午 2 点 45 分，我需要的软件已经被安装好，随后，笔记本电脑进入了包装流程。下午 4 点 05 分，电脑被放置在泡沫塑料中，外面包上纸箱，纸箱上贴着标签，上面印着我的订单号、追踪码、电脑系统的参数和运输码。晚上 6 点 04 分，电脑被装入带有货物清单的货物托盘，货物清单上记载着我的电脑应该何时到货、被装载货物托盘的标识和送货地址。6 点 26 分，我的电脑离开生产工厂，被运到槟城的机场。"

戴尔租用的是中国台湾中华航空公司的波音 747 飞机，每个星期有 6 次航班，该航班由槟城经台北飞往纳什维尔。每架飞机上装载 25 000 台笔记本电脑，总重 11 万千克，相当于 242 506 磅。除了美国总统访问纳什维尔的时候乘坐空军一号降落过那里，这架波音 747 是唯一降落在纳什维尔的航班。

2004 年 4 月 15 日早上 7 点 41 分，所有来自槟城和利默里克的电脑抵达纳什维尔。11 点 58 分，我的电脑被装入更大的盒子，并随着传送线运到了指定的外部设备安装部门。

此时，距我订购电脑已经过了 13 天。如果在马来西亚没有因零部件短缺导致的时间延迟，这个过程实际上只需要 4 天。我的电脑生产一共涉及美洲、欧洲和亚洲（主要的）的大约 400 个公司，尽管它们分散在全球各地，但是通过供给链可以有效地合作。当天下午 12 点 59 分，我的电脑被转交给美国联合包裹公司陆上运输（需要 3~5 天的时间），同时被贴上了美国联合包裹公司追踪号码。2004 年 4 月 19 日下午 6 点 41 分，货物到达马里兰州的贝塞斯达，并签字交付。

我之所以讲这个笔记本电脑的故事是要以小见大，所谓小是指为生产笔记本电脑进行的分工合作，所谓大是指平坦世界中的地缘政治学。除了上一章提到的所有阻碍甚至逆转世界平坦化进程的各种力量，我们还必须增加一条更传统的威胁，即一场旧式的、惊天动地的战争，这种战争对经济发展的打击是毁灭性的。战争有多种可能性，也许是中国决定武力收复台湾；也许是由于朝鲜处于恐惧或疯狂，对韩国或日本实施核打击；有可能是以色列和即将拥有核武器的伊朗发生武装冲突；还有可能是印度和巴基斯坦之间爆发核战争。所有古典的地缘政治冲突都可能在任何时间爆发，其后果要么使世界平坦化的速度变慢，要么导致世界平坦化趋势发生逆转。

这一章的真正主题是，怎样通过平坦世界孕育的新型合作——尤其是供给链，缓和那些传统的地缘政治威胁。世界趋于平坦化的历史并不长，所以我们很难得到任何确切的结论。但有一点是肯定的，随着世界变得平坦，国际关系中最有意思的事情将是全球传统威胁和新出现的全球供给链之间的博弈。这两者之间的博弈将成为 21 世纪初学习国际关系活生生的教材。

在《凌志车与橄榄树》中，我说，当国家的经济建设和未来发展与全球一体化、全球贸易紧密联系在一起时，是否要与邻国动武，这个国家会三思而后行。我最初开始思考这个问题是在 20 世纪 90 年代，当时，我在旅途中发现，对于任何两个国家，当它们各自领土上的麦当劳开张后，彼此再没有发生过战争（边界地区小规模冲突和内战不算在内，因为麦当劳通常同时服务于冲突双方）。在得到麦当劳的证实后，我提出了所谓的"冲突防范的金色 M（麦当劳的标志）理论"。金色 M 理论认为，当一个国家的经济发展到一定水平，国内中产阶级实力足可以支撑起麦当劳的服务网络，这个国家就被称作麦当劳国家。在这样的国家里，人们不愿意再打仗，他们更喜欢排队买汉堡。这样说过于含蓄，可能让人摸不着头脑。干脆，还是一针见血吧，即当一个国家与国际贸易的联系日益紧密，并因此提高了自己的生活水平时——麦当劳在其境内的销售网络可以作为标志，交战双方为战争付出的代价太高昂了，所以战争不划算。

麦当劳理论与现实始终非常吻合，但是现在，除了名声不好的朝鲜、伊朗和萨达姆统治下的伊拉克，几乎所有的国家都有了麦当劳的门店。看来这个理论需要针对平坦世界的现实进行更新了。我把这个更新过的理论叫做防范冲突的戴尔理论。该理论的实质是平坦世界里的实时全球供给链成为地缘政治中冒险主义的约束，这种约束比以麦当劳为标志的生活水平提高对战争的约束更为有力。

戴尔理论认为：全球供给链上的任何两个国家之间绝不会爆发战争。因为旧式战争给供给链上的人们带不来任何好处，人们只想通过更多的货物与服务流动提高自己的生活水平。能够深刻理解这个理论精髓的人之一是迈克尔·戴尔，他是戴尔公司的创始人和董事长。

"这些国家知道权衡利弊得失，"戴尔指着公司亚洲供给链上的国家说，"他们非常小心地保护自己的权益，或者直截了当地告诉我们不必担心，他们不会做冒险的事。在访问过中国之后，我相信，这里发生的各种变化都是为了实现世界和中国更好的利益。一旦人们感受到经济独立的好处，享受到了更高的生活水平，有能力为孩子创造更好的未来，人们就会抓住这些机会不愿再松手。"

"东亚或中国的任何战争都会降低人们到这里投资的热情，这些地区的发展也会遇到障碍。"戴尔说他相信那些地区的政府对这一点非常明白，"毫无疑问，我们要向他们交代清楚，稳定对于我们来说非常重要。这不是一天两天的事，而是个长远的战略问题……我相信，随着时间流逝，那些地区不断发展进步，兵戎相向的机会将呈指数形式下降。但是我认为，这些现象还没有引起人们足够的重视。当你通过增加收入提高了自己的生活水平后，你不会坐下来想一想，谁使我过上这样的生活？或为什么我们的生活水平这么差？"

如果一个国家的工人和产业加入到全球主要供给链中，这个国家就会知道，他们不可能腾出一个小时、一个星期或一个月的时间去与别人打仗。即使打了，也会对世界经济与各行业的发展起到破坏性的影响，进而使其长时间地失去在供给链中的位置，这种代价太大了。对于一个没有自然资源的国家，能够成为全球供给链中的一员就好像钻井发现石油——这种石油永远不会枯竭。因此，由于发动战争而失去供给链中原有的位置，就好像油井的石油已经干涸，并且被人用水泥封死。短时间内，这个国家是不可能返回到供给链中去的。

当我问到，如果亚洲供给链中的一个国家决定与邻国兵戎相见并因此导致供给链断裂会有什么后果时，戴尔公司负责采购的高级副总裁葛兰·E·内兰说："你要对自己的行为付出代价，你不仅要在今天承认自己的错误，还要在未来很长一段时间里接受惩罚。因为其他国家和跨国公司已经对你失去了信任。中国当前正在建立商业社会的信用。在这样的经营环境里，明晰的、严格的游戏规则才能使你有机会发展自己。" 内兰说，供应商经常问他是否担心中国内地和中国台湾的关系，因为在过去半个世纪里，有好几次双方威胁要动用武力解决问题。他回答说他不相信这种威胁会变成现实。他在与位于供给链上的公司和国家政府，特别是中国的谈话和交往中认识到："这些国家认识到了发展的机会，要像他们所看见的亚洲其他国家一样，积极热情地投入到合作中去。他们知道，供给链带给自己的是大量的收益，他们就是要追求这种收益。我们今年将花费35亿美元生产零部件，其中30%放在中国。"

"如果你注意一下供给链的发展历程，你会发现供给链首先促进了日本的稳定与繁荣，接着是韩国和中国台湾，现在是马来西亚、新加坡、菲律宾、泰国和印度尼西亚。一旦一些国家加入了全球供给链，他们就会感到供给链给自己带来的收益远远大于本国所能提供的。" 内兰说。一天下午，在东京，日本对外贸易组织理事长、日本贸易振兴会会长渡边修对我解释日本公司是怎样把大量中低层次的技术工作和产品生产转移到中国的：它们在中国进行基本的加工，然后把零部件运回日本做最后组装。尽管两国之间因历史问题存在着不信任，日本还是坚持这样做。从历史的观点看，强大的日本和强大的中国很难共同相处。但是这种看法在现在，至少在近期内已经不正确了。"现在，强大的日本和强大的中国是可以同时存在的。因为供给链在起作用。"对于他们来说，这是双赢。

显而易见，由于伊拉克、叙利亚、黎巴嫩南部、朝鲜、巴基斯坦、阿富汗和伊朗不是全球供给链的任何一部分，所以这些国家都可能在任何时间爆发战争，减缓或逆转世界平坦化进程。如同我的笔记本电脑的故事证明的，对防范冲突的戴尔理论的最有意思的检验是观察其是否适用于中国内地与中国台湾之间的局势。双方都深深地嵌入了世界上最重要的几个电脑、电子产品以及软件供给链中。每个大公司大多数的计算机元件都来自中国沿海、中国台湾和东亚地区。此外，目前中国台湾省在中国内地上的投资已经超过1 000亿美元。中国台湾省的专家还在内地管理着许多尖端科技制造公司。

《亚洲电子商务》杂志的前编辑克雷格·安德森在《国际先驱论坛报》（2000年9月9日）上写了一篇题为《硅盾牌保护台湾免于战火》的文章。他指出，以硅为原料的产品，例如电脑和网络系统，组成了美国、日本和其他发达国家数字经济的基础。在过去的10年里，中国台湾省已经成长为继美国、日本之后的世界第三大信息技术硬件生产者。海峡两岸之间的武力冲突会在世界范围内减少这些产品的供给……这种行动将会给美国、日本和欧洲的科技公司带来数万亿美元市场价值的损失。

戴尔理论第一次接受检验是在2004年12月，当时台湾地区正在举行地方领导人选举。陈水扁领导的民进党有希望打败主要竞争对手国民党。陈水扁试图把选举变成对其新宪法提案的表决，这个新宪法将正式明确台湾的独立地位。如果陈水扁赢得了选举胜利，如果他不愿维持两岸现状，加快台独进程，有可能会导致中国内地武力进攻台湾。在这样紧张的气氛里，海峡两岸的每个人都屏住呼吸。最后结果怎样？经济战胜了政治。大多数台湾人投票反对来自主张台湾独立的民进党的"立法委员"，从而使民进党不会在议会中占有多数席位。这些选民清楚地看到了台湾和祖国大陆之间的经济联系紧密地交织在一起，所以更愿意保持现状，因为一旦现状发生变化，比如中国内地军队武力登陆台湾，会使未来具有很多不确定性，很多台湾人的利益会受到影响。

警告：我要再次重复我在提出麦当劳理论时所说的话：麦当劳理论和戴尔理论不会终止战争，它们不能保证政府不会做出发动战争的决定，即使这些政府处在全球主要供给链上。这样想是很幼稚的。实际上，这些理论仅仅能够保证处于全球供给链上的国家在做任何事情之前都三思而后行。而且不管领导人出于什么考虑选择战争后，它们为自己的选择付出的代价与 10 年前相比要高出 10 倍，甚至更多。麦当劳从你的国家撤走是一回事，在 21 世纪发动一场导致你脱离全球供给链并且在很长时间内难以恢复的战争则是另外一回事，不可同日而语。

尽管戴尔理论的最佳案例是中国内地与中国台湾，但是我现在初步认识到，印度和巴基斯坦之间的关系可能在一定程度上也是适用的。2002 年，我碰巧在印度，当时供给链服务与旧式的地缘政治发生了碰撞，结果是供给链赢得了胜利。在印度和巴基斯坦的例子中，只有一方即印度符合戴尔理论，但这种作用仍然非常有力。印度在世界的技术和服务供给链上的位置，就如同中国内地和中国台湾在世界制造业供给链上的位置。通用电气在美国本土以外设立的最大的研究开发中心在班加罗尔，那里有 1 700 名印度工程师和科学家；诺基亚手机的核心芯片是在班加罗尔设计的；当你通过 Avis online 租用汽车时，相关业务是通过设在班加罗尔的技术中心处理的；美国 Delta 航空公司和英国航空公司通过班加罗尔的系统追踪你丢失的行李；几十家跨国公司的账户处理和系统维护也是在班加罗尔、孟买、清奈和其他印度的大城市中完成的。

2002 年 5 月 31 日，美国国务院发言人理查德·鲍彻发布了一个旅游公告：“我们催促当前在印度的美国公民尽快离开该国。”因为当时印度与巴基斯坦之间爆发核战争的可能性非常大。两国政府都把军队调集到接壤的边境地带。有情报报告双方正在加紧自己兵工厂对核弹头的生产。CNN 不断播放着印度人为躲避战争而背井离乡的画面。已经把后台技术处理中心和研究开发部门转移到班加罗尔的众多美国跨国公司焦虑万分。

"星期五晚上我正在上网，然后就发现了关于印度的旅游公告，"为许多美国跨国公司管理后台技术操作的维普罗公司总裁保罗说，"当我发现这个公告，不禁喊道：'天啊！'因为这个公告的出台将导致每一个客户对我们公司的发展前景产生怀疑。由于紧接着是两天的休息日，所以利用周末的时间，维普罗为所有的客户制订了保护业务持续发展的计划。"当公司的客户们看到为他们服务的公司善于应对各种情况时，大家都十分欣慰，但仍有许多人在喋喋不休地抱怨，因为这些跨国公司把关键的业务外包到印度时，并没有预料到这些情况的发生。保罗说："我们的一家美国客户的首席综合官发给我一个电子邮件。他在信中说：'我正在用大量的时间寻找替代印度的业务外包地点。我认为你肯定不愿意我这么做，其实我也不想这样。'我立刻把他的想法转达给印度驻美国大使，并希望他能找到合适的人员协调相关问题。"保罗不会告诉我这是哪个公司，但是我通过外交界人士可以确定，这家公司是联合技术公司。其他许多在印度有外包业务的公司，像美国运通和通用电气，对局势一样非常担忧。

"对于许多跨国公司而言，班加罗尔是支撑他们所有业务的心脏，"班加罗尔另一家非常有名的外包公司 MindTree 的总裁 N·克里沙纳库马尔（N.Krishnakumar）说，"如果这里出现了问题，可能会导致世界范围内的经济混乱。我们并不想干预国家外交事务，我们通过印度工业联盟组织想向政府解释的是，提供一个稳定的、可预期的经济发展环境对于印度的发展是至关重要的。"新德里的那些年迈的印度领导人确实应该好好学习这方面的知识了，他们还没有充分领悟到印度成为世界知识供给链上的一员具有多么重要的意义。当你正在为美国的运通或通用电气或 Avis online 提供后台处理操作时，当你为英国航空公司或美国 Delta 航空公司追踪丢失的行李时，如果因为战争导致工作停止一个月、一个星期，甚至一天，这些公司的业务将会出现大规模混乱。当初这些把管理或研究开发业务转移到印度时，跨国公司希望相关业务能够在这里扎下根，这种托付是严肃的。然而，如果地缘政治引发的严重混乱迫使跨国公司把外包业务撤离印度，再想让他们回来就不那么容易了。对于这种服务贸易，一朝失去意味着永远失去。

保罗说:"在平坦的世界里,你只有一次改正错误的机会。尽管平坦的世界能给我们带来各种好处,但你面临的不利局面是,每一个客户都有可能做出多种选择,所以你的责任心不能仅体现在为客户提供良好的服务,还要注意保护自己的有利地位,让客户对把业务托付给你感到放心。"

印度政府得到了这些信息。瓦杰帕伊总理缓和了言辞并从战争边缘逐渐后退。印度处在世界服务供给链中心的位置是导致这个结局的唯一因素吗?当然不是。这里还有很多其他的因素,其中可以肯定的是,巴基斯坦拥有核武器也是制止战争的重要原因。但是,显而易见,印度在全球服务贸易中的角色是约束印度行为的一个重要的附加因素,这一点已经被新德里考虑在内。"我认为这个事实让很多人从梦中醒来,"主管印度高科技贸易联合会的杰瑞·拉奥说:"我们很认真地考虑了这个问题,最后得出的结论是,政府的这种行为对印度商业和经济发展非常有害……直到那时,我们才突然意识到,印度已经和世界融为一体。每时每刻,印度都在扮演着世界供给链中重要的合伙人的角色。"

2002 年,班加罗尔地方政府的信息技术秘书维沃克·库卡尼告诉我:"我们不会干预政治,但我们一定要让政府注意到,一旦发生战争,印度的IT 产业会面临什么样的局面。"对于新德里来说,这是其制定国家政策时所需考虑的全新的因素。"10 年前,来自印度各省的对科技部长进行游说的队伍从没有出现过,"库卡尼说,"现在,这是对印度政府进行游说的最重要的队伍。"

"考虑到各个方面的情况,如果麦当劳关闭在印度的门店,不会对世界产生任何影响,"维韦·保罗说,"但如果维普罗不得不关闭,将影响世界上许多公司的日常业务处理。"没有人在呼叫中心接听电话,很多有班加罗尔支持的电子商务网站将关闭。许多依靠印度生产计算机应用软件,或把其人力资源、票据交换部门外包到印度的公司将无法运转。这些公司并不想再把这些业务转移到其他国家,因为转换成本是很高的,要想承担起各跨国公司的外包业务需要接受很多训练,掌握足够的经验,这与开一家快餐店是两码事。保罗说:"这就是为什么维普罗的客户告诉他,'我对你进行了投资。我需要你对我给予你的信任负责。'这些话给了我们很大的压力,我们必须以认真负责的态度工作……突然间，我清晰地感到，通过经济手段比通过政治手段能够获得更大的好处。如果我们能够催生成一个有活力的、更加富有的、可以创造出口产业的中产阶层，那么印度就能够获得比跟巴基斯坦打仗更多的收益。"印度政府也认识到 10 亿国民的心声："我想要一个更好的未来，不想要更多的领土。"我一次又一次地问在呼叫转接中心工作的印度年轻人，他们怎样看待克什米尔问题以及同巴基斯坦的战争。他们的回答是一样的："我们还有更好的工作要做。"这些印度人确实也是这样做的。当美国人要把工作转移到海外时，他们应该考虑这些印度年轻人的想法。我绝不是倡导美国把一些工作分给海外地区，以此求得印度和巴基斯坦和平相处。但我认为，既然通过印度权衡利弊所做出的选择已经把外包业务的这种功效体现出来了，显然这种经济活动对地缘政治会产生积极影响。世界更加和平，对于美国人的后代来说是很有好处的。

我所采访的每一个印度企业领导者都指出，万一巴基斯坦对印度实施残暴的恐怖行为或发动战争，印度政府会不惜一切代价保卫自己，届时，国家领导人们要做的第一件事就是让戴尔理论见鬼去。有时候，战争是不可避免的，是由其他人鲁莽的行为强加在你的身上的，而你不得不为此付出代价。但是，印度在世界供给链中参与的工作越多，层次越深，就越不愿采取战争的方式解决问题。我们希望有一天，巴基斯坦也能够加入到全球服务供给链中，以经济的逻辑思考问题。

2002 年，印度－巴基斯坦核危机至少给我们带来了一些希望。印巴双方的停火协议不是由美国国务卿鲍威尔而是由通用电气带给我们的。

这是我们的幸运。

Infosys 与基地组织

不幸的是，通用电气所能做的也仅此而已了。因为，导致地缘政治不稳定的新的因素在最近几年里浮现出来，即使戴尔理论也对这种因素起不到任何约束作用。这种因素就是变异的全球恐怖供给链：罪犯和恐怖分子都可能利用平坦世界中的工具逆转平坦化进程。我第一次思考这个问题时，Infosys

公司的首席执行官，南丹·奈利卡尼为我提供了参观其公司班加罗尔总部的全球电视会议中心的机会。关于这次参观，我在本书的第一章曾经提到过。南丹向我解释了，Infosys 公司遍布全球的供应商是如何迅速地聚集在一起召开视频会议的。当时，一个念头出现在我的脑海中：这个世界上还有谁能够利用这种充满想象力的联系工具呢？答案当然是"基地组织"。

基地组织已经学会了许多与 Infosys 公司同样的手段进行全球范围内的合作。但是他们利用这些工具不是为了生产产品和获得利润，而是制造罪孽和谋杀。这是一个特殊的难题。事实上，对于平坦的世界里那些集中精力谋求未来发展的国家来说，这也许是最令人烦恼的地缘政治问题。平坦的世界是把双刃剑，它既可以成就像 Infosys 这样的著名公司，也可以滋生臭名昭著的基地组织。戴尔理论对于这些非正式的恐怖主义网络不起作用。因为他们不是拥有一定数量人口的国家，他们的领导人没有必要向任何人负责，没有任何内部的游说组织约束他们的行为。这种变异的全球恐怖生产供给链的行动目标就是为了破坏，不是利润。他们不需要投资者，只需要加盟者、捐献者和受害者。这些四处活动的、自给自足的恐怖供给链，使用平坦世界提供的所有合作工具筹集资金、招兵买马和宣传思想，把培训恐怖分子的工作外包到其他国家，在各地分配作案工具和自杀袭击志愿者。美国军队中央指挥部给这个地下网络起了一个名字：虚拟哈里发。这个组织的领导人和创新人员像沃尔玛、戴尔和 Infosys 一样，理解平坦世界的含义。

在第十五章中，我试图告诉你，如果你不了解世界的平坦化进程，你是无法真正了解基地组织的崛起的。而我在这里要说的是，如果你不联系到世界的平坦化过程，你也无法从技术角度理解基地组织的崛起。全球化是基地组织的朋友，因为它帮助世界各地的穆斯林增加了认同感，更加紧密地团结起来。由于因特网和卫星电视的出现，一个国家里的穆斯林能够看到他们在其他国家的兄弟们进行的斗争，从而可以相互支持。世界的平坦化导致了更多的都市化，导致许多年轻的男性阿拉伯穆斯林大规模地移居西方。他们没有工作、受到挫折，这些愤怒的年轻人很容易地利用非正式的公开网络相互联系，成立组织，采取行动。对于地下极端主义穆斯林政治团体，这些联络工具是一种福音。想一想：100 年以前，无政府主义者在彼此联系与合作方面受到限制，所以难以找到志同道合的人，不容易一起采取行动。今天，随着因特网的出现，这些已经不再称之为问题。今天，即使寄邮包炸弹者也能够通过参加一个团体找到同路的朋友们。

我们在伊拉克看到的是这个恐怖供给链的一个更加反常的变种——人体炸弹供给链。自从美国于2002年3月入侵伊拉克以来，数百名自杀袭击者从伊斯兰世界中被招募出来，通过与人体炸弹制造者连接的地下通道送到伊拉克。这些人体炸弹被派到伊拉克各地，根据起义组织的需要抗击美国军队，袭击伊拉克目标。我能够理解，以色列对约旦河西岸长达37年的占领所激起的巴勒斯坦人的愤怒，但不能相信仅此就能够让他们采取自杀袭击的方式复仇。但是美国对伊拉克的占领仅仅几个月后，就尝到了自杀袭击的味道。怎样招募到那么多愿意为"圣战"的事业献身的年轻人？他们中的很多人甚至不是伊拉克人，他们甚至相互不称呼名字，不会在这个世界上留下任何名誉。事实是，西方的情报机构还没有弄明白这些有着源源不断的后备力量的地下组织是如何工作的，而这些组织已经妨碍了美军在伊拉克的行动。从我们已知的情况来看，这个虚拟哈里发的工作方式与我以前所描述的供给链的工作方式是一样的。就好比你在伯明翰的一家折扣商店的货架上拿下商品，而同时北京的另一家商店又把这个商品装上货架，自杀袭击的零售商在巴格达售出一个人体炸弹后，另一个人体炸弹迅速地在贝鲁特被招募到并训练好。随着这种策略的传播，美国需要重新思考其军事原则。

平坦的世界已经成为基地组织和其他类似组织的好帮手，使他们能够以小搏大，使他们能够以较小的行动产生巨大的影响。《华尔街日报》的记者丹尼尔·帕尔被巴基斯坦的伊斯兰组织砍下脑袋的血腥画面，经因特网传遍世界。世界上任何地方的记者看到画面或仅仅读到这个消息都会感到毛骨悚然，但是同样的砍头录像也成为恐怖组织招募新成员的宣传工具。平坦的世界使这些组织传播恐慌更加容易。有了因特网的帮助，他们不必再通过西方或阿拉伯的新闻媒体就可以把有关消息送到你的电脑里。他们为你上传了恐怖，而给人们带来焦虑所需要的花费越来越少。正像美国军队中夹杂着记者一样，自杀供给链中也夹杂着恐怖分子，他们以自己的方式告诉我们其对世界的看法。多少次我清晨起床，登录美国在线的主页，被一些头戴面具、手持机枪，威胁要砍掉美国人脑袋的人的视频图像吓出一身冷汗。因特网也是进行宣传传播、搞清真相、阴谋联合时有用的工具。因为不知何故，技术使因特网上的任何东西都更加可信。

"新的传播系统因特网更容易传播非理性，"专门研究媒体与政治之间交互作用的政治理论家亚容·埃兹拉罕说，"因为非理性在情感上更容易被人们接受，接受非理性不需要具备高深的知识，所以更便于在人群中广泛传播。"这就是为什么阴谋理论在今天的阿拉伯穆斯林世界，甚至西方世界的某些角落里如此流行的原因。阴谋理论就像药物一样渗入你的血液，让你看到"光明"。因特网就是注射器的针头。年轻人过去不得不通过注射迷幻药来逃避现实中的失败，现在他们只需要上网就可以了。你可以下载到正好说中你心思的那些观点，平坦的世界使这一切变得更加容易。

以色列海法大学的通信学教授加布里埃尔·威曼对恐怖分子使用因特网以及平坦世界中的其他联系工具进行了深刻的研究。其研究结果于 2004 年 3 月被美国和平协会出版。2004 年 4 月 26 日，"耶鲁全球在线"摘录了其中一部分内容：

> "恐怖分子利用电脑对因特网进行黑客攻击经常引起人们的讨论，但令人奇怪的是，很少有人知道恐怖分子在利用因特网进行联系与合作，策划恐怖活动，"威曼写道，"最近长达 6 年的研究显示，恐怖分子和他们的支持者一直在利用因特网提供的各种工具招募新成员、筹集资金以及发动世界范围内的恐怖袭击。我们还看到，要有效地打击恐怖主义行为，仅仅抑制他们手中的因特网工具是不够的。2003～2004 年间，我们通过对整个因特网上的网站的搜索调查发现，有成百上千的网站在以不同的方式为恐怖分子进行服务。"有无数个例子可以用来说明，恐怖分子是怎样使用这个不必经过审查的媒介传播假情报，发布恐吓信息，展示最近一些恐怖行为的可怕画面。自从 2001 年"9·11"事件以来，基地组织的网站上不断地宣布要对美国的一些目标实施大型袭击。这些警告被大量媒体做了报道，从而在世界范围内帮助制造了更广泛的恐慌和不安全感，尤其是在美国本土……

　　因特网为恐怖分子扩展了进行公开宣传的机会，而恐怖分子为他们的事业和行为进行宣传恰恰是为了引起电视、广播电台和印刷媒体的注意。恐怖分子亲自控制自己网站的事实，使他们有更多的机会让不同的受众了解自己，塑造自己和敌人的形象。大部分恐怖分子的网站并不庆祝其残暴的恐怖行为。相反，不论他们的性质、动机或地点，大多数恐怖分子网站只强调两个问题：对言论自由的限制和被视为政治犯的他们被捕同伙的处境。"这些问题引起了恐怖分子支持者的强烈共鸣，同时也得到了西方言论自由倡导者的同情，使这些西方人士对有关当局禁止政治反对派言论的做法感到不满……"

　　恐怖分子不仅熟练地在网络上进行宣传，而且还善于搜集网络上的各种资料。他们可以通过因特网查到所袭击目标的出行时间表和地点，比如运输设备、核电厂、公共建筑、机场和港口，甚至反恐设施。根据美国国防部长唐纳德·拉姆斯菲尔德所说的，美国军队在阿富汗境内找到了一本基地组织训练手册，这本手册告诉读者"不用使用非法手段，只要利用公开资源就可以收集到关于敌人的至少80%的情报"。一个被缴获的基地组织电脑中含有一个水坝的工程建设资料，这些资料是从因特网上下载的，可以使基地组织的工程师和袭击策划者模拟恐怖袭击造成的灾难事件。在另一个被缴获的电脑中，美国的研究者发现基地组织人员正在利用一些网站下载软件和关于数字控制的程序指令，通过这些程序，他们可以控制供电系统、供水系统、运输系统和交通网络。

　　像许多其他的政治组织，恐怖分子利用因特网筹集资金。以基地组织为例，其活动资金在很大程度上一直依靠捐赠。捐助人、非政府组织和其他金融机构利用网站和因特网上的聊天室、论坛把资金转移到恐怖分子手中。俄罗斯车臣共和国中的分裂分子也使用因特网公布接受同情者捐款的银行账户账号。2001年12月，美国政府没收了得克萨斯州一个慈善组织的资产，因为这个组织与哈马斯有联系。

　　除了在网络上寻求资金援助，恐怖分子还利用全套的网络技术（如音频、数字视频等）增强其信息的冲击力和感染力，以吸引新成员加入组织。就像商业网站努力要把访问者转变为自己产品的消费者一样，恐怖组织也能够获得浏览其网站的用户的信息，然后与那些看上去对恐怖组织的事业非常感兴趣的或者非常适合执行恐怖任务的访问者进行联系。招募人员还有可能使用更加具有互动性的网络技术，如在线聊天室和网吧等在公共人群中寻找合适的人选，尤其是年轻人。"坐落在华盛顿特区的专门研究恐怖组织网址的研究所一直在监视基地组织在因特网上的活动，该研究所提供了基地组织利用因特网招募人员，并派到伊拉克袭击美国和盟军部队的细节。因特网也给恐怖分子提供了便宜的、有效的联系方式。许多恐怖组织，其中包括哈马斯和基地组织，都从严格的按等级制度建立的机构转变为许多分散的半独立单元。通过因特网，这些分散的半独立单元之间，可以保持紧密的联系。因特网不仅可以使同一组织的成员相互联系，还能够让不同的恐怖组织之间相互联系。例如，许多以'圣战'的名义支持恐怖主义的网站允许车臣和马来西亚的恐怖分子交流思想，以及实际工作中的经验，像怎样制造炸弹、建立恐怖小分队、执行袭击任务等。在'9·11'恐怖袭击中，基地组织主要是依靠因特网进行策划和协调的。"

综合以上原因，我们开始理解世界平坦化的地缘政治意义。一方面，无论出于什么动机，我们忽视了失败的国家和地区，因为他们对我们既没有任何经济机会，又不会像在冷战时期内由于要与前苏联对抗而需要向它们施加影响。另一方面，今天没有任何一个比拥有宽带能力的失败国家更危险的了。如果一个失败的国家拥有电话网络和卫星联系，如果一个恐怖组织渗透到这个国家中，正如基地组织对阿富汗所作的那样，网络可以将它的能力放大百倍。其他强有力的政权越想离这些政权远一点，它们就会越不得不深入地扎根在那里。想想美国在阿富汗、伊拉克，俄罗斯在车臣，澳大利亚在东帝汶的情景吧！

在一个平坦的世界中，想要藏起来更加难了，但是想彼此联系却无比简单。约翰·霍普金斯大学外交政策专家迈克尔·曼德尔鲍姆说："本·拉登不能露脸，但是却可以联系到世界上任何一个角落，多亏了因特网。"本·拉登占据不了任何领土，但是却可以掠取数百万人的想象力。他甚至在 2004 年美国大选前夕直接向美国民众广播。

拥有卫星天线和互联网络的恐怖分子比地狱还要可怕!

心中的恐慌

2004 年的秋天，我应邀到纽约伍德斯托克的一个犹太教堂中演讲，这里是著名的伍德斯托克音乐节的所在地。我问主办方，他们为什么偏偏要在伍德斯托克的一个犹太教堂里举办这个活动，要知道，除了这个教堂，还有很多地方可以举办这种活动。他们的回答很简单，因为自从"9·11"事件以来，包括犹太人在内的很多人从纽约搬到了像伍德斯托克这样的小地方，以免将来他们的家再被夷为平地。现在，这个趋势只是一个溪流，但如果将来某一天，一个核装置在欧洲或美国的城市中被引爆，这个趋势将发展成势不可挡的洪峰。

既然核恐怖威胁是所有导致世界不平坦因素中破坏力最大的，如果没有这方面的讨论，这本书就会不完整。我们经历了很多恐怖威胁，我们经历了"9·11"恐怖袭击，但是我们却经不起核恐怖袭击的折腾。那种行为将会使世界永久的不平坦。

本·拉登在"9·11"事件中没有使用核装置的唯一原因不是他不想这样做，而是他还没有能力这样做。由于戴尔理论不能约束自杀袭击的供给链，我们唯一的策略就是限制他们所能使用的最坏的手段。这意味着我们要在全球范围内通过限制供给，买断已经存在的核燃料，制止核扩散，尤其是在前苏联境内的核扩散，同时还要阻止更多的国家加入核国家行列。哈佛大学国际事务专家格雷厄姆·阿丽森在他的著作《核恐怖主义》中说，如果要阻止最后大灾难的发生，我们就要阻止恐怖分子接触到核武器和核原料。现在动手还来得及。阿丽森坚持认为，这是对我们意志和信念而不是能力的挑战。阿丽森提出一个由美国倡导的新的国际安全规则，这个规则以他所谓的"三无原则"来解决核扩散问题:"没有零散的核武器，没有新制造的核武器，没有新的核国家。"没有零散的核武器，是指用比现在更严格的方法保护核武器和用于制造核武器的原料。"我们的金库里没有丢过黄金，"阿丽森说，"俄罗斯的克里姆林宫里没有丢过珍宝。所以，如果我们决心保护好对我们来说十分重要的核武器，我们应该知道如何防止窃贼接触到那些东西。"没有新制造的核武器，是指承认一些人能够并且已经生产出高浓缩铀或钚，这意味着他们完全具有生产核弹的能力。我们需要更加可信的、多边的防核扩散机制，阻止新的核原料的出现。最后，没有新的核国家，是指截至目前已经拥有核武器的8个国家，从此以后，不管多么不公平和没有道理，核国家俱乐部不会再吸收新成员。阿丽森还补充说，实现这三步可能需要我们花费时间建立一个更加正式的、稳定的、在国际上获得广泛支持的合作机制。

如果能够阻止类似基地组织的恐怖组织接触到因特网，那就太好了，但那是不可能的。因为如果对因特网进行限制，我们自己也会受到损害。这就是为什么限制恐怖分子的能力是重要的，但不是充分的。我们还必须找到一个办法阻止他们最坏的意图。如果我们不能关闭因特网，以及使世界变得更加平坦的其他合作工具，如果我们不能阻止恐怖分子接触这些科技，我们所能做的剩下的唯一一件事，就是影响平坦世界中各种创新工具给他们带来的想象力。当我跟我的荷兰籍神学教师拉比·兹费·马克斯提到这个问题以及我所写的这本书的框架时，令我惊奇的是，他竟然告诉我，我所描述的平坦的世界使他想起了通天塔的故事。

怎么会这样呢？我问道。"上帝把人类从通天塔驱逐走，并让他们讲不同语言的原因就是因为上帝不想让他们相互合作，"拉比·兹费·马克斯回答说，"由于人类曾经要合作建立一个直通天堂的高塔，这样，当人类登上高塔，也就可以当上帝了。上帝发现人类这个行动后十分恼怒。"从这件事中可以看到人类潜在的能力，所以上帝打破他们之间的联合，让他们说不同的语言，无法相互沟通。现在，经过那么多年，人类再次创造了一个新的平台——因特网，使越来越多不同地区的人们能够更加容易地相互共同合作。上帝是否会把因特网看做异端？"绝对不会，"马克斯说，"异端不是人类之间的相互合作本身，关键看这种合作会导致什么结果。如果我们利用这些新的通讯与合作工具做有益的事情而不是疯狂的行为，那么这种合作就是必不可少的。建造通往天堂的高塔当上帝是一种疯狂的行为。本·拉登是疯狂的，他认为他掌握着真理，如果别人不重视他的存在，他可以铲平任何人建立的高塔。实际上，通过合作发挥出人类全部的潜能正是上帝对人类的希望。"

我们怎样促成更多的合作是我在最后一章要讲述的内容。

The World Is Flat
Conclusion:Imagination

结论：想象

第 十 七 章

11 月 9 日与 9 月 11 日

想象力比知识更重要。

——阿尔伯特·爱因斯坦

在因特网上，没有人知道你是一只狗。

——《纽约客》中彼德·斯坦纳创作的漫画里，两只狗在聊天。1993 年 7 月 5 日

回顾过去的 15 年，世界变得平坦，而我们的生活深深地受到了两个日期的影响：11 月 9 日和 9 月 11 日。今天，这两个日期代表了两种相互竞争的想象力："11·9" 代表了创造性的想象力，而 "9·11" 代表了破坏性的想象力。"11·9" 推倒了隔离墙，打开了世界的窗户，它开放了半个地球，使那里的人民成为我们的合作者和竞争者。"9·11" 炸毁了世界贸易中心，永远地关闭了世界饭店上的窗户，在人与人之间重新筑起了一道看不见的高墙——我们曾经以为自 1989 年 11 月 9 日以后，这样的高墙会永远地消失。

11 月 9 日拆除柏林墙，是由一些敢于想象一个不同的、更加开放的世界的人干的。在这样的世界里，每个人都可以自由地发挥潜能，每个人都可以鼓起勇气去做他们想做的事。您还记得这个过程是怎样发生的吗？其实很简单：1989 年 7 月，数百名东德人在匈牙利的西德大使馆前寻求避难。

1989 年 9 月，匈牙利决定取消它与奥地利的边境限制，这意味着任何进入邻国匈牙利的东德人都可以穿越奥地利到达自由的世界。果然，超过 13 000 名东德人逃到匈牙利。东德政府感到了极大的压力。当东德政府宣布放松旅行限制的计划时，数以万计的东德人集中在柏林墙周围。1989 年 11 月 9 日，面对喧闹的、欢呼着的人群，边境哨兵只好打开大门。

当时，在匈牙利，一定会有一个人——也许是总理，也许仅仅是一个官员——首先想到："想象一下，如果我们打开同奥地利的边界，如果东德人看到他们的邻居逃到西方后也受到鼓舞，聚集在柏林墙周围，然后把它推倒，会有什么后果？"一定有人进行了上面的对话，因为只有他们进行了这样的对话，几百万的东欧人才能从铁幕背后走出来，加入到平坦的世界中。在这样一个伟大的时代里，作为一个美国人是很幸运的。我们是世界上唯一的超级大国，世界是我们的牡蛎❶。年轻的美国人可以考虑做一个学期或一个夏天的旅行，所到的国家数量比在你之前任何一代美国人所到的都多。你想走多远就走多远，只要你有足够的钱。他们也可以到同学的家里去玩，你的同班同学会来自不同的国家、不同的文化，数量比以前各班级中的都多。

当然，9 月 11 日，改变了一切。它展示给我们的是另一种完全不同的想象力，展示给我们一群可恶的人的力量。这些人花费几年的时间琢磨怎样尽可能多地杀死无辜的人。某个时间，本·拉登和他的同伙们一定是相互看了看说："想象一下，我们是否能够击中世界贸易中心的两个楼的正确位置——在 94 层到 98 层之间；想象一下，每个楼能否会像纸片搭建的房子一样哗啦一下倒坍。"是的，很遗憾，这世界上有些人确实进行了上述谈话，于是我们曾经开放而丰富多彩的世界变得封闭起来。

在人类历史上，想象力的品质一直都很重要，但是通过写这本书使我感觉到，想象力的重要性从来没有达到当今这么高的程度。因为在平坦的世界里，许多合作工具日益变成人人都能得到的普通商品。因此，更多的人有能力来创造自己想要的东西。然而，唯有一件事物还没有、也永远不可能被商品化，那就是想象力—— 一些人做梦都想拥有的东西。

---

❶ 美国的习语，意为：我们能尽情享受生活中的快乐和机遇。

当我们生活在一个更加集中的、更加垂直管理的世界里时，国家可以垄断所有权力，在领导人的专制统治下，个人的想象力只会给自己带来麻烦。但是今天，个人可以轻易地得到合作工具和发挥自己的能力，他们不必只有通过控制一个国家才能威胁其他民众。今天，没有国家工具的小人物照样可以干大事，可以对世界秩序造成严重的威胁。

所以，如何引导人们积极的想象力极其重要。如同 IBM 的计算机科学家艾尔文·沃拉达斯基·伯杰所说的，我们需要比平常更认真地思考怎样鼓励人们制造有价值的产品，从而推动文明。这种和平的想象力能够消除疏远，鼓励相互依存、包容、开放和希望，而不是自给自足、排外、限制、怀疑和不满。

让我通过举例来说明这个问题吧。1999 年初，有两个人分别从零开始谋划自己的航空事业，彼此相隔只差几个星期。两个人都梦想着拥有自己的飞机，掌握相关的技能。一个人是戴维·尼勒曼。他于 1999 年 2 月建立了捷蓝航空公司，通过风险投资筹集到 1.3 亿美元，购买了一批 A320 喷气式客机，招募了飞行员，并与他们签订了为期 7 年的合同。然后尼勒曼把公司的机票预定系统外包给在犹他州盐湖城附近居住的家庭主妇和退休人员，这些人利用自己家里的电脑为乘客办理订票业务。

另一个人，就是我们从"9·11"事件调查委员会报告中所知道的本·拉登。1999 年 3 月或 4 月，在阿富汗坎大哈的一次会议上，本·拉登接受了由"9·11"恐怖袭击的策划者巴基斯坦出生的机械工程师哈立德·谢赫·穆罕默德起草的一个提议。捷蓝航空公司的座右铭是：不同的飞行姿态，同样的飞行高度。基地组织的座右铭是"安拉至大"。两条航线的目的地都是纽约。尼勒曼的目的地是到肯尼迪国际机场，本·拉登的目的是要降低曼哈顿的高度。

也许是因为我在去硅谷的路上读了"9·11"报告，我对年轻的机械工程师哈立德·谢赫·穆罕默德非常感兴趣，因为他是从美国北卡罗来纳州农艺科技州立大学获得学位的，他的想法打动了富有的风险资本家本·拉登。在此以前，穆罕默德一直在寻找一个愿意对其冒险事业投资的人。正如"9·11"事件调查委员会报告指出的，哈立德·谢赫·穆罕默德是"9·11"恐怖袭击的最主要的策划者……他接受过高等教育，在政府办公室或恐怖分子的藏身之处是同样从容自如。哈立德·谢赫·穆罕默德把他的想象力、技术和管理才能结合在一起，设计出一系列骇人听闻的恐怖袭击计划。这些计划包括传统的汽车炸弹、政治性暗杀、航空炸弹、劫持、水库投毒和把飞机变成导弹进行自杀性攻击。哈立德·谢赫·穆罕默德把自己描述成一个企业家，到处寻找资本和志愿者。1999 年 3 月或 4 月，本·拉登把哈立德·谢赫·穆罕默德召唤到坎大哈，告诉他说，基地组织愿意支持他的提议。这个提议就是基地组织后来的"劫持客机撞击世贸大楼"。

从本·拉登在阿富汗的合作总部来看，他是一个出色的供给链经营者。他为这个恐怖袭击计划组建了一个虚拟公司，就像任何一个全球跨国财团在平坦的世界中所做的那样。他把"9·11"恐怖袭击的总体设计工作外包给了哈立德·谢赫·穆罕默德，把所有的财务管理外包给了哈立德·谢赫·穆罕默德的外甥阿里·阿卜杜勒·阿齐兹·阿里，其负责通过电汇、现金、旅行支票、信用卡和签账卡的形式把资金从国外银行账目中转出分配给劫机者。本·拉登负责根据基地组织的名单从沙特阿拉伯阿西尔省中招募结实健壮的劫机人员，从欧洲招募飞行员，从汉堡招募行动组织的领导者，从巴基斯坦招募后勤支持人员。他还把培训飞行员的工作外包给美国的飞行学校。最后，本·拉登只需要为恐怖行动租到波音 757、767、A-320 或 747 客机，并从其基地组织的伊斯兰慈善团体和其他准备资助反美行动的风险资本家那里募集到必要的资金来训练这些不同机型的驾驶员。在"9·11"计划中，使用的资金大约是 40 万美元。一旦行动队伍组建起来，本·拉登便把精力集中在自己的核心能力上——对其自杀供给链的全面领导和意识形态方面的鼓动。在这方面，他得到了其代理人穆罕默德·阿特夫和艾曼·扎瓦赫里的帮助。

2001 年 12 月，美国弗吉尼亚东区地方法院对"9·11"事件中第 19 个劫机者扎卡利亚·穆萨维提起公诉。你只需看一眼公诉内容的一个条目，就可以清楚地发现本·拉登的供给链是如何用各种高新技术武装其基地组织。公诉书中是这样说的："大约在 1999 年 6 月，在接受一家阿拉伯语电视台采访时，本·拉登发出了一个恐吓：美国所有的男性都应该被杀死。"接着，报告指出在 2000 年，所有的劫机者包括穆萨维，或者正在打听、或者已经参加了美国飞行学校的学习课程。"大约在 2000 年 9 月 29 日，扎卡利亚·穆萨维利用在马来西亚的因特网服务供应商提供的电子邮件账户联系到了俄克拉何马州诺曼的飞行员培训学校。大约在 2000 年 10 月，扎卡利亚·穆萨维收到来自马来西亚公司 Infocus Tech 的来信，上面说明穆萨维已经被 Infocus Tech 任命为该公司在美国、英国和欧洲的市场顾问，并且除了其他待遇，穆萨维将接受每个月 2500 美元的津贴，大约在 12 月 11 日，穆罕默德·阿塔从俄亥俄州的飞行器材商店购买了驾驶舱影像模拟系统，该系统可以用来训练驾驶波音 767-300ER 和空中客车 A320-200。2001 年 6 月左右，扎卡利亚·穆萨维在俄克拉何马州的诺曼咨询开办农药喷洒公司的有关事宜。8 月 16 日，扎卡利亚·穆萨维购买了两把刀、一个双筒望远镜、一本波音 747-400 客机的飞行手册、一个模拟飞行的计算机程序、格斗手套和护胫、手持 GPS 全球定位系统接收器的说明书、一个摄像机、可以复习波音 747-400 客机飞行程序的软件、证明穆萨维是 Infocus Tech 公司在美国的市场顾问的介绍信、包含空中喷药资料的计算机光盘和一个手持航空无线电台……"

戴维·尼勒曼正相反，他是一个虔诚的摩门教徒，在拉丁美洲长大，父亲是合众国际社的记者。尼勒曼是典型的美国企业家，一个正直诚实的人。他从没有上过大学，但是成功地开办了两个航空公司：莫里斯航空公司和捷蓝航空公司，并且正在花大力气建立第三个公司——西南航空。他是无票乘机的创始人，所谓无票乘机就是现在所说的电子机票。"我是个乐观主义者，我父亲也是个乐观主义者，"他试图告诉我他乐观基因的来源，"我从小生活在一个非常快乐的家庭里……建立捷蓝航空公司的设想被写在纸面上以前，早就在我心中有了雏形。"由于尼勒曼没有任何历史上的负担，所以可以利用他乐观的想象力和他的能力迅速采用所有的先进技术，从头做起，开辟一条有利可图的航线，这是难以置信的。这条航线创造了工作岗位，开辟了低价旅游的先河，提供了独一无二的机载卫星娱乐系统，创造了你想不到的欢乐祥和的乘坐氛围。他还为公司职员设立了灾难救济金，以备在雇员遭遇死亡、重大疾病等风险时，其家属可以得到经济补偿。任何一个雇员每往基金里放入一美元，尼勒曼就会也往基金中捐一美元。"我认为每个人都伸一把手是十分重要的,"尼勒曼说,"我相信,当你为别人奉献时,你会从中得到乐趣。"2003 年,由于捷蓝航空公司的股票上涨,尼勒曼已经是一个非常富有的人了,他把自己 20 万美元收入中的 12 万美元捐入了灾难基金。

在他纽约办公室外边的接待室中,有一幅彩色照片,上面是一架捷蓝航空公司的空中客车正在飞跃世界贸易中心。当"9·11"恐怖事件发生时,尼勒曼正在他的办公室中,亲眼目睹了双塔的燃烧,当时捷蓝航空公司的班机正在肯尼迪国际机场上空盘旋,等待降落。当我告诉他,我将把他和本·拉登作对比的时候,他显得有些焦虑不安。当我结束了采访,关闭了我的电脑准备离开时,他对我说他想问我一个问题:"你认为本·拉登真的相信天堂里有神,神会喜欢他所做的事?"

我告诉他,我也不知道。我所知道的是:有两种方法使世界变得平坦,一种是利用你的想象力把每个人提高到相同的高度,另一种方式是利用想象力把每个人降低到同样的水平。戴维·尼勒曼使用他乐观的想象力和平坦世界提供的有效技术提高了人们的生活水平。他建立了成功的新航线,又把生意中得到的利润返回到为员工设立的灾难基金中。本·拉登和他的门徒也使用自己的想象力和许多相同的技术发动了恐怖袭击,把象征美国力量的两个巨大的标志夷为平地。更糟糕的是,他们是在宗教的伪装下筹集资金制造灾难的。

"在全球化最初的浪潮中,浮现出两个变种,"Infosys 的首席执行官南丹·奈利卡尼说,"一个是基地组织,一个是像 Infosys 或捷蓝航空公司这样的公司。所以,我们的主要工作是怎样鼓励更多的好的变种,阻止坏的变种产生。"

对于这个结论,我再同意不过了。这种努力是我们为保持这个星球的稳定繁荣所能做的最重要的事。

我丝毫不怀疑,科技的进步——从虹膜扫描到 X 光机——将帮助我们识别、揭露和俘获那些利用容易到手的工具破坏平坦世界的人。但是技术本身并不能保障我们的安全。我们确实需要找到办法去影响那些居心叵测的人的想象力。但是我们怎么在别人的头脑中培养具有对未来充满希望、珍爱生命、宽容等品质的想象力呢？每个人都应该问自己这个问题。我作为一个美国人提出这个问题，我强调这一点是因为我认为美国人应该在这方面做出榜样。我们要尽自己所能做全球最好的公民，我们不能回避这个世界，我们必须操纵自己的想象力，而不能让想象力操控自己。

我们总是难以分清楚，究竟是在采取必要的保安措施，还是已经让想象力控制了自己，自己吓唬自己。在"9·11"事件之后，我曾经声称，我们之所以没有事先识破"9·11"恐怖袭击的阴谋，是因为我们的想象力出了问题。在情报领域，我们没有能想象出像本·拉登和哈立德·谢赫·穆罕默德所设想的险恶计划。我们的情报领域也要有那种具有坏的想象力的人，但是我们并不需要让每个人都学会以阴险的心理揣摩世界。我们不应该以最坏的恶意想象周围的人，并且感到风声鹤唳，从此噤若寒蝉，心中充满了恐惧而不是希望。否则人与人之间没有信任可言。

2003年，我的女儿奥莉参加了她高中管弦乐队的比赛演出。她们花费了一整年的时间练习乐器，为了参加那年3月在新奥尔良举行的全国高中管弦乐队比赛。当3月来临时，美国即将派兵到伊拉克作战，所以蒙哥马利县校务委员会取消了所有团体旅行的安排，其中包括参加新奥尔良比赛的计划，因为他们害怕遭到恐怖主义袭击。我认为这种想法简直是又笨又蠢，即使恐怖分子，其邪恶的想象力也有局限性。难道基地组织领导者奥萨马·本·拉登和艾曼·扎瓦赫里真的会坐在阿富汗的山洞里盘算着对一个高中管弦乐队比赛进行破坏？比如艾曼问奥萨马："我说拉登，你还记得在新奥尔良举办的每年一度的高中管弦乐队比赛吗？这个比赛下周就又要开始了。让我们想办法给它一次袭击，让世界震动吧！"

不，我不会这么想的。让我们离开本·拉登的山洞吧。我们必须成为我们自己的想象力的主人，而不是囚徒。我在贝鲁特有一个朋友，她常开玩笑说，基于安全的理由，每当她乘坐飞机的时候，她总是在手提箱里携带个炸弹，因为两个人在同一架飞机上携带炸弹的概率是如此之小。不管带什么，门总是要出的。

说到这里，让我告诉大家一个在"9·11"事件中最令我感动的故事，这个故事来自《纽约时报》中"不幸的人"系列传记，这些传记的主人公都在"9·11"事件中丧生。这是关于 21 岁女孩坎达丝·李·威廉斯的故事，她是东北大学商务专业的学生。2001 年 1～6 月，她在世界贸易中心第 14 层的美林证券办公室做实习生。在母亲和同事的眼中坎达丝是一个充满活力和进取心的女孩。她非常喜欢自己的实习工作。坎达丝的同事也非常喜欢她，在她实习的最后一天，同事们请她吃了饭，把她送上了回学校的大型高级轿车。随后，公司写信给东北大学说："希望你们多给我们介绍几个像坎达丝一样的实习生。"期中考试结束几个星期后，她决定回加利福尼亚州的家中见她的伙伴。不久前，坎达丝被列入成绩优秀学生名单。她的母亲谢林告诉《纽约时报》的记者："她的伙伴们租了一辆活动顶棚的小汽车，打算为她庆贺一下。坎达丝也希望能在好莱坞的标志旁照张相。"

2001 年 9 月 11 日，早上 8 点 02 分，坎达丝乘坐的美国航空公司客机 Flight 11 从波士顿洛根机场起飞。不幸的是，这架飞机在 8 点 14 分被 5 个人劫持，这些人中就包括坐在 8D 位置上的穆罕默德·阿塔。这架波音 767-223ER 客机在阿塔的操纵下，掉头飞向曼哈顿，带着坎达丝·李·威廉斯撞向那个她作为实习生曾经工作过的世界贸易中心大楼。

航空公司的记录显示，坎达丝的座位与一位 80 岁的老奶奶相邻，位于生命长河两端的人同时面临着死亡：一个心中充满了回忆，一个心中充满了梦想。

当坎达丝·李·威廉斯搭乘 Flight 11 时，她不会想到这架飞机会以这种方式结束。但是在"9·11"事件以后，我们在乘坐飞机时，肯定会想它是不是安全，发生在坎达丝身上的事不会落到我头上吧？我们现在充分意识到了，一个人的生命可以如此轻而易举地被远在阿富汗山洞中一个疯子的独断意志抹杀。但事实是，即使今天，你乘坐的飞机被恐怖分子劫持的概率也非常小，比因开车撞到一只鹿而死或被闪电击中的概率还小。所以，即使我们事先想到了飞行中所有可能发生的事情，我们还是要坐飞机。因为如果你不坐飞机，就相当于把自己困在山洞中。想象力不是反复思考，它需要新的内容。从坎达丝·李·威廉斯的传记中，我们可以看出来她是一个乐观的女孩。我敢说，如果她还能再活一次，还一样会搭乘飞机。我们所有人都应该这样做。

美国从一开始就是一个向前看、而非向后看的国家。在"9·11"事件之后，布什政府领导下的美国从向外输出希望变为了向外输出恐惧，这是个极其危险的变化。我们从努力维持好世界秩序变成频繁地跳出来大叫。当我们出口恐惧时，我们会进口更多的别人的恐惧。没错，我们需要人们能够考虑到最糟的状况，因为"9·11"事件发生了，而且可能再次发生；但是，就像我以前所说的，警惕性与妄想症之间是有区别的，而往往我们却将两者混在了一起。欧洲或其他地方的人经常喜欢取笑美国人的乐观和天真，因为我们认为，凡事都有解决的办法，明天一定比昨天好，未来可以埋掉过去。而我却认为，其他国家的人实际上非常羡慕美国人的乐观和天真。世界需要美国人的乐观，因为这是保持世界围绕轴心正常旋转的重要因素。如果我们随着社会而悲观，如果我们不再是世界的"梦工厂"，那我们将会令世界不仅变得更加黑暗，而且更加贫穷。

分析家们总是喜欢用传统的经济和社会统计数字来衡量一个社会的发展：赤字与 GDP 的比率、失业率、成年女性的非文盲比率。这些统计数字是重要的，可以让人一眼看到问题。但是还有一个数据难以测量，而且我认为这个数据显示出的问题更重要：你所在的社会拥有的回忆多于梦想，还是梦想多于回忆？

所谓梦想，是指那种积极的、热爱生命的追求。商业组织顾问迈克尔·汉默（Michael Hammer）有一次说道："一旦一个公司的职员告诉我，他们的买卖在过去是多么的好做，我就会知道，现在这家公司处境不妙。同样，这种判断方法也适用于国家。你不愿忘记历史的辉煌。不错，我也很高兴地看到你在 14 世纪时的伟大。但那是过去，而我们生活在现在。当回忆超过了梦想，即意味着终结的来临。真正的成功者的标志是抛弃曾经使他成功的东西，从头再来。"

如果一个社会的回忆多于梦想，在这个社会中，会有很多人花费大量的时间向后看。他们不是通过当前的努力而是通过回味过去获得尊严、肯定和自尊。甚至通常情况下，那并不是一个真实的过去，而是想象中的、经过装饰的历史。这种社会的全部精力都用在了把他们的过去想象得比实际更加美丽，然后沉湎其中，不能自拔；而不是设想一个更加美好的未来，同时为此而奋斗。当一些国家走上这条路线时，会非常危险；如果美国失掉了他的宽容，也朝向了这个方向的话，那就将是一场灾难。我有一个朋友，名字叫大卫·罗斯科夫（David Rothkopf），他是前商务部官员，现在在卡内基国际和平基金会工作。我认为他对上述问题分析得最好，他说："我们所要的答案并不是依据已经变化的事物，而是要认清什么没有变，只有这样，我们才能将注意力集中在关键的问题上。对于不扩散大规模杀伤性武器做出有效的多边承诺；使世界上的穷人也可以在全球化过程中成为受益者；对阿拉伯世界进行改革以及美国作为世界领导的方式——努力使更多的人自愿认同我们的价值观，以此来得到世界的广泛支持。我们应该记住，那些价值观才是我们安全与力量的真正基础和源泉。同时我们要认识到，敌人永远不能打败我们。但如果我们抛弃了我们长期以来遵循的行事规则，那么我们可能打败我们自己。"

我坚信历史将会证明一件事：为了达到政治目的，布什总统无耻地利用了"9·11"事件所引发的情绪，顺利实施了极右的共和党人的国内议程，包括税收、环境和社会问题。这项议程在9月10日还不受欢迎，然而在9月12日就不同了。布什这样做不仅在美国人民中间、美国人民与世界中间制造了分裂，而且还造成了美国与其历史和身份的分裂。布什政府将美国变成了"反恐的美国"。在我看来，这正是世界上有非常多的人极度厌恶布什总统的真正原因。他们感到布什从他们手中拿走了非常珍贵的东西——一个向外输出希望而非恐惧的美国。

我们需要我们的总统重新摆正9月11日在日历上的正确位置，它仅仅是介于9月10日与9月12日中间的一天而已。我们绝不能把这一天作为限制自己的枷锁，因为9月11日终究是代表那些坏家伙的，而不是代表我们的。

我们应该由7月4日来代表❶；我们应该由11月9日来代表。

---

❶ 7月4日是美国独立日。

除了努力保持住我们的想象力以外，作为美国人和全球社会，我们在努力培养其他人的想象力方面能够做些什么呢？保持谦卑的态度是解决这个问题的好方法。是什么导致一个人热衷于破坏，而另一个人热衷于创造？是什么导致一个人想象出"11·9"，而另一个人想象出"9·11"？这是当代生活中最大的秘密。尽管我们中的大部分人可能知道如何培养拥有更多想象力的孩子，但也许对于我们来说，认为我们可以帮助别人解决这个问题的想法是自以为是的，尤其是对有着不同文化，讲着不同语言，生活在另一个半球的人来说。可是"9·11"恐怖袭击造成的严重威胁表明，不考虑这些问题，也是一种危险。我坚持要谈论这一话题。当然，我知道作为局外人我们所知道和所能做的都是有限的。

一般而言，想象力是两种塑造力量的产物。一个是人们存在其中的社会文化内涵——就是指他们的宗教领袖和民族领导人告诉他们的教义——以及这些教义如何对人们的想象力产生影响。另一个是人们在成长过程中所处的社会环境，这种环境对塑造人们如何看待世界与他人的方式有巨大的影响。局外人无法了解墨西哥、阿拉伯或中国的社会文化内涵，正如这些国家的人也无法完全了解美国的社会文化内涵一样。只有他们自己才能解读自己的文化内涵，并赋予其更多的宽容、远见，使其更加适应现代社会。没有人可以替他们做，甚至一起做都不可能。但是人们可以想办法与他人合作来改变自身生长与生活的环境，以此来帮助更多的人培养"11·9"的而不是"9·11"的想象力。

我下面将通过几个例子来说明这个问题。

eBay

eBay 的首席执行官梅格·惠特曼（Meg Whitman）曾经告诉过我一个故事："1998 年 9 月，正值因特网经济最繁荣的时候，eBay 上市。在 9 月和 10 月间，我们的股票一天之内可以上升 80 点或下降 50 点。我想，这是不正常的。有一天，我正在小隔间里处理自己的事务，我的秘书跑过来说，'梅格，美国证券管理委员会的主席亚瑟·列维特（Arthur Levitt）打电话找你。'"

美国证券管理委员会负责监管股票市场，它总是关注着股票市场中反复无常的现象，并调查其背后是否有幕后交易。在那些天，作为一个首席执行官，听到"亚瑟·列维特打电话找你"，不是一个好兆头。

惠特曼说："所以我叫上了我的律师，律师从他的小隔间走过来，脸色苍白得像一张纸。我们同时接听了列维特的电话，并把他的声音连接到扩音器喇叭上。我说，'你好，我是 eBay 的梅格·惠特曼。'然后他说，'你好，我是美国证券管理委员会的亚瑟·列维特。我不认识你，也没有见过你，但是我知道你的公司刚刚上市。我想知道：你的股票怎么样？我们证券管理委员会的服务态度好吗？'我轻轻舒了一口气，接着谈了些这方面的事情。接着，列维特对我说，'实际上，我给你打电话的另一个原因是我接到了来自 eBay 的第 10 个正面反馈，并得到了黄星，所以我很骄傲。'他说，'我是 1929 年后萧条时期玻璃杯❶的收集者，所以我在 eBay 上买卖这些东西并得到相应的反馈。我想你可能也愿意听到这个消息。'"

每一个 eBay 用户都有反馈栏，里面都是其他 eBay 用户对你的评价，这些用户与你做过交易，他们的评语可以反映出你们之间交易的物品是否令双方满意，以及过程是否顺利。所有反馈构成 eBay 对你声誉的认定。每得到一个正面反馈，你就可以得到 +1 分，0 分代表中性评价，−1 分代表负面反馈。当你得到 +10 分或以上时，你就会得到一个带颜色的星星。我在 eBay 上的名字叫 TOMF，积分是 50 分，有一个蓝色星星，这意味着，我已经从其他 50 个 eBay 用户那里得到了正面反馈。图标旁边是一个方格，可以显示出正反馈占所有反馈的百分比，这样你就可以知道卖者的信誉，同时还可以查阅别人对其所有的评价。

惠特曼说："所有人，包括亚瑟·列维特、门卫、女服务员、医生或教授都需要和渴望得到别人的正面评价。有些人可能会认为那些数值一定代表钱。实际上，它们可以只代表非常普通的认同感，就好比告诉某人'你的工作干得很棒，你做了一件很有意义的事情'。用户对我们的评级制度发表看法说，'当你早上起来，会看到这么多人喜欢你，这样的事情只有在 eBay 才

---

❶ 美国经济大萧条时，为了让市民心情好一些，生产商造出了色彩鲜艳而价格便宜的玻璃产品。

可能发生！'"

"更让人激动不已的是，"惠特曼说，"eBay 上绝大多数的反馈都是正面的。这非常有意思。通常情况下，人们不会因买到划算的商品写信恭维沃尔玛的管理人员。但是当你属于一个共同体之中，当你有利益在其中时，表现就完全不同了。你做事是有风险的。我们所有的用户中，最高的已经得到超过 25 万个正面反馈。你可以查看每一个买主和卖主的全部历史，我们也提供了为自己辩护的功能……没有人能匿名登陆 eBay 的，如果你不愿意透露自己的真名，可以取个别名。这些已经快速地成为这个共同体的规范……我们不是在经营交易市场，我们是在运转一个社会。"确实，eBay 有来自 190个国家的 1.05 亿用户，年交易额超过 350 亿美元的记录，事实上已经是一个自治的"国家"了——V.R.e.即 eBay 虚拟共和国。

怎样治理这个国家呢？"根据 eBay 的哲学，"惠特曼说，"我们制定少量的规则，要求每个人必须遵守。然后创造一个环境，在这个环境里，允许人们充分发挥自己的潜力。这里存在着比买卖商品更深奥的思想。"即使考虑到商业宣传的因素，惠特曼的思想仍然值得我们深思："人们会说，eBay恢复了我对人性的信任——这与真实世界里人与人之间的尔虞我诈、独断专行形成鲜明对比。我每两周就能听到这样的评语……eBay 为没有权势的小人物提供了在平等的环境里参与竞争的机会。我们的用户中还有一定比例的残疾人和未成年人，因为在 eBay，没有人知道你是谁。你就代表你的商品，你就等于别人对你的评价。"

惠特曼回忆道，有一天，她收到了来自奥兰多一对夫妇的电子邮件，这对夫妇将要参加题为"eBay 生活"的主题活动。在这次活动上，惠特曼将发表演讲。这种活动是 eBay 参与者经常搞的重要会议。这对夫妇问惠特曼，在她演讲结束以后，他们是否能够在后台与她见面。"所以在我作完讲话以后，"惠特曼说，"他们来到了我的休息室，除了爸爸、妈妈，还有一个坐在轮椅上的 17 岁男孩，他因为患脑瘫而成为残疾人，行动非常不便。"这位母亲告诉我："凯尔残疾程度太高了，所以不能上学，但他在 eBay 上经营着一个商行，去年我和丈夫辞去了工作，全力帮助他。我们现在通过 eBay挣到的收入比以前工作时的收入还要多。"接着，他们又说了一件最令人感慨万分的话："在 eBay 上，凯尔不是残疾人。"

惠特曼还告诉我在另一次"eBay 生活"的活动中，一个年轻人是 eBay 上生意非常好的卖主，他告诉惠特曼，多亏他在 eBay 上的商行，他现在已经买了房子、汽车，雇佣了工人，自己当上了老板。但最重要的是，这个年轻人随后说道："我一提到 eBay 就非常激动，因为我没有大学毕业，为此多少受到了家庭的冷落。但现在，我是家里最成功的人。我是一个成功的企业家。"

惠特曼总结道："正是因为能够给人们提供机会以及它的评价制度，才使 eBay 有了旺盛的生命力。因为有负面评价的压力，所以人们都尽可能地做一个好的合伙人。"

记住：eBay 不仅仅创造了一个在线市场，它还创造了一个自治社会、一个社会环境。在这里，任何人，不管是严重残疾者，还是美国证券管理委员会的主席，都可以来到这里，发挥自己的潜力，做一个让社会信赖的人。那种尊重与认可是消除屈辱感、获得尊严的最好的、最有效的方式。在这层意义上，西方可以与东方合作，创造出相似的社会环境。在那里，年轻人可以在平等的条件下发挥自己的能量，通过自己的成就，而不是殉教得到这个世界的认可和尊重。我们可以帮助更多梦想多于回忆的年轻人。

印　　度

如果你想看看同一个道理在现实世界中的例子，我建议你研究一下世界上第二大穆斯林国家。世界上第一大穆斯林国家是印度尼西亚。第二大穆斯林国家既不是沙特阿拉伯、伊朗、埃及，也不是巴基斯坦，而是有着 1.5 亿穆斯林的印度。

印度的民主制度并不完善，然而，在一个拥有 10 亿人口，使用几十种不同语言的国家，这种带着缺陷的民主制支撑了 50 多年，不能不说是一个奇迹，这已经对世界稳定作出了巨大贡献。前印度总统中，有两个是穆斯林，现任总统 A·P·J·阿卜杜勒·卡拉姆（A.P.J.Abdul Kalam），既是穆斯林也是印度核导弹之父。当穆斯林妇女成为印度最高法院的法官时，沙特阿拉伯还在禁止穆斯林妇女开车。印度穆斯林，包括妇女，已经成为印度很多邦的首长。今天，位于《福布斯》全球亿万富翁名单中的印度最富有的人，是维普罗公司的董事长阿齐姆·普莱姆基（Azim Premji）。2001 年，美国人侵阿富汗后不久，我来到印度。当时印度的电视中正在播放一场辩论，一方是印度最有名的女影星——女性穆斯林、国会议员莎芭娜·阿诗米，另一方是新德里最大清真寺的伊斯兰教教长。她生活在允许她讲出心中的想法的社会环境里。

不同的社会环境，不同的文化背景，不同的想象力。

做到这些并不复杂：给年轻人一个社会环境，在那里他们可以使自己美好的想象变成现实；给他们一个社会环境，在那里，如果你对别人不满，双方可以由法院根据法律判决，并且不需要用山羊贿赂法官；给他们一个社会环境，在那里，他们可以追逐自己的创新思想，成为自己国家里最富有的人、最有创意的人或最受尊重的人，不管他们是什么背景；给他们一个社会环境，在那里，任何牢骚和主张都可以见诸报端；给他们一个社会环境，在那里，任何人可以竞选公职。猜猜这样做的结果会怎样？他们不会去想着炸掉整个世界，他们会希望成为这个社会的一员。

当你拥有成长的机会时，你会把精力放在对梦想的追求中。当你无路可走时，你会把精力放在愤怒上，或是沉醉于过去辉煌的历史。

20 多年前，印度在别人眼里的形象是耍蛇者、贫民和特蕾莎修女。今天，它的面貌已经焕然一新，如今人们看到印度到处都是聪明才俊和计算机奇才。外包咨询公司 NeoIT 的首席执行官阿图·瓦虚塔（Atul Vashistha）经常出现在美国的媒体上，为外包辩护。他告诉我这个故事：“一天，我的惠普打印机出了毛病，打印速度非常慢。我打算修理这台打印机。所以给惠普的技术支持部打电话。电话里面的人接听后，记下了我全部个人信息。他来到我家修理打印机。听他的口音，一定是印度某地的人。所以我开始问他是那里人，那儿的天气怎样。我们聊得很投机。10 ~ 15 分钟后，打印机修好了。他对我说，‘先生，我有些话要说，不知道你是否介意？’我说，‘没问题。’我猜想他可能要告诉我以后要注意使用电脑过程中的某些错误操作。然而，他说，‘我在《美国之音》里听到过您的节目，今天亲眼见到你，我很高兴。您的讲话非常好。'"我刚刚在《美国之音》的一个节目中谈论了关于反全球化和反外包运动的问题。我是被邀请的三个嘉宾之一 —— 一个工会职员，一个经济学家和我。我当时为全球化辩护，这个修理工听到了我的讲话。

记住：在平坦的世界，你不能仅仅看到自己的耻辱，还要看到自己的骄傲。印度的热线电话接线员突然认识到他的同胞是在平坦的世界上能实时地跨越半个世界的距离代表印度了，这使他感觉很好。

"革命后的法国、独立战争后的美国、印度的民主制度甚至 eBay，都是建立在社会契约的基础之上。在这样的契约下，国家权力来自社会底层，人们能够感觉到有能力改变自己的命运。处于这种社会环境中，人们会花时间思考下一步该做什么，而不是下一个该指责的对象是谁。"

来自石油的诅咒

在委内瑞拉、尼日利业、沙特阿拉伯和伊朗等地区，之所以不能建立起民主的社会环境，最主要的原因是受到了来自石油的诅咒。只要阿拉伯国家的国王和独裁者能够通过钻探油井发财，他们就会靠山吃山。他们可以使用石油资金控制所有的专政工具——军队、警察和情报机构，永远不会与人民分享权力或增加治理国家的透明度。他们必须做的只不过是仅仅控制住石油管道。由于统治者不用向人民征税，所以国家治理者与被治理者之间的关系是极度扭曲的。没有课税，人民就不能行使参政的权利。统治者用不着关心人们的生活，不必向人民解释国家的钱都花在了哪些地方，因为钱并非是靠收税得到的。这就是为什么依靠石油发财的国家通常没有完善的法规、制度，而依靠开发人民才智发展的国家则拥有健全的政府机构、对财产权的承认、各种法规、独立的法院、现代教育、对外贸易、外国投资、思想自由和科学探索。发展经济学家南希·伯索尔（Nancy Birdsall）和阿文德·萨勃拉曼尼亚（Arvind Subramanian）在其发表在《外交》杂志（2004 年 7 ～ 8 月号）上的一篇文章中指出："34 个发展中国家都自豪地宣称发现了重要的石油和天然气储备，并且这些资源的出口收入至少占其总出口收入的 30%。尽管他们获得了财富，然而，其中 12 个国家的年人均收入仍然低于 1 500 美元……而且，这些国家中有 2/3 没有实行民主制。即使是实行民主制的国家，也只有 3 个进入到了'自由之家'评选的'政治自由度'排名的前列。"

换句话说，想象力的产生是需要条件的，当你生活的环境不允许你产生逃避或激进的幻想时，你就不会产生想象力。今天海湾国家里，最有创意的革新出现在没有石油或石油储备很少的地方。巴林是阿拉伯世界里第一个发现石油的海湾国家，也是第一个耗尽石油储备的国家。现在，在阿拉伯海湾国家中，巴林已成为第一个为提高工人技能而致力于广泛的劳动改革的国家，第一个与美国签订了自由贸易协定的国家，举行了海湾地区第一次自由公平的选举的国家，女性同样拥有了竞选和投票的权利。哪些国家在改革上无所作为甚至倒退？被石油收入冲昏头脑的沙特阿拉伯和伊朗。2004 年 12 月 1 日，当原油价格高涨到接近每桶 50 美元时，《经济学家》做了一项伊朗的专题报告，其中指出："如果没有暴涨的油价，伊朗的经济将一塌糊涂。石油产品为政府提供了一半的财政收入、80%的出口收入。但是，在议会中狂热分子的影响下，聚集起来的石油财富再一次花费在浪费严重的津贴上，而不是急需的经济发展和新科技开发上。"

自 1989 年以来，约旦开始升级它的教育体系，推进私有化，加速现代化，解除对经济的管制，当时正是石油价格下降的时候。1999 年，约旦与美国签订了自由贸易协定，其对美贸易出口额为 1 300 万美元。到 2004 年，约旦向美国出口商品价值超过 10 亿美元，这些商品都是约旦人用自己的双手制造的。约旦政府为每个学校配置了电脑和宽带因特网。2004 年，它宣布改革清真寺祈祷主持的教育资格。过去，约旦的高中生要参加大学入学考试。考试成绩最好的学生将来可以当医生和工程师，成绩最差的学生将成为清真寺祈祷主持。约旦决定分阶段地推行新的教育体系，即以后要想成为清真寺祈祷主持的年轻人必须首先拿到其他某个专业的学士学位，然后得到伊斯兰法的研究生学位。通过这种做法，鼓励更多有才能的年轻人担当神职人员。这是社会环境的一个重要变化，人们期待改革将带来的深远影响。在这个背景下，年轻的约旦人会在他们的清真寺里接受培养。"我们必须经历危机才会接受改革。"约旦计划大臣巴希姆·阿瓦达拉说。

油价下跌迫使这个地区的领导人改变他们的社会环境。如果没有外来压力，任何人自己不会有变革的动力。或者如同约翰·霍普金斯大学外交事务教授迈克尔·曼德尔伯姆（Michael Mandelbaum）所说的："当你告诉人们有更好的选择时，他们是不会改变的。只有当自己意识到没有更好的办法时，他们才会被迫变革。"如果石油价格跌到 10 美元一桶，我就可以预言，从莫斯科、利雅德再到伊朗都会出现政治与经济上的改革。因此，如果美国与其联盟国家不齐心合力压低原油价格，那么，这些地区改革的渴望只能是"胎死腹中"。

同时，还要考虑另外一个因素。当你不是靠在你自己的土地上挖油井，而是不得不用双手生产商品，通过贸易来实现繁荣时，想象力必将拓宽，宽容与信任也会增加。这足以说明，为什么占世界人口 20%的伊斯兰国家所创造的贸易总额只占世界贸易总额的 4%。当一个国家提供的产品不受别人欢迎时，贸易额就会下降。贸易减少意味着思想交流的减少和自我封闭的增强。当人们与世界相连，接触不同的文化与观点时，就容易产生"11·9"那样的想象力；当人们感觉与世隔绝时，他们的自由和满足只是乌托邦式的幻想，这时就容易萌发"9·11"式的想象力。

一个好例子

IMF 前常务副董事斯坦利·费舍尔曾经对我说："一个好的例子胜过一千个理论。"我觉得这话说得对。的确，除非迫不得已，人们不会主动改变自己。此外，当他们看到和自己差不多的别人通过变革而繁荣时，也会主动改变自己。迈克尔·曼德尔伯姆也指出："刺激人们做出行为改变的根源是他们看到的，而不是听到的。"我在前面曾指出，阿拉伯世界里只有一个公司成长为世界级的企业，并获得了在纳斯达克股票交易市场上市的资格，这就是 Aramex。每个约旦人、每一个阿拉伯人都应该知道 Aramex 的故事，并应该为此感到骄傲，就像美国人为苹果公司、微软公司和戴尔公司感到骄傲一样。Aramex 就是比一千个道理都有说服力的真实例子。它就是自我奋斗的阿拉伯公司的楷模，充满着阿拉伯人的企业家精神，踏上世界舞台台阶的同时也给自己的员工带来了福利。

2005年，当法迪·甘杜尔的Aramex在迪拜再次上市后，来自阿拉伯世界、拥有Aramex公司股票认股权的400多名雇员分享了1 400万美元的红利。我永远也不会忘记法迪告诉我的，当时这些雇员——有的是公司管理人员，有的是送货车的驾驶员——是多么得意啊。这笔丰厚的收入可以使他们买到房子或者送他们的孩子上更好的学校。想象一下这些人当时的心情——当这些人回到家中和邻居之间，告诉所有的人他将盖新房子，因为他所供职的阿拉伯人开办的世界级公司已经上市了。想象一下，当他们看见自己成功地在平坦的世界里前进时——不是依靠传统的中东管理模式、不是依靠出卖土地、不是依靠政府和约，而是为一家真正的阿拉伯公司工作时，心中是什么感觉。就像在基地组织中没有印度人并不奇怪一样，人们也应该容易理解，Aramex公司的3 000雇员心里想的只有促进经济增长、提高人们生活水平的递送包裹业务，而不是人体炸弹。

谈到Aramex有认股权的雇员，法迪说："他们感觉自己就像是公司的主人。很多人找到我说，'谢谢你给我们带来财富，但是我不想兑现，我想投资公司，成为新的IPO(首次公开发行股票)的投资者。'"

如果能再找出100个像Aramex一样的例子，阿拉伯世界就已经有了与现在不同的社会环境和文化内涵。

从不可接触的贱民到不可替代的中产阶级

我还希望能看到100个像亚伯拉罕·乔治这样的印度青年的例子。2004年2月的一天，当我正在班加罗尔的旅馆客房里休息时，接到一个年轻妇女打给我的电话。她说她正在郊区参加一个新闻培训班，问我是否愿意与她的全班同学见面。这些年来，我接到过很多这种意外的邀请，使我有机会遇到各种有趣的事。所以我说："当然，没问题。"两天以后，我驱车90分钟从班加罗尔市中心来到一片旷野，那里矗立着新闻学校的教学楼和宿舍。在学校门口，我受到了一个名叫亚伯拉罕·乔治的印度年轻人的接待，他生于喀拉拉邦，曾在印度军队服役。后来他的母亲移民到美国，并为美国国家航空航天局工作，乔治也随之来到美国，在纽约大学上学。毕业后，乔治创立了一家软件公司专门经营国际金融业务。1998 年，他卖掉了公司，回到印度，打算用自己在美国赚到的钱从最底层改造印度社会。

乔治在美国认识到，如果没有更多负责任的报纸和记者，一个国家不可能改善它的管理水平。所以他开办了一家新闻学校。我们一起坐在他的办公室里喝果汁，我又了解到，乔治还在班加罗尔附近村庄创办了一所小学。那个地区住的都是印度社会最底层的"贱民"，他们不敢去接近比自己更高的社会阶层，生怕自己会污染高贵人种周围的空气。乔治想证明，如果你给这些"贱民"的孩子机会，让他们接受同样的技能培训和坚实的教育，他们也会像其他印度人一样，有能力在平坦的世界里打拼。乔治说得越起劲，我越想去看看这所学校。于是，为学习新闻学的学生们讲完话后，我、乔治还有校长拉利塔·劳一起坐上了吉普车，经过 2 个小时的行驶，我们到了 Shanti Bhavan 学校。这个学校距离班加罗尔只有 10 英里，但是却落后了 10 个世纪。如果用"悲惨"来形容这些村民的生活，那已经是对他们的恭维了。

当最终到达学校后，我看见了整洁的粉刷过的建筑，四周花草环抱，与附近的村落形成鲜明对比。我们走进第一间教室，那里有 20 个孩子正在电脑上用 Excel 和 Word 做作业。隔壁是另一个班级，里面的孩子正在按照电脑打字程序练习文字录入。我大声问这个班的教师，班上哪个孩子打字最快。她指着一个 8 岁的女孩，那女孩脸上的笑容灿烂得可以融化冰川。

我对那个女孩说："我想和你比试比试。"所有的孩子都聚拢了过来。我挤在一个小椅子上，挨着她，然后我们开始不停地打同一段文字，看在一分钟之内，谁打的单词最多。我问："谁赢了？"这个女孩的同学大声喊着她的名字，围着她欢呼雀跃。我心甘情愿地输给了女孩愉快的笑声。

能否进入 Shanti Bhavan 学校的标准是，这个孩子是否生活在贫困线以下，以及孩子的父母是否愿意。在我到来之前，孩子们刚刚做完加州的考试卷子。劳说："我们对他们进行英语教育，这样他们将来可以在印度和世界上任何一个地方接受更高等的教育，我们的目标是让他们接受世界一流的教育，使他们可以获得他们的祖祖辈辈以前想都不敢想的高尚职业。在印度，这些'贱民'的孩子到处受到歧视，但是在其他地方，如果这些孩子们真正受到良好教育的熏陶，他们就可以跨越重重障碍。"

然后，他们会从"不能接触"的"贱民"变成了我所说的"不能替代"的中产阶级，有专业技能和特殊才艺的适应性强的职业人士。

看着这些孩子，乔治说："当我们谈到穷人，总是认为只要给他们提供工作，他们就不会饿肚子。我们从来没有想过让穷人们变成杰出的人才。所以我觉得，如果我们能够帮助穷人打破通往成功道路的障碍，社会不平等问题就会得到改善。只要他们中的一个人获得了成功，一千个人会沿着榜样的道路走下去。"

结束了打字比赛后，我围着教室走来走去，问每一个孩子，当他们长大后想干什么。这些孩子大多数离开原来的生活来到学校仅仅三年，而他们的父母还仍然生活在印度社会的底层。孩子们的回答令我深为感动。他们的回答是：宇航员、医生、儿科医生、诗人、物理学家、化学家、外科医生、侦探、作家。

让我最后再谈一点。2004年秋天，我女儿奥莉上了大学。在9月的一个温暖的日子，我和夫人把女儿送到学校。阳光灿烂明媚。我们的女儿非常兴奋，但是，坦率地说，这是我一生中最悲伤的日子之一。然而，我不仅仅是因为女儿离开了爸爸妈妈去上学而儿女情长，还有其他的事让我烦恼。我感觉，女儿离开了我，走进了一个比她出生的时候更加危险的世界。我可以答应女儿保持她卧室的老样子，但我却不能保证她可以像我在她这个年龄时，无忧无虑地生活在这个世界上。这个问题真是让我心烦意乱，现在还是如此。

平坦的世界给我们每个人带来了新的机会、新的挑战、新的合作伙伴，也带来了新的危险。我们需要从中找到平衡，需要努力成为最好的世界公民。世界是平坦的，即使你不想与一个坏邻居往来，他可以主动找上你的门。对待新的威胁我们要面无惧色，更重要的是我们要用亚伯拉罕·乔治和法迪·甘杜尔这样的榜样激发更多人的想象力。如果更多的人有"11·9"的想象力，我们就能避免另一次"9·11"。我不希望美国人在去越来越多的地方之前还要反复考虑，也不希望越来越多的人不愿意来美国。

我们美国人面临的两个最大的危险是过度的保护主义。由于过度担忧再次发生类似"9·11"的事件，我们把自己蜷缩在墙的后面企图找到人身安全；由于过度担忧在平坦世界中的竞争，我们也会把自己蜷缩在围墙的后面企图找到经济的安全感。但这些做法，无论对美国还是整个世界都将是一场灾难。

在平坦的世界里，经济竞争会越来越激烈，竞争对手会越来越多，我们美国人必须工作更勤勉、行动更迅速、头脑更灵活才能在平坦的世界里更好地合作、竞争与创新。最重要的竞争是和我们自己的竞争，我们要努力激发自己的想象力并着手行动。

我不知道该对世界上其他国家的孩子怎么说，但我想对自己的孩子说：世界正在变平，不是我让世界变平的、你也不可能让它停止，除非我们甘冒人类发展停滞和毁掉自己未来的风险。但我们可以调整和塑造世界变平的过程，如果我们想做得更好，那么你和你们这一代既不能生活在对恐怖主义的恐惧之中、也不能生活在对明天的恐惧之中，在平坦的世界里你们将茁壮成长。但你们要有正确的想象力和正确的目标，"9.11"深刻地影响了你们的生活，然而这个世界更需要你们去影响下一代人的生活，下一代人将更为乐观、将有更多的梦想。每天清晨他们醒来的时候不是仅仅去幻想世界会更美好，而是会为世界变得更美好而行动起来。

致 谢

1999 年，我出版了一本关于全球化的书，书名为《凌志车与橄榄树》。当时，"全球化"现象突然备受关注，《凌志车与橄榄树》就是较早论述全球化的著作之一。《世界是平的》并不是用来取代《凌志车与橄榄树》的，而本书是在上一本书的基础之上，并随着世界的发展，将讨论进一步向前推进。我要对纽约时报出版社表示深深的谢意；感谢纽约时报公司的主席小亚瑟·舒尔茨伯格（Arthur Sulzberger Jr.），是他批准了我的假期，让我有时间完成此书；同时还要感谢《纽约时报》的专栏主编盖尔·柯林斯，他弥补了由于我的空缺而给公司带来的损失，支持了我的整个写作项目。我因能为如此伟大的报纸工作而感到无比的荣幸。亚瑟与盖尔建议我尝试拍摄《探索时代频道》（Discovery Times Channel）的纪录片，因此我才去了印度，这对整本书的写作有重要意义。我还要感谢探索频道的比利·坎贝尔，他对我拍摄那部纪录片给予了热情的支持。还有肯·李维斯、安·戴丽（Ann Derry）和史蒂芬·莱沃兰德（Stephen Reverand），是他们帮助我完成了纪录片。没有探索频道就没有这部片子。

如果没有来自世界上的科技、商业和政治各方面的专家，我根本不可能写成此书。其中的一些，我必须在此列出以表示特别的感谢。感谢印度Infosys 科技公司的首席执行官南丹·奈利卡尼（Nandan Nilekani），没有他的帮助，我无法解读平坦世界的真谛，是他第一个向我提出竞争市场是如何变得平坦的。感谢印度维普罗科技公司总裁维韦·保罗（Vivek Paul），是他将我带入了平坦世界的商业领域并不厌其烦地为我解答。IBM 公司战略决策小组负责人乔尔·考雷（Joel Cawley）帮助我找到了平坦的地球上科技、商业与政治间的许多联系点，没有他我无法完成这项工作。微软的技术总监克雷格·曼迪（Craig Mundie）为我回顾了使平坦世界成为可能的技术演化，他是一个不知疲倦并且极其严厉的老师。斯坦福大学的经济学家保罗·罗默（Paul Romer）对新经济做了大量研究工作，他曾经花时间读了此书的草稿，本书吸纳了很多他的智慧。Netscape 公司创建者之一的马克·安德烈森（Marc Andreessen）、戴尔公司的迈克尔·戴尔、劳斯莱斯公司总裁约翰·罗斯先生，还有微软公司的比尔·盖茨，他们都慷慨地对此书的一些部分提出了宝贵的意见。我的发明家朋友丹·森普金斯（Dan Simpkins）努力地帮助我了解了他所研究的复杂领域。迈克尔·桑德尔（Michael Sandel）总是能提出一些富有挑战性的问题，这激发了我写"大整顿"这一章的灵感。亚隆·以斯拉黑（Yaron Ezrahi）犀利的思想启发了我的很多想法。大卫·罗斯考夫（David Rothkopf）也是一样。上述的朋友无需对此书的任何错误负责，此书仅反映了他们的真知灼见。我对他们感激不尽。

还有其他许多人花费了宝贵的时间来对此书的各部分进行了评论。在此，我想特别感谢艾伦·亚当斯、格雷厄姆·埃里森（Graham Allison）、亚里克斯和乔斯林·埃塔尔（Alex and Jocelyn Attal）、吉姆·巴克斯戴利（Jim Barksdale）、克雷格·巴雷特、布赖恩·拜伦道夫（Brian Behlendorf）、卡蒂·贝尔丁（Katie Belding）、杰迪士·巴格瓦蒂（Jagdish Bhagwati）、萨吉·布林（Sergey Brin）、比利尔·布拉蒂（Brill Brody）、米切尔·卡布兰（Mitchell Caplan）、比尔·卡里克（Bill Carrico）、约翰·钱伯斯、奈安·钱德(Nayan Chanda)、G·韦恩·克拉夫(G. Wayne Clough)、艾伦·科恩、莫林·康威(Maureen Conway)、理查·德米尔（Rich DeMillo）、雷米斯·艾尔哈迪迪(Lamees ElHadidy)、莱姆·伊曼纽尔（Rahm Emanuel）、迈克·埃斯库（Mike Eskew）、朱蒂·埃斯特琳（Judy Estrin）、黛安娜·法雷尔、约耳书·芬克尔斯坦（Joel Finkelstein）、卡莉·费奥里娜（Carly Fiorina）、弗兰克·福山（Frank Fukuyama）、默里克·弗斯特（Merrick Furst）、杰夫·加藤（Jeff Garten）、法迪·甘道尔（Fadi Ghandour）、比尔·格瑞尔（Bill Greer）、吉尔·格里尔

（Jill Greer）、肯·格里尔（Ken Greer）、普罗蒙德·哈克（Promod Haque）、史蒂夫·豪尔莫斯（Steve Holmes）、丹·何尼哥（Dan Honig）、斯科特·海顿（Scott Hyten）、雪莉·安·杰克逊、皮·维·凯南（P. V. Kannan）、艾伦·科兹（Alan Kotz）、加里和劳拉·劳德（Gary and Laura Lauder）、罗伯特·劳伦斯、杰里·莱尔曼（Jerry Lehrman）、里克·莱温（Rick Levin）、乔舒华·莱温妮（Joshua Levine）、威尔·马歇尔、沃尔特·莫斯伯格（Walt Mossberg）、Moisés Naím、大卫·尼勒曼（David Neeleman）、拉里·佩奇、卡洛特·皮尔兹（Carlota Perez）、吉姆·波克斯基（Jim Perkowski）、托马斯·皮克林、杰米·波博金（Jamie Popkin）、克莱德·普雷斯特维茨（Clyde Prestowitz）、格伦·皮里克凯特（Glenn Prickett）、萨利萨·莱（Saritha Rai）、杰瑞·拉奥（Jerry Rao）、拉杰士·拉奥（Rajesh Rao）、比尔·里兹（Bill Ritz）、埃里克·施密特（Eric Schmidt）、小 H·李·斯考特（H. Lee Scott Jr.）、达夫·塞得曼（Dov Seidman）、特里·塞梅尔（Terry Semel）、埃玛蒂亚·森（A-martya Sen）、迪纳卡·辛格（Dinakar Singh）、埃里克·斯特恩、拉里·萨莫斯、杰夫·尤林（Jeff Ulin）、阿图尔·瓦虚塔（Atul Vashistha）、小飞利浦·沃里格（Philip Verleger Jr.）、杰夫·瓦克尔（Jeff Wacker）、威廉姆·沃兹（William Wertz）、梅格·惠特曼、欧文·乌拉达斯基伯格（Irving Wladawsk Berger）、鲍勃·赖特，杰里·扬和欧内斯特·耶迪洛（Ernesto Zedillo）。并且，我想专门感谢一下我思想上的伙伴迈克尔·曼德尔拜姆（Michael Man-delbaum）和史蒂芬·皮·科恩（Stephen P. Cohen），与他们交流意见是我生活中的一件乐事。还要特别感谢约翰·杜尔（John Doerr）和小何伯特·艾伦（Herbert Allen Jr），是他们使我的这本书在他们的同行中得到了检验。也要感谢吉尔·普雷拉克（Jill Priluck）出色的校稿工作。

我的妻子安，是我的第一位编辑、评论员，是我一如既往的支持者。没有她的帮助和录入工作，也就不会有这本书。有她做我的搭档，我感到很幸运。我也要感谢我的女儿们——奥丽与纳塔莉（Orly and Natalie），她们再次容忍了一年中父亲长时间地闭门造车；还有我亲爱的妈妈——玛格里特·弗里德曼（Margaret Friedman）——她每天都会询问我何时才能完成此书。马克斯和埃里·巴克斯鲍姆对于我在阿斯蓬工作期间的劳动给予了宝贵的支持。还有我的妹妹谢莉和简，一直在默默地支持着我。我的4本书均能由乔纳森·嘉乐士（Jonathan Galassi）负责出版，以斯特·纽博格（Esther Newberg）代理，还有保罗·艾利（Paul Elie）作为我后3本书的编辑为此我倍感有幸。在此书的第一版、2.0版中，保罗的工作绝对是不可或缺的。在写作此书的时候，我同时感到幸运的是有最忠诚而且富有才干的玛雅·高曼（Maya Gorman）作我的助手。

最后，我谨以此书献给我生命中3个非常特殊的人：我的岳父、岳母——马特和凯·巴克斯鲍姆（Matt and Kay Bucksbaum），以及我童年老友罗恩·瑟斯金（Ron Soskin）。

译 后 记

世界仍然是崎岖不平的

何 帆

托马斯·弗里德曼可能是当今美国最具影响力的新闻记者之一。1981年他加入《纽约时报》，先后在贝鲁特和耶路撒冷做记者，后来曾担任负责报道白宫事务的首席记者。1995年之后他成为《纽约时报》的国际事务专栏作家，每周三、周五见报的专栏文章被全球700多种报纸转载。他的书风格独树一帜，而且每本书都能成为畅销书：《从贝鲁特到耶路撒冷》获得1989年非小说类国家图书奖，《凌志车和橄榄树》获得2000年海外出版俱乐部的最佳图书奖。他曾经三次获得普利策新闻奖，现在已经成为普利策奖的终身评委。

弗里德曼的新书《世界是平的：21世纪简史》最早在2005年4月出版。此书刚刚问世便大受欢迎，一时洛阳纸贵。仅仅半年时间，该书的销售量就已经突破100万册，名列《纽约时报》、《商业周刊》、亚马逊书店等畅销书排行榜的首位。商业巨头比尔·盖茨极力推崇此书。《商业周刊》说，所有的MBA都在读《世界是平的》。据说美国的国会议员、州长也都在读此书。2006年，此书因以丰富生动的语言描述了全球化带来的挑战和益处，提出了"现代商业课题中最令人瞩目和引人入胜的真知灼见"而荣获首届《金融时报》与高盛年度最佳商业图书奖。我们这次翻译的是此书经过修订之后的第二版。其实，在中文版尚未问世之前，已经有很多国内的企业家和学者通过各种渠道和方式推荐这本书了。

弗里德曼称我们现在正处于"全球化3.0"时期。将我们带入这个新时期的动力既有地缘政治的因素如柏林墙的倒塌，也有技术方面的进步如个人电脑和网络的流行，以及在此基础上生产过程和创新模式的革命。弗里德曼认为，在全球化 3.0 时代，竞争的平台已经被推平，这就是"世界是平的"的含义。在一个平坦的世界中，弱小的大卫能够胜过巨人。个人和小公司不但能够参与全球合作，也能参与全球竞争，成为世界的主角。原来以西方为中心的世界，随着中国、印度和俄罗斯等国的崛起，来自世界各个角落的非西方、非白人的个人群体拥有越来越大的能力与影响力。弗里德曼有其独特的写作风格，他的个人化的表述方式让我们感觉到很亲切。我们仿佛能够和他一起周游世界，时而到印度，时而到中东，时而在中国，时而在美国，感受到科技和全球经济就在最近几年内发生的惊心动魄的变化。

作为此书的译者之一，我得承认，阅读此书是一个令人愉快和激动的经历。和学者相比，记者的见识要广得多，而且反应非常敏锐。但是从学者的角度来看，记者往往凭借一些轶闻趣事就判断天下走势，在立论上也会故作惊人之语。在敬佩作者见解之犀利、阅历之广泛的同时，对此书的一些基本观点我想提出一些不同的意见。

历史的演变是缓慢的，尽管技术的进步可以是呈指数型增长，但是决定历史变迁的仍然是海面下的潜流。制度在短期内是难以变动的，思想和信仰的成长会跨越很长的历史时期。调整人与人、人群与人群、人与技术的关系需要一个较长的时期，因此我们不可能像从一扇门跨进另一扇门那样，从一个历史时期直接跨越到另一个历史时期。弗里德曼出于对技术的痴迷，在很多时候会有意无意地忽视这些相对不变、可能从新闻的角度来看也相对乏味的因素。这使得他的有些结论过于乐观，而有的结论则多少显得天真。

尽管印度和中国在最近几年经济增长迅猛，但是这两个国家仍然属于相对落后的发展中国家。如果你没有到过印度和中国，而只是读过弗里德曼的书，你会觉得，这两个国家很快就会超过美国。但是，如果你到过印度和中国的农村和一些偏僻的地方，你就会发现这种想法有多么虚幻。况且，即使有一天中国真的超过了美国，也并不是像弗里德曼所说的那样，只要中国搭上全球化的列车，学会利用网络技术创造的条件就行。中国的现代化需要复杂而艰难的系统改革，这些改革中最艰难的部分不是引进和学习先进的技术，而是改革过去的体制，克服既有的利益和阻力，寻找各个目标之间的平衡。如果说弗里德曼对中国和印度的看法只是过于乐观，那么他对穆斯林世界的看法就显得有些天真。在谈论为什么西方世界优于穆斯林世界的时候，他评判的标准是西方世界创造了更多的技术和经济增长。在谈到为什么阿拉伯世界会落后、偏执的时候，他认为这是因为阿拉伯世界里电脑、网络等技术的普及程度远远低于世界平均水平。意识形态的对立，霸权国家的干预，殖民主义和民族主义遗留的历史问题，石油资源的争夺，所有这些因素似乎在弗里德曼的视野中都被蒸发掉了。当弗里德曼振振有词地说，穆斯林极端分子的错误在于不愿意正视开放给西方带来的优势和先进时，那种根深蒂固的西方人的傲慢和偏见跃然纸上。在谈到战争和冲突的时候，弗里德曼创造了"戴尔冲突防范理论"，并且以台海危机为例。他认为，由于像戴尔这样的跨国公司在台湾海峡两边都有投资，中国内地和台湾地区均加入了全球生产链条，因此在台湾海峡爆发战争的可能性是很小的。他显然低估了民族统一对中国人的意义，也没有看到，任何一个微小的差错或误解都有可能触发更大的冲突。把和平的希望寄托在跨国公司和网络技术上面，这种论断是令人担忧的。技术的进步可能会呈指数型递增，但是这能够保证全球化的进程越走越顺吗？从最近200多年的历史来看，全球化是有起伏跌宕的。在全球化潮涨潮落的过程中，起决定性作用的不是技术，不是经济，而是人们的反应和行为。当全球化的速度过快、相应的调节制度没有到位、赢家和输家越来越对立的时候，全球化会减速，甚至也会倒退。

　　这个世界可能看起来比以前更平坦了，但事实是，它仍然是崎岖不平的。与其感叹和赞美技术进步给我们带来的无限机会，不如探讨这种急剧的变化给不同的人群、不同的国家所带来的冲击、困惑和挑战，这才是更有意义的题目。

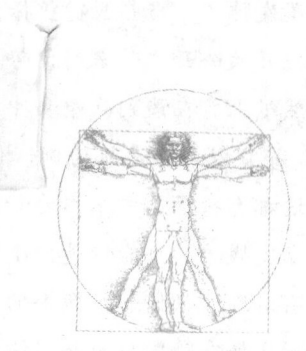

读一流书　做一流人